教你轻松学电商之
开店、装修、管理、推广、安全一本就够

陈军云 编 著

清华大学出版社
北 京

内 容 简 介

在互联网时代的大背景下，火爆的网上购物无疑为商家带来了巨大的创业商机。不管是小本经营的个人店主还是拥有广大客户群的大企业，都能在网上找到合适的平台。本书以淘宝网开店为例，为无数创业者打开一扇通往电商的特色之门，低门槛的入驻费用和能够快速掌握的实用技巧是本书写作的前提，图文结合的方式和详细的方法步骤是本书的一大特色，可以让读者迅速掌握网上开店、装修、管理、营销推广等知识，同时本书对物流与客服方面的知识也有所阐述，可以帮助读者轻松解决开店过程中的各种问题，非常适合新手卖家，是淘宝网开店的实用入门书籍。同时，本书还对日益发展的手机淘宝店和微店等内容进行了具体介绍，拓展了卖家开店与销售商品的途径。

本书共11章，分别介绍了网上开店的准备工作、开店攻略、宝贝的发布、交易的完成、图片的展示、视频的拍摄、店面装修、动态页面装修、实战运营、营销与推广、物流与客服以及手机微店探秘。

本书脉络清晰，层次分明，由浅入深地为读者展示了淘宝网开店方方面面的内容，是从新手向行家晋级的实用参考书，非常适合准备开店的淘宝店主阅读，也适合已经开通了网店并想深入学习网店经营技巧的卖家阅读；同时，还可以作为相关培训机构的培训教材或辅导图书。

图书在版编目(CIP)数据

教你轻松学电商之开店、装修、管理、推广、安全一本就够 / 陈军云编著. — 北京：清华大学出版社，2018

ISBN 978-7-302-49773-8

Ⅰ. ①教…　Ⅱ. ①陈…　Ⅲ. ①电子商务—商业经营　Ⅳ. ① F713.365.2

中国版本图书馆 CIP 数据核字（2018）第 037133 号

责任编辑： 韩宜波
装帧设计： 李 坤
责任校对： 吴春华
责任印制： 丛怀宇

出版发行： 清华大学出版社
网　　址： http://www.tup.com.cn，http://www.wqbook.com
地　　址： 北京清华大学学研大厦 A 座　　**邮　　编：** 100084
社 总 机： 010-62770175　　**邮　　购：** 010-62786544
投稿与读者服务： 010-62776969，c-service@tup.tsinghua.edu.cn
质 量 反 馈： 010-62772015，zhiliang@tup.tsinghua.edu.cn
印 装 者： 北京亿浓世纪彩色印刷有限公司
经　　销： 全国新华书店
开　　本： 190mm×260mm　　**印　　张：** 21　　**字　　数：** 635 千字
版　　次： 2018 年 6 月第 1 版　　**印　　次：** 2018 年 6 月第 1 次印刷
印　　数： 1 ～ 3000
定　　价： 88.00 元

产品编号：073276-01

前言

在快节奏时代，人们无法再像以往那样耗费大量的时间驻足线下店铺精心挑选，而更多地选择了碎片化的网购。在诸多网购平台中，淘宝无疑是占比相当大的平台之一，也是最早的、成熟的网购平台。作为创业低门槛、高热度的项目，电商，尤其是淘宝，是目前大多数创业者的首选。或许开个淘宝店不难，但是要想真正把店铺开好，吃透淘宝店铺运营法则、技术是相当有必要的。

一、编写目的

随着开店创业的人越来越多，如何能够在正走向红海的淘宝创业中站住脚，成为新晋店主们最为关心的问题。我们力求能编写一本从入门到精通，从模仿到原创，从理论到实践的淘宝开店图书，为读者提供学习便利。

二、本书内容安排

本书主要通过理论加案例实战的组合形式，介绍淘宝店铺运营各个环节的操作。从注册、开店，到摄影、修图和店铺装修，再到管理、营销，最后乃至手机微店的运营等，覆盖了淘宝的方方面面。

为了让读者更好地学习本书的知识，在编写时特地采取了层层递进的模式，整体划分为11章，具体编排如下表所示。

章名	内容安排
第1章	本章内容主要介绍网店的相关概念、定位方法等
第2章	本章内容主要介绍淘宝开店、认证流程和简单设置
第3章	本章内容主要介绍店铺交易基本流程、各模块基本操作
第4章	本章内容主要介绍淘宝商品图片拍摄与后期处理、上传
第5章	本章内容主要介绍商品相关视频的拍摄、剪裁和发布
第6章	本章内容主要介绍把准备好的图文素材应用在店铺装修上的技巧
第7章	本章内容主要介绍淘宝动态页面、活动的装修方案
第8章	本章内容主要介绍店铺的运营细节和管理方法
第9章	本章内容主要介绍淘宝店铺的站内、站外和第三方平台推广方法
第10章	本章内容主要介绍商品物流设置与客服技巧
第11章	本章内容主要介绍手机开店的相关知识

三、本书写作特色

为了让读者更为轻松地学习，本书在具体写法上具有如下特色。

■ 从入门到精通，覆盖淘宝主要流程

本书从淘宝的注册开店讲起，从基本操作到利用Photoshop修图、Dreamweaver做店铺装修等较为深入的技巧，再到宣传推广方面的知识，务求让读者有个全面的认识。

■ 步骤设置详细，紧靠开店真实流程

本书在内容线索安排上参考了淘宝店主开店的需求环节，步骤讲解详细，意在让读者能够有效地进行模仿练习，快速进入学习状态，从而达到最佳的学习效果。

■ 案例真实丰富，以实用为编写要务

本书中的案例均为店铺实操并分析得出，具有很强的实战价值和实际指导意义。本书编写的主旨就是实用，让读者能够真正学到东西。

■ 高清视频讲解，学习效率轻松翻倍

书中实例所需素材、源文件以及视频文件可通过扫描右侧的二维码进行下载。其中，部分实例的高清语音教学视频，可以随时随地享受专家课堂式的讲解，提高学习兴趣和效率。

■ 网络在线答疑，自学沟通零距离

为了方便自学的读者，本系列图书提供了免费在线答疑QQ群，有专业技术人员在线为读者解答学习中碰到的任何问题，解除读者的后顾之忧。

四、本书创作团队

本书由陈军云编著，其他参与编写的人员还有江凡、张洁、马梅桂、戴京京、骆天、胡丹、陈运炳、申玉秀、陈云香、陈文香、彭斌全、林小群、刘清平、钟睦、刘里锋、朱海涛、廖博、喻文明、易盛、陈晶、张绍华、陈文轶、杨少波、杨芳、刘有良、刘珊、赵祖欣、毛琼健、江涛、张范、田燕等。

由于编者水平有限，书中疏漏与不妥之处在所难免。在感谢您选择本书的同时，也希望您能够把对本书的意见和建议反馈给我们。联系邮箱：lushanbook@qq.com，读者QQ群：327209040。

编　者

目录

第1章　网上开店知多少

第2章　开店攻略，妞妞小镇的诞生

第3章 开心宝典，第一笔交易完成

第4章 图片展示，宝贝的拍摄与美化

第5章 视频展示，宝贝的拍摄与剪辑

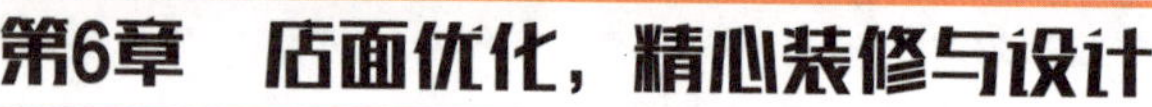

第6章 店面优化，精心装修与设计

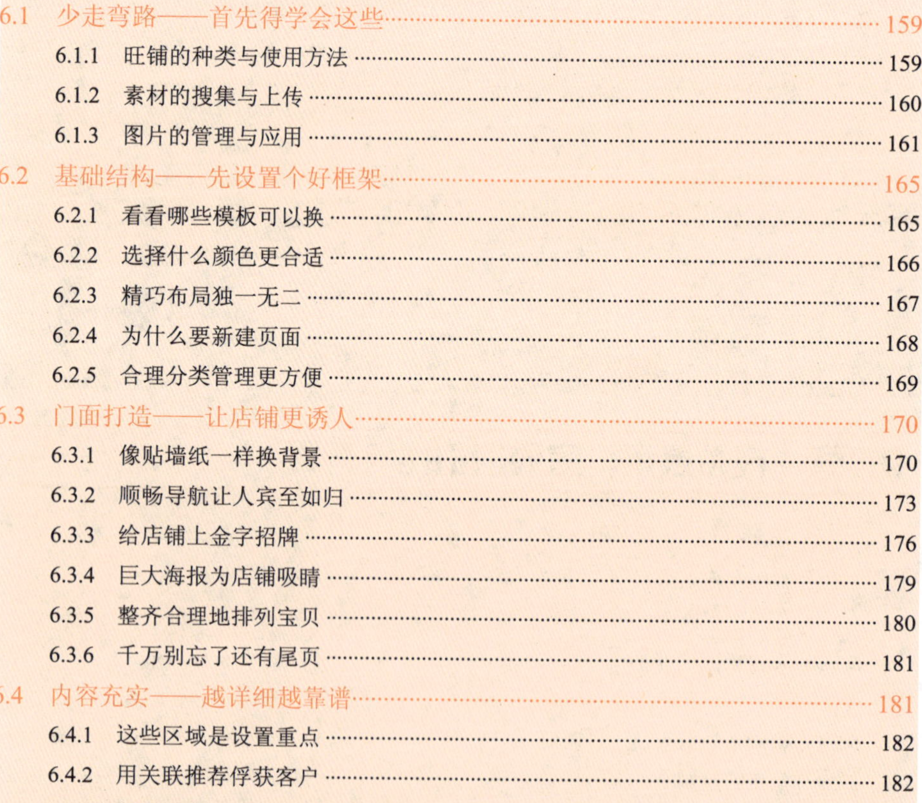

第7章 动态页面，定位与特效齐飞

第8章 实战运营，让网店赢在实效

第9章　活动策划，做好营销与推广

第10章　留住顾客，还看物流与客服

Le jardin d'art 樹·夏 Artka
收藏有礼

第11章　微店探秘，移动电商显威能

第1章　网上开店知多少

网络日益发达，网购也成为人们日常生活中不可缺少的一部分。你是网购达人吗？是否对淘宝又爱又恨？爱其便宜，品类多，性价比高；恨的是让人忍不住成为“剁手党”。网购有如此大的魅力，人群基础如此广，那么在网上开个小店，是否也是一种潮流呢？是否也是个创业的机遇呢？那么，想做点小买卖的你对网上开店又了解多少呢？本章从知识储备、产品储备、技术储备3个方面带你走进网商。

1.1 知识储备—— 开网店的四问一看

“妈，你这件衣服是在哪儿买的啊？”

“网上啊。”

“你也会网购啊？”

“现在谁不会啊，你张家大婶和李家大妈天天拉着我在网上看东西，你以为就你们会啊。”

啧啧惊叹之余，不由地感慨网络发展的快速和神奇。在2003年，阿里巴巴集团投资4.5亿人民币创办淘宝网，将网购业务推向高峰。短短的十几年时间内，淘宝网迅速成为国内网络购物龙头，占据了中国网络购物市场70%左右的份额。

现在，一切都已经准备好了：从销售平台、在线支付、物流仓储到在线沟通工具如QQ、旺旺等，再到思想上的转变，不论是学生、白领，甚至乡下的“三姑六婆”都在享受着网购带来的便利，可见，它的市场潜力之大，创业机会之大。

那么，开网店需要什么样的条件呢？它的优势又有哪些？怎样经营？应该选择什么样的平台呢？带着这4个问题，来看一看下面的内容就会找到答案。

1.1.1 只要够闲就能开网店

开网店不仅需要投入大量的时间和精力，还需要有正确的认识和足够多的基础知识。下面来看一下网上开店需要的硬件设施和软件条件。

1. 常用硬件设施

1）电脑

网上开店至少需要一台配置较好的电脑。因为要通过电脑与网络互联，而且商品图片、客户数据等都需要通过电脑进行处理。电脑是网上开店最重要的硬件设施。

2）数码相机

在商品上“网络货架”之前，一般需要对其进行拍摄，然后将素材上传。通过图片可使买家对商品有直观的感受和了解，它是顾客了解商品的最重要途径。未配有实物照片的商品很难吸引买家，照片的拍摄质量同样关系到商品的吸引力，所以必须选购一部好的数码相机。

3）电话

方便客户联系的手机和固定电话也是网上开店所必需的设备。因为网络交流受制于电脑无法随时沟通，而固定电话、手机则可以很好地解决这个问题。

4）传真机、打印机

如果条件允许的话，最好配置传真机和打印机。传真机一般用于收发同客户和供货商之间的合同等，而那些需要书面保存的电子文本资料则需要用打印机来打印。不过，目前市面上有很多集打印、传真功能于一体的设备，而且价格便宜。

2. 常用软件条件

1）电子邮件

电子邮件是网上顾客和店主之间进行信息交流的重要工具。很多人用的是一些网站提供的免费邮箱，但网上开店最好使用收费邮箱，更好的服务可以降低风险。如果因为电子邮件的问题而造成交易失败，损失的就不仅仅是金钱了，更重要的是信用。

当然，如果想节省开支而使用免费邮箱，最好选择大型门户网站的免费邮箱，推荐使用QQ邮箱、163邮箱、谷歌邮箱等，尽量不要使用一些小网站的免费邮箱。一些邮箱的基本情况如表1-1所示。

表1-1　各平台邮箱的基本情况

邮箱提供商	邮箱特色	是否收费
QQ（mail.qq.com）	QQ邮箱是腾讯公司2002年推出，向用户提供安全、稳定、快速、便捷电子邮件服务的邮箱产品，已为超过1亿的邮箱用户提供免费和增值邮箱服务。	免费
网易（www.163.com）	163是国内最早提供电子邮箱的服务商。其坚持超大、速度、安全三大特点，拥有3GB超大存储空间并支持超大附件，一次可发送或接收多个附件，包括文档、图片和MP3。用户可以使用Outlook、Foxmail等电子邮件客户端收发和管理邮件，也可以使用手机登录网易或移动梦网的WAP网站收发邮件。	8个邮箱子品牌（163免费邮箱、126免费邮箱、yeah免费邮箱、163VIP邮箱、126VIP邮箱、188财富邮箱、专业企业邮箱和免费企业邮箱）

续表

邮箱提供商	邮箱特色	是否收费
搜狐（mail.sohu.com）	搜狐公司旗下推出的电子邮箱服务是目前国内最大的邮箱服务商之一。	搜狐邮箱分搜狐闪电邮箱（免费）、搜狐VIP邮箱和搜狐企业邮箱3种，最低标准为5元/月
新浪网（mail.sina.com.cn）	新浪网的邮箱收发邮件的速度很快，可以有效阻挡垃圾、抵御病毒，免费邮箱的空间有2GB。	新浪邮箱分为免费邮箱、VIP邮箱和企业邮箱3种，最低标准为8元/月

2）即时通信工具

由于在网上开店大多要通过网上通信工具与客户进行交流、商谈，因此，拥有一个即时通信软件也是网上开店必不可少的。目前常用的聊天软件有QQ、新浪UC、网易泡泡等，交易平台使用的阿里旺旺也很普遍，可以与客户轻松交流。

3）图像编辑软件

一个高品质的店铺，其图片也是相当精美的，可是在我们拍摄照片时，往往会因为光线或其他外界因素等而影响图片的美观度，这时就需要用到图像编辑软件对图片进行加工和美化，给来访者留下深刻的印象。这里介绍两款常见的图像编辑软件，以供参考。

● 图像处理大师Photoshop

Photoshop是Adobe公司旗下非常出名的图像处理软件之一，目前最新的版本为Photoshop CC 2017，但是大部分用户比较常用的还是CS6版本，它是集图像扫描、编辑修改、图像制作、广告创意、图像输入与输出于一体的图形图像处理软件。它也是目前使用最为广泛的平面图形图像处理软件之一，其操作界面如图1-1所示。

Photoshop是比较专业的图形图像处理软件，它的操作较为复杂，对使用者的技术要求较高。对于初学者来说，可以选择相对简单一点的图像处理软件，比如美图秀秀，即使是零基础也能轻松应对图片美化。

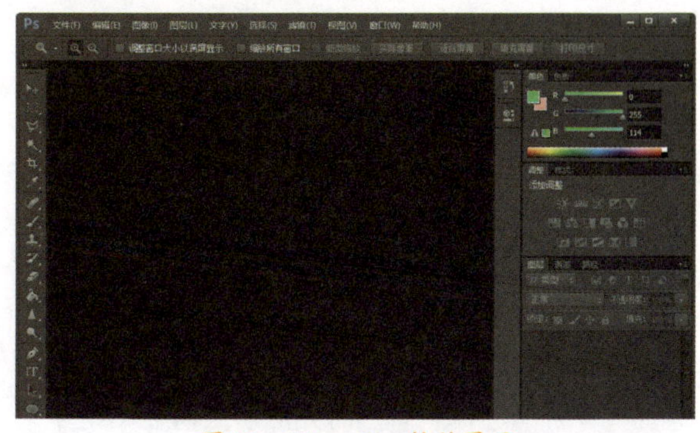

图1-1　Photoshop软件界面

● 美图秀秀

美图秀秀由美图网研发推出，是一款很好用的免费图片处理软件，比Photoshop简单很多，它涵盖的功能有图片特效、美容、拼图、场景、边框、饰品等，可以在1分钟之内制作出影楼级照片。

美图秀秀完全免费，可以去网站下载并安装，安装完成后，启动“美图秀秀”，它的工作界面如图1-2所示。

图1-2　“美图秀秀”工作界面

4）文字编辑软件

Word是目前最通用的文字编辑软件，可用于文字编辑和文档排版等，是文字处理最为理想的软件。使用它可以很方便地编写自己网站的文案与合同，以及完成一些日常的文档处理。

5）网页编辑软件

网店是由很多页面组成的，这些页面除了需要用图像软件进行设计和切片外，还需要借助网页编辑软件，进行代码的修改，才能在互联网上正常显示。淘宝最为常用的网页编辑软件是Dreamweaver，这是由Adobe公司收购并进行更新后（原Macromedia软件）推出的一款专业网页设计软件。

1.1.2 为何非要在网上开店

网上开店的优势有很多，其中投入资金不大、经营方式灵活是其比较显著的特点，而且可以为经营者提供不错的利润空间，是许多人理想的创业途径。网上开店的优势具体来说有以下几点。

1. 投资小、回收快、利润可观

开实体店一般要支付昂贵的租金，并投入大笔资金对店铺进行装修，而开网店只需在网上申请一个免费店铺，小批量进货就可以开店营业，风险小，空间足，且开网店的利润可观。

2. 24小时营业时间

相比实体店铺而言，网店的营业时间是非常自由的，一天24小时、一年365天，无须专人值班看店，都可照常营业。传统店铺的营业时间一般为8~12小时，遇上一些偶然因素就不得不暂时休业。对于所有的商家而言，时间就是金钱。网上商店节省了不少人力方面的投资，店主完全可以在享受生活的同时，把自己的网上小店打理得井井有条；另外还可以避免一些偶然因素带来的损失。

3. 节省空间，经营规模不受空间限制

在淘宝网上开店不需要实体店铺，这就解决了门面的问题，只要经营者愿意，可以摆上足够多的商品且不受空间的约束。

4. 不受地域限制

网上店铺不仅可以24小时营业，而且全国各地乃至全世界的人都可以光顾。只要有一个淘宝账号，不管身在何方（只要有网），都可以买到网上销售的商品。而且现在越来越多的人认识到网购的便利，网上购物已成为时尚的代名词。

1.1.3 电商到底应该怎么玩

电商的玩法多种多样，就经营模式来说，有兼职经营、全职经营、实体店与网店结合经营等模式，找到最适合自己的网店经营方式，灵活多变，用心管理，才能在电商创业上走出一条属于自己的路。

1. 全职经营

全职经营就是将个人的所有时间、精力、资源都投入到网店上，将网店的收入作为个人收入的主要来源，但是需要承担网店生意冷淡、收入不稳定的风险。全职经营方式具有以下特点。

（1）网店是虚拟店，可以免去昂贵的店铺租金，经营成本较低。

（2）网店的经营场所一般是在家里或暂时居住的地方，都比较方便。

（3）网店一般存货量不会很大，如果发现生意不好，转型销售其他商品也比较容易。

2. 兼职经营

兼职经营可以将网店作为自己的一项副业，增加额外的收入。这种经营方式的主流人群主要是学生或者工作比较轻松、自由的上班族，但他们并不以此作为生活的全部来源。兼职经营方式具有以下特点。

（1）具备全职经营的所有特点。

（2）经营的成本低，相对来说承担的风险较低。

（3）利用业余时间，在时间的安排上自由、灵活，不会影响正常的工作和学习。

3. 实体店与网店结合经营

目前，许多实体代理专卖店纷纷在网上开店，以扩大销售渠道，获得更多收益，网店与实体店相结合有以下优势。

（1）由于实体店铺的支持，货源比较稳定，能够快速地了解市场行情。

（2）由于有线下的销售经验，在网上销售会更熟练。

（3）由于有实体店铺，更容易取得消费者的信任。

1.1.4 如何选择合适的平台

网店平台多种多样，俗话说，知己知彼，百战不殆。所以要想开好网店，必须对所依托的网上开店平台有一定的了解。在创业初期，选择适合自己条件的网店平台，是相当重要的。

1. 万能的淘宝网

淘宝网（http://www.taobao.com/），亚洲第一大网络零售商圈，致力于创造全球领先网络零售商圈，由阿里巴巴集团在2003年5月10日投资创立，2005年超越eBay易趣，目前是中国深受欢迎的网购零售平台。淘宝网现在的业务跨越C2C（个人对个人）、B2C（商家对个人）两大部分，其中B2C的原淘宝商城在2012年1月11日更名为“天猫”并启用独立域名（http://www.tmall.com/）。淘宝网的使命是“没有淘不到的宝贝，没有卖不出的宝贝”。

有数据显示，淘宝网2017年11月11日全天交易额达到6182亿元，相比2016年的1207亿元，再次突破性地增长，同比增长速度达到39.36%。更值得一提的是，双11当天交易额达到1亿元仅仅用了11秒，从2009年双11的0.5亿元，到现在的过千亿元，淘宝用8年的时间实现了一个不可思议的飞跃。

在为淘宝会员打造安全高效的网络交易平台的同时，淘宝网也全力营造和倡导互帮互助、轻松活泼的家庭式氛围。每位在淘宝网进行交易的人，不但交易更加高效迅速，而且能交到更多朋友，现在，淘宝网已成为广大网民创业和以商会友的首选。如图1-3所示为淘宝网首页；如图1-4所示为天猫（原淘宝商城）首页。

图1-3　淘宝网首页

图1-4　天猫首页

淘宝网的创立，为国内互联网用户提供了更好的个人交易场所，凭借其迅速发展以及在个人交易领域的独特贡献，获得财经时报和搜狐公司2003年度评选的国内十大最佳投资的荣誉。

淘宝网特色：相当于一个大型集市，里面的宝贝应有尽有，且价格便宜，是一个摆摊卖货的好平台。

入驻淘宝网的条件：在淘宝上注册账号之后就可以拥有普通淘宝店铺。

入驻淘宝网的费用：0元。

当然，现在专营C2C模式的淘宝网，对于个人卖家有多种选择。对于普通店铺和淘宝扶持版旺铺，淘宝是不会收取任何费用的；但是如果想要更好地推广自己的店铺，可以开一间标准版旺铺，标准版旺铺是要收取一定费用的。

因为会用到图片空间和装修模板，以及店铺统计等，推荐组合：标准版旺铺3个月90元+图片空间3个月3元+旺铺装修模板1个月5元+量子恒道店铺统计1个季度25元+搭配套餐1个季度15元+限时打折1个季度30元+123Show宝贝动态展示服务1个月5元。合计总价为173元/月，一个月200元不到，但是它的推广服务是比较周到的。

入驻淘宝商城/天猫有3种选择，即可以成为品牌旗舰店、品牌专卖店或是专营店，但前提都是需要支付1.5%的佣金。旗舰店入驻商家资质：品牌商；专卖店入驻商家资质：代理商（经营一个品牌）；专营店入驻商家资质：代理商（经营多个品牌）。

入驻天猫的条件：入驻的商家必须是在中国大陆注册的企业，包括法人（公司）和合伙人（合伙企业），持有相应的企业营业执照。同时申请入驻淘宝商城的品牌必须在中国申请注册了文字商标，持有国家商标总局颁发的商标注册证或商标注册申请受理通知书。

入驻天猫的费用：保证金（10000元）和年费（实时划扣技术服务费+技术服务费年费）等。

2. 京东商城

京东公司成立于1998年6月18日，由刘强东先生在中关村创立，历时18年。至2016年3月1日，京东集团（JD.NQ）发布了2015年全年业绩报告，2015年全年交易总额（GMV）达到4627亿元人民币，同比增长78%，超过行业增速两倍有余。

京东分为自营店铺和POP店铺：自营是指京东自己运营，京东发货和售后，由供应商根据京东库存供货，售价由京东决定，每月还会向供应商收取返点入驻费用。POP是指企业在京东开店，需要支付平台费用，企业自己发货，自己售后，京东抽取佣金。

入驻京东的条件：公司注册资金为50万元及50万元以上人民币，需提供营业执照复印件、组织机构代码复印件、税务登记证复印件等资质清单。

入驻京东的费用：一般来说，入驻京东收取的费用可分为平台使用费和保证金两种，但根据店铺经营类目的不同而不同，平台使用费一般都是6000

元，保证金为10000~100000元。

京东（JD.COM）是中国最大的自营式电商企业，2015年第一季度在中国自营式B2C电商市场的占有率就达到了56.3%。它不仅有自己的配送体系，而且有自己的仓储，在保证商品质量的基础上一直秉持多快好省的服务原则。如图1-5所示为京东首页。

图1-5　京东首页

3. 唯品会

唯品会的主题是：一家做特卖的网站，成立于2008年，在中国开创了“名牌折扣+限时抢购+正品保障”的创新电商模式，走上了“精选品牌+深度折扣+限时抢购”的特色之路。截至2015年年底，唯品会注册会员有1亿人，全年订单2亿单，2015年净营收402亿元人民币。2012年3月23日，唯品会在美国纽约证券交易所（NYSE）上市。自上市以来，截至2016年6月30日，唯品会已连续15个季度实现盈利，成功跻身于中国第三大电商的地位。

想加入唯品会，首先要保证是正品，以低至一折的折扣和限时三天的抢购，为消费者带来网上逛街的愉悦购物体验和超高性价比的购物惊喜。唯品会拥有高度艺术化的唯美网页，专业摄影团队所打造的商品展示图片，以及简单便利的操作界面。

入驻唯品会必须是具备法人资格的合法经营的公司或企业，且至少具备以下资格之一：著名/知名品牌的生产商、著名/知名品牌的授权总代理商、著名/知名品牌的授权总经销商、著名/知名品牌的分公司、著名/知名品牌的分支机构、著名/知名国际品牌驻中国的办事处。

入驻唯品会的费用：有资料显示是保证金3万元，但是具体如何计算可直接与唯品会招商部联系，招商邮箱为brand@vipshop.com，唯品团招商邮箱为brandtuan@vipshop.com。

唯品会以品牌营销为根据点，通过深度折扣来获得顾客喜爱，在保证正品的同时，不忘推崇精致优雅的生活理念，倡导时尚唯美的生活格调，主张有品位的生活态度。如图1-6所示为唯品会首页。

图1-6　唯品会首页

4. 豆瓣市集

豆瓣市集是一个很有争议的网商平台，很多人喜欢它是因为它是电商洪流中的一股清流，一部分人不喜欢，是因为它的退换货等一系列功能操作起来不顺畅，作为第三方监管的配套服务目前还不是很成熟。对于风格，豆瓣很用心地在做，它推荐的每一款产品都散发着清新文艺的气息，品位和故事情感深深打动人心，没有大电商的热闹，但是有思想和创意，是文化品牌的聚集地。

目前而言，豆瓣市集的原创品牌居多，是小部分人向往的精神家园式的文艺店铺。如果你是一名文艺爱好者，手头上也正好有一些有故事有情怀的商品想要出售，就给它们起一个很好听的名字，编一段故事，发表到豆瓣，就有机会售卖自己的闲置产品，当然这只是最初的简单形式。

豆瓣市集是从豆瓣东西上发展起来的，最初只是用于分享书籍，而电影和音乐的社区也是大部分人讨论吃和用的地方，所以豆瓣开始采集其他购物网站上的东西，供大家分享和交流，起到引导性的作用。2012年8月，豆瓣宣布其月度覆盖独立用户数（UniqueVisitors）已超过1亿人，日均PV（Page View，即页面浏览量）为1.6亿。2013年第二、三季度的豆瓣月度覆盖独立用户数均达2亿人，较去年同期增长一倍。在积累到一定口碑和流量的时候，豆瓣市集应运而生，只是一开始这个商城没有搜索功能，没有用户评论，经过几年的发展，现在已逐渐得到改善，也越来越得到商家和顾客的认可。如图1-7所示为豆瓣市集首页。

图1-7　豆瓣市集首页

豆瓣简洁清爽的页面，再加上文艺范的格调，为很多商家所青睐。如果想加入豆瓣市集，在豆瓣市集首页的最下面，有入驻申请，豆瓣市集目前施行邀约制，可以用豆邮或者邮件联系招商部，回答他们提出的问题即可。如果通过，他们会联系你。

入驻豆瓣市集：没有条文规定的标准，只需把商家信息，包括：豆瓣ID、经营店铺、品牌名称等；线上店铺链接；店铺联系方式，手机/邮箱等信息通过邮件的形式发送到doubanshiji@douban.com。

入驻豆瓣市集的费用目前尚未公开，需联系豆瓣市集招商。

5. 独立型网上商城

不依附大型网站，自己设计制作网站，在自己的网站上销售商品的就是独立型网上商城。要开办这样的网上商城，一般需要注册域名，租用服务器并设计制作网站，安装需要的网上购物系统，并需按照线下店铺的要求完成工商注册并根据《互联网信息服务管理办法》的要求申请网上经营许可证。这类独立型网上商城由于必须独立证明自己的信用，所以很难立即取得浏览者的信任，一般需要通过大量的网站推广来提升浏览量和知名度，以实现最终的商品交易。

虽然独立型网站不需要支付网上交易费、商品登录费等相关费用，但根据网站的规模和租用的服务器类型，建立网站与租用服务器的费用从每月数十元到数万元不等，对于初创业者来说，风险相对较大。如图1-8所示分别为当当网和苏宁易购首页。

图1-8　独立型网上商城

对于人气旺盛的大网站，店铺访问量比一般小型网站的店铺浏览量要高，从而出售商品的概率要大，这也是很多人会选择大型的、人气高的网站开网店的原因。但是也要看到不利因素，那就是大网站上开的店铺不计其数，店铺很可能会被淹没在众多网店之中，所以，要根据自己的风格和定位，选择网站平台，做出最有利的选择。本书中选择淘宝网作为网店安家落户的平台。

1.1.5　网店开通向导看一看

对于创业者来说，了解并熟悉网上开店的流程是非常重要的，不同的平台有不同的操作方式，但大体流程都相似，包括前期准备、风格定位、货源、如何与买家交流、发货等一系列工作。网上开店的一般流程介绍如下。

1. 前期策划

开店之前需要想好自己要开一家什么样的店铺。在这一点上，网店与传统店铺没有区别。寻找好的市场，让自己的商品更有竞争力才可能取得成功。

2. 选择开店平台

接下来需要选择一个合适的开店平台。大多数开店平台会要求网友用真实姓名和身份证等有效证件进行注册。在选择网站时，人气是否旺、是否收费以及如何收费等都是要考虑的因素。现在很多平台提供免费开店服务，前面也介绍了很多网店平台，是选择人气旺的大型网站，还是选择富有味道的小型网站，都要根据自身条件认真考虑。

3. 申请开设店铺

申请店铺时要详细填写店铺所提供的商品分类，然后需要为店铺起个响亮的名字。网友在列表中选择哪个店铺，最开始映入眼帘的名字起到了很重要的作用，名字吸引人是一个好的开端。有的网站还会显示网店的个人资料，所以资料应该真实填写，以增加信任度。

4. 进货

从熟悉的渠道和平台进货，在这一环节一定要注意控制成本。选择别人不易找到的、富有特色的商品，是吸引买家的关键性因素，当然定位要清楚，风格要明确，价格要合理，在众多商品中独树一帜才能更好地留住顾客。

5. 发布宝贝

在发布宝贝的时候，一般会有一些基本信息需要填写，如宝贝的名称、产地、所在地、性质、外观、数量、交易方式、交易时限等信息，最好搭配商品的图片。宝贝名称包含的信息应尽量全面，突出优点和特色，这样在别人搜索宝贝的时候，搜索到的概率就会更大，这样就大大增加了浏览量。另外，为了增加宝贝的吸引力，图片的质量应该尽量好一些，说明也应尽量详细，如果需要邮寄，最好声明由谁负责邮费。登录商品时还有一项非常重要的事情，就是设定价格。

6. 营销推广

为了提升店铺的人气，在开店初期，应适当进行营销推广，让更多的人知道并关注店铺，才有机会获得人气和达成一些交易。营销推广并不只局限于访问店铺这么简单，线上线下有多种推广渠道，需要认真学习，实践运用。

7. 售中服务

顾客在决定是否购买的时候，很可能需要很多没有提供的信息：什么时候发货、是什么快递、是否有优惠活动、大概什么时候送达等，都需要耐心为顾客一一解答，有些顾客会在店家之间进行比较，这个时候就更要抓住需求引导，售中服务的客服角色相当重要。现在大部分网站都有物流跟踪和发货提醒，这对买家来说是一个更具人性化的服务，是电商发展中的一种进步。

8. 交易

成交后，网站会通知双方根据约定的方式进行交易。可以选择见面交易，也可以通过汇款、邮寄的方式交易，但应尽快完成交易，以免对方对信用度产生怀疑。至于是否提供其他售后服务，应视双方的事先约定决定。

9. 评价与投诉

信用是网上交易中双方非常看重的因素，为了共同建设信用环境，交易完毕，买卖双方应互相给予对方评价。如果交易满意，最好给予对方好评，并且通过良好的服务获取对方的好评。如果交易不满意，则给予差评，或者向网站投诉，以减少损失，并警示他人。如果对方投诉，则应尽快处理，以免给自己的信用留下污点。

10. 售后服务

宝贝卖出之后，并不意味着交易结束，优质的服务除了在售中可以体现外，售后也同样可以体现。比如，技术支持和退换货等售后服务，免去了顾客的后顾之忧，让其可以放心购买。贴心周到的售后服务，可以提高店铺在买家心目中的良好形象，成为回头客也就是理所当然的了。

1.2 产品储备——开网店产品怎么选

网上的商品琳琅满目，究竟应该售卖哪种商品，则需要对整个行情有准确的洞察力。都说“货源”是“客源”的基础，所以归根结底，“货源”是首要问题，货源的选择和定位决定了网店能否长远发展。

究竟要卖什么样的商品才能在网上“一炮而红”呢？网上的皇冠店家又是利用什么法宝将生意经营得红红火火的呢？这一节将探讨关于网销中最“潮”的货源问题。

1.2.1 选品：了解最新行业趋势

在选择最佳货源时需要了解整个网络市场的行情，目前适宜在网上开店销售的商品主要包括服饰、首饰、数码产品、电脑硬件、手机以及配件、保健品、成人用品、化妆品、工艺品、体育与旅游用品等，涵盖了生活的方方面面。要在网上开店，对于网络热销品是不能忽略的，这些都是将来选择货源的重要参考因素。

当然，也不能人云亦云、随波逐流，对于自己不熟悉的领域最好不要涉足，如数码产品。如果不熟悉进货渠道，没有价格优势，那么网店经营就很难达到预期的效果并取得成功。所以在选择网络热销品的同时也要兼顾自身，选择最适合自己并有所了解的产品。

如图1-9所示为2014—2015年淘宝商城各行业的销售数据，可以为选择货源提供有力的依据。

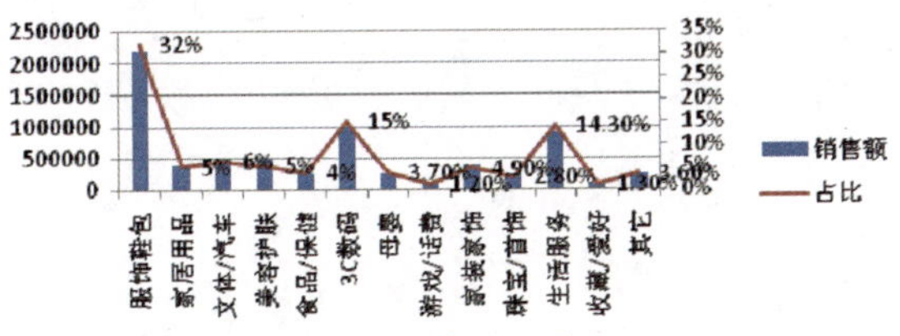

图1-9　淘宝商城销售数据

2014—2015年，服饰鞋包的销售额占整个行业的32.3%，遥遥领先于其他行业；3C数码的销售额占15.5%，位于第二；生活服务类行业占14.3%，稍稍落后于第二名；接下来比较受大家欢迎的是文体/汽车、美容护肤、家居用品等。这几年做服装的人越来越多，尤其是女装，如果不了解行情也不能硬着头皮往上挤，何况在服饰鞋包类目下还有很多细分类目，那么这些细分类目的销售情况又是怎样的呢？

1. 服饰鞋包

在服饰鞋包类目下，除了女装外，还有男装、内衣、家居服、饰品类、女鞋、箱包、运动服等，如图1-10所示，最近几年男装的交易份额也呈上涨趋势。

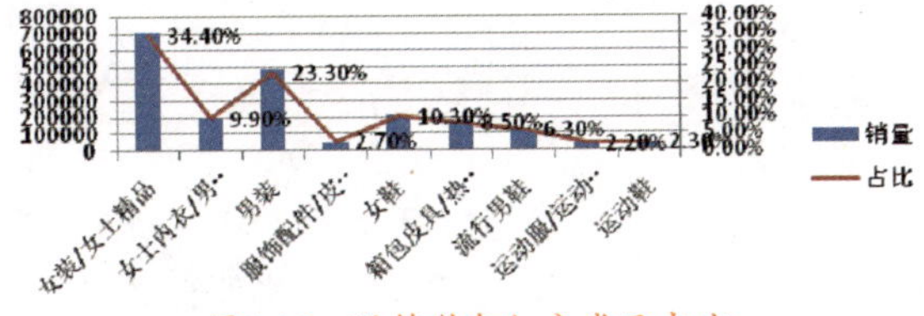

图1-10　服饰鞋包细分类目占比

2. 3C数码

3C数码包括手机、厨房电器、笔记本电脑、3C数码配件市场、数码相机/单反相机/摄像机、生活电器等类目，在科技越来越发达的时代，数码类产品与生活息息相关，如果了解这方面的行情，做个数码达人，开一家高科技产品的店铺也不错。如图1-11所示为3C数码细分类目占比。

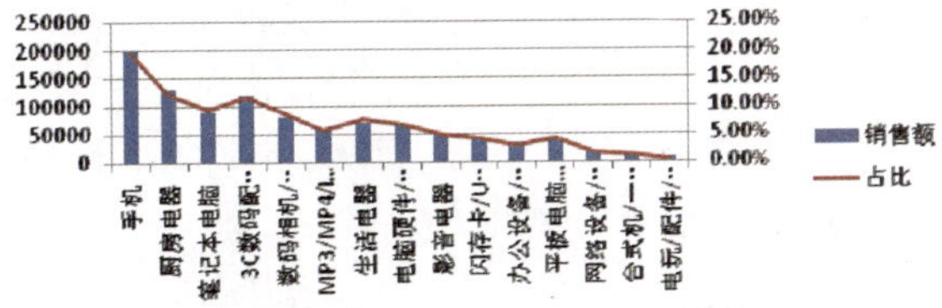

图1-11　3C数码细分类目趋势

3. 生活服务

狭义的生活服务是指为人们日常生活提供的家庭服务，比如看护婴幼儿、护理老年人、家庭秘书、钟点工等。而广义上的生活服务行业要广泛得多，包含人们日常生活中的方方面面，餐饮、娱乐、租房、买房、工作、旅游、教育培训等与生活相关的“衣食住行用”都属于这类服务的范畴。

随着网络“侵入”人们生活的方方面面，生活服务类产品也开始在淘宝商城盛行，细看天猫的分类：医药馆、营业厅、飞猪旅行等生活服务类商品开始进入视野，让你真正可以做到足不出户。在网上分享资源和出售资源，将越来越受到人们的普遍关注。

4. 文体/汽车

文体/汽车在2014—2015年的销售中，占淘宝商城整个行业的6.3%，位于第四。而在文体/汽车的细分类目中，汽车/配件/摩托/用品/改装等商品又居于榜首，可见汽车用品是令人喜爱的商品。与此同时，运动/瑜伽/健身/球迷等用品也呈上升趋势，而书籍/杂志/报纸也不甘落后，到底做哪种才会更有出路呢？这值得思考。如图1-12所示为文体汽车细分类目占比。

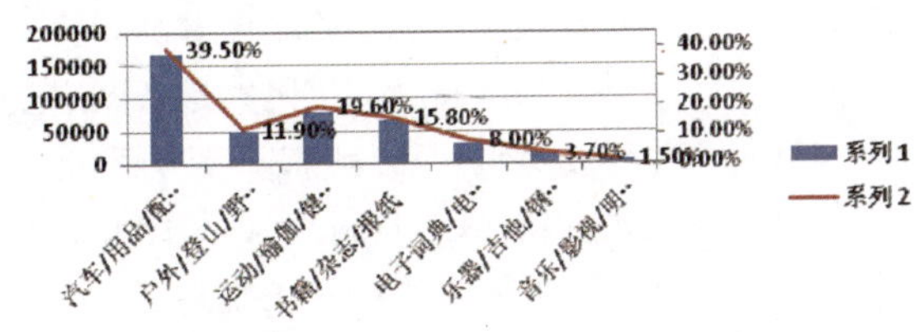

图1-12　文体汽车细分类目趋势

5. 美容护肤

女人爱漂亮是亘古不变的事实，并且有愈演愈烈之势。因此，化妆品市场前景广阔。越是有钱的女人，越想留住青春年华，在化妆品方面的消费舍得花本钱。而且化妆品是每天都要用的物品，所以会常常买。一旦客户觉得你店里的哪一款护肤品好用，一定会继续在你店里购买。2014—2015年美容护肤类商品的销售额占整个行业的5.4%，居第五位。

据了解，网上化妆品店“80%的利润来自20%的老客户”。由于化妆品是日用品，因此，在经营时应该努力抓住每一个买家，让买家做回头客。如图1-13所示为美容护肤细分类目趋势。

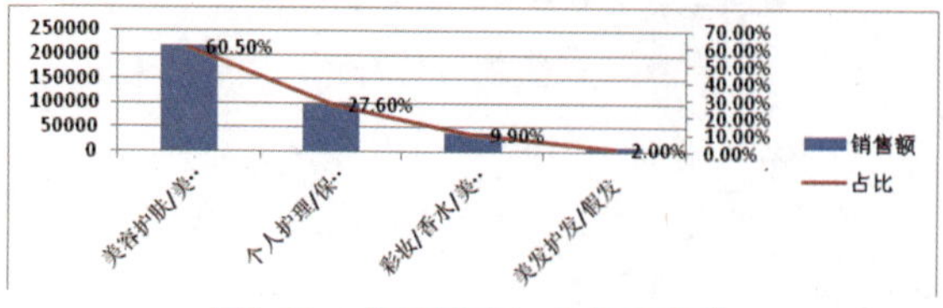

图1-13　美容护肤细分类目趋势

6. 家居用品

在越来越繁忙的日常生活中，对于家居用品，人们会根据自己的喜好尽量使其更简单、舒适。对于家具、床上用品、厨卫用具、室内配饰及日常生活需要的商品，也倾向于在有格调的商铺里购买。如果做家居用品，一定要有亲近生活的主张和精美风格的图片。想知道哪一类家居用品在网上更受欢迎吗？如图1-14所示为家居用品细分类目趋势。

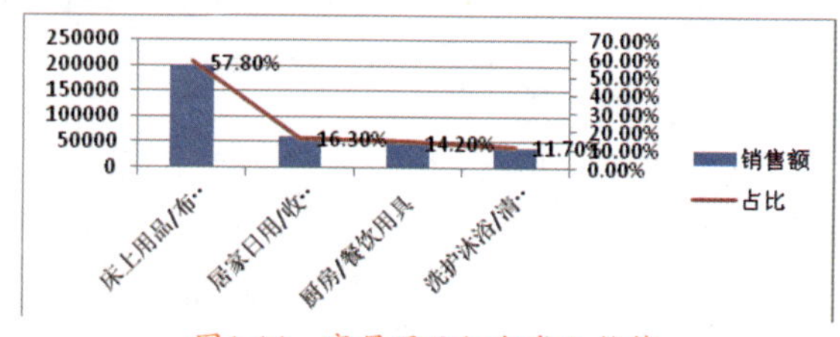

图1-14　家居用品细分类目趋势

7. 食品/保健

随着对“健康”二字的关注度越来越高，很多保健食品开始在网上盛行，这是整个食品行业的趋势，关注有机生态、绿色健康食品是时代的主题。如何在食品保健行业求生存呢？除了保健品和营养品，对于小女生爱吃的零食考虑过吗？送亲戚朋友的坚果和特产是不是最近很流行呢？关注行业的动态、搜集货源信息的第一手资料，保证紧跟潮流不落伍。如图1-15所示为食品保健细分类目趋势。

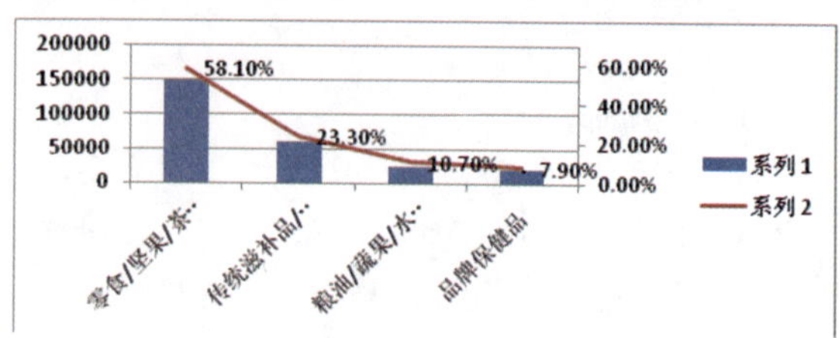

图1-15　食品保健细分类目趋势

8. 母婴行业

对于孕妇和婴幼儿用品，安全性和专业性方面的要求很高，网上买的可靠吗？顾客有这方面疑问也在情理之中，他们会去找信誉度高的卖家和有实力保障的商品。在网上开母婴店最好加盟有点知名度的线下品牌，让顾客买得放心。随着网络技术的发展和网购的普及，最近几年，母婴用品的网上销售量也不容小觑，在2014—2015年的整体行业调查中，它的销售额占到3.7%，是一个有发展潜力的行业，尤其是童装和亲子装，会越来越受到欢迎。如图1-16所示为母婴行业细分类目趋势。

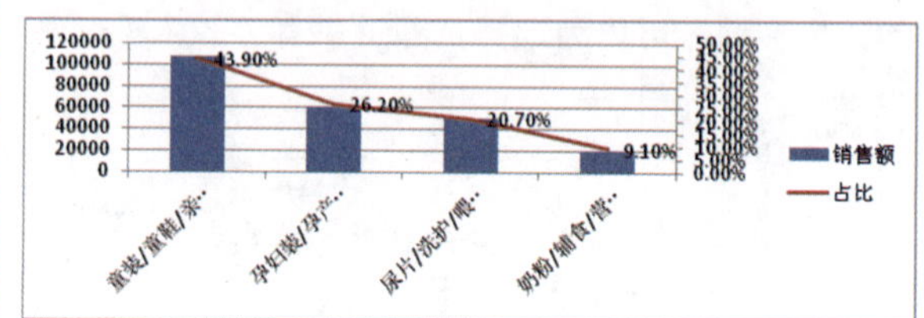

图1-16　母婴细分类目趋势

以上推荐的为近两年淘宝商城比较受欢迎的商品类目，可以根据自己的兴趣爱好选择其中的某一类，也可以根据自己的经验潜身某一行业，但不管做哪一行都一定要先了解产品的性能、成分、功效等，这样面对买家的提问才能轻松应对，给买家留下好印象。

在选择货源时还有一点需要考虑，那就是对自身能力的评估。是否能熟练地运用电脑，是否会简单地处理图片，能否接受网络的一些新知识，以及是否有良好的市场判断能力，都是要考虑的问题。再有最重要的一点是自身的经济实力，因为不管在网上销售什么产品，都离不开资金的支持，所投入的资金和所承担的风险是成正比的，选择的商品所需资金要在经济能力范围之内，如果超出范围，最好是“从小做起，慢慢发展”。

1.2.2　选源：供货商里货比三家

决定卖什么之后，就要开始进货了，货品的货源，物美价廉是关键，怎样找到价格便宜又有市场的商品？带着这些疑问，进入进货渠道大揭秘。

1. 经济又划算的二手闲置品和跳蚤市场

在自己的网店出售二手闲置品是很多网商的起跑点之一，虽然二手闲置品可能不是应季品，而且品质参差不齐、不可退换、不能持续经营，但是它还是有网上销售优势的。

- 价格低廉

闲置物品本来就是买回来后放着没用的或已经用不上的，所以一般出售的店主只为将它处理掉，价格一般都很低。

- 没有囤货的压力

许多网商在经营自己的小店铺时，经常会遇到压货的情况，为货品不能及时上架出售而焦急。而闲置品本来就是没有及时卖掉的，因此不会有压力，况且数量不会很多，如果卖掉了，还可以赚回成本，经济又省心。

- 物尽所能，为他人行方便

也许对卖家来说，一些闲置品没有用处，却正好是他人寻觅已久的好东西，卖给他人的同时，自己还能收获一份快乐的好心情。

但是出售二手闲置品也存在缺点。

- 货源不稳定、经营方向不是固定不变的

闲置物品随手可得，但是卖了就没有了，不像自己进货，没货了可以去补货，货品有问题还可以调换，所以它的经营方向是随着闲置物品的存在而调整的。

- 无法退换货

二手闲置品基本是不退货、不换货的。

- 质量无法保障

二手闲置品的质量有好有坏，没有统一的标准，得不到保障。

闲置品除了是自己本身所拥有的之外，还可以收集亲戚朋友的，不过去“跳蚤市场”选购也是一种进货渠道。“跳蚤市场”是欧美国家对旧货地摊市场的别称，它是由一个个地摊摊位组成的，市场规模大小不等，所售货品大多是旧货。小到饰品，大到汽车等，应有尽有，价格低廉，仅为新货价格的10%～30%。现在也有专门的二手交易平台，如图1-17所示为58同城二手市场。

图1-17　58同城二手市场

2. 大型批发市场

不管是实体店还是网店，大多数卖家都是从批发市场进货的，因为批发市场的商品价格一般比较低，是经营者的最佳货源地。

如果周围刚好有大型批发市场，那么不妨去看看，与其他几种进货渠道相比，去批发市场进货一般有以下几个特点。

（1）批发市场的商品数量多、品种全、挑选余地大。

（2）在批发市场进货的时间和进货量都比较自由，可以建立自由的供求关系。

（3）批发市场价格相对较低，对于网店来说容易实现薄利多销。

进货也是有一定学问的，一般批发商不会轻易地将最实在的价格告诉初次接触的客户。如果不是一个经验丰富的批货高手，如果还是带着忐忑不安的心情第一次去批发市场，不妨采纳以下几点建议。

（1） 进批发市场，先不要急着问价买东西，先把整个批发市场纵观浏览一遍，把各类款式、风格的店铺分类，做到批发时心中有数。

（2） 如果进货不多，可以手上拿一两个批发市场最常见的黑色大塑料袋。

（3） 钱货要当面清点，避免遭受损失。这里所说的清点有两层含义，一是当面清点好钱款，二是当面清点好货品。此外，注意别收到假币及被多收就行。货品则要不怕麻烦，尽可能细致地检查，在人头攒动的批发市场，特别是紧俏新品被人疯抢时，少发一件货，发错颜色、尺码、款型的事常有发生。对于数量大的批发货品，由于厂家承诺有问题可以调换，所以很多拿货的人是不会有耐心去一件件细致检查的。对于小卖家来说，数量不多又不经常去的，完全可以做到当面检查、当面调换，把瑕疵和损失概率减到最低。

（4） 因为批发市场主要针对的是批发客户，第一次进货一般量都不大，所以砍价要量力而为，不要太狠，一般店家不太愿意跟这样的买家合作，还有，货比三家并不是以买到低价货为目的，更重要的是要发掘优质供应商，这是以后合作中关键的一环。

（5） 买好的货物，千万要不离开自己的视线。批发市场环境复杂，人潮涌动，什么人都有，隐藏着很多你根本无从察觉的陷阱。在批发市场，有些人专做偷拿别人货品，然后低价转卖的勾当。如果你进店挑选时间较长而疏于看管，出来时就有找不到货物的危险。所以，始终要记着货物不离左右，随时注意周围情况。

（6）不要失去主张，不能完全被批发商的意见所左右。有的新手去拿货，因为一点也不了解和熟悉市场行情，所以看到别人拿什么他就拿什么，批发商说什么好他就按批发商的意见赶快掏钱，这样完全没有主张的进货态度往往会造成货品混乱、不易搭配，更无从谈个人风格，所以去之前一定要分析好经营方向。

（7）第一次进货不要太多，因为容易压货。对于初次进货，新手往往有些茫然，不知道要拿多少、拿些什么合适，这个时候千万要控制住，不要觉得这也行那也行，到家后才发现对货品不满意。

（8）对中意的店铺，要留下联系方式。每个店铺都有不同的风格，所以淘货也会受到这样的主观影响，每次去批发市场只专挑对口味的，遇到比较满意的就留下名片，作为今后长期合作的考虑对象。留下名片的作用很大，因批发市场太大，下次不一定能找到；而且有了名片就知道店家名字、知道电话，当店主平时要货不多，又不想去批发市场时，就可以联系批发商，让对方寄来，所以这个细节要多多留意。

批发市场小知识

全国知名的10个批发市场

1. 浙江义乌中国小商品城
2. 浙江绍兴中国轻纺城
3. 辽宁城西柳服装批发市场
4. 山东淄川服装市场
5. 黑龙江哈尔滨地下商业城
6. 吉林长春光复路市场
7. 河南洛阳关林商贸城
8. 甘肃兰州东部批发市场
9. 湖南常德桥南工业品市场
10. 广东广州白马服装批发市场

3. 厂家货源

一件商品从生产到消费者手中，要经过许多环节，其基本流程是：原料供应商—生产厂家—全国批发商—地区批发商—终端批发商—零售商—消费者。如果是进口商品，还要经过进口商、批发商、零售商等环节，涉及运输、报关、商检、银行和财务结算。一件商品经过如此多的环节之后，就会产生很多的附加费，渐渐提高了商品本身的价值，成为一部分附加价值。所以在进货的时候，这些环节越少，所要承担的附加费用就低，这也是为什么要寻找一级批发市场的原因。

另外正规的厂家货源充足，态度较好，如果长期合作，一般都能争取到滞销换款的优待。虽然厂家是一手货，价格中的利润比较大，但一般的厂家都有一定的大客户，通常不会和小卖家合作。所以，对于网店新手来说，最适合的是做内销的小型工厂了。和小厂家合作，需要弄清楚合作的不利因素，辨别厂家的实力和产品的质量。

● 与小厂家合作的不稳定因素

（1）质量不稳定。小厂家由于受资金、规模、设备的先进性等诸多因素的制约，往往生产的产品质量稳定性略逊色于大型厂家，但是小型厂家往往愿意与小卖家合作，不像大型厂家那样有发货的数量标准，比较适合刚起步的网店卖家。

（2）生产不稳定。由于受供需关系的影响，因为没有固定的大型进货商，所以往往稳定性不是很好，因为他们也要考虑产品大量积压的问题。

（3）厂址不稳定。大型厂家由于有稳定的销售渠道，生产规模庞大，所以不利于整体搬迁，厂址一般不会改变。而小厂家由于本身规模不大，可以随时搬迁，所以厂址的迁移情况是允许存在的。

（4）合作不稳定。厂家生产商品是以供需关系为准则的，如果某些商品市场投放量的销售并不可观，那么很可能就会停止生产，某些需求就不能满足。他们的合作关系建立在需求关系上，如果这种关系不能建立，那么合作也就停止了。

● 辨别厂家实力的途径

（1）电话查询。通过114或者电话黄页进行查询，核对对方的电话是否属实。一般而言，正规的厂家都有业务联系电话，都希望客户通过查询就能知道自己的电话号码，这样有利于业务的拓展，所以在工商登记的时候往往都会登记电话。除了核实电话号码外，还可以通过不同时段拨打电话，看是否有人接听来验证厂家是否正规。

（2）证件查询。一个正规的厂家要具备《工商营业执照》和《税务登记证》这两个证件，如果要求对方出示该证件的复印件被拒绝，还可以打电话到相关部门去查询。

（3）价格辨别。如果对定价模式还不是很了解，可以用不同的身份要求对方多次对同一产品报价，如果该厂有统一的价格体系，那么每次报价应该都是一样的，因为除了决策层外，任何员工都是不能随意更改价格的，以此可以知道他们的价格体系是否稳定和完善。

（4）规模辨别。辨别企业实力的强弱主要看其经营规模的大小，生产规模大、经营时间长、综合实力强的正规企业，往往生产的产品种类多、款式多样，能够满足很大的市场需要。

4. 民族特色工艺品

民族特色工艺品也是网店货源的一个不错的选择。不仅具有很强的个性和丰富的文化底蕴，而且凭借其出色的外表可以使其在琳琅满目的商品中脱颖而出。网店店主选择这样的商品来充实自己的店铺，可以增加浏览量、吸引顾客，让人印象深刻。民族特色工艺品的主要特点有以下几个方面。

- 鲜明的个性

崇尚个性，早在20世纪80年代初期，就已经成为青少年竞相追逐的潮流，到现在也不例外，所以个性鲜明的商品，有着庞大的消费群体，是店主的不二之选。

- 深厚的文化底蕴

中国是一个崇尚文化的国家，民族特色商品有着深厚的文化底蕴，是一种地域文化的衍生物，所以观之有特色，品之有韵味，非常受人欢迎。

- 地域特色

民族工艺品表现了民族的内涵，具有一定的地域特征，只有在特定的地点或旅游景点才能买到称心如意的商品，而网上出售则克服了地域限制，可以快速购买到自己喜欢的商品。

店主可以充分发挥地域优势，就地取材，经营本地的民族特色工艺品。除了深入当地的民族特色工艺品批发商之外，还可以去网上搜索、采购，除了阿里巴巴外，另推荐一个比较大型的民族工艺品采购批发网站：民饰阁（www.msg56.com）。如图1-18所示为民饰阁首页。

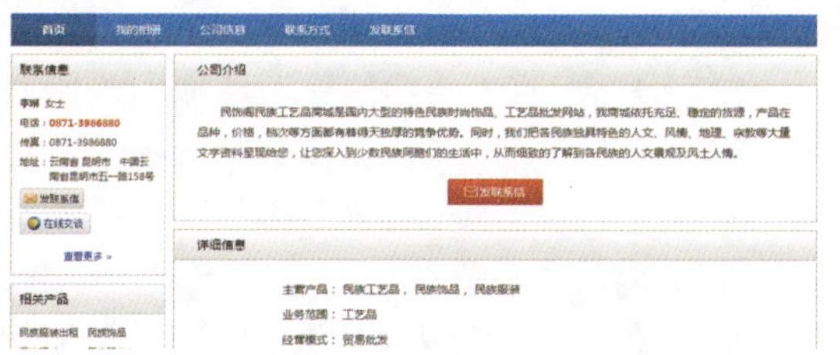

图1-18　民饰阁首页

5. 外贸尾单货

外贸尾单货就是正式外贸订单的多余货品。一般情况下，外商在国内工厂下订单时，一般工厂会按5%～10%的比例多生产一些，这样做是为了用多生产的数量来替补次品，这些多出来的货品就是外贸尾单货。

- 外贸尾单货的特点

外贸尾单货的优点就是性价比高，它的价格比一般商场或其他地方的要低，品质有保障；但缺点就是有些货品可能有一些细微的瑕疵，颜色和尺码不全，不能像内销厂家的货品那样齐码齐色。

- “六”看辨真伪

（1）看价格。大多数外贸企业不擅长内贸，一旦产生了尾单货，一般会选择低价脱手，但这也并不意味着低价就是外贸尾单货，关键是看性价比。

（2）看质量。真正的外贸尾单货的质量和正品一样，需要有经验才能辨别，或者手上有真货可以拿来比较一番。

（3）看包装。真正的外贸尾单货的外包装一般是比较简单的，如果包装精美，所有配件都齐全的商品就值得怀疑了。

（4）看商标。一般尾单货的商标是最后贴上去的，有的甚至没有，这并不代表商品不好，或者质量有问题，恰恰相反，说明了真货的严谨性。越是替知名品牌加工产品的厂家，尾单货就越不可能有商标，因为越是知名的品牌对商品的控制越严格，包括包装袋也是一样。

（5）看尺码。一般来说，特别是服装类、鞋类的尾单货，有断码现象是非常正常的，尺码几乎不可能齐全。

（6）看瑕疵。有些外贸尾单货是有瑕疵的，不过瑕疵并不明显，不容易看出来。

6. 寻找品牌积压库存

品牌商品一直是网上备受关注的商品分类之一，很多买家上淘宝，直接就会在宝贝名称搜索框中输入自己想要购买的品牌商品名称，这就是品牌优势。那么作为网店经营者，如果你能找到品牌积压库存的商品，也不失为一种很好的盈利手段，因为积压商品的价格一般比较低，但是品牌质量有绝对的保障，这样你就可以通过品牌和低价优势来实现高额盈利。

既然是积压库存的商品，即使是品牌的也有可能会滞销，毕竟是过时了的商品，但是我们要认识到，不少品牌虽然在一些区域属于积压品，但是网络销售具有覆盖范围广的特点，所以在其他区域，就不一定是滞销品了，如果宣传得当，完全可以成为当地的热销品。

● 品牌积压库存货品的优势

（1）商品价格低。由于工厂处理积压品一般是采取被动的方式，所以价格方面会比较合理，也容易沟通。如果你有高人一等的谈判能力，那么也能为自己省下不少钱。

（2）质量有保障。虽然为滞销品，但是不影响商品本身的质量，所以一般人是愿意购买的。

（3）商品种类多。无论是哪一个企业，哪一个行业，如果要生存下去，就必须以市场和人们的需求为导向，生产出市场需要的商品。市场的需求正朝着多元化发展，因此企业就要不断地研发新的商品，以满足人们的需求，才能让企业长久地发展下去，这样快节奏的发展趋势，也就必然会有没及时卖出的滞销商品，日积月累，企业库存的商品越来越多，品种也就越来越全。

在选择这些库存的商品时，并不是无选择地收购他人的库存品，这样很容易陷入一个误区，那就是商品并不好卖，最后成了自己的库存，让库存压力从企业无形地转移到了自己的身上，这是非常不利的，有些小卖家甚至因此一蹶不振，所以在选择这些库存积压的品牌商品时，也要注意以下事项。

● 寻找品牌积压库存的注意事项

（1）消费者的消费观。先从各个渠道详细了解当前大众消费者的品位，看他们是重实用还是重感观，是愿意去品牌店花大笔钱购买新款还是愿意以优惠的价格购买滞销但是表面看起来还是全新的商品，这些都取决于人们的消费水平和消费观念。

（2）文化鉴赏力。了解一下当前大众消费者的文化鉴赏力如何，要多挖掘这方面的产品，但是因为现在是多元化发展的时代，很多消费需求的变化很大，不确定性很强，流行风的存活期也越来越短，所以对于库存商品要把握好这个尺度，赶在流行风的势头上，进行宣传和销售。

（3）品种的多样化。网店经营一般是以零售为主，从事批发的网店毕竟只是一部分，所以在收购这些库存商品的时候，数量尽量不要太多，以减少库存风险，但是商品的种类一定要多样化，因为这样给顾客的可选择性空间就大。

7. 阿里巴巴等B2B网站

B2B从字面上来理解就是“企业对企业销售产品”，B2B模式主要是通过互联网平台聚合众多的企业商家，形成买卖的大信息海洋，买家与卖家在平台上选择交易对象，通过在线电子支付完成交易。其代表网站有阿里巴巴等，阿里巴巴作为网络批发交易的平台，充分显示了其优越性，为很多小地方的卖家提供了很大的选择空间，不仅查找信息方便，也专门为小卖家提供相应的服务，并且起拍量很小。

● 网络进货的优势

（1）成本优势。可以节省去批发市场的时间成本、交通成本、住宿费和物流费等。

（2）选购的紧迫性较小。亲自去批发市场选购由于时间有限，不可能长时间慢慢挑选，有些商品也许并未相中但迫于进货压力不得不赶快选购，网上进货则可以慢慢挑选。

（3）批发数量限制优势。一般的网上批发基本上是10件起批，有的甚至是1件起批，没有了大数量的批发限制，这样在一定程度上增加了选择余地。

（4）其他优势。网络进货还能减少库存压力，且具有批发价格透明、款式更新快等优势。

● 网络进货的注意事项

网络进货毕竟存在一定的虚拟性，所以选择商家的时候一定要谨慎小心，选择比较可靠的商家进行交易。

（1）判断网站是否属于注册公司。如果连公司都没有注册，这样的网站货品要么就是调市场货来销售，要么就是做一些回收货品的销售等，货品质量很难得到保障。

（2）货品更新速度是否快速。货品的更新速度影响网络销售的业绩，也影响实体店的销售业绩。如果一个网站的货品更新速度快，这至少说明其货品在市场上是比较受欢迎的。

（3）是否是真人实物拍摄。目前网络上有很多服装都是一些时尚杂志上的款式图仿单，导致出现了很多问题，比如实物与图片不相符、实物质量太差等，造成很多不必要的损失；而真人实物拍摄则强调了衣服的真实性以及品质，是网络销售的绝佳选择。

（4）网站是否支持上门看货。如果不能支持上门看货，就要先考虑一下这个商家是不是骗子公司了。当然，有些公司由于代理数量比较多，可能会对上门看货提出一定的要求，比如有的公司会要求必须一次性批发50件并预交定金后才支持上门看货，一则是为了最大限度地优化客服工作程序，二则是最大限度地保证对每一位经销商的正常服务，这样的要求也是可以理解的。所以在是否支持上门看货这一点上，还需要大家更加仔细地辨别、分析，不能一概而论。

（5）网站的发货速度。有些网站的发货速度非常慢，可能下了订单之后两三天甚至五六天之后才发货，严重影响了顾客对卖家的信任，造成客户资源的流失。所以在选择批发网站的时候，一定要看网站对发货速度的承诺。发货以后还要看网站是否支持退换货。有些网站以次充好或者在产品发生质量问题的时候以各种理由搪塞并拒绝退换货，这一点也需要注意。

8. 换季、节后、拆迁与转让的清仓品

由于商家急于处理这类商品，其价格通常都很低，如果以一个极低的价格买进，再转到网上销售，利用地域或时间差价则可以获得丰厚利润。所以，要经常去市场上看一看，密切关注市场变化。

- 换季清仓品

每到换季时间，你会发现大大小小的商场各显身手，名目繁多的优惠活动层出不穷，花花绿绿的横幅到处悬挂，直接冲击着过往行人的眼球，这时是有心要开网店的人进货的好时机，但一定要注意换季商品的品质和换季商品的价格。

- 节后清仓品

在春节、情人节、劳动节、端午节、儿童节、中秋节、教师节、国庆节、圣诞节等节日，大家都会尽情地购物，于是形成一股节假日的消费热潮。商家在节日大卖了之后，有了一定的收益，但手头上还有部分未出售的商品，于是就有了节后清仓活动。对于节后清仓品，商家是低价出售的，这对于店主来说是个进货的好时机，那么此时应当注意些什么呢？

（1）商品的生命力。凡是应节的商品，必然是有生命周期的，有的商品在节日一过，就很少有人购买了，比如情人节的玫瑰、中秋节的月饼、圣诞节的圣诞树等。

（2）商品的再生力。有的商品可以等待下一年的同一时期再行销售，比如圣诞节的圣诞卡。因为相对而言，网店的固定成本非常低廉，可以乘虚而入，做实体店想都不敢想的压货生意。

- 拆迁/转让清仓品

拆迁或转让清仓品是指商家在店铺拆迁或转让时所进行的促销活动，这时他会把价钱压得很低，也是网店很好的货源之一。那么在收购这些商品时，卖家一定要小心这里面是否有陷阱。

（1）是否真的要拆迁/转让。先弄清楚商家所谓的拆迁或转让消息是否可靠，有的商家会利用这样的噱头来进行促销，也许会淘到低价商品，但是质量就没有保障了。一种常见的假转让现象就是：“转让清仓”的标贴会长年累月地挂在店里；或者“转让清仓最后三天”的标签一挂就是几个月，卖家想要淘到好的货源，就不要到这种店铺进货。

（2）谨慎挑选。由于商家急需清货，时间紧迫，价格必然很低，这样才能吸引消费者在短时间内决定购买，这时进货就一定要打起精神细心挑选了。

- 不宜购进的商品

换季、节后、拆迁与转让的清仓品确实蕴藏着巨大的利润，但在一些关键方面需要特别注意，有些商品最好不要大量购进。

（1）日用品。日用品随处可见，在超市也很容易买到。若在网上购买加上邮费，与在超市购买的成本差不多，买家肯定不愿意在网上购买，因为此时在超市购买的质量更有保障。此外，网上经营日用品的店随处可见，而且销量都不是很大。所以遇到这类产品清仓时，最好少进或不进，以免难以销售出去。

（2）高科技产品，如电脑、手机等。这类产品更新换代快，价格变化也快，所以还是小心为好。有人经不住店家的蛊惑，一下子进了几十部手机，以为自己能大赚一笔，结果赔得一塌糊涂。因为游说他进货的卖家是在得知这款手机不久后会降价的信息后才处理的，不要一时贪小便宜而接这个“烫手山芋”，结果烫到的是自己。关于这类高科技产品要时时跟进市场信息，进货时要非常谨慎小心，以免被套进去。

（3）有效期限短的商品。比如食品，不管价格多么吸引人，都不要因为一时的头脑发热而购进太多。而服装、饰品等则可以在别人处理的时候多

进一些。

9. 网络代销

网络代销是指与供货商达成协议，提供的一种网络营销模式，为代理商们提供产品图片和相关资料，制定相关的代理价格，代理商们根据代销商的图文和资料上架到淘宝，让代理商们在网上独立营销，销售出商品后，按照合作协议方式，由供货商家发货给客户，代理商们赚取相应的差价。

选择代销一般有两种情况，一是自身缺乏启动资金，二是尝试做生意，为了不担风险，积累经验。网络代销有其自身的优势，也有其缺陷。

其优点在于以下三点。

（1）几乎不需要资金投入，很适合新卖家和小卖家。

（2）不需要进货和发货，所以也不需要仓库，不用自己负责物流，非常方便。

（3）商品的图片和说明文字厂家已经准备好，卖家省去了自己拍照、写说明的麻烦。

其缺点在于以下两点。

（1）从买家拍下商品直到交易完成，卖家都看不到商品的真实面貌，这样对商品的质量没有把握，相应的售后服务也就没有了底。

（2）网络代销牵涉第三方交易，所以它的利润相对较低。

所以如果自己有一定的资金，要想在网上开店赚取比较可观的利润，自己去批发进货才是正确的选择。

1.2.3 交涉：成功进货的四技巧

进货对于一个网店卖家来说，是一门很深的学问，成功的卖家通过不断地学习和积累经验，才能将小店经营得井井有条，那么进货究竟有一些什么样的秘诀呢？有哪些技巧是需要在进货时掌握的呢？怎样与批发商谈判？进货成功的要领主要有以下几个方面。

1. 明白顾客的需求

顾客的需求可作为决策的向导，进货时可遵循以下要领：设置工作手册，设立顾客意见簿，有意识地记录顾客对商品的反应。然后对这些意见进行整理，建立缺货登记簿，对顾客需要但缺货的商品进行登记，并以此作为进货的依据；应对顾客意见簿进行定期检查，用心聆听顾客的建设性意见。这样对预测市场有所帮助，可以了解顾客对商品质量、品种、价格等方面的需求，从而采购到适销的商品，避免积压库存而造成不必要的损失，使经济效益得到提高。

2. 把握进货时机

对于货源不足、供不应求的商品，应根据市场需求来开辟货源，随时掌握进货情况，随供随进；对季节生产、季节销售的日常用品，应该本着“季初多进，季中少进，季末补进”的方针；新产品要先试销，进货量应从少到多。

3. 比较供货商

为了进到价格合理、品质优良的产品，可以让多家供货商提供价目表，以做参考，然后从中挑选适合店铺经营的商品。

4. 先进货后付款

进货后再付款可以赚取更多的利息，对中小型店铺还能起到规避风险的作用。

掌握以上各种进货要领，就会挑到称心如意的商品，进一步符合顾客的意愿，满足市场的需要。

1.3 技术储备——如何成为正式卖家

准备好货源后，那么接下来就是很重要的一步，如何成为正式卖家？即注册成为淘宝会员。选择淘宝这个平台，是很多初期创业者的首选，它的很多优势前面已经讲过。现在打开电脑，迈出网上开店第一步。

1.3.1 第一步：淘宝号注册激活

注册淘宝账户很简单，不需要花一分钱，只需要按照页面提示进行操作就可以轻松获得一个淘宝账号，无须另外激活，注册完成后就能正常使用。现在淘宝注册以手机为主，只有当手机已经申请过之后，才改为邮箱注册，下面详细讲解。

1. 手机注册

01 使用安全浏览器，登录淘宝首页（http://www.taobao.com/），单击淘宝首页左上方的“免费注册”按钮，如图1-19所示。

图1-19　淘宝首页

02 出现注册协议，单击同意协议后，会出现一个设置用户名的页面，即填写手机号。输入手机号，拖动滑块，验证通过，单击下一步，输入验证码，如图1-20所示。

图1-20　设置用户名

03 验证码输入正确之后，单击确认，进入“填写账号信息”页面，分别填写“设置登录密码”和“设置会员名”，给自己起一个好听的名字，登录密码也选择易记的数字或文字，如图1-21所示。

图1-21　填写账号信息

04 提交信息后，进入“设置支付方式”页面，按页面提示填写相关信息，此时需要绑定一张银行卡，并填写真实姓名和身份证件，如图1-22所示。注意，填写的手机号码必须是在开卡时预留在银行的号码，这样才能生效。

图1-22　设置支付方式

05 单击同意协议并确定之后，淘宝账号就注册成功了，如图1-23所示。此时你已成功开通某银行的支付宝快捷支付功能。

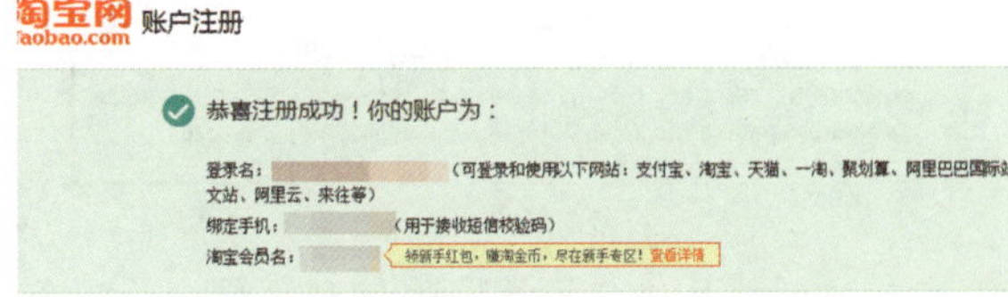

图1-23　淘宝账号注册成功

2. 邮箱注册

邮箱注册与手机注册的方式差不多，只要按照提示一步一步操作即可。若你的手机已被使用过，在验证手机步骤输入验证码，单击确认后，就会出现如图1-24所示的页面。

01 单击“不是我的，使用邮箱继续注册”链接。

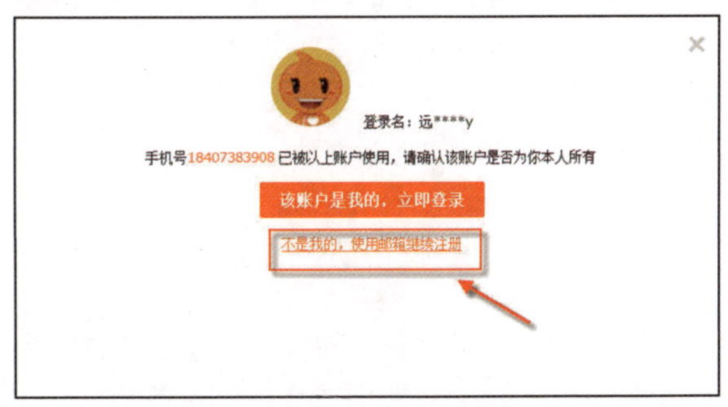

图1-24　使用邮箱注册

02 进入邮箱注册页面，设置用户名，输入可用的电子邮箱，单击下一步，会出现邮件已送达某某邮箱的提示，单击“请查收邮件”，如图1-25所示。在选择邮箱时，这里以163网易邮箱为例，当然也可以使用QQ邮箱、126邮箱等，尽量使用安全系数高的网址。

03 进入邮箱，在收件箱中找到淘宝网发来的“新用户确认通知”，单击“打开”按钮，完成注册，如图1-26所示。

图1-25 请查收邮件

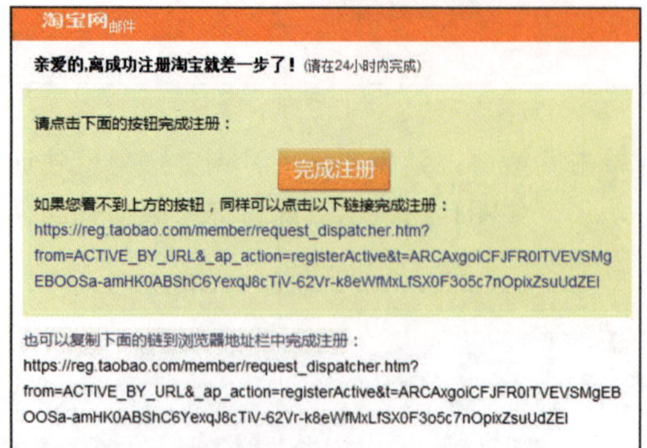

图1-26 完成注册

04 完成注册后会进入填写账号信息页面，设置你的登录密码和会员名，单击“提交”按钮，如图1-27所示。

图1-27 填写账号信息

05 这时可能会出现“账号有操作风险，请进行安全验证”的信息，我们选择手机短信验证，如图1-28所示。

图1-28 安全验证

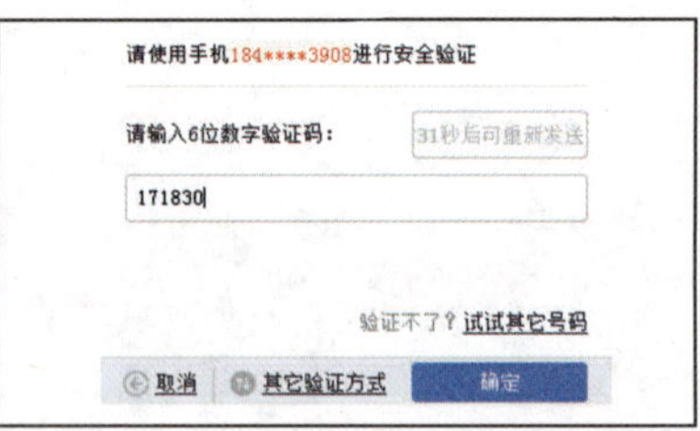

图1-28 安全验证（续）

06 输入验证码，单击“确定”按钮，淘宝账号就注册成功了，如图1-29所示。

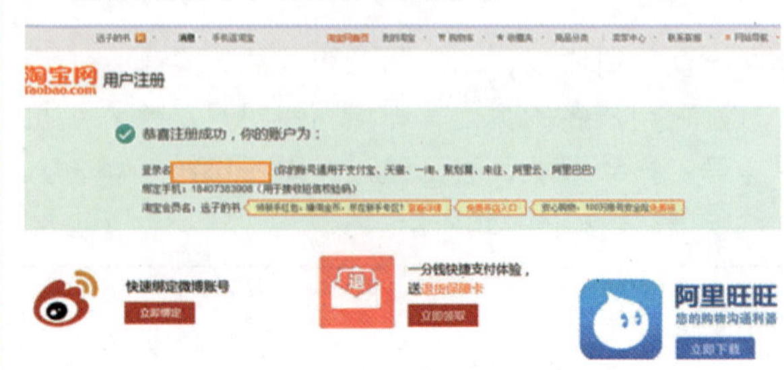

图1-29 淘宝注册成功

1.3.2 第二步：实体信息的填写

账号注册成功后，单击淘宝会员名，进行账号管理，设置个人信息。账号管理下面有很多重要的信息可以添加，比如安全设置、个人资料、隐私设置、个人成长信息等。下面主要介绍怎样修改头像、添加邮箱和收货地址及网站提醒等方面的设置。

1. 修改头像&添加邮箱

个人头像是给他人的第一印象，直接反映了一个人的审美情趣和审美品位，上传一张最能代表自己形象和心情的头像，是很重要的事情。

01 进入账户设置页面后，单击“个人资料—头像照片”，如图1-30所示，可以选择“本地上传”或“拍照上传”图片，下面以本地上传为例来介绍。

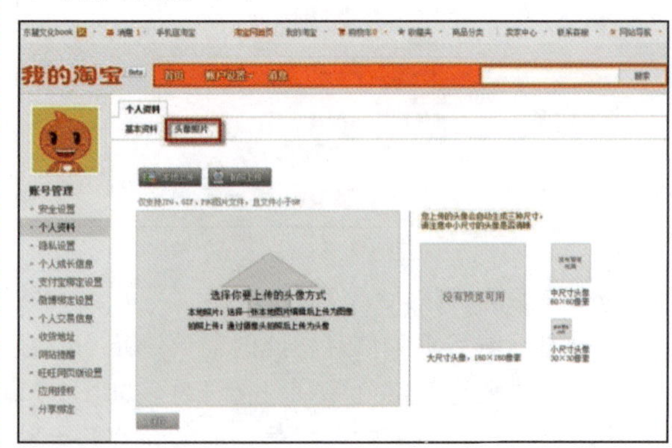

图1-30 单击“头像照片”选项

02 单击“本地上传”按钮，在弹出的对话框中选择一张图片，然后单击“打开”按钮，如图1-31所示。

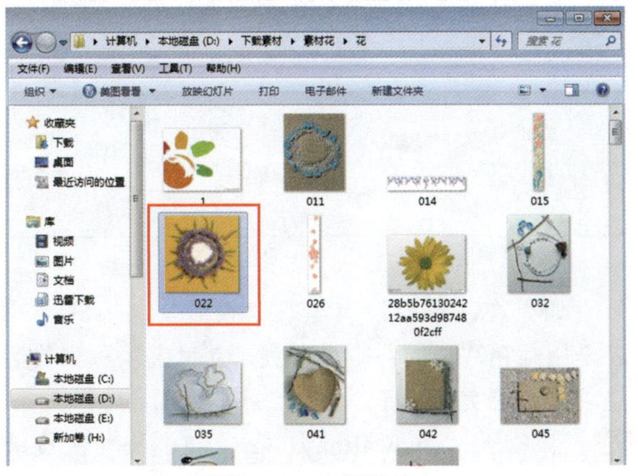

图1-31 选择图片

03 在上传的图片上拖动显示定界框，然后单击“保存”按钮，如图1-32所示。

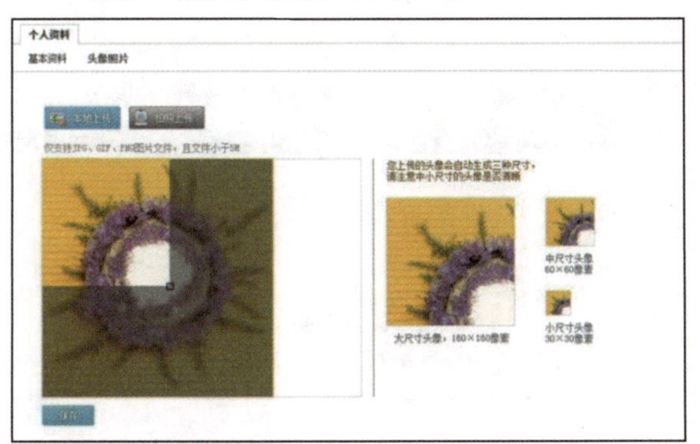

图1-32 拖动显示定界框

04 修改将在30秒后生效。返回到“账户设置”页面，查看修改的个人头像，如图1-33所示。

图1-33 头像修改成功

淘宝安全设置是一项严格保密的个人资料管理，为了提高账号的安全性能，可以申请身份认证和密保问题，身份认证与支付宝密切相关，这一点后面会详细讲解。现在主要讲解安全设置里面的基础信息，怎样为淘宝账号添加一个邮箱。

01 单击页面上的“添加邮箱”字样，如图1-34所示。

图1-34 添加邮箱

02 出现一个安全校验的页面，需要提供验证码，单击“立即添加”按钮，如图1-35所示。进入短信验证页面，获取验证码，输入成功后，单击“下一步”按钮，如图1-36所示。

图1-35 立即添加短信验证

图1-36 获取短信验证

03 添加邮箱，在“邮箱”文本框中输入未占用的有效邮箱，单击“下一步”按钮，如图1-37所示，邮箱添加成功。

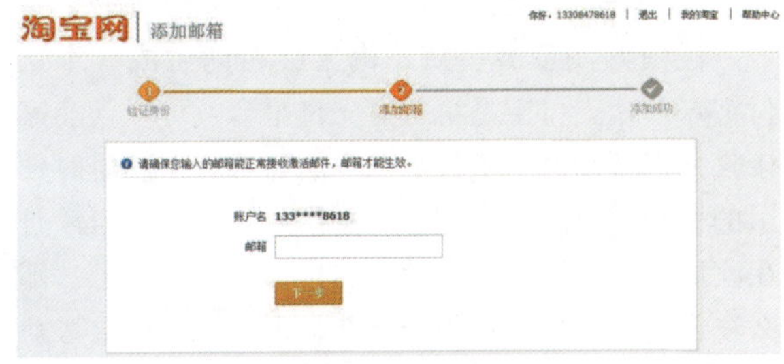

图1-37 输入有效邮箱

2. 网站提醒&收货地址

个人的收货地址也很重要，设置收货地址与网站提醒是为了方便在交易时的收发货等操作。

01 进入“账户设置”页面，单击“网站提醒”链接，进行网站提醒页面设置，根据自己的需要勾选复选框，最后单击“保存”按钮，设置完毕，如图1-38所示。

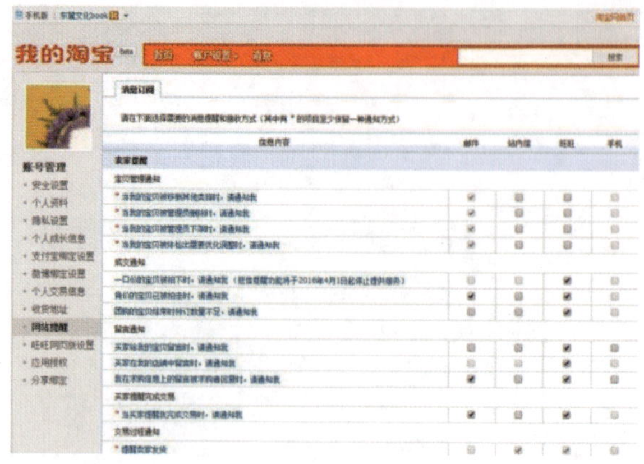

图1-38 网站提醒设置

02 单击“收货地址”链接，进入收货地址页面，输入收货地址和收货人姓名，单击“保存”按钮，如图1-39所示。

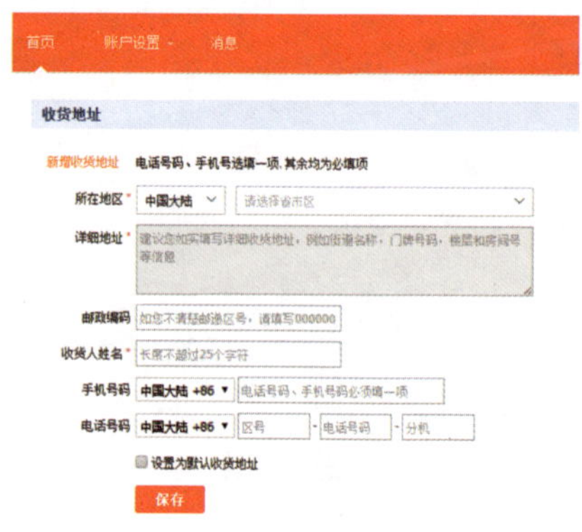

图1-39 收货地址设置

1.3.3 第三步：认证支付宝账号

注册好淘宝会员后，淘宝会自动生成一个支付宝账户，支付宝是第三方支付平台，可以帮卖家接收并保管钱财。支付宝账户的名称就是注册时使用的手机号/邮箱号，如果是用手机号注册的，且在注册时填写了有关“设置支付方式”等信息，那么注册完成之后，稍等一会儿，再进入支付宝账户时，就已经完成了实名认证，如图1-40所示。

图1-40 完成支付宝实名认证

如果在注册时没有填写“设置支付方式”或者是用邮箱注册的，则需要登录支付宝填写相关信息，来完成实名认证，支付宝才能使用。

01 打开https://www.alipay.com/，进入支付宝登录页面，输入注册时用的账号和密码，进入“我的支付宝”首页，账户名后面有“未认证”三个字，单击它，如图1-41所示。

图1-41 单击“未认证”链接

02 进入支付宝注册页面，根据提示填写相关信息，如图1-42所示。

图1-42 支付宝注册页面

03 进入“设置支付方式”页面，根据提示填写相关的银行卡号和手机号码，并获取校验码，最后单击“同意协议并确定”按钮，如图1-43所示。

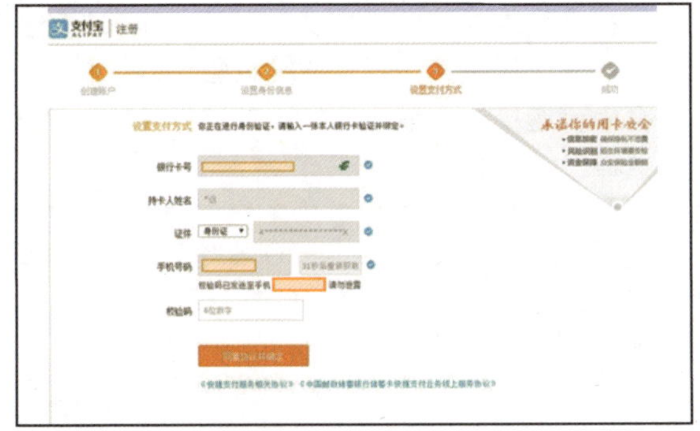

图1-43　设置支付方式

04 进入“身份校验”页面，左边有“未实名”的提示，还需要进一步完善身份信息，才能获得更多权限，单击“点击完善”按钮，如图1-44所示。

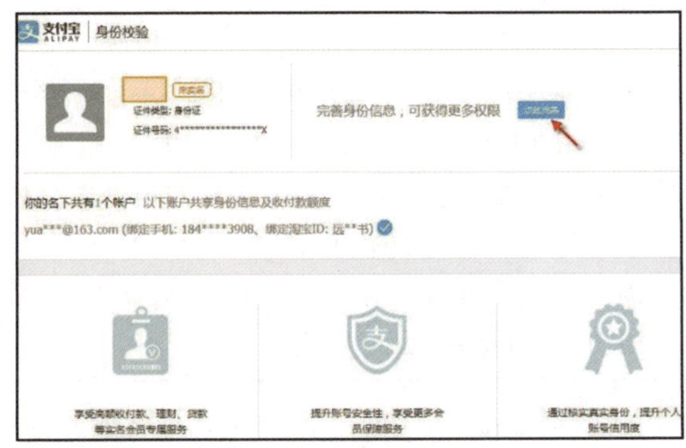

图1-44　完善身份信息

05 填写本人银行卡信息，并开通快捷支付功能，此时银行卡信息应与之前填写的信息保持一致，如图1-45所示。

图1-45　填写银行卡信息

06 进入身份校验的第二步，上传身份证件照，并填入证件有效期，最后单击“确定提交”按钮，如图1-46所示。

07 身份信息完善后，返回到支付宝查看。在弹出的页面中单击“返回我的支付宝”按钮，如图1-47所示。这时进入“我的支付宝”首页，页面显示“您已经通过支付宝实名认证”，如图1-48所示。

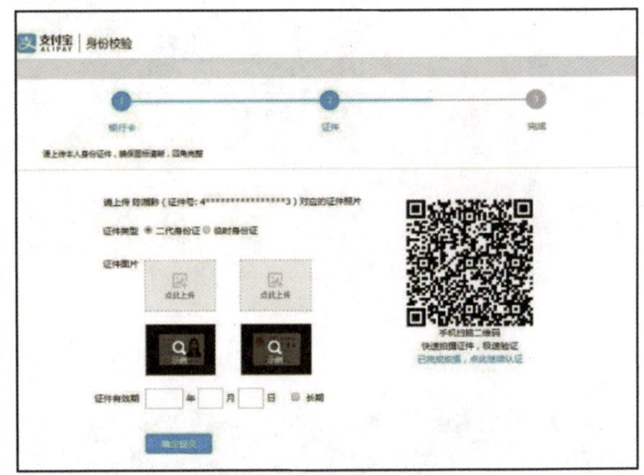

图1-46　上传证件

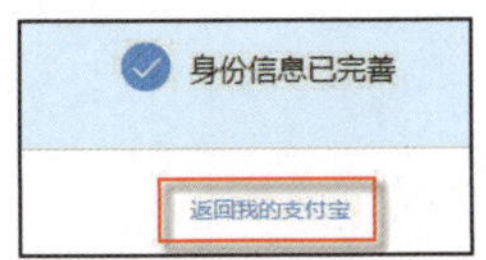

图1-47　身份信息已完善

图1-48　支付宝实名认证已完成

1.3.4　第四步：支付流程过一过

支付宝进行实名认证后，就可以使用了。当支付宝用于消费时，它常用到的功能就是充值、转账与提现，现在对这3种功能详细讲解。

1. 充值

充值就是把银行卡上的现金转到支付宝账户，成功后可以用支付宝进行付款。给支付宝充值的具体步骤如下。

01 打开浏览器，在地址栏中输入https://auth.alipay.com/，进入支付宝登录首页，输入账户名和密码，单击“登录”按钮，如图1-49所示。

02 进入“我的支付宝”首页，在“账户余额”一栏中，有充值、提现、转账等提示，单击“充值”按钮，如图1-50所示。

图1-49　支付宝登录页面

图1-50　“我的支付宝”首页

03 进入“支付宝充值”页面，有两种选择，一种是充值到余额宝，另一种是充值到余额，鉴于余额宝有理财功能，使用的人越来越多，这里选择充值到余额宝。输入转入金额，并单击“同意协议并继续”按钮，如图1-51所示。

图1-51　充值到余额宝

04 弹出“无法使用余额宝服务”信息，这时需要去完善身份信息，如图1-52所示。单击“完善身份信息”。

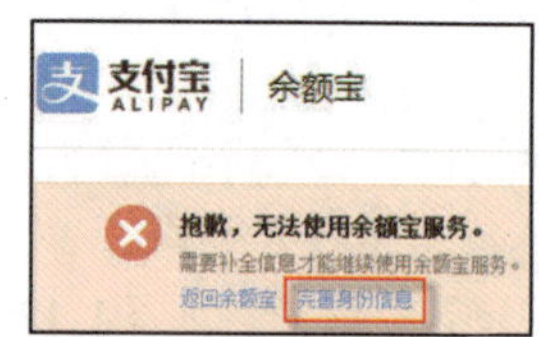

图1-52　无法使用余额宝服务

05 进入“身份校验”页面，根据提示，需要完成一项身份校验才可使用余额账户，如图1-53所示。在“使用其他方式继续校验”的下拉列表框中，选择认为最方便的一项进行校验，这里选择“校验本人银行卡”。

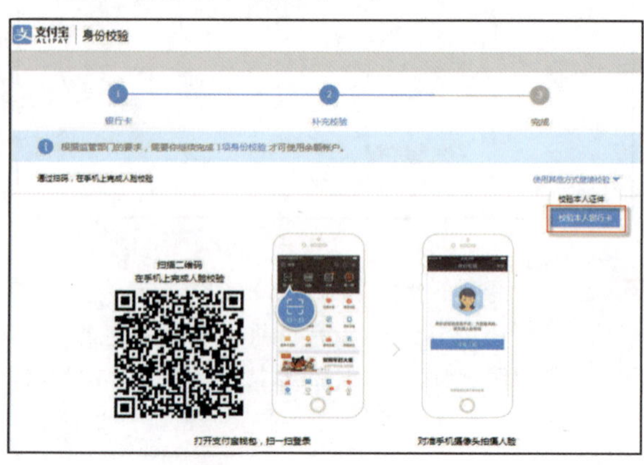
图1-53　校验本人银行卡

06 填写相关银行卡信息，支付宝平台会着重指出“校验不同银行的银行卡可累计校验个数……”，所以要用注册时使用的银行卡之外的其他银行卡进行校验，注意填写信息和手机号码，获取验证码后，单击“下一步”按钮，如图1-54所示。

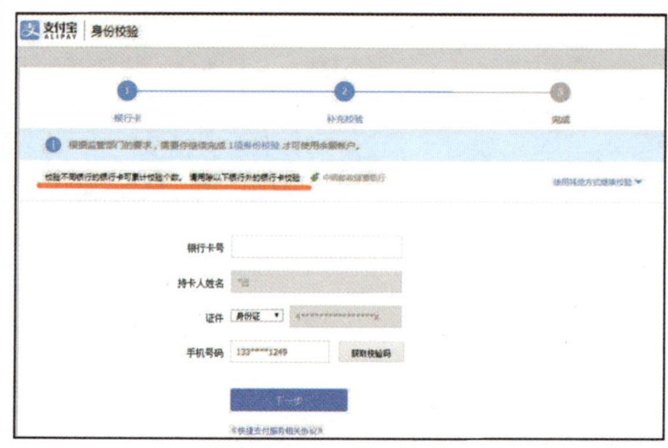
图1-54　填写注册外的银行卡信息

07 身份信息已完善，返回到“我的支付宝”。回到“充值到余额宝”页面，输入转入金额，单击“下一步”按钮，弹出“我的收银台”页面，如图1-55所示。选择付款方式，输入支付密码，单击“确认付款”按钮。

08 弹出信息校验页面，收到信息后，输入验证码，单击“确认付款”按钮即可，如图1-56所示。

09 付款成功，单击“点此查看”链接，进入余额宝页面查看相关信息，如图1-57所示。

10 进入余额宝首页即可看到刚刚转入的金额，如

图1-58所示，充值成功。

图1-55　我的收银台

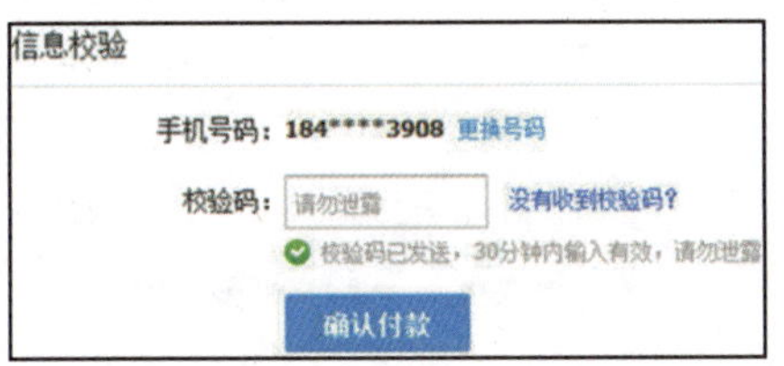

图1-56　确认付款

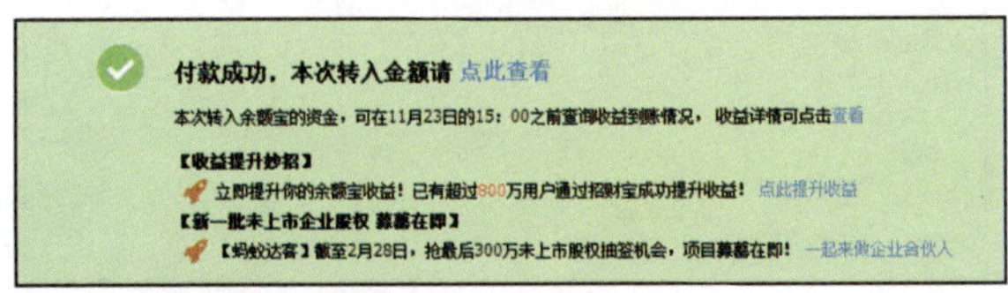

图1-57　付款成功

图1-58　余额宝首页

2. 转账

转账也是使用支付宝时常用的功能，既可以转账到对方的支付宝，也可以转账到对方的银行卡，是一项便利的电子服务功能。转账的详细步骤如下。

01 与充值一样，先进入支付宝登录页面，输入账号和密码，进入支付宝首页，在页面上单击“转账”按钮，如图1-59所示。

02 弹出支付宝转账页面，可以选择转账到支付宝，也可以选择转账到银行卡，以“转账到支付宝”为例，输入收款人和付款金额，单击“下一步”按钮，如图1-60所示。

图1-59　单击“转账”按钮

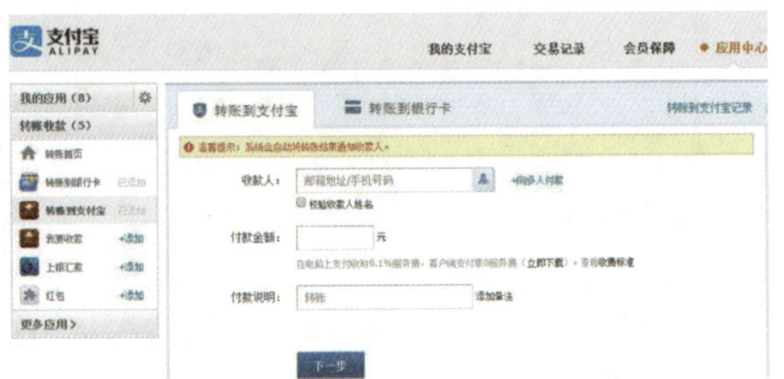

图1-60　转账到支付宝

03 确认转账信息。选择电脑付款要收取0.5元的服务费，手机付款是免费的，这一点要清楚。转账信息确认无误后，拖动滑块验证，最后单击“确认信息并付款”按钮，如图1-61所示。

转账付款

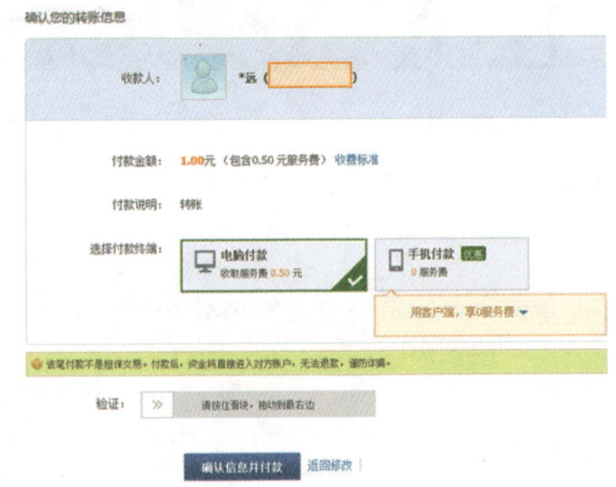

图1-61　确认转账信息

04 选择付款方式。在我的收银台页面选择付款方式，并输入支付密码，最后单击“确认付款”按钮，如图1-62所示。

05 转账成功。可单击“查看详情”链接，如图1-63所示。

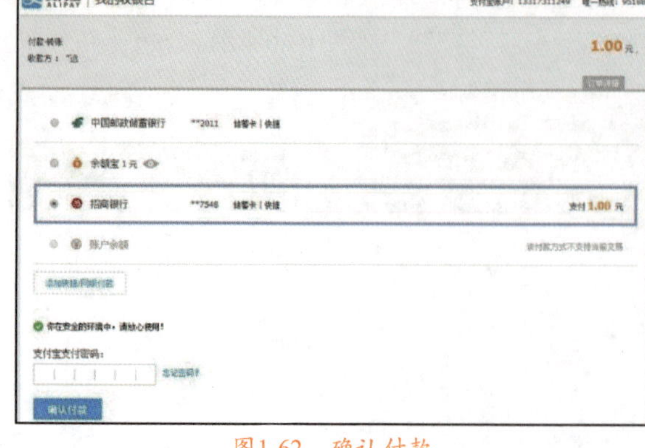

图1-62　确认付款

图1-63　转账成功

3. 提现

提现与充值恰好相反，提现是指将支付宝里面的可用余额转入以账户本人姓名开户的储蓄卡，这样就可以通过银行把现金提取出来。支付宝提现的详细步骤如下。

01 打开支付宝登录页面www.alipay.com，输入用户名和密码，进入"我的支付宝"首页，单击"提现"按钮，如图1-64所示。

图1-64　单击"提现"按钮

02 提取余额到银行卡。选择要将余额转入的银行卡，输入提现金额，单击"下一步"按钮，如图1-65所示。

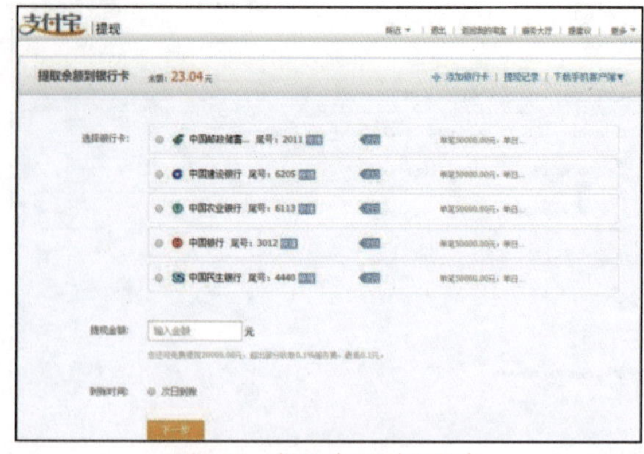

图1-65　提取余额到银行卡

03 确认提现信息。信息确认后，输入支付密码，单击"确认提现"按钮，如图1-66所示。

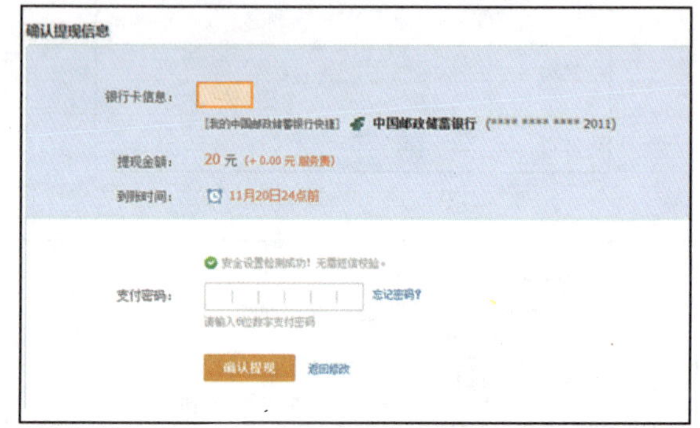

图1-66　确认提现

04 提现申请已提交，等待银行处理。一般来说，提现是次日到账，如果填写银行信息有误，资金将自动退还到支付宝，如图1-67所示。

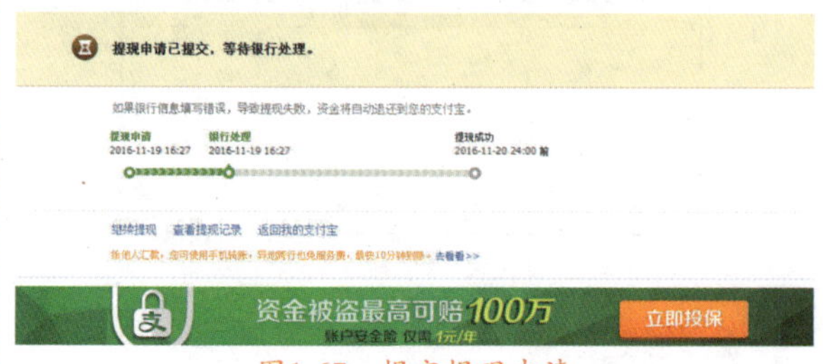

图1-67　提交提现申请

一本就够

颜色分类 紫罗兰

数量 1 件(库存1件)

价格 ¥99.00

配送 湖南长沙 至 湖南长沙天心区 快递 ¥10.00 卖家承诺24小时内发货

尺码 XS S M

颜色分类

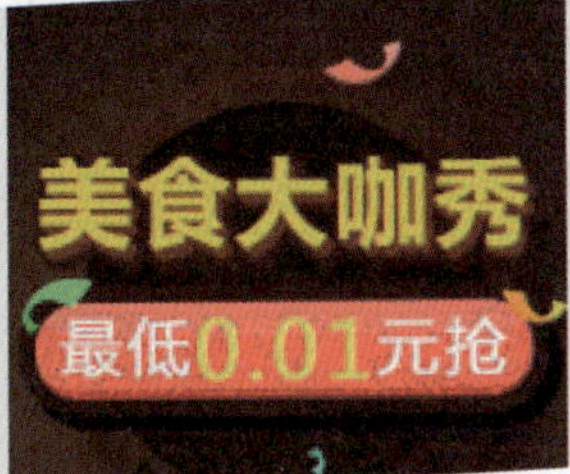

Hi! 远子chyy

领淘金币抵钱 会员俱乐部

闲鱼客户端曝光量更大，成交更快

平均每天约有10W件以上闲置物品被卖出

平均每人每月收入700元以上

第2章 开店攻略，妞妞小镇的诞生

一切准备工作都已经做好，接下来就是申请开店了。店铺名字已经想好，货物也已经到位，接下来就是把它们都搬到网上去，与大家分享这种美好的心情。淘宝开店是免费申请的，只要根据提示填写相关信息并提供照片，等待审核通过，就能拥有一间淘宝小店了。

2.1 开店申请——这些步骤是免费的

目前在淘宝集市开店是免费的，但为了保障消费者的利益，开店成功后部分类目需缴纳一定额度的保证金，保证金缴纳成功后随时可申请解冻。下面介绍申请开店的详细步骤。

2.1.1 登录账号并提交申请

01 登录淘宝网后，单击网页上方的“卖家中心”链接，在下拉菜单中选择“免费开店”命令，如图2-1所示。

图2-1 单击“卖家中心”链接

02 进入“卖家中心”页面后，单击“创建个人店铺”按钮，如图2-2所示。

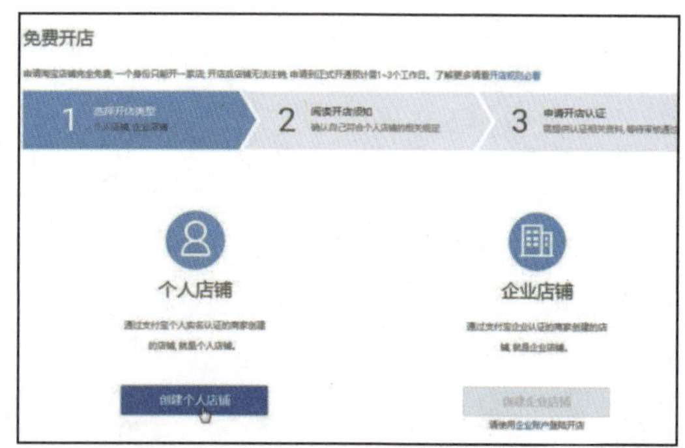

图2-2 创建个人店铺

03 仔细阅读开店须知，一张身份证只能开一个淘宝店铺，而且淘宝暂时不提供注销店铺的服务，阅读完毕后，单击“我已了解，继续开店”按钮。

2.1.2 支付宝实名认证并通过

01 进入“申请开店认证”页面，在支付宝实名认证一栏中，显示状态“不通过”，这里是因为支付宝账户的信息不够完善，单击“立即认证”按钮，去完善信息，如图2-3所示。

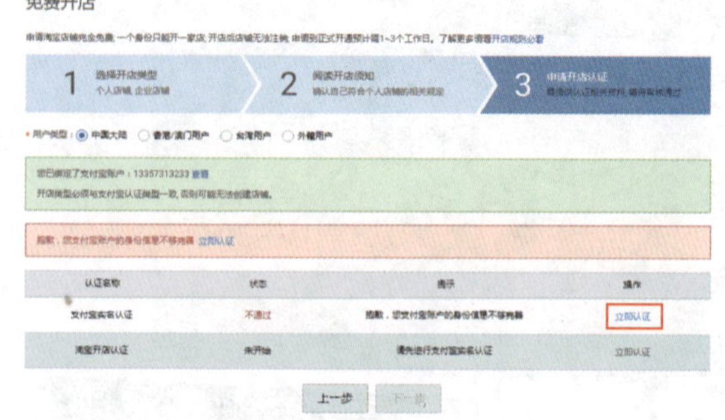

图2-3 申请开店认证

02 进入“身份校验”页面，根据提示上传证件照，最后单击“确定提交”按钮，如图2-4所示。

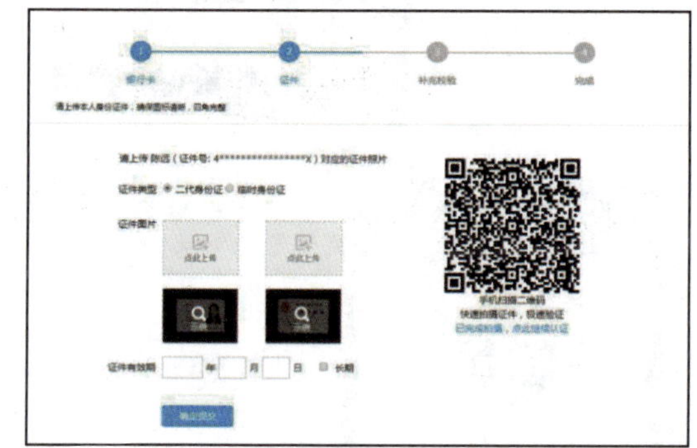

图2-4 身份校验

03 进入“补充校验”页面，完成人脸校验或银行卡校验，我们选择人脸校验。完成后单击“已完成拍摄，点此继续认证”即可，如图2-5所示。

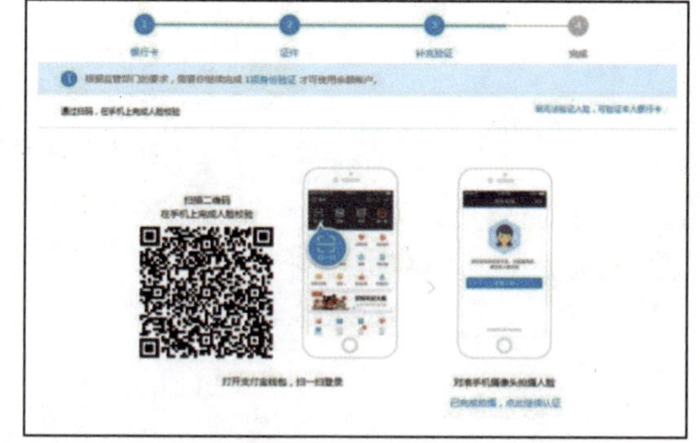

图2-5 人脸校验

04 返回“申请开店认证”页面，此时在支付宝实名认证那一栏中显示“通过”。

2.1.3 淘宝开店认证并通过

01 支付宝实名认证完成后，返回到“申请开店认证”页面，在淘宝开店认证一栏中，状态显示为“未开始”，单击“立即认证”，如图2-6所示。

图2-6 淘宝开店认证

02 根据提示完成“淘宝身份认证资料”，如图2-7所示。

图2-7 淘宝身份认证

03 用手机下载好钱盾，并按提示完成各项操作后，身份认证完成，等待审核。审核通过后，如图2-8所示，单击“创建店铺”按钮。

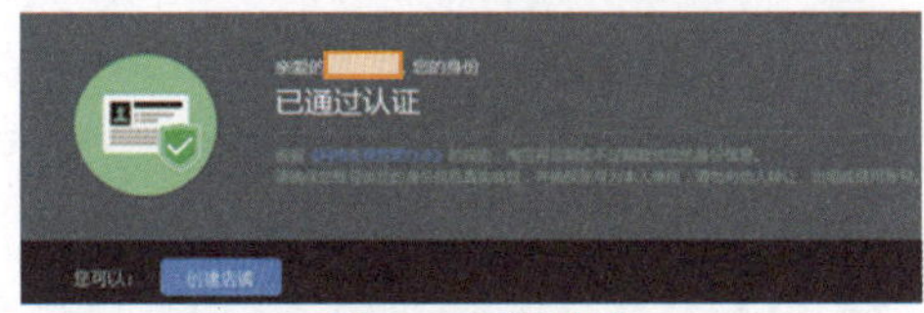

图2-8 审核通过

04 返回到“申请开店认证”页面，此时支付宝实名认证和开店认证都通过了，单击“下一步”按钮，如图2-9所示。

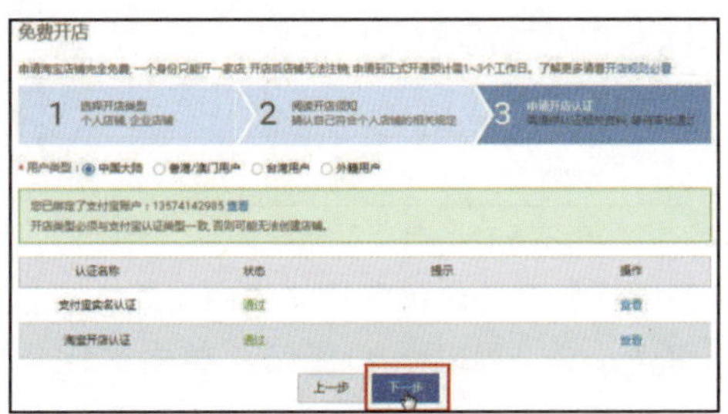

图2-9 申请开店认证

05 弹出开店协议对话框，认真阅读后，单击“同意”，店铺就创建成功了，如图2-10所示。

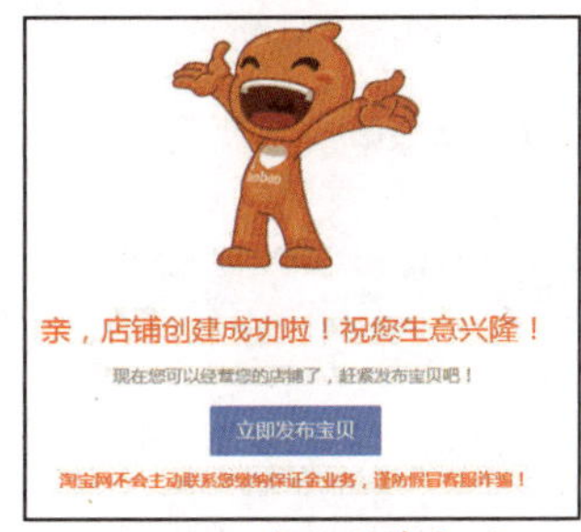

图2-10 店铺创建成功

2.2 店铺设置——让我的店与众不同

店铺创建成功后，可以对店铺进行基本的设置，如名称、店标和域名等，以方便别人识别和记忆，同时也可以凸显自己独特的风格。

2.2.1 了解：我这么看卖家中心

对于新创建的店铺，要有一定的认识，首先从“卖家中心”开始。返回到淘宝网首页，使用刚刚创建店铺的用户名和密码登录，单击右上角的“卖家中心”，如图2-11所示。进入“卖家中心”首页，如图2-12所示。

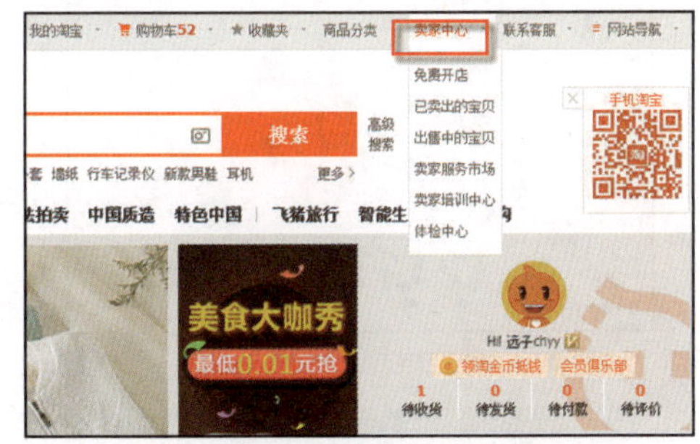

图2-11 单击“卖家中心”链接

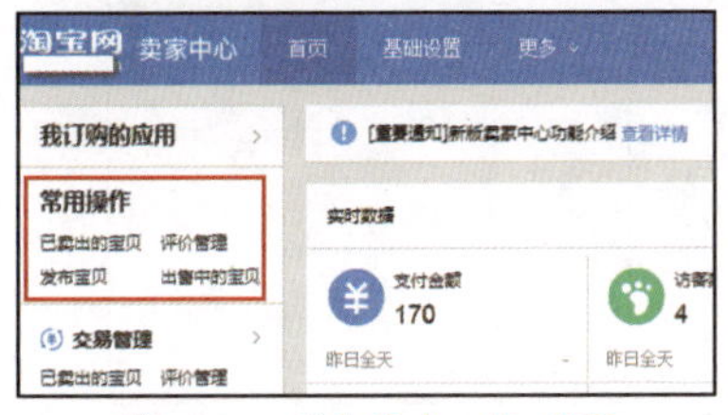

图2-12 “卖家中心”首页

新手进入“卖家中心”会自动弹出新手版，如果不是新手版，单击“卖家中心”右侧的灰色文字“回到新手版”，如图2-13所示。

图2-13 “回到新手版”文字

“卖家中心”共分为首页、应用中心、基础设置、规则中心、安全中心、服务中心、卖家论坛、淘宝大学8个栏目，集应用与服务为一体。

1. 首页

首页左侧为“菜单”板块，单击不同的菜单可以跳转至相应的设置页面。

右侧上方为信用分动态，4分可获得1颗心，11分可获得2颗心，新手卖家达到41分就可获得3颗心，成功交易一次并获得好评才能加1分。

右侧下方为“新手工作台”，有关于店铺信息、商品信息以及交易数据等信息，以及今日必读、微海报、营销信息、商家学习等有助于新手快速提升自己的学习资料。

2. 应用中心

进入应用中心后，可以看到左侧的菜单在右侧都有快捷图标的设置，如图2-14所示。如果想要添加新的应用，单击右上角的“应用中心新手引导”，它会提示你如何添加新的快捷应用，如图2-15所示。

图2-14 应用中心

图2-15 新手引导

3. 基础设置

店铺的基础设置，是有关店铺的名片展示，是传达给顾客的第一信息，包括店名、店标、店铺简介以及新增加的经营地址、主要货源和店铺介绍。通过基础设置，顾客可以清楚店家的经营类目、店铺风格和产品特性等，先不要急着设置你的店铺，等下我们会详细介绍。

4. 其他栏目

至于规则中心、安全中心和服务中心是卖家淘宝开店须知的权利和义务。有规则才能正常运作；如果遇到账号被盗，或信息被泄露等安全问题，要立即进入阿里110（安全中心）进行相关操作；服务中心是有关认证、商品发布\管理、消保服务、交易管理、营销活动等服务内容，实时为卖家解决问题。淘宝论坛和淘宝大学是卖家交流和学习的地方，新店开张以后，应多多参与，仔细琢磨其他店家的经营之道，还有关于淘宝的最新消息和活动，都通过这两个板块发布，要及时关注。

2.2.2 起名：易记好听反映特色

好的名字富有感染力，一般名字里面会带有对店铺商品的描述，可以让顾客快速知道店铺所经营的是哪类产品，同时也有利于搜索。如山之孕土特产，就可以很快判断是卖野生的土特产，让人一目了然。还有糖糖屋，森女部落等，都可以从名字上对产品进行分类。当然取名的方式多种多样，最好能体现自己的风格。还有很重要的一点，必须是他人未使用过的店铺名才能通过。

01 进入“卖家中心”，单击“基础设置”，弹出店铺基本设置页面，如图2-16所示。

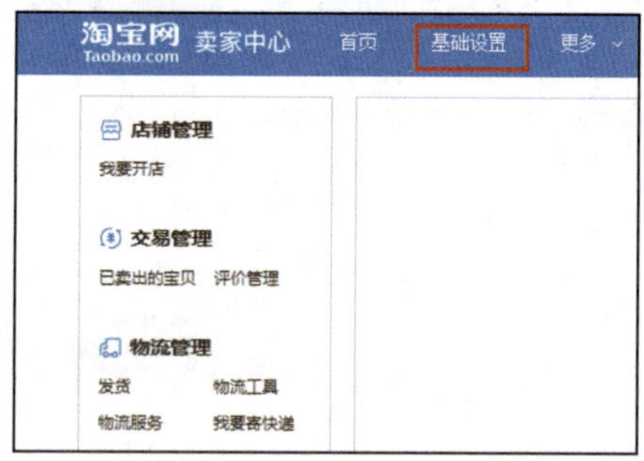

图2-16 单击“基础设置”链接

02 在基础信息下的店铺名称一栏中，输入店铺名，如妞妞小镇，如图2-17所示。单击“保存”按钮，即可保存。

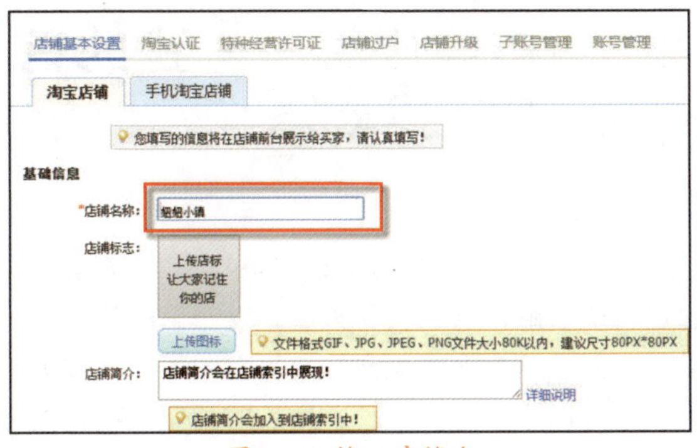

图2-17　输入店铺名

2.2.3　店标：一见LOGO就钟情

店标可以看成是一个店铺的标志，店标可以作为一个店铺的形象参考，给人的感觉是直观的。店标代表着店铺的风格、店主的品位、产品的特性，也可起到宣传的作用。店标文件大小要求80KB以内，建议尺寸为80像素×80像素。

01 进入“卖家中心”，单击“基础设置”，进入“店铺基本设置”页面，可以看到店标尚未设置，如图2-18所示。

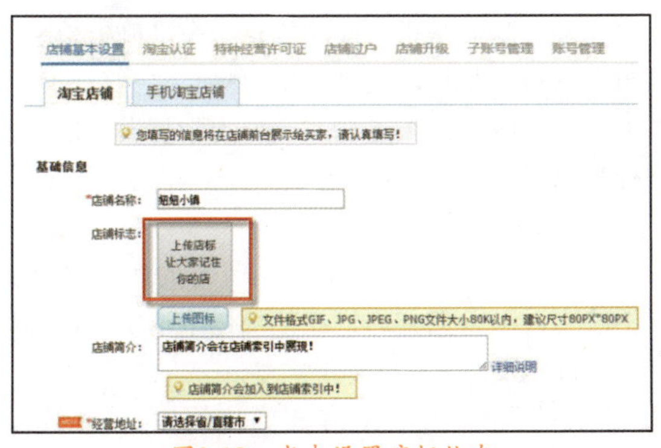

图2-18　尚未设置店标状态

02 单击“上传图标”按钮，弹出对话框，选择准备上传的店标图像，如图2-19所示。

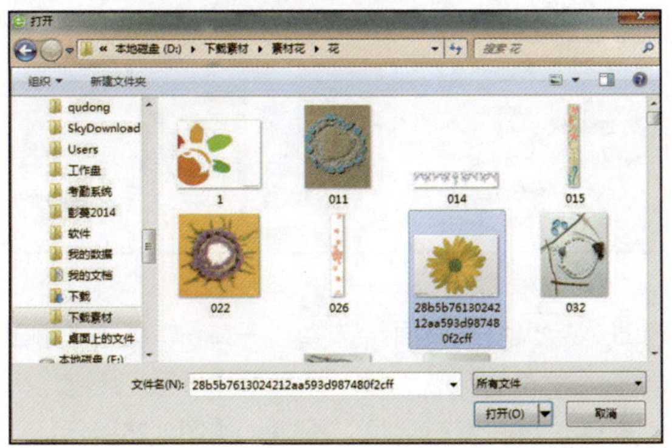

图2-19　设置店标

03 单击“打开”按钮，图片即上传，如图2-20所示。

04 设置完成后，单击“保存”按钮保存设置。

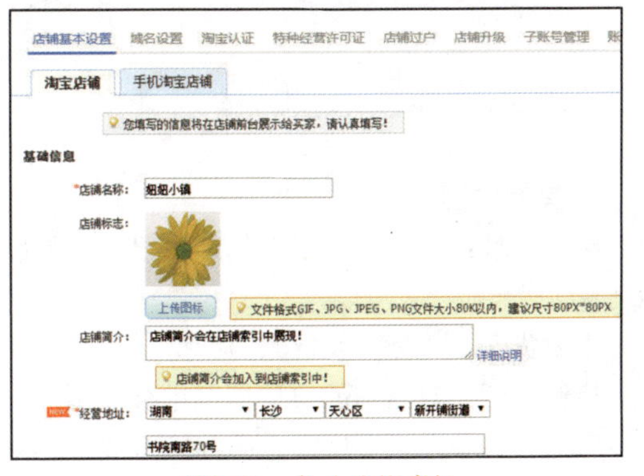

图2-20　成功更换店标

2.2.4　简介：填写内容有潜规则

在“店铺基本设置”页面还包括店铺简介、经营地址、店铺介绍和主要货源等信息的设置，如图2-21所示。其中店铺简介的内容需要按规则填写。

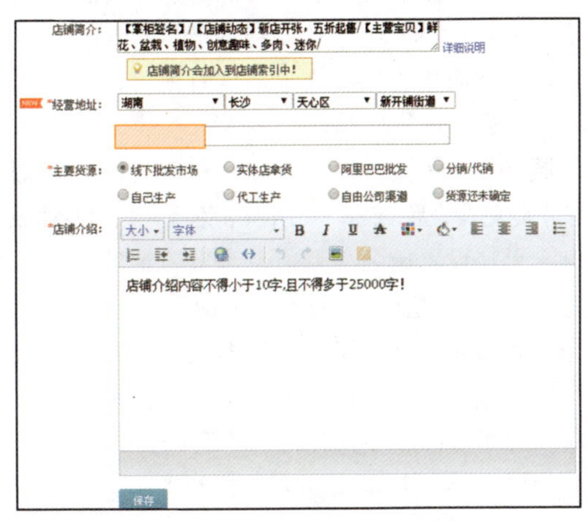

图2-21　店铺简介及其他

1. 店铺简介

店铺简介包括3个部分，分别为掌柜签名、店铺动态和主营宝贝。在填写店铺简介时应注意填写格式，如：【掌柜签名】……/【店铺动态】……/【主营宝贝】……/，在省略号处输入文字即可，如果不填，要把省略号去掉，如没有【掌柜签名】，那格式就应该是：【掌柜签名】/【店铺动态】新店开张，五折起售/【主营宝贝】鲜花、盆栽、植物、创意趣味、多肉、迷你/，写好以后可以去查看展示的位置，如图2-22所示。红色框内为主营宝贝，蓝色框内为店铺动态。

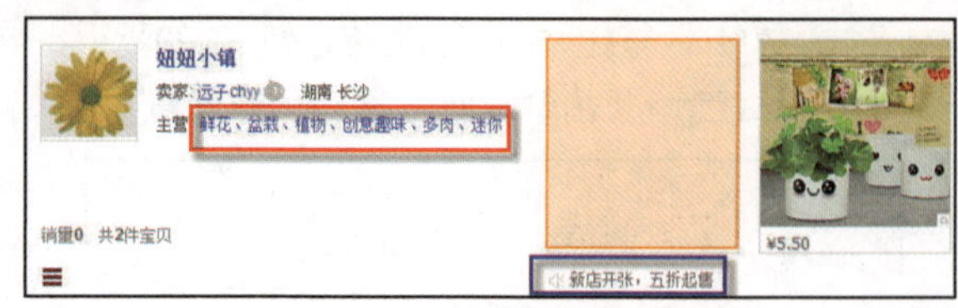

图2-22　店铺简介展示位置

2. 其他内容

经营地址：根据实际情况填写自己店铺的联系地址。

主要货源：选择主要货源的类型。

店铺介绍：对店铺的整体情况进行介绍，也是宣传店铺的一种方式。店铺介绍的编写要点有对商品特色的描述、质量的保证等内容，尽可能放一些实拍图片加强说服力度，让顾客相信这是一个值得信任的漂亮小店。

2.2.5　域名：让我的店铺更好找

在淘宝网平台开店后即可拥有一个店铺域名，初始域名如https://shop356215290.taobao.com/，因其千篇一律而相对比较难记，这时就可以自定义二级域名，方便进行店铺推广。

域名设置需要注意，只有一钻以上付费专业版的用户才能免费设置域名。一钻以下免费升级为专业版的用户，无法设置域名。目前，淘宝店铺的二级域名只能修改3次，超过3次将不能修改和设置。

设置二级域名后可在浏览器地址栏中直接显示二级域名，加强买家对域名的记忆，使消费者快速在众多的淘宝网店中找到自己的店铺。

设置域名的基本步骤为：进入“卖家中心”，单击“基础设置”→“域名设置”即可根据提示完成操作，如图2-23所示。

图2-23　域名设置

2.3　初尝经营——我的首款宝贝上架

店铺的基本信息已经设置好了，对卖家中心也已有所了解，那么接下来就是发布第一款宝贝。以新云四叶草为例，先介绍宝贝主图，填写宝贝信息，还可以增添一些播种、生长的画面让顾客更好地了解产品；另外，赠送超值的种子或者花盆会吸引更多点击率。

2.3.1　发布：很多方式可供选择

目前淘宝发布宝贝有3种方法：发布一口价商品、发布闲置商品和发布拍卖商品。其中，“一口价”法是最常用的方法，接下来让我们认真操作一下“一口价”发布法和简单了解其他发布法的发布流程。

1. “一口价”发布

开店成功后就可以发布“一口价”商品。“一口价”发布商品是指给商品规定一个准确的价格，发布之后该商品将以这个价格出售。“一口价”发布里面又有两种发布方法，一种为常规发布法，另一种为利用宝贝模板发布法。

● 常规发布法

打开电脑，登录淘宝（注册时的账户名和密码不能忘，可以把它们记在某个记事本中），开始“一口价”发布宝贝。

01 进入“卖家中心”，单击“应用中心”链接，找到“宝贝管理”一栏，单击“发布宝贝”图标，如图2-24所示。

图2-24　单击“发布宝贝”图标

02 进入宝贝发布页面，选择“一口价”，在左侧选择要发布的商品类目，然后单击“我已阅读以下规则，现在发布宝贝”按钮，如图2-25所示。

图2-25　发布一口价商品

03 在打开的网页中填写宝贝的基本信息，如图2-26所示。

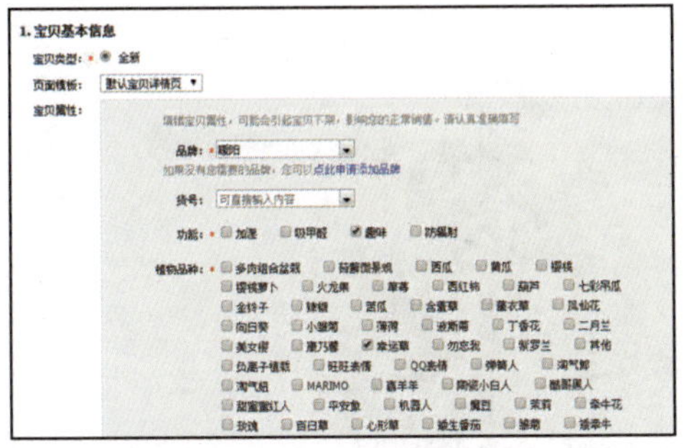

图2-26　填写宝贝基本信息

04 填写宝贝标题，标注宝贝价格和宝贝数量，选择产品颜色。

05 上传宝贝图片。单击“本地上传”，再单击“文件上传”按钮，如图2-27所示。在弹出的页面中选择相应的图片，最后单击“打开”按钮即可。

图2-27　上传宝贝图片

06 在“宝贝描述”一栏中，输入相应商品的文字说明资料，可使用复制和粘贴的方法从其他文档资料中复制，如图2-28所示。

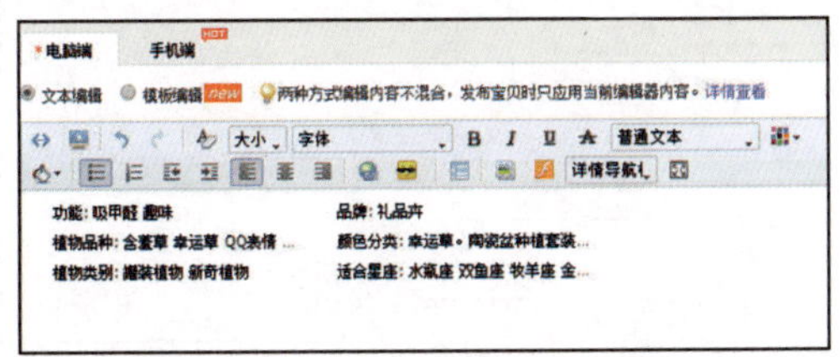

图2-28　输入宝贝描述

07 宝贝物流及安装服务。运费模板已经升级，“宝贝所在地”和“卖家承担运费”等设置要在运费模板中进行操作，单击“新建运费模板”，如图2-29所示。

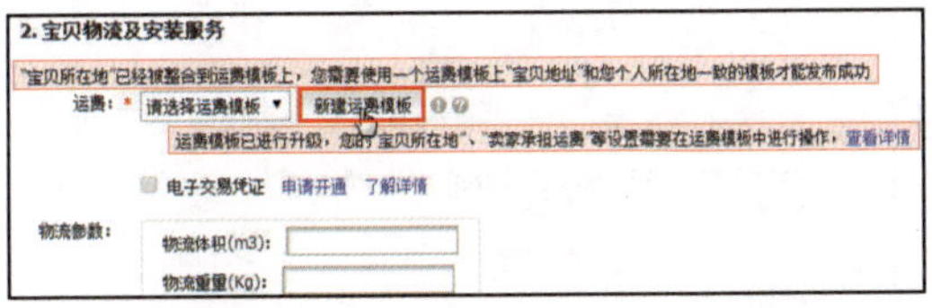

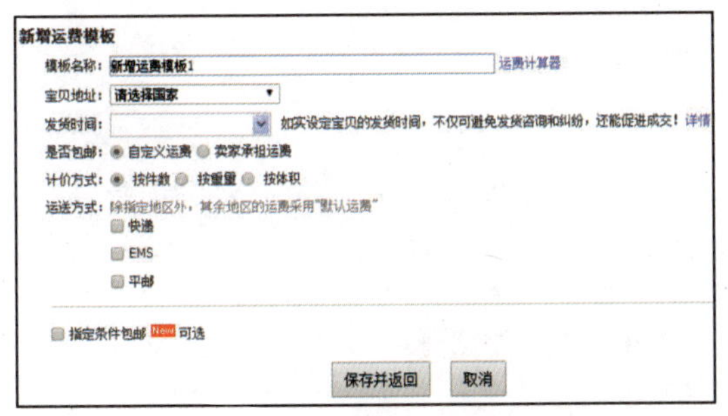

图2-29　单击“新建运费模板”链接

08 在弹出的新增“新增运费模板”页面填写相应的信息，最后单击“保存并返回”按钮即可，如图2-30所示。

图2-30　输入运费模板信息

09 售后保障信息和其他信息都选择默认模式，单击“发布”按钮，可能会弹出发布失败的消息，原因：改类目需缴纳保证金或者需要参加账期保障才可发布商品，单击“卖家中心》消费者保障服务”链接，如图2-31所示。

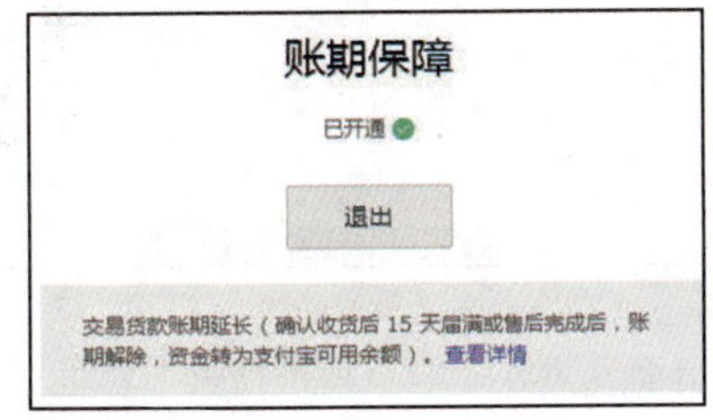

图2-31　发布出错

10 弹出“消费者保障服务”页面，在“账期保障”下面单击“开通”，在弹出的对话框中单击“确认”按钮，账期保障就开通了，如图2-32所示。

图2-32　开通账期保障

11 返回到发布页面，关掉发布助手，一切信息确认无误后，单击“发布”按钮，这时如果宝贝发布成功，说明该类目可以不交保证金，如图2-33所示；如果发布还不成功，那就说明该类目需缴纳保证金才可发布。如何缴纳保证金，后面会详细讲解。

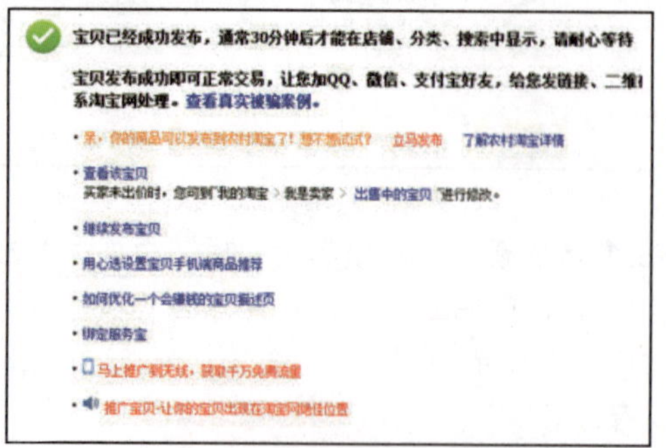

图2-33　宝贝发布成功

12 宝贝发布成功后，等待一小会，就能在店铺中找到它，单击就可以进入宝贝详情页，如图2-34所示，四叶草已经成功上架了。

图2-34　进入详情页查看

● 利用宝贝模板发布法

利用宝贝模板发布商品，可在原有模板的基础上对宝贝信息进行修改。

01 进入“一口价”发布页面后，选择相关类目，单击“利用宝贝模板发布”链接，如图2-35所示。

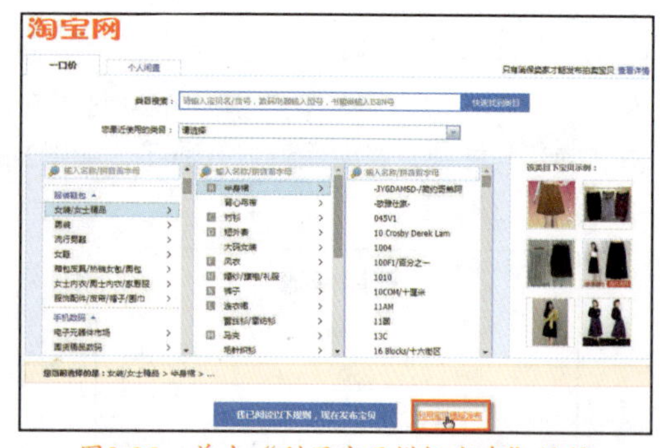

图2-35　单击“利用宝贝模板发布”链接

02 跳转页面，进入“宝贝模板搜索”页面，也可以在关键字搜索栏中输入想要发布的类目，如半身裙，单击“搜索”按钮，如图2-36所示。

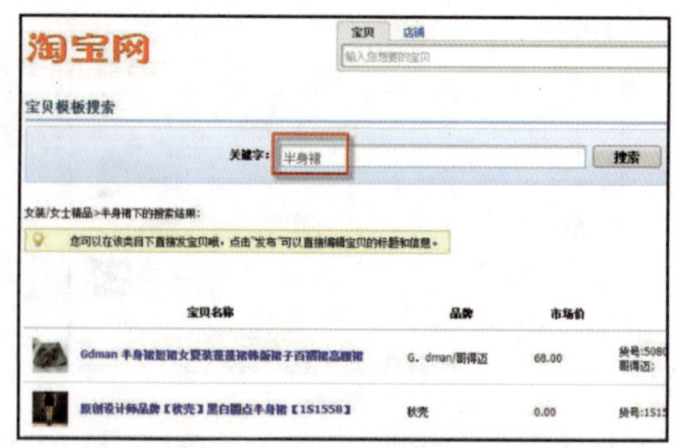

图2-36　搜索关键字

03 找到需要的模块，单击“标题”可预览模块效果，如图2-37所示。

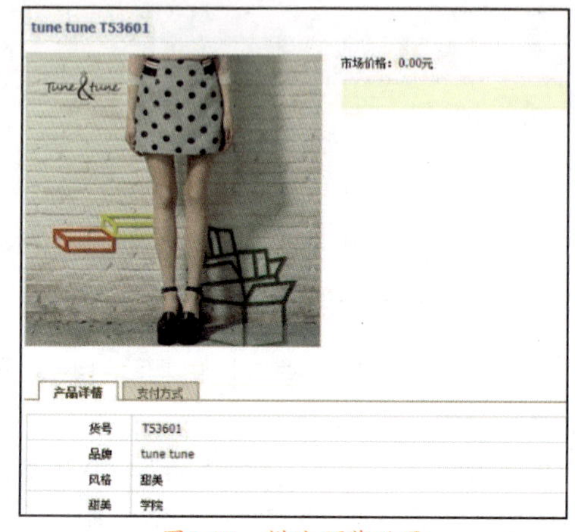

图2-37　模块预览效果

04 预览后，返回上一个页面，在该模块右侧单击“发布”按钮，如图2-38所示。

图2-38　单击“发布”按钮

05 跳转至“一口价宝贝发布”页面，与之前不同的是，在“宝贝基本信息”区域中已填写了宝贝的相关信息，如图2-39所示。

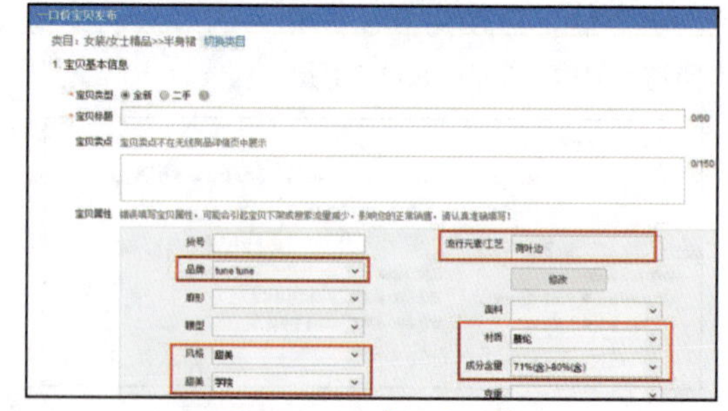

图2-39　已填写的信息

06 与常规发布法一样，根据提示填写相关资料和上传图片，最后单击“发布”按钮即可。

2. “二手”与“个人闲置”发布

前面讲述的“一口价”发布法属于全新宝贝发布，而“二手”和“个人闲置”商品属于非全新商品，发布时有所不同。发布“二手”商品需要开店，而发布“个人闲置”商品可以不开店。

● “二手”宝贝发布

当宝贝不属于全新商品时，在发布宝贝的页面应该选择“二手”类型，如图2-40所示。其他的步骤与发布全新宝贝时一样。

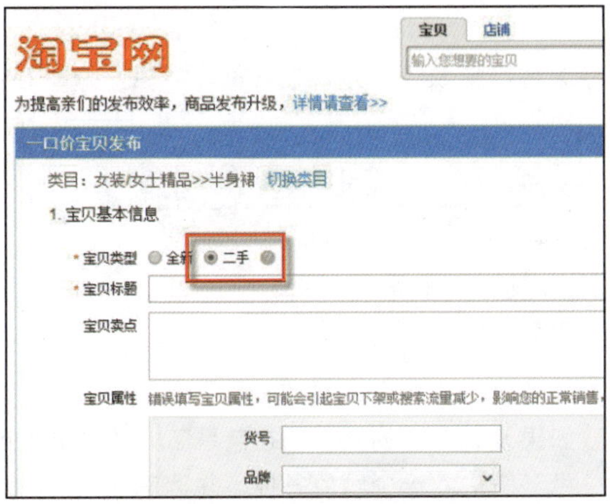

图2-40　宝贝类型为“二手”

不能发布“全新”宝贝主要有以下几种原因。

所在类目必须缴纳消费者保障金，才能发布全新商品，但是您还未缴纳消费者保障金。

商品第一次发布时是二手商品，目前二手商品不允许转成全新商品。

商品类目是属于特种经营类目，必须在特种经营申请成功后才能发布全新商品。

商品属于家电和数码等产品，目前厂家已停产，故淘宝网不允许发布全新商品。

● “个人闲置”发布

有的时候，自己买来的商品不喜欢，或者对自己而言没有多大用处，但它仍有价值，想低价转手给他人，这种情况就属于个人闲置。出售“个人闲置”商品可以不开通网店，登录淘宝后，单击“卖家中心”，在出售二手闲置一栏中，单击“发布商品”按钮，如图2-41所示。

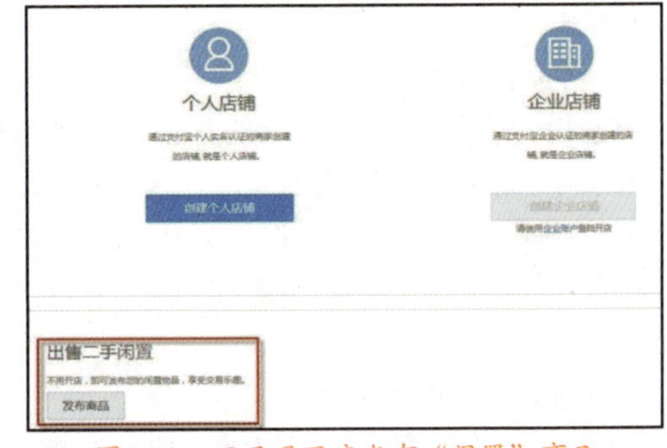

图2-41　不开通网店发布“闲置”商品

当然，开通网店也可发布“个人闲置”商品，只是现在PC端的该功能已取消，需要下载闲鱼APP进行操作。

01 登录淘宝网，单击“卖家中心”，在“店铺管理”一栏中，找到“发布宝贝”，进入发布宝贝页面，单击“个人闲置”链接，如图2-42所示。

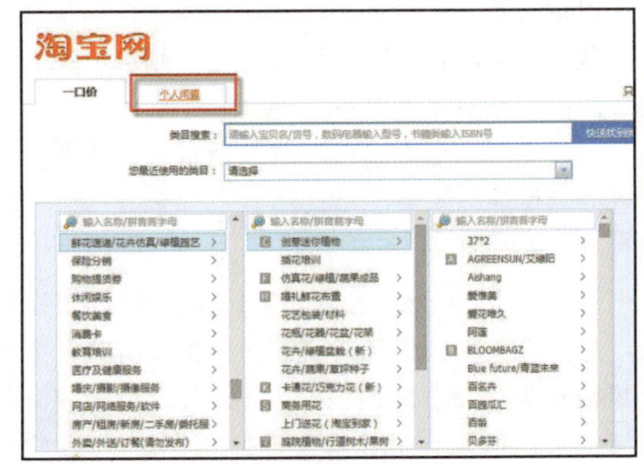

图2-42　单击“个人闲置”链接

02 弹出闲鱼APP客户端下载指引，如图2-43所示。根据提示进行下载后，单击“发布闲置”，按要求操作即可。

图2-43　下载闲鱼客户端

3. “拍卖”发布

淘宝拍卖会现在有增价拍、荷兰拍和降价拍3

种拍卖形式。

- 增价拍

卖家设置参加拍卖的宝贝的起拍价和加价幅度。买家可以根据自己的实际情况，输入系统需要的最低价格，也可以输入自己可以接受的最高价格，让系统代理出价。拍卖结束时，出价最高者获得宝贝。

其发布要求有以下两点。

（1）认证会员可发布闲置增价拍；参与拍卖的商品件数为1；可使用系统代理加价幅度。

（2）发布全新或二手增价拍，必须是已签署《消费者保障服务》并已缴纳保证金的消保卖家。

- 荷兰拍

多件相同宝贝参加拍卖，价高者可优先获得宝贝，相同价格先出价者先得。如果宝贝的拍卖数量大于出价人数，则最终按照起拍价成交。如果最后一位获胜者可获得的宝贝数量不足，则可以放弃购买（注：买家不能使用系统代理出价）。

其发布要求必须是已签署《消费者保障服务》并已缴纳保证金的消保卖家。

- 降价拍

降价拍是指卖家宝贝的竞价由高到低依次递减，直到竞买人应价时成交的一种拍卖方式。如果宝贝数量为1，则拍卖在第一竞买人应价时成交且拍卖结束；如果宝贝数量大于1，则所有拍卖宝贝被竞买人应价后，拍卖结束。

> TIPS 一旦宝贝发布成功后（不论是出售中还是在仓库里），发布方式是无法修改的，即“一口价”不能修改成“拍卖”，也无法将拍卖的宝贝修改成一口价。如有此类需求，建议重新发布。

2.3.2 颜色：图文结合细致说明

宝贝上架成功后，还是有些信息需要补充，颜色设置是发布宝贝时非常重要的一步。颜色分类下有很多颜色可选，但可能并不完全符合自己宝贝的颜色，这就需要修改颜色。除此之外，还可以将颜色图修改为宝贝的缩略图，以便买家进行选择。

01 宝贝发布成功后，进入宝贝编辑页面。单击如图2-44所示右上角的“编辑”文字，进行编辑。

02 在“宝贝基本信息”下面找到“宝贝规格”，那里有“颜色分类”，如图2-45所示。

图2-44　宝贝编辑页面

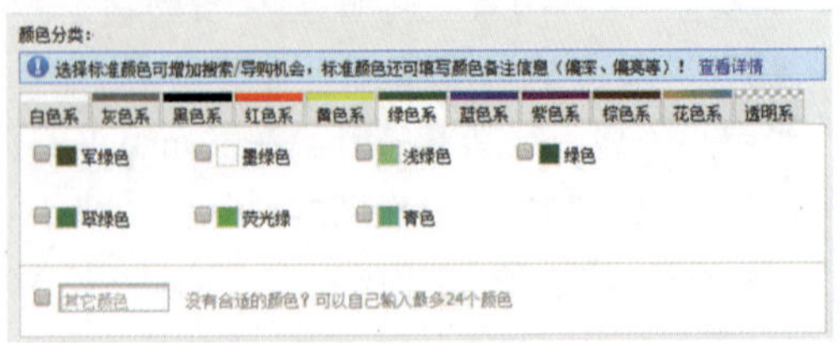

图2-45　选择色系

03 选择一种颜色，并在下方备注信息，如图2-46所示。

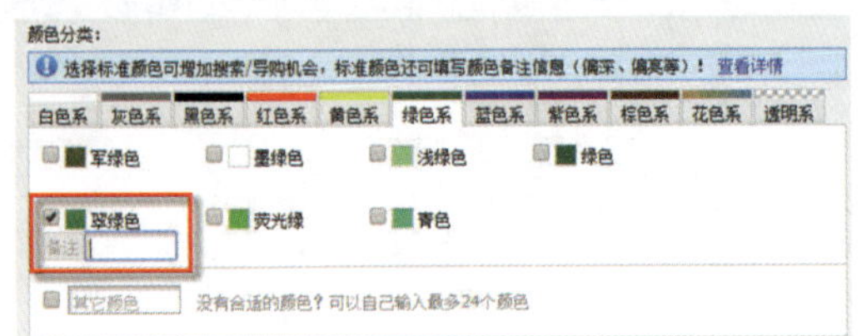

图2-46　选择颜色

04 如果没有合适的颜色，在色系下方的“其他颜色”中输入一个颜色名称，并选中前面的复选框，如图2-47所示。

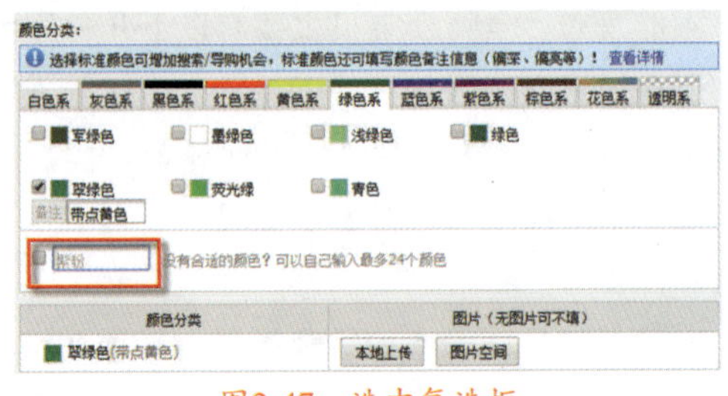

图2-47　选中复选框

05 选择颜色后还可以为颜色添加图片，单击“本地上传”或“图片空间”按钮，这里单击“本地上传”按钮，如图2-48所示。

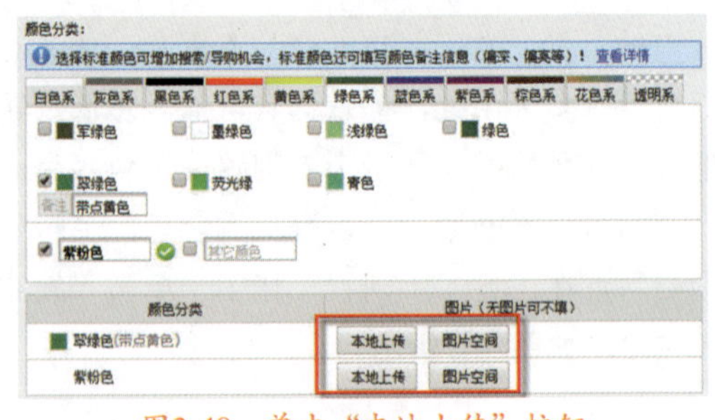

图2-48　单击“本地上传”按钮

06 在打开的对话框中选中图片，单击“打开”按钮，如图2-49所示。

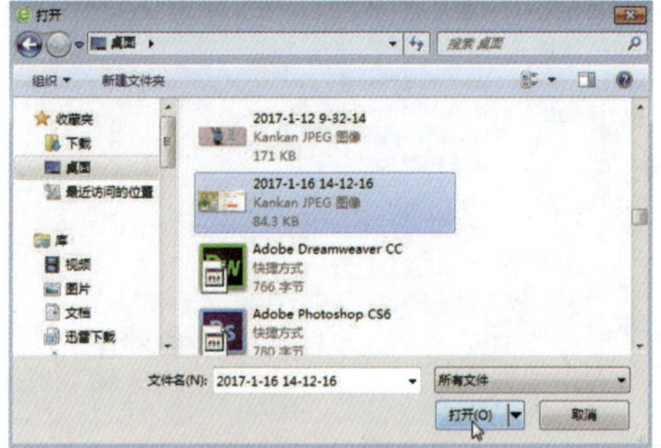

图2-49　单击“打开”按钮

07 图片添加成功后如图2-50所示。

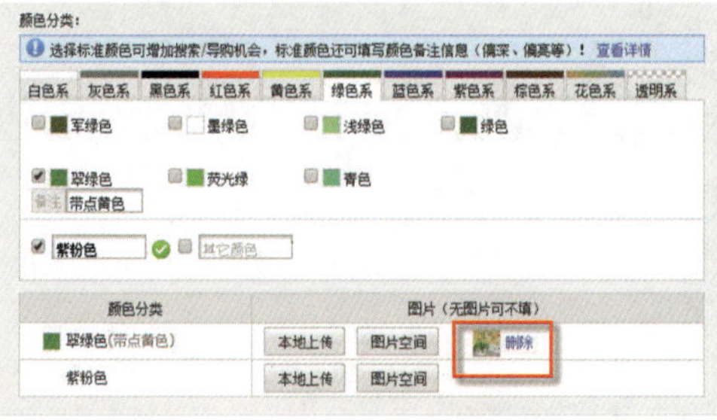

图2-50　添加图片

08 如果已经设置好了颜色，可是颜色分类的数量为0的话，颜色设置是无法显示的，如图2-51所示。

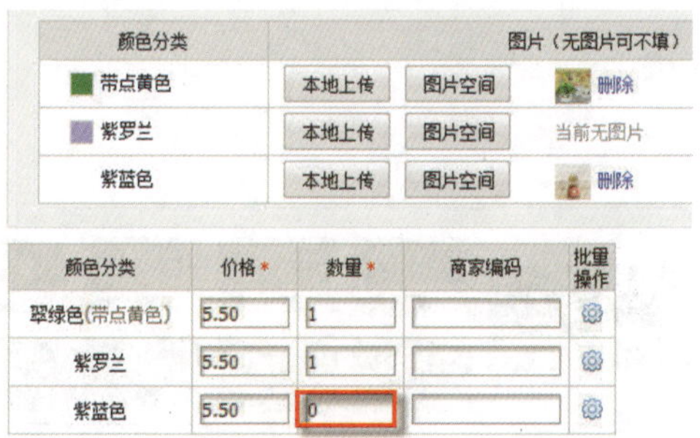

图2-51　填入数量

09 颜色分类和数量设置好后，单击“确定”按钮，就可以查看到效果图了，如图2-52所示。

图2-52　查看效果图

2.3.3　视频：9秒影音生动形象

为宝贝添加一个主图视频可以方便顾客更好地了解产品，虽然只有9秒，但也可以更加生动形象地展示产品的特性和功效。如果已经制作好宝贝视频，添加到电脑端是很容易的。如果想要在无线端也能看到，就需要购买淘宝相应的服务。下面，先来看一下电脑端的视频如何添加。

01 登录淘宝，在“卖家中心”下拉菜单中选择“出售中的宝贝”选项，如图2-53所示。

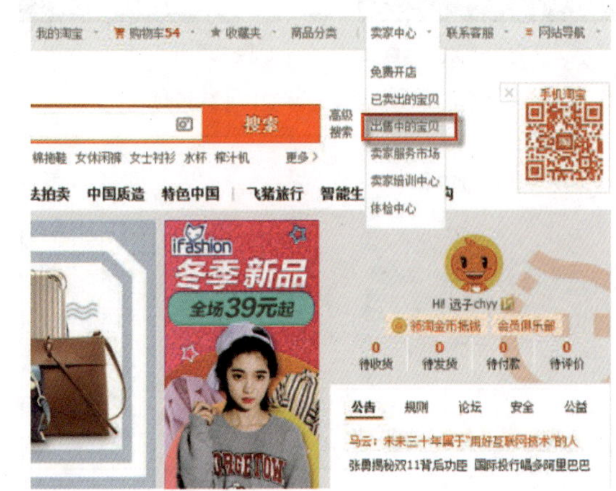

图2-53　选择“出售中的宝贝”选项

02 在打开的页面中，单击“编辑宝贝”链接，如图2-54所示。

图2-54　单击“编辑宝贝”链接

03 进入宝贝编辑页面，在“宝贝图片”的信息区中单击“视频中心”，再单击“上传视频”按钮，如图2-55所示。

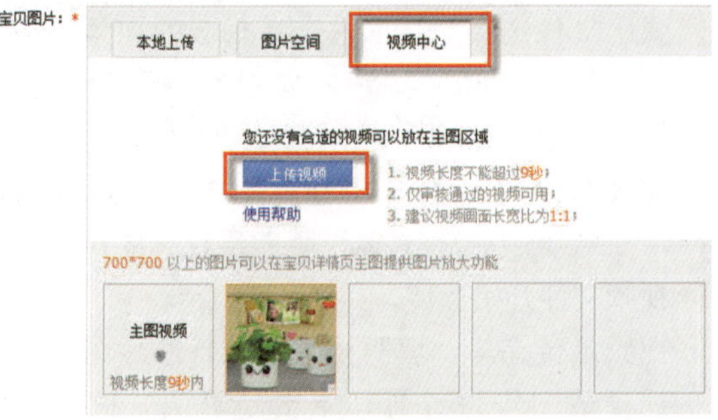

图2-55　上传视频

04 弹出淘宝视频管理页面，如图2-56所示。单击右上角的“电脑端视频”按钮。

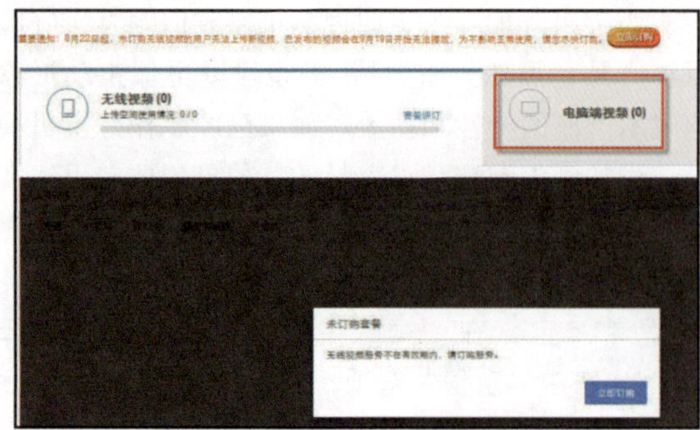

图2-56 单击“电脑端视频”按钮

05 单击“上传视频”按钮，如图2-57所示。

图2-57 电脑端上传视频

06 弹出“上传视频”页面，单击中间大的“+”号，如图2-58所示。

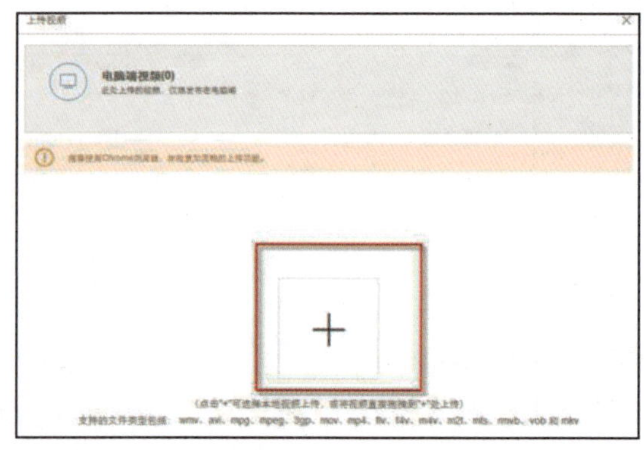

图2-58 单击“+”号

07 弹出文件选择对话框，选择相应的视频文档，再单击“打开”按钮，如图2-59所示。这里要注意视频格式，支持上传的文件类型包括WMV、AVI、MPG、MPEG、3GP、MOV等，在“+”号下面有具体说明，要看清楚。

08 视频文件开始上传，如图2-60所示。

09 视频上传完毕，填写相关信息，最后选择一张视频截图作为封面，单击“确认”按钮，如图2-61所示。

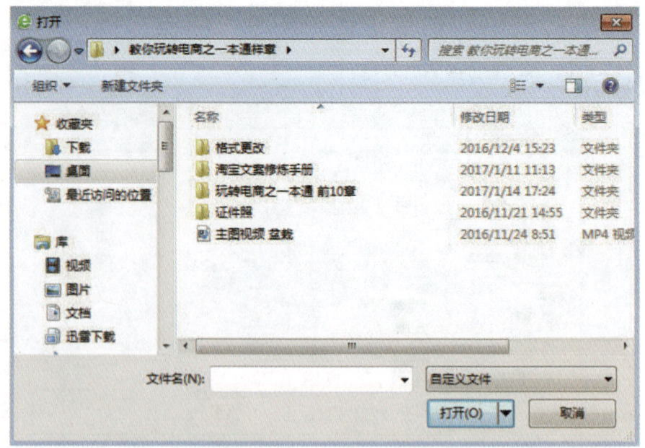

图2-59 选择文件

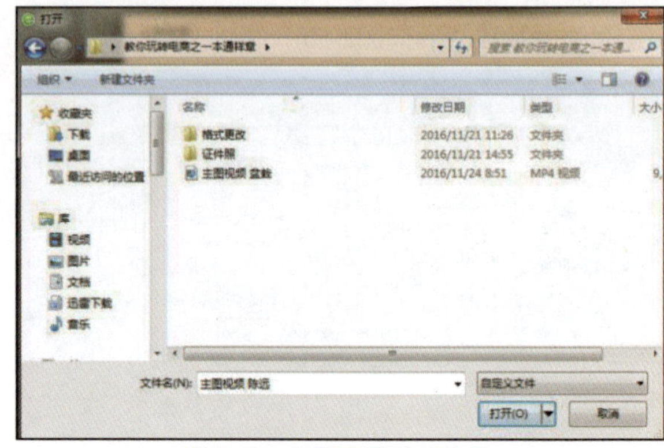

图2-60 视频文件开始上传

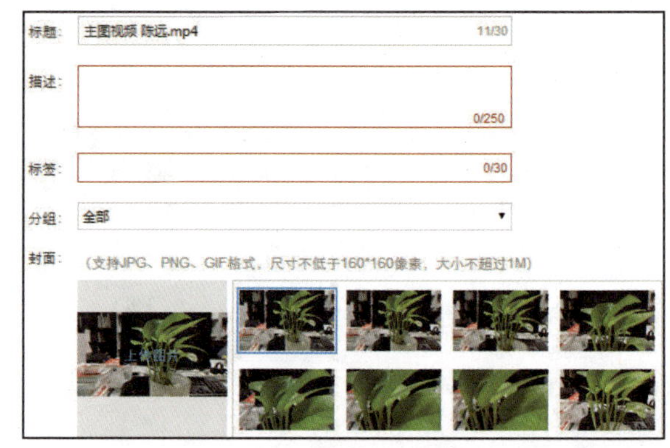

图2-61 填写相关信息

10 上传保存成功，进入等待审核阶段。可以单击“素材管理”链接查看视频状态，如图2-62所示。

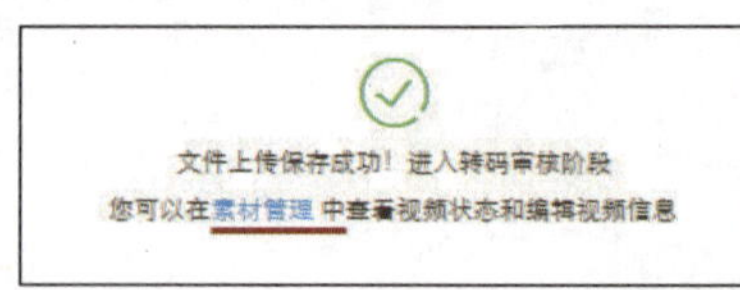

图2-62 视频上传保存成功

11 进入“素材管理”页面后，单击右上角的横杠按钮，如图2-63所示，即可查看到当前视频的发布状态。

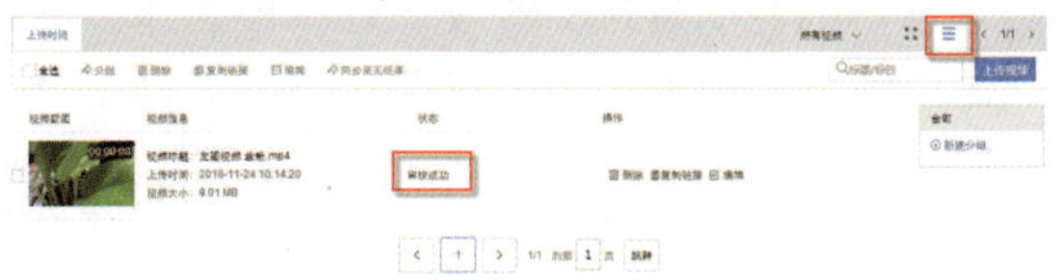

图2-63　查看状态

12 添加视频。当显示审核成功时，回到宝贝编辑页面。刷新后，刚刚上传的视频出现在“视频中心”下，如图2-64所示。用鼠标单击它，视频添加成功，单击“确认”按钮。

图2-64　添加视频

13 发布成功。页面跳转至宝贝详情页可查看主图视频效果，如图2-65所示。

图2-65　主图视频发布成功

2.3.4　详情：设置运费、尺码、价格

在编辑宝贝页面，填写完宝贝基本信息后，还要设置运费、尺码和价格，这也是消费者非常关心的问题，所以要详细设置。

1. 关于运费

在“宝贝物流及安装服务”区域设置运费，使用运费模板可以让消费者有更好的购物体验，它是发布宝贝时必须填写的内容。

● 运费模板

01 进入宝贝编辑页，在“宝贝物流及安装服务”区域中单击“新建运费模板”按钮，如图2-66所示。

02 打开“运费模板设置”页面，如图2-67所示。

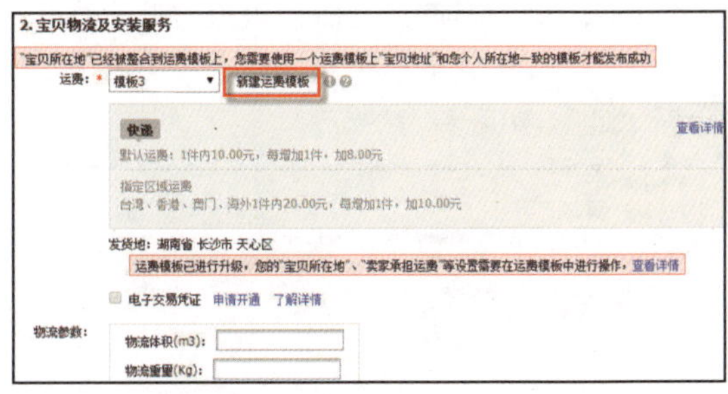

图2-66　单击“新建运费模板”按钮

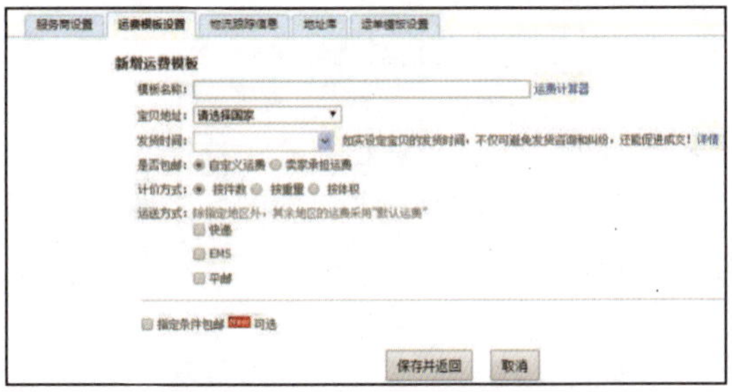

图2-67　“运费模板设置”页面

03 填写信息。模板名称任意取，如模板1；宝贝地址如实填写；发货时间可根据自己的实际情况设置，如果包邮，则选中“卖家承担运费”单选按钮，再选择一种运送方式，最后单击“保存并返回”按钮，如图2-68所示。

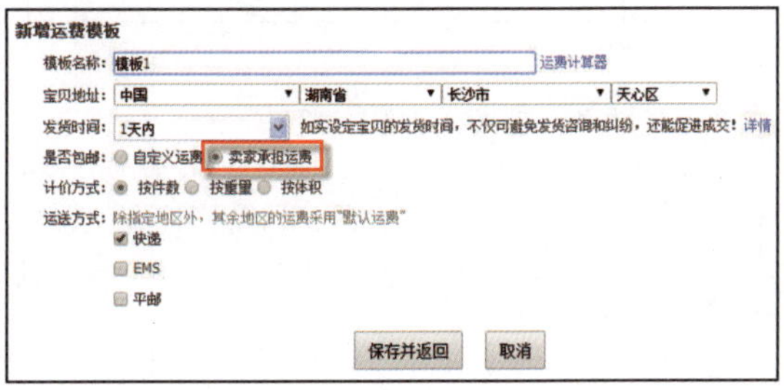

图2-68　包邮设置

04 返回宝贝发布页面，刷新后，可在“运费”下拉列表中选择相应的模板，在下方显示该模板的详细信息，如图2-69所示。

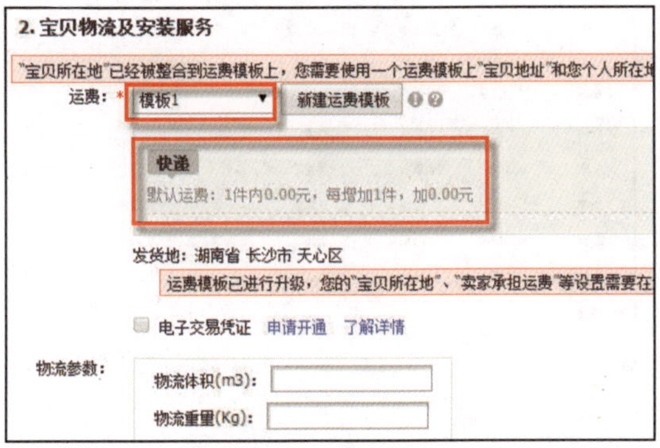

图2-69　选择运费模板

05 如果不包邮，则在“运费模板设置”页面选中“自定义运费”单选按钮，并选择一种计价方式，如图2-70所示。

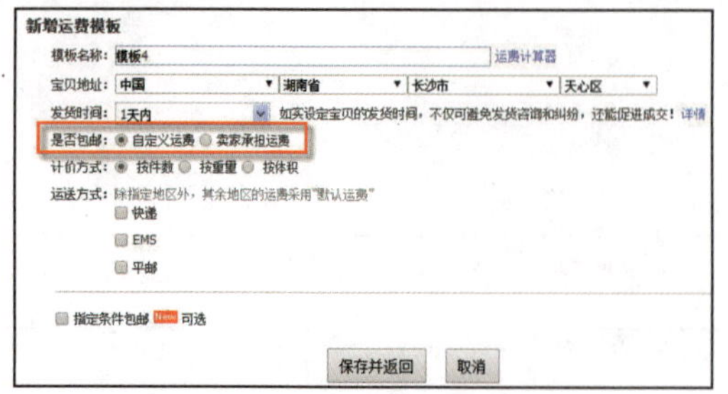

图2-70　选择自定义运费

06 在运送方式下选择一种，这里选择“快递”，设置默认运费。对于偏远地区可以单独设置运费，单击“为指定地区城市设置运费”链接，如图2-71所示。

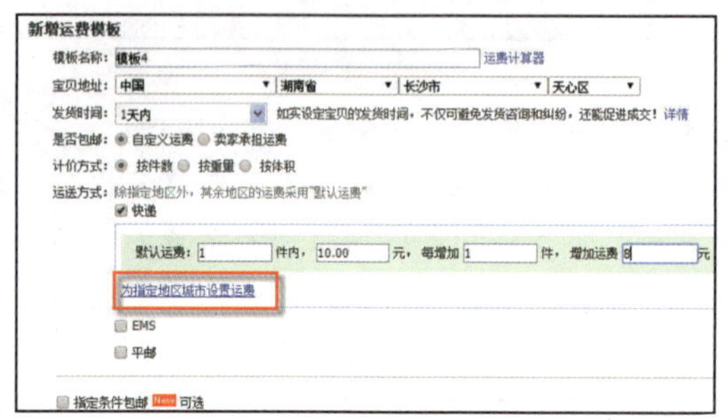

图2-71　为指定地区城市设置运费

07 单击“编辑”按钮，如图2-72所示。

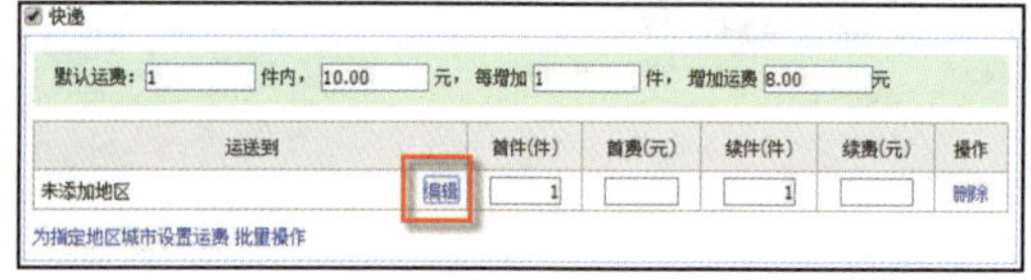

图2-72　单击“编辑”按钮

08 弹出“选择区域”对话框，勾选区域或城市，最后单击“确定”按钮，如图2-73所示。

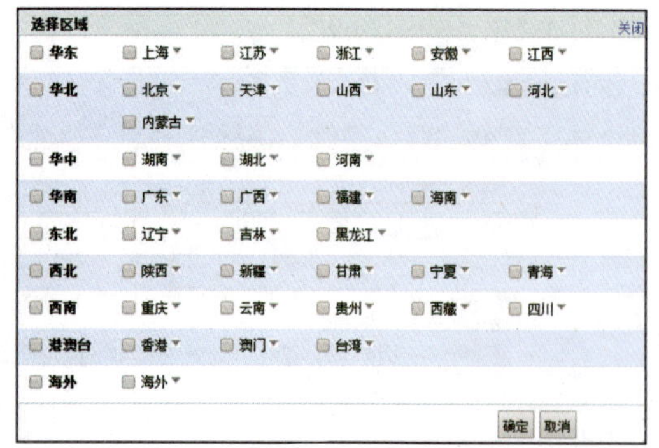

图2-73　选择区域

09 选择好区域后，设置相应的运费。使用同样的方法，也可以设置同城或邻近城市包邮：再单击“为指定地区城市设置运费”链接，编辑区域，假设选择“湖南”，在“首费”和“续费”中都填0，如图2-74所示。

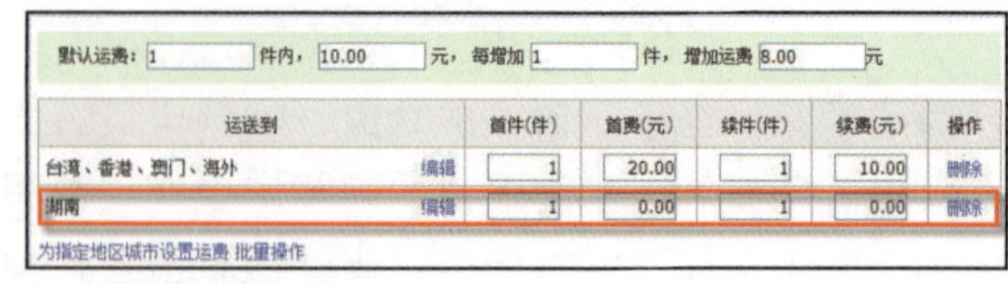

图2-74　指定地区包邮

10 保存并返回。刷新宝贝发布页面后，在运费一栏中选择相应的运费模板后，再在下方设置相应的体积和重量参数，如图2-75所示。

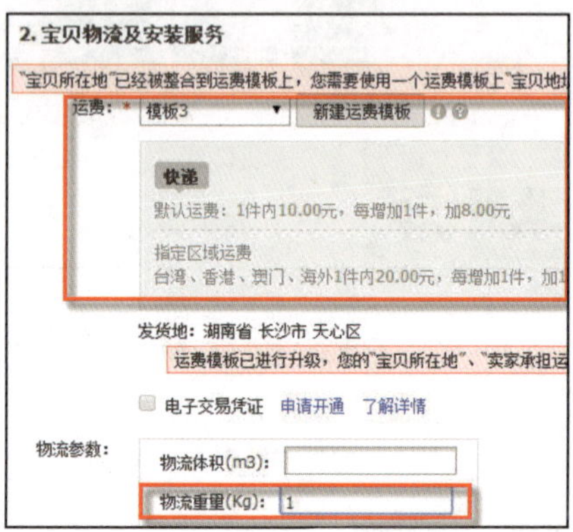

图2-75　设置参数

11 设置好运费模板后，单击“确定”按钮，返回到宝贝详情页，可以看到不同地区显示不同的运费，如图2-76所示。

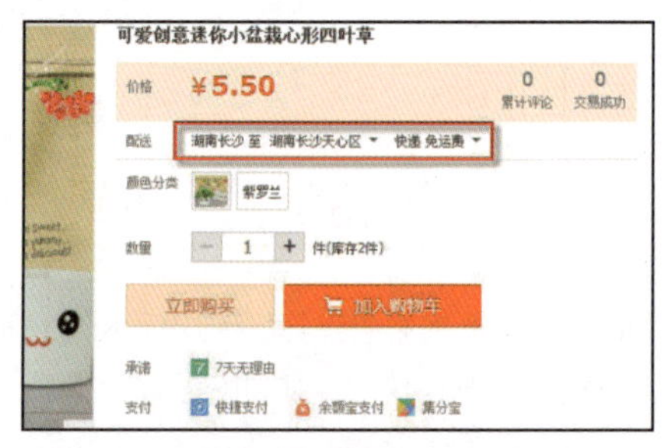

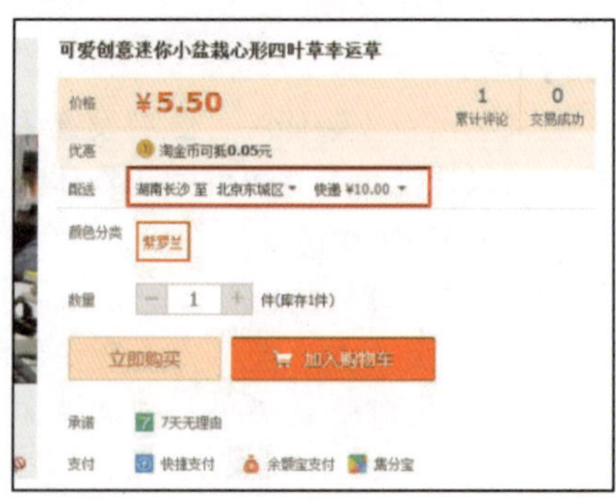

图2-76　不同地区显示不同的运费

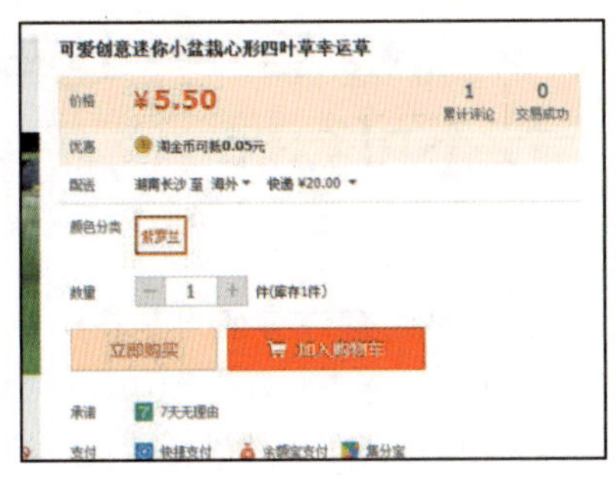

图2-76　不同地区显示不同的运费（续）

● 指定条件包邮

对于淘宝卖家来说，包邮是一种常见的促销手段，比如买3件包邮、满100元包邮等，这叫作指定条件包邮。

01 打开“运费模板设置”页面，选中“指定条件包邮”复选框，如图2-77所示。

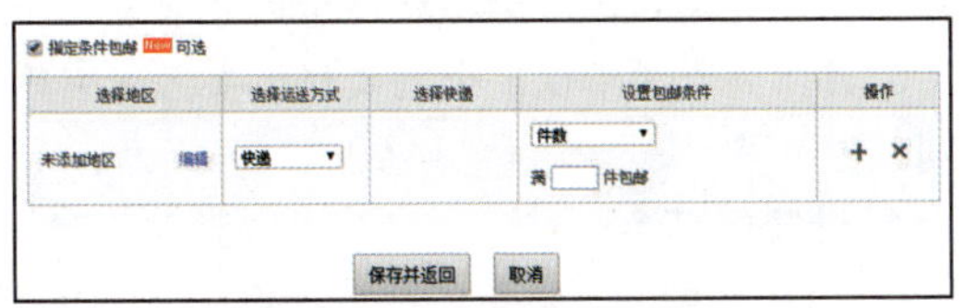

图2-77　指定条件包邮

02 单击“编辑”链接，选择区域，单击“确定”按钮返回，在“设置包邮条件”中单击三角形按钮，展开下拉列表，有“件数”“金额”以及“件数+金额”3种选择，如图2-78所示。

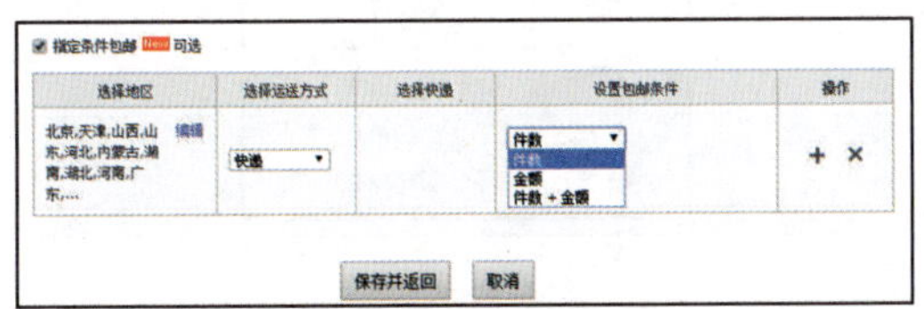

图2-78　选择包邮条件

03 选择相应的条件，输入参数，如图2-79所示。

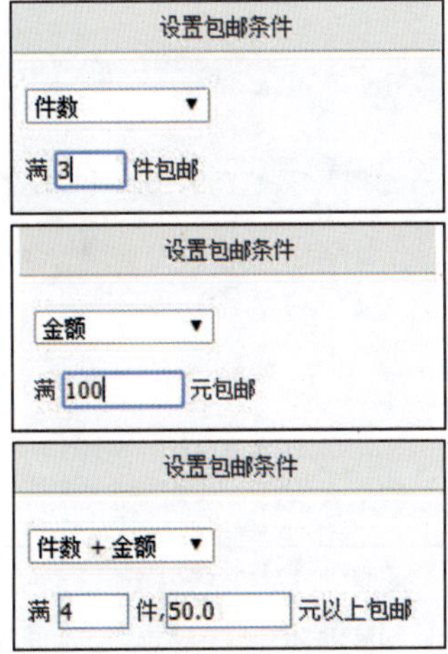

图2-79　设置相应参数

04 保存模板，在发布宝贝时应用该模板即可。

● 运费计算

在设置运费模板时，如果不知道该设置多少运费，可以使用“运费计算器”来帮你计算运费。

01 进入“运费模板设置”页面，在模板名称右侧有一个“运费计算器”链接，单击它，如图2-80所示。

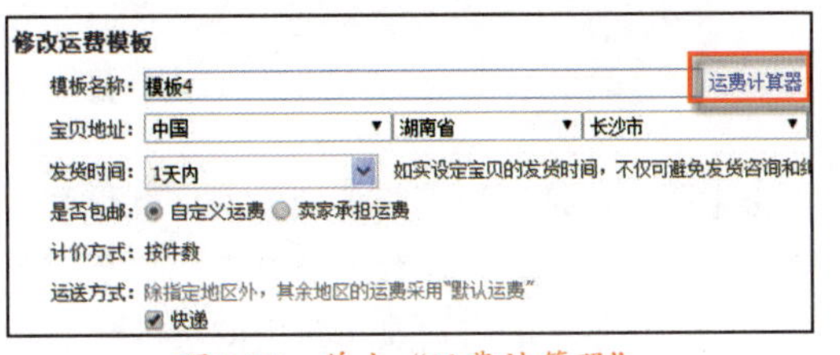

图2-80　单击“运费计算器”

02 在弹出的页面中，输入“起始地”“目的地”“宝贝重量或体积”和“货值”，单击“查看”按钮，如图2-81所示。

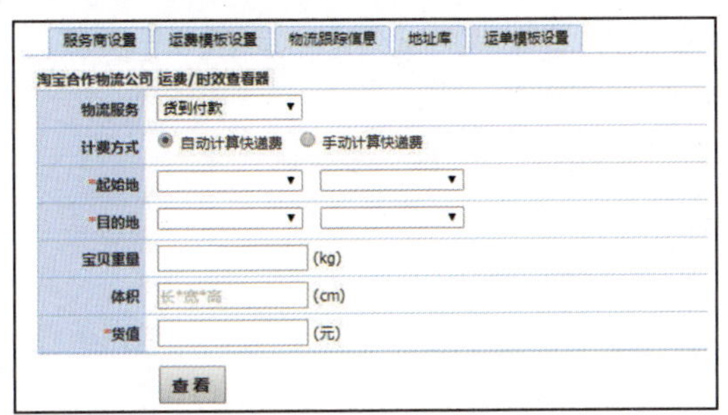

图2-81　输入相关信息

03 在页面下方会出现几个常见快递的参考价，如图2-82所示。

合作物流公司	快递费(元)	服务费（元）	cod运费总计(元)	时效
宅急送	8.0	4.00	12.00	2天7小时
[illegible]	10.0	3.00	13.00	1天13小时
申通快递	10.0	3.00	13.00	1天7小时
韵达快递	12.0	3.00	15.00	1天23小时
顺丰速运	22.0	5.00	27.00	1天15小时

图2-82　显示参考价

2. 关于尺码、价格

如果开服装店，尺码设置这一块也很重要，但是发布宝贝的后台改版后，尺寸设置就变得相当简单了，只需选中码数前的复选框，如图2-83所示。

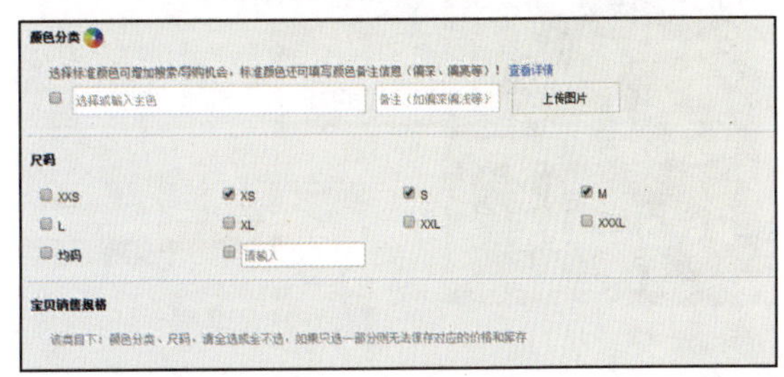

图2-83　选择尺码

但是同样的，也要选择相应的颜色分类，不然无法发布。如图2-84所示，会提示“宝贝规格未成套”。

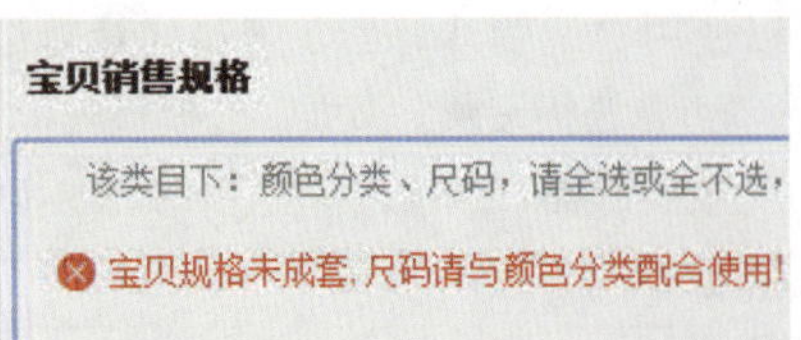

图2-84　无法发布

接下来，就是选择或输入颜色。用鼠标单击颜色输入框，会出现一系列颜色，将光标移至哪个色系，就会在该色系的右边显示常用的标准色，然后单击某个颜色，如图2-85所示。也可以直接在颜色输入框中输入要展示的宝贝颜色。

图2-85　选择颜色

选择好颜色之后，才会在“宝贝销售规格”区域显示销售表格，如图2-86所示。

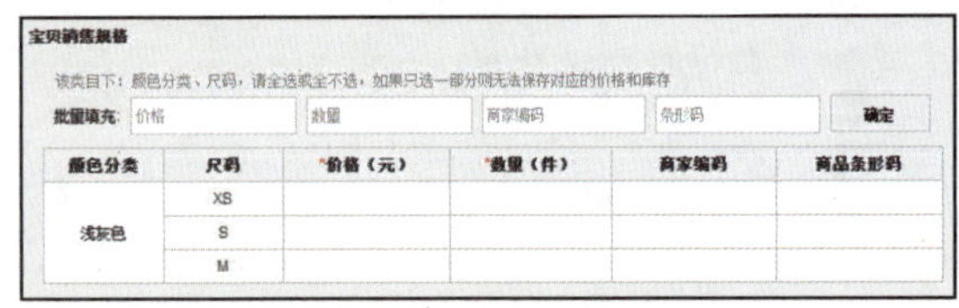

图2-86　填入相关数据

填入相关的价格和数量，最后单击“发布”按钮即可。页面跳转至宝贝详情页，可查看到刚刚添加的尺码，如图2-87所示。

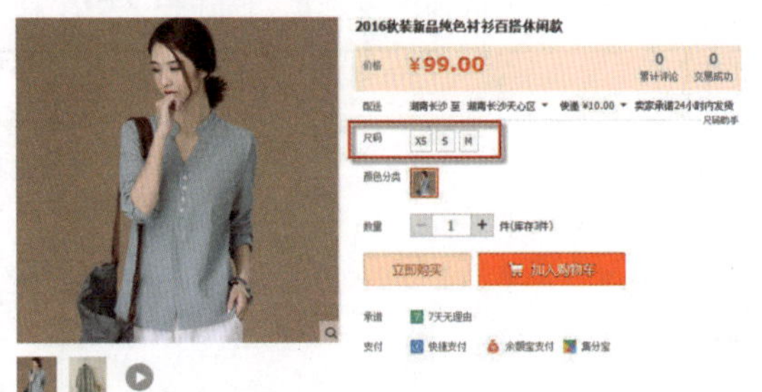

图2-87　显示尺码

2.4　特别提醒——这些过程不可忽视

保证金和特种经营许可证也是在淘宝上开店时会遇到的问题，有些类目需要缴纳保证金才能发布商品，有的类目需要申请特种经营许可证才能出售，所以在发布商品时这些规则需要看清楚，小细节更不可忽视。

2.4.1　如何计算店铺保证金

完成开店后即免费参加了基础消保，可以发布商品。但是，这时并非所有的商品类目都支持全新发布，部分类目需要缴纳保证金后才能发布全新商品，具体需要缴纳保证金的类目可参考淘宝相关规则。

1. 计算保证金

01 进入“卖家中心”首页，在左侧的菜单栏中找到“客户服务”，在该区域找到“消费者保障服务”，单击“消费者保障服务”，如图2-88所示。

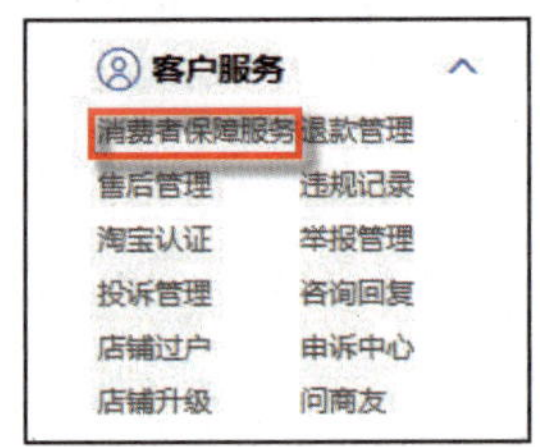

图2-88　单击“消费者保障服务”链接

02 在弹出的页面中单击“保证金”按钮，接着在保证金页面，单击“保证金额度计算器”，如图2-89所示。

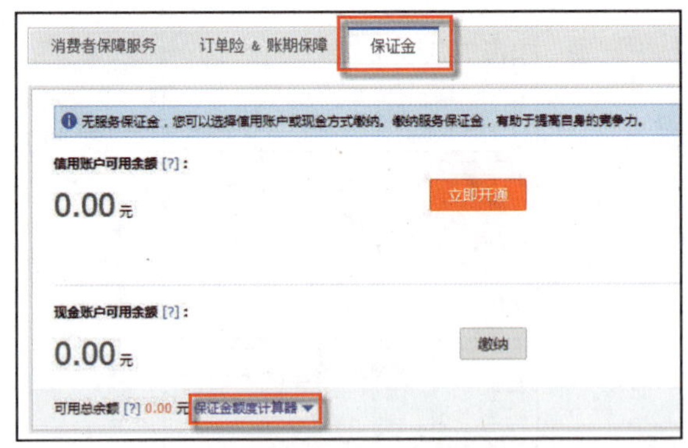

图2-89　单击“保证金”按钮

03 在展开的“保证金额计算器”页面的“搜索一

级类目”输入框中输入你所要经营的类目名称，如鞋，如图2-90所示。

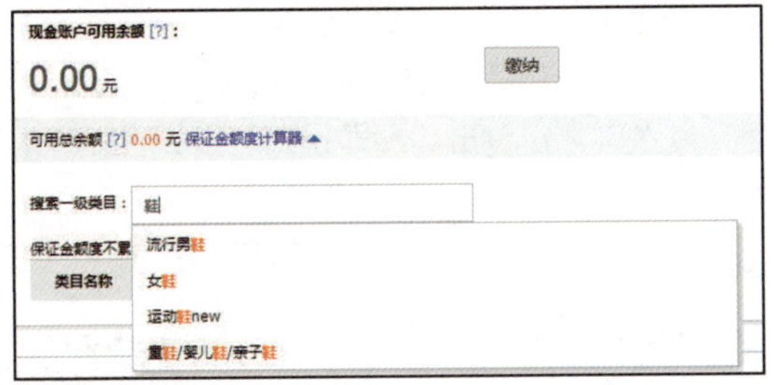

图2-90　输入类目名称

04 假如选择女鞋，会出现类目保证金标准，如图2-91所示。当显示的类目保证金标准为0时，说明该类目不属于必须缴纳保证金的范畴。

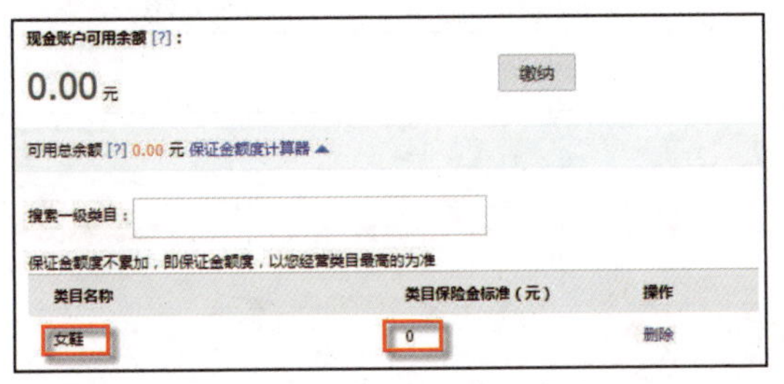

图2-91　显示类目保证金标准为0元

05 假如在“搜索一级类目”输入框中输入“书”文字，在显示的下拉框中选择“书籍/杂志/报纸”，如图2-92所示，显示的保证金标准如图2-93所示。

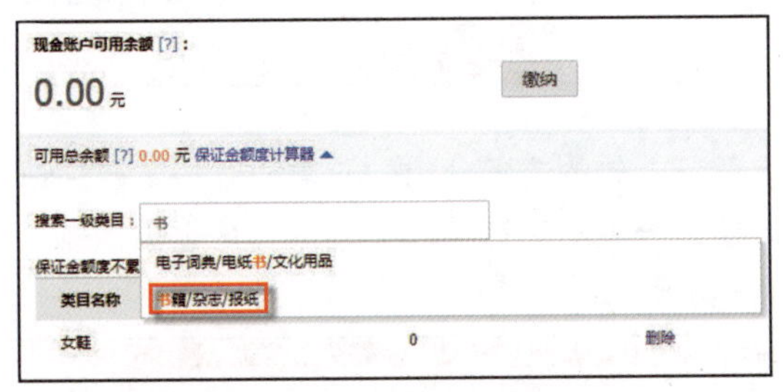

图2-92　选择“书籍/杂志/报纸”类目

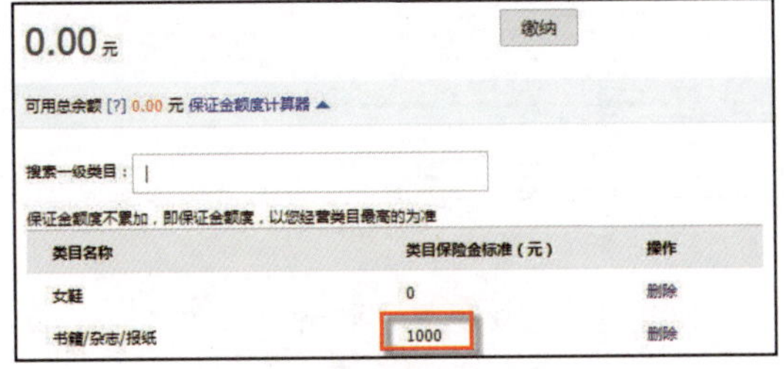

图2-93　显示保证金标准为1000元

从图2-93中可以看出，“书籍/杂志/报纸”类目的保证金标准为1000元。使用同样的方法，可查到不同类目的商品需要缴纳的保证金额度。

当它不显示为0时，该怎么办呢？这就要去缴纳保证金了。

2. 缴纳保证金

保证金的缴纳很简单，如上一小节所讲的，当输入类目后显示的保证金标准不为0时，应单击“缴纳”按钮，这里以“书籍/杂志/报纸”为例。

01 单击“消费者保障服务”，进入保证金页面，单击“保证金额度计算器”，在“搜索一级类目”中输入“书”，选择“书籍/杂志/报纸”类目，显示保证金标准为1000，如图2-93所示。

02 单击页面中的“缴纳”按钮，如图2-94所示。

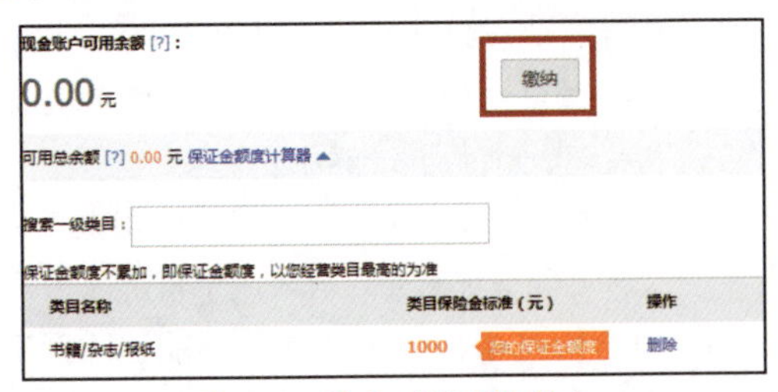

图2-94　单击“缴纳”按钮

03 进入缴纳保证金页面，在该页面选择额度，输入支付密码，单击“确定”按钮即可，如图2-95所示。

缴纳保证金
新额度：1000元
10000元（手机类目最低额度）
自定义额度 1001 元
不知道选择哪种额度？—类目额度计算器
缴纳金额 [?]：1000.00元
支付宝帐号：18407383908
安全设置检测成功！
支付宝支付密码：　忘记密码?
请输入6位数字支付密码
确定

图2-95　缴费页面

2.4.2　保证金也可解冻退还

保证金制度也称押金制度，是可以退还的，这个退还的过程即为解冻保证金。上交的保证金在支付宝账户中显示为冻结的“不可用余额”，一旦解冻后，还是在支付宝账户中，会成为“可用余额”，那么如何解冻保证金呢？

进入“卖家中心”的“消费者保障服务”页面

中，单击“解冻”按钮即可提交申请，系统将根据以下条件解冻保证金。

* 有进行中的保证金赔付：保证金在赔付给买家的审核过程中无法解冻，审核需等待3～5个工作日。
* 没有进行中的售后或投诉：售后或投诉完结后，状态为“成立/不成立/撤销”才能申请解冻。
* 没有进行中的赔付记录：补缴或待赔付完结后才能申请解冻。
* 没有交易成功：在15天保障期内的交易，交易成功后的15天后才能申请解冻。
* 没有未完结的交易：交易状态需要为成功或关闭，才能申请解冻。
* 没有在消保保证金内：在翻倍机制范围内，需满足翻倍机制条件后才能申请解冻。

如不符合解冻条件，则会提示不能解冻保证金的具体原因。需要按照提示将问题处理好后，才能申请解冻保证金。保证金的任何操作都可以在“卖家中心→保证金管理→服务管理→保证金历史记录”中查看，而且后续还可以登录支付宝账户安排已解冻保证金的使用。

2.4.3 什么是特种经营许可

虽然盆栽类和服装类等商品在淘宝网发布时用不到特种经营许可证，但计生用品类、书籍杂志报纸类、音乐影视明星音像类和酒类等的商品，则需要申请特殊资质才能出售，申请步骤如下。

01 登录淘宝，进入“卖家中心”，找到“店铺管理”，打开店铺管理的下拉菜单，单击“特种经营许可证”链接，如图2-96所示。

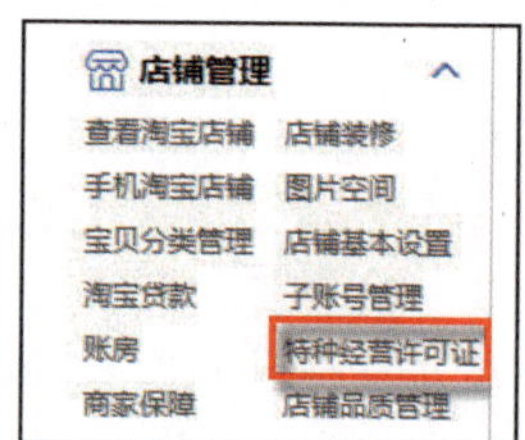

图2-96　单击“特种经营许可证”链接

02 进入“选择申请类别”页面，有音像用品、成人用品、宠物活体、图书等类目，选择你所要经营的类目，单击“查看详情”链接，如图2-97所示。

03 以音像制品为例，单击该类目下的“查看详情”链接，进入“音像制品卖家特种经营凭证上传入口”，单击“立即报名”按钮，如图2-98所示。

图2-97　选择类目

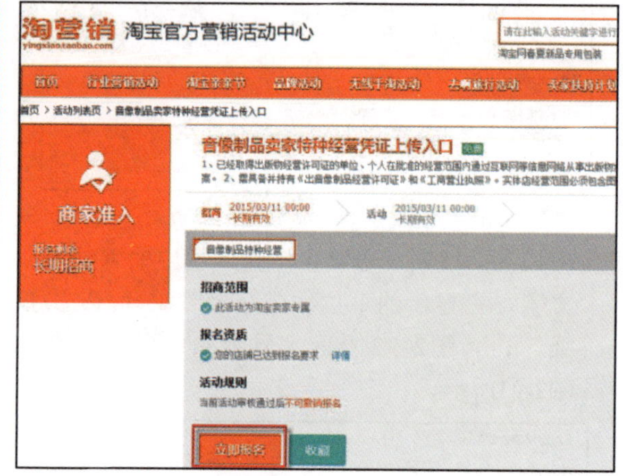

图2-98　立即报名

04 凭证上传的流程分为：签署协议→工商注册号校验→填写店铺信息→完成，可根据如图2-99所示的提示完成操作。

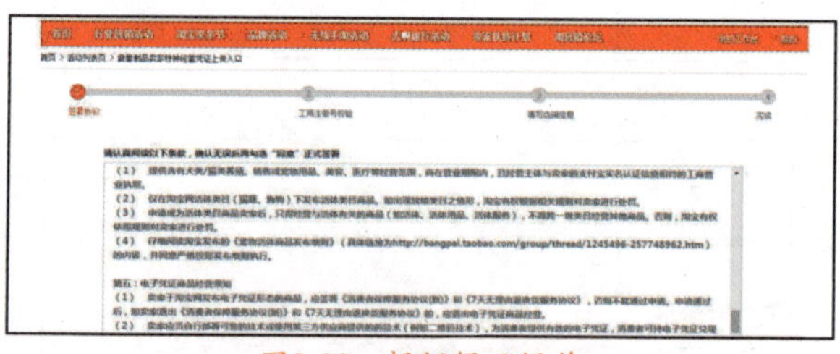

图2-99　根据提示操作

> TIPS　目前淘宝需要提交“特种经营许可证”的类目有：音像制品、成人用品、宠物活体、图书、酒类制品、茶冲饮类、零食坚果类、乳品类。

强大千牛工作台，更高效率，更多自由。

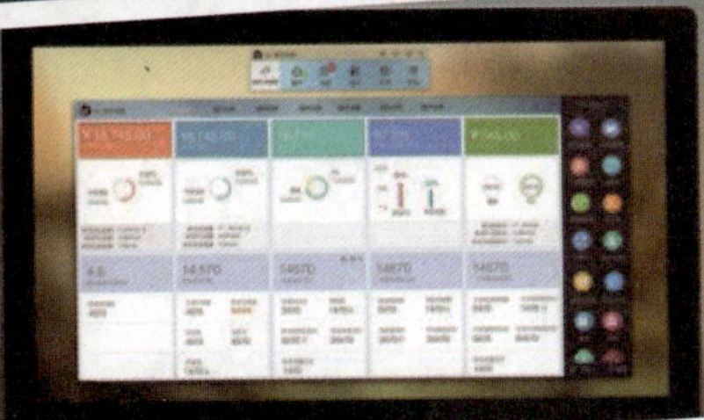

普云交易

接单如意，打单满意

已助力300W卖家提高转化及效率，订单管理/打印快递单/电子面单打印群发短信/自由发送/自动评价/差评师防御/高级物流查询/退款管理

价　格：0元

服务版本：免费版　高级版_订一年53折

周　期：一个月　一季度　半年　一年

成功啦！立即开始享受您的群主特权

一本就够

第3章　开心宝典，第一笔交易完成

第一笔交易对每个开店的人来说都是意义非凡的，万事开头难，那么有哪些方面是需要注意的呢？流程是怎样的？如何与客户进行沟通呢？带着这些问题，步入本章：如何完美地完成第一笔交易。

3.1 认识千牛——我的经营管家

千牛卖家版是在旺旺卖家版的基础上升级而来的，不仅包含阿里旺旺，更有卖家工作台、消息中心、订单管理和商品管理等功能，是很多新手卖家的开店必备工具。

3.1.1 初次见面：简洁明了

旧版千牛卖家工作台可分为工作台模式与旺旺模式。它的工作台模式相当于一个简化的后台，看数据更方便；它的旺旺模式主要集中了聊天功能，所以千牛是一个简化的后台与阿里旺旺的集合体。在登录的时候也会有“工作台模式”登录和“旺旺模式”登录两种选择。改版后，这两种模式的登录方式区分的不那么明显了，只要在登录的时候，勾选即可。目前千牛工作界面如图3-1所示。

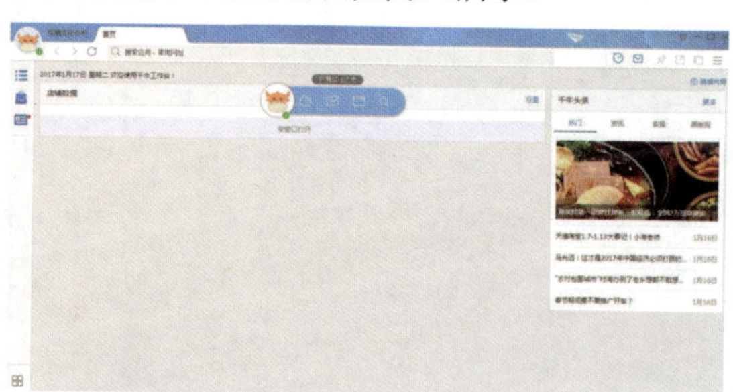

图3-1 千牛工作界面

新版PC端千牛具有以下特点。

（1）新版登录界面，无须选择账号类型，系统自动匹配注册来源。

（2）可同时登录多角色账号，更加便捷地实现沟通交易及店铺管理。

（3）灵活的桌面工具条，包含旺旺、消息、插件、市场&网址，可以帮助卖家更便利地管理店铺。

（4）丰富的插件中心，不用外跳，也可通过“插件”查看店铺经营数据及任务管理。

3.1.2 值得一试：下载与安装千牛

与其他软件一样，千牛在使用前必须先下载并安装。

01 可以使用浏览器搜索千牛，也可以在360软件管家中搜索千牛，或者在地址栏中输入网址：https://wangwang.taobao.com/，单击“我是卖家”，如图3-2所示。

图3-2 单击“我是卖家”

02 在跳转的页面中选择“Windows版”，如图3-3所示。

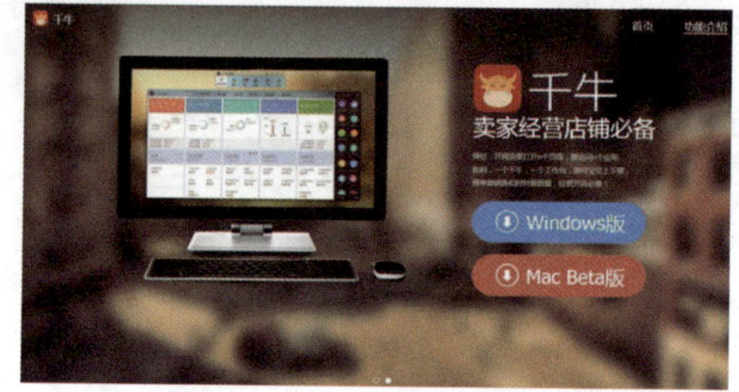

图3-3 选择“Windows版”

03 弹出“新建下载任务”对话框，单击“浏览”按钮设置安装文件夹，如图3-4所示。然后单击“下载”按钮。

图3-4 新建下载任务

04 下载完成后，单击文件，进入安装页面，选择自定义安装，如图3-5所示。

图3-5 自定义安装

05 按照提示步骤完成即可。

3.1.3 深入了解：运行千牛

新版千牛工作台主要分为接待中心、消息中心、工作台和插件搜索4个部分。接下来从这4个部分深入了解千牛。

双击桌面上的“千牛工作台”，运行该软件。弹出登录界面，输入用户名和密码（即淘宝账号和密码），勾选“登录旺旺”复选框，如果是你自己的私人电脑，还可以勾选“记住密码”复选框，最后单击“登录”按钮，如图3-6所示。

图3-6 输入会员名登录

登录成功，显示千牛操作界面，如图3-7所示。

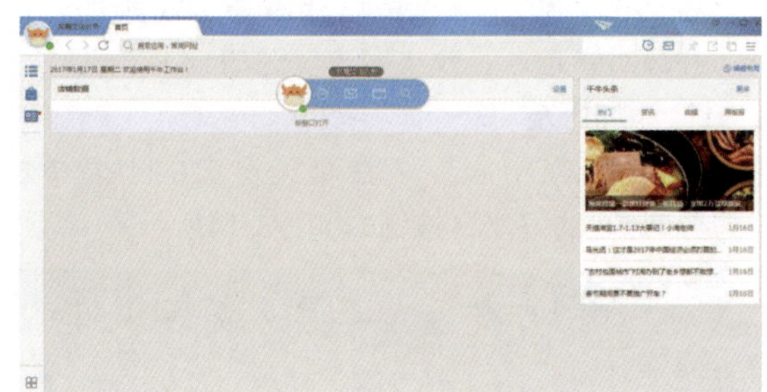

图3-7 千牛操作界面

千牛桌面工具条由千牛图标、旺旺接待中心、消息中心、工作台、插件搜索框和最上面的会员名组成。这个桌面工具条总是显示在任何窗口的最前面，单击千牛图标可任意移动它，对于卖家来说操作起来非常方便。

1. 接待中心

改版后的千牛非常简洁，而且操作方便，无须切换登录模式。单击桌面工具条上的旺旺图标，即接待中心，就进入了旺旺模式，与顾客交流起来非常方便，如图3-8所示。

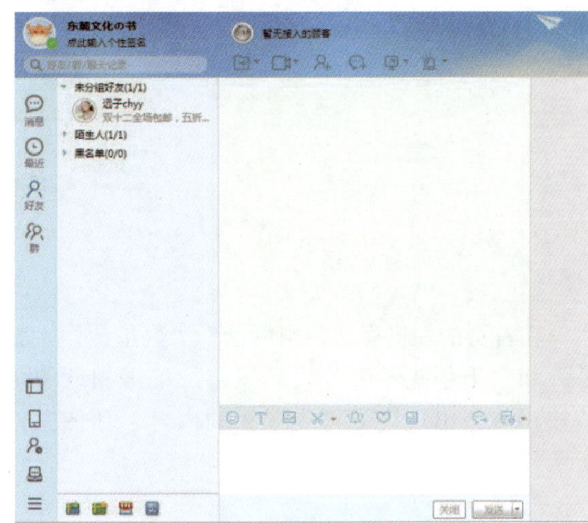

图3-8 接待中心

2. 消息中心

千牛消息中心分为系统消息和服务号消息。单击桌面工具条上的信封图标，就会弹出消息中心页面。其中系统消息又分为千牛消息、交易消息、退款消息、任务消息、旺旺系统消息等内容，单击消息中心页面右上角的“消息订阅”可对相关消息进行设置，如图3-9所示。

图3-9 单击消息订阅图标

单击不同选项右侧的下拉按钮，即可打开不同的系统消息和服务号消息，如交易消息下拉菜单中有新订单、买家已付款、卖家已发货等消息提醒；退款消息下拉菜单中有退款已关闭、退款已完成、新退款申请等消息。

3. 工作台

工作台是千牛最重要的功能之一，它相当于一个简化的淘宝后台。单击千牛桌面工具条上的“工作台”图标，即弹出工作台首页，如图3-10所示。

图3-10　工作台首页

在首页的左侧有“常用网址”“聚星台”“服务”和“千牛头条”等快捷按钮，单击相应的快捷按钮就会出现更多可供选择的内容，如图3-11所示。

图3-11　单击“常用网址”快捷按钮

进入“工作台”首页后，还可以随意弹出旺旺“接待中心”和“消息中心”，也可以直接搜索插件，只要单击首页上方相应的图标即可，如图3-12所示。

图3-12　桌面菜单

4. 搜索

千牛的桌面工具条有个搜索的图标，单击这个图标就可以搜索更多的插件，比如数据魔方、神笔、粉丝宝等，只要在搜索框中输入想要找的插件名即可，如图3-13所示。

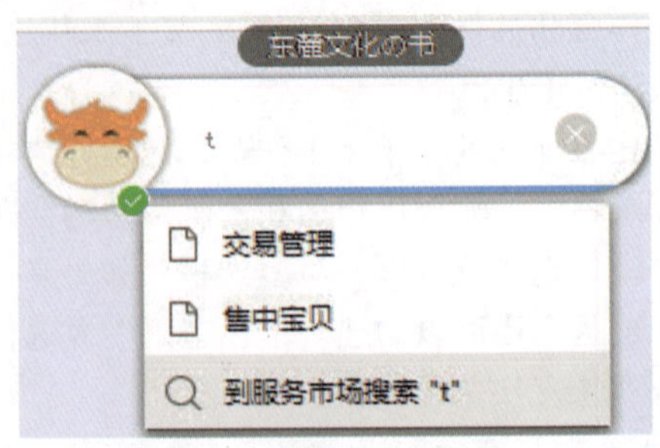

图3-13　搜索框与插件

3.2　设置千牛——从此轻松沟通

千牛除了能提供即时聊天功能外，还具备很多其他的功能。

3.2.1　客户管理：添加好友与分组

将前来咨询、请求售后或潜在买家添加为好友，并分组管理，是收集客户资源的一大手段。

1. 添加好友

01 打开“接待中心”，在聊天窗口的上方单击“加为我的好友”按钮，如图3-14所示。

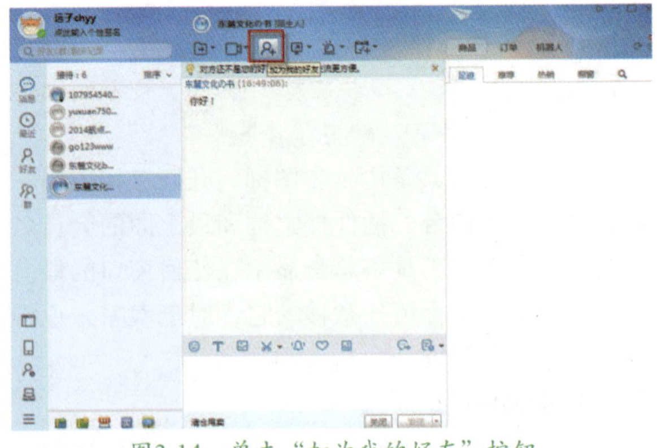

图3-14　单击“加为我的好友”按钮

02 弹出对话框，设置显示名与分组，如图3-15所示。单击“完成”按钮。

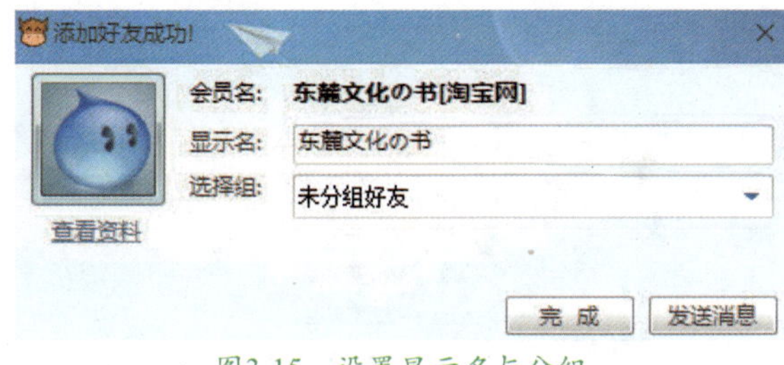

图3-15　设置显示名与分组

03 若已知用户名，可直接在“查找好友/群”文本框中输入用户名，在出现的下拉列表中单击右侧的“在网络中查找”链接，如图3-16所示。

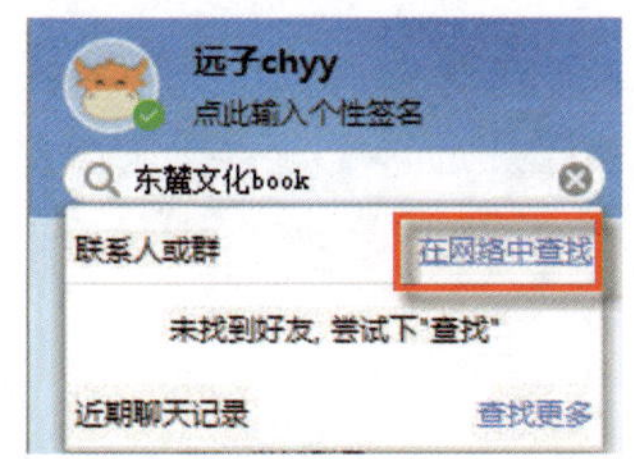

图3-16　单击“在网络中查找”链接

04 在找到的用户列表中选择需要添加的用户，单击右侧的“+”按钮，如图3-17所示。

图3-17　单击“+”按钮

05 弹出添加好友对话框，先填写自我介绍，再单击“确定”按钮即可，如图3-18所示。

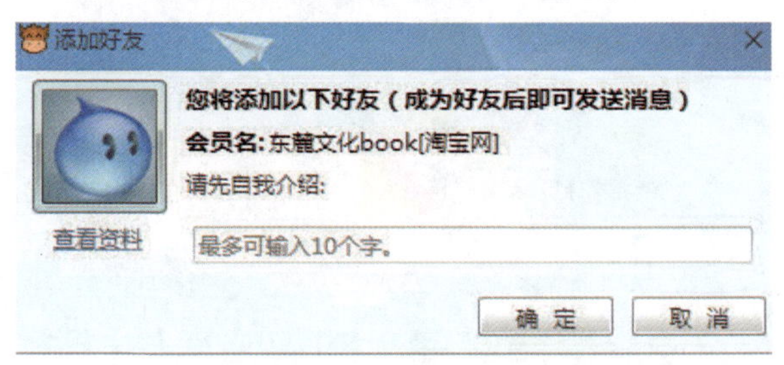

图3-18　发送添加好友消息

2. 建立千牛群

将同一兴趣爱好或拥有同一目标的人聚集在一起，也是聊天软件中常用的交流方式。

01 登录千牛，单击“接待中心”，在聊天窗口中单击左侧的“群”按钮，再双击“立即双击启用群（1）”选项，如图3-19所示。

02 弹出“启用群”对话框，分别设置群名称和群分类，再填写简单的群介绍，并选择身份验证方式，如图3-20所示。

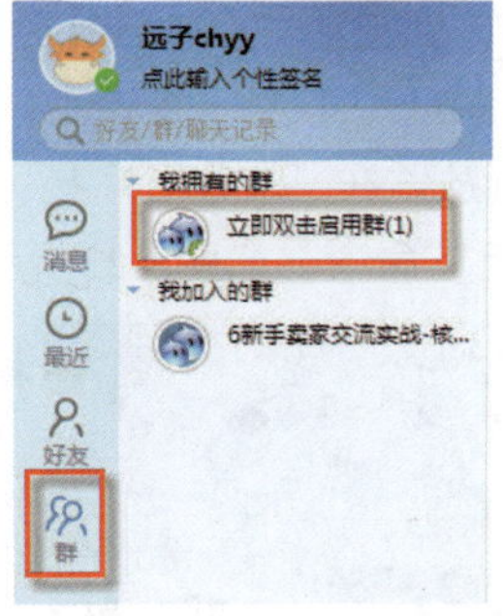

图3-19　双击“立即双击启用群（1）”选项

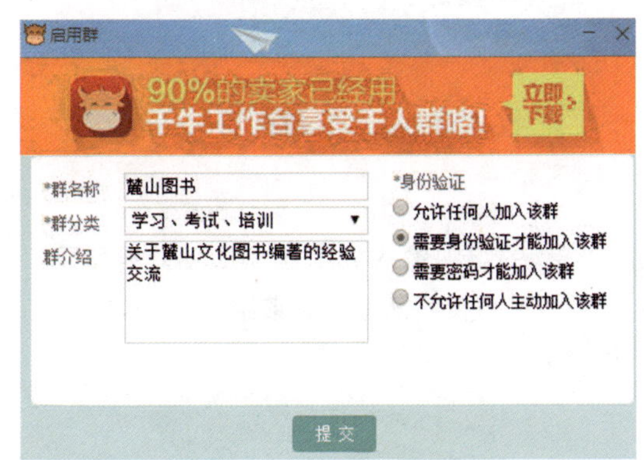

图3-20　设置群信息

03 单击“提交”按钮，提示启用成功，如图3-21所示。

图3-21　成功启用群

04 此时打开你的群列表，即显示了“我拥有的群”，如图3-22所示。

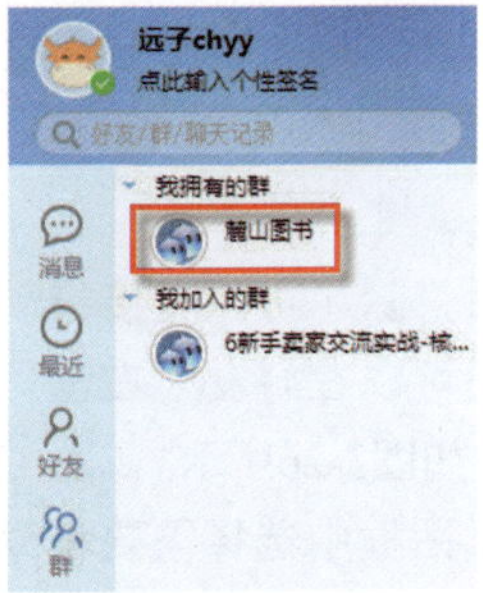

图3-22　我拥有的群

3. 好友分组

好友太多，就需要对他们进行分组管理。

01 若打开接待中心，在聊天窗口中单击“好友”按钮，将光标放置在“未分组好友”上，右击，执行“添加组”命令，如图3-23所示。

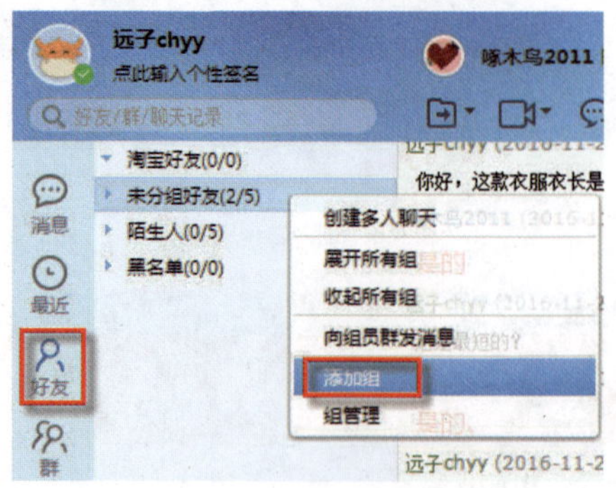

图3-23　执行“添加组”命令

02 在新增的组中输入分组名，如图3-24所示。选择好友，直接将其拖入到该组中即可，如图3-25所示。

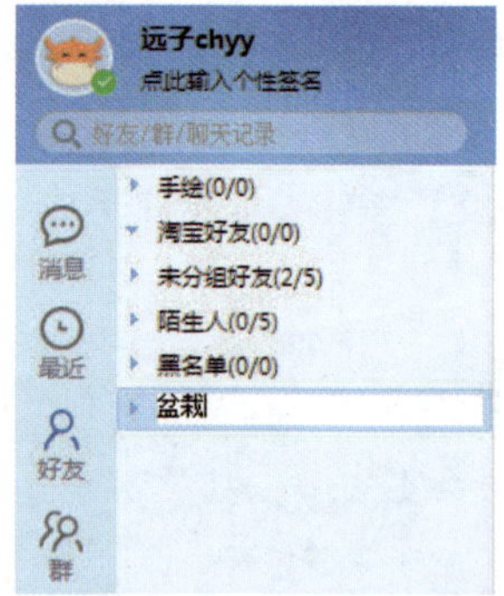

图3-24　输入分组名

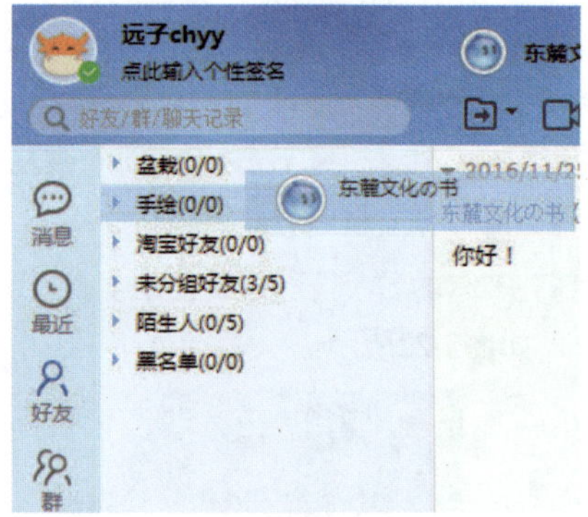

图3-25　移动好友

03 分组完成后，除了可以直接拖动好友到相应的组中外，还可以在好友上右击，执行“移动好友”命令，如图3-26所示。

04 在弹出的对话框中选择需要移动到的组，单击“确定”按钮，如图3-27所示。

图3-26　执行“移动好友”命令

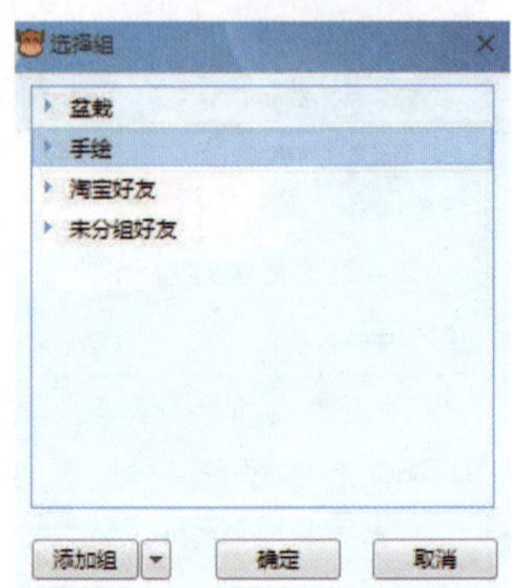

图3-27　单击“确定”按钮

06 好友即移动到了相应的组中，如图3-28所示。

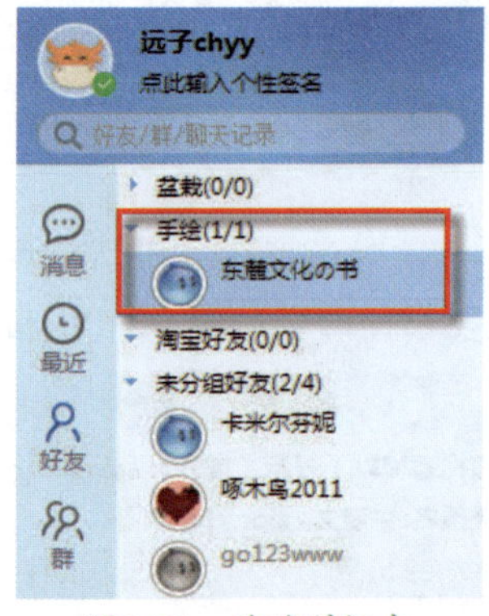

图3-28　移动到组中

3.2.2　语言管理：回复消息与过滤

千牛的旺旺功能主要是用来聊天的，所以它的语言管理能力比较出色，不仅可以自动回复，省去很多麻烦；而且可以查看消息记录，为生意纠纷查找证据；还可以过滤掉一些不文明用语，防止客服一时冲动惹恼顾客。就算是你的千牛头像，也在向顾客传达着一种无声的语言。

1. 编辑头像

与消费者进行交流时，个人头像是形象展示窗口之一，所以要拥有一个合乎自己形象的千牛头像。

01 登录千牛后，弹出工作台首页，单击界面顶端的千牛头像，如图3-29所示。

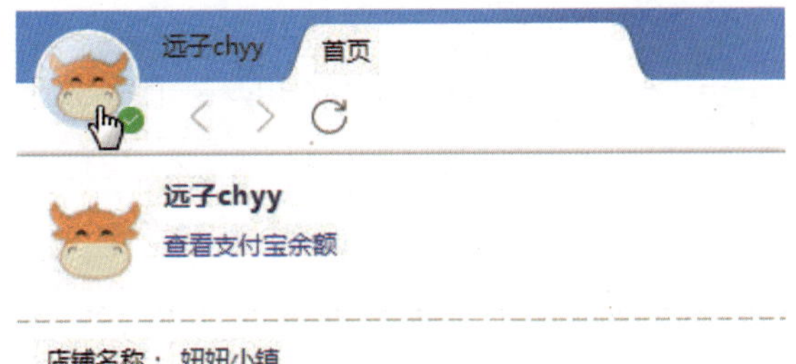

图3-29 单击千牛头像

02 打开“我的资料”对话框，如图3-30所示。

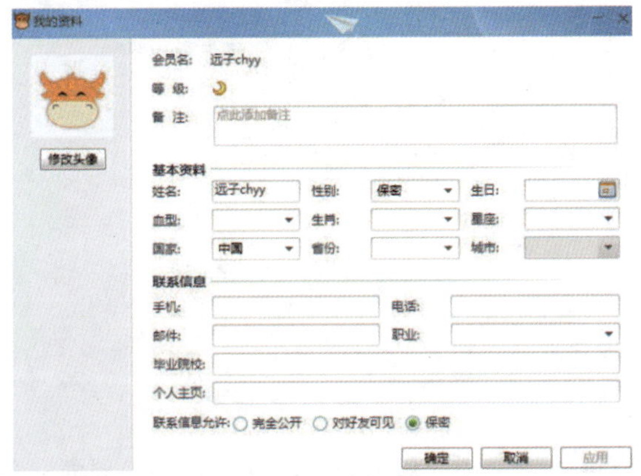

图3-30 “我的资料”对话框

03 单击头像下方的“修改头像”按钮，如图3-31所示。

图3-31 单击“修改头像”按钮

04 在打开的对话框中单击“高级上传”选项卡，然后单击“选择文件”按钮，如图3-32所示。

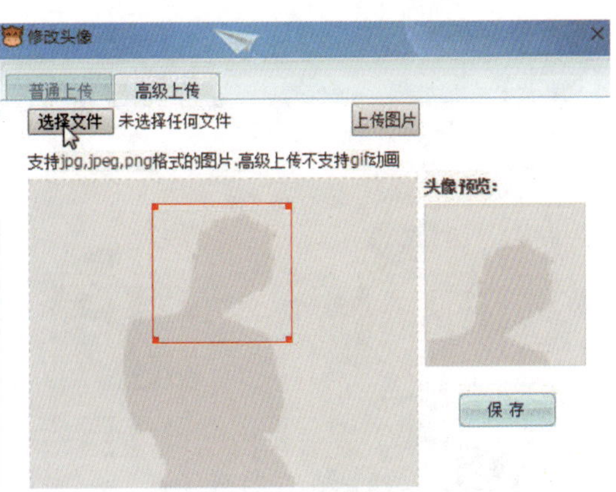

图3-32 单击“选择文件”按钮

05 在打开的对话框中选择图片，单击“打开”按钮，如图3-33所示。

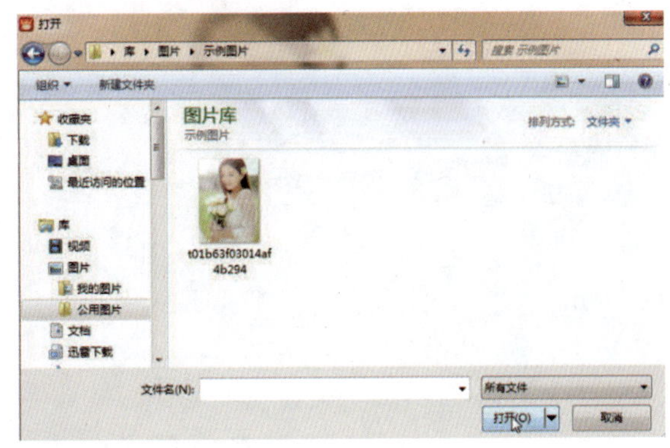

图3-33 选择图片

06 选择图片后，单击“上传图片”按钮，如图3-34所示。

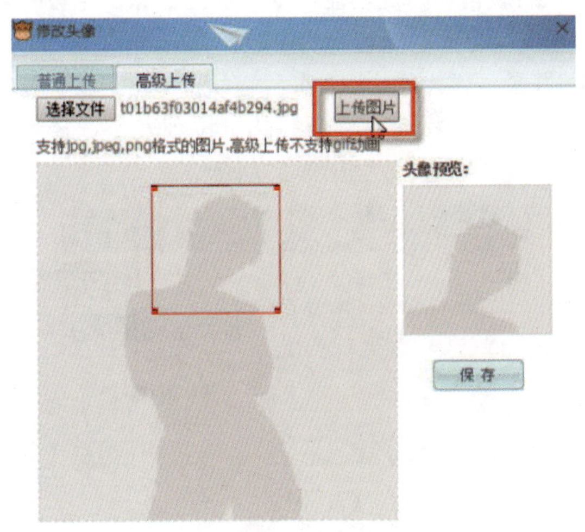

图3-34 上传图片

07 拖动显示区域，单击“保存”按钮，如图3-35所示。

08 头像修改完成后，填写个人资料，单击“应用”或“确定”按钮即可，如图3-36所示。

图3-35　单击“保存”按钮

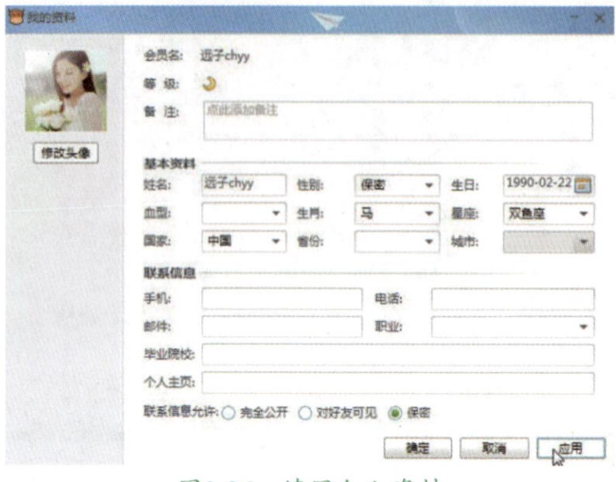

图3-36　填写个人资料

2. 设置自动回复

启动自动回复功能可以在自己忙碌、无暇回复的情况下自动回复客户的问题。

01 登录千牛，进入工作台首页，单击右上角的“设置”按钮，在展开的下拉列表中选择“系统设置”选项，如图3-37所示。

图3-37　选择“系统设置”选项

02 打开“系统设置”对话框，如图3-38所示。

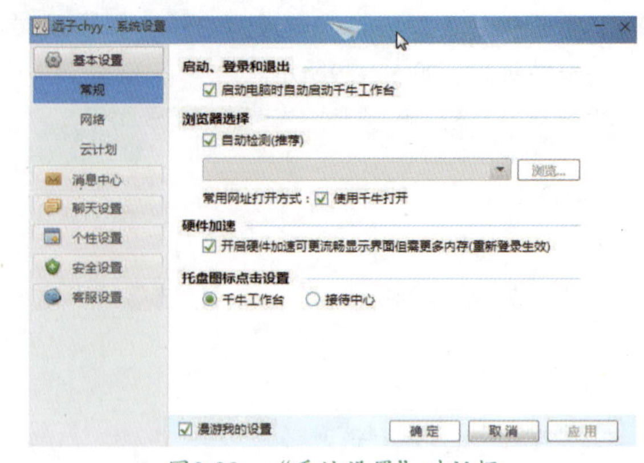

图3-38　“系统设置”对话框

03 在左侧选择“客服设置”选项，在展开的下拉列表中选择“自动回复设置”选项，如图3-39所示。

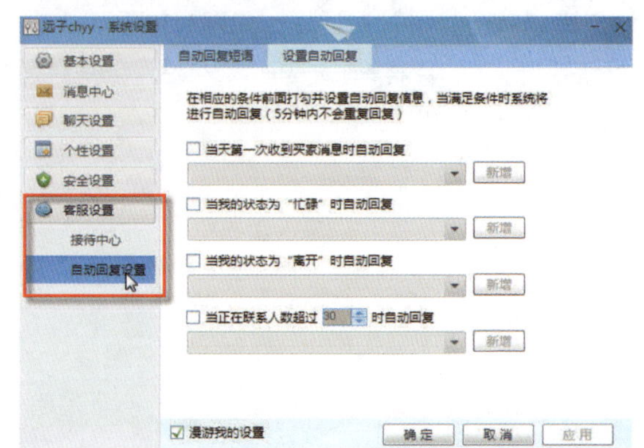

图3-39　选择“自动回复设置”选项

04 单击“自动回复短语”选项卡，切换界面，单击“新增”按钮，如图3-40所示。

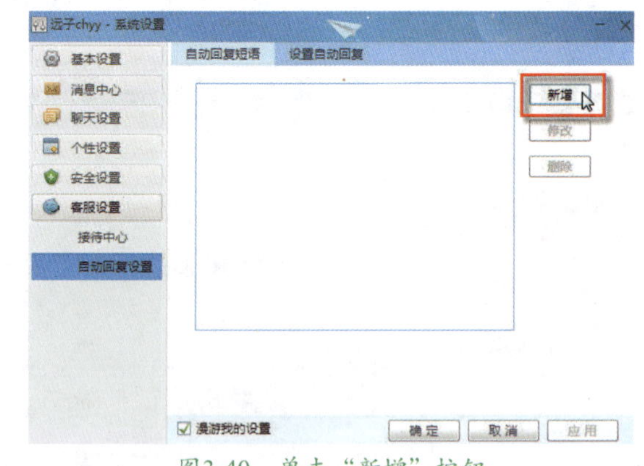

图3-40　单击“新增”按钮

05 在弹出的对话框中输入文本，分别设置字体和字号，如图3-41所示。

06 选择需要重点标记的文字，单击“颜色”图标，在展开的颜色面板中即可选择需要的文字颜色，如图3-42所示。

图3-41　输入内容

图3-42　选择文字颜色

07 单击“选择表情”图标可选择添加表情，单击“确定”按钮保存内容，如图3-43所示。

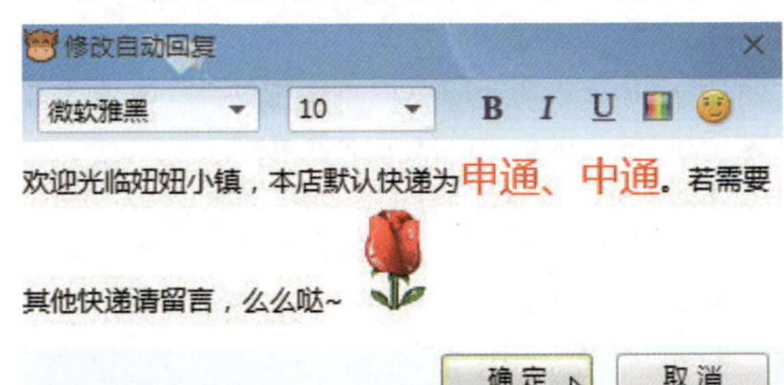

图3-43　单击“确定”按钮

08 使用同样的方法，新增其他自动回复短语，如图3-44所示。

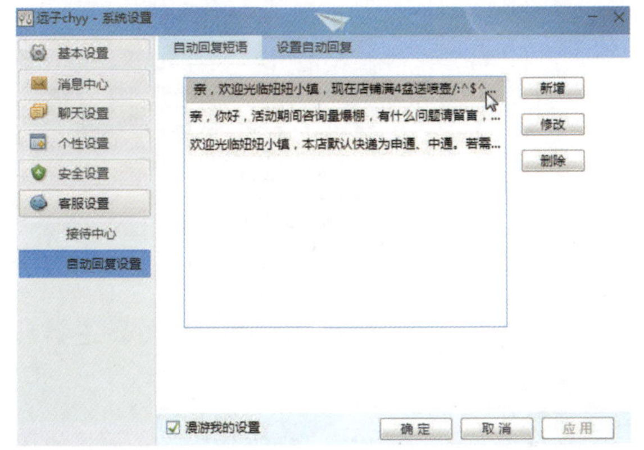

图3-44　新增其他自动回复短语

TIPS 在交流时添加动态表情，不仅能更贴切地表达心情，还能拉近彼此的距离。

09 切换至“设置自动回复”选项卡，勾选“当天第一次收到买家消息时自动回复”复选框，然后单击下方的三角按钮，在展开的下拉列表中选择一个自动回复，如图3-45所示。

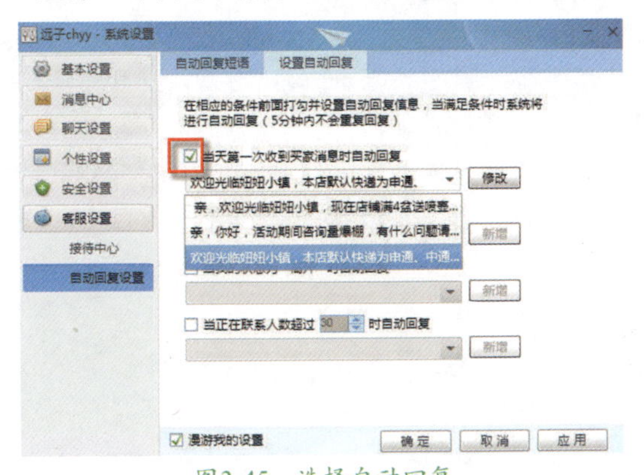

图3-45　选择自动回复

10 使用同样的方法，设置其他自动回复，然后单击“应用”按钮，如图3-46所示。

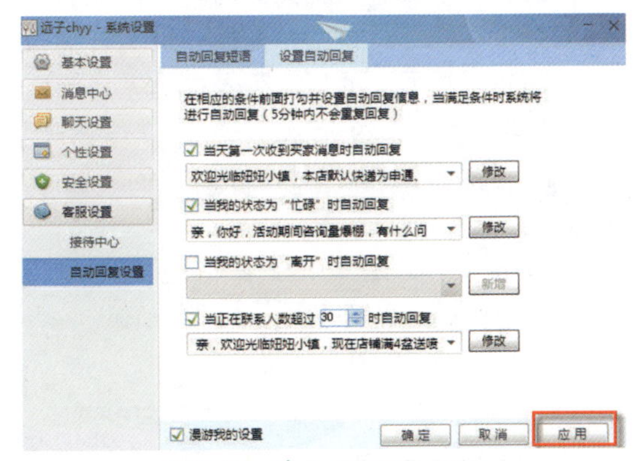

图3-46　单击“应用”按钮

11 当买家进行咨询，且满足设置的自动回复条件时，系统会自动进行回复，如图3-47所示。

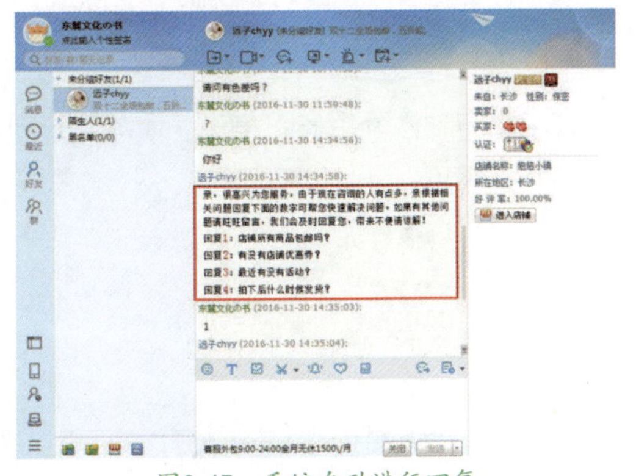

图3-47　系统自动进行回复

3. 设置快捷短语

将经常回复的内容进行编辑保存，在下次回复时，直接发送快捷短语回复而不需要重新打字编辑，可以有效地提高工作效率。

01 在聊天窗口中单击“快捷短语”图标，在右侧会打开列表框，单击底部的“新建”按钮，如图3-48所示。

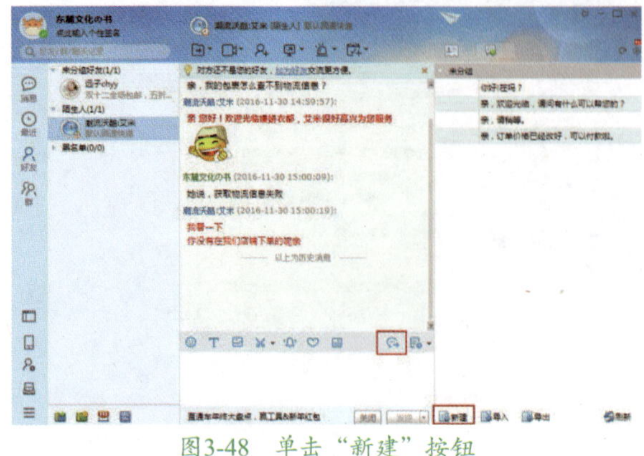

图3-48　单击“新建”按钮

02 弹出对话框，输入快捷短语、快捷编码以及买家问题，当聊天中出现类似问题时，系统将进行智能短语推荐。单击“选择分组”右侧的下三角按钮，在展开的下拉列表中选择“新增分组”选项，如图3-49所示。

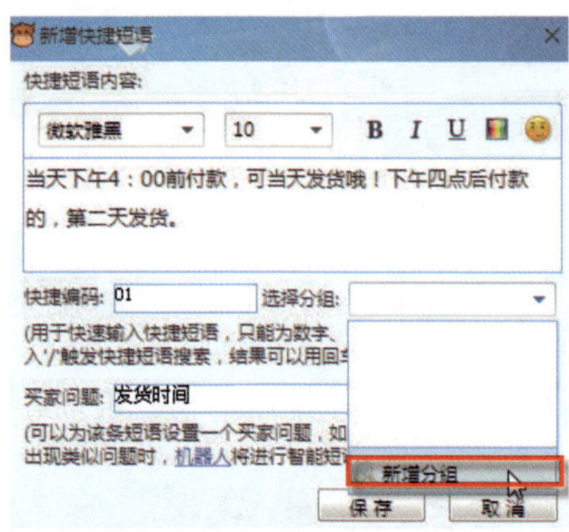

图3-49　选择“新增分组”选项

03 在文本框中输入分组名，单击“添加”按钮，如图3-50所示。

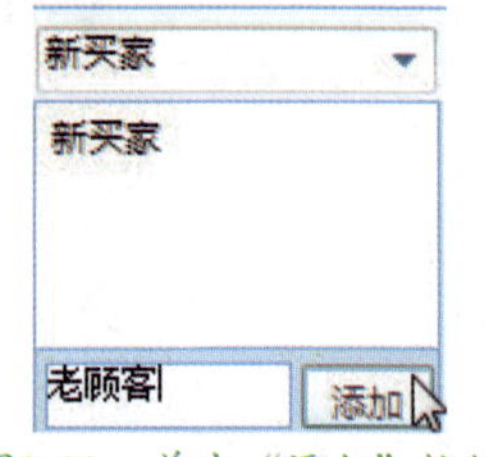

图3-50　单击“添加”按钮

04 单击“保存”按钮，保存设置。使用同样的方法，编辑其他快捷短语。

05 在聊天时可以直接在右侧选择快捷短语，或者在消息框中输入“/”，即可选择相应的快捷短语，如图3-51所示。

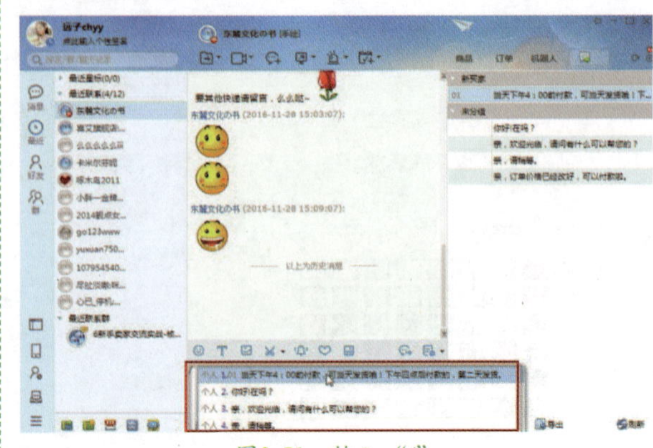

图3-51　输入“/”

> TIPS 选中右侧的快捷短语，右击，执行“编辑”命令可对该短语进行再次编辑。

4. 保存消息记录

聊天记录无论是对买家还是对卖家来说都很重要，建立客户档案、总结交流经验、查找口头承诺过的协议及发生纠纷时取证，这些都离不开聊天记录，因此对消息记录的保存十分重要。

01 登录千牛，进入接待中心，在聊天窗口的左下角，单击“更多”图标☰，在展开的下拉列表中选择“消息管理器”选项，如图3-52所示。

图3-52　选择“消息管理器”选项

02 打开“消息管理器”对话框，在左侧选择分组及分组下的联系人，在右侧则会显示与该联系人的消息记录，如图3-53所示。

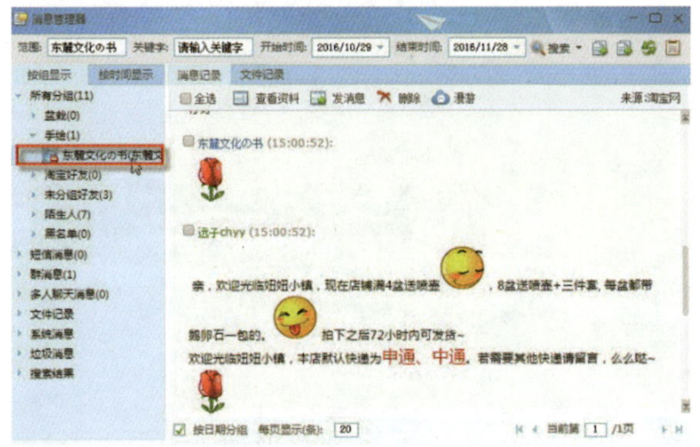

图3-53 显示消息记录

03 选中右侧的“全选”复选框，全选消息记录，然后单击顶端的“导出消息记录”按钮，如图3-54所示。

图3-54 单击“导出消息记录”按钮

04 弹出对话框，选择消息记录开始的时间和结束的时间，选择需要导出的消息类型，然后单击“确定”按钮，如图3-55所示。

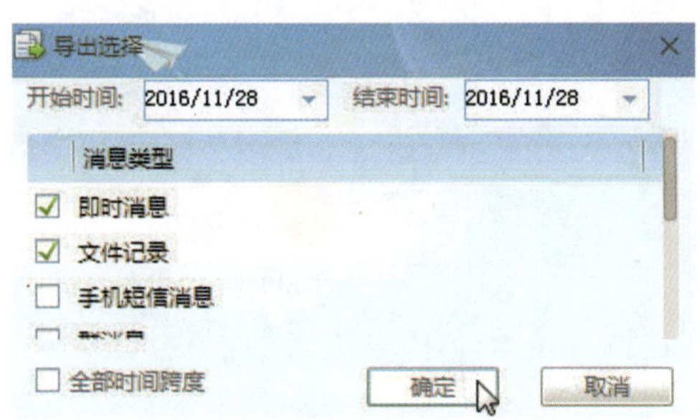

图3-55 单击“确定”按钮

05 在打开的对话框中设置保存位置、文件名及保存类型，如图3-56所示。

06 单击“保存”按钮，导出成功，弹出进度提示框，单击“确定”按钮，如图3-57所示。

图3-56 保存设置

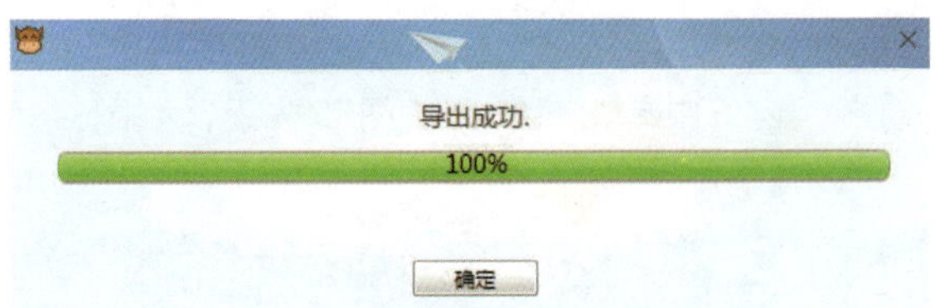

图3-57 导出成功

07 打开保存为txt文件类型的消息记录，查看消息，如图3-58所示。

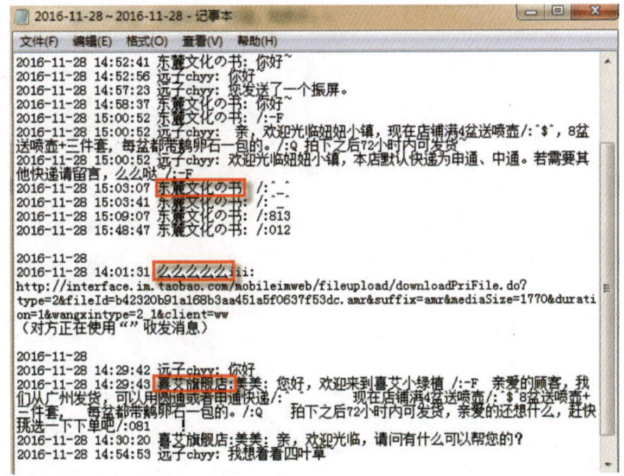

图3-58 查看导出记录

08 可以看出，按照以上方式导出来的消息记录，是在选定时间段内的所有即时消息，而不是与某个联系人单独的聊天记录。如果想要导出单独的聊天记录，操作方式应该是：在打开的消息管理器中，选定某个联系人，如“东麓文化の书”，然后右击，在弹出的快捷菜单中选择“导出聊天记录”命令，如图3-59所示。

09 同上面的导出方法一样，设置好“导出选择”和“保存设置”，导出成功后查看文档，此时消息记录只有同“东麓文化の书”联系人的聊天记录。

图3-59　选择“导出聊天记录”命令

10 除了将消息记录导出保存外，还可以使用截图功能直接将消息记录保存为图片格式。在聊天窗口中单击“屏幕截图”按钮，如图3-60所示。

图3-60　单击“屏幕截图”按钮

> **TIPS** 使用屏幕截图时，要保证截图时不隐藏聊天窗口，方法为：单击“屏幕截图”右侧的下三角按钮，在弹出的下拉菜单中选择“截图时隐藏聊天窗口”命令，使其前面的“√”去掉，就能在当前聊天窗口中截图了。

11 选择需要截取的区域，单击“完成”按钮，截图完成后保存在消息编辑区中，如图3-61所示。

12 选择图片，右击，在弹出的快捷菜单中选择“图片另存为”命令，如图3-62所示，将图片保存到电脑中即可。

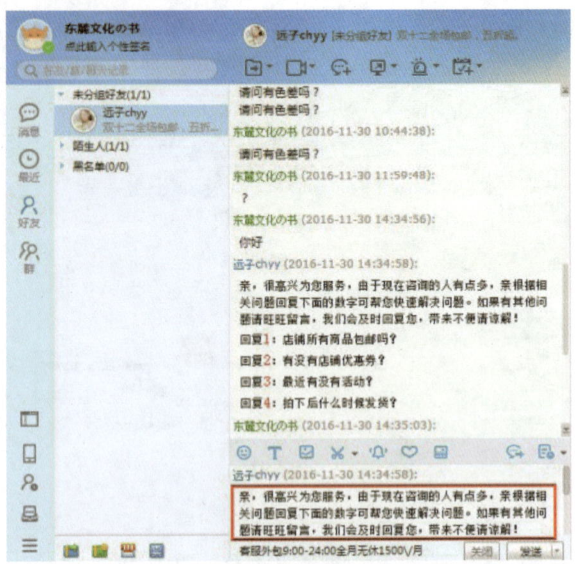

图3-61　截图

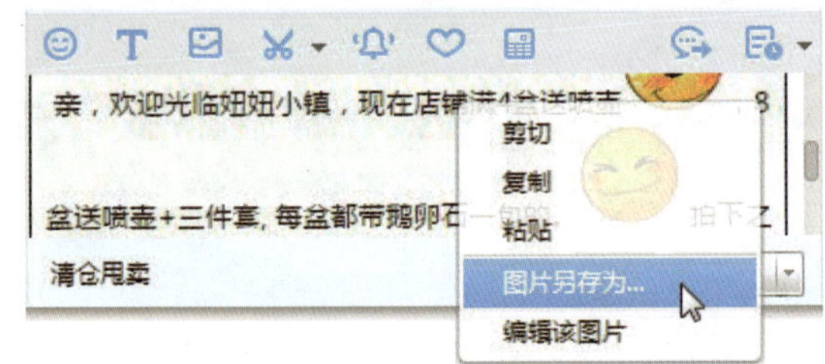

图3-62　选择“图片另存为”命令

5. 过滤骚扰信息

过滤广告信息和陌生人的骚扰是工作中非常实用的功能。

01 登录千牛，进入工作台的首页，单击右上角的设置图标☰，在出现的下拉菜单中选择“系统设置”命令，如图3-63所示。

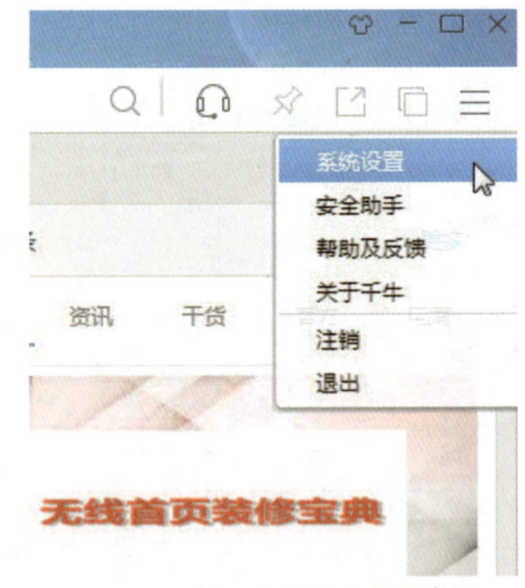

图3-63　选择“系统设置”命令

02 进入系统设置页面，单击“安全设置”选项，在出现的列表中选择“防骚扰”，然后勾选

"过滤骚扰信息"选项组中的两个复选框，再单击"新增"按钮，如图3-64所示。

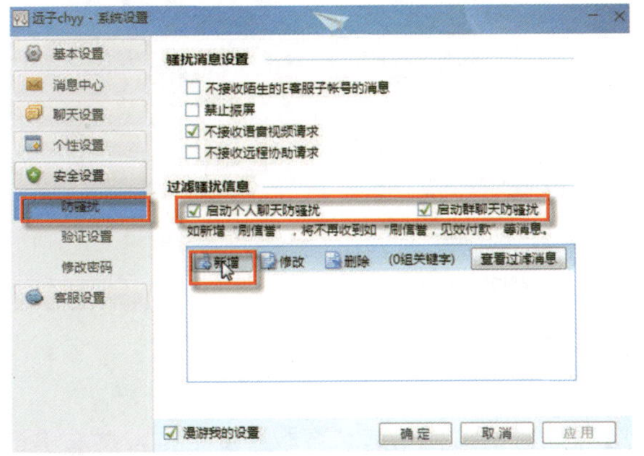

图3-64　防骚扰设置

03 在打开的对话框中输入想要过滤的关键字，如图3-65所示。

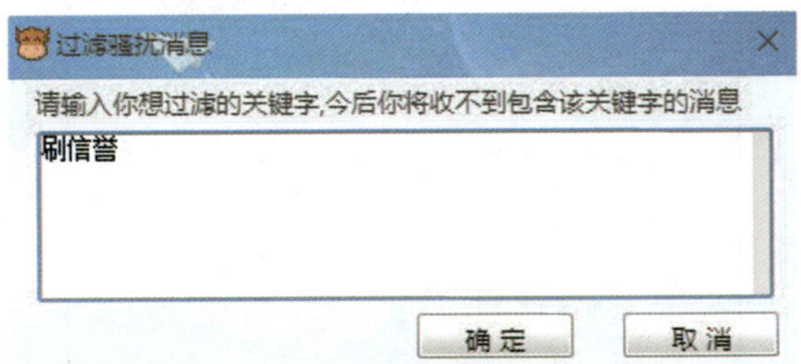

图3-65　输入关键字

04 单击"确定"按钮，即可在过滤列表中显示一组关键字，如图3-66所示。

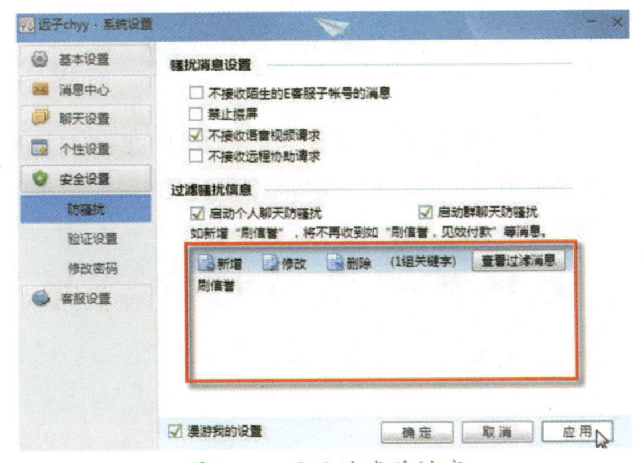

图3-66　显示过滤关键字

05 使用同样的方法，设置其他关键字，最后单击"应用"按钮即可。

3.2.3　团队管理：启用签名与禁语

团队是由多个客服组成的，团队中的成员可以共用签名、自动回复或快捷短语，还能设置禁用语。团队管理的前提是拥有子账号，下面介绍如何设置子账号。

1. 子账号的设置

01 登录千牛，在插件搜索框中输入"员工管理"，如图3-67所示。

图3-67　单击"员工管理"插件

02 单击出现的"员工管理"插件，进入"员工管理"页面，在左侧选择部门，如"客服"，再单击"新建员工"按钮，如图3-68所示。

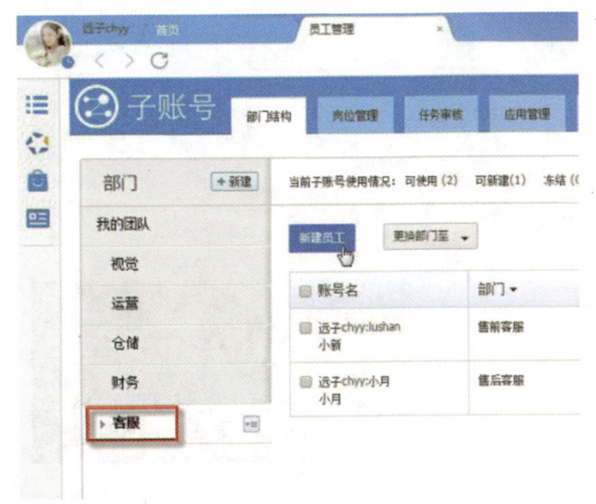

图3-68　单击"新建员工"按钮

03 填写员工相关信息：账号名、密码、姓名、部门、手机号等，填好之后，单击"确认新建"按钮，如图3-69所示。

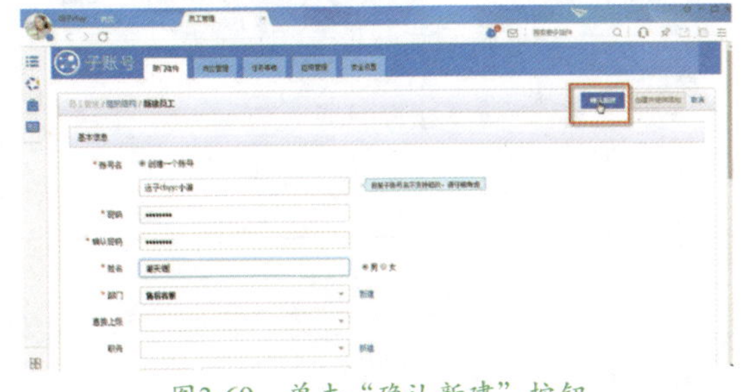
图3-69　单击"确认新建"按钮

04 新建成功的子账号会出现在相应部门，如图3-70所示。

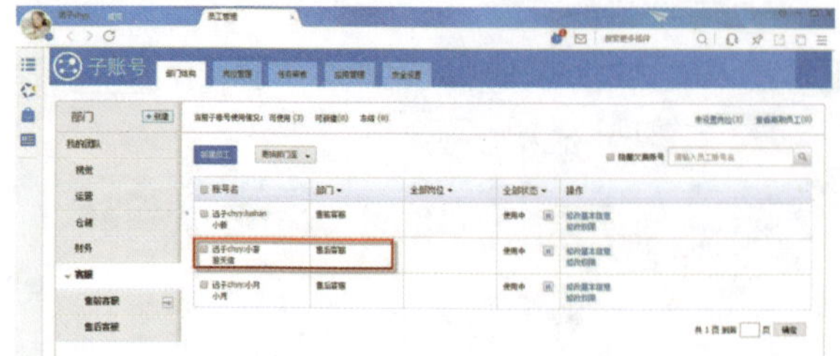

图3-70　查看子账号

05 使用同样的方法，创建其他子账号，单击“部门”旁边的“新建”按钮，还可以创建新的部门。

有了子账号，就可以进行团队管理，新版千牛的“团队管理”以插件的形式出现，更方便卖家进行操作。

2. 团队签名

01 登录千牛，在插件搜索框中输入“团队管理”，就会出现“团队管理”这一插件，单击它，如图3-71所示。

图3-71　单击“团队管理”插件

02 进入“团队管理”页面，单击“新增签名”按钮，如图3-72所示。

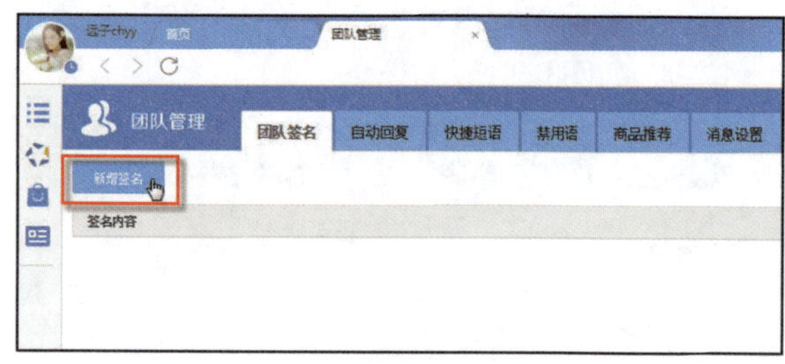

图3-72　单击“新增签名”按钮

03 输入签名内容，并单击“选择客服”链接，如图3-73所示。

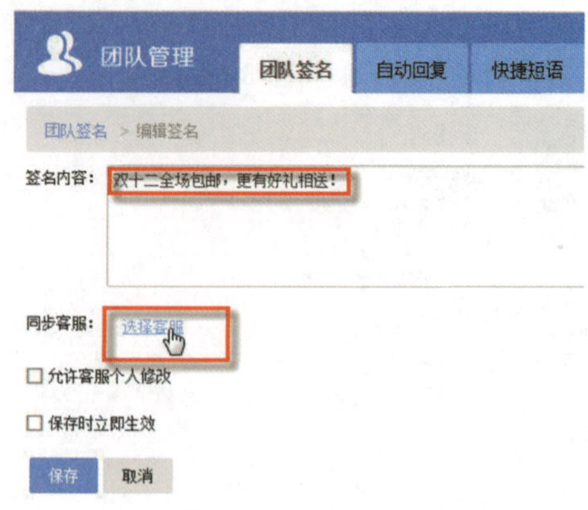

图3-73　单击“选择客服”链接

04 打开对话框，勾选“客服”复选框，然后单击“确定”按钮，如图3-74所示。

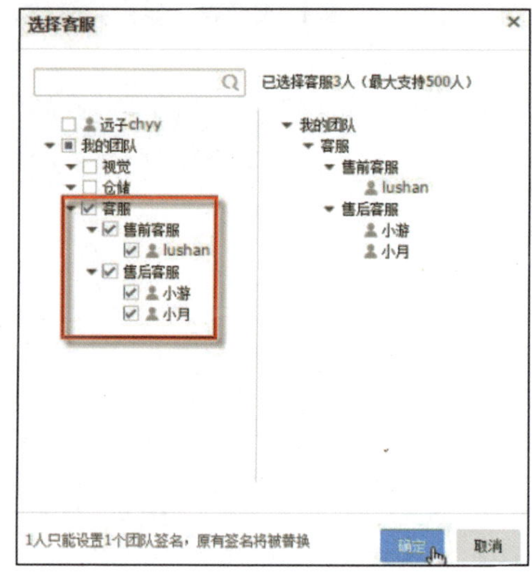

图3-74　设置同步客服

05 设置同步客服后，勾选“保存时立即生效”复选框，单击“保存”按钮，如图3-75所示。

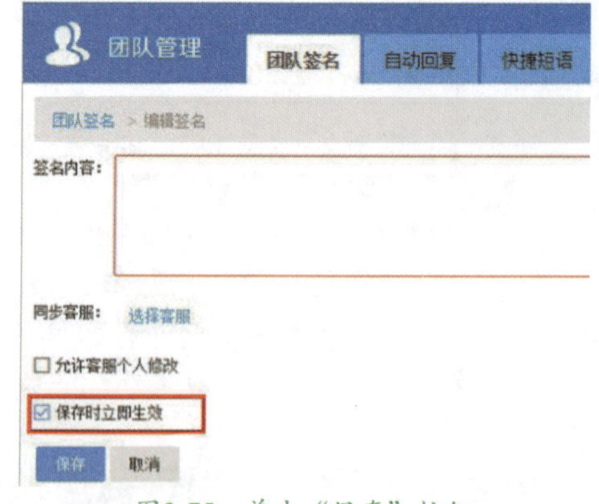

图3-75　单击“保存”按钮

06 保存后还可以对签名进行关闭、修改和删除等其他操作，如图3-76所示。

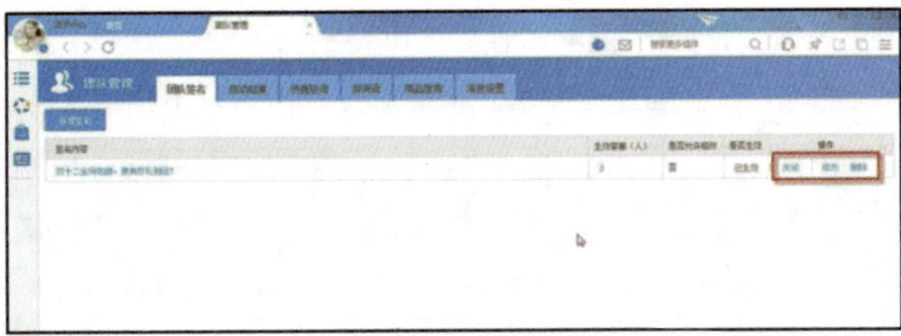

图3-76　其他操作

TIPS　选择“删除”后，弹出“提示”对话框，确认删除后，相关客服的前面将变回客服的个人签名，如图3-77所示。

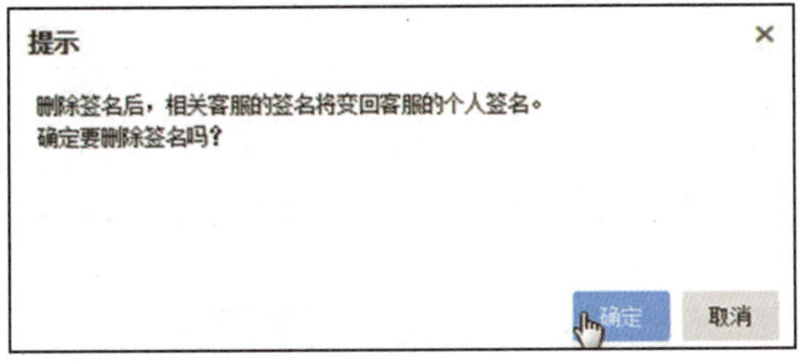

图 3-77　单击“确定”按钮

07 还可以新增签名，新增签名后仅显示一个生效的签名，若多个签名选择了相同的客服，则只会在生效的签名中显示生效客服，如图3-78所示。

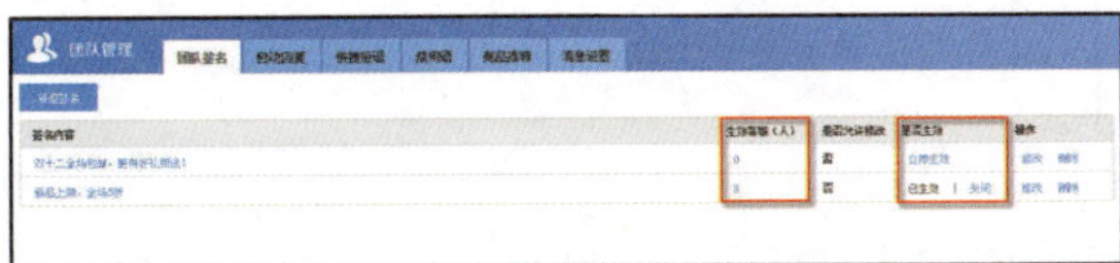

图3-78　显示生效客服

3. 自动回复

在团队管理中，选择“自动回复”选项，单击“新增模板”按钮，如图3-79所示。填写模板信息，然后单击“保存”按钮，如图3-80所示。

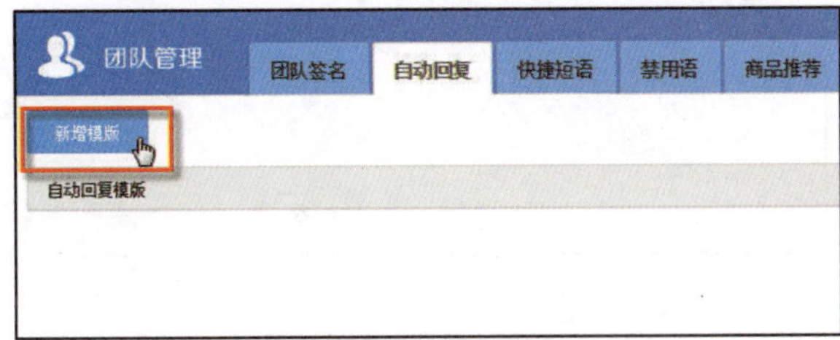

图3-79　单击“新增模板”按钮

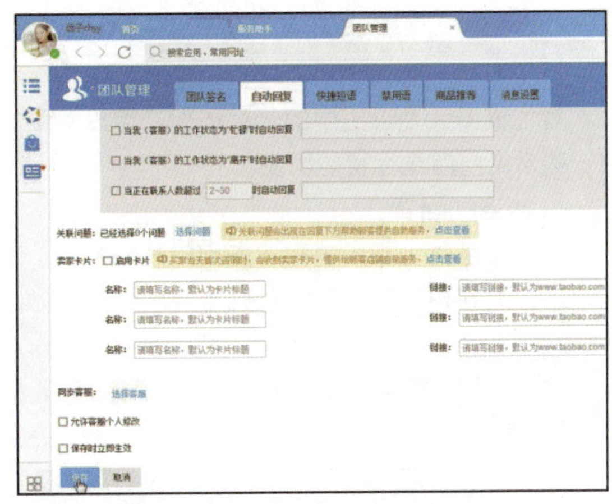

图3-80　单击“保存”按钮

TIPS　快捷短语的操作与自动回复类似，故不再单独介绍。

4. 禁用语

设置禁用语是为了使客服文明服务，当客服话语中出现设置的禁用语时，则不允许发送。步骤为：进入团队管理页面，选择“禁用语”选项，切换界面，如图3-81所示。在下方文本框中输入短语，或单击“使用官方禁语”链接，即可在文本框中添加官方设定的短语，如图3-82所示。单击“保存”按钮即可。

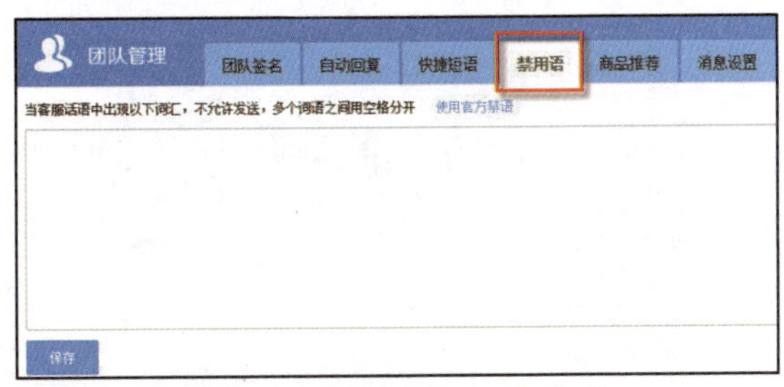

图3-81　选择“禁用语”选项

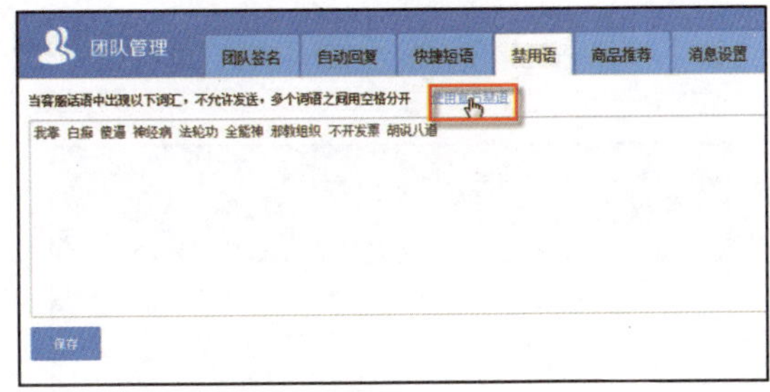

图3-82　单击“使用官方禁语”链接

3.2.4 智能机器人：自动回复与分流

智能机器人是千牛中的一款插件，可以对买家的一些常见问题进行智能回复。

1. 半自动回复

半自动回复是指当消费者咨询问题的时候，系统一旦匹配到相同的问题时，机器人就会自动做出回复。

01 在聊天窗口右侧上方单击“机器人”按钮，如图3-83所示。

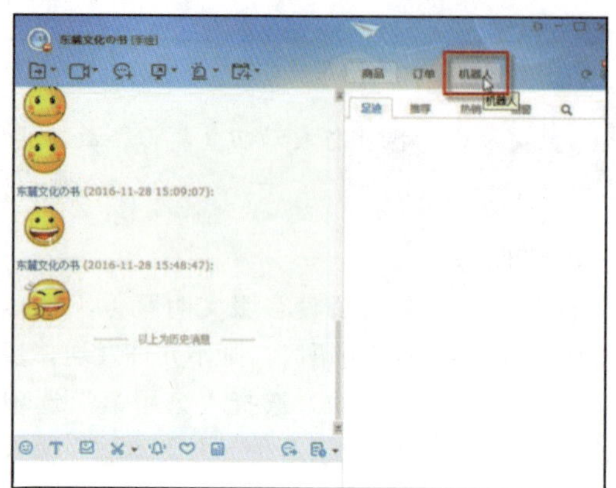

图3-83　单击“机器人”按钮

02 在打开的界面中选择“半自动”选项，然后单击右侧的“配置回复”按钮，如图3-84所示。

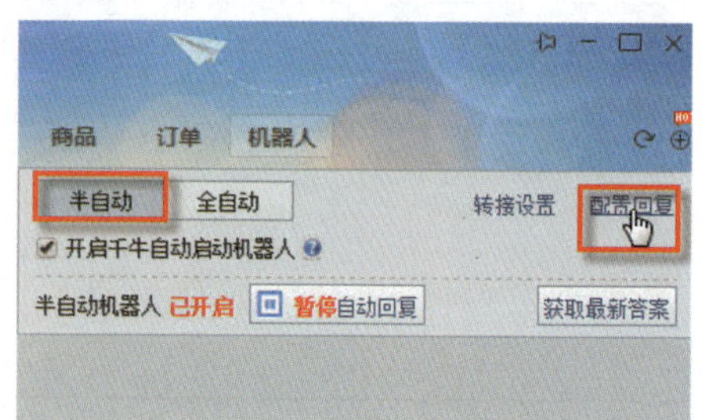

图3-84　单击“配置回复”按钮

03 打开“淘宝智能机器人配置”对话框，如图3-85所示。

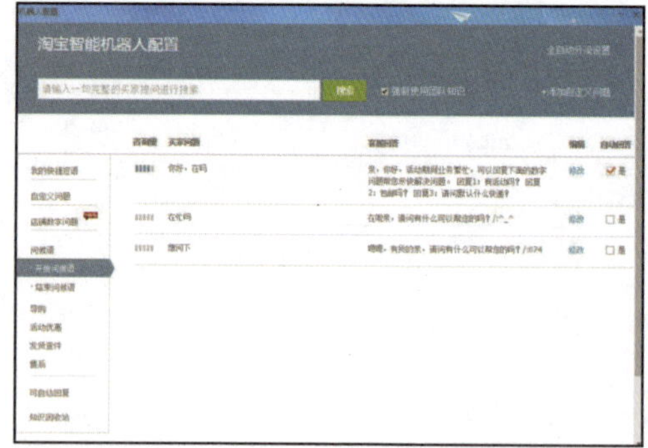

图3-85　“淘宝智能机器人配置”对话框

04 在左侧栏中选择“可自动回复”选项，在右侧则显示了当前的自动回复列表，如图3-86所示。

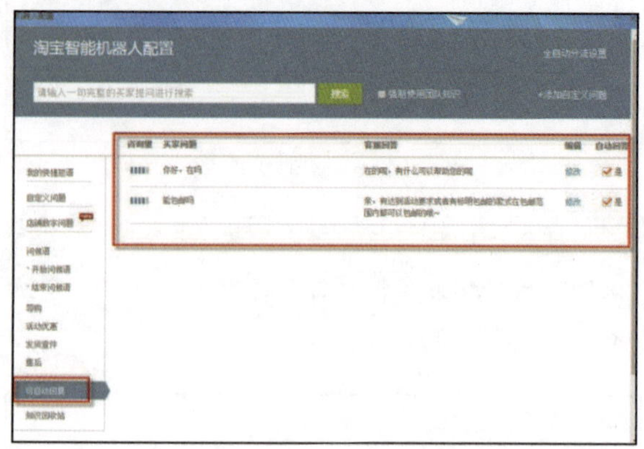

图3-86　可自动回复列表

05 选择左侧栏中的任意选项，在右侧展开的列表中选择一个问题，单击“修改”按钮，如图3-87所示。

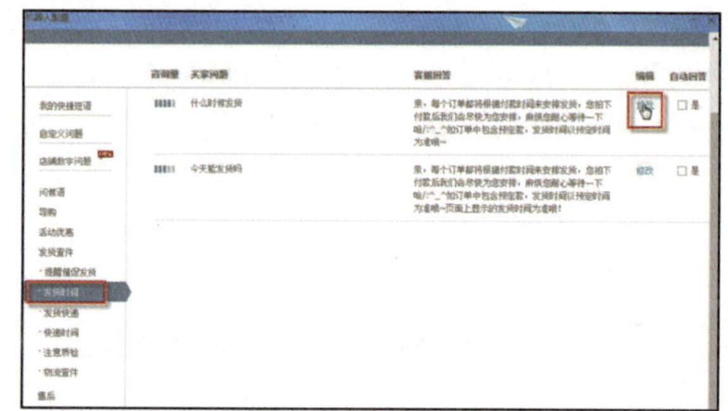

图3-87　单击“修改”按钮

06 在打开的对话框中编辑回复的内容，如图3-88所示。

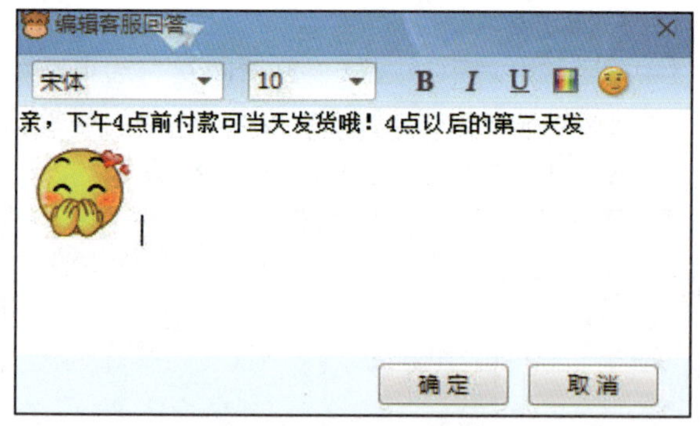

图3-88　编辑回复的内容

07 单击“确定”按钮，勾选该问题后的自动回答“是”复选框，如图3-89所示，即完成了该问题的自动回复设置。

08 除了选择列表中已有的常用问题外，还可以设置自定义问题。单击“添加自定义问题”按钮，如图3-90所示。

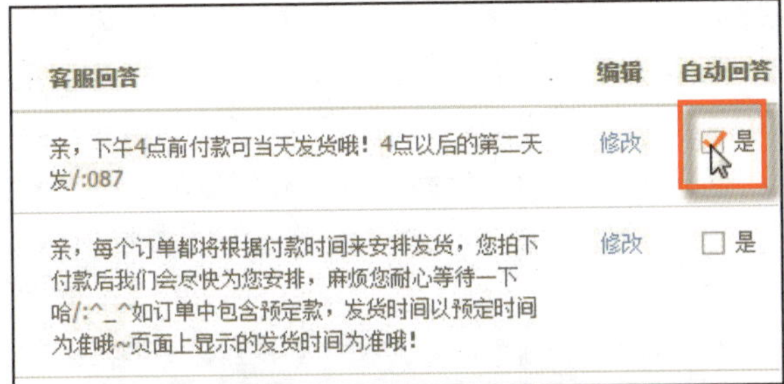

图3-89 选中“是”复选框

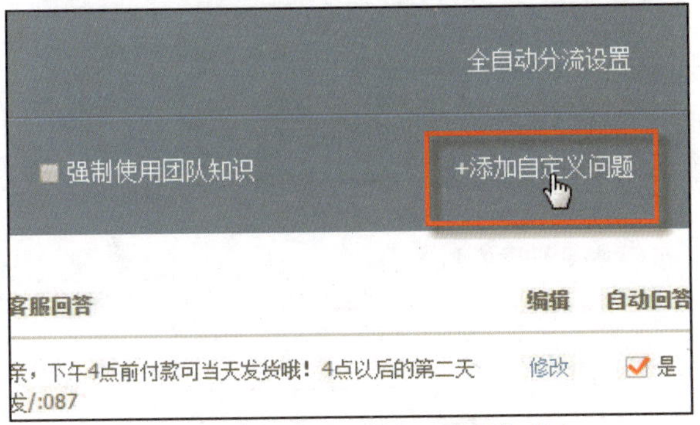

图3-90 单击“添加自定义问题”按钮

09 在打开的对话框中输入问题，单击“检测问题并设置答案”按钮，如图3-91所示。

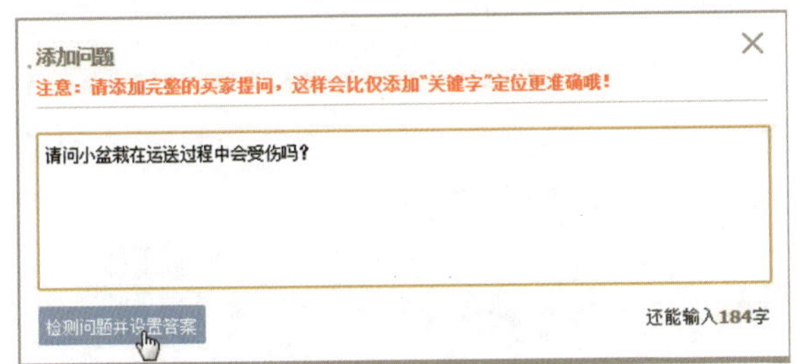

图3-91 单击“检测问题并设置答案”按钮

10 在打开的对话框中设置回复的答案，如图3-92所示，单击“保存”按钮，勾选该问题后的自动回答“是”复选框即完成设置。

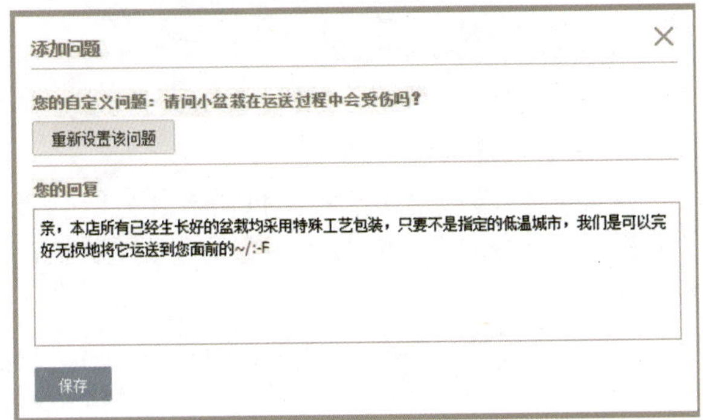

图3-92 设置回复

2. 数字回复

数字回复是指卖家设置问题导航，以数字的形式取代问题，通过数字回复，引导买家自主购物，提升买家自主解决问题的能力，是缓解客服压力和及时响应买家的最好办法。当然，在问题无法解决的时候，机器人会将客户流转给合适的客服，提升体验，不丢一单。

01 选择一个开始问候语，勾选“自动回答”栏下的“是”复选框后，单击“修改”按钮，如图3-93所示。

图3-93 单击“修改”按钮

02 在打开的对话框中输入回复内容，内容中将需要回复的数字用红色重点标出，单击“确定”按钮，如图3-94所示。

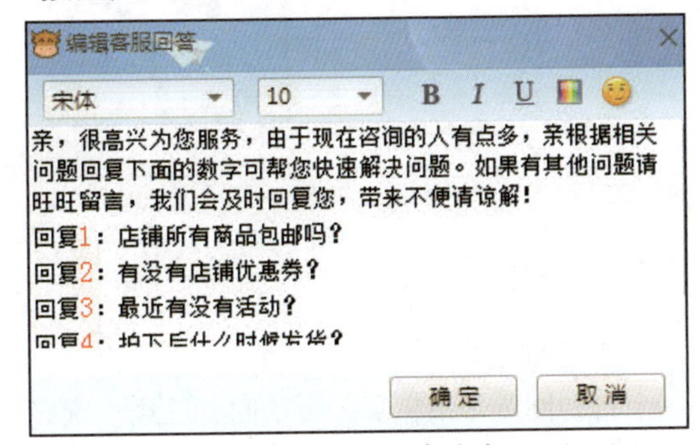

图3-94 输入回复内容

03 选择左侧的“店铺数字问题”选项，然后单击右上角的“添加数字问题”按钮，如图3-95所示。

图3-95 单击“添加数字问题”按钮

04 按照示例，在出现的编辑框中添加数字、添加问题描述和问题答案，添加完成后，单击“确认”按钮，如图3-96所示。

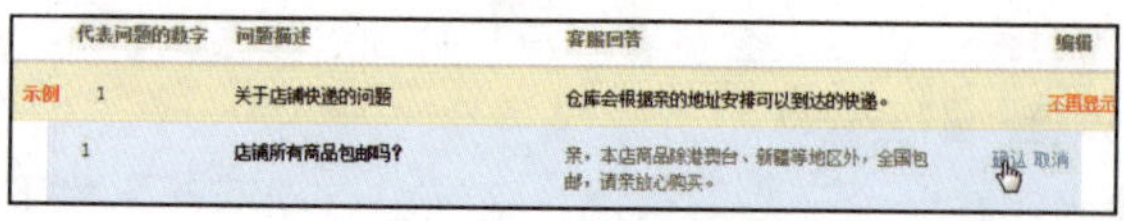

图3-96 单击“确认”按钮

05 使用同样的方法，可以添加其他数字问题，如图3-97所示。

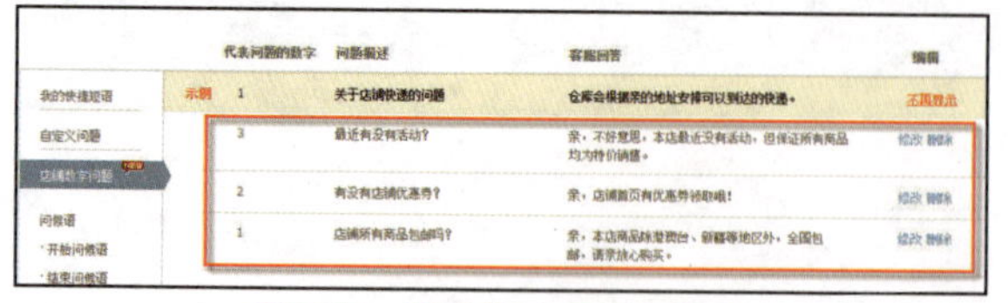

图3-97 设置其他问题与答案

06 设置完成后，在买家咨询时输入数字，则机器人对问题进行自动回复，右侧为机器人回复的问题列表，如图3-98所示。

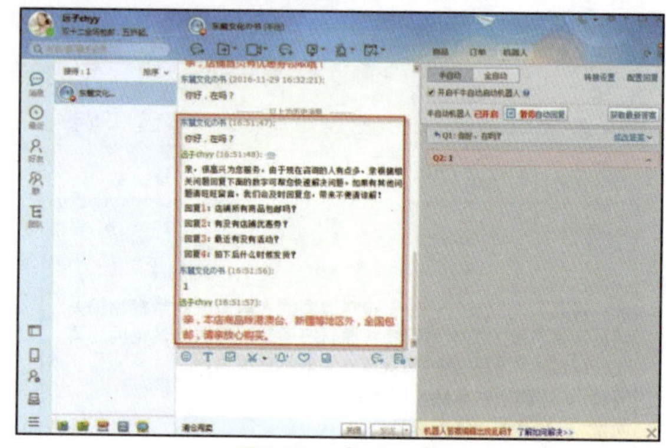

图3-98 自动回复

3. 全自动回复

全自动回复是指机器人自动回复已经设置好的问题，若买家询问的问题不在设置的范围内，机器人会将问题转给任意一位在线客服。

01 在聊天窗口中展开“机器人”界面，单击“全自动”按钮，如图3-99所示。

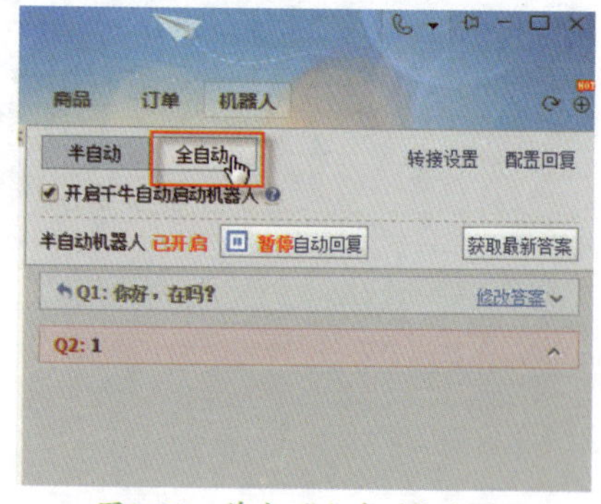

图3-99 单击“全自动”按钮

02 在打开的对话框中输入机器人无法回复时的回答，再单击“您的问题小丫暂时无法回答……”一样，在出现的下拉菜单中选择一种转接方式，如“转给任一位在线客服”，最后单击“本账号开启全自动”按钮，如图3-100所示。

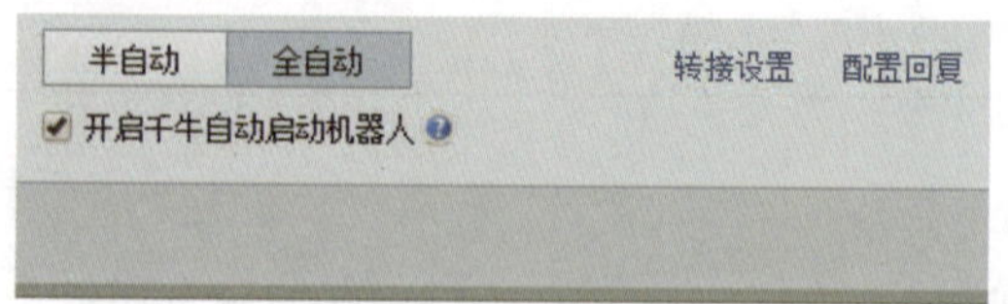

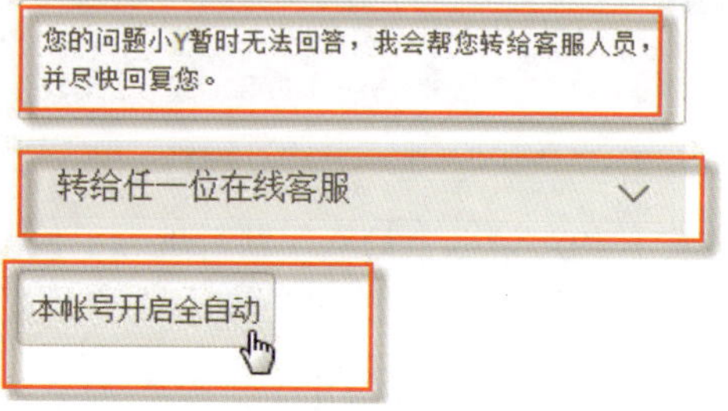

图3-100 单击“本账号开启全自动”按钮

03 开启后，界面中显示“全自动机器人已开启”，如图3-101所示。

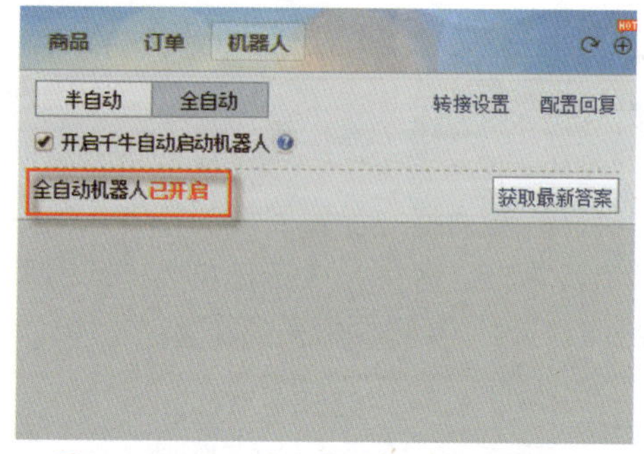

图3-101 显示“全自动机器人已开启”

4. 全自动分流

全自动分流是指在全自动机器人开启的状态下，机器人无法回答的问题，会自动分流给其他在线的客服。

01 在聊天窗口中单击右上角的“机器人”按钮，在打开的界面中单击“配置回复”按钮，如图3-102所示。

02 进入“淘宝智能机器人配置”页面，单击“全自动分流设置”按钮，如图3-103所示。

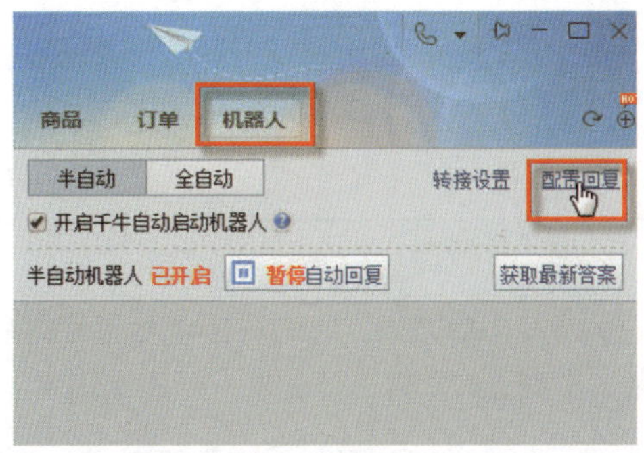

图3-102　单击“配置回复”按钮

图3-103　单击“全自动分流设置”按钮

03 在打开的对话框中输入机器人无法回复时回答的内容，选中“转给任一在线账号”单选按钮，单击“保存”按钮，如图3-104所示。

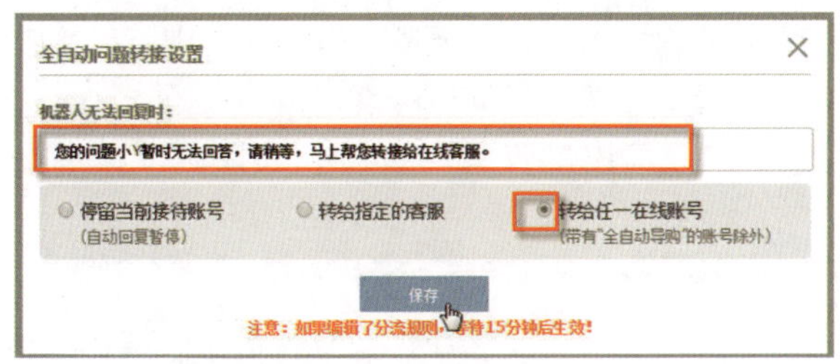

图3-104　全自动问题转接设置

04 保存后提示设置成功，如图3-105所示。

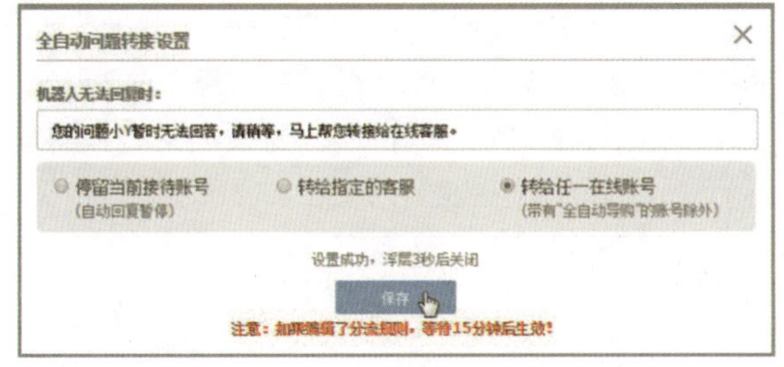

图3-105　提示设置成功

05 设置完成后，当买家咨询其他问题时，机器人则会给出“转接客服”的答复，且右侧列表中无答案的问题会显示为红色，如图3-106所示。

06 单击“新增答案”按钮也可为该问题设置自动回复答案。

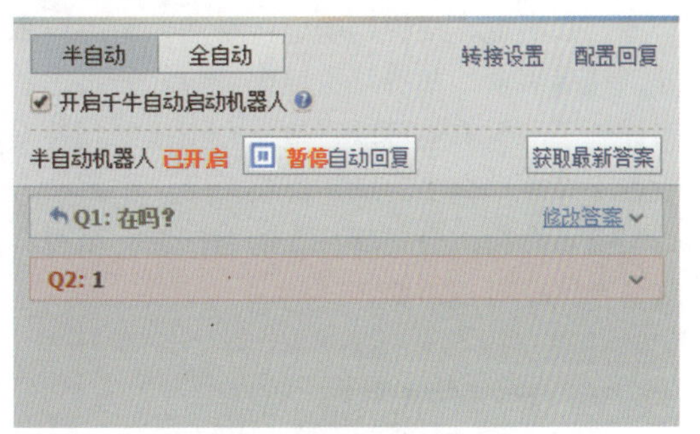

图3-106　自动回复

3.3　开张生意——完美收官七部曲

宝贝发布后，终于迎来第一位顾客，我们应如何应对呢？下面就来详细介绍一下。有人询问，就要耐心回答；宝贝被拍下之后，积极主动地找顾客聊天，弄明白还未付款的缘由；用包邮，新店开张折上折，或是好礼相送等促销手段消除顾客心中的疑虑，让她开开心心地买下你的商品；付款后，要跟顾客确认收货信息，赢得好感；发货要及时，售后评价更不能少……熟悉这些简单的步骤对于新店主来说是不是会更加得心应手呢。

3.3.1　积极回复买家问

众所周知，在现今竞争激烈的网络销售市场，卖家除了要提供优质的产品外，更应该提高服务的质量，以争取更多的回头客。在回复买家提出的问题时，及时回复是至关重要的。

一般买家买东西都喜欢找在线的卖家，所以通常情况下都要保持旺旺在线的状态。如果买家发过去的信息半天没人理，会觉得这个卖家很没礼貌，也会有被冷落的感觉。一定要记着，网上卖家成千上万，买家有的是选择，不及时回复就很容易流失客户。

要重视每个客户，每个旺旺留言。如果离开了电脑，一般都要改变旺旺状态，并且设置旺旺自动回复向来客道歉。如果很忙，也要设置自动回复，请买家稍等会儿，并很快回复请他谅解。一般客户都会谅解的，你尊重别人，别人才会尊重你。

另外，要把商品介绍写详细，减轻自己的工作量。如产品质量、规格、功能、用法、适用范围、保养、注意事项、邮费及售后服务等，如果这些全部写详细了，买家就可以直接在介绍里得到答案，一般也不会有那么多的疑问需要一个一个解答。详细描写商品介绍也会提高买家的信任度，至少会认为这是个比较用心的卖家。

3.3.2 拍下商品要沟通

宝贝被拍下，但是买家还没付款，这时就要主动出击了。联系买家，等待买家回复，从而抓住每个有意购买，又犹豫不决的顾客。

01 进入“卖家中心”页面，在“交易管理”下单击“已卖出的宝贝”链接，如图3-107所示。

图3-107 单击“已卖出的宝贝”链接

02 进入“已卖出的宝贝”页面，如果买家旺旺在线，则单击“和我联系”旺旺图标，与买家进行沟通，如图3-108所示。

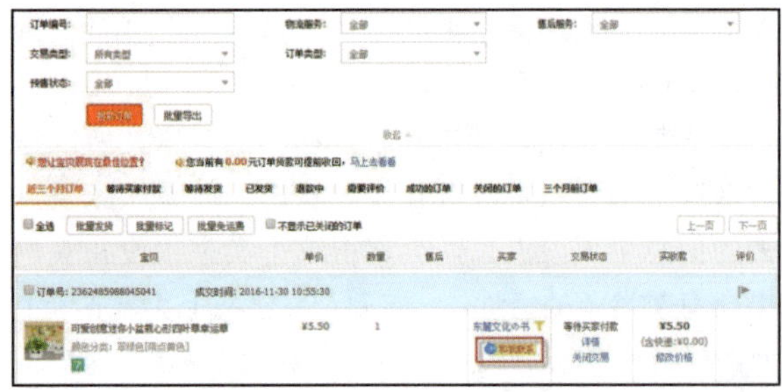

图3-108 单击“和我联系”旺旺图标

03 如果买家旺旺不在线，则可以单击“详情”链接，如图3-109所示。

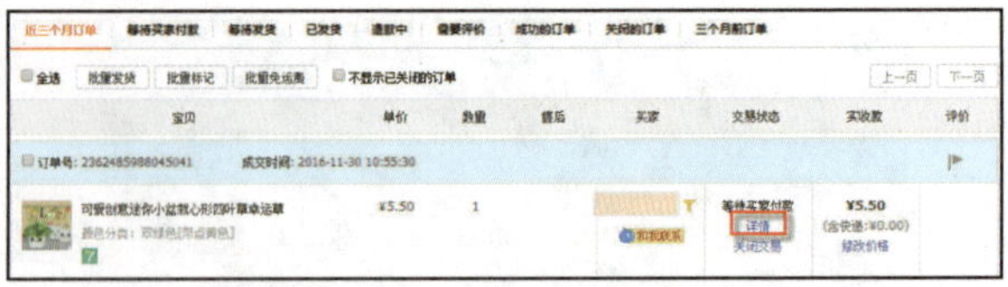

图3-109 单击“详情”链接

TIPS 如果买家旺旺在线，则旺旺图标亮起 和我联系；如果不在线，则旺旺图标变为灰色 给我留言。

04 进入“交易详情”页面。由于买家还未付款，所以在“收货和物流信息”中查看不到买家的手机联系方式，但是可以在“订单信息”选项卡中给买家发送站内信，如图3-110所示。

图3-110 单击“发送站内信”链接

3.3.3 修改价格好商量

若买家购买数量多，或者属于回头客，当要求给予优惠时，若在可能接受的范围内，则可以答应对方，并对订单进行价格修改。

01 在“已卖出的宝贝”页面，选择订单，单击“修改价格”链接，如图3-111所示。

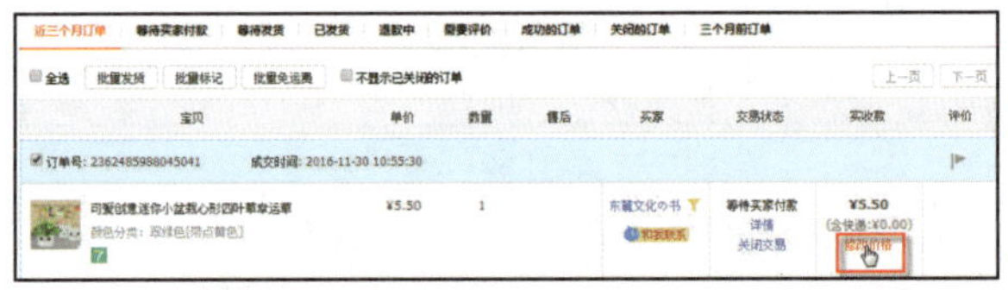

图3-111 单击“修改价格”链接

02 打开“订单原价”提示框，在“涨价或折扣”栏的文本框中输入折扣值，后面的文本框将显示折扣后的优惠金额，如图3-112所示。

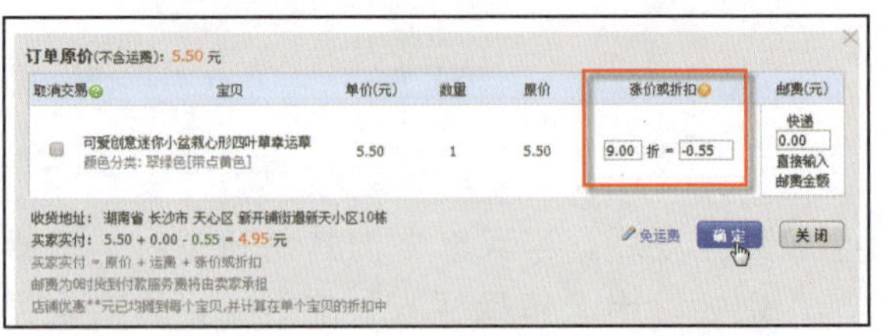

图3-112 设置折扣

TIPS 若有减免邮费或补邮费的情况，可以在“邮费”中修改邮费价格。

03 单击“确定”按钮，返回到交易页面，页面显示修改后的价格，如图3-113所示。

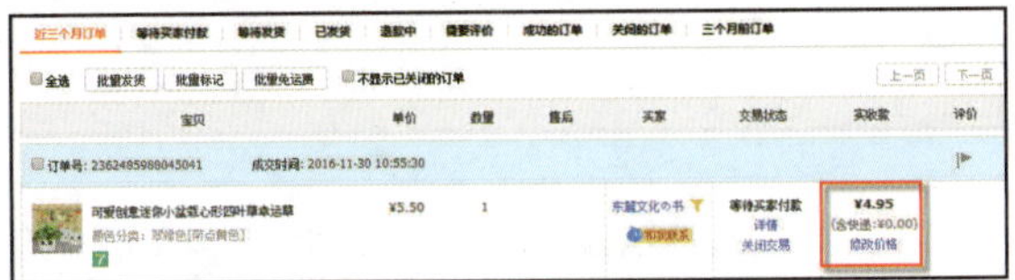

图3-113 修改后价格

3.3.4 提醒付款有妙招

其实网购和实体店购物一样，买家都会作比较，在网上进行查找，货比三家，最后才决定买哪一家的商品，这种情况很普遍，所以若买家拍下商品后，没有立即付款，这时候就要发挥卖家耐心、真心、诚心的服务宗旨了。对于新卖家来说，要尽量满足买家的需求；当然，不是所有无理的要求都答应。

作为买家其实想的都是以最低的价格得到最好的商品和服务，既然买家已经拍下商品，说明对宝贝还是挺感兴趣的，这时要采取一些优惠政策和营销技巧来促成买家付款。

1. 赠品有限，先买先得

运用送小礼物的形式，让顾客心动。比如买一件衣服，就搭配送一条腰带或者项链；买一盒洗面奶就搭配送面膜或者去角质膏；买盆栽，附带送一个盆或者一些种子等，总之额外送给顾客的东西最好能搭配宝贝使用且更有价值。还有很重要的一点，就是要强调这些赠品是有限的，先买先得，这样顾客如果真觉得实惠的话，就会赶紧付款。

2. 当天付款当天可发货

在网上买好商品后，顾客当然希望能在最短的时间内收到商品，有些顾客买东西的时候犹豫不决，比较来比较去不知道买哪家好，而需要的东西又很急，这个时候提醒买家当天付款可当天发货，下午或者晚上买的话，就会第二天发货了，如果恰逢周末，就又会延迟一两天收到，看起来微不足道，但就是这样温馨的提示，就会影响顾客的选定。

3. 优惠仅此一天

有时遇上一些节日，如父亲节、母亲节、中秋节、感恩节、圣诞节等，店铺内可做一些优惠活动来吸引顾客，就算活动期间仅包邮也行，但是要清楚而且明确地注明活动时间，有些商家会把“优惠仅此一天”这样的活动标语长时间放在页面不更换，让人觉得活动是假的。真心实意地推出一些优惠活动，就要让顾客相信这是真的搞活动，而且时间有限。

类似的促销方法有很多，当买家拍下商品却没有付款时要保持积极主动的姿态耐心沟通，作为第一笔交易，大家都图个开心，争取回头客。当买家长时间没有回复时，也可以直接使用提醒功能提醒买家付款。

01 在“已卖出的宝贝”页面，选择订单，单击“详情”链接，进入“交易详情”页面，单击“提醒买家付款”链接，如图3-114所示。

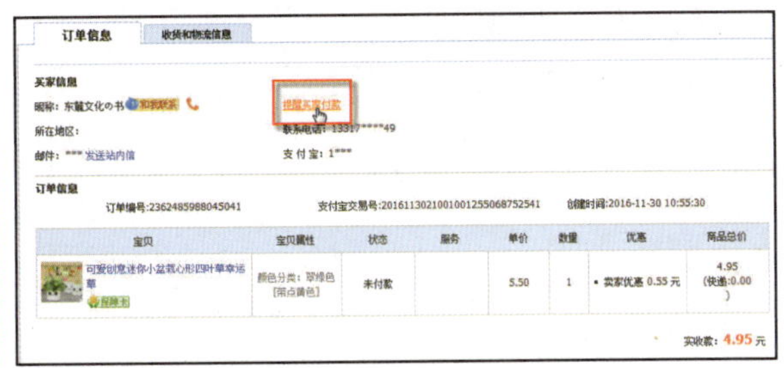

图3-114 单击“提醒买家付款”链接

02 系统向买家的旺旺发送提醒消息后，弹出“提醒发送成功”，如图3-115所示，单击关闭符号 ✕ 即可。

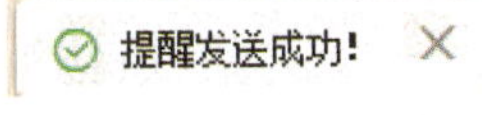

图3-115 提醒发送成功

3.3.5 确认信息好服务

良好的沟通能帮你树立良好的形象，在买家下单前如此，在买家下单之后就更是如此。一些卖家在买家确认付款后就去忙别的事情了，这是不成熟的表现，为了体现专业精神和良好的职业道德，在买家付款后，一定要跟买家确认收获地址和联系方式，而且可以问问快递是否能到。确认清楚后，明确告知买家，配好货后大概什么时候发件，并请买家放心。

买家选好了几件商品，最后决定下单时，必须很快列出清单：商品名称、颜色、价格、优惠等。如果买家的需求有些模糊不清，比如不知道选什么颜色，则需要主动提供建议，并要再次确认选择，最后再说句放心的话“在发出前我会认真再检查一遍的，请放心”。这些体现专业素质的话在交流中是不可少的。

怎样找到买家的收货信息呢？

01 在“已卖出的宝贝”页面，选择订单，单击“详情”链接，如图3-116所示。

图3-116　单击“详情”链接

02 进入“交易详情”页面，单击“收货和物流信息”选项卡，就可以查看到对方的收货信息了，如图3-117所示。

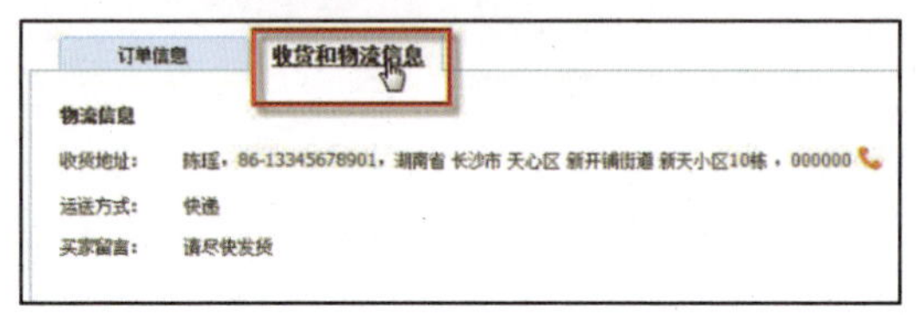

图3-117　单击“收货和物流信息”选项卡

3.3.6　及时发货求速度

在买家拍下宝贝以后，宝贝的状态显示为“等待买家付款”，当买家与你进行沟通，并通过支付宝付款之后，宝贝的交易状态变成“买家已付款”，这时就可以发货了。

发货的方式可以选择平邮、快递或EMS（邮政快递）等。卖家在发货后需要及时通知对方已经发货，而且必须将发货单据保存下来，以备查询。

01 在“已卖出的宝贝”页面中选择订单，单击“发货”按钮，如图3-118所示。

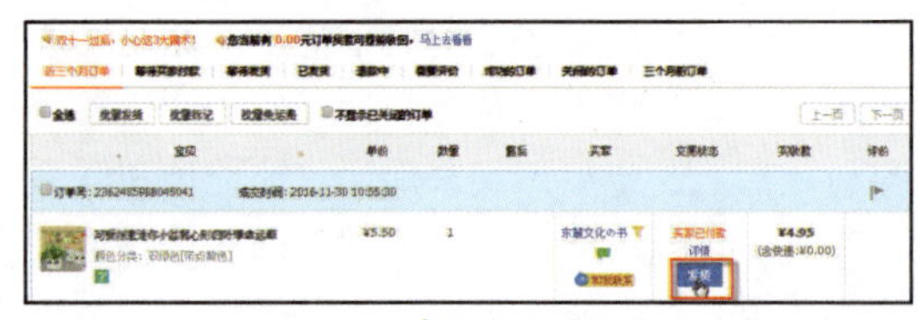

图3-118　单击“发货”按钮

02 进入“发货”页面，确认收货信息后，单击“请设置了再发货”链接，如图3-119所示。

03 进入“地址库”页面，如图3-120所示。输入地址信息后单击“保存设置”按钮。

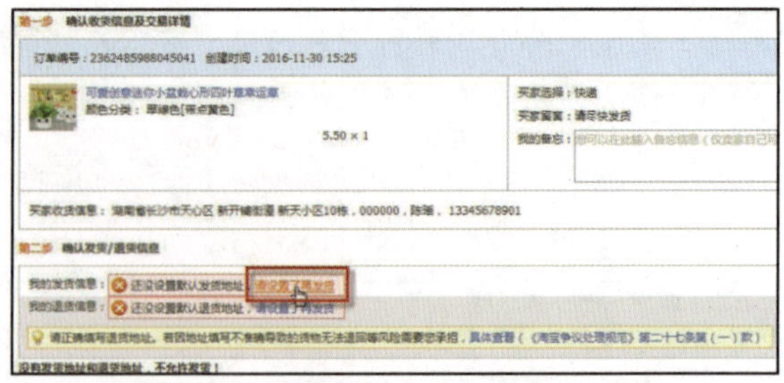

图3-119　单击“请设置了再发货”链接

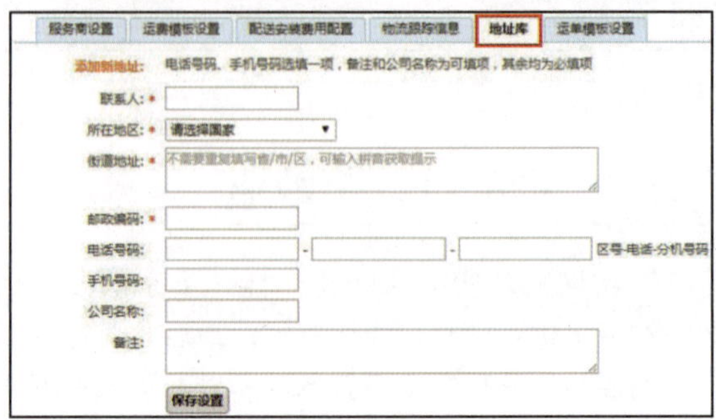

图3-120　“地址库”页面

04 返回到“发货”页面，刷新网页，切换到“自己联系物流”选项卡，如图3-121所示。在“发货”栏中输入订单编号，并选择相应的物流公司，单击“发货”按钮，如图3-122所示。

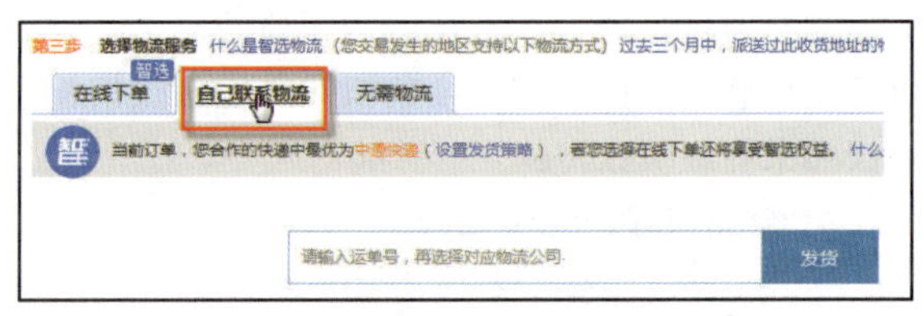

图3-121　“自己联系物流”选项卡

图3-122　输入快递单号和物流公司

05 跳转到新的网页中，提示操作成功，如图3-123所示。

06 完成发货后，打开“已卖出的宝贝”页面，交易状态变为“卖家已发货”，如图3-124所示。

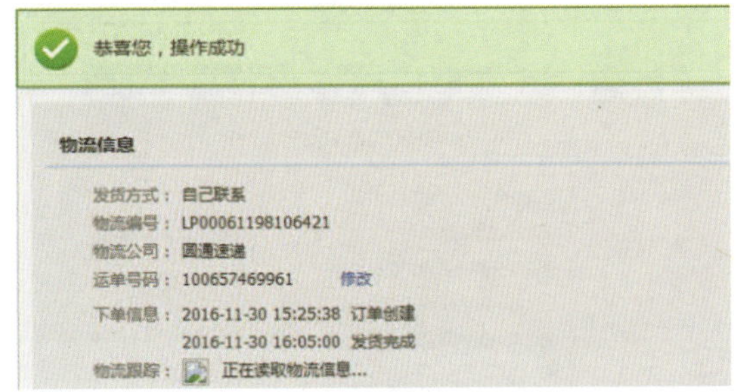

图3-123　操作成功

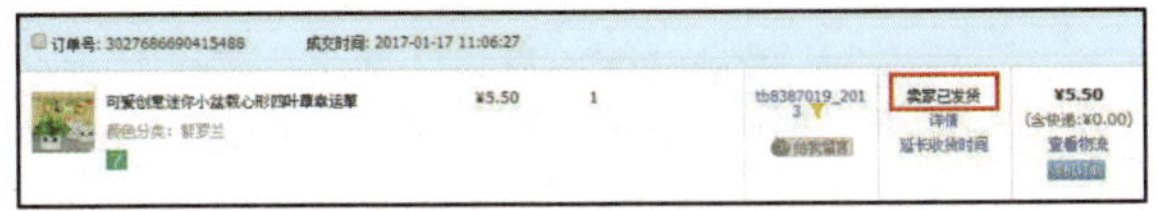
图3-124　完成发货

TIPS 淘宝店家自己联系的快递需要将货物与快递单一起交给快递公司或快递员，以便将货物发送出去，早日到达买家的手中。

3.3.7　售后评价不能少

买家确认收货后货款支付给卖家，卖家应及时对买家做出评价。只要交易顺利，就不妨给买家“好评”，买卖双方互给好评，“好评”要日积月累，店铺才能越做越大。卖家要遵循“顾客就是上帝”的原则，细心周到地处理好每一笔交易。

卖家评价订单有两种方式：一种是手动评价订单，另一种是自动评价订单。

1. 手动评价订单

01 单击“已卖出的宝贝”链接，选择需要评价的订单，单击“评价”链接，如图3-125所示。

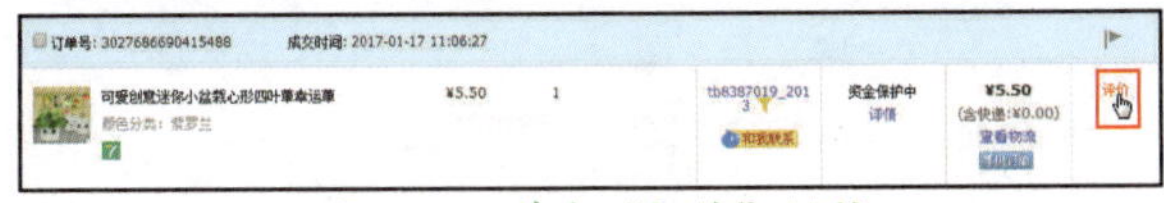
图3-125　单击“评价”链接

02 在跳转的页面中，输入评价内容，勾选“好评”复选框，单击“发表评论”按钮，如图3-126所示。

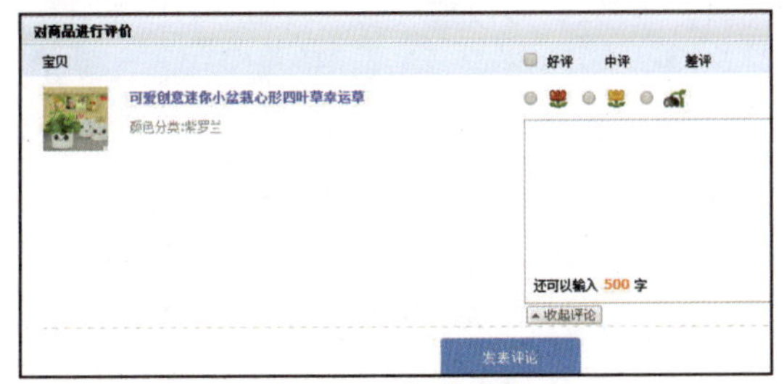

图3-126　评价内容

2. 自动评价订单

生意繁忙时，可以订购千牛自动评价功能，对交易完成的订单自动评价。

01 登录千牛，进入工作台首页，单击“常用网址”图标☰，单击“店铺管理”区域中的“交易管理”链接，如图3-127所示。

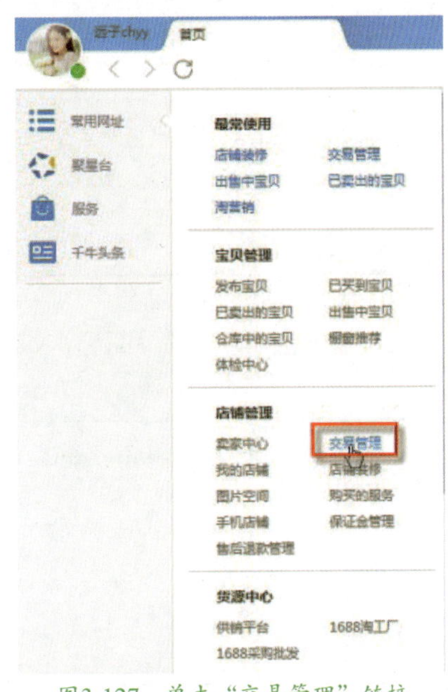

图3-127　单击“交易管理”链接

02 弹出“插件订购”页面，选择“普云交易”，单击其后的“立即订购”按钮，如图3-128所示。

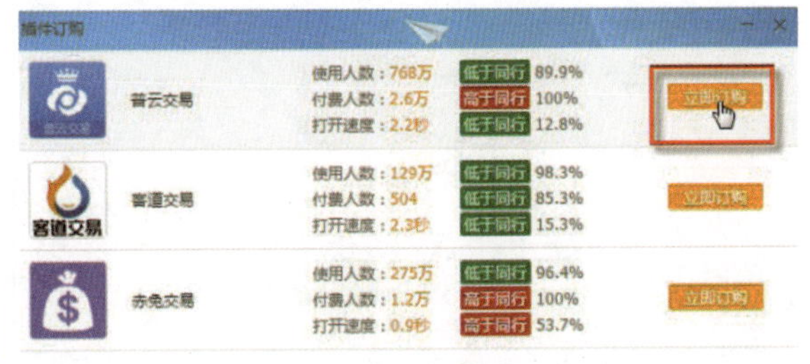

图3-128　单击“立即订购”按钮

03 进入普云交易的订购页面，可以选择免费版，周期选择一年，再单击“立即订购”按钮，如图3-129所示。

图3-129　单击“立即订购”按钮

04 弹出购买明细页面，单击“同意协议并付款”按钮，如图3-130所示。

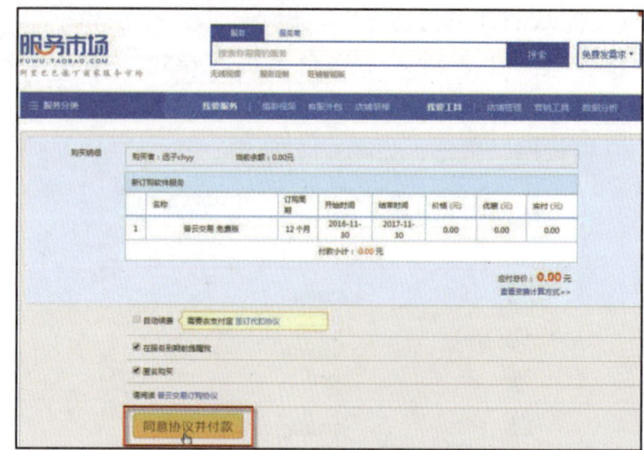

图3-130 单击“同意协议并付款”按钮

05 订购成功，单击“普云交易”图标，如图3-131所示。

图3-131 单击“普云交易”图标

06 如果是用电脑登录千牛，单击“千牛电脑版”下面的“立即使用”按钮，如图3-132所示。

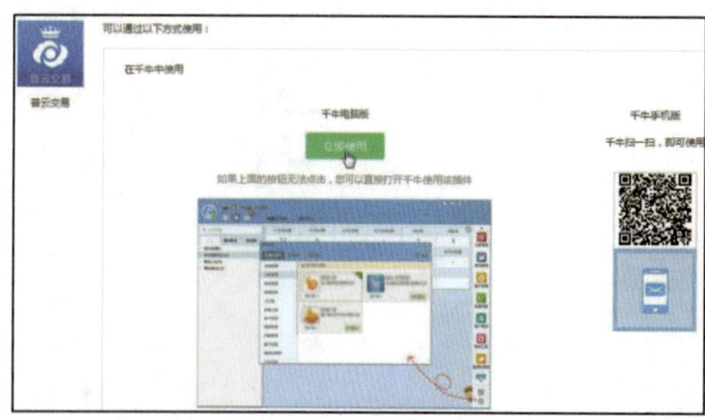

图3-132 单击“立即使用”按钮

07 打开对话框，单击“立即授权”按钮，如图3-133所示。

08 进入“普云交易”页面，在“评价管理”下拉菜单中选择“自动评价”命令，如图3-134所示。

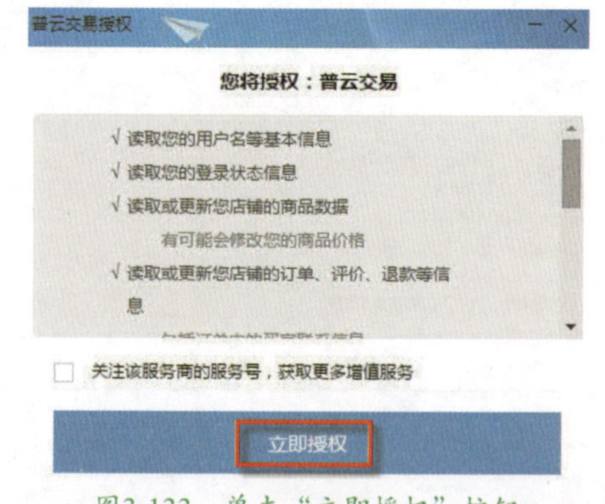

图3-133 单击“立即授权”按钮

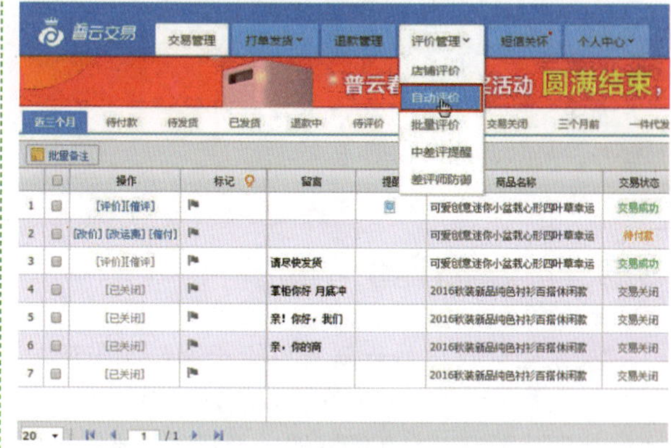

图3-134 选择“自动评价”选项

09 在打开的界面中可以设置自动评价，如图3-135所示。

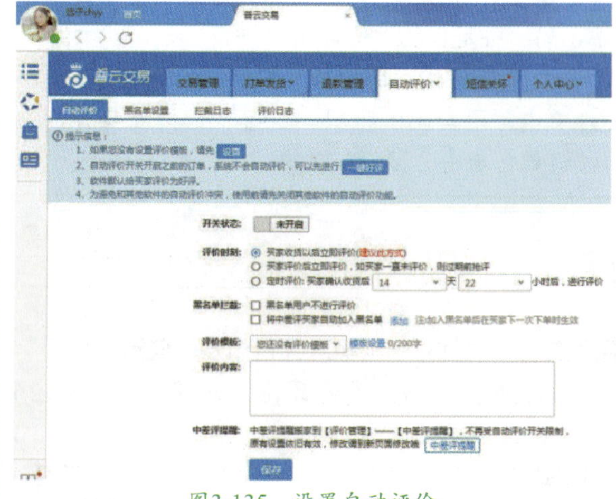

图3-135 设置自动评价

一本就够

第4章　图片展示，宝贝的拍摄与美化

网上开店，图片就好比是商店的橱窗，起着直接与消费者沟通的作用。一张好图不仅赏心悦目，更会引爆点击率，大幅度提升店铺浏览量。可以说，图片是商品的灵魂，如何让自己的商品看起来更有品位和上档次呢？这就要求掌握一定的商品拍摄知识和图片美化技巧，通过学习本章，就可以达到这一目的。

4.1 前期准备——相机与辅助器材

在准备拍摄商品时，一台好的相机和最基本的辅助器材是必不可少的。“工欲善其事，必先利其器”，只有对相机、镜头和器材附件有了一定的认识，才能在众多的照相器材中选择一款最适合自己的网拍相机。

4.1.1 相机分类小常识

目前可用于拍摄的相机包括卡片机、手机、微单、数码单反相机等，每类相机都有自己的特点。

1. 卡片机（轻便消费型）

卡片机就是形状类似于卡片的数码照相机，其具有外形小巧、机身较轻、携带方便、超薄时尚等特点，价格比微单与单反相机便宜，如图4-1所示。但由于其机身小巧，镜头无法做大，导致成像质量即透光量无法提升，且无法更换镜头，因此拍摄的照片质量一般。

图4-1　卡片机

2. 手机

随着手机技术的不断发展，手机的拍照功能也逐渐强大起来，已经实现了部分相机的专业功能。因其机身轻薄、使用方便、快捷、随意性强，并且拥有网络功能等特点，因此人们可以随时用手机记录生活的精彩瞬间，如图4-2所示。由于手机的摄像头受手机机身轻薄的限制，实现光学变焦的难度很大。远距离拍摄时，手机一般是对所拍摄的照片作放大处理，所拍摄的照片噪点比较多，其成像效果不如数码相机。

3. 微单（专业消费型）

微单就是微型单反，是一种介于数码单反相机和卡片机之间的跨界产品，这种相机有小巧的体积和接近单反相机的画质，具有便携性、专业性与时尚性相结合的特点，如图4-3所示。微单的机身价格通常低于同档次的入门单反相机。微单的基本手动功能齐全且可更换镜头，成像质量比卡片机要好许多，但是和单反相机比还是有一定的差距。

图4-2　手机

图4-3　微单

4. 数码单反相机（专业级）

数码单反相机又称为单镜头发光照相机，是专业级的数码相机，属于数码相机中的高端产品。用其拍摄的照片，无论是在清晰度还是在照片质量上都是普通数码相机不可比拟的。数码单反相机根据拍摄需要，可以随意更换与其配套的各种广角、中焦距、变焦距及微距镜头。数码单反相机还具有很强的扩展性，除了能够使用偏振镜、减光镜等附加镜片之外，还可以使用专业的闪光灯及其他辅助设备，这些丰富的附件让数码单反相机可以适应各种独特的需求。但是，数码单反相机也具有机身笨重、不便携带、操作复杂、价格不菲等缺点，如图4-4所示。

图4-4　数码单反相机

以上四类相机在功能的定位上有不同的表现，高性能值得追求，但普通用户还是应注重实用功能。

4.1.2 选购五要素

用于网店拍摄的数码相机在功能的选择上与日常家用数码相机有所不同，通常会有更高的要求，但不意味着非要购买价格最昂贵的顶级数码相机。合理选购的原则是不过分追求高性能，要选择既便宜又好用的相机，可用富余出来的预算购买三脚架等辅助配件。

1. 品牌

影响相机的成像效果除了像素、镜头等因素外，主要的因素还是厂家在成像质量方面的整体技术水平，像佳能、索尼、三星、尼康、柯达等厂家在相机整体成像技术上做得就比较专业。在选购时，不要选择那些刚推出的新品，而是要买那些在市场上推出比较长时间的机型，因为新的机型价格高，降价空间大，而成熟机型降价空间不大，买来后不会像新机型一样大幅度降价。

2. 像素

现在主流的数码相机都有上千万的像素，像素越高，照片质量就会越好。通常所说的“百万像素”或“千万像素”是指数码相机具体能够生成多大尺寸的照片。像素大小并不代表画质，虽然高像素可以获得更多的画面细节，有利于后期图像剪裁，但也会使文件体积变得过大，导致存储及电脑后期处理的压力较大。网拍的照片主要是放在电脑上进行商品展示，而电脑显示器的显示精度达不到印刷的精度，所以网拍照片在不需要做大幅度剪裁，只是做适当后期处理的情况下，对像素的要求并不高。

3. 微距功能

对数码相机来说，即使是很多低端的普通家用相机，都配置了微距、设置超微距功能。微距可以获取普通视觉看不到的东西，所以更有视觉冲击力。微距是我们拍网店宝贝时经常用到的一个功能，它可以很清楚地展示产品的细节。该功能一般在相机上以一朵小花为标志，如图4-5所示。

图4-5 微距功能

微距的主要作用如下。

* 表达细致：在展示商品局部细节特征的时候，可以使用微距功能，非常实用。
* 体现质感：使用微距功能可以完美体现商品的质感，特别是对一些有纹理的商品。
* 虚化背景：当注意力放在眼前的时候，视野远处就变得模糊和虚化了，相机也同样如此，可以增强商品的表现力。

如图4-6所示为使用微距功能拍摄的产品细节图。

图4-6 使用微距功能拍摄的产品细节图

4. 手动功能

数码相机上会有不同的拍摄模式，如图4-7所示为数码相机模式拨盘，包括全自动模式、程序自动曝光（P）模式、光圈优先自动曝光（A或Av）模式、快门优先自动曝光（S或Tv）模式、手动曝光（M）模式，以及其他场景模式。

图4-7 数码相机模式拨盘

网拍要选购一款有全手动设置功能的数码相机，也就是说要选择在相机的模式拨盘上面有M标志的相机。摄影者可以手动任意设置光圈大小、快门速度、感光度等拍摄参数，从而灵活地对光线进行控制，将商品图片更清晰、更真实、更完美地展现出来。

5. 手动白平衡功能

白平衡控制就是通过图像调整，使在各种光线条件下拍摄的照片色彩和人眼所看到的景物色彩完全相同。现在数码相机白平衡的调整一般具有4～5种模式，因厂家的不同而稍有差异。佳能的数码相机一般分为自动、白天、阴天、白炽灯、荧光灯等模式。

拍摄商品前要对数码相机进行手动白平衡设置，以便拍摄出来的照片不偏色，尽可能还原物体的真实色彩。偏色的照片会消减买家的购买欲望，因为这样的照片看起来像二手商品。

手动调节白平衡之前需要找一个白色参照物，如白纸一类的东西。有些数码相机自备有自定义白平衡功能，这样只要对着白纸就可以进行白平衡的调整了。操作过程大致如下：把数码相机变焦镜头调到最广角（短焦位置）；将白纸放置好；白平衡调到手动位置；白纸对着天空，镜头对着白纸，注意白纸不要被遮挡，然后慢慢调到长焦，直到白纸充满荧幕；按一下白平衡调节按钮直到取景器中手动白平衡标志停止闪烁，这时白平衡手动调整就完成了。这样拍出来的商品图片色彩就很准确了。图4-8所示为没有调整白平衡拍摄的图片；图4-9所示为调整白平衡后拍摄的图片。

图4-8　没有调整白平衡的图片

图4-9　调整白平衡后拍摄的图片

通过手动调节白平衡可以获得一些偏色的效果。一般来说，数码相机的白平衡功能能够满足大多数情况的使用。在进行拍摄创作的过程中，要不断实践，根据自己相机的特色和拍摄环境来提升对白平衡调节的使用，充分利用数码相机的优势就能够获得满意的照片。

4.1.3　辅助器材认一认

除了相机和镜头外，还需要很多辅助配件与器材才能达到更好的拍摄效果。下面介绍常用的相机辅助配件与器材。

1. 三脚架

三脚架是保证相机稳定的必备配件，最常见的就是在长曝光时使用三脚架，微距拍摄时也会用到三脚架。市场上三脚架的种类很多，按照材质分为高强塑料材质、铝合金材质、钢铁材质、碳素等多种，其中钢铁材质的三脚架稳定性高，但是体积大、便携性很差。

铝合金和碳素的体积小而且结实，但是碳素的价格太高，所以建议选择铝合金材质的。很多人会为选择三脚架的重量和稳定性感到左右为难，由于网店拍摄大多在室内进行，所以在选购时重点考虑三脚架的稳定性，不必太在意重量。图4-10所示为三脚架。

2. 灯光设备

灯光设备是室内拍摄的主要工具，主要用于在光线不足的情况下照亮场景，以便获得正确曝光的影像。节能灯、摄影灯以及外置闪光灯等都是常用的灯光设备，如图4-11所示。

图4-10　三脚架

图4-11　节能灯、摄影灯和外置闪光灯

3. 摄影棚

专业的柔光摄影棚是拍摄小件商品的首选地点，除了购买专业的摄影棚外还可以自制摄影棚，如图4-12所示。

图4-12　柔光摄影棚

4. 反光板或反光伞

反光板的最主要作用就是为主光照明不到的暗部提高亮度，再现暗部原有层次，调节和控制画面明暗反差，使亮暗过渡层次丰富细腻，立体感和质感都能得到较好的体现。图4-13所示为反光板和反光伞。

图4-13　反光板和反光伞

5. 背景纸或背景布

背景道具有各种颜色的背景纸和背景布，可以给商品添加一个明快、干净的背景，如图4-14所示。

图4-14　背景道具

4.2 场景布置——融入风格与特色

绝大多数淘宝卖家都知道，高质量的商品拍摄离不开场景布置，而且为了与主题更为贴切，必须人为地布置一些场景，增强顾客的带入感，从而使商品更有吸引力。如想要拍摄泳衣，那么去海边拍摄，才更能引起顾客的共鸣；如果想要拍摄梦幻一点的主题，那么就把场景布置得梦幻一点；如果拍摄童装，那么是不是应该摆放一些充满童趣的道具呢？如果想要展示都市白领的风范，那么是不是要选取办公室这样的地点作为拍摄的场景呢？融入风格与特色的场景布置不仅可以很好地展现商品特色，而且可以大大减少图片的后期处理工作。

4.2.1 室内：选择背景与道具

在室内拍摄商品和在专业摄影棚中拍摄商品有很大的区别。第一，室内拍摄环境既复杂又简单，如果背景杂乱，需要花费不少力气处理。第二，没有专用的工作台，开展工作不方便。第三，缺少必要的专用拍摄工具，需要找到合适的代用品。

布置场景的过程就是为商品创建最佳拍摄环境的过程，需要开动脑筋，才能达到预期的目标。图4-15所示为杂乱无章的场景照片；图4-16所示为布置好的场景拍摄图片。

图4-15　杂乱无章的场景照片

图4-16　布置好场景拍摄的照片

从图中可以看出，室内的场景布置主要包括两个方面：一是选择合适的背景；二是巧妙地使用道具。

1. 选择合适的背景

一个好的背景对于商品照片的视觉好坏起着重要作用。选择的背景干净、简单，画面便不会显得杂乱无章，还能够衬托拍摄主体。要选择与实物相匹配的背景色调，在色彩上力求和谐统一，切记颜色跨度不能太大。

小件商品的背景选择范围非常广泛，不同颜色的背景布和卡纸都可以作为背景。在纯色背景中，白色和黑色由于跟其他颜色具有相容性，容易搭配，所以应用范围最广。如黑色具有很好的吸光作用，可以避免物品表面在拍摄时产生光斑，如图4-17所示；而白色给人明快、干净的感觉，拍出来的画面整洁清晰，被拍摄的主体突出，一目了然，如图4-18所示，并且在后期使用图像处理软件进行修正时也容易操作。

图4-17　黑色背景

图4-18　白色背景

首饰或者工艺品可以用棉、麻、丝、缎等作为背景。在使用纯色背景时，可有意地摆放出褶皱，使背景产生层次，创造出高贵典雅的感觉。虽然也可以使用平整的背景，但如果有适度褶皱，商品会更加醒目，如图4-19所示。

图4-19　适度的褶皱背景

选择与商品对比感强或者有内在关联的环境作为背景，有利于表现商品的独特内涵。如拍摄羽绒服，就可以选择窗外飘雪的背景；如拍摄文艺类商品，就可以选择书店等场景；想要表现衣服的棉麻特质，就可以采用麻布做背景，如图4-20所示。

图4-20　选择符合产品特质的背景

2. 巧妙地使用道具

决定了拍摄的背景后，就要决定与之搭配的道具了。拍摄单一的商品时，画面有时会显得比较单调，这时可以根据需要加入一些小道具进行搭配，使画面丰满，或调节画面的构图与色彩对比。道具的选取一定要和拍摄的主题、场景环境相适应。图4-21所示为巧克力的照片，为了表现浪漫的氛围，在巧克力旁放置了玫瑰花，这样的商品会显得格外引人注目。但道具不是越多越好，在画面中所占的比例也不要太大，切忌喧宾夺主，如图4-22所示。

图4-21　用来衬托的玫瑰花

图4-22　玫瑰花喧宾夺主

在拍摄商品时，越来越多的商家赋予了商品个人情感，通过使用道具，拍摄出十分有意境的照片。图4-23所示为一款燕窝羊奶乳皂。为了体现细腻和柔滑，把它放在盘子里，既体现了它纯正的原材料让人忍不住想去吃一口，又暗示了使用这款香皂之后人的肌肤如此洁白；玫瑰花的加入充满温馨格调，散发亲近自然的植物芬芳，雅洁而又清新的画面瞬间抓住人的眼球。有一些羊乳香皂的拍摄会加上一杯白色的羊乳，用来衬托手工皂的丝滑触感和纯天然的健康品质。

图4-23　羊乳手工皂

4.2.2　室外：多种场合的妙用

离开了室内，来到室外，就有了免费的太阳光线照明。很多经营服装店的卖家为了能更好地表达商品特色，需要通过户外拍摄来吸引眼球。自然风光或是街景都可以进入镜头，成为宝贝更好的衬托，实现一定的产品诉求。

室外常用的道具有太阳镜、太阳帽、纱巾、毛公仔、花、手机、椅子、野炊布等，当然，石头、树枝、汽车、摩托车、自行车甚至灯杆也可以利用。类似有柳树、草坪、花丛、走廊、墙壁以及柱子等的场景也容易得到好照片。道具和场景的配合，应根据商品来选择，目的是要能更好地体现模特最美的一面。使用真人试穿来展现商品是很多店主的选择，那么真人拍摄过程中有哪些户外的地点可以选择呢？

1. 公园拍摄

寻找一些可以免费进入的公园，很多公园都是可以免费进入的，当然也可以选择著名的旅游景点，但是不要赶上人多的时候。找一片安静的草地或是有湖水环绕的亭子都是不错的选择，最好是能开车前往，既解决了模特换衣服的困扰，又不用担心东西太多而拿不了。图4-24所示为公园长椅上的母女拍摄图，公园的自然风光，绿色的树木和草地，以及透射进来的阳光，让人仿佛感受到了夏日的微风，场面温馨。

图4-24　公园长椅拍摄图

2. 商场、大型超市拍摄

拍摄一些具有都市气息的模特逛街的照片，而且在商场里面拍摄比较贴近生活，可以给顾客十足的亲近感，有利于商品的销售。在拍摄的时候要注意画面的干净简洁，尽量不要将不相关的场景拍进去，在这类场景中拍摄很容易犯这样的错误。最后要注意的是，在这类场景中拍摄，因为周围的照明光线比较复杂，有时因为色温的差别使商品颜色出现色差，所以尽量不要选择在偏黄的光线下拍摄。图4-25所示为商场拍摄图。

图4-25　商场拍摄图

图4-25 商场拍摄图（续）

3. 空旷的草原或郊外

为了呼应主题，有时要到比较空旷的郊外拍摄，或是去另一个城市取景，这时拍摄就显得格外的新鲜而且刺激。拍羽绒服，在北方的冰天雪地里，肆意地追逐或微笑地站立，这种情绪的渲染能引起客户的共鸣，暗示季节的寒冷，也暗示服装所传达的风格，如步履不停与茵曼。图4-26所示为两种不同的文艺风格。

图4-26 两种不同的文艺风格

4. 河边拍摄

河边也是好的拍摄地点，阳光可以带来特殊的颜色和场景。特别是黄昏，夕阳西下时，阳光能让景物变得金黄，这些都是好照片需要的因素。

5. 树林拍摄

寻找一些树木，不管是春夏还是秋冬，都可以很好地烘托氛围。阳光透过树叶翠绿欲滴、清脆的鸟鸣，以及开阔的天空和明朗的心情，都可以通过画面表现出来。色调方面要好好搭配，尽量使用冷色调的服装，也可以用红色突出主体色调，如图4-27所示。

图4-27 树林拍摄

6. 花草丛中拍摄

花花草草向来是人们比较想要留影纪念的背景，这时就要考虑服装鞋帽以及配饰的颜色是否和背景花草相配。让模特与背景之间保持一定的距离，将背景虚化也是不错的选择。拍摄前需开启微距拍摄功能，并尽量拉近与拍摄者之间的距离，留意相机和手是否挡住了自然光线，它会影响被拍摄物体的亮度。图4-28所示为花草中的拍摄，注意阳光与角度。

图4-28 花草中拍摄

7. 在大学里拍摄

首先可以尝试在照片背景中加入一些学生的活动场面，这很容易体现出具备校园风的服装鞋帽的特色。其次大学里的一些大型建筑物（如图书馆、主教学楼）也是不错的场景，使用镜头广角端拍摄，将大型建筑的线条和模特一并清楚地拍摄下来，也十分具有视觉冲击力。另外，大学里面的运动球场通常都比较空旷，也是很好的拍摄场景。

8. 酒吧街景拍摄

一般酒吧街的装修都比较有格调，在酒吧街可以拍出异国风，但要注意背景不要过于杂乱，尽量选择比较单一的背景（如窗台、大门、太阳伞下）。如果有相熟的酒吧，进入里面拍摄也是不错的选择，无形中增加了很多时尚元素。一般下午前去，店里不会有很多客人，既不会影响店家，也可以获得不错的拍摄环境，但是要注意室内的光线，可以考虑在窗口附近拍摄或者使用闪光灯补光。

4.2.3 亮棚：折叠软箱的秘密

亮棚其实指的是简易摄影棚，它是一种周围覆盖着柔光布的折叠软箱。要想准确地拍出商品的颜色和细节，不仅要重视曝光值，而且要重视照明的作用，要把带有红色的灯光打在白色的商品上进行拍摄。由于人类的视觉具有顺应性，即使在上述照明条件下，人眼在一段时间过后也能准确分辨出白颜色，但是数码相机并不具备这一特性。

因此，数码相机无法在上述照明条件下准确拍出白色商品的原有颜色。当然，相机可以通过调节白平衡功能来解决，但是很多时候人们无法利用该功能达到完美的拍摄效果。那么采用怎样的照明方式才能拍出最为准确的颜色呢？组建一个摄影棚是非常有必要的。但是专业的摄影棚需要较大的空间和较专业的摄影灯光，对于一般的卖家来说，组建一个简易的摄影棚就够用了。

这就是亮棚的由来，当家中环境空间不够宽敞时，使用亮棚拍摄纯色商品不失为一种快捷途径。在拍摄商品器材店中，亮棚的售价不高。图4-29所示为淘宝上卖的简易摄影棚。

图4-29　淘宝上卖的简易摄影棚

在淘宝上买一个这样的摄影棚大概是两三百元左右，对于新店开张的店主来说，也是一笔开支，如果能自己做一个简易摄影棚，那当然是再好不过了。如图4-30所示为自制的摄影棚，主要是用一张白纸粘贴在大箱子的内部、A0卡纸两张、20W节能灯管两只、插头及灯座。

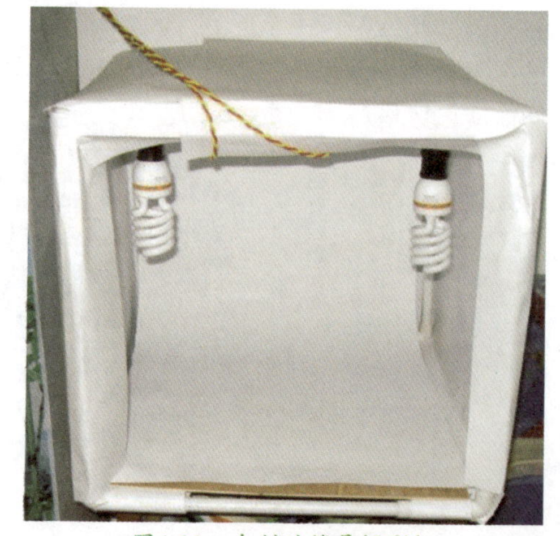

图4-30　自制的简易摄影棚

4.3 技巧掌握——构图与光线运用

关于拍摄的知识点其实有很多，其中比较容易掌握也经常遇到的问题为构图的形式与光线的运用。商品如何摆放，光线该怎么打？要想拍摄出独具特色的商品，这些技巧需要掌握。

4.3.1 构图形式：六种构图法解析

“摄影构图”是指照片的布局和结构安排，即摄影者通过运用各种造型手段，在画面上生动地、一目了然地表现出商品的形状、色彩、质感等特点，以达到高质量的效果，使其符合买家的审美视觉和习惯，增强顾客的购买欲望。在拍摄前一定要进行巧妙构思、精心设计摆放商品，才能让画面显得生动，从而达到一定的促销水平。

1. 横式构图

横式构图是将商品呈一字排列摆放的横幅构图方式，这种构图方式给人宁静、平稳和开阔的感觉，也是摄影者们在构图中常用的形式，如图4-31所示。

图4-31　横式构图

2. 竖式构图

竖式构图是将商品呈竖向摆放的竖幅构图方式，竖式构图给人的感觉是高耸、威严，多用来表现有垂直的线条或外观修长的商品，可以显示出挺拔和力量。如服装模特穿拍时，因人的身体是垂直的，所以最佳构图应该是竖式构图，如图4-32所示。

图4-32　竖式构图

3. 对角线构图

对角线构图是将商品呈斜向摆放，使其位于画面对角线上的构图方式。对角线构图可以使画面产生活力，使物体产生动感，易于突出表现商品的造型与色彩，如图4-33所示。

图4-33　对角线构图

4. 对称式构图

对称式构图是指所拍摄的商品在画面正中垂线两侧或正中水平线上下对等或大致对等，从而使画面具有布局平衡、结构规矩，蕴含和谐、稳定等特点。如图4-34所示，将两份同样的美食左右对称地摆放或将样式相同的4个杯子上下叠放，这样不但能制造和谐的韵律感，而且在稳定平衡中可以带给人庄严又不失祥和的感受。对称摆放更能给人一种一目了然的感觉，能够让顾客迅速找到自己需要的物品。对称式构图不可机械地单纯对等，必须生动，在对等之中有所变化，或者蕴含趣味性和装饰性，否则就会过于呆板。

图4-34　对称式构图

图4-34　对称式构图（续）

5. 井字构图

在摄影构图中，要深刻领会构图的方法，应避免将拍摄的商品主体放置在画面正中央的位置，否则画面显得平淡、呆板，缺乏灵气。可以考虑采用井字构图法进行构图。

无论是横向构图还是竖向构图，将画面纵横方向分别画两条线，这四条线把画面平均分成九等份，中间交接的4个点的位置就是黄金分割点，也是构图时放置商品主体的最佳位置，如图4-35所示。将要表现的商品主体，置于交接的4个点中的一个点上。这种构图方式操作简单，是一种比较保险的构图法，可以保证拍摄画面整体的和谐性，一直以来被广泛使用，如图4-36所示。

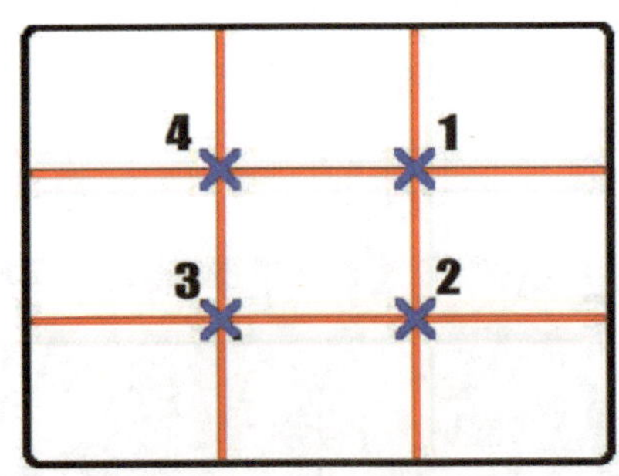

图4-35　勾画井字

图4-36　井字构图

6. 三分法构图

将画面分割为三等份，将拍摄主体放置在整个画面从左往右或从上往下的1/3处。如图4-37所示，上面照片的构图是竖向的，画面为左右结构；下面照片的构图是横向的，画面为上下结构。这种1∶2的画面比例可以有重点地突出主体物，使整体画面显得融洽。

图4-37　三分法构图

4.3.2　光线运用：五种光线万千变

光是摄影的生命，没有光线就不存在摄影，有了光线的照射，才会产生丰富的明暗层次、线条和色调。光是自然界神奇的事物，借光之手，可以展现立体空间的千变万化。

1. 顺光（正面光）

如果大部分光线从正面照亮被摄体，被称为顺光。拍证件照时面前的左右两个大灯，就是典型的顺光源。使用数码相机上的闪光灯进行拍摄，基本也是顺光。顺光的特性在于可以均匀地照亮被摄物品，物品的阴影被自身遮挡，影调比较柔和，能隐藏被摄物品表面的凹凸及褶皱，但处理不当会使画面比较平淡。这种拍摄不能体现被摄物品的质感和轮廓，在色调对比和反差上也不如侧光、侧逆光丰富。图4-38所示为使用顺光拍摄的物体照片。

图4-38 顺光拍摄

2. 侧光

如果光线从被摄体的侧面照射过来，就被称为侧光。与顺光的特性相反，受侧光照明的物体有明显的阴暗面和投影。侧光对物品的立体形状和质感有较强的表现力。图4-39所示为使用侧光拍摄的照片。

图4-39 侧光拍摄

3. 逆光（背面光）

如果光线从被摄体的后面照射过来，就是逆光。在逆光照明条件下，被摄体层次分明，能很好地表现透视效果。拍摄全景往往采用这种光线，使画面获得丰富的层次。

逆光包括全逆光和侧逆光两种。从光位看，全逆光是对着相机、从被摄体的背面照射过来的光，也称“背光”；侧逆光是从相机左、右135°左右的后侧面射向被摄体的光，被摄体的受光面占1/3，背光面占2/3。从光比看，被摄体和背景处在暗处或2/3面积在暗处，因此明与暗的光比大，反差强烈。从光效看，逆光对不透明物体产生轮廓光；对透明或半透明物体产生透射光；对液体或水面产生闪烁光。

逆光拍摄产生的轮廓光能够勾画出被拍摄对象的轮廓，起到与背景分离、进一步塑形的作用；在对象的形状边缘形成明亮的亮线，能够渲染所要表达的气氛，丰富和活跃画面。在拍摄透明和半透明的物体时，还有花卉、植物枝叶等，逆光为最佳光线。

一方面，逆光照射使透明物体的色明度和饱和度都能得到提高，使顺光下平淡无奇的物体呈现出美丽的光泽和较好的透明感；另一方面，逆光可以使同一画面中的透光物体与不透光物体之间的亮度差明显拉大，大大增强了画面的艺术效果。图4-40所示为使用逆光拍摄的照片。

图4-40 逆光拍摄

4. 顶光

将光源置于商品顶端打光，可以称之为“顶光”。这种光线的布置法可以起到淡化被拍摄物体阴影的效果。打顶光的照明器材主要以散发柔和的光线为主；反之，被摄物顶部将出现明暗反差强烈的效果，严重影响商品照片的美感。图4-41所示为使用顶光拍摄的照片。

图4-41 顶光拍摄

5. 脚光

由下向上照在物体上的光线称为脚光。在前方的称为前脚光，这种光线形成自下而上的投影，使被摄物体产生非正常的造型，常被用来表现画面中的光源油灯、台灯、篝火等的自然照明效果。图4-42所示为夜晚水面的灯光给建筑物营造了一种脚光的光线环境，独特的光照效果更增添了照片的神秘意境。

图4-42　脚光拍摄

4.4 模式设置——让画面充满动感

构图与光线的运用可以考察一名摄影工作人员的感官能力、想象力与视角，但是仅仅在脑海中形成画面是不够的，还需要通过手中的摄像机让灵感得以实践。掌握相机的模式设置，可以使一些静态的景物变得清晰生动起来。

4.4.1 场景模式与照片风格

对于新手而言，场景模式与拍照风格是省时省心的法宝，可以不用调节相机的其他设置也能拍出好的照片。

1. 选择场景模式

场景模式是厂商在相机内预先设置调节好光圈、快门、焦距、测光方式、白平衡等拍摄参数的模式化控制程序。用户只需根据不同的拍摄环境选择对应的场景模式，相机就会自动调节出最佳的拍摄设置，从而让入门用户也可以拍摄出漂亮精美的图像。图4-43所示为相机顶部的模式拨盘，拨动即可切换模式。

图4-43　场景模式拨盘

下面对场景模式进行简单介绍。

- 场景模式：图标如图4-44所示。首先将模式拨盘旋转至SCENE，然后旋转主指令拨盘，当显示屏中出现场景时则可以选择不同的场景。

图4-44　场景模式

- 人像模式：图标如图4-45所示。在拍摄人物时，可以直接使用人像模式，相机会根据镜头的具体情况设定光圈大小，并尽可能地在保证正常曝光的前提下，开大光圈来达到虚化背景，突出主体的目的。另外，在色彩处理上也会相应降低饱和度和对比度，美化肤色，让照片看起来更加亮丽。人像模式也适用于拍摄静物。

图4-45　人像模式

- 风光模式：图标如图4-46所示。风光模式与人像模式相反，相机在开启风光模式后，会在保证正常曝光的前提下自动缩小光圈，以增大景深，并兼顾前景、主体、背景等，使其都能清晰显示。风光模式在拍摄时会自动提高饱和度，增加对比度和锐度，以达到色彩鲜艳的效果。

图4-46　风光模式

- 儿童模式：图标如图4-47所示。儿童模式利用人工智能自动对焦追踪被摄体，服饰和背景细节鲜明，而肤色保持柔和自然。

图4-47　儿童模式

- 运动模式：图标如图4-48所示。开启此功能，相机会自动提高快门速度，锁定动作，以拍摄运动的动态照片。

图4-48　运动模式

- 微距模式：图标如图4-49所示。在近距离拍摄微小物体时，开启微距模式可以很好地表现微小事物的细节。

图4-49　微距模式

- 夜景人像模式：图标如图4-50所示。夜景人像模式可以根据偏暗的环境计算补光量的多少，并且可以通过放慢快门速度来保证人物和夜景都取得很好的效果。

图4-50　夜景人像模式

- 闪光灯关闭模式：图标如图4-51所示。闪光灯关闭模式即无论被摄体周围的环境如何，闪光灯都不会闪光。

图4-51　闪光灯关闭模式

- 全自动模式：全自动模式在相机上的图标为绿色，如图4-52所示。在此模式下，无须在曝光、景深、白平衡等方面的控制上花费精力，相机会自动设置好一切，适合初学摄影者。

图4-52　全自动模式

2. 选择风格

单反相机上设置了多种不同的照片风格样式，还可以对锐度、对比度、饱和度、色调等进行调整。如图4-53所示，可以根据不同的对象、环境来选择不同的风格。

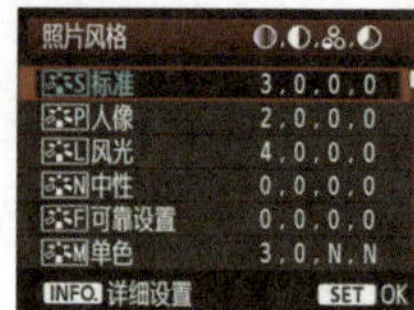

图4-53　照片风格

下面对不同风格进行简单介绍。

* 标准风格：标准风格是适用于大多数场景的通用风格。
* 人像风格：拍摄人像时选择该风格能体现皮肤的质感。
* 风光风格：用于拍摄风景，能突出体现颜色及清晰度。
* 中性风格：用于拍摄自然、柔和的画面，适合明暗对比强烈的场景。
* 可靠设置：适合需要还原本身色调的对象。
* 单色风格：实现单色的效果，如黑白色。

4.4.2 白平衡模式与设置

我们经常发现这样的现象，在夜晚的室内拍摄时，画面偏橘黄色，如图4-54所示；在黎明时分拍摄时，画面偏蓝色，如图4-55所示。这是由于光线的原因导致的画面偏色，通常为了避免这种偏色，需要设置相机的白平衡，只要保证物体在画面中呈现出准确的、没有偏色的白色，那么画面中所有的其他颜色就也会得到准确的还原。

图4-54　夜晚室内拍摄

图4-55　黎明时分拍摄

1. 白平衡模式

现在的大部分相机至少会提供5种以上的白平衡模式，如自动、日光、阴影、多云、白炽灯、白色荧光灯、闪光灯等，如图4-56所示。通过特定的按钮或者菜单项，调节白平衡设置，来与当前实际的光线条件相匹配。

图4-56　白平衡模式

● 自动白平衡

显示图标为AWB，通常为数码相机的默认设置。相机中有一结构复杂的矩形图，它可决定画面中的白平衡基准点，以此来达到白平衡调节，这种自动白平衡的准确率是非常高的。不过，就如同其他所有自动设置一样，自动白平衡也有它自己的局限性。只有在一个相对有限的色温范围之内，它才能够正常工作。

● 日光模式

太阳图标。它适用于在与正午日光色温类似的光线下拍摄。

● 阴影模式

小房子图标。阴影处的色温是最高的，阴影白平衡针对阴影处的冷色进行补偿，用这一白平衡拍摄的照片看起来色调会非常温暖。

● 多云模式

云朵图标。或称室内白平衡、阴天白平衡，适合把昏暗处的光线调置原色状态。阴天的设置能够让偏冷的光线稍微暖一些。

● 白炽灯模式

灯泡图标。也称为“钨光”或者“室内光”，适用于在室内标准的钨丝灯下拍摄。用这种设置拍摄，照片上的色彩还原与我们在拍摄现场的视觉观察效果非常接近。

● 白色荧光灯模式

发光灯管图标。荧光灯模式适用于在一些办公室、商场里进行拍摄，这些地方的照明光源多为荧光灯。

● 闪光灯模式

闪电图标。闪光灯白平衡是为了补偿闪光灯光线的微冷效果而设计的，在这种模式下拍摄的照片改变了画面偏冷、人物皮肤苍白的问题。

● 手动白平衡

最后一个图标是由黑色的圆和两个三角组成的，这就是手动白平衡。在光源较为复杂的条件下拍摄，为了确保更加准确的色彩还原，就要在拍摄现场光源下进行手动白平衡调整。

2. 设置白平衡

如何手动设置白平衡，前面讲过大体的过程，就是利用白纸放在光源下，再用相机拍摄白纸，来确定白平衡，现在将操作的详细步骤分享给大家。

01 拨动相机顶部的模式拨盘到P、M、Av或Tv挡，如图4-57所示。

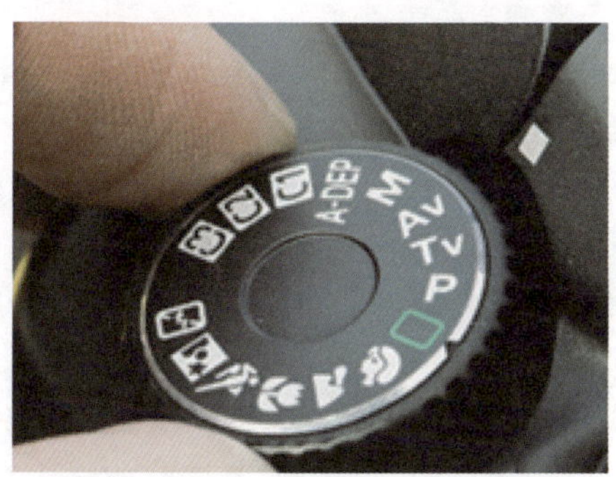

图4-57　拨动模式拨盘

02 选择一张白纸，如图4-58所示。

图4-58　选择一张白纸

03 将白纸放在光源下，使用相机拍摄一张完整的白纸图片，如图4-59所示。

图4-59　拍摄白纸在光源下的照片

04 按下白平衡键，把白平衡模式调整到手动白平衡，如图4-60所示。

图4-60　手动白平衡

05 按菜单键，选择“自定义白平衡”选项，如图4-61所示。

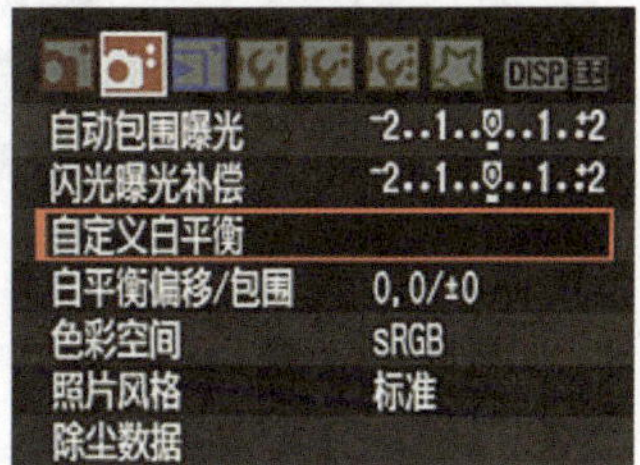

图4-61　自定义白平衡

06 选择刚才拍摄的照片，选择SET键，如图4-62所示。

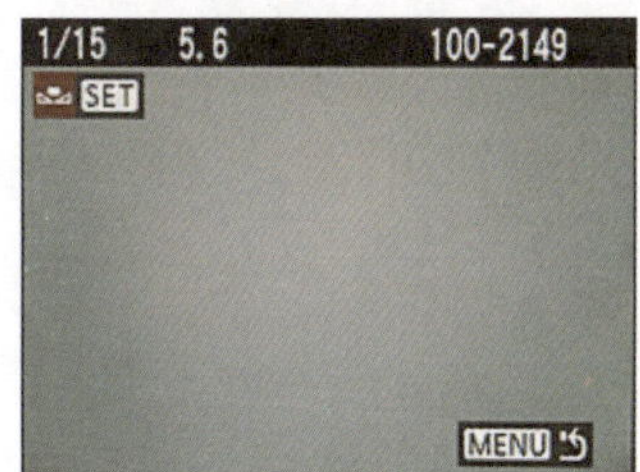

图4-62　选择SET键

07 选择要拍摄的图像后，单击“确定”按钮，如图4-63和图4-64所示。

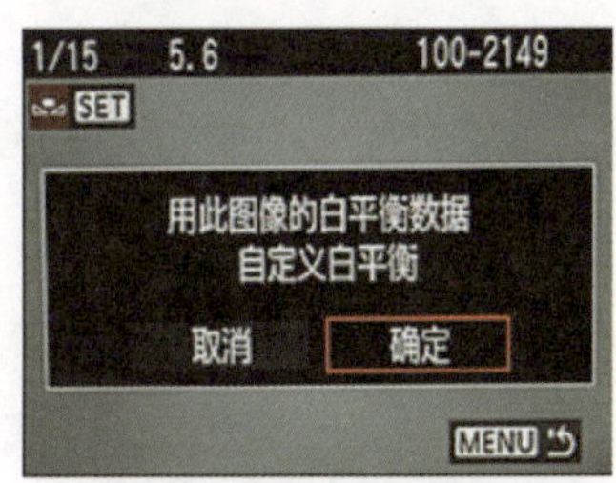

图4-63　单击“确定”按钮

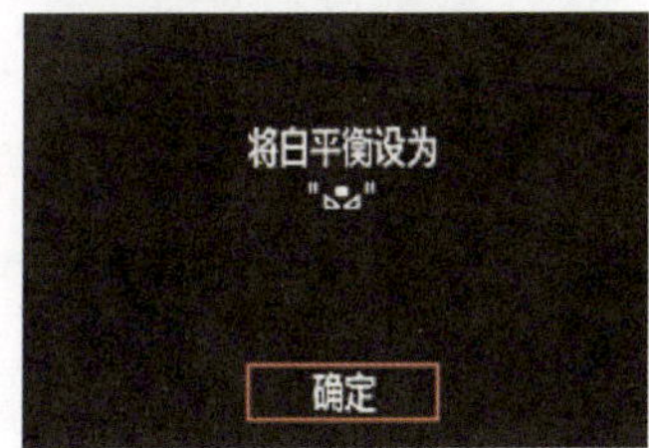

图4-64　单击“确定”按钮

4.4.3 光圈、快门与ISO

摄影是用光的艺术，没有光，就没有摄影。那么相机主要是通过哪些功能对光进行运用的呢？本小节主要讲解控制光的3个基本参数：光圈、快门与感光度ISO。

1. 光圈

光圈是一个用来控制光线透过镜头，进入机身内感光面的光量的装置，它通常是在镜头内，如图4-65所示。

图4-65 光圈

一般来说，完整的光圈值系列有：f1.0、f1.4、f2.0、f2.8、f4.0、f5.6、f8.0、f11、f16、f22、f32、f44、f64。图4-66所示为不同数值的光圈与其孔径大小的关系。在快门不变的情况下，f后面的数值越小，光圈越大，进光量越多，画面比较亮；值越大，光圈越小，进光量越少，画面比较暗。

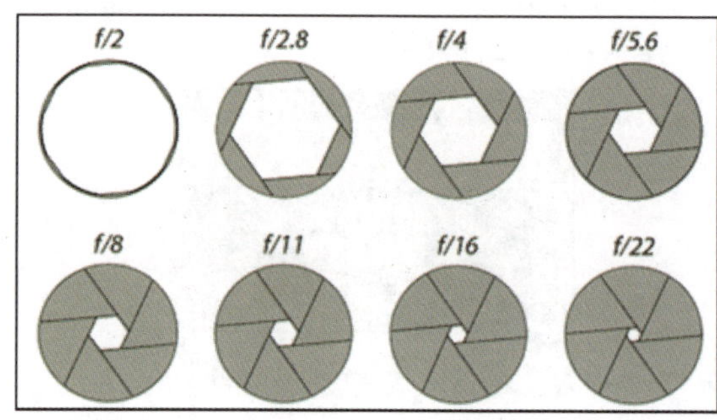

图4-66 不同数值的光圈与其孔径大小

2. 光圈与景深的关系

当镜头对准拍摄主体时，被摄体与其前后的景物有一段清晰的范围，这个范围就叫作景深。景深不会一下子突然由锐利变成模糊，而是逐渐趋向模糊的。

● 景深的作用

表现主体的层次感：景深的变化能带来强烈的视觉效果，景深的深浅所带来的视觉感受使得画面更具有空间深度感，也就是所谓的层次感。比如我们常见以下的拍摄手法：在同一条平行线上，物体有规律且远近不同地排列着，所呈现的大小也有所不同，使人产生的视觉大小也是不同的。

突出拍摄主体：拍摄人像、商品等等视频时，常常使用小景深来作构图，令主体更加突出。通过模糊、朦胧、虚幻的前景或背景来烘托或反衬清晰的主体，不仅会使画面显得简洁、明快、干净，而且小景深中局部的虚，还可以给人以丰富的想象余地，使画面更加含蓄。

● 影响景深的因素

光圈大小：光圈越大（光圈值小），景深越小；光圈越小（光圈值大），景深越大。

拍摄距离远近：主体越近，景深越小；主体越远，景深越大。

镜头焦距长短：镜头焦距越长，景深越小，反之景深越大。

3. 快门

快门是相机用来控制感光片有效曝光时间的机构，是相机的一个重要组成部分。快门是以数字大小来表示的，其单位为秒。常见的快门速度有：30s、15s、8s、4s、2s、1s、1/2s、1/4s、1/8s、1/15s、1/30s、1/60s、1/125s、1/250s、1/500s、1/1000s、1/2000s、1/4000s、1/8000s等。

快门有控制进光量的作用。光圈通过调节孔径的大小控制进光量，而快门则通过调节开关开启的时间长短来控制进光量。在相同条件下，快门开启的时间越长，感光元件接收的光线就越多，曝光量就越大；反之，快门开启的时间越短，感光元件接收的光线也就越少，曝光量就越小。

快门的作用不仅表现在控制通光量的多少上，还能表现在画面动态或静态的视觉效果上。快门速度越快，越能抓拍瞬间，表现瞬间美。图4-67所示为高速快门抓拍彩色豆豆移动的瞬间。快门速度越慢，越能捕捉过程，拍摄出具有动感画面的效果。图4-68所示为拍摄的伞的运动画面。图4-69所示为使用不同的快门速度所拍摄的同一景象的效果。

图4-67　抓拍移动瞬间

图4-68　具有动感的画面

图4-69　不同快门速度所拍摄的效果图

4. 感光度ISO

感光度是指感光元件对光线反映的明暗程度，通常用ISO表示。ISO值越大，感光度就越高；ISO值越小，感光度就越低。感光度在相机中一般分为这些档次：ISO100、ISO200、ISO400、ISO800、ISO1600、ISO3600等，有些相机还能作1/2或者1/3级的设置。ISO设置界面如图4-70所示。

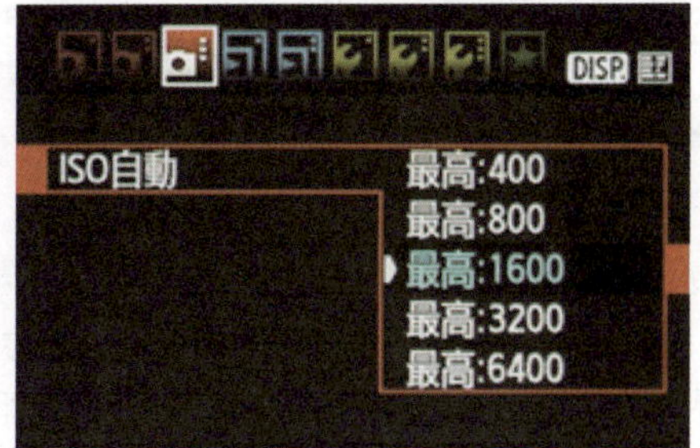

图4-70　ISO设置界面

通常感光度设置得越高，感光元件就对光线越敏感，这样带来的好处是可以在光线不足的情况下通过提高感光度来提亮整个画面。但是，提高感光度就相当于感光元件将电荷信号放大，同时也会将噪点信号放大。ISO数值过高，就会导致画面噪点过多，画面的质量也会随之降低，导致细节损失严重，如图4-71所示。

图4-71　噪点过多

感光度的设置要视情况而定，不同的拍摄环境下选择不同的感光度。

* 在户外拍摄风景，为了保证画面足够清晰，必须使用小光圈，但光线不足时，可以通过提高感光度来保证小光圈的拍摄效果。
* 拍摄动态题材，可以通过降低感光度来降低快门速度。
* 光线很弱的场合拍摄，又没用三脚架固定相机时，可以通过提高感光度来保证画面的清晰度。
* 在使用三脚架拍摄静态主体时，可以使用低感光度来保证画面的质量。

4.4.4　曝光模式

曝光是指被摄影物体发出或反射的光线，通过相机镜头投射到感光片上，使之发生化学变化，产生显影的过程。曝光影响图像的清晰度和色彩。

光圈和快门的组合就形成了曝光量。曝光量过多，即曝光过度，会导致影像画面过亮，丢失细节，如图4-72所示。曝光量太少，即曝光不足，会导致画面过暗，无法清晰地显示图像，如图4-73所示。

图4-72　曝光过度

图4-73　曝光不足

为了得到正确的曝光量，就需要正确的快门与光圈的组合。使用相机上的模式拨盘可以调整曝光控制，最常用的有A挡和S挡，如图4-74所示。

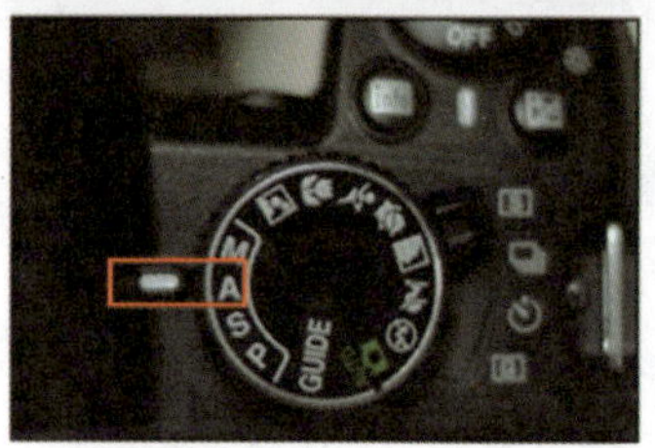

图4-74　S挡和A挡

● 光圈优先曝光模式

A或Av挡也就是光圈优先挡，在光圈优先的情况下，可以通过改变光圈的大小来控制景深，相机在保证曝光量的前提下自动为其配备合适的快门速度。

● 快门优先曝光模式

S或TV挡为快门优先，在手动定义快门的情况下通过相机测光而获取光圈值。

● 手动曝光模式

M挡为手动曝光模式，在这个模式下，相机里面的曝光参数，包括快门的速度、光圈的大小都需要自己来配置。

● 程序模式

程序模式也称P挡，这种模式适合初学者。相机会根据现场的亮度来决定光圈、快门的组合，而对焦模式、测光模式等设定则需要自己手动调整。

4.5 拍摄实例——分类展示的要点

为了更好地为大家展示拍摄所需的技巧，现在正式进入实战演练。不同的宝贝有不同的展示要点，下面以服装、包包和鞋子为例介绍几种常见的宝贝拍摄实例。

4.5.1 服装类拍摄实例

服装类产品是常见的网拍宝贝，摄影师一般要从以下几个方面来对商品进行展示。

1. 外形的展现

衣服的轮廓和形状是最先进入消费者眼帘的属性。所以一件衣服是否吸引人，首先要看它的外形，服装类商品的外形展示主要通过摆拍、挂拍和模特穿拍来体现。

● 摆拍

服装的平铺造型有很多种，可以将衣服完全铺平整摆放，看上去干净简洁。为了让平铺的衣服有立体的感觉，可以对衣服的胸前、袖口、衣角等地方做一定的折叠，如图4-75所示。也可以将衣服的腰部叠到背后摆放，以显出衣服的腰身，如图4-76所示；或者可以在旁边加一个与之色彩、风格相搭配的皮包、鞋子、时尚杂志或小首饰等，避免画面单调，使画面更加生活化，这样更能体现出衣服的时尚感，还可以实现捆绑销售；也可以将衣服想象成穿在人身上一样，摆出造型，如图4-77所示。至于场景布置，根据风格来定，将一些小花、礼品或书本等摆放在旁边就很好。

图4-75　平铺摆放

图4-76　摆出腰身

图4-77　摆出体态

● 挂拍

服装的挂拍造型也有很多种，如图4-78所示。可以用漂亮的衣架将衣服挂起，但要根据衣服的形状或感觉使用不同类型的衣架，同时搭配一些小的饰物或者在墙上挂点鲜花、毛绒玩具衬托衣服的靓丽活泼，或在地上摆放小家具、小竹筐等，使画面营造出一定的氛围，以便与服装协调一致，更好地传递服装的风格和内涵。也可以使用全身或半身的人体模型将衣服撑起来，如图4-79所示。这样会让衣服更富有立体感，但是与模特穿拍相比效果就没那么理想了，因此较少使用。通常人体模型大多用于在联系不到模特时对孕妇装和内衣的拍摄。

图4-78　挂拍图

图4-79　人模图

● 模特穿拍

服装穿在模特身上，效果更加直观，给人的感觉最自然。所以在拍摄服装时，店家大多使用模特穿拍来展现。模特的选择很关键，在年龄、气质及摆拍的姿势上要与衣服的风格相符合。如图4-80所示，长相甜美的女孩适合穿拍日系风格的衣服；长相清秀气质脱俗的女孩适合拍摄森女系风格的服装；成熟时尚气质的女性适合穿拍职业套装。除此之外，模特穿拍时的动态姿势和表情对表现服装也很重要。

图4-80　从上至下分别为职业装、森女系和甜美风

2. 质感的展现

每件商品都有自己独特的质感，也就是该商品所具备的最显著的特点。所以，质感对于商品的表现非常重要，尤其是在表现表面粗糙、质感强烈的商品时，极具表现力。在表现质感时，通常使用侧光和微距功能，因为这样才能产生明暗反差强烈的变化，从而更好地体现商品表面的立体感。在拍摄面料图时，这一点显得十分重要。

3. 颜色的展现

拍摄商品时，最大的困难就是颜色的表现，拍不好容易失真，产生色差。为了将服装的颜色如实地拍摄下来，要将白平衡和曝光补偿调整到适合光线颜色的设定上。即便正确地设定了白平衡，在拍摄紫色、蓝色和红色时，还是会觉得拍出来的颜色和商品实际颜色有偏差，这时就只能靠后期处理进行色彩调整，使其尽可能地接近实际色彩，如图4-81所示。

图4-81　商品颜色展示

4. 细节的展现

商品局部细节的展现对于网店商品的销售非常重要。细节体现品质，买家只有通过细节才能判断商品的质量和功能特征。以服装为例，通过使用微距功能并配合一定的拍摄角度，可以展现出服装不同部位的细节，包括图案的设计、领口、袖口、下摆等细节。

商品细节的拍摄一定要清晰，近距离拍摄，细节要素占图片的70%。细节图片必须使用微距功能单独拍摄，不可以直接在原来的全景图上进行剪切。图4-82所示为商品细节拍摄图。

图4-82　商品细节展示

4.5.2 包包类拍摄实例

包类指的是钱包、手提包、双肩包和背包等商品，这类商品需要根据材质的不同而进行拍摄，具体体现在以下几个方面。

1. 立体感的展现

在拍摄背包的时候，为了体现立体感，需要在包里装一些填充物，从而让买家清楚地知道实际使用时包包的模样，如图4-83所示。填充物可以是塑料袋或废报纸等。

图4-83　立体感展现

2. 材质的展现

皮包和皮鞋一样，拍摄时容易反光，因此照明的控制很关键，建议在拍摄过程中使用反光板，这样会使光线柔和许多。

3. 美感的展现

拍摄钱包之类的包包时，一定要注意物品的摆放，要让小包包看起来很美观，如图4-84所示。在拍摄时，可以在钱包的背后放置透明的物体支撑钱包，使其落在皮夹后方的阴影不那么显眼。钱包靠着盒子，倾斜地站立，摆放很自然且不呆板。也可根据包包的风格摆放一些与之相关的物品，如复古的木箱或书本等。

图4-84　美感展现

4. 细节的展现

牢固的缝制和结实的拉锁、五金能体现包包的品质，所以在拍摄的时候一定要表现出来，如图4-85所示。另外，包袋的内部结构也是买家所关心的细节，在拍摄时，将包包内部的填充物取出，放置一些生活用品，如纸巾、手机、钥匙等。

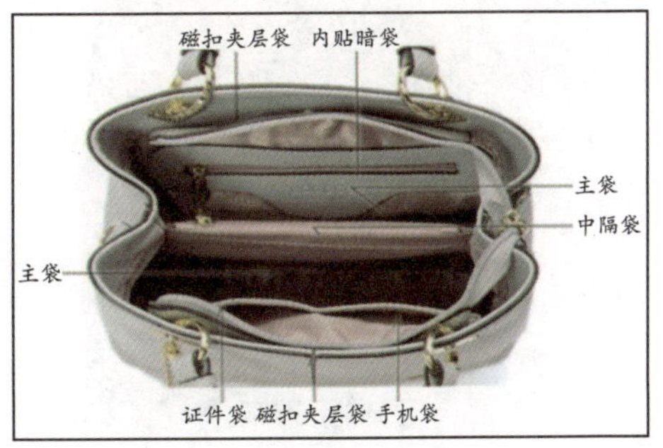

图4-85　包包细节展示

图4-85　包包细节展示（续）

4.5.3　鞋子类拍摄实例

一般鞋子采用侧面和斜侧面角度拍摄。模特穿着鞋子，两脚前后做出走动的姿势或者摆出很惬意的休息姿势，这样方便看到鞋子的立体感，以及和腿部连贯形成自然、优美的曲线，给买家形成一个自我想象的画面，容易激发购买欲望。图4-86所示为鞋子拍摄图。

图4-86　女鞋拍摄

图4-86　女鞋拍摄（续）

4.6　图片处理——Photoshop前期篇

照片拍摄后为获得更为真实、漂亮的宝贝效果图，通常使用Photoshop对图片进行处理，包括处理曝光不足或清晰度不够的照片，对图片进行简单的剪裁和组合、抠去背景、处理污点等，让宝贝看起来更加清晰和更具吸引力。

4.6.1　曝光不足

通常，由于技术、天气、时间等原因或条件所限，拍出来的照片有时会不尽如人意。最常见的问题就是曝光过度或者曝光不足，以及因雾气等造成的对比度缺乏。下面就来介绍如何在Photoshop中简单而有效地解决这些问题，具体操作步骤如下。

01 启动Photoshop软件，按Ctrl+O组合键，打开“素材＼第4章＼4.6.1 曝光不足”文件夹中的素材图片，如图4-87所示。

图4-87　曝光不足的照片

02 选择菜单“图像”|“调整”|“曝光度”命令，弹出“曝光度”对话框，设置相应的参数，如图4-88所示。

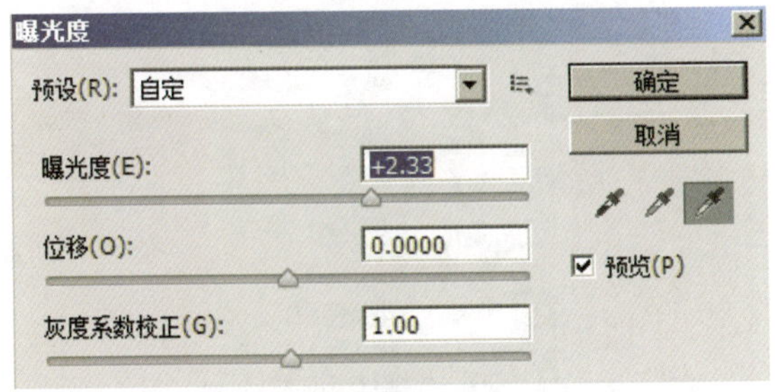

图4-88　调整曝光度

03 单击“确定”按钮，即可调整图片的曝光度。图4-89所示为调整曝光度后的照片。

图4-89　调整曝光度后的照片

4.6.2　清晰度不够

拍出来的图片有时不够清晰，这就需要进行后期处理。下面介绍如何使用Photoshop处理不够清晰的照片，具体操作如下。

01 启动Photoshop软件，按Ctrl+O组合键，打开“素材\第4章\4.6.2 清晰度不够”文件夹中的素材图片，如图4-90所示。

图4-90　照片素材

02 选择菜单“图像”|“模式”|“Lab颜色”命令，如图4-91所示。

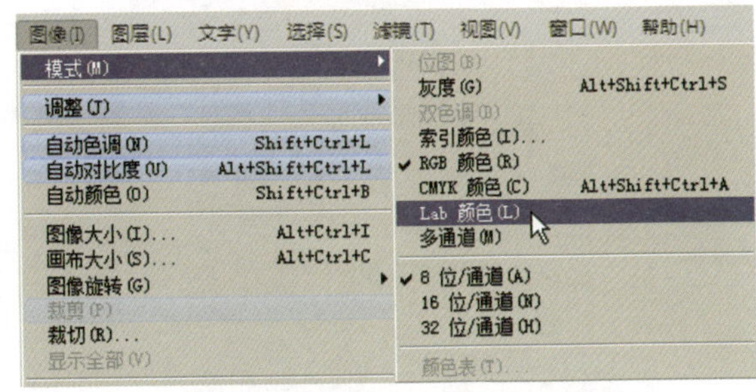

图4-91　选择“Lab颜色”命令

03 打开“图层”面板，在该面板中将背景层拖动到“创建新图层”按钮上，即可复制背景图层，如图4-92所示。

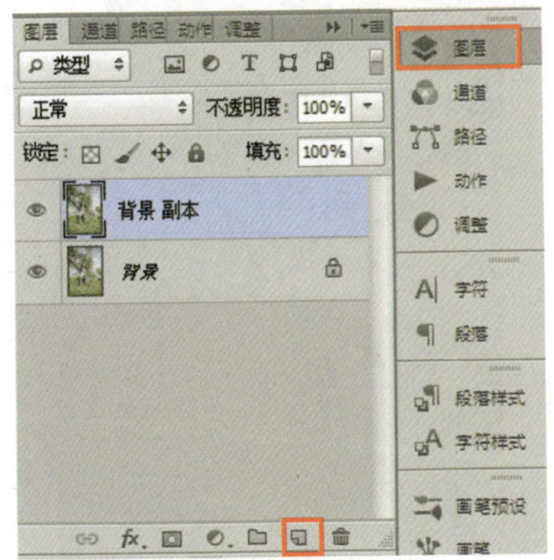

图4-92　复制背景图层

04 选择菜单“滤镜”|“锐化”|“USM锐化”命令，弹出“USM锐化”对话框，如图4-93所示。设置相应参数，单击“确定”按钮。

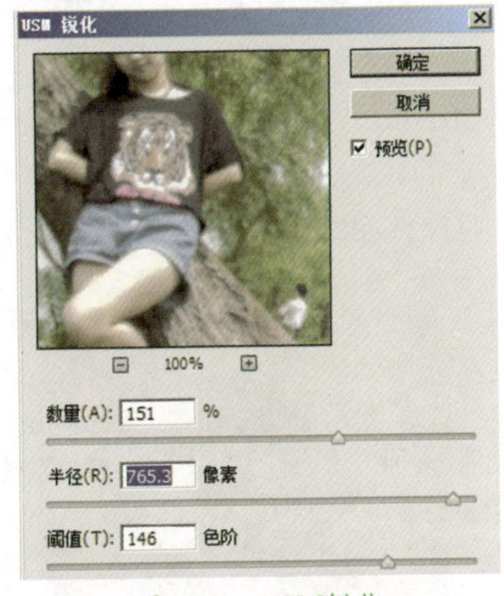

图4-93　USM锐化

05 将图层模式设置为“柔光”，“不透明度”设置为90%，如图4-94所示。

06 如果还是不够清楚，还可以复制相应的图层，直到调整到清楚为止，如图4-95所示。

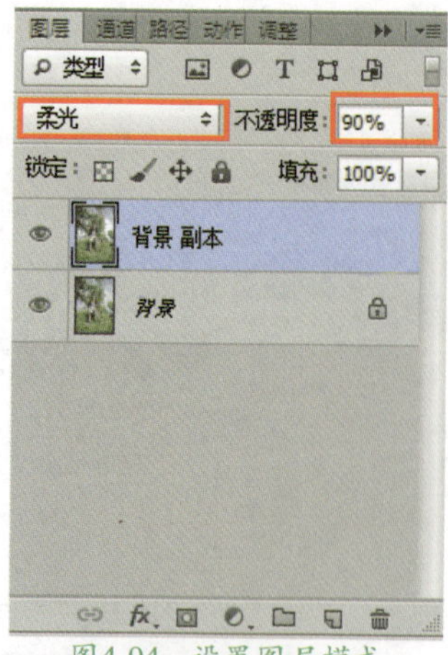

图4-94　设置图层模式

图4-95　最终效果图

4.6.3　图像的剪裁

拍摄时，如果照片中出现多余的内容，可以使用裁剪工具进行剪裁，具体操作如下。

01 打开Photoshop软件，按Ctrl+O组合键，打开“素材＼第4章＼4.6.3 图像的剪裁”文件夹中的素材图片，如图4-96所示。

图4-96　素材图片

02 在工具箱中选择裁剪工具，如图4-97所示。

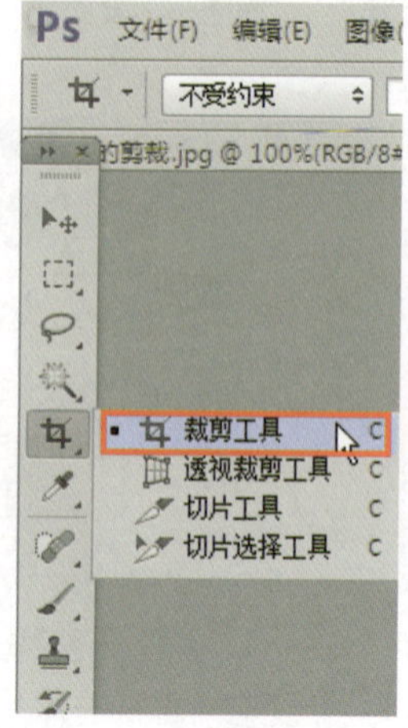

图4-97　选择裁剪工具

03 此时图像周围显示出裁剪框，如图4-98所示。

图4-98　显示裁剪框

04 将光标放置在下方中间的控制点上，向上拖动，如图4-99所示。

图4-99　向上拖动控制点

05 按Enter键确定裁剪，效果如图4-100所示。

图4-100 裁剪效果

> TIPS 针对图像，哪边需要裁剪就拖动哪边的控制点。

06 如果发现背景不是纯色，可以按Ctrl+M组合键，打开“曲线”对话框，调整预览框中的控制点，如图4-101所示。

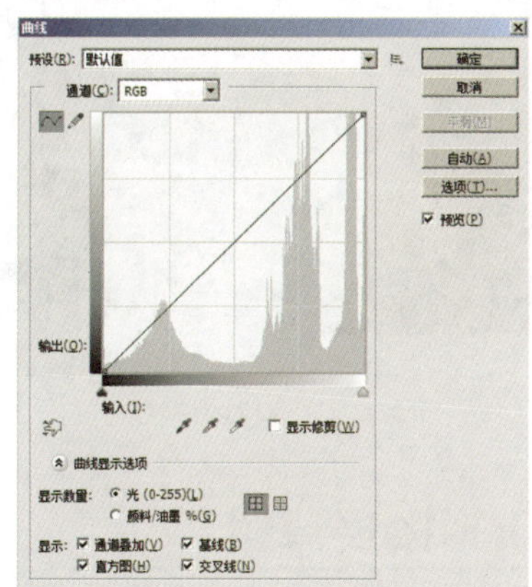

图4-101 调整曲线

07 单击“确定”按钮，最终效果如图4-102所示。

图4-102 最终效果

> TIPS 若不需要调整背景，则步骤6和步骤7可以省略。

4.6.4 图像的组合

在首页的促销区、宝贝展示区或详情页中经常需要将多张图片组合在一起。下面介绍图像的组合方法。

01 在Photoshop软件中，按Ctrl+O组合键，打开“素材\第4章\4.6.4 图像的组合”文件夹中的素材图片，如图4-103所示。

02 在工具箱中选择裁剪工具，如图4-104所示。

图4-103 素材图片

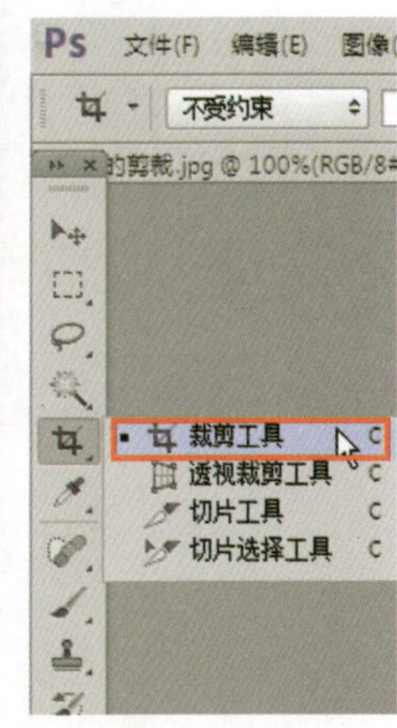

图4-104 选择裁剪工具

03 在图像上单击，然后向右拖动扩展图像画布，如图4-105所示。

图4-105 向右拖动

04 选择右侧的颜色按钮，可以修改扩展画布的颜色，如图4-106所示。

05 单击“设置背景色”按钮，选好背景色，单击“确定”按钮，修改颜色后的扩展画布如图4-107所示，再按Enter键确认。

06 按Ctrl+O组合键，打开“素材\第4章\4.6.4 图像的组合”文件夹中的素材图片，使用移动工具将其移动到上一图片中，如图4-108所示。

图4-106　设置背景色

图4-107　背景色修改后的画布

图4-108　移入另一张图片

07 再次使用裁剪工具将多余的画布剪掉，如图4-109所示。

08 按Enter键，最终的图像组合效果如图4-110所示。

图4-109　剪掉多余的画布

图4-110　图像组合效果

4.6.5　抠图换背景

在Photoshop中常用的一项功能是抠图，也就是抠去原有背景，为宝贝添加新的背景，打造更为梦幻、更具活力、更贴合商品主题的图片。在Photoshop中比较简单的抠图工具是魔棒工具，复杂一点的是钢笔工具，还有图层混合替换背景和调整边缘抠取毛发等。

1. 使用魔棒工具去除简单背景

使用魔棒工具能去除较为简单的背景，如纯色和相近色的背景。

01 启动Photoshop软件，选择菜单“文件”|“打开”命令，打开“素材\第4章\4.6.5 抠图换背景\1.使用魔棒工具去除简单背景”文件夹中的素材图片，如图4-111所示。

02 按Ctrl+J组合键，复制背景图层，在工具箱中选择魔棒工具，如图4-112所示。

图4-111　素材图片

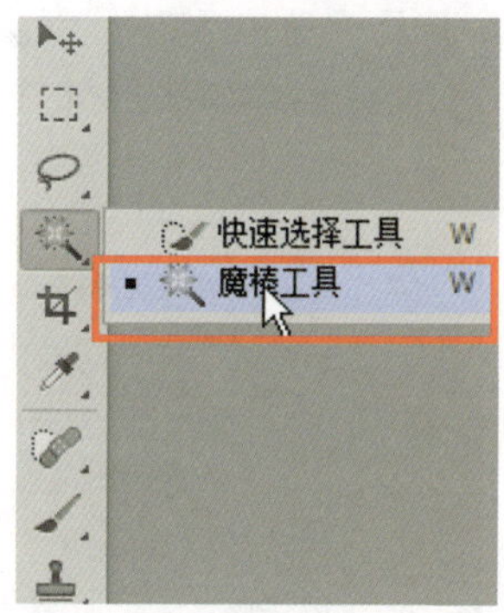

图4-112　使用魔棒工具

03 在选项栏中设置容差值为30，如图4-113所示。

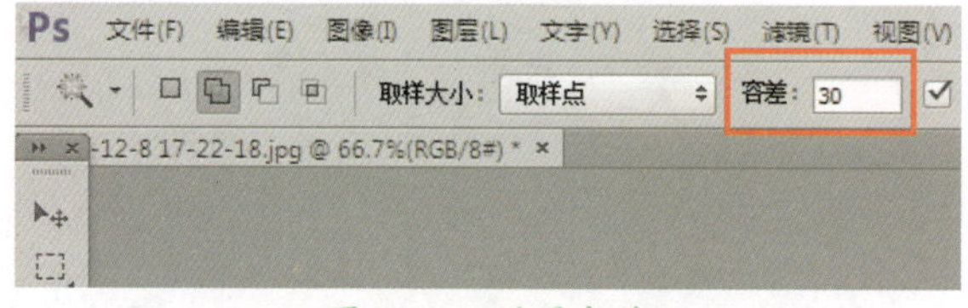

图4-113　设置容差

04 在图片背景上单击，载入选区，如图4-114所示。

图4-114　载入选区

05 按住Shift键加选，或者在选项栏中单击“添加到选区”按钮，如图4-115所示。

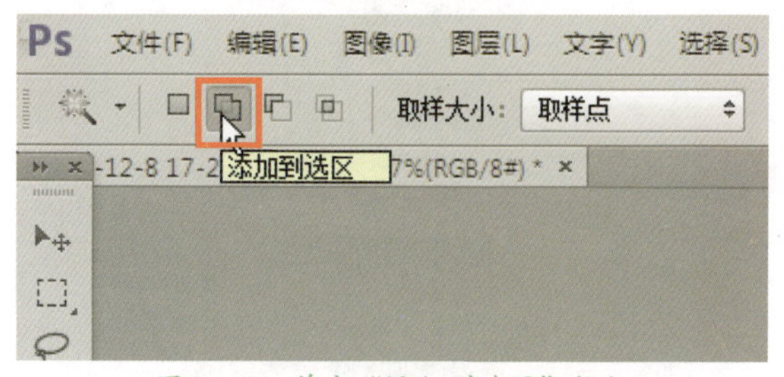

图4-115　单击“添加到选区”按钮

06 在图像的背景上继续单击，将所有背景载入选区，如图4-116所示。

图4-116　载入背景

TIPS 如果多选了选区，可以按住Alt键，或者单击选项栏中的“从选区中减去”按钮，从选区中减去多选的区域。

07 按Ctrl+Shift+I组合键将选区反向，如图4-117所示。

图4-117　选区反向

08 在图像上右击，在弹出的快捷菜单中选择“调整边缘”命令，如图4-118所示。

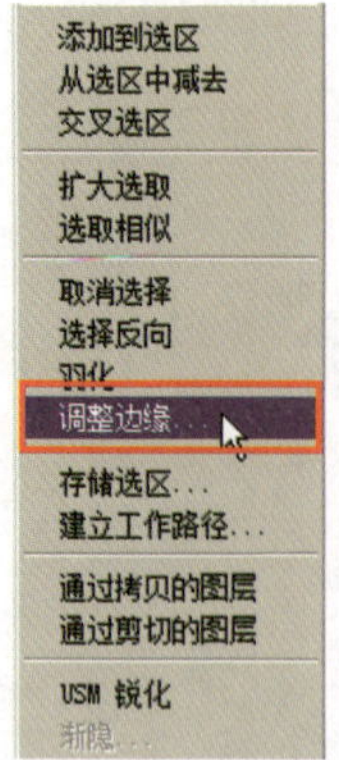

图4-118　选择“调整边缘”命令

09 在弹出的“调整边缘”对话框中设置“平滑”参数，并设置输出到“新建图层”，如图4-119所示。

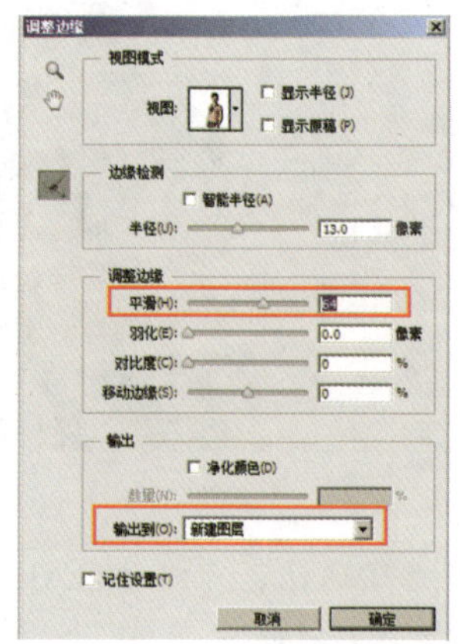

图4-119　调整边缘

10 单击“确定”按钮，图像即被抠出，且保存到新建的图层中，如图4-120所示。

图4-120　抠出图像

11 在“图层”面板中新建一个“图层1”图层，并调整到“背景副本”的下方，如图4-121所示。

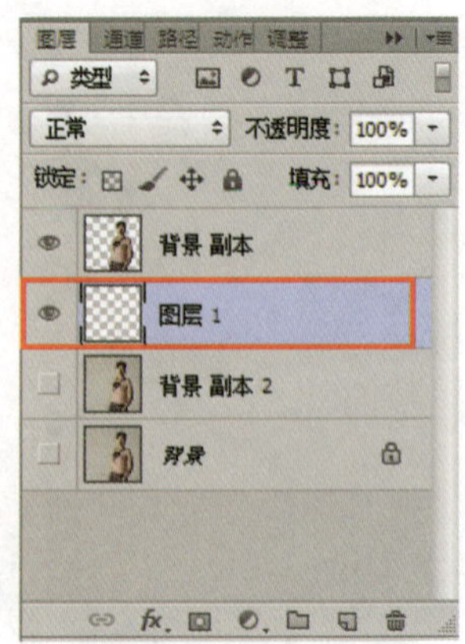

图4-121　新建图层

12 设置背景色为白色，按Ctrl+Delete组合键，填充背景色。选择“背景 副本”图层，单击“图层”面板底部的“添加图层样式”按钮，如图4-122所示。

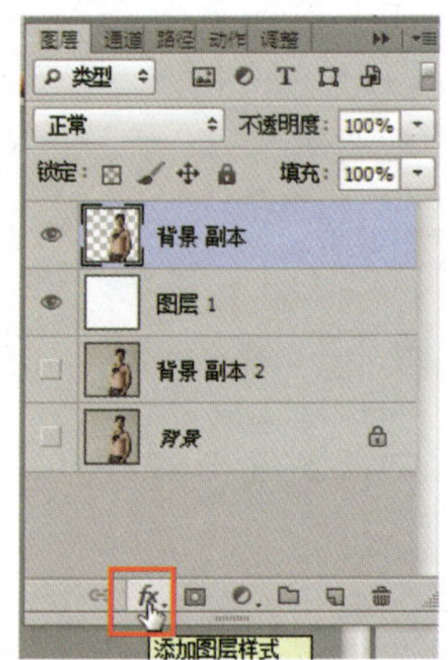

图4-122　单击“添加图层样式”按钮

13 在弹出的下拉菜单中选择“投影”命令，如图4-123所示。

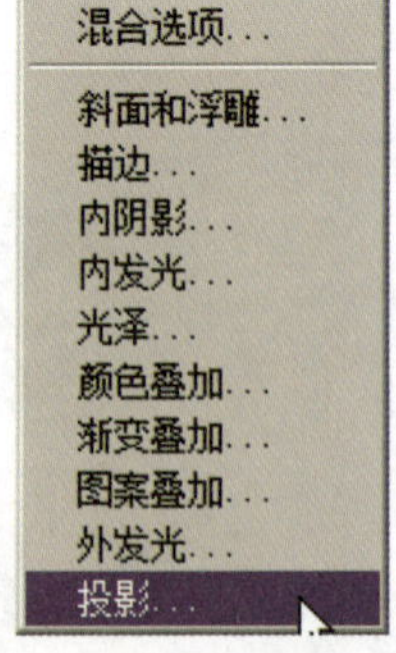

图4-123　选择“投影”命令

14 打开“图层样式”对话框，设置“投影”的各项参数，如图4-124所示。

15 单击“确定”按钮，添加投影的效果如图4-125所示。

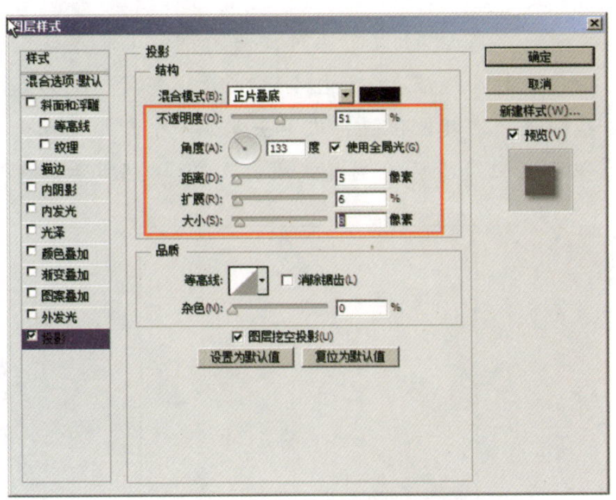

图4-124　设置各项参数

图4-125　投影效果

16 按Ctrl+T组合键，调出自由变换控制框，旋转图片，如图4-126所示。

图4-126　旋转图片

17 按Enter键确定变形，最终图像效果如图4-127所示。

图4-127　最终图像

2. 使用钢笔工具去除复杂背景

对于背景比较复杂，主体与背景颜色不分明的图像，需要使用钢笔工具进行抠取。

01 启动Photoshop软件，选择菜单“文件”|“打开”命令，打开“素材\第4章\4.6.5 抠图换背景\2.使用钢笔工具去除复杂背景”文件夹中的素材图片，如图4-128所示。

图4-128　素材图片

02 按Ctrl+J组合键，复制背景图层，在工具箱中选择钢笔工具，如图4-129所示。

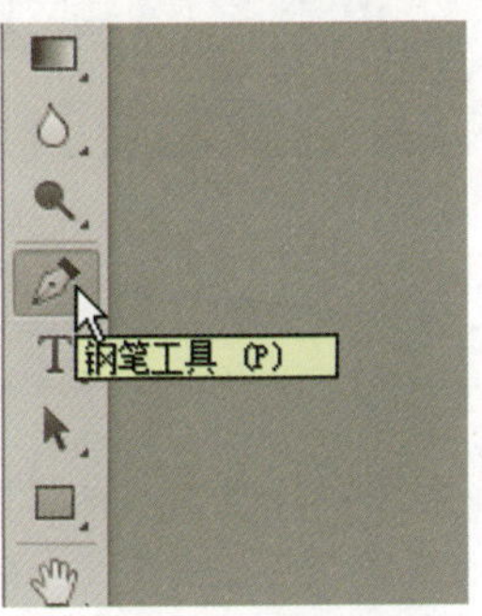

图4-129　选择钢笔工具

03 在人物周围依次单击并拖动光标，创建路径，如图4-130所示。起点与终点重合即完成路径绘制，如图4-131所示。

图4-130 创建路径

图4-131 路径完成

04 按Ctrl+Enter组合键，将路径载入选区，如图4-132所示。

图4-132 载入选区

TIPS

提示1：按住Alt键的同时向上滑动鼠标滚轮可以放大图片，向下滑动滚轮可以缩小图片。

提示2：若所抠的图片不是规则的多边形，则需要绘制曲线路径。使用（钢笔工具）单击图像建立新的锚点后按住鼠标左键拖曳鼠标，建立曲线段和曲线锚点，如图4-133所示。释放鼠标左键，再按住Alt键的同时，使用钢笔工具单击刚刚建立的曲线锚点，如图4-134所示，将其转换为直线锚点，在其他位置再次单击建立一个新的锚点，即可在曲线段后绘制直线段，如图4-135所示。

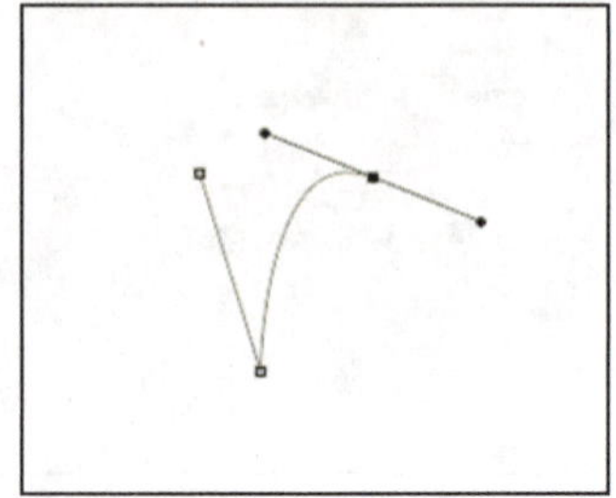

图4-133 创建曲线段

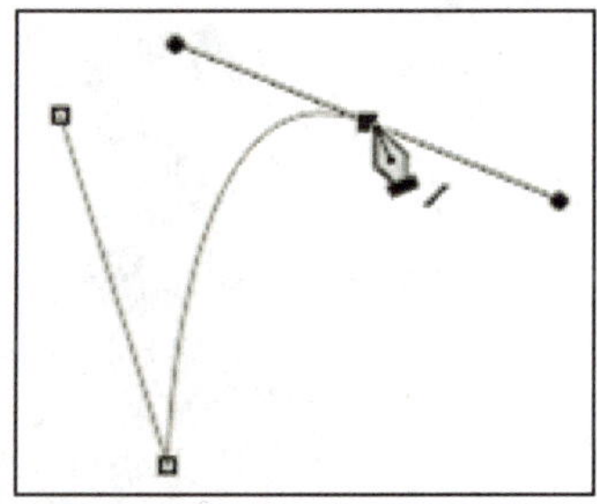

图4-134 按住Alt键单击锚点

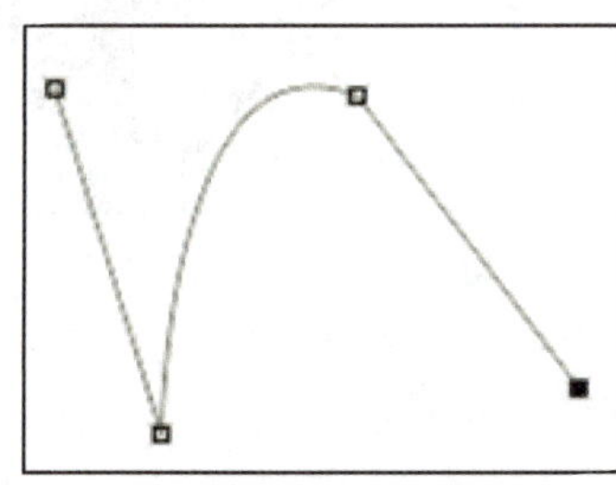

图4-135 创建直线路径

05 选择矩形选框工具，在选区上右击，在弹出的快捷菜单中选择“调整边缘”命令，如图4-136所示。

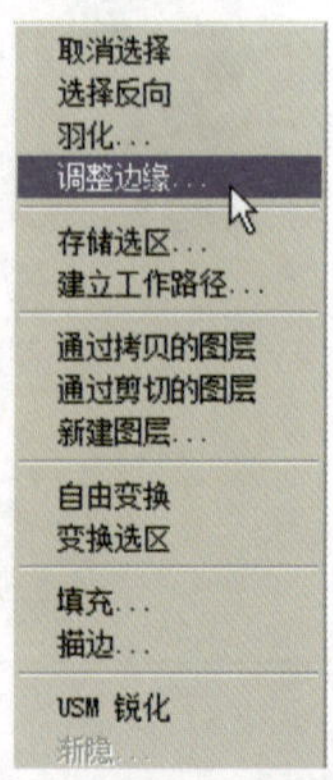

图4-136 选择“调整边缘”命令

06 打开“调整边缘”对话框，设置平滑参数，并设置输出到“新建图层”，单击“确定”按钮，如图4-137所示。

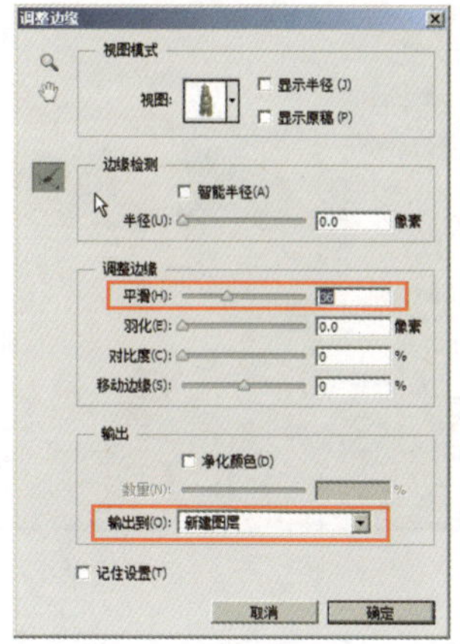

图4-137　“调整边缘”对话框

07 人物被抠出，如图4-138所示。此时的图像颜色偏暗，需要调亮。

图4-138　抠出人物

08 在“图层”面板底部单击“创建新的填充或调整图层”按钮，选择“亮度/对比度”命令，如图4-139所示。

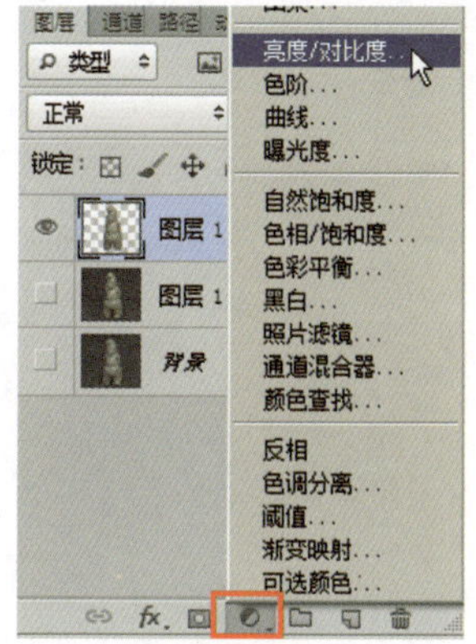

图4-139　选择“亮度/对比度”命令

09 在打开的面板中调整参数，如图4-140所示。

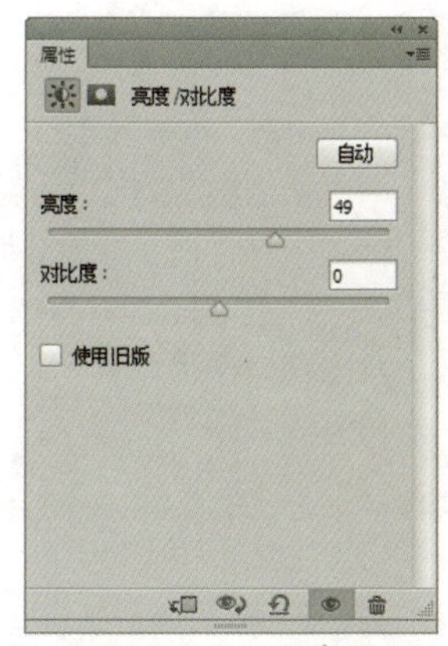

图4-140　调整参数

10 此时的图像如图4-141所示。由于受背景的影响，还可以根据需要对相应部位进行调亮处理。

图4-141　图像效果

11 在工具箱中长按污点修复画笔工具，在展开的工具组中选择修补工具，如图4-142所示。

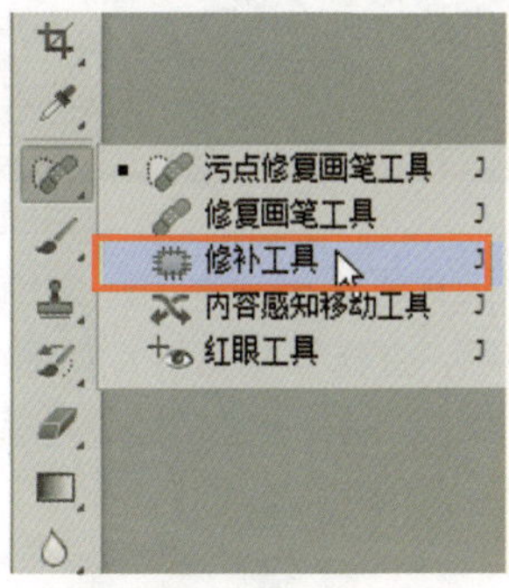

图4-142　选择修补工具

12 将人物偏暗的区域选中，并向亮部拖动，如图4-143所示。

13 对图像进行识别并修补，修补后的效果如图4-144所示。

14 按Ctrl+O组合键，打开“素材\第4章\4.6.5 抠图换背景\2.使用钢笔工具去除复杂背景”文件夹中的背景素材，如图4-145所示。

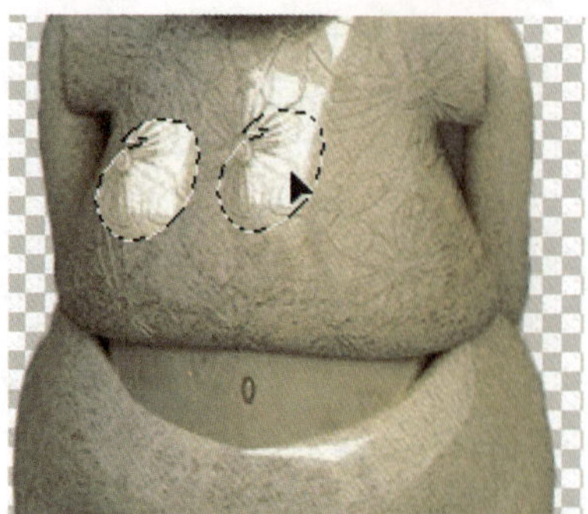
图4-143　选中区域并拖动

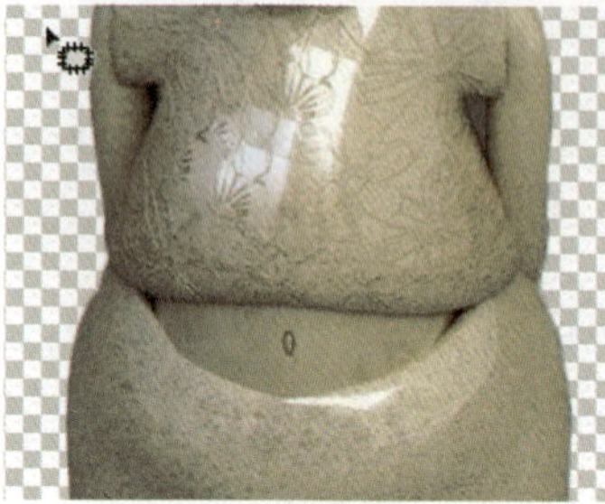
图4-144　修补完成

图4-145　背景素材

15 使用移动工具将其移动到前一文档中，调整图层到最底层，选择模糊工具，如图4-146所示。在背景上涂抹，对背景进行模糊处理，如图4-147所示。

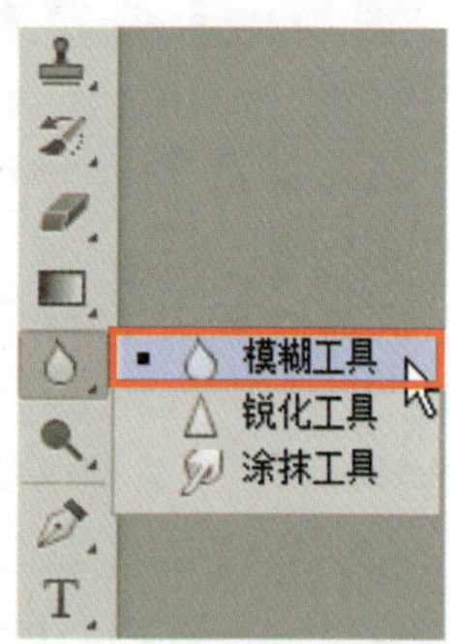

图4-146　选择模糊工具

图4-147　模糊处理背景

TIPS 当人物与背景大小不协调时，可以选择人物图层，按Ctrl+T组合键，变换人物的大小和位置。

16 新建一个图层，将其调整到背景图层的上方，选择画笔工具，如图4-148所示。在人物下方绘制阴影，在“图层”面板中降低不透明度，如图4-149所示。

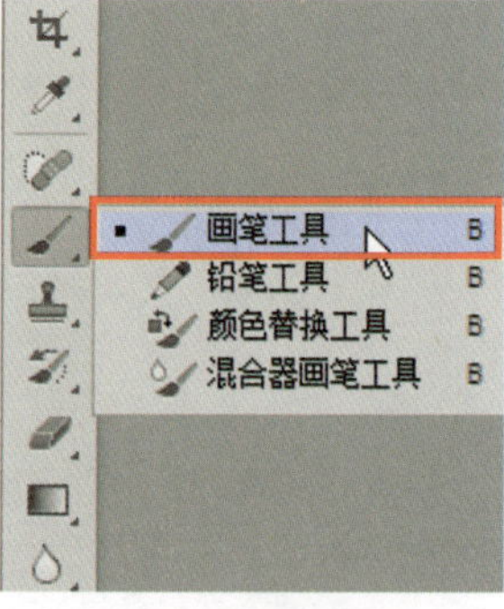

图4-148　选择画笔工具

图4-149　降低不透明度

17 完成背景替换，图像效果如图4-150所示。

图4-150　最终效果

> TIPS 绘制阴影时，要注意光源方向，所绘制的人物投影应该与背景中景物的投影方向保持一致；注意画笔的选择，根据实际情况选择相应的像素和硬度，一般像素越大，阴影的整体性越强，柔和的光线下，硬度适合选择为0。

3. 图层混合替换背景

某些情况下，使用图层之间的混合关系可以不用抠图就能替换背景。

01 在Photoshop软件中，打开“素材\第4章\4.6.5 抠图换背景\3.图层混合替换背景”文件夹中的素材图片，如图4-151所示。

图4-151　素材图片

02 按Ctrl+O组合键，打开“素材\第4章\4.6.5 抠图换背景\3.图层混合替换背景”文件夹中的鞋子素材图片，并使用移动工具将“鞋子”拖入到“背景”文档中，如图4-152所示。

03 在“图层”面板中双击“鞋子”所在的图层，打开“图层样式”对话框，在“混合颜色带”的“本图层”下，按住Alt键拖动右侧的滑块，将其分为两个滑块，向左拖动左半边滑块，如图4-153所示。

图4-152　拖入鞋子

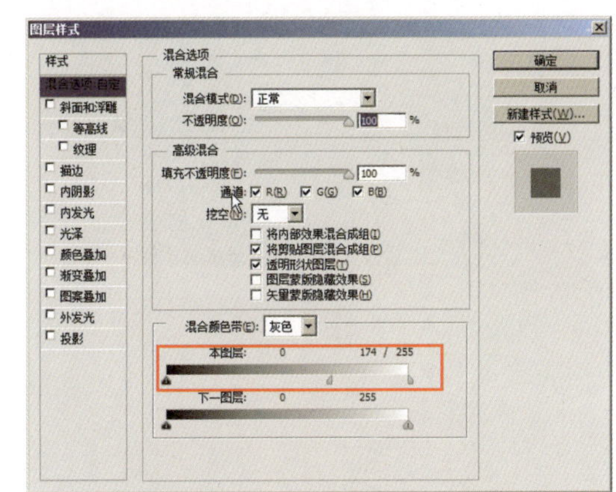

图4-153　向左拖动左半边滑块

04 拖动时观察图像变化，当拖动到合适的位置后，单击“确定”按钮，图像效果如图4-154所示。

图4-154　图像效果

05 观察图像，发现鞋子的鞋跟部分混合过度，显示出背景色，与原颜色不符，下面进行调整。新建一个图层，调整至“鞋子”所在图层的下方，如图4-155所示。

06 使用画笔工具，在像素的下拉列表框中，选择“柔边圆”，如图4-156所示。设置颜色为白色，在鞋子的跟部涂抹，涂抹后效果如图4-157所示。

图4-155　新建图层

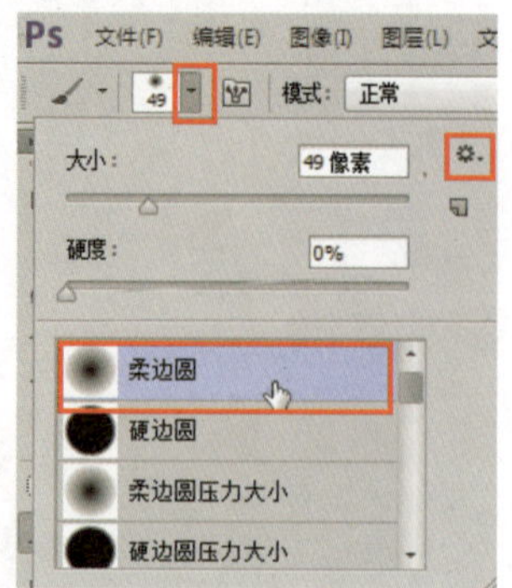
图4-156　选择“柔边圆”

图4-157　效果图

TIPS　寻找画笔的柔边工具时，先单击像素的下三角按钮，再单击像素面板右侧的设置按钮，选中“大列表”命令，画笔工具就会出现在左边的列表中，如图4-158所示。

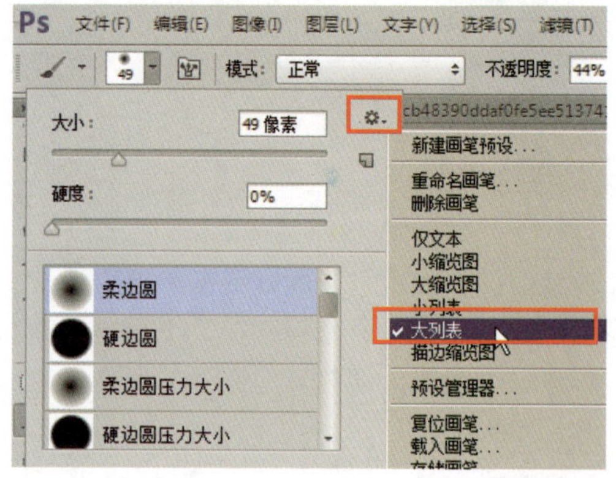
图4-158　设置画笔工具

07 复制鞋子图层，如图4-159所示。按Ctrl+T组合键，调整图片的位置、大小与角度，如图4-160所示。

图4-159　复制图层

图4-160　调整方向与位置

08 按Enter键确定调整，最后效果如图4-161所示。

图4-161　最终效果图

4. 调整边缘抠取毛发

当拍摄的模特和毛绒玩具等图像需要替换背景时，往往需要抠出毛发。下面介绍毛发的抠取方法。

01 在Photoshop软件中，打开“素材\第4章\4.6.5抠图换背景\4.调整边缘抠取毛发”文件夹中的素材图片，使用魔棒工具选择选区，如图4-162所示。

02 在选项栏中单击“调整边缘”按钮，如图4-163所示。

图4-162 选择选区

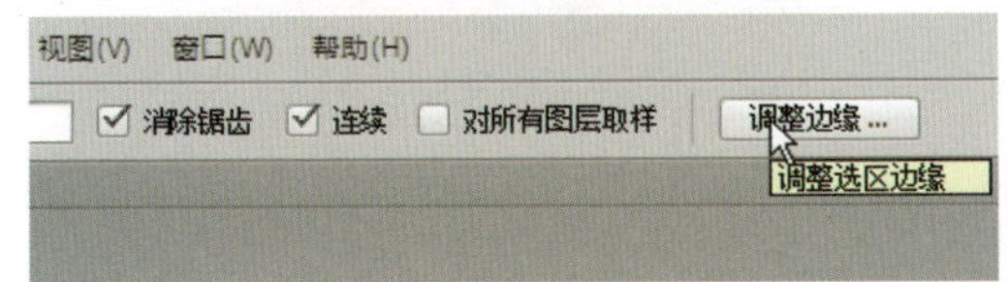

图4-163 单击"调整边缘"按钮

03 弹出"调整边缘"对话框，此时人物头发周围的背景没有被去除，如图4-164所示。

图4-164 头发背景未去除

04 在选项栏中设置"调整半径工具"的大小，如图4-165所示。

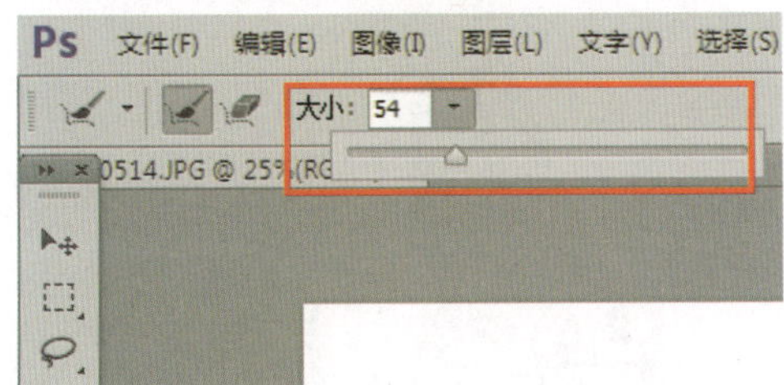

图4-165 设置大小

05 在头发的周围进行涂抹，如图4-166所示。

06 涂抹完成后，设置输出到"新建图层"，如果背景颜色太深，可以勾选"净化颜色"复选框，设置相应的数值，最后单击"确定"按钮，如图4-167所示。

图4-166 涂抹

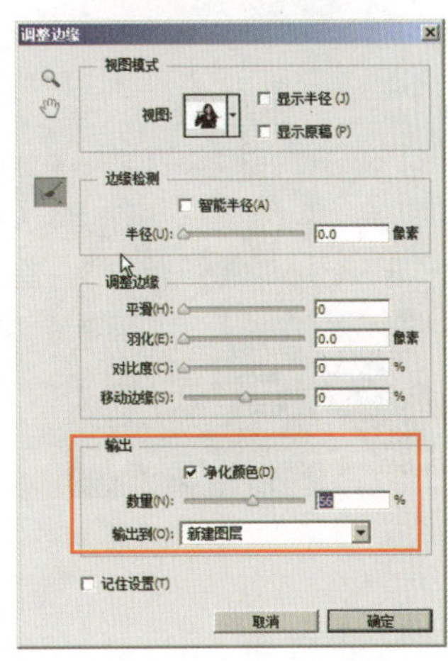

图4-167 单击"确定"按钮

TIPS 当涂抹错误时，选择选项栏中的"涂抹调整工具"，如图 4-168所示。在图像周围涂抹回来即可。

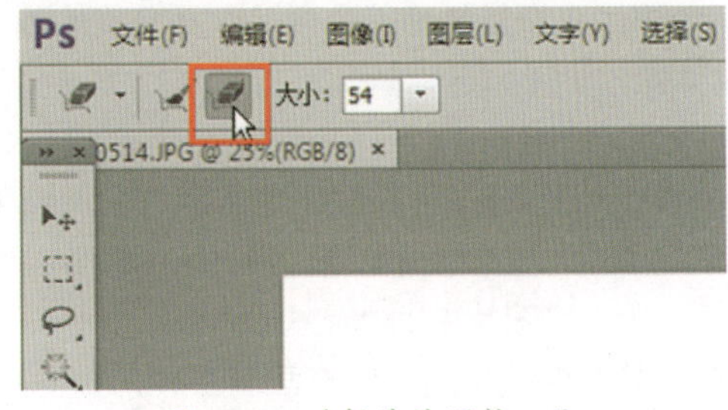

图4-168 选择涂抹调整工具

07 头发被抠出的效果如图4-169所示。

08 按Ctrl+O组合键，打开一张背景图，将其拖入到人物文档中，且将其置于人物图层之下，最终效果如图4-170所示。

图4-169　抠出头发

图4-170　最终效果

4.6.6　处理污点

无论是自己拍照，还是使用网络上的图片，经常会遇到图片上有污点的情况，下面介绍几种处理照片污点的方法。

1. 污点修复画笔工具

使用污点修复画笔工具可以修复简单的污点，其具体操作步骤如下。

01 启动Photoshop软件，按Ctrl+O组合键，打开"素材＼第4章＼4.6.6 处理污点＼1.污点修复画笔工具"文件夹中的素材图片，如图4-171所示。这里将图片中的文字去掉。

02 在工具箱中选择污点修复画笔工具，如图4-172所示。

03 按中括号（【 】）可以调整画笔大小（按左半边缩小画笔工具，按右半边扩大画笔工具），如图4-173所示。

04 在需要修复的文字上，单击并拖动鼠标，如图4-174所示。

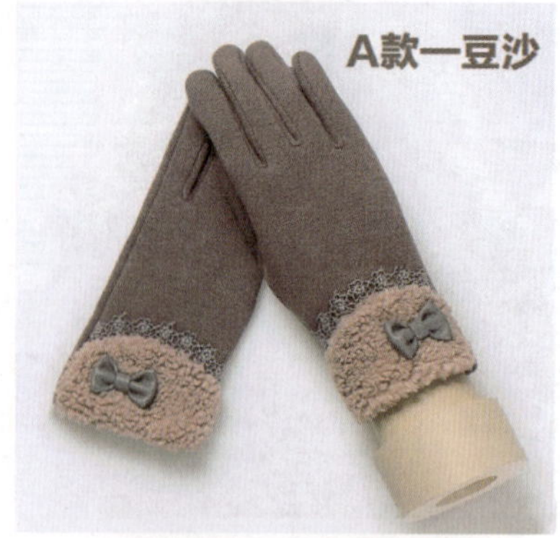

图4-171　素材图片

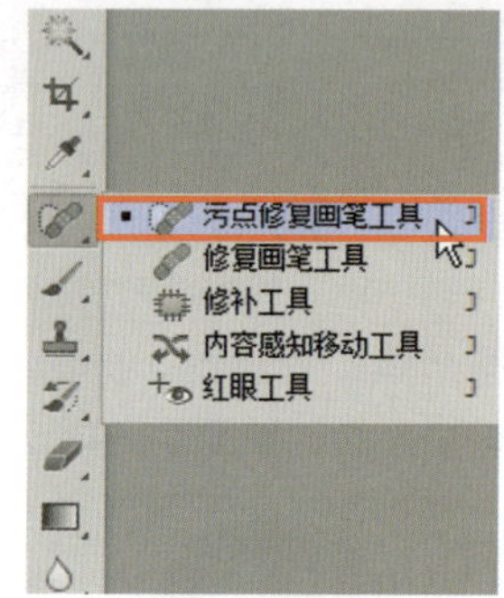

图4-172　选择污点修复画笔工具

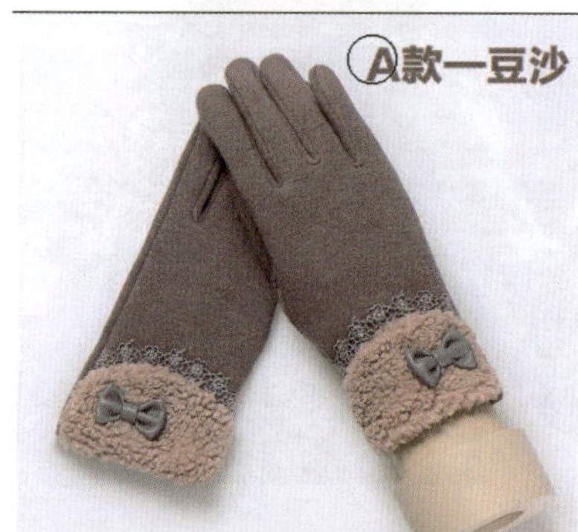

图4-173　调整画笔大小

图4-174　拖动鼠标

05 释放鼠标即可修复图像，如图4-175所示。

图4-175　修复图片

2. 仿制图章工具

仿制图章工具是最常用的修复图像工具，它的工作原理是取样并复制，按涂抹的范围复制全部或部分到新的图像中。

01 启动Photoshop软件，按Ctrl+O组合键，打开“素材\第4章\4.6.6 处理污点\2.仿制图章工具”文件夹中的素材图片，如图4-176所示。这里将图片中的文字去除。

图4-176　素材图片

02 在工具箱中选择仿制图章工具，如图4-177所示。

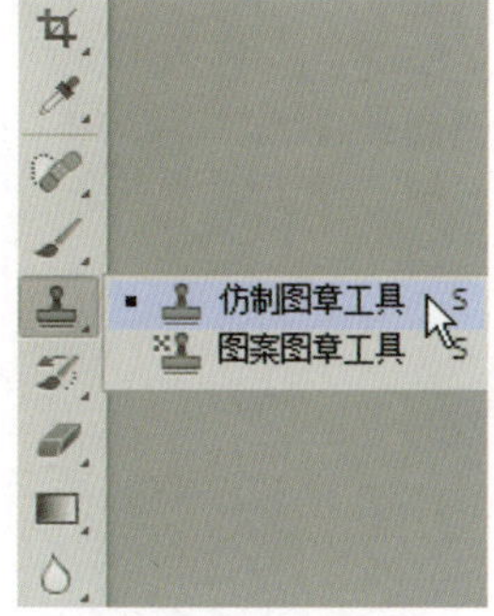

图4-177　选择仿制图章工具

03 按住Alt键在文字周围的图像上单击取样，如图4-178所示。

图4-178　取样

04 取样后在文字上单击并拖动鼠标，如图4-179所示。

图4-179　拖动鼠标

05 依次在周围取样并修复，直到将皮肤上的文字全部去除，如图4-180所示。

图4-180　调整画笔大小

06 使用同样的方法，去除头发上的文字，最终效果如图4-181所示。

图4-181　最终效果图

3. 内容识别填充

内容识别填充是很便捷的一种图像修复方法，程序会根据选择的区域周围的图像对选区进行识别填充。

01 在Photoshop软件中，打开“素材\第4章\4.6.6处理污点\3.内容识别填充”文件夹中的素材图片，如图4-182所示。

图4-182　素材图片

02 在工具箱中选择矩形选框工具，如图4-183所示。

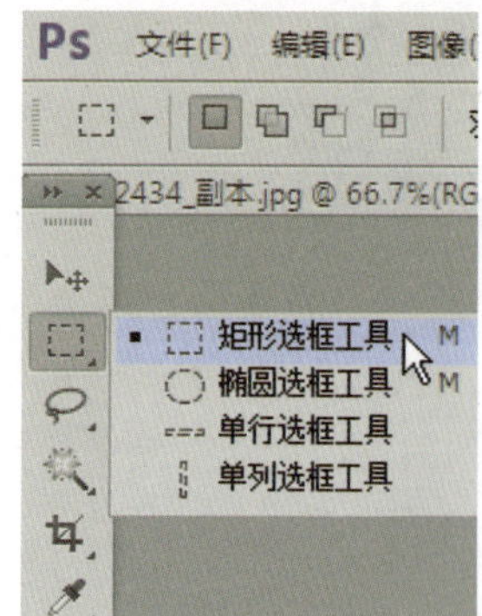

图4-183　选择矩形选框工具

03 在图像上单击并拖动鼠标，框选出需要修复的区域，如图4-184所示。

图4-184　框选

04 按Delete键，弹出“填充”对话框，此时的“使用”为“内容识别”，如图4-185所示。

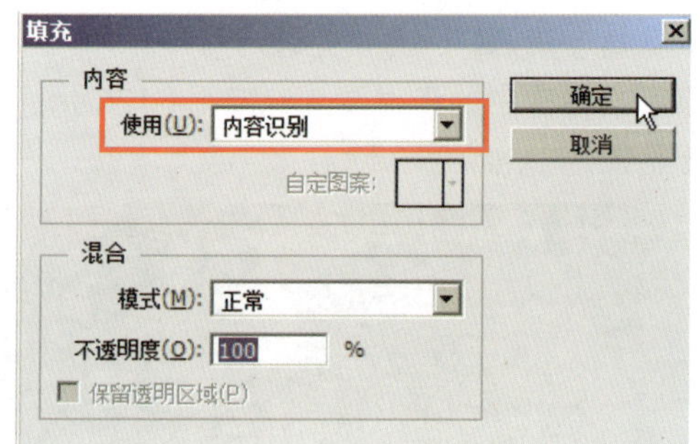

图4-185　内容识别

> TIPS 当前的图层不是背景图层时，按Delete键不会弹出“填充”对话框，需要按Shift+F5组合键才能弹出。

05 单击“确定”按钮，此时选框中的图像被修复，如图4-186所示。

图4-186　图像被修复

06 按Ctrl+D组合键，取消选区。最终效果如图4-187所示。

图4-187 最终效果

4.7 图片美化——Photoshop后期篇

在对图片进行基本的处理之后，接下来就可以着手图片的美化工作了，调色、添加水印或边框等，都是美化图片的基本工作，下面详细介绍。

4.7.1 调整色调

受拍摄天气和光线等因素的影响，会出现拍摄照片光线不足，导致亮度不够、色彩暗淡或是偏色等情况，这时就需要使用Photoshop来调整色调。

1. 亮度不够

对于亮度不够的照片，有3种方法调整色调：使用“色阶”调整、使用“曲线”调整和使用“亮度/对比度”调整。

- 使用“色阶”调整

在“色阶”中能很好地看出阴影、中间调和高光的分布，是调整图像亮度的一个常用方法。

01 启动Photoshop软件，按Ctrl+O组合键，打开“素材\第4章\4.7.1 调整色调\1.亮度不够”文件夹中的素材图片，如图4-188所示。可以看到图像偏暗。

02 按Ctrl+J组合键，复制背景图层，如图4-189所示。

图4-188 素材图片

图4-189 复制图层

03 单击“图层”面板底部的“创建新的填充或调整图层”按钮，在展开的下拉菜单中选择“色阶”命令，如图4-190所示。

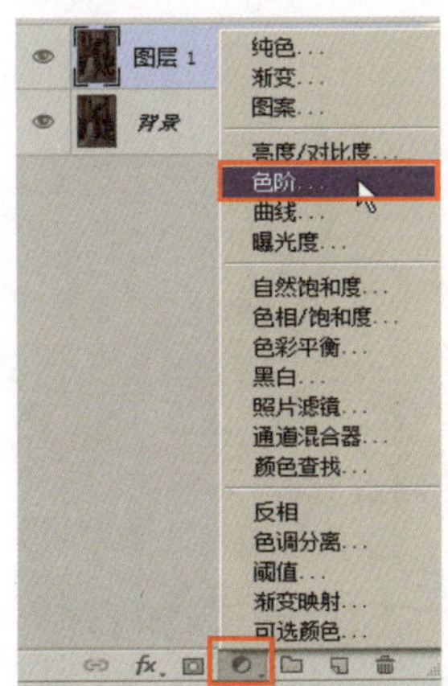

图4-190 选择“色阶”命令

04 打开面板，调整图4-191中的3个滑块。

05 调整滑块时预览效果，直到调整到合适的参数，最终效果如图4-192所示。

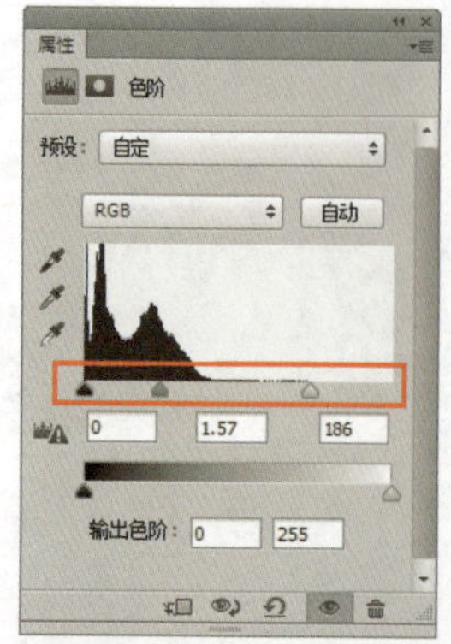

图4-191　调整滑块

图4-192　最终效果

● 使用“曲线”调整

“曲线”也是常用的调整亮度的方法之一，其具体操作步骤如下。

01 启动Photoshop软件，按Ctrl+O组合键，打开“素材\第4章\4.7.1 调整色调\1.亮度不够”文件夹中的素材图片，如图4-193所示。

图4-193　素材图片

02 按Ctrl+J组合键，复制背景图层，单击“图层”面板底部的“创建新的填充或调整图层”按钮 ，在弹出的下拉菜单中选择“曲线”命令，

如图4-194所示。

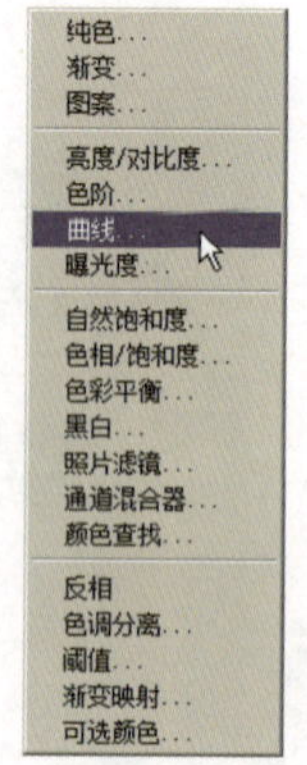

图4-194　选择“曲线”命令

03 在打开的面板中调整曲线，如图4-195所示。

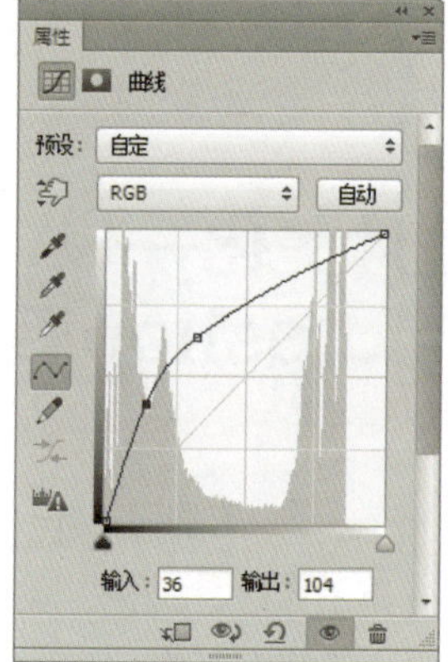

图4-195　调整曲线

04 调整后的图片效果如图4-196所示。

图4-196　调整后的效果

● 使用“亮度/对比度”调整

对于整体呈灰度、颜色明暗不明显的图像，使用“亮度/对比度”调整是最好的方法，其具体操作步骤如下。

01 启动Photoshop软件，按Ctrl+O组合键，打开“素材\第4章\4.7.1 调整色调\1.亮度不够”

文件夹中的素材图片，如图4-197所示。

图4-197　素材图片

02 按Ctrl+J组合键，复制背景图层，单击“图层”面板底部的“创建新的填充或调整图层”按钮，在弹出的下拉菜单中选择“亮度/对比度”命令，如图4-198所示。

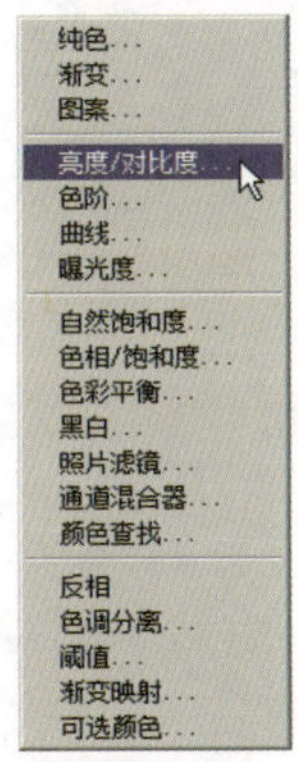

图4-198　选择“亮度/对比度”命令

03 在打开的面板中调整亮度和对比度的参数，如图4-199所示。

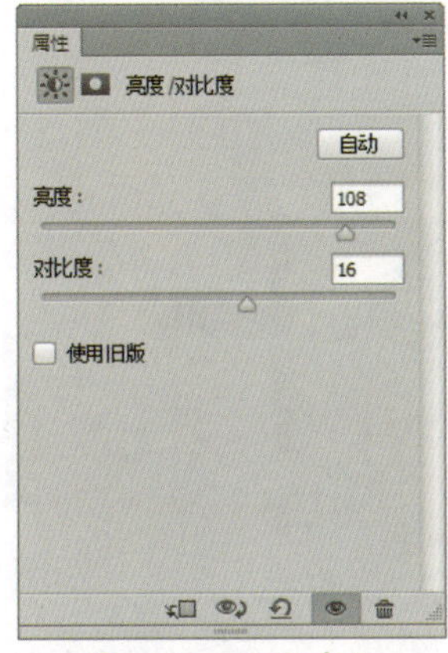

图4-199　调整参数

04 调整后的图片效果如图4-200所示。

图4-200　效果图

2. 色彩暗淡

对于色彩暗淡的照片，需要将其调整到更为自然的颜色，其具体操作步骤如下。

01 启动Photoshop软件，按Ctrl+O组合键，打开“素材\第4章\4.7.1 调整色调\2.色彩暗淡”文件夹中的素材图片，如图4-201所示，可以看到图片颜色暗淡。

图4-201　素材图片

02 按Ctrl+J组合键，复制背景图层。选择菜单“图像”|“自动色调”命令，如图4-202所示。

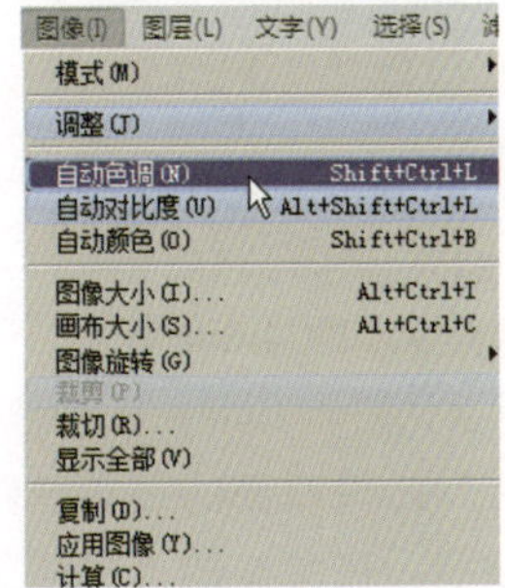

图4-202　选择“自动色调”命令

03 调整后的图像效果如图4-203所示。图像颜色偏暗，需要将其调亮。

图4-203　调整后效果图

04 单击“图层”面板底部的“创建新的填充或调整图层”按钮，在弹出的下拉菜单中选择“曲线”命令，如图4-204所示。

图4-204　选择“曲线”命令

05 弹出“属性”面板，调整曲线，如图4-205所示。

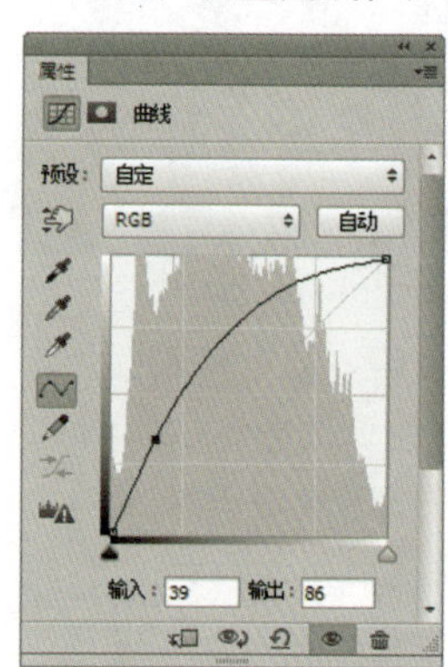

图4-205　调整曲线

06 此时的图像效果如图4-206所示。图像颜色不够鲜明，还需要调整饱和度。

07 单击“图层”面板底部的“创建新的填充或调整图层”按钮，在弹出的下拉菜单中选择“自然饱和度”命令，如图4-207所示。

08 在弹出的面板中调整参数，在调整时预览图像效果，直至调到合适的参数为止，如图4-208所示。调整后的图像效果如图4-209所示。

图4-206　图像效果

图4-207　选择“自然饱和度”命令

图4-208　调整参数

图4-209　调整后的效果

09 调整到满意的效果后，选择菜单“文件”|“储存”命令，如图4-210所示。弹出“存储为”对话框，设置保存路径、文件名及保存的类型，如图4-211所示。单击“保存”按钮。

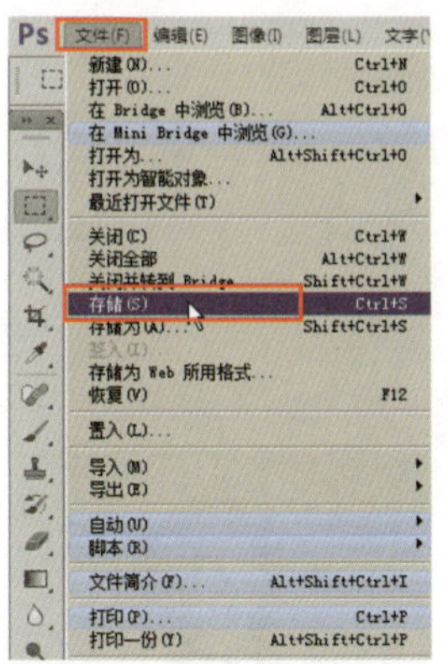

图4-210　选择“储存”命令

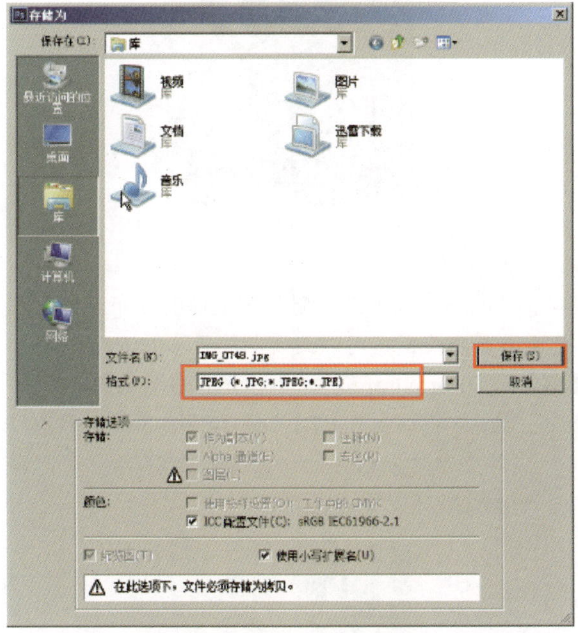

图4-211　“存储为”对话框

3. 校正偏色

受天气和环境等因素的影响，有时拍摄出来的照片可能会出现偏色，偏色的照片不能很好地体现宝贝真实的颜色，因此需要将其校正到正常颜色。

● 使用“自动颜色”校正

“自动颜色”命令能自动校正偏色照片，其操作很简单。

01 启动Photoshop软件，按Ctrl+O组合键，打开“素材\第4章\4.7.1 调整色调\3.校正偏色”文件夹中的素材图片，如图4-212所示，可以看到照片整体偏黄色。

图4-212　素材图片

02 按Ctrl+J组合键，复制背景图层。选择菜单“图像”|“自动颜色”命令，如图4-213所示。

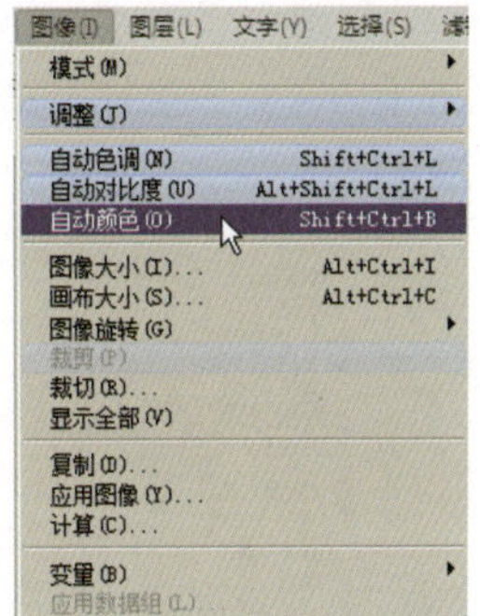

图4-213　选择“自动颜色”命令

03 此时照片校正到正常颜色，如图4-214所示。

图4-214　校正到正常颜色

● 使用“曲线”校正

对于偏蓝、绿、红色的照片，可以使用“曲线”校正。“曲线”是Photoshop中最常用的调整工具，线段左下角的端点代表暗调，右上角的端点代表高光，中间的过渡代表中间调。

01 启动Photoshop软件，按Ctrl+O组合键，打开

"素材\第4章\4.7.1 调整色调\3.校正偏色"文件夹中的素材图片，如图4-215所示。

图4-215　素材图片

02 按Ctrl+J组合键，复制背景图层。单击"图层"面板底部的"创建新的填充或调整图层"按钮，在弹出的下拉菜单中选择"曲线"命令，如图4-216所示。

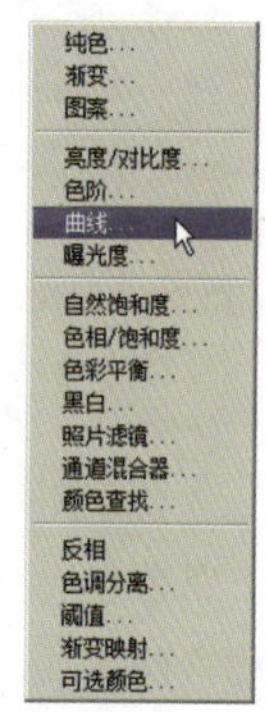

图4-216　选择"曲线"命令

03 在打开的面板中选择"红"通道，并在下方调整曲线，如图4-217所示。

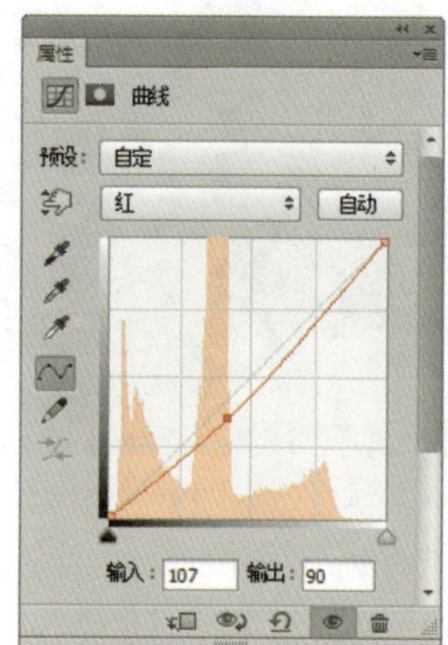

图4-217　调整"红"通道曲线

04 分别选择"绿"通道和"蓝"通道，并在下方调整曲线，如图4-218所示。

05 调整后的图像效果如图4-219所示。

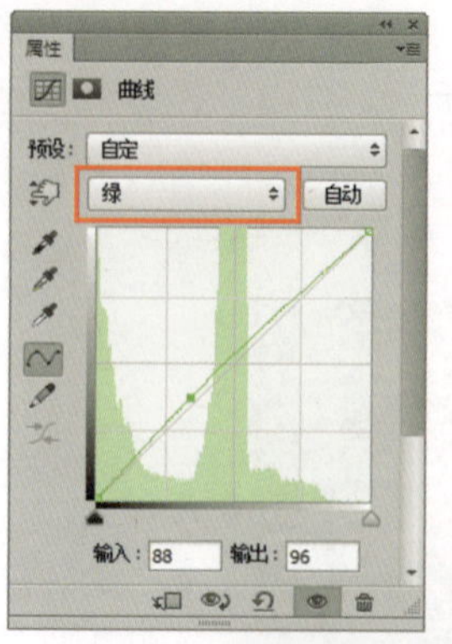

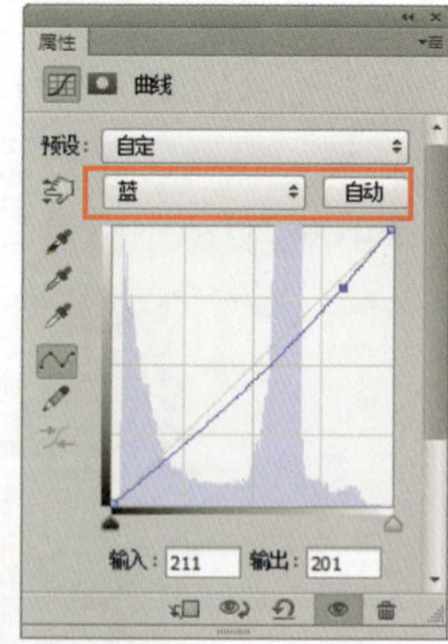

图4-218　分别调整"绿"通道和"蓝"通道曲线

图4-219　调整后的效果

● 使用"色阶"校正

"色阶"校正是根据RGB通道的分布来分析哪个通道需要校正，可以改变图片色彩的浓淡。

01 启动Photoshop软件，按Ctrl+O组合键，打开"素材\第4章\4.7.1 调整色调\3.校正偏色"文件夹中的素材图片，如图4-220所示。可以看到图像偏蓝，需要校正颜色。

图4-220　素材图片

02 按Ctrl+J组合键，复制背景图层。选择菜单"窗口"|"直方图"命令，如图4-221所示。

03 打开"直方图"面板，单击右上角的下三角按钮，在弹出的下拉菜单中选择"全部通道视图”命令，如图4-222所示。

图4-221 选择“直方图”命令

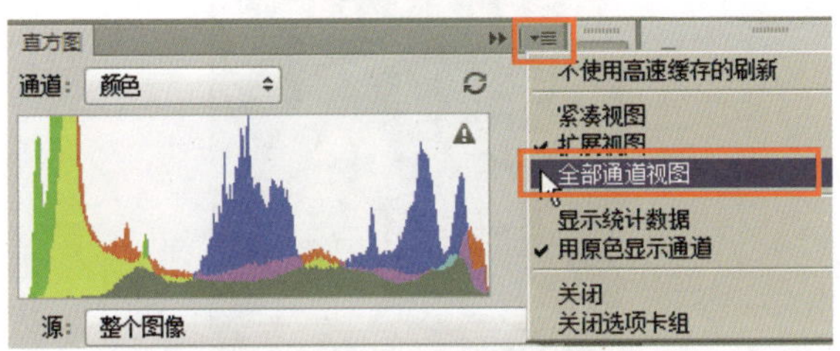

图4-222 选择“全部通道视图”命令

04 再单击该下三角按钮，选择“用原色显示通道”命令，如图4-223所示。

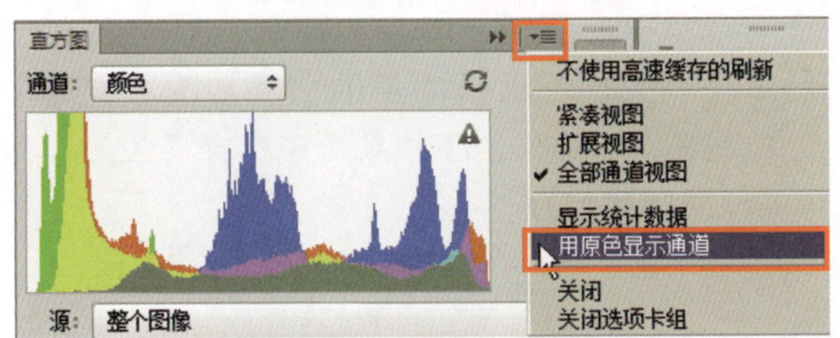

图4-223 选择“用原色显示通道”命令

05 此时可以看到直方图中的“蓝”通道峰值整体偏右，如图4-224所示。因此需要调整“蓝”通道。

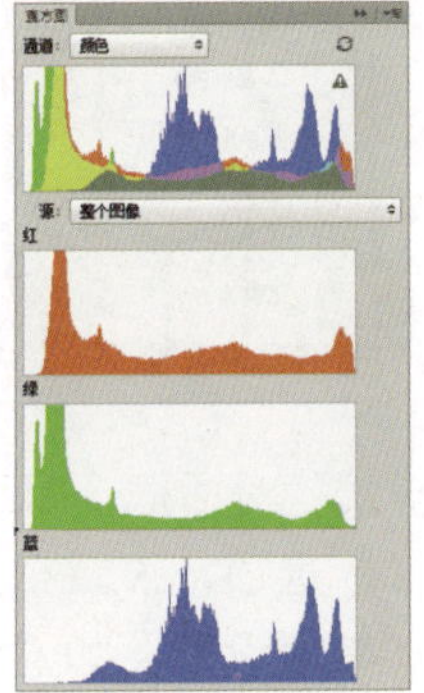
图4-224 直方图

06 在单击“图层”面板底部的“创建新的填充或调整图层”按钮，在弹出的下拉菜单中选择“色阶”命令，如图4-225所示。

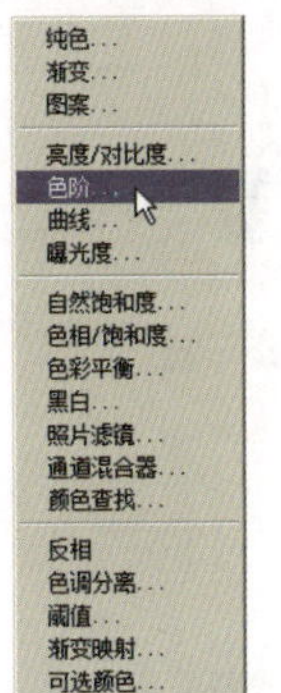

图4-225 选择“色阶”命令

07 在打开的面板中选择“蓝”通道，并调整滑块，如图4-226所示。

图4-226 调整“蓝”通道滑块

08 此时的图像效果如图4-227所示。可以看到图像颜色略偏暗，需要将其调亮。

图4-227 图像效果

09 在“色阶”中调整RGB通道中间的滑块，如图4-228所示。

10 最终效果如图4-229所示。

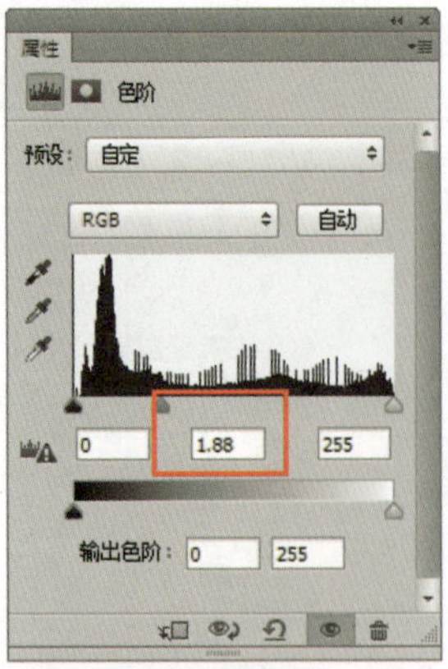

图4-228　调整滑块

图4-229　最终效果

4.7.2　添加水印

自己辛苦拍下的照片，当然不想被他人轻易盗用；所以，就为作品添加专属水印吧，大声宣告它的所有权，其具体操作步骤如下。

01 打开Photoshop 软件，按Ctrl+O组合键，打开“素材\第4章\4.7.2 添加水印”文件夹中的素材图片，如图4-230所示。

图4-230　素材图片

02 选择工具箱中的横排文字工具，如图4-231所示。在图片上输入文字“麓山书屋”。选择文本图层，按Ctrl+T组合键自由变换文字的大小和位置，如图4-232所示。

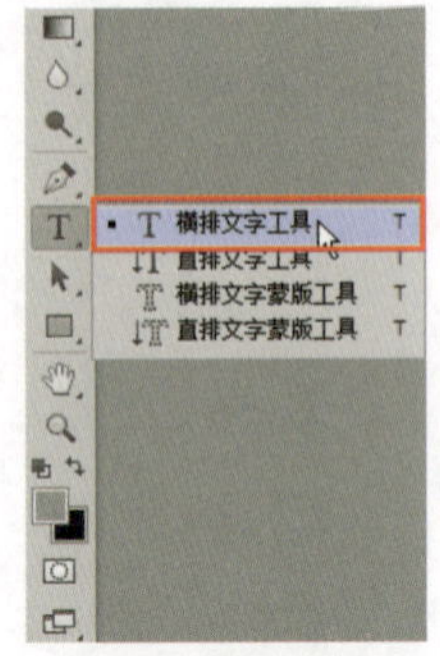

图4-231　选择横排文字工具

图4-232　输入文本

03 单击“图层”面板底部的“添加图层样式”按钮fx，在弹出的下拉菜单中选择“投影”命令，如图4-233所示。

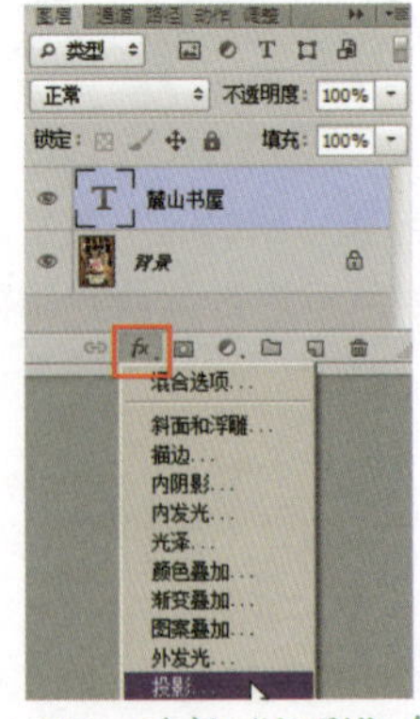

图4-233　选择“投影”命令

04 弹出“图层样式”对话框，如图4-234所示。当前选择“投影”选项，设置相应参数后，还可以为图片添加其他设置，如“外发光”“斜面和浮雕”等，最后单击“确定”按钮。

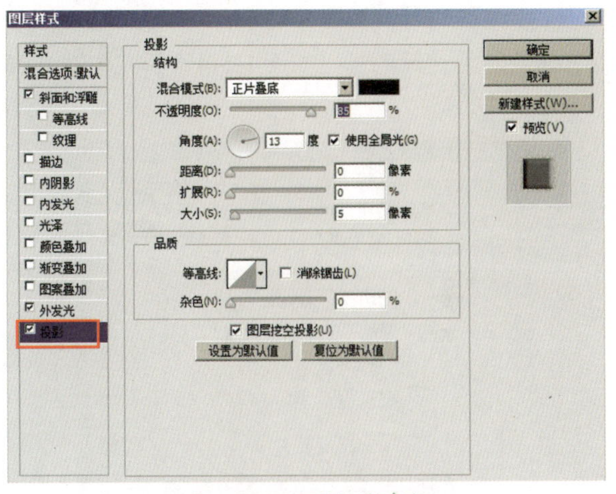

图4-234 设置投影参数

05 设置完成后，效果如图4-235所示。

图4-235 最终效果

4.7.3 添加边框

给美丽的照片添加边框也是Photoshop中经常用到的功能，简单的描边工具可以快速实现添加边框功能，而稍微复杂一点的边框则可以通过扩展画布和样式来实现。

1. 描边

01 启动Photoshop软件，按Ctrl+O组合键，打开“素材\第4章\4.7.3 添加边框\1.描边”文件夹中的素材图片，如图4-236所示。

02 打开“图层”面板，双击背景图层右侧的“锁”图标，如图4-237所示。

03 弹出“新建图层”对话框，设置“名称”为“图层0”，单击“确定”按钮，如图4-238所示。

04 这时背景图层解锁，如图4-239所示。

图4-236 素材图片

图4-237 双击“锁”图标

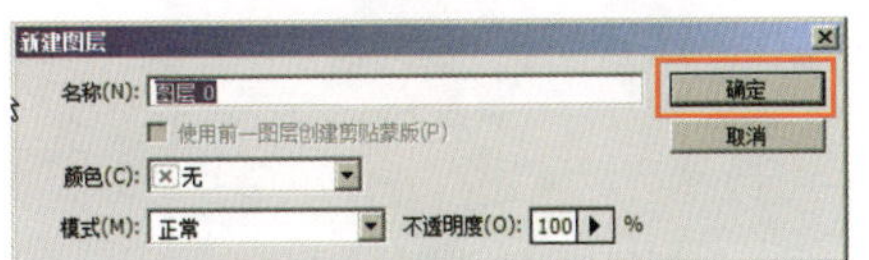

图4-238 单击“确定”按钮

图4-239 图层解锁

05 选择菜单“编辑”|“描边”命令，如图4-240所示。

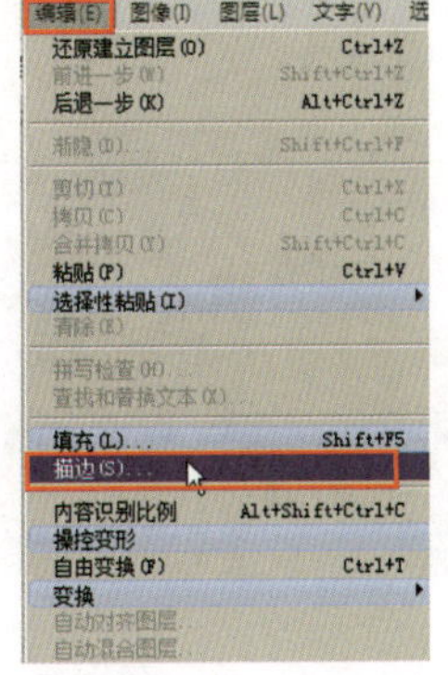

图4-240 选择“描边”命令

06 弹出“描边”对话框，设置“宽度”和“颜色”，如图4-241所示。

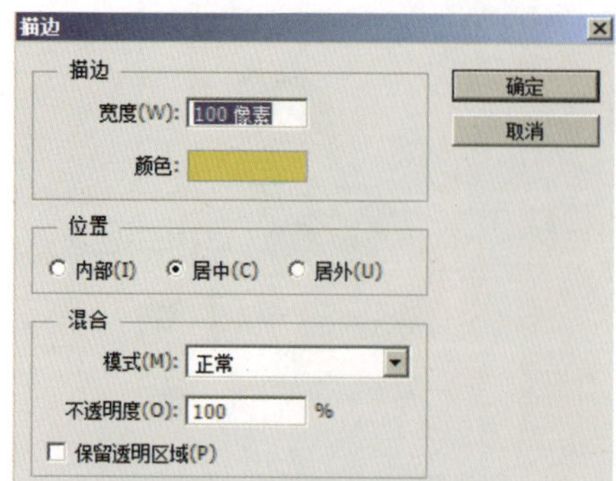

图4-241　设置“描边”参数

07 单击“确定”按钮，描边完成，效果如图4-242所示。

图4-242　效果图

2. 制作边框

01 启动Photoshop软件，按Ctrl+O组合键，打开“素材\第4章\4.7.3 添加边框\2.制作边框”文件夹中的素材图片，如图4-243所示。

图4-243　素材图片

02 选择菜单“图像”|“画布大小”命令，设置“宽度”与“高度”为110%，设置“画布扩展颜色”为“黑色”，如图4-244所示。单击“确定”按钮。

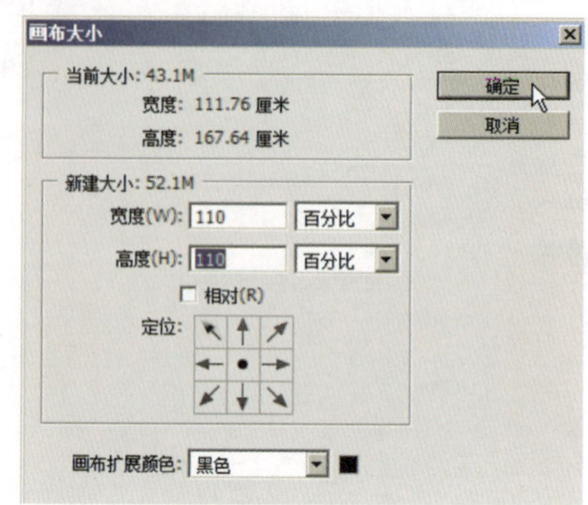

图4-244　调整画布大小

03 选择魔棒工具，将刚才扩展的画布，也就是黑色区域设置为选区，如图4-245所示。

图4-245　选择选区

04 单击创建图层按钮，创建“图层1”图层，然后按Alt+Delete组合键用前景色填充（前景色为白色），如图4-246所示。

图4-246　填充颜色

05 按Ctrl+D组合键，取消选择，并移动“图层1”图层到“创建新图层”按钮上，复制“图层1副本”图层，如图4-247所示。

图4-247　创建新的图层

06 选择菜单“窗口”|“样式”命令，如图4-248所示。

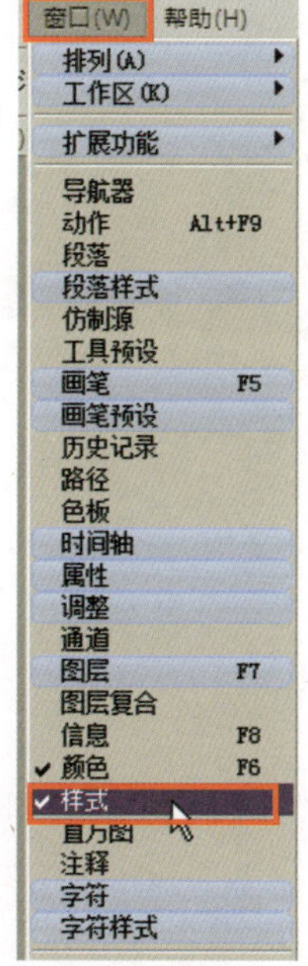

图4-248　选择“样式”命令

07 打开“样式”面板，单击右上角的按钮，在下拉菜单中选择“纹理”命令，如图4-249所示。当然，也可以选择其他的样式，比如Web样式、摄影效果等，每一种样式下面都有多种边框效果，可自由选择。

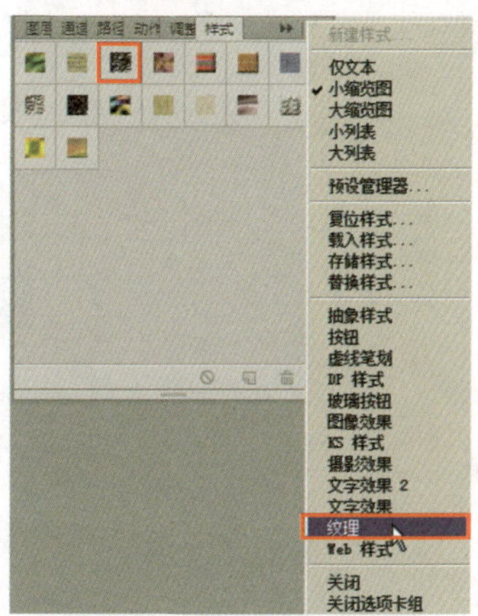

图4-249　选择“纹理”命令

08 在“纹理”样式中选择“沥青”效果，完成边框的填充，最终效果如图4-250所示。

图4-250　最终效果

一本就够

第5章　视频展示，宝贝的拍摄与剪辑

应宝贝展示的要求，淘宝提供了视频展示功能，卖家要充分把握好这个机会，毕竟视频展示能让商品的表现更直观，更能勾起人的购买欲望。除了主图视频，还可以添加详情页视频和首页视频等，让顾客从不同角度充分了解你的店铺。

5.1 了解拍摄——从此不做门外汉

本书从了解拍摄讲起，介绍像素、画幅、分辨率等专用术语，到视频拍摄的基本流程，以及相机的设置等，简易入门，从此不做门外汉。

5.1.1 视频基本术语

要学习拍摄视频，都会接触到下面这些词汇。

1. 像素与分辨率

像素是构成影像的最小单位，分辨率是单位长度中所具有的像素数目。分辨率分为很多种，包括影像分辨率（单位为ppi）、打印分辨率（单位为dpi）、显示分辨率等。其中最常见的为影像分辨率，相机中的分辨率就是影像分辨率。通常像素越高，分辨率越大，分辨率的大小差别会产生不同的观影感受，在编码、采样一致的时候，分辨率越高，文件的体积就会越大，而画面的清晰度就会越高，给人的感受就会更好。

2. 帧速率

帧速率是指每秒所显示的图像帧数，单位为fps。由于人类眼睛的特殊生理结构，如果所看画面的帧率高于24，就会认为是连贯的，此现象被称为视觉暂留。理论上，捕捉动态视频内容时，帧速率越高越清晰，占用的空间也越大。目前国内电视使用的帧速率为25fps，电影为24fps。如果影片是在网络上传播，可以选择任意一种帧速率。

帧速率的高低对视频的影响取决于在播放时使用了多少帧速率。比如：用高速功能拍摄了一段96fps的视频，再以24帧/秒的帧速率播放，那么它的播放速度就慢了4倍，视频画面中的所有动作就会变慢（即升格），也就是电影电视中常见的慢镜头播放效果；相反，如果拍摄了8fps的视频再以24帧每秒播放时，视频就是快放的效果。这就是帧速率的影响。

3. 画幅

画幅是决定拍摄视野的一个重要因素。在胶片时代，画幅的区别体现在单张胶片的尺寸大小上，到了数码时代，画幅差异则体现在相机内部图像传感器的尺寸上。

在单反系统上，由于镜身分离，感光元件尺寸上的差异对应同一只镜头会导致最终成像范围的改变。因此，基于不同规格的传感器产生了全画幅与半画幅（APS-C）的区分。在相机镜头与焦距相同的情况下，在同一位置、同一角度拍摄的视频，全画幅比半画幅收入的视野更大，如图5-1所示。而APS-H是介于全画幅与半画幅之间的折中标准。

图5-1　画幅

5.1.2 熟悉拍摄流程

不同视频的拍摄流程不同，下面介绍淘宝商品的拍摄流程。

1. 了解商品特点

拍摄淘宝视频需要对商品有一定的了解，包括商品的特点、使用方法等。只有了解商品，才能选择合适的模特、环境、时间，以及根据商品的大小、材质来确定拍摄的器材、拍摄布光等。在拍摄时，对商品特色之处进行重点表现，可以帮助消费者了解商品，打消顾虑并购买。如图5-2所示，为一款眼线笔的视频主图，虽然只有一个镜头，但非常清楚地表达了这款眼线笔出色的防水、不晕染效果。

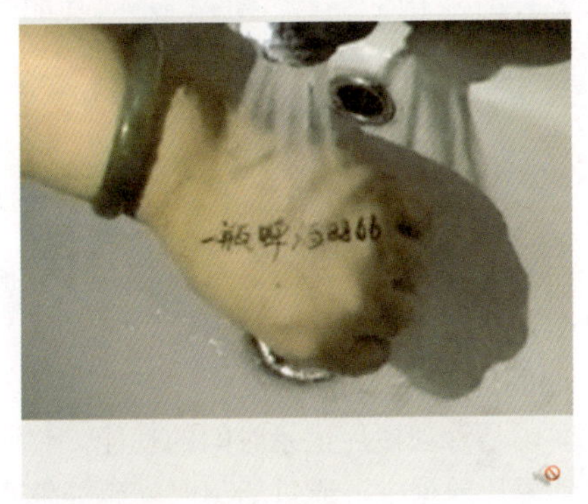

图5-2　眼线笔主图视频

2. 道具、模特与场景的准备

道具、模特与场景的准备是非常重要的步骤。

道具：拍摄视频用的道具有很多，但道具的使用还要根据商品来选择，如需要为产品进行解说的则要选择录音设备；对于室内拍摄的商品则需要选择相应的摄影灯等。

模特：不同的商品需要选择不同的模特，部分商品甚至不需要模特。

场景：一般而言，拍摄的场景分为室内棚拍场景和室外场景。室内场景需要考虑灯光、背景与布局等；室外拍摄则需要选择一个合适的地点，避免在人物杂乱的环境中拍摄。无论是哪种场景，一般商品需要拍摄多种视频，便于多方位展示商品，以及后期的挑选与剪辑。

3. 视频拍摄

一切准备就绪后，就可以拍摄视频了，如图5-3所示。

图5-3　拍摄视频

4. 后期合成

拍摄视频后，经常需要删减多余的部分，组合多场景，以及添加字幕、音频、转场和特效等，常用的视频剪辑软件有会声会影和Premiere等。由于会声会影对于新手而言，更易掌握，且功能强大，本书主要讲解会声会影的后期合成。

5.1.3　设置相机菜单

在拍摄前，对相机菜单进行设置，才能拍摄出更好的视频，以及减少后期工作。

1. 时间码

时间码是管理短片记录时间的功能，将时间信息添加到短片数据中。通过活用时间码能够在编辑多台相机拍摄的多个短片数据时同步短片，提高编辑工作的效率。时间码的记录方式有两种，“记录时运行”只在短片拍摄期间计时，“自由运行”不管是否正在拍摄，时间码都计时。图5-4所示为时间码的设置。

2. 短片记录尺寸设置

短片记录尺寸一般包括全高清（分辨率为1920×1080、30/25/24帧/秒）、高清（分辨率为1280×720、60/50帧/秒）和标清（分辨率为640×480、30/25帧/秒）三种画质。可以根据用途分别使用高画质、高分辨率的全高清画质或数据容量小、使用便捷的标清画质等。图5-5所示为短片记录尺寸的设置。

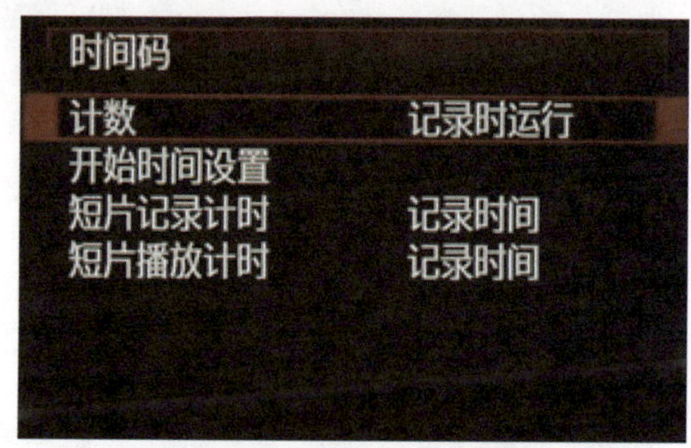

图5-4　时间码的设置

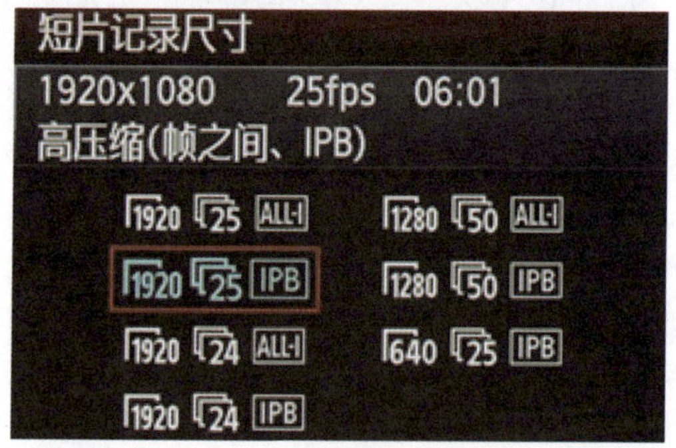

图5-5　短片记录尺寸的设置

5.2　学习运用——揭开摄影的神秘面纱

了解了一些拍摄常识后，下面拿起相机开始工作。视频拍摄不只是按快门这样简单，对于其中深藏的奥秘，如光圈、景深与快门，感光度ISO，曝光补偿与模式，焦距的控制，镜头的运动，构图、景别与角度等，需要一层一层地揭开面纱，让摄影艺术逐渐清晰起来。

5.2.1 摄影中的情景模式与调校

摄影中的情景模式与调校需要用到曝光补偿。曝光补偿是为了让拍摄者对相机测光所确定的曝光量进行修正、调整，从而得到适宜于正确表现主体的准确曝光。数码相机中一般提供了±0.5EV挡的曝光补偿。“+”表示在测光所定曝光量的基础上增加曝光；“-”表示减少曝光，相应的数字为补偿曝光的级数，如图5-6所示。

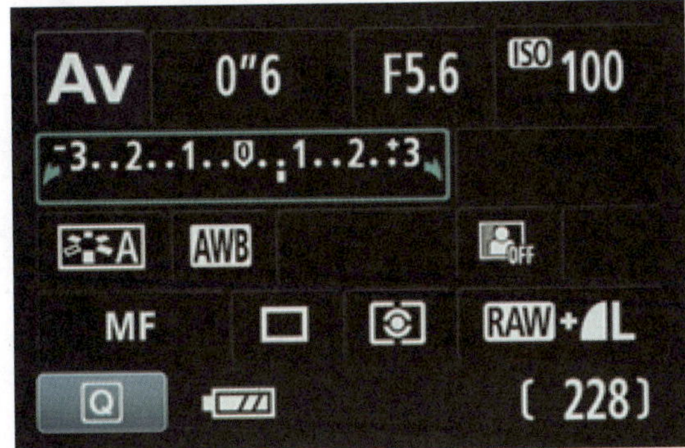

图5-6 曝光补偿

数码相机的曝光补偿可以通过拨动曝光补偿滚轮，用LCD显示菜单进行选择，如图5-7所示。

图5-7 选择曝光补偿

TIPS 不同品牌相机的曝光补偿界面不同，如图5-8所示。

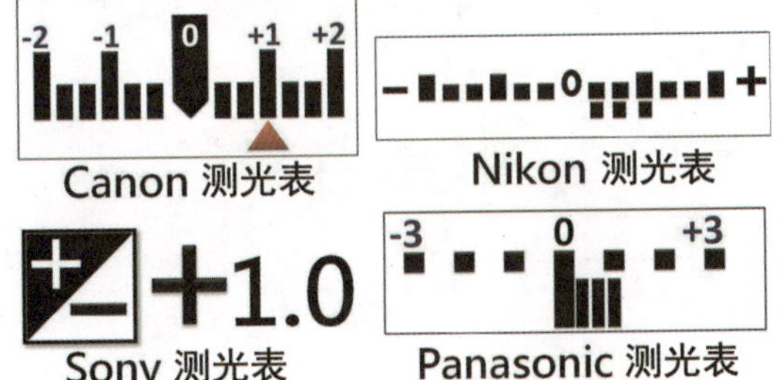

图5-8 不同品牌相机的曝光补偿界面

下面介绍如何正常地设置曝光补偿。

1. 被摄对象亮度较高时需作曝光正补偿

在拍摄时，若浅色调内容占了较大面积，就要考虑适当增加曝光量，如图5-9所示。

图5-9 曝光正补偿

2. 被摄对象亮度较低时需作曝光负补偿

比较典型的是在拍摄城市夜景时，除了画面中的建筑、街道或其他亮度较高的内容占据画面的主要面积外，要防止曝光过度主要依靠两个手段：一个是使用点测光对主要表现对象测光曝光，还有一个方法就是根据实际情况，利用曝光补偿来适当减少曝光量，如图5-10所示。

图5-10 曝光负补偿

3. 被摄对象与背景关系复杂时需灵活处理

当背景亮度高、主体亮度低时，需作曝光正补偿，增加曝光，如图5-11所示。当背景亮度低、主体亮度高时，需作曝光负补偿，减少曝光，如图5-12所示。

图5-11 曝光正补偿

图5-12 曝光负补偿

4. 对黑色被摄体向负方向进行曝光补偿

如果暗色被摄体泛白，可以调整曝光补偿使其变暗。

相机的曝光测光标准使用的是灰色调，将自然界内所有物体的反射率均定为18%。虽然这个标准基本适用于绝大多数场合，但并不适用于纯黑或纯白的物体。因此有必要通过曝光补偿调整与灰色的差异。

对于黑色被摄体，相机会试图使其具有灰色的亮度，所以依靠相机自动得到的曝光总是显得过于明亮。如图5-13所示，将模型车放在黑色皮革上拍摄，整体泛白。此时应将曝光补偿向负方向调整，有意使其变暗，得到接近本身色泽的效果。

原图

曝光补偿-2

曝光补偿+2

图5-13 黑色被摄体

5. 对白色被摄体向正方向进行曝光补偿

为了使白色没有色差，可以用正补偿来实现真实的白色。

与黑色被摄体相反，对白色被摄体采用正补偿会有好的效果。这是因为相机的测光表具有感知到白色物体就会将其向灰色调整的功能，如果不作补偿直接拍摄，白色物体的颜色会变深，整体会变为灰色。正补偿可以将曝光变亮，采用与负补偿相同的方式进行调节，如图5-14所示。

原图

曝光补偿+1

曝光补偿-1

图5-14 白色被摄体

5.2.2 焦距的控制

焦距就是指镜头光学后主面到焦点的距离，是镜头的重要性能标志，如图5-15所示。

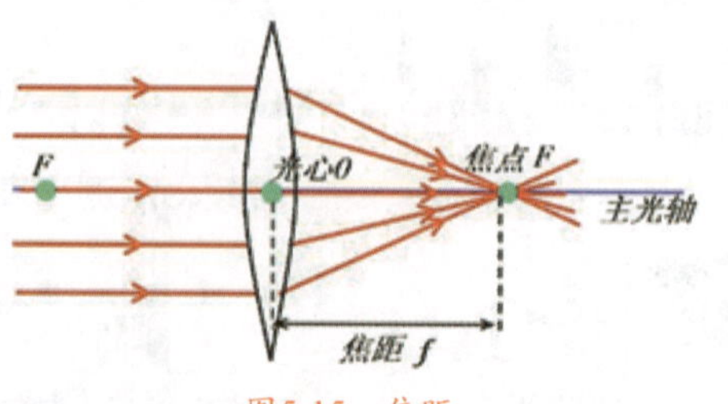

图5-15 焦距

镜头焦距的长短决定着拍摄对象的成像大小、视角大小、景深大小和画面的透视强弱。在拍摄对象与距离不变的情况下，镜头焦距越小，则取景范围越大；镜头焦距越大，可以拍摄越远的物体，取景范围越小，如图5-16所示。

图5-16　长焦距与短焦距的拍摄效果

焦距的调节与镜头的结构如图5-17所示。18～105mm表示镜头的变焦范围，长焦数值除以广角数值就是该镜头的变焦倍率了。比如，这只焦距为18～105mm的镜头，将长焦数字÷广角数字（105÷18≈5.8），所以该镜头的变焦倍率为5.8倍；镜头上的3.5～5.6表示该镜头在广角端与长焦端的最大光圈。

镜头上较粗的调节环是变焦环，通过旋转变焦环可以实现焦距的改变，这个必须手动完成，在变焦的同时，镜头可能会伸长或缩短。镜头上较细的是对焦环，就是让图像清晰，使焦点落在感光元件上，这个既可以手动，也可以自动完成，自动对焦简称AF。

图5-17　镜头

5.2.3　镜头的运动

镜头的运动是用来模拟人的视觉感官的。可以分成纵向运动的推镜头、拉镜头、跟镜头，横向运动的摇镜头、移镜头。

1. 推镜头

摄像机向被摄主体方向推进，或者变动镜头焦距，使画面框架由远而近向被摄主体不断接近，用这种方式拍摄的运动画面，称为推镜头。推镜头在一个画面中由整体介绍到局部细节，可以将观众的注意力引导到所要重点表现的部位。

2. 拉镜头

摄像机逐渐远离被摄主体，或变动镜头焦距使画面框架由近至远与主体拉开距离，用这种方法拍摄的电视画面叫拉镜头。拉镜头可以形成视觉后移效果，使被摄主体由大变小，周围环境由小变大。

3. 跟镜头

跟镜头又称跟摄，是摄像机始终跟随着运动的被摄对象进行拍摄的摄影方法。

跟镜头能够连续而详尽地表现运动中的被摄主体，它既能突出主体，又能交代主体的运动方向、速度、体态及其与环境的关系。

跟镜头跟随被摄对象一起运动，形成一种运动的主体不变、静止的背景变化的造型效果，有利于通过人物引出环境。

从人物背后跟随拍摄的跟镜头，由于观众与被摄人物视点的统一，可以表现出一种主观性镜头。

跟镜头对人物、事件、场面的跟随记录的表现方式，可以在拍摄中体现出真实、纪实性。

4. 摇镜头

摇镜头是指在拍摄一个镜头时，摄影机的机位不做位移，只有机身做上下、左右的旋转等运动的拍摄方法。

一个完整的摇镜头包括起幅、摇动、落幅三个相互连贯的部分。摇镜头的整个运动过程，迫使观众不断调整自己的视觉注意力。

5. 移镜头

拍摄时机位发生变化，边移边拍摄的方法称为移镜头。摄像机的运动，直接调动了观众生活中运动的视觉感受，使观众产生一种身临其境之感。

6. 固定镜头

固定镜头是在拍摄一个镜头的过程中，摄影机机位、镜头光轴和焦距都固定不变，而被摄对象可以是静态的，也可以是动态的拍摄方法。画面中人物可以任意移动、入画出画。固定画面视点稳定，符合人们日常生活注视详观的视觉体验。

5.2.4 构图、景别与角度

构图、景别与角度是拍摄时需要加入主观感受的摄影艺术，通过画面表现手法，使主体突出，意向鲜明，虽然包含了太多的个人主观意识，但是还是有迹可循的，通过这些方法的掌握，能更恰当而敏锐地表达自己的主题思想。

1. 构图

对于构图的形式，前面已经大体讲过，主要有横式构图、竖式构图、对角线构图、对称式构图、井字构图和三分法构图。

- 主体明确

视频拍摄中必须有一个主体，将图片的兴趣中心点引到主体上，给人以最大限度的视觉吸引力，如图5-18所示。画面中的其他事物，只能起陪衬的作用，切忌喧宾夺主和杂乱无章，如图5-19和图5-20所示。

图5-18 主体突出

图5-19 环境烘托

图5-20 陪体衬托

- 画面简洁

选用简单的背景，避免分散主体注意力。如果遇到杂乱的背景，可以采取放大光圈的办法，让背景模糊不清，以突出主体，如图5-21所示。或者选用适宜的角度进行拍摄，避开杂乱的场景，以突出拍摄主体，如图5-22所示。

图5-21 模糊背景

图5-22 画面简洁

2. 景别

景别主要是指摄影机与被摄对象之间的距离远近，而造成画面上形象的大小。景别的划分没有严格的界限，一般分为远景、全景、中景、近景和特写。

远景：远景是指摄影机远距离拍摄事物，镜头离拍摄对象比较远，画面开阔。如图5-23所示，为拍摄薰衣草精油视频而选取的收割薰衣草的远景镜头。

图5-23　远景镜头

全景：全景镜头用于表现物体的全貌，或人物全身，在淘宝视频中应用很多，用于表现商品的整体造型。如图5-24所示为全景镜头。

图5-24　全景镜头

中景：画框下边卡在膝盖左右部位或场景局部的画面称为中景画面。中景在视频拍摄中占的比重较大，它既可以将对象的大概外形展示出来，又可以在一定程度上显示细节，是突出主体的常见镜头。如图5-25所示为服装拍摄的中景镜头。

图5-25　中景镜头

近景：拍摄人物胸部以上，或物体的局部称为近景。近景能很好地表现对象的特征、细节等。如图5-26所示为拍摄的近景镜头。

图5-26　近景镜头

特写：特写用于表现对象的细节，这在淘宝视频拍摄中是必用的镜头。细节的表现能体现商品的材质、质量等，如图5-27所示。

图5-27　特写镜头

TIPS

景别的划分是相对而言的。同样一个取景范围，它属于哪一类景别，这就要看对什么而言。如一个窗户的全貌，对于一栋房子来说，它是局部；但对窗户本身来说，它是全景。

3. 角度

在拍摄商品视频时，从多个角度拍摄更能体现商品的全貌，给买家全方面的展示。

正面拍摄：正面拍摄是给买家的第一印象，所以一般都放在前面。若是需要模特的商品，如服装首饰等还需用多个造型的正面展示，如图5-28所示。

图5-28　正面拍摄

侧面拍摄：侧面拍摄包括正侧面和斜侧面。斜侧面不仅能表现商品的侧面效果，也能使画面产生延伸感、立体感，因此斜侧面的拍摄更多于侧面拍摄，如图5-29所示。

图5-29　侧面拍摄

背面拍摄：一般为表现商品的全貌，背面拍摄也不可少，如服装、鞋子、包包等，如图5-30所示。

图5-30　背面拍摄

5.3 剪辑基础——初识会声会影 X9

视频拍摄后还需要进行剪辑，选取需要的视频片段，添加声音与文字等操作，而这些操作都是在视频编辑软件中实现的。下面以会声会影为例，介绍视频的剪辑、编辑与添加特效等功能。

5.3.1 会声会影工作界面

会声会影特有的操作界面，可以让操作者清晰且快速地完成编辑工作。会声会影的工作界面由步骤面板、菜单栏、预览窗口、导览面板、素材库、选项面板、工具栏、时间轴组成，如图5-31所示。

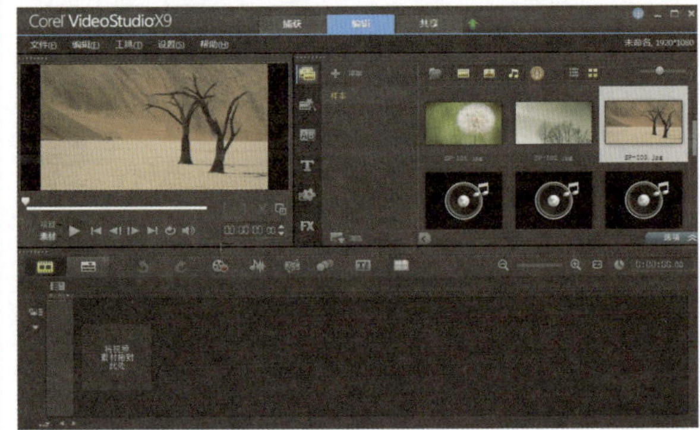

图5-31　会声会影 X9的工作界面

1. 步骤面板

使用会声会影剪辑影片可分为三个步骤，分别为捕获、编辑和共享，如图5-32所示。单击步骤面板中的按钮，可以切换步骤进行相关操作。

捕获	编辑	共享

图5-32　步骤面板

步骤面板中各步骤的功能如下。

捕获：在“捕获”步骤面板中，可以将视频源中的影片或图像素材捕获到计算机中。该步骤允许捕获和导入视频、照片和音频素材。

编辑：“编辑”步骤和“时间轴”是会声会影的核心，可以通过它们排列、编辑及修整视频素材并为其添加效果。

共享：影片制作完成后，通过“共享”步骤面板可以创建视频文件，或将影片输出到网络、DVD光盘中。

2. 菜单栏

会声会影X9的菜单栏包括文件、编辑、工具、设置和帮助5个菜单，如图5-33所示。

文件(F) 编辑(E) 工具(T) 设置(S) 帮助(H)

图5-33 菜单栏

下面将介绍各菜单的主要功能。

* “文件”菜单：主要用于文件操作，如新建、打开和保存等。
* “编辑”菜单：主要用于编辑视频内容，如复制、粘贴和删除等。
* “工具”菜单：主要包括一些常用的工具，如DV转DVD向导、创建光盘、绘图创建器等。
* “设置”菜单：主要用于设置项目，如参数设置、项目属性、素材库管理器等。
* “帮助”菜单：包括使用指南、视频教学教程、新增功能等帮助信息。

3. 预览窗口与导览面板

预览窗口和导览面板用于预览和编辑项目文件中的素材，如图5-34所示。使用导览控制可以移动所选素材或项目。使用修整标记和擦洗器可以编辑素材。

图5-34 预览窗口和导览面板

4. 素材库

素材库用于保存和管理各种素材文件，包括视频、图像、音频三类媒体素材以及转场、标题、滤镜、图形、路径等。

- “媒体”素材库

启动程序后，默认打开的素材库为“媒体”素材库，其提供了视频、图像、音频素材，如图5-35所示。也可单击“媒体”按钮进入“媒体”素材库。

图5-35 “媒体”素材库

- “即时项目”素材库

单击“即时项目”按钮，即可进入“即时项目”素材库，其提供了多个项目模板，有开始、当中、结尾、完成等多个分类，如图5-36所示。

图5-36 “即时项目”素材库

- “转场”素材库

单击“转场”按钮，在“转场”素材库中提供了多种转场效果，如图5-37所示。通过单击“画廊”的倒三角按钮，在弹出的下拉列表中可以选择转场类型。

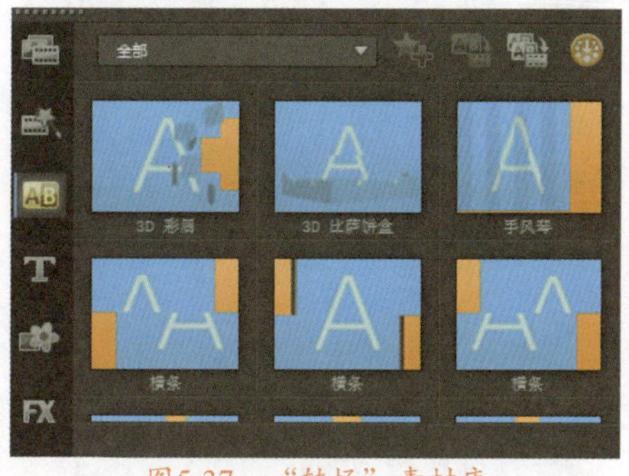

图5-37 “转场”素材库

- “标题”素材库

单击“标题”按钮，在“标题”素材库中提供了30多种预设标题，如图5-38所示。可以直接将这些预设标题效果添加至影片中，再重新编辑使用。

- “图形”素材库

单击“图形”按钮，在图形素材库中提供了十多种预设色彩，多种色彩图样和背景、边框、对象以及Flash动画素材，可通过单击画廊右侧的倒三角按钮切换素材分类，如图5-39所示。

图5-38　“标题”素材库

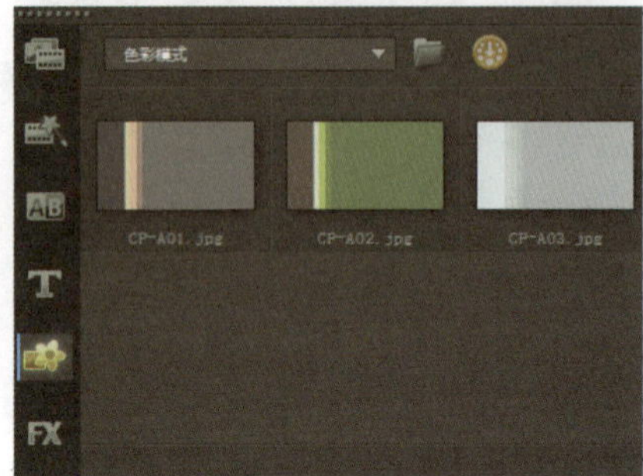

图5-39　“图形”素材库

● “滤镜”素材库

单击“滤镜”按钮，在“滤镜”素材库中提供了70多种滤镜效果，如图5-40所示。可通过单击画廊右侧的倒三角按钮，选择不同的滤镜类型。

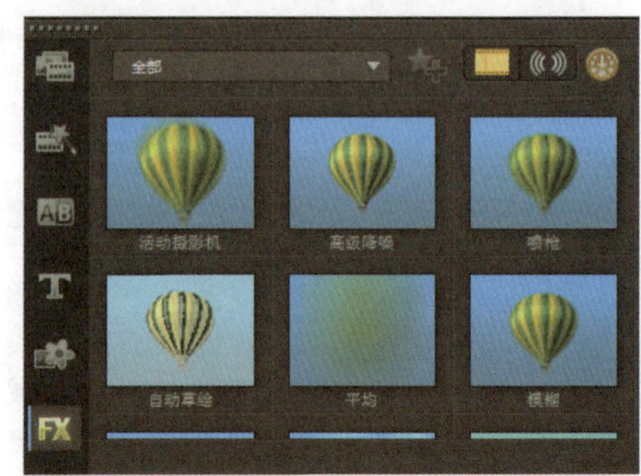

图5-40　“滤镜”素材库

● “路径”素材库

单击“路径”按钮，在“路径”素材库中提供了10种预设路径效果，如图5-41所示。除了软件预设的路径外，用户还可以增强自定路径效果，方便日后使用。

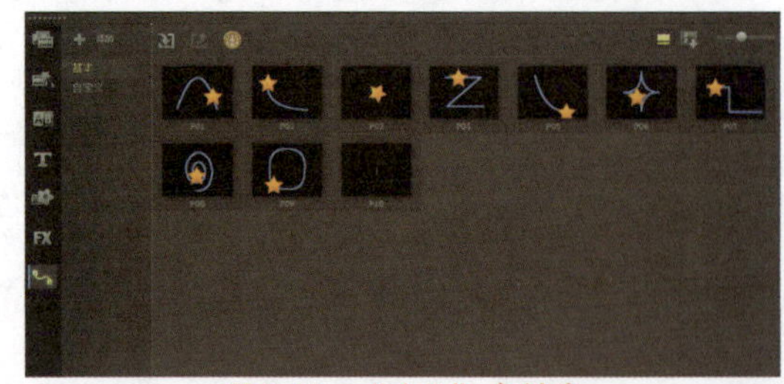

图5-41　“路径”素材库

5. 选项面板

选项面板会随程序的模式和正在执行的步骤或轨道发生变化。选项面板可能包含一个或两个选项卡，每个选项卡中的控制和选项都不同，具体取决于所选素材。在视频轨中添加视频素材后，双击素材，即可打开“视频”选项面板，如图5-42所示。

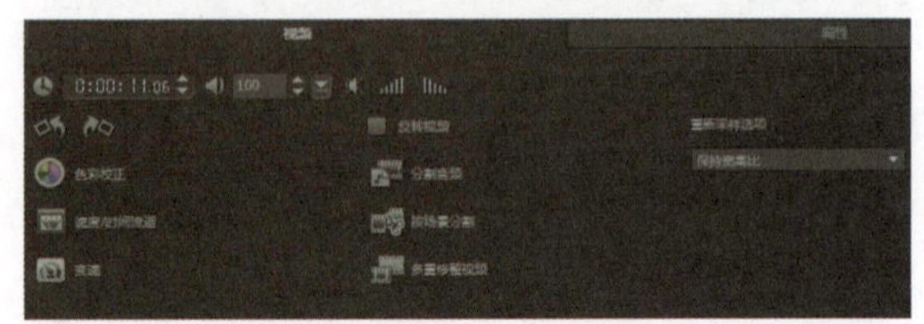

图5-42　“视频”选项面板

6. 工具栏

通过工具栏，用户可以方便快捷地访问“编辑”按钮，如图5-43所示。还可以在“项目时间轴”上放大和缩小项目视图，以及启动不同工具以进行有效的编辑。

图5-43　工具栏

工具栏上的各个部分的名称和功能如下。

* 故事板视图：按时间顺序显示媒体缩略图。
* 时间轴视图：显示视频轨、覆叠轨、标题轨及音频轨中的所有素材。
* 撤销：撤销上次的操作。
* 重复：重复上次撤销的操作。
* 录制/捕获选项：单击按钮后，在弹出的对话框中可录制画外音、捕捉视频、抓拍快照等。
* 混音器：打开“环绕混音”面板，对音频音量进行自定调节。
* 自动音乐：添加背景音乐，智能收尾。
* 运动跟踪：瞄准并跟踪屏幕上移动的物体，然后将其连接到如文本和图形等元素上。
* 字幕编辑器：根据音频扫描并添加字幕，使字幕与音频同步。
* 多相机编辑器：编辑从不同相机、不同角度捕获的事件镜头，创建外观专业的视频。
* 缩放控件：通过使用缩放滑动条和按钮可以调整项目时间轴的视图大小。
* 将项目调到时间轴窗口大小：将项目视图调到适合于整个“时间轴”的跨度。
* 项目区间 0:01:02:16 ：显示整个项目文件的时间长度。

7. 项目时间轴

时间轴视图为影片项目中的元素提供了最全面的显示，如图5-44所示。它按视频、覆叠、标题、声音和音乐将项目分成不同的轨，可以粗略浏览不同素材的内容。时间轴模式的素材可以是视频文件、静态图像、声音文件或者转场效果，也可以是彩色背景或标题。

图5-44　时间轴视图

时间轴视图中各部分的功能如下。

- 视频轨：视频轨可以添加视频、图片、色彩等素材，或添加转场等特效。在视频轨中添加的素材通常作为背景，在最底层，且时间不可间断。
- 覆叠轨：与视频轨相同，同样可以添加各种素材与转场特效。排列在时间轴下方的覆叠轨素材，其图像显示在最上方。
- 标题轨：用于在视频中添加标题，或输入字幕素材。
- 声音轨：用于添加音频素材，录制的画外音会自动添加到声音轨中，而不会添加到音乐轨上。
- 音乐轨：与声音轨相同，用于添加音频素材。选择自动音乐后将自动添加到音乐轨中。
- 显示全部可视化轨道：显示项目中的所有轨道。
- 轨道管理器：可以管理“项目时间轴”中可见的轨道。
- 添加/删除章节或提示：可以在影片中设置章节或提示点。
- 启用/禁用连续编辑：当用户插入素材时，锁定或解除锁定任何移动的轨。

5.3.2　会声会影基本操作

会声会影是一款简单易学的视频编辑软件，下面介绍基本的添加素材，设置素材，调整素材等操作。

1. 项目文件的基本操作

所谓项目，就是进行视频编辑工作的文件。它可以保存视频文件素材、图片素材、声音素材、背景音乐以及字幕、特效等的参数信息。

- 新建项目文件

在启动会声会影软件时，系统会自动新建一个未命名的项目文件，让用户开始制作视频作品。在视频编辑的过程中，用户也可以随时新建项目文件，方法有两种：选择菜单“文件”|“新建项目”命令；按Ctrl+N组合键。

- 打开项目文件

用户需要使用已经保存的项目文件时，可以将其打开，然后进行相应的编辑。会声会影项目文件的格式为（.VSP），双击项目文件即可将其打开，或者在会声会影的菜单下进行操作也可打开项目文件。

01 启动会声会影软件，选择菜单“文件”|“打开项目”命令，或按Ctrl+O组合键，如图5-45所示。

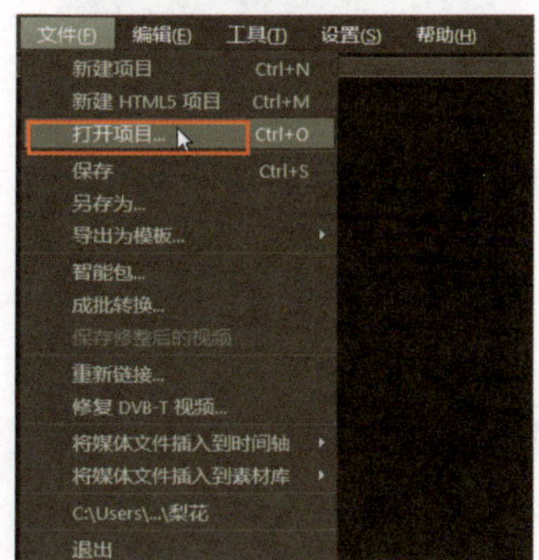

图5-45　选择“打开项目”命令

02 在弹出的“打开”对话框中，选择需要打开的项目文件，如图5-46所示。

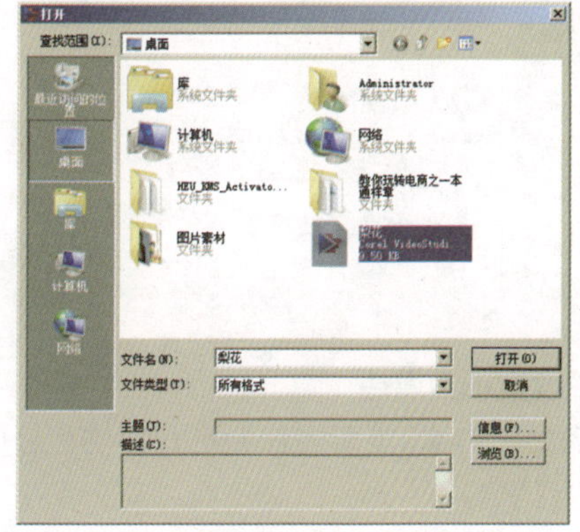

图5-46　选择项目文件

03 单击“打开”按钮，即可打开所选的项目文件，在预览窗口中进行预览。

> TIPS 最近编辑和保存的项目文件会显示在“文件”菜单的最近打开文件列表中，单击该列表中的项目文件，即可快速在当前工作区将其打开。

● 保存项目文件

在制作影片的过程中，要注意随时保存劳动成果。保存后的项目还可以重新打开，修改其中的某些部分，然后对修改过的各个元素进行渲染便可生成新的影片。

01 在会声会影编辑界面中，选择菜单“文件”|“保存”命令或“另存为”命令，如图5-47所示。

图5-47 选择“保存”命令

02 弹出“另存为”对话框，在其中设置文件的保存路径及文件名，单击“保存”按钮，如图5-48所示，即可保存项目文件。

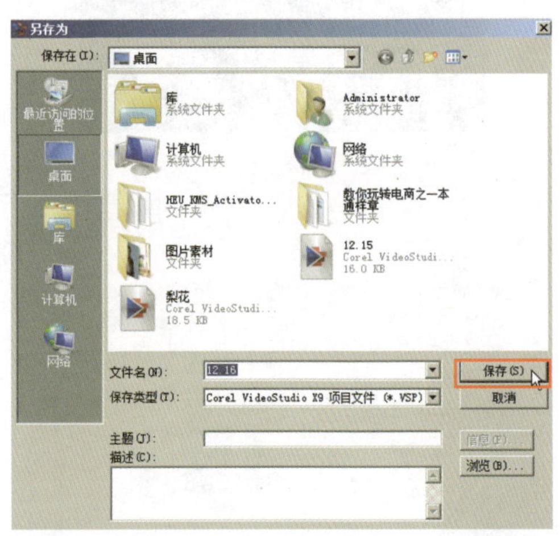

图5-48 单击“保存”按钮

2. 设置项目属性

新建项目后，需要对视频格式、尺寸等属性进行设置。

01 选择菜单“设置”|“项目属性”命令，如图5-49所示。

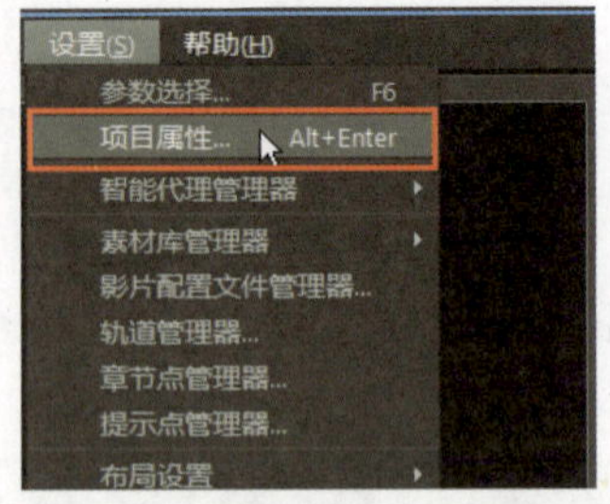

图5-49 选择“项目属性”命令

02 打开“项目属性”对话框，即可对项目格式、尺寸等进行设置，还可以添加主题和描述等文字，如图5-50所示。

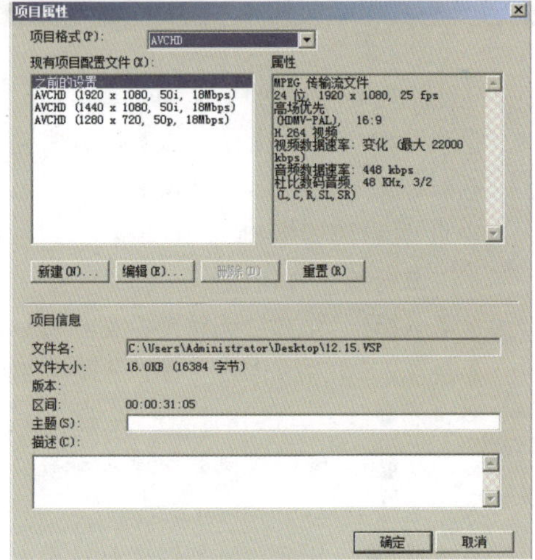

图5-50 “项目属性”对话框

3. 插入素材到时间轴

素材的插入和调整是最基本的操作。

01 选择素材库中的素材，拖动到时间轴的任意轨道上，释放鼠标即可，如图5-51所示。

图5-51 添加素材

02 或者选择素材库中的素材，右击，在弹出的快捷菜单中选择“插入到”命令，在选项列表中选择需要插入的轨道，如图5-52所示。

图5-52　选择“插入到”命令

03 或者在时间轴中右击，在打开的快捷菜单中选择相应的命令，如图5-53所示。

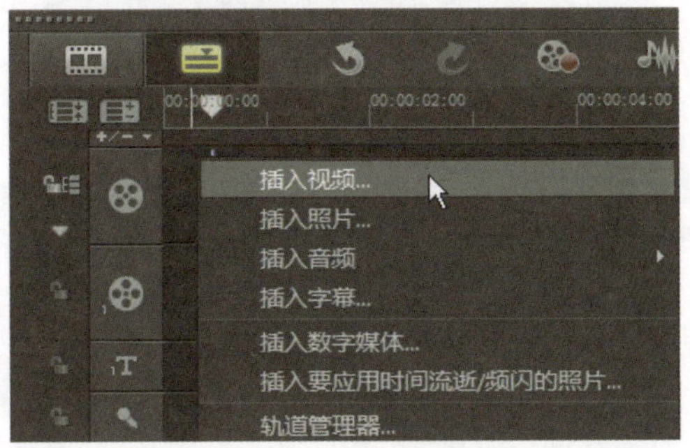

图5-53　右键快捷菜单

04 弹出对话框，选择素材，单击“打开”按钮即可，如图5-54所示。

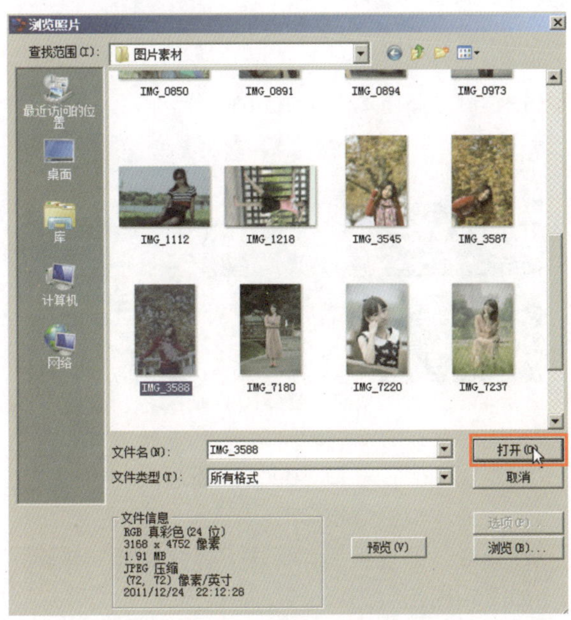

图5-54　选择素材并打开

05 第四种方法是选择菜单“文件”|“将媒体文件插入到时间轴”命令，在弹出的子菜单中选择相应的命令，如图5-55所示。

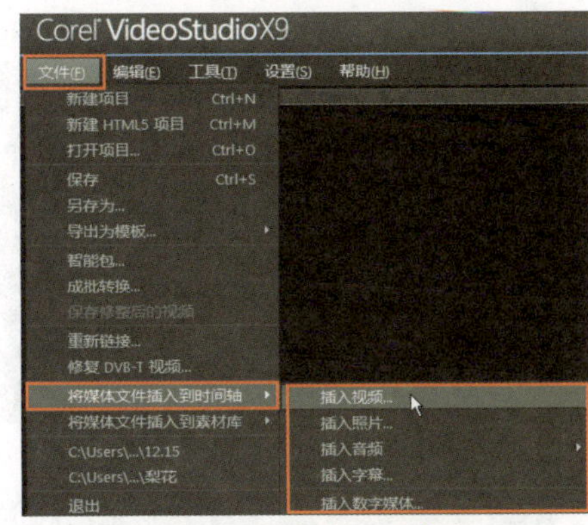

图5-55　选择相应的命令

4. 调整视频区间

区间是指照片和视频等素材播放的时间。调整视频素材的区间可以改变视频的播放时间，从而控制整个视频的效果。

01 在文件夹中选择“素材\第5章\5.3.2 会声会影基本操作”文件夹中的视频素材，拖入到视频轨中，如图5-56所示。

图5-56　添加素材

02 单击“选项”按钮，打开“选项”面板，将光标移至“视频区间”数值框上，单击进入编辑状态，如图5-57所示。

图5-57　单击“视频区间”

03 输入数值00:00:03:00，按Enter键确定，完成操作后，即可调整视频素材区间，如图5-58所示。

04 或者直接在视频的左端或右端拖动，也可以调整区间，如图5-59所示，光标周围的数字表示区间参数。

图5-58　调整视频区间

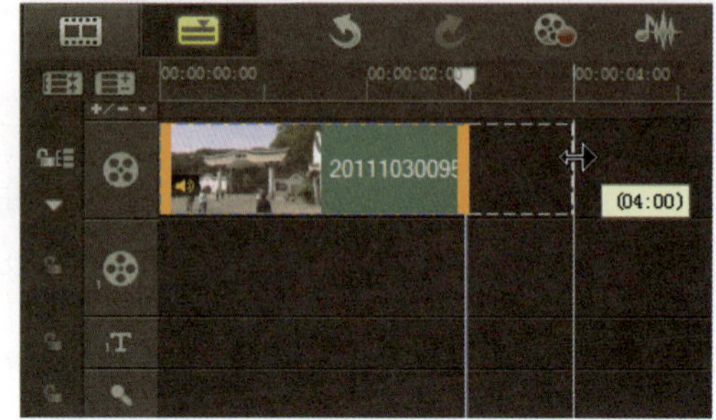
图5-59　拖动调整区间

TIPS 照片素材可以随意调整区间长度，而视频素材由于本身有一个时间，因此不能拖长区间，但可以通过调慢其速度来加长视频长度。

05 单击导览面板中的“播放”按钮，即可预览调整区间后的视频效果，如图5-60所示。

图5-60　预览效果

5.3.3　会声会影模板制作

会声会影之所以易学易用，最重要一点在于提供了各种预设模板，使非专业的用户也可以轻松制作出精彩的视频作品。

1. 影音快手

影音快手功能提供了很多精彩的范本，用户打开影音快手后选择相应的模板，再添加拍摄的视频、照片等素材，然后修改字幕、音频等素材即可制作出令人惊叹的出色影片。

01 在会声会影编辑界面中选择菜单“工具”|“影音快手”命令，或直接在桌面双击“影音快手”图标，如图5-61所示。

图5-61　双击图标

02 启动程序后的界面如图5-62所示。

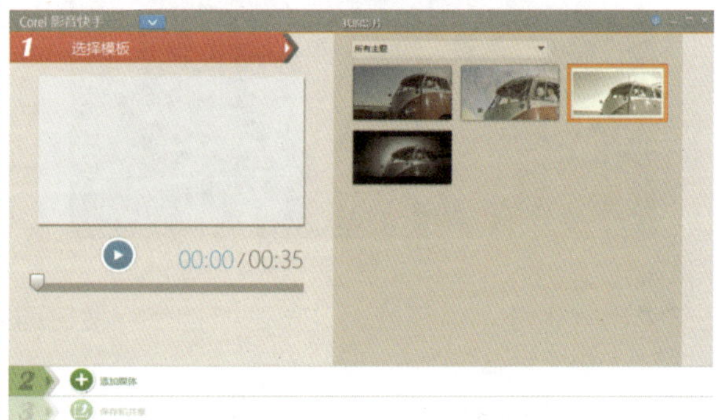

图5-62　启动界面

03 在右侧选择范本，如图5-63所示。

图5-63　选择范本

04 在左侧的预览窗口下单击“播放”按钮预览范本效果，如图5-64所示。

05 选择合适的模板后，单击“添加媒体”步骤，如图5-65所示。

06 在右侧单击“添加媒体”按钮，如图5-66所示。

07 在打开的对话框中，按住Ctrl键，选择“素材\第5章\5.3.3 会声会影模板制作\1.影音快手”文件夹中的多张照片，单击“打开”按钮，如

图5-67所示。

图5-64 预览范本

图5-65 单击"添加媒体"步骤

图5-66 单击"添加媒体"按钮

图5-67 单击"打开"按钮

08 添加照片后，在左侧拖动滑块预览大致效果，如图5-68所示。

图5-68 预览大致效果

09 将滑块拖至紫色条区域，单击"编辑标题"按钮，如图5-69所示。

10 在上方预览窗口中修改文字内容，完成修改后在文字外单击鼠标。再在另一空白处双击，输入小标题，然后拖动文字四周的节点调节大小与角度，如图5-70所示。

图5-69 单击"编辑标题"按钮

图5-70 修改文字

11 在右侧修改文字的字体、颜色等参数，如图5-71所示。用同样的方法修改其他文字。

12 在文字下方调整音乐，如图5-72所示。

13 单击"保存和共享"步骤，选择格式，设置名称与位置，单击"保存影片"按钮，如图5-73

所示。

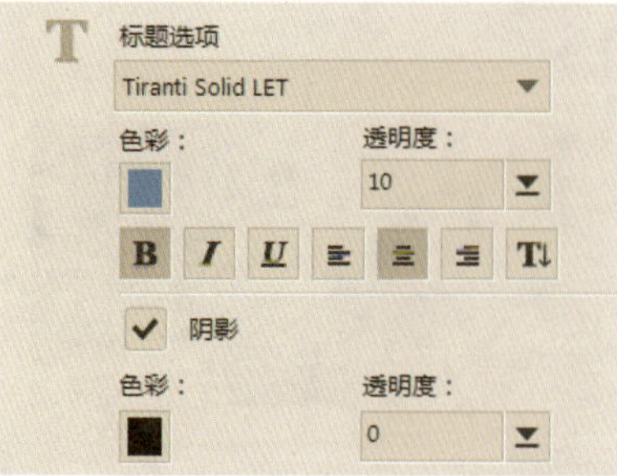

图5-71 修改文字参数

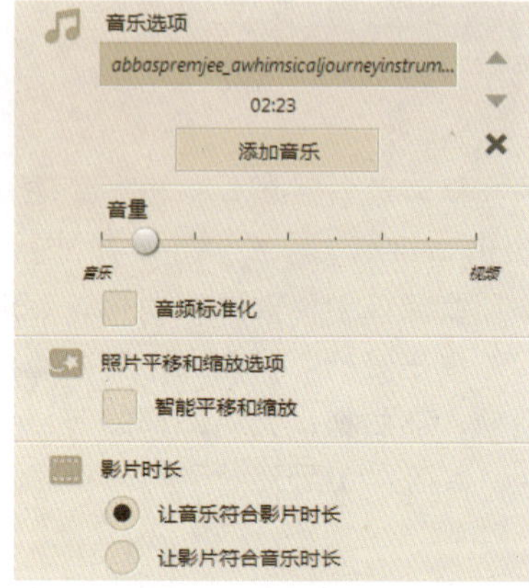

图5-72 调整音乐

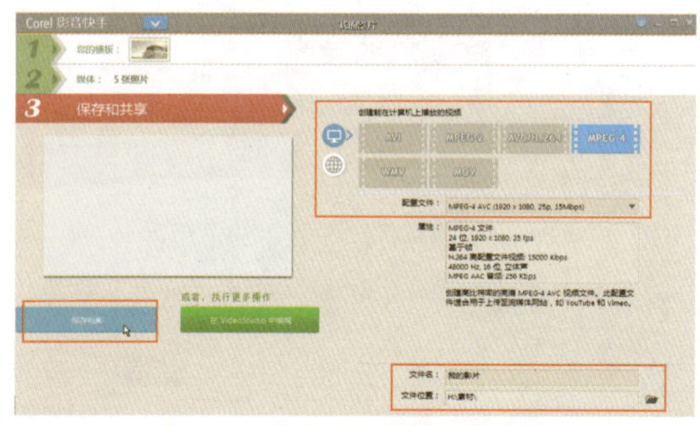

图5-73 单击“保存影片”按钮

14 对影片进行渲染，渲染的同时播放影片，如图5-74所示。

图5-74 渲染并播放

15 完成后弹出提示对话框，单击“确定”按钮，如图5-75所示。

图5-75 单击“确定”按钮

16 此时保存的是输出的影片，若需要保存项目文件，便于下次修改，则可单击“在VideoStudio中编辑”按钮，如图5-76所示。

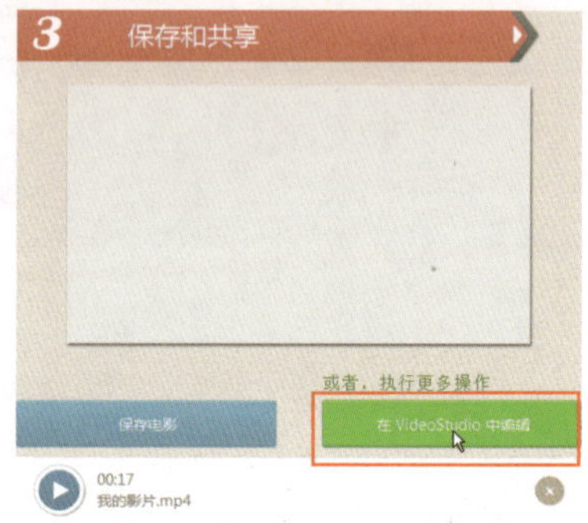

图5-76 单击“在VideoStudio中编辑”按钮

17 打开会声会影软件，此时的时间轴中按编辑的内容排列素材，也可对素材进行重新编辑修改，如图5-77所示。

图5-77 时间轴

18 选择菜单“文件”|“另存为”命令，如图5-78所示，保存项目文件。

图5-78 选择“另存为”命令

2. 即时项目

使用即时项目模板，程序就会自动为影片添加专业的片段、片尾、背景音乐和转场效果等，再替换素材即可快速完成影片的制作。

01 进入会声会影，在素材库中单击“即时项目”按钮，如图5-79所示。

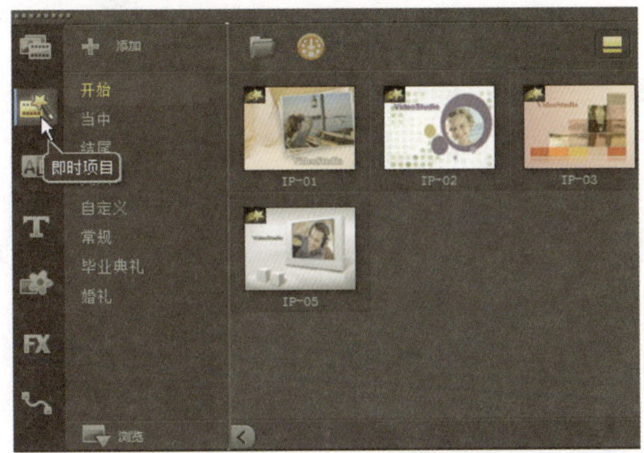

图5-79　单击"即时项目"按钮

02 在"即时项目"素材库中选择一类模板，如图5-80所示。

图5-80　选择类别

03 选择一个模板，在导览面板中单击"播放"按钮播放模板，如图5-81所示。

图5-81　播放模板

04 将模板拖入时间轴。或者右击，在弹出的快捷菜单中选择"在开始处添加"命令，如图5-82所示。

05 此时时间轴中即添加了模板，如图5-83所示。

06 选择照片1，右击，在弹出的快捷菜单中选择"替换素材"|"照片"命令，如图5-84所示。

07 在弹出的对话框中选择"素材\第5章\5.3.3 会声会影模板制作\2.即时项目"文件夹中的素材图片，单击"打开"按钮，如图5-85所示。

图5-82　选择"在开始处添加"命令

图5-83　时间轴

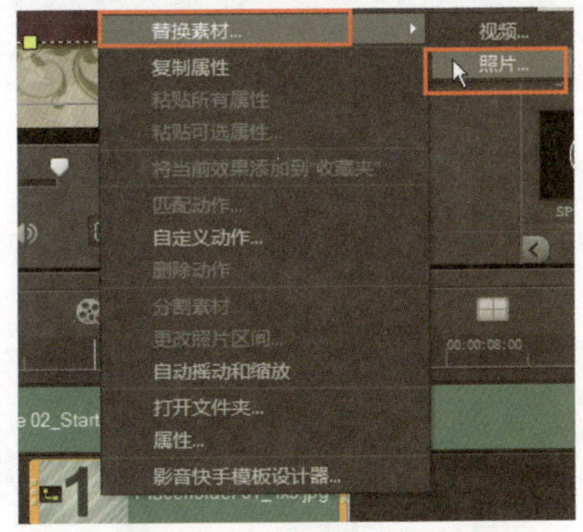

图5-84　选择"照片"命令

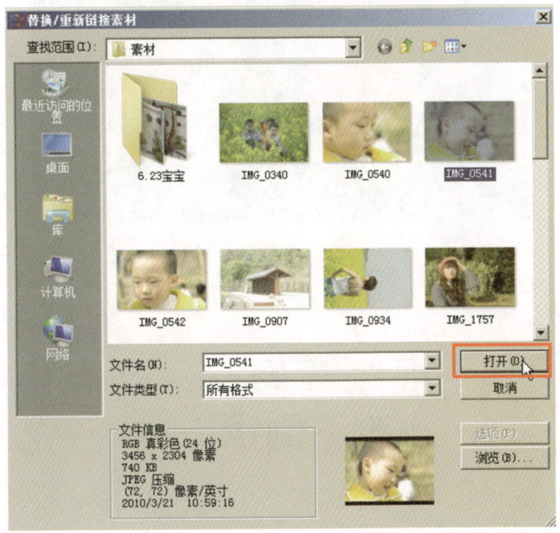

图5-85　单击"打开"按钮

08 使用同样的方法替换其他照片素材，如图5-86所示。

图5-86　替换其他素材

09 同理，可以对其他照片、视频或音频素材进行替换。选择标题素材，双击鼠标，然后在预览窗口中修改文字，如图5-87所示。

图5-87　修改文字

10 使用同样的方法可以修改其他标题。在导览面板中单击"播放"按钮，在预览窗口中预览效果，如图5-88所示。

图5-88　预览效果

5.4 视频精修——这点小事难不倒我

对会声会影有了一定的认识之后，是不是有点蠢蠢欲动，想要亲自尝试一番？其实能自己做出一个漂亮的视频也是一种享受，从前令人望而生畏的专业术语和复杂的编辑界面，现在都变得很亲切。

5.4.1 视频的分割与组合

将拍摄好的视频进行剪裁，将不需要的部分删除，然后将多段不同的视频进行组合，形成最终的视频。

01 在会声会影软件的视频轨中添加"素材＼第5章＼5.4.1 视频的分割与组合"文件夹中的视频文件，如图5-89所示。

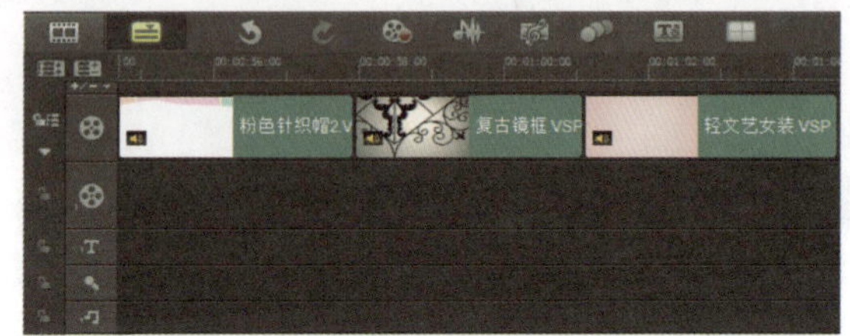
图5-89　添加视频

02 选择第1段视频，拖动时间轴或导览面板上的滑轨，如图5-90所示。

图5-90　拖动滑轨

03 在预览窗口中预览，到需要剪辑的位置，单击导览面板中的"根据滑轨位置分割素材"按钮，如图5-91所示。

图5-91　单击相应按钮

04 剪辑完成后，视频分割为两段，通过时间轴可以看到分割后的效果。

05 使用同样的方法，继续分割视频，分割后的视频如图5-92所示。

图5-92　分割后的视频

06 选中需要删除的视频，按Delete键删除。在时间轴中选中其他视频，将其分别剪辑。

07 还可以选择视频，将其拖动到或前或后的位置，如图5-93所示。释放鼠标即可调整位置，如图5-94所示。

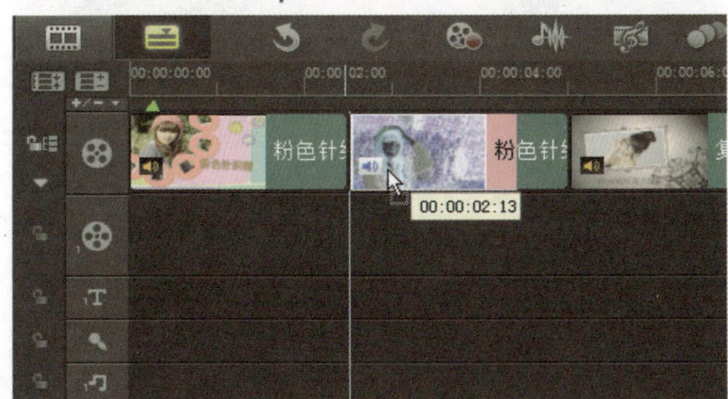

图5-93　拖动视频

图5-94　调整视频位置

08 单击导览面板中的"播放"按钮，预览剪辑后重新组合的视频，如图5-95所示。

图5-95　预览效果

5.4.2　素材的编辑与覆叠

无论是图片还是视频，添加到会声会影中都需要编辑，才能得到自己需要的效果。

1. 调整尺寸

当添加的素材与设置的项目尺寸不同时，会导致输出视频的上下或左右存在黑色的边框，这就需要将素材调整至项目大小。

01 在会声会影视频轨中添加"素材\第5章\5.4.2 素材的编辑与覆叠\1.调整尺寸"文件夹中的素材图片，此时预览窗口的左右两侧均有黑色的边框，如图5-96所示。

图5-96　预览窗口

02 在素材上双击鼠标，打开"选项"面板，单击"重新采样选项"下"保持宽高比"右侧的三角按钮，展开列表，选择"保持宽高比（无字母框）"选项，如图5-97所示。

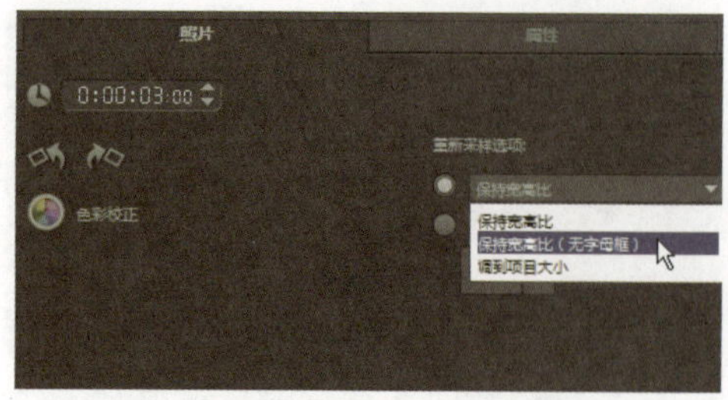
图5-97 选择“保持宽高比（无字母框）”选项

03 设置后图像自动按比例放大至填满窗口，如图5-98所示。

图5-98 图像填满窗口

TIPS 若选择“调到项目大小”选项，则图像会水平或垂直拉伸至填满窗口，这样会导致原图变形。

2. 调整方向

为了拍摄方便，拍摄时可能会将相机竖着拿，而这时拍出的视频方向是不对的，用会声会影可以调整视频方向。

01 在视频轨中插入“素材\第5章\5.4.2 素材的编辑与覆叠\2.调整方向”文件夹中的视频文件，在预览窗口中发现视频的方向不对，如图5-99所示。

图5-99 插入视频

02 展开选项面板，单击“向左旋转”按钮，如图5-100所示。

图5-100 单击“向左旋转”按钮

03 旋转后时间轴中的素材缩略图和预览窗口中的图像均恢复至正常方向，如图5-101所示。

图5-101 恢复正常方向

3. 色彩校正

拍摄后若发现视频出现颜色偏暗或偏色现象，又不想重新拍一遍，可以使用会声会影中的色彩校正功能来校正。

01 在会声会影视频轨中插入“素材\第5章\5.4.2 素材的编辑与覆叠\3.色彩校正”文件夹中的视频文件，如图5-102所示。

02 展开选项面板，单击“色彩校正”按钮，如图5-103所示。

03 在展开的界面中选中“白平衡”复选框，如图5-104所示。

图5-102　插入视频素材

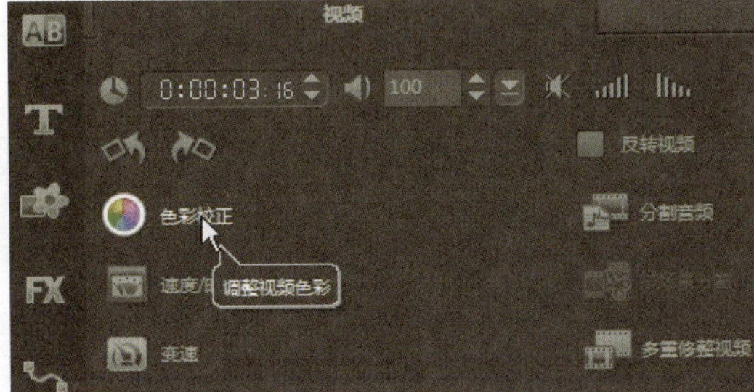

图5-103　单击“色彩校正”按钮

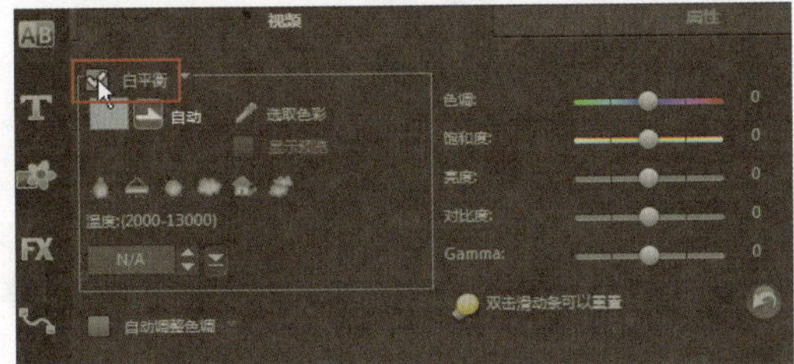

图5-104　选中“白平衡”复选框

04 此时程序自动进行白平衡调整，调整前后的对比效果如图5-105所示。

图5-105　调整前后的对比效果

05 若出现其他偏色效果，选中“自动调整色调”复选框，如图5-106所示。调整后的图像如图5-107所示。

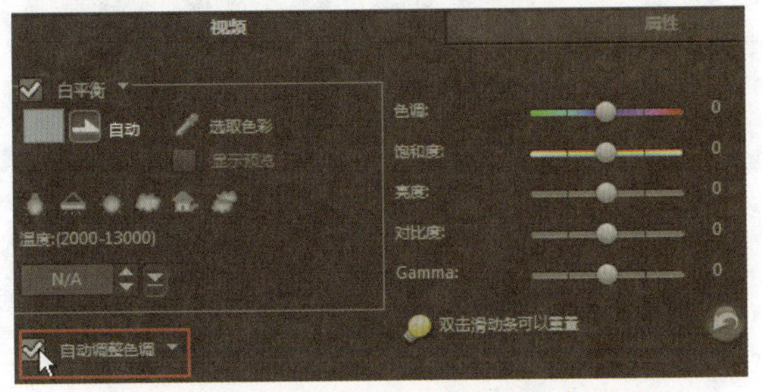

图5-106　选中“自动调整色调”复选框

图5-107　调整后的图像

TIPS 也可以通过调整右侧的色调、饱和度等参数改变视频颜色。

4. 覆叠的添加与调整

无论视频、图像、标题还是色彩素材都可以作为会声会影的覆叠素材。覆叠素材的添加与调整是覆叠合成最基本的操作。

01 在会声会影软件的视频轨中添加“素材\第5章\5.4.2 素材的编辑与覆叠\4.覆叠的添加与调整”文件夹中的素材图片，如图5-108所示。

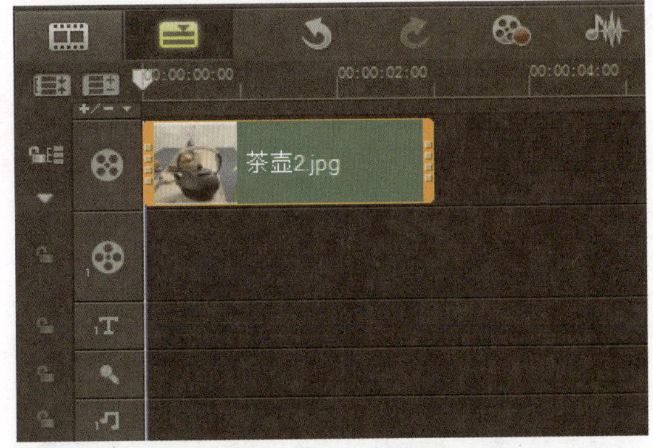

图5-108　添加素材

02 在覆叠轨中右击，在弹出的快捷菜单中选择“插入照片”命令，如图5-109所示。

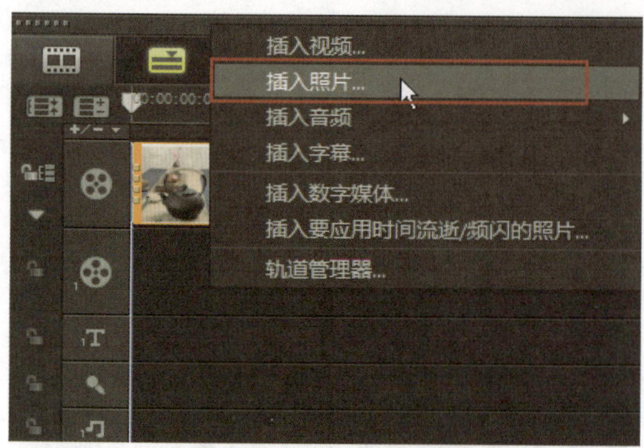

图5-109　选择“插入照片”命令

03 在弹出的“浏览照片”对话框中选择需要的照片，单击“打开”按钮，如图5-110所示。

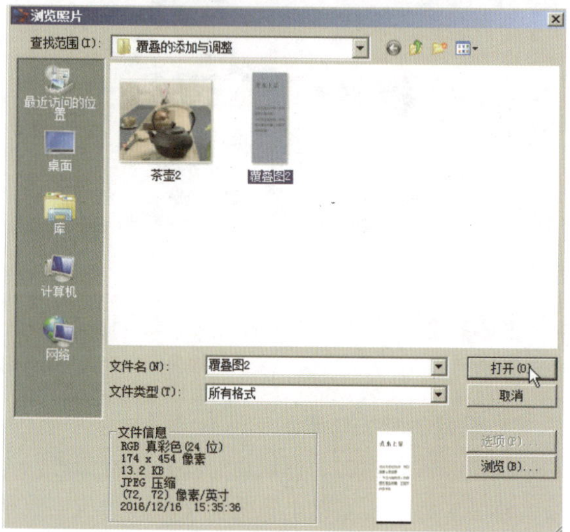

图5-110　添加覆叠素材

04 在覆叠轨中即已添加了覆叠素材，如图5-111所示，调整素材的位置。

05 在预览窗口中预览添加覆叠素材效果，此时的覆叠素材边框显示了覆叠轨道的名称，如图5-112所示。

图5-111　拖动素材位置

图5-112　预览覆叠效果

06 在预览窗口中，将光标放置在定界框四角的黄色节点上，此时光标变成斜向双箭头，如图5-113所示。

图5-113　放置在黄色节点上

07 拖动鼠标可以等比例调整素材的大小，如图5-114所示。

图5-114　等比例缩放

08 将光标放置在定界框四周的黄色节点上，拖动鼠标可单独调整素材的宽度或高度，如图5-115所示。

09 调整素材到合适的大小后，将光标放置在素材上，此时鼠标指针变成✥形状，拖动鼠标即可移动素材的位置，如图5-116所示。

图5-115　调整高度

图5-116　移动位置

10 移动到合适的位置后效果如图5-117所示。

图5-117　效果

5. 覆叠素材变形

覆叠素材变形多用于将覆叠素材融合在背景边框中的操作。

01 在视频轨中添加"素材 \ 第5章 \ 5.4.2 素材的编辑与覆叠 \ 5.覆叠素材变形"文件夹中的视频文件，并将其调整到屏幕大小，如图5-118所示。

02 在覆叠轨上右击，在弹出的快捷菜单中选择"插入照片"命令，添加素材图像，如图5-119所示。

03 选择覆叠素材，在预览窗口中将光标放置在覆叠素材的黄色调节点上，调整素材到合适大小，如图5-120所示。

图5-118　在视频轨中添加素材

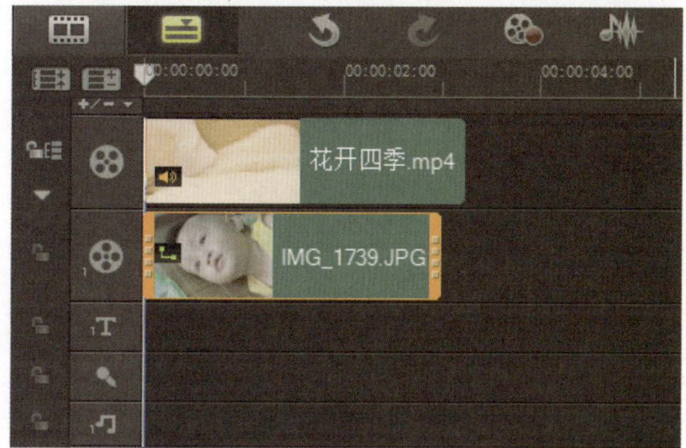

图5-119　在覆叠轨中添加素材

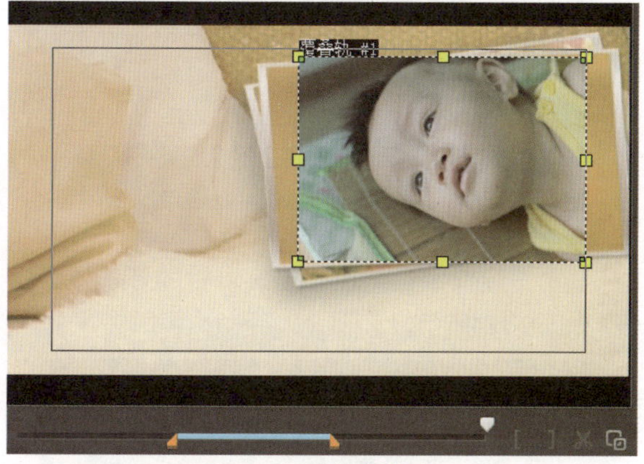
图5-120　调整素材大小

04 将光标放置在素材右上角的绿色调节点上，此时鼠标呈◪状，拖动鼠标，如图5-121所示，释放鼠标即可调整右上角的节点。

05 将光标放置在素材右下角的绿色调节点上，拖动鼠标调整右下角的节点，如图5-122所示。

06 使用同样的方法，调整另外两个节点的位置，如图5-123所示。

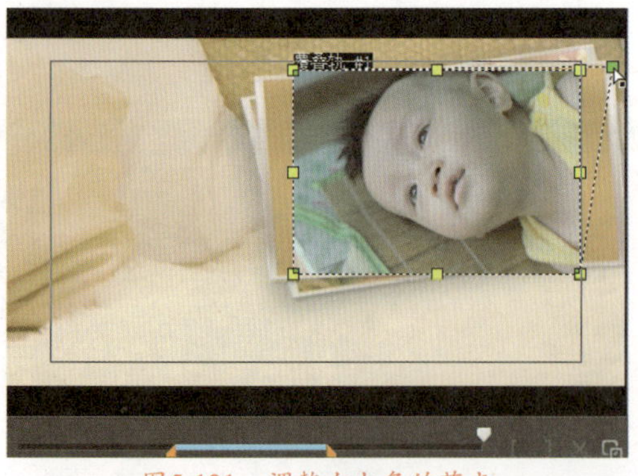
图5-121　调整右上角的节点

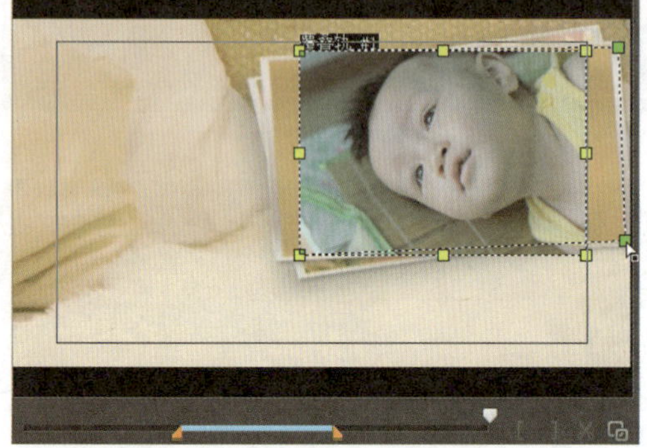
图5-122　调整右下角的节点

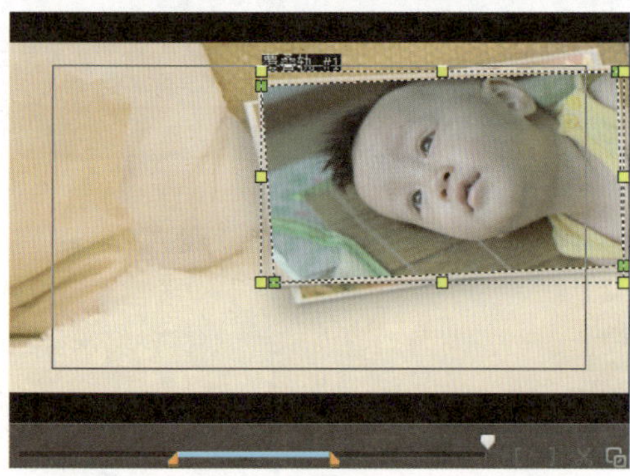
图5-123　调整另外两个节点

07 在预览窗口中预览调整覆叠素材的形状效果，如图5-124所示。

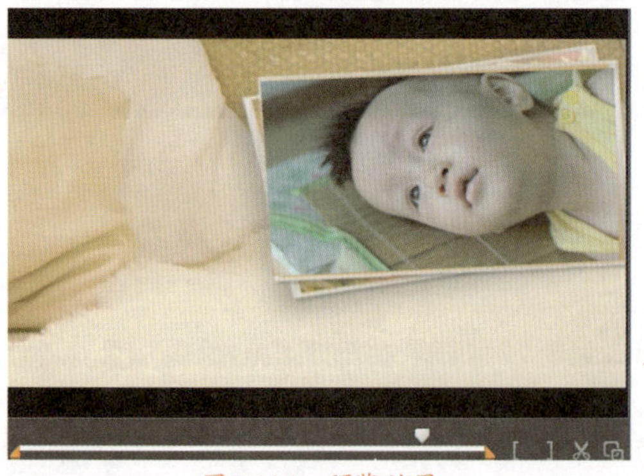
图5-124　预览效果

6. 基本运动

基本运动通过设置进入与退出的方向来完成。

01 在视频轨和覆叠轨中分别添加“素材\第5章\5.4.2 素材的编辑与覆叠\6.基本运动”文件夹中的素材图片，如图5-125所示。

图5-125　分别添加素材

02 在预览窗口中调整覆叠素材的大小及位置，如图5-126所示。

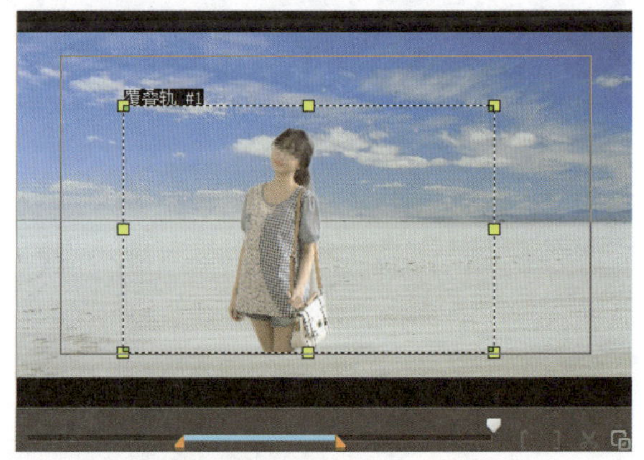
图5-126　调整大小及位置

03 选择覆叠轨中的素材，展开“选项”面板，在“进入”选项组中单击“从左边进入”按钮，如图5-127所示。

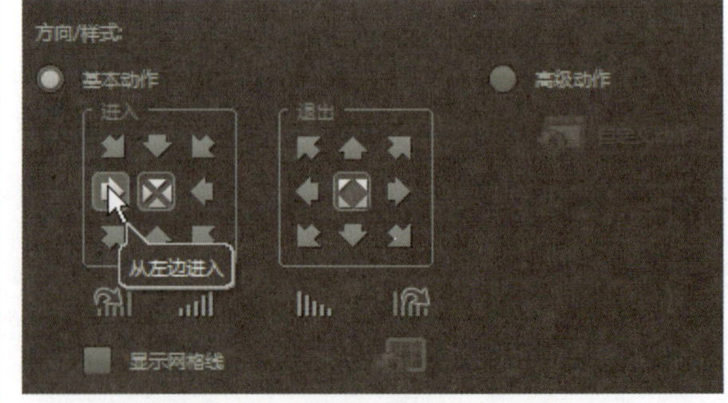

图5-127　单击“从左边进入”按钮

04 在“退出”选项组中单击“从右边退出”按钮，如图5-128所示。

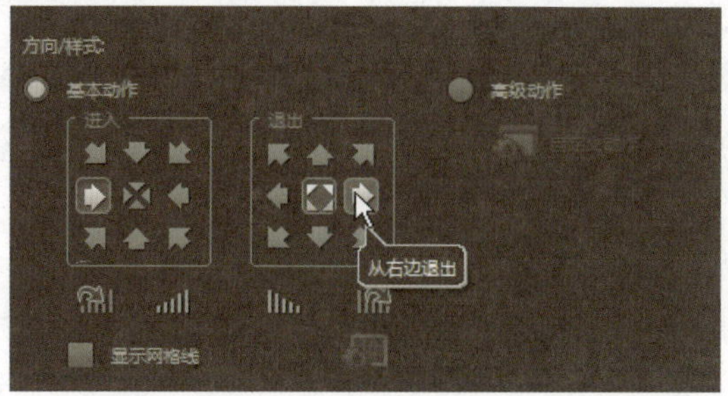

图5-128 单击“从右边退出”按钮

05 在预览窗口中预览设置运动的效果，如图5-129所示。

图5-129 预览效果

TIPS 导览面板中蓝色的“暂停区间”表示动作停留的时间，可以通过调整暂停区间来设置停留的时间与停留的位置，如图5-130所示。

图5-130 暂停区间

7. 淡入淡出动画

除了可以对覆叠素材的方向进行设置外，还可以对样式进行设置，包括区间旋转动画及淡入淡出动画效果。为覆叠轨道上的素材应用淡入、淡出动画效果后，可以使素材效果更自然。

01 进入会声会影软件的编辑界面，在视频轨和覆叠轨上分别添加“素材\第5章\5.4.2 素材的编辑与覆叠\7.淡入淡出动画”文件夹中的素材图片。在预览窗口中调整素材的大小及位置，如图5-131所示。

图5-131 添加并调整素材

02 展开“选项”面板，单击“淡入动画效果”按钮，如图5-132所示。

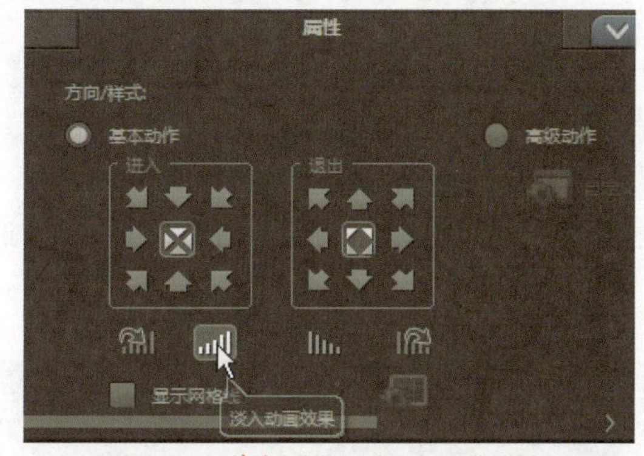

图5-132 单击“淡入动画效果”按钮

03 单击“淡出动画效果”按钮，如图5-133所示。

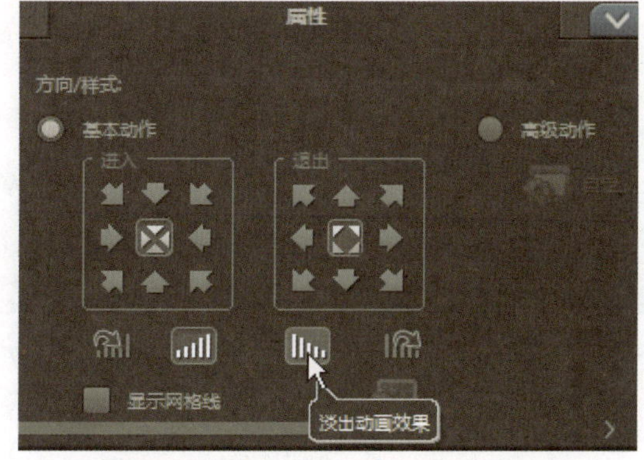

图5-133 单击“淡出动画效果”按钮

04 在导览面板上单击“播放”按钮，查看应用淡入淡出的效果，如图5-134所示。

图5-134 查看效果图

8. 高级运动

高级运动是指运动非固定路径，可以自行调整。

01 在视频轨和覆叠轨中分别添加“素材\第5章\5.4.2 素材的编辑与覆叠\8.高级运动”文件夹中的素材图片，如图5-135所示。

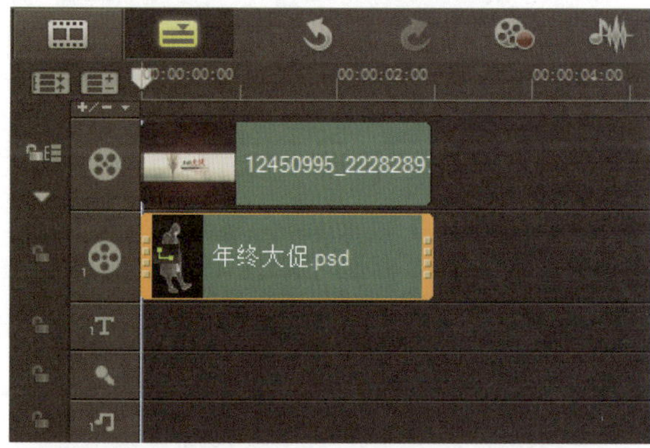

图5-135 添加素材

02 在预览窗口中调整大小，效果如图5-136所示。

图5-136 调整大小

03 在素材库中单击“路径”按钮，选择一个路径，如图5-137所示。将其拖到覆叠轨的素材上。

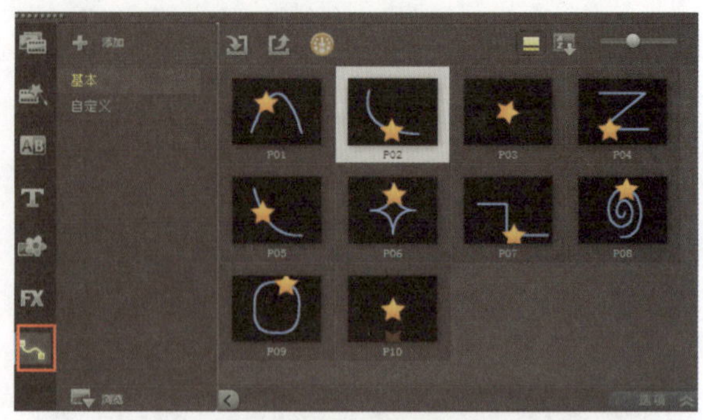

图5-137 选择路径

04 在预览窗口中预览添加路径的效果，如图5-138所示。

图5-138 预览效果

05 展开“选项”面板，单击“自定义动作”按钮，如图5-139所示。

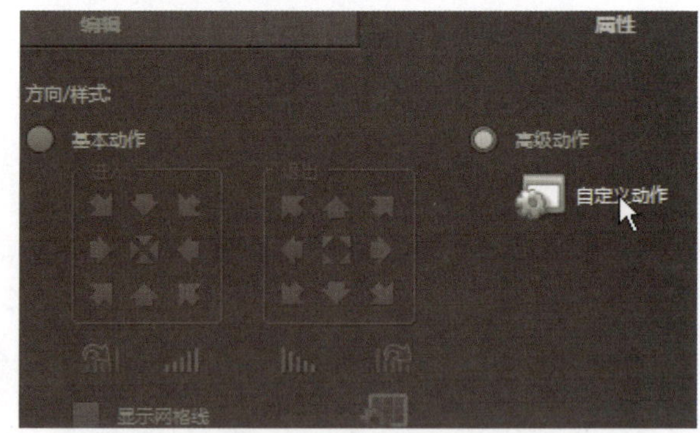

图5-139 单击“自定义动作”按钮

06 在弹出的对话框中可以调整动作。选择第2个关键帧，在上方预览窗口中调整素材大小，如图5-140所示。

07 在关键帧上右击，在弹出的快捷菜单中选择“复制”命令，如图5-141所示。

08 在最后一个关键帧上右击，在弹出的快捷菜单中选择“粘贴”命令，如图5-142所示。

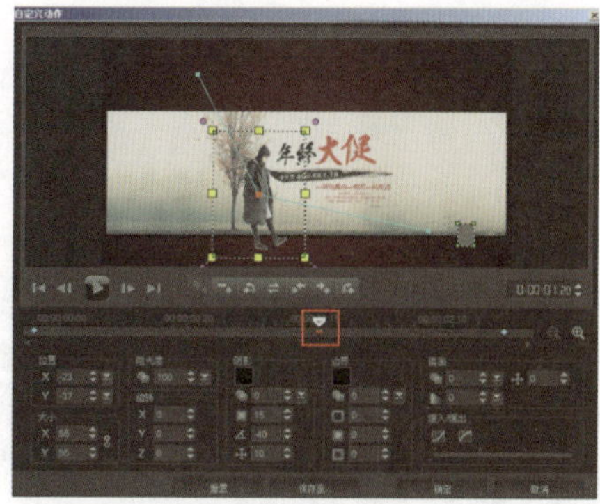

图5-140 调整素材

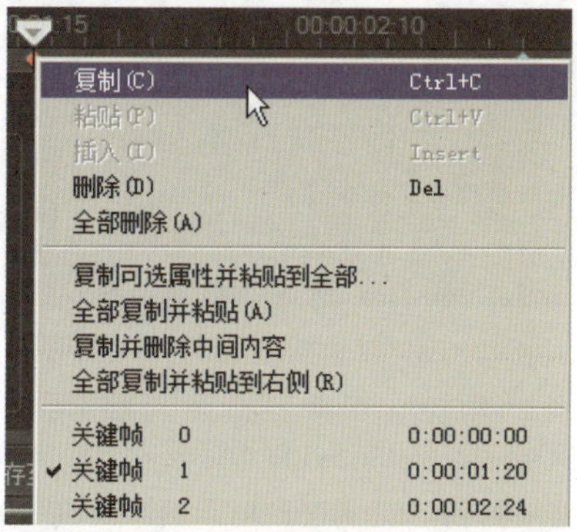

复制(C) Ctrl+C
粘贴(P) Ctrl+V
插入(I) Insert
删除(D) Del
全部删除(A)
复制可选属性并粘贴到全部...
全部复制并粘贴(A)
复制并删除中间内容
全部复制并粘贴到右侧(R)
关键帧 0 0:00:00:00
✔关键帧 1 0:00:01:20
关键帧 2 0:00:02:24

图5-141 选择“复制”命令

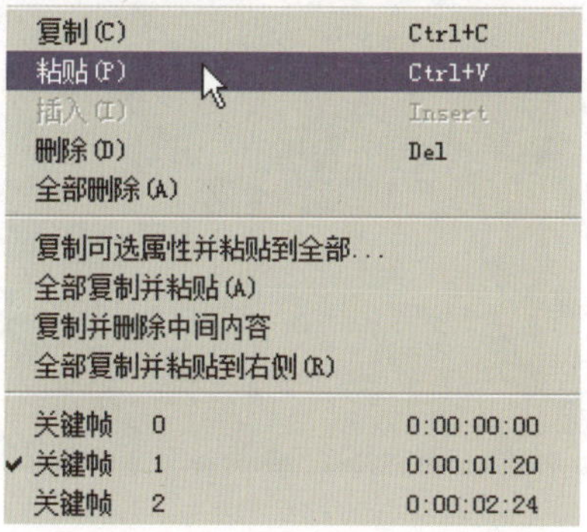

复制(C) Ctrl+C
粘贴(P) Ctrl+V
插入(I) Insert
删除(D) Del
全部删除(A)
复制可选属性并粘贴到全部...
全部复制并粘贴(A)
复制并删除中间内容
全部复制并粘贴到右侧(R)
关键帧 0 0:00:00:00
✔关键帧 1 0:00:01:20
关键帧 2 0:00:02:24

图5-142 选择“粘贴”命令

09 同样，还可以调整其他参数，也可以添加或删除关键帧。设置完成后单击“确定”按钮，如图5-143所示。

图5-143 单击“确定”按钮

10 在预览窗口中预览效果，如图5-144所示。

图5-144 预览效果

9. 不透明度

在会声会影中可以将覆叠对象的不透明度降低，从而显示部分背景，使覆叠素材与背景完美融合。

01 在会声会影软件的视频轨和覆叠轨中分别添加“素材\第5章\5.4.2 素材的编辑与覆叠\9.不透明度”文件夹中的素材图片，如图5-145所示。

图5-145 添加素材

02 分别将素材调整至屏幕大小，如图5-146所示。

图5-146 调整素材到屏幕大小

03 选择覆叠轨中的素材，展开“选项”面板，单击“遮罩和色度键”按钮，如图5-147所示。

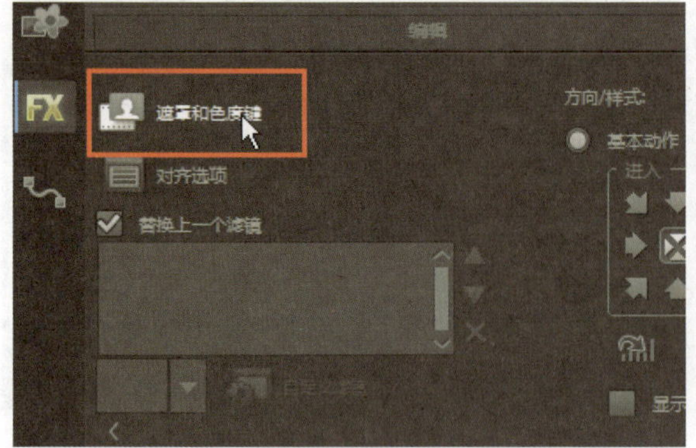

图5-147 单击“遮罩和色度键”按钮

04 弹出相应的面板，单击透明度后的按钮，拖动滑块，或直接在文本框中输入透明度参数为69，如图5-148所示。

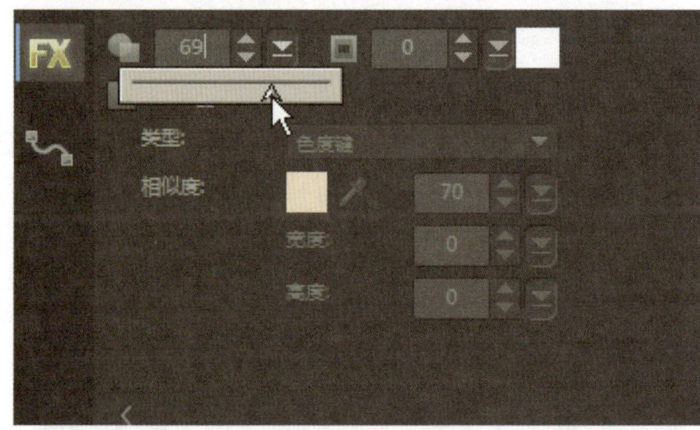

图5-148 设置透明度参数

05 在预览窗口中预览遮罩透明度的最终效果，如图5-149所示。

图5-149 查看最终效果

10. 色度键抠图

色度键也就是人们常说的抠像功能，可以使用蓝屏、绿屏或者其他颜色来进行抠像，实现与背景的完美重合。

01 进入会声会影软件的编辑界面，在视频轨和覆叠轨上分别添加“素材\第5章\5.4.2 素材的编辑与覆叠\10.色度键抠图”文件夹中的素材图片，如图5-150所示。

图5-150 添加素材

02 双击覆叠素材，在属性面板上单击“遮罩和色度键”按钮，如图5-151所示。

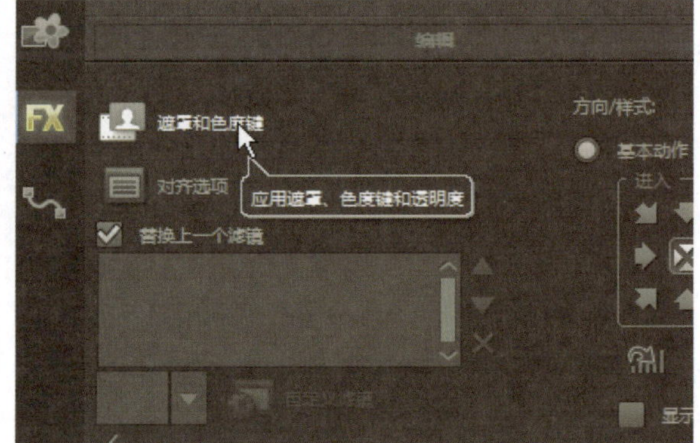

图5-151 单击“遮罩和色度键”按钮

03 在弹出的列表中选中“应用覆叠选项”复选框，如图5-152所示。

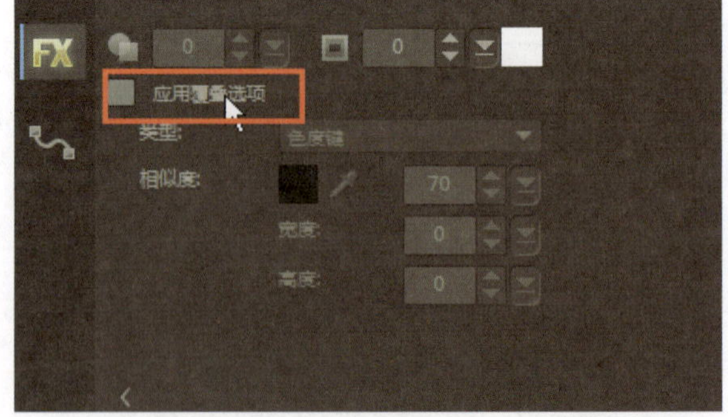

图5-152 选中“应用覆叠选项”复选框

04 设置“类型”为“色度键”，设置“相似度”数值为70，如图5-153所示。

图5-153 设置类型和相似度

05 调整覆叠素材的大小和位置，如图5-154所示。

图5-154 调整大小与位置

06 单击导览面板上的“播放”按钮，查看应用覆叠轨道的效果。

> TIPS 可以单击“相似度”右侧的吸管工具，在右侧的缩略图或预览窗口中吸取颜色。

11. 遮罩效果

遮罩可以使素材局部透空，会声会影中的遮罩素材是黑白图片，其原理是遮罩图片的白色部分显现背景素材，黑色部分不显示素材，而灰色部分则为半透明显示。

01 在视频轨和覆叠轨中分别添加“素材\第5章\5.4.2 素材的编辑与覆叠\11.遮罩效果”文件夹中的素材图片，如图5-155所示。

图5-155 添加素材

02 选择覆叠轨中的素材，在预览窗口中调整大小，如图5-156所示。

图5-156 调整素材大小

03 展开“选项”面板，单击“遮罩和色度键”按钮，如图5-157所示。

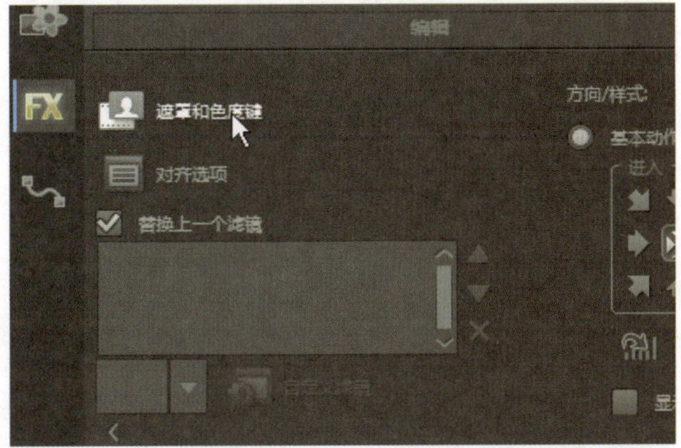

图5-157 单击“遮罩和色度键”按钮

04 在展开的界面中选中“应用覆叠选项”复选框，如图5-158所示。

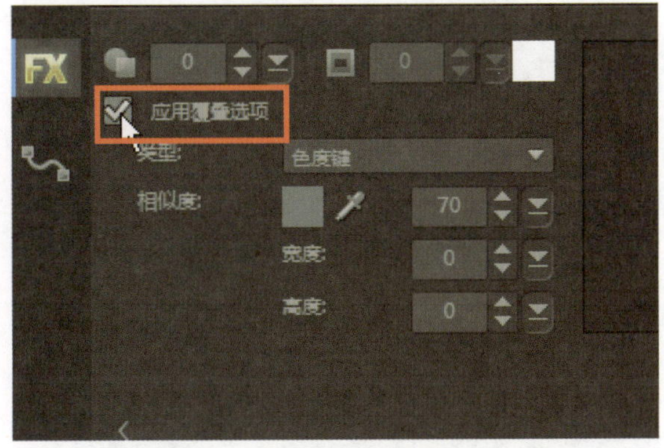

图5-158 选中“应用覆叠选项”复选框

05 单击类型右侧的三角按钮，在展开的列表中选择“遮罩帧”选项，如图5-159所示。

06 在右侧遮罩项中选择一个遮罩，如图5-160所示。

07 此时的图像效果如图5-161所示。

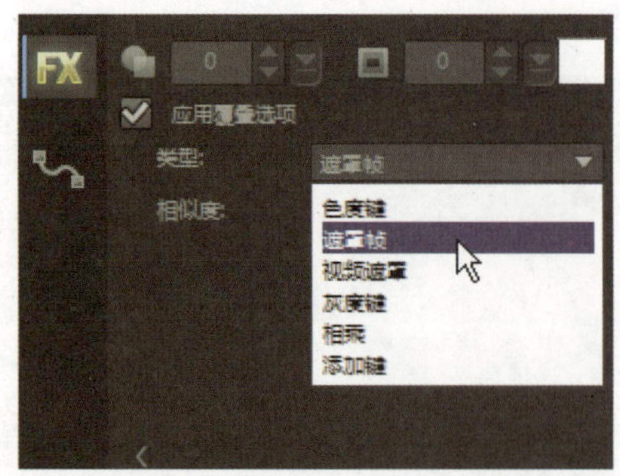

图5-159　选择“遮罩帧”选项

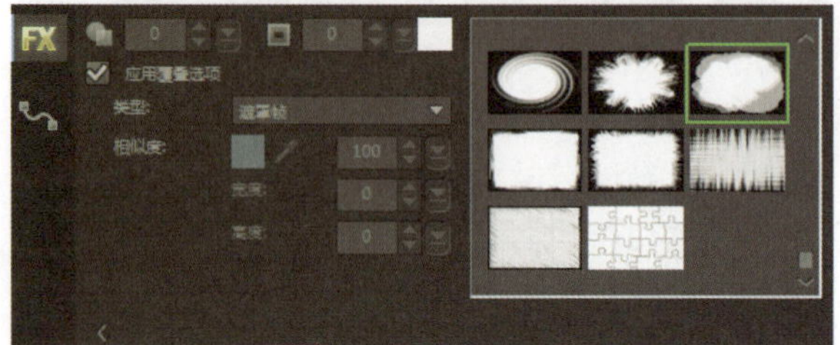

图5-160　选择一个遮罩

图5-161　图像效果

> TIPS
>
> 除了程序中自带的遮罩外，还可以将外部遮罩添加进遮罩列表中，并应用到图像上。单击“添加遮罩项”按钮，如图5-162所示。在打开的对话框中选择遮罩图片，单击“打开”按钮即可。

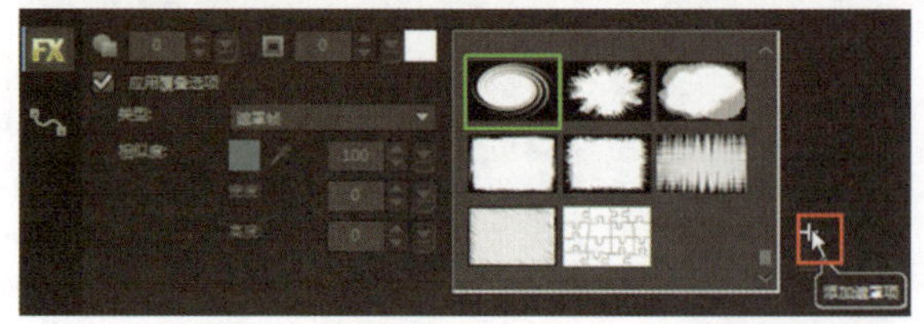

图5-162　添加遮罩项

5.4.3　添加转场与特效

添加转场与特效是视频编辑中的重要一步。下面分别进行介绍。

1. 添加转场

场是指场景，在会声会影中每个素材为不同的场，转场则是场与场之间的过渡方式。会声会影中提供了多种转场效果。在项目中添加转场效果能让素材与素材之间的过渡更自然。

01 启动会声会影软件，选择菜单“设置”|“参数选择”命令，如图5-163所示。

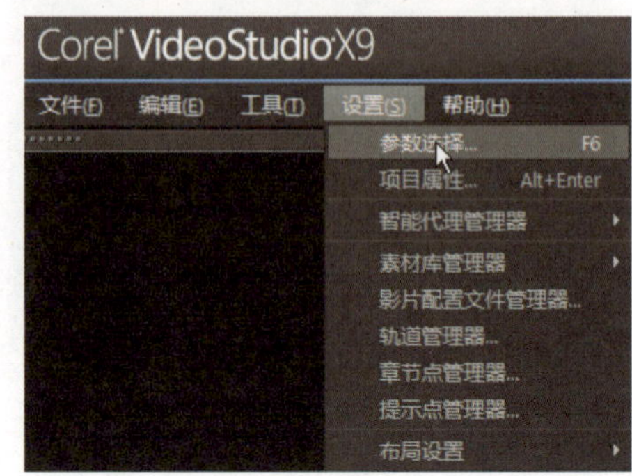

图5-163　选择“参数选择”命令

02 弹出对话框，切换到“编辑”选项卡，在“图像重新采样选项”下拉列表中选择“保持宽高比（无字母框）”选项，如图5-164所示。

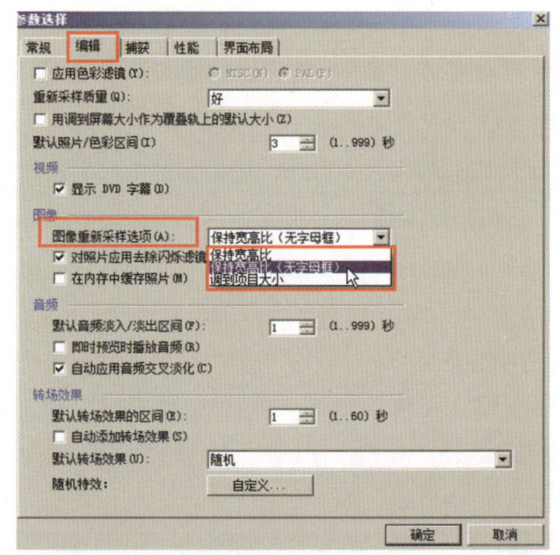

图5-164　选择“保持宽高比（无字母框）”选项

03 添加“素材\第5章\5.4.3 添加转场与特效\1.添加转场”文件夹中的素材图片到时间轴中，如图5-165所示。

图5-165　添加素材

04 单击素材库中的“转场”按钮AB，切换至“转场”素材库，如图5-166所示。

图5-166　单击“转场”按钮

05 单击画廊倒三角按钮，在弹出的下拉列表中选择“全部”选项，如图5-167所示。

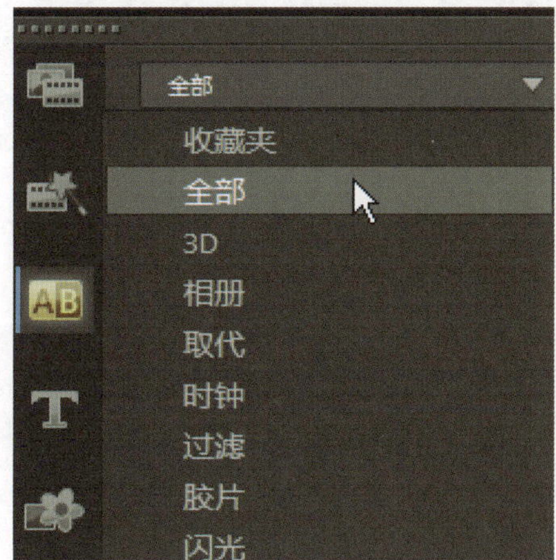

图5-167　选择“全部”选项

06 切换至“全部”素材库，选择一种转场效果，拖动到素材1与素材2之间的位置，如图5-168所示。

图5-168　拖动转场到素材之间

两个素材之间只能添加一个转场。

07 使用同样的方法，在其他素材之间添加转场，如图5-169所示。

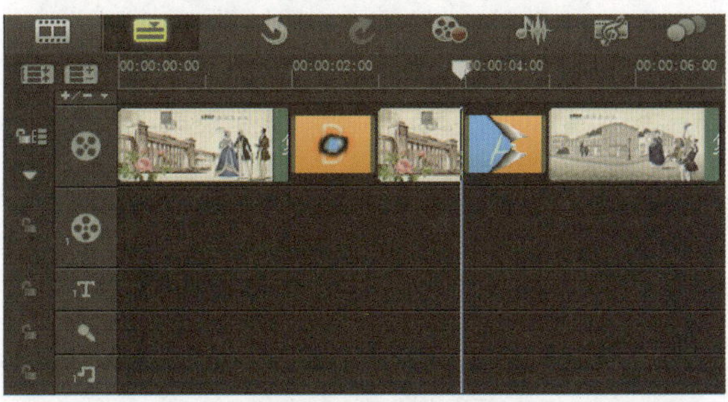

图5-169　添加转场

08 双击一个转场，在弹出的面板中可以设置转场的时间、边框、色彩、柔化边缘和方向，如图5-170所示。

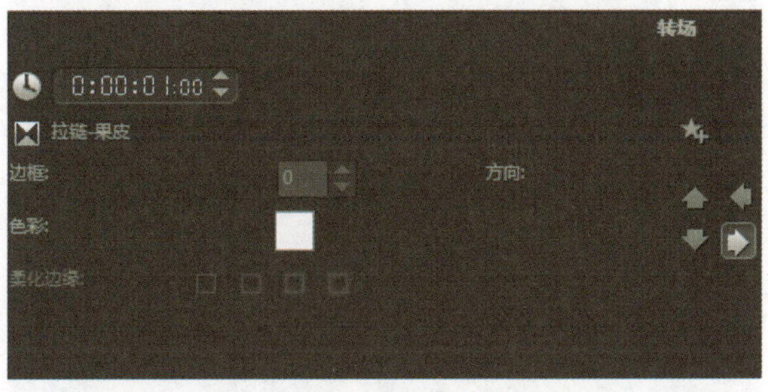

图5-170　设置转场

09 设置完成后，单击导览面板上的“播放”按钮，预览转场效果，如图5-171所示。

图5-171　预览转场效果

2. 添加特效

在素材上添加滤镜，可以制作出特别的效果。

01 进入会声会影软件的编辑界面，添加“素材\第5章\5.4.3 添加转场与特效\2.添加特效”文件夹中的素材图片到视频轨上，如图5-172所示。

02 在素材库面板上单击“滤镜”按钮，切换至“滤镜”素材库，如图5-173所示。

图5-172　添加素材

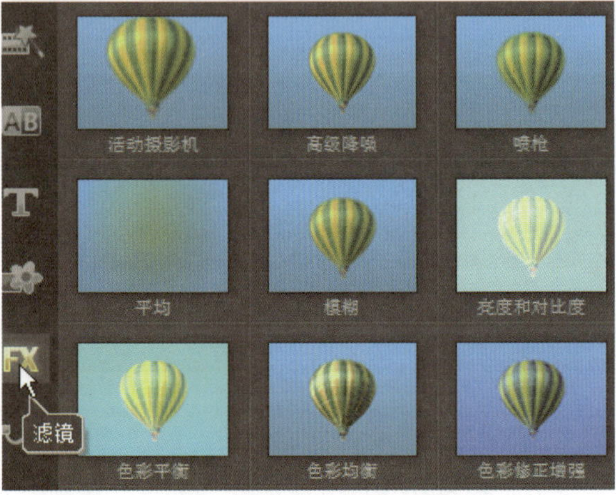

图5-173　单击“滤镜”按钮

03 在素材库中选择“镜头闪光”滤镜，将其拖到视频轨的素材上，如图5-174所示。

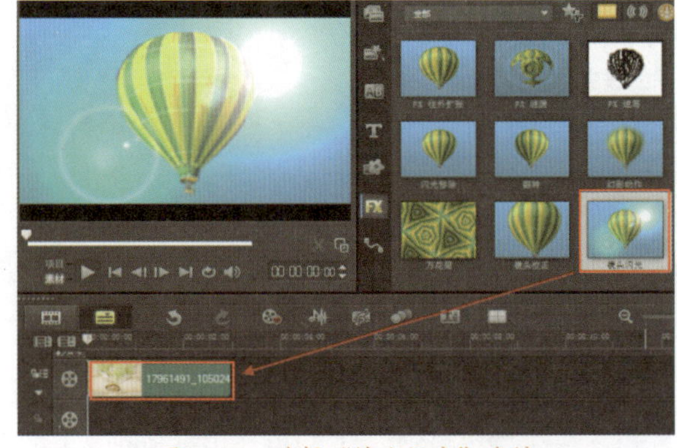

图5-174　选择“镜头闪光”滤镜

04 选择视频素材，单击“选项”按钮，打开“选项”面板。单击滤镜预设样式图标右侧的三角按钮，从下拉列表中选择第四个预设效果，如图5-175所示。

05 单击“自定义滤镜”按钮，如图5-176所示。

图5-175　选择预设效果

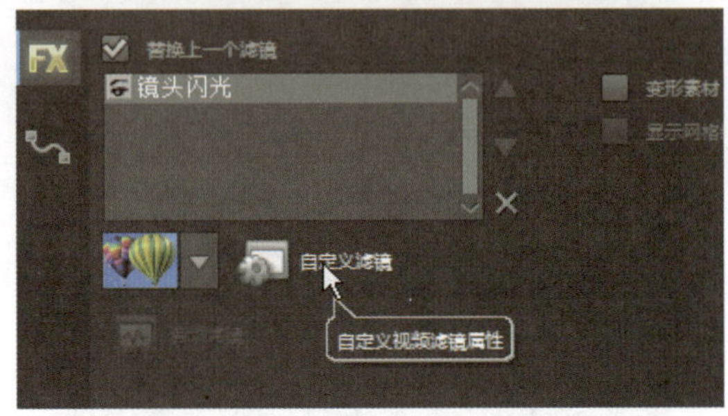

图5-176　单击“自定义滤镜”按钮

06 在打开的对话框中调整中心控制点，并设置参数，如图5-177所示。

图5-177　设置参数

07 拖动滑块，单击“添加关键帧”按钮，如图5-178所示，添加关键帧。

图5-178　单击“添加关键帧”按钮

08 设置该关键帧的相关参数，如图5-179所示。

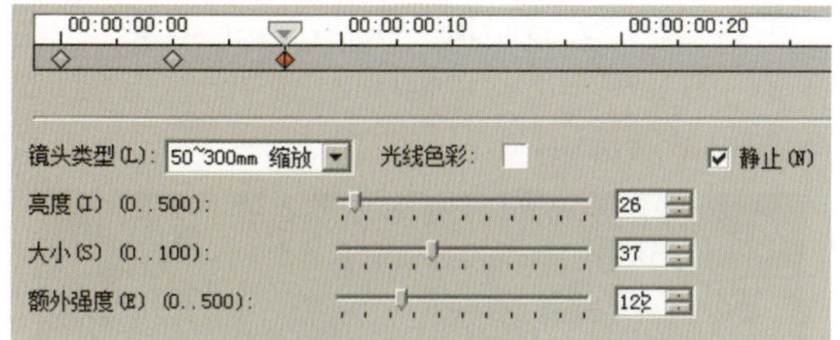

图5-179 设置参数

09 单击最后一个关键帧，设置参数，如图5-180所示。单击“确定”按钮关闭对话框。

图5-180 设置最后一个关键帧的参数

10 在导览面板中单击“播放”按钮，预览应用滤镜后的影片效果，如图5-181所示。

图5-181 预览效果

5.4.4 添加字幕与音频

在制作视频后，添加字幕与音频能起到解释说明的作用。

1. 添加字幕模板

会声会影X9素材库中提供了丰富的预设字幕，可以直接添加到标题轨道上，然后修改其文本内容即可。

01 打开会声会影X9，在素材轨上添加“素材\第5章\5.4.4 添加字幕与音频\1.添加字幕模板”文件夹中的素材图片。

02 单击素材库上的“标题”按钮，切换至“标题”素材库，如图5-182所示。

图5-182 单击“标题”按钮

03 选择所需要的标题样式，右击，在弹出的快捷菜单中选择“插入到”|“覆叠轨#1”命令，如图5-183所示。

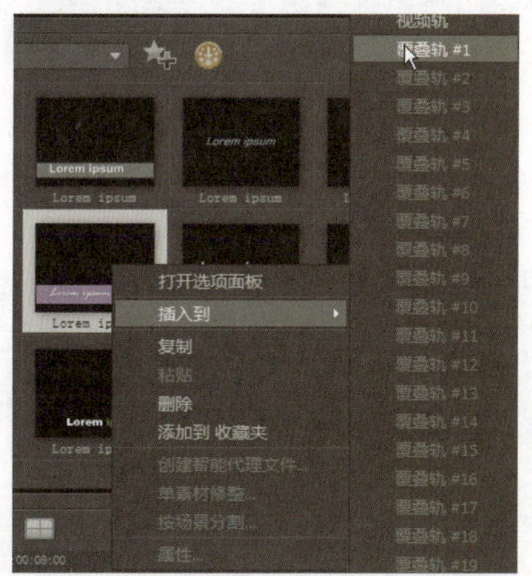

图5-183 选择“覆叠轨#1”命令

04 标题即会插入到覆叠轨，如图5-184所示。

图5-184 插入标题

05 单击导览面板中的“播放”按钮，预览添加模板的效果，如图5-185所示。

图5-185 预览效果

06 在时间轴中双击标题，然后在预览窗口中双击文字，修改字幕，如图5-186所示。

图5-186 修改字幕

07 在文字外单击。在“编辑”面板中设置字体、大小和颜色，然后单击“自定义文字背景的属性”按钮，如图5-187所示。

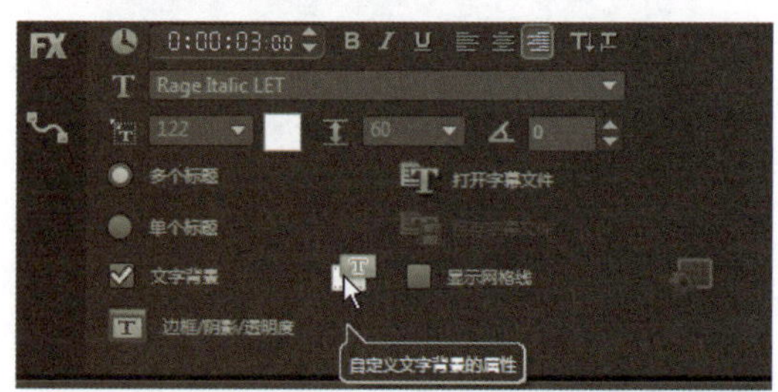

图5-187 单击“自定义文字背景的属性”按钮

08 在打开的对话框中单击“单色”右侧的色块，在展开的颜色列表中选择颜色，如图5-188所示。

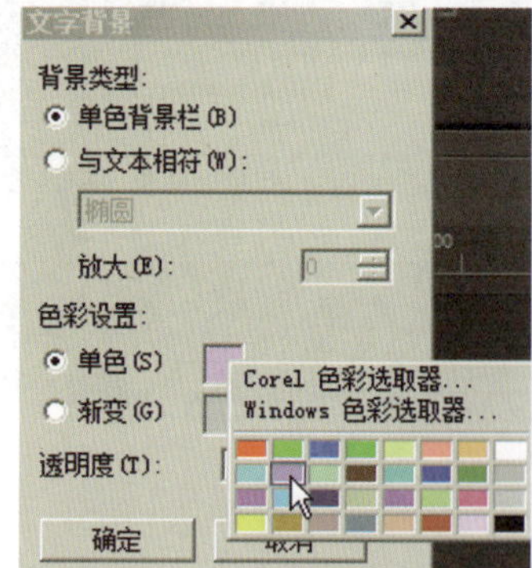

图5-188 选择颜色

09 单击“确定”按钮关闭对话框。继续在“选项”面板中单击“边框/阴影/透明度”按钮，如图5-189所示。

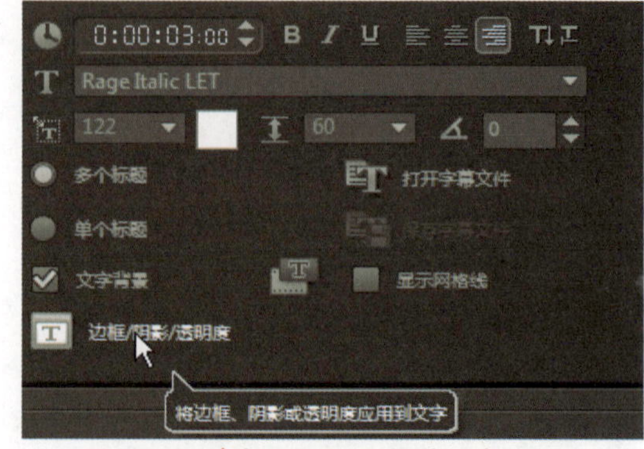

图5-189 单击“边框/阴影/透明度”按钮

10 打开对话框，切换到“阴影”选项卡，然后单击“光晕阴影”按钮，设置相应的参数，如图5-190所示。

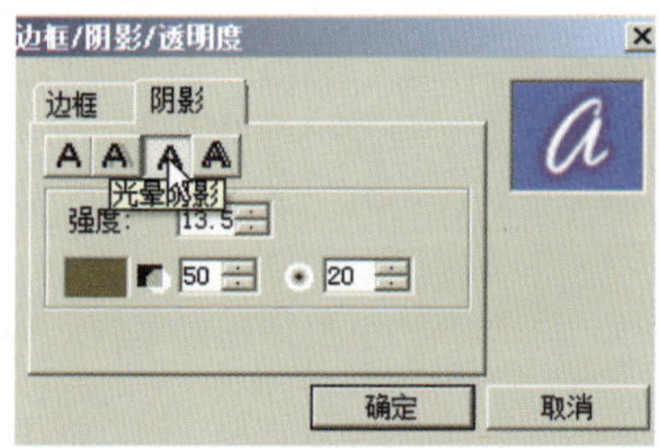

图5-190 单击“光晕阴影”按钮

11 单击“确定”按钮关闭对话框，在预览窗口中调整位置，如图5-191所示。

图5-191 调整位置

12 在“选项”面板中切换到“属性”选项卡，选择一种应用，如图5-192所示。

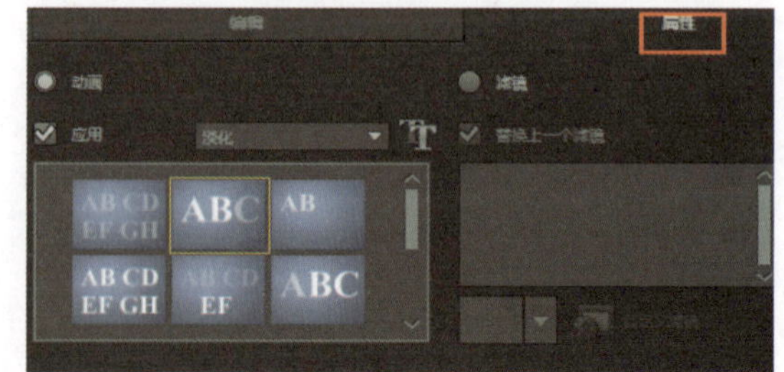
图5-192 “属性”选项卡

13 在导览面板中调整暂停区间，如图5-193所示。

图5-193 调整暂停区间

14 单击导览面板中的“播放”按钮，即可预览文字，如图5-194所示。

图5-194 预览文字

2. 输入字幕

01 单击“标题”按钮，此时的预览窗口中显示了“添加标题”的文字，如图5-195所示。

图5-195 单击“标题”按钮

02 在预览窗口中双击鼠标，输入文字，如图5-196所示。

图5-196 输入文字

03 在右侧“选项”面板中修改文字的字体、颜色和大小等参数，在“选项”面板中调整位置，效果如图5-197所示。

图5-197 图像效果

3. 删除原有音频

拍摄的视频中自带的声音通常会有杂音，可以将原声删除并添加新的音频。

01 进入会声会影软件的编辑界面，在视频轨中添加视频素材，若视频带有声音，则会显示声音图标，如图5-198所示。

图5-198 显示声音图标

02 选中视频文件，右击，在弹出的快捷菜单中选择“静音”命令，如图5-199所示。

03 此时视频上的声音图标改变，如图5-200所示。

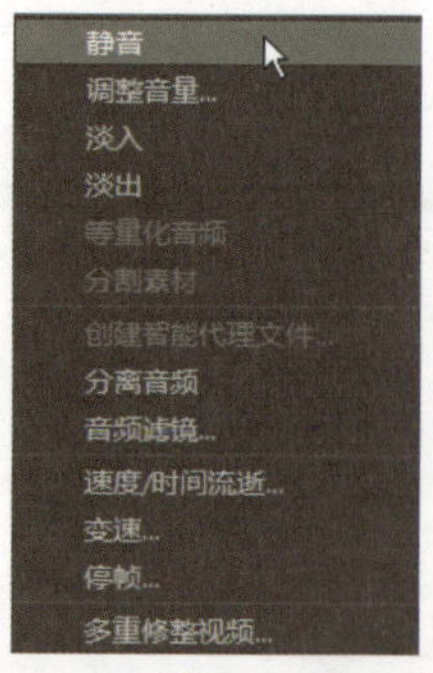

图5-199　选择“静音”命令

图5-200　声音图标改变

04 单击“播放”按钮，试听删除音频后的视频效果。

4. 添加与调节音频

录制配音或选择一段背景音乐后，可以将其添加到视频中。

01 将音频素材拖入音乐轨上，如图5-201所示。

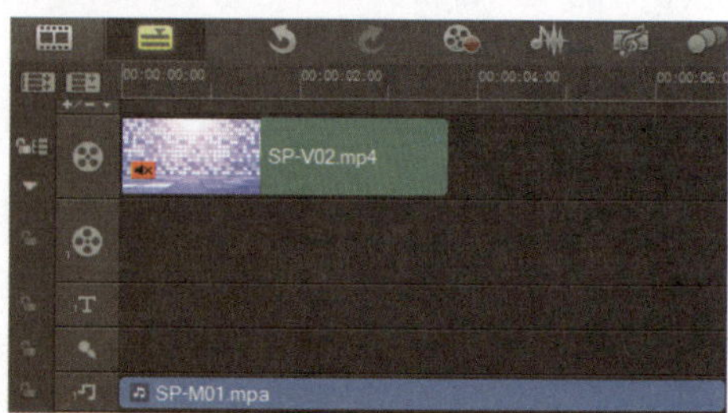

图5-201　添加音频素材

02 拖动音频素材的区间，与视频区间一致，如图5-202所示。

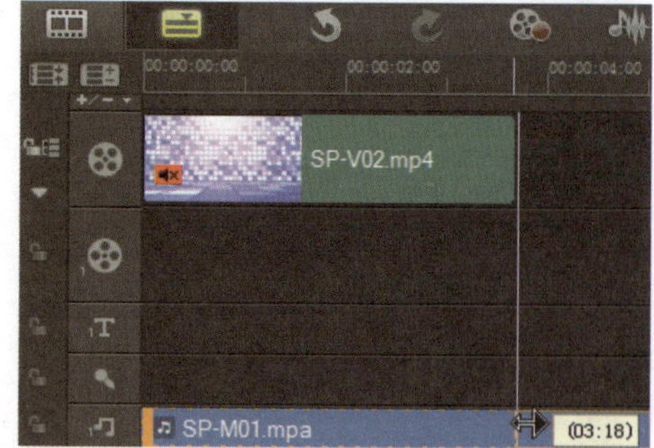

图5-202　调整区间

03 在“选项”面板中单击“淡入”和“淡出”按钮，如图5-203所示。

图5-203　单击“淡入”和“淡出”按钮

04 单击“混音器”按钮，在混音器界面调整音频的淡入点与淡出点，如图5-204所示。

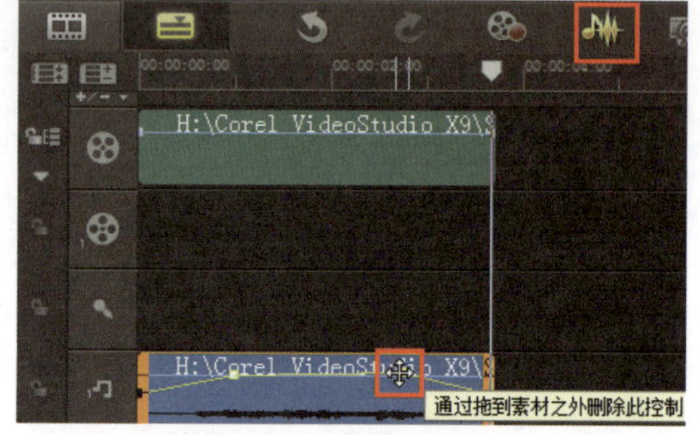

图5-204　调整淡入淡出点

5.4.5　视频输出与保存

视频输出与保存是视频编辑的最后一步，下面介绍视频输出与保存操作。

1. 视频输出与保存

01 进入会声会影软件的编辑界面，打开项目文件。单击“共享”选项卡，如图5-205所示。

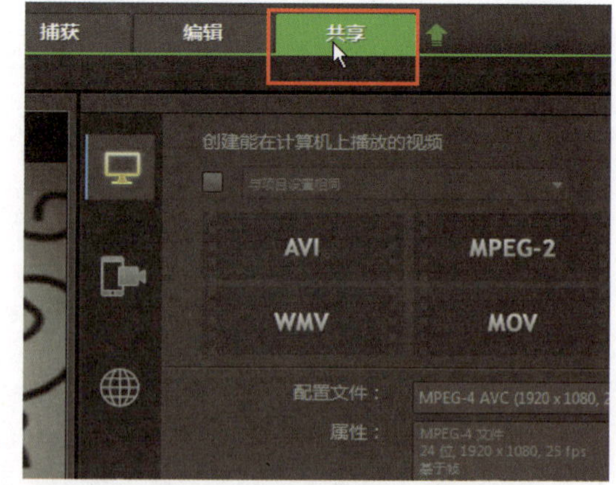

图5-205　单击“共享”选项卡

02 切换到输出步骤面板，如图5-206所示。

03 单击“自定义”按钮，如图5-207所示。

04 在“格式”下拉列表中选择文件格式，并设置文件名及文件存储路径，如图5-208所示。

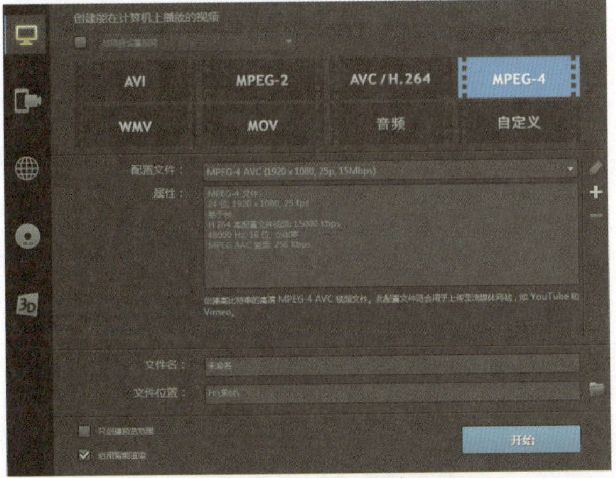

图5-206　输出步骤面板

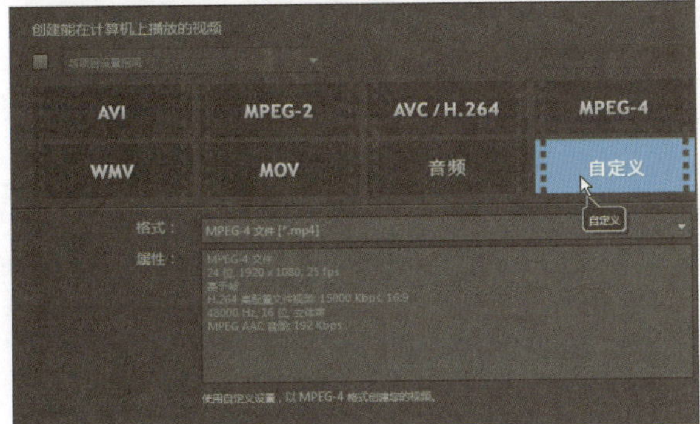

图5-207　单击“自定义”按钮

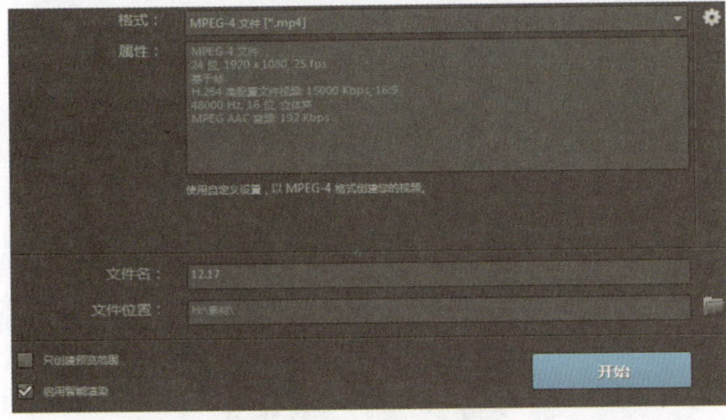

图5-208　设置参数

05 单击“开始”按钮，显示渲染文件进度，渲染完成后弹出提示对话框，单击“确定”按钮，如图5-209所示。

图5-209　单击“确定”按钮

06 单击步骤面板上的“编辑”步骤，输出完成的影片自动保存到素材库中，如图5-210所示。

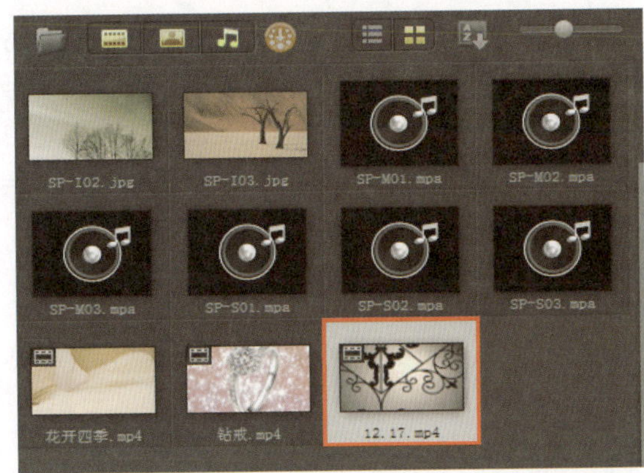

图5-210　保存到素材库

2. 导出视频中的音频

若需要单独导出视频中的声音，则可以在“共享”面板中选择“音频”选项，设置文件名与文件位置，单击“起始”按钮，如图5-211所示。

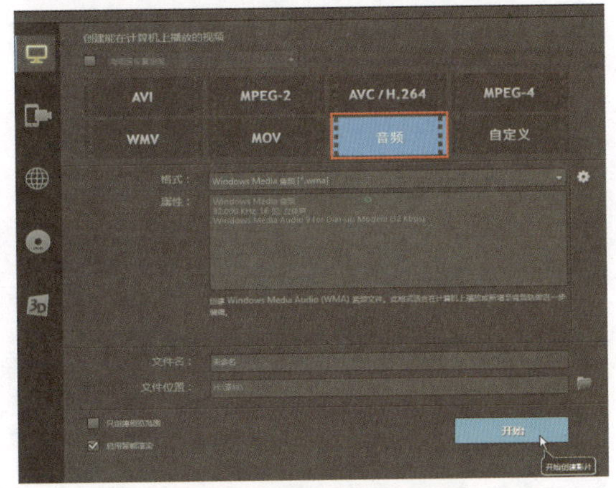

图5-211　单击“起始”按钮

5.5 视频应用——关键的最后一步

通过拍摄与剪辑之后，宝贝的视频终于做好了，现在就把它上传到“淘宝视频”页面吧。具体的上传操作在前面章节中已经介绍过，并详细讲解了主图视频的应用，下面开始介绍视频在首页及详情页的应用，这是很关键的最后一步哦！

5.5.1 添加首页视频

首页视频的添加需要代码。

01 进入“淘宝视频”页面（http://ugc.taobao.com/），选择PC端视频，上传刚刚制作好的视频，流程跟上传主图视频一样，等它的状态变为“审核成功”后，单击该视频右侧的“复制链接”链接，如图5-212所示。

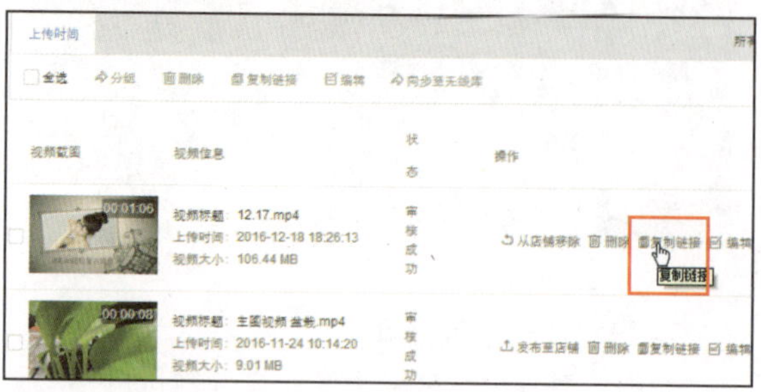

图5-212　单击“复制链接”链接

02 弹出对话框，单击“FLASH代码”右侧的“复制”按钮，如图5-213所示。

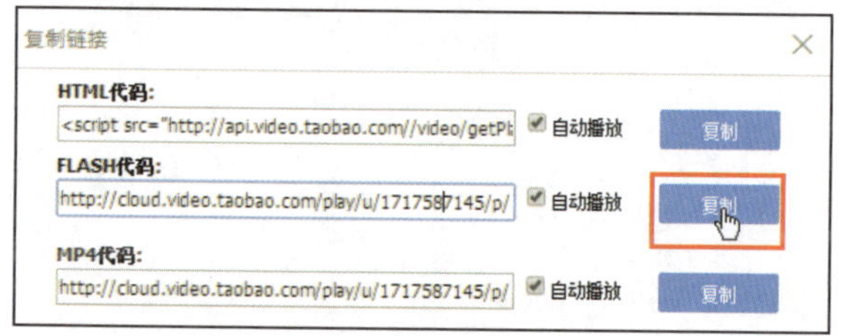

图5-213　单击“复制”按钮

03 进入“卖家中心”|“店铺装修”页面，为页面增加“自定义区”模块（直接把自定义区拖入相应的位置即可），如图5-214所示。

图5-214　拖动“自定义内容区”到相应位置

04 对“自定义区”进行编辑，如图5-215所示。

图5-215　单击“编辑”按钮

05 将“显示标题”设置为“显示”，进入“编辑源代码”模式，将以下代码进行复制，如图5-216所示。

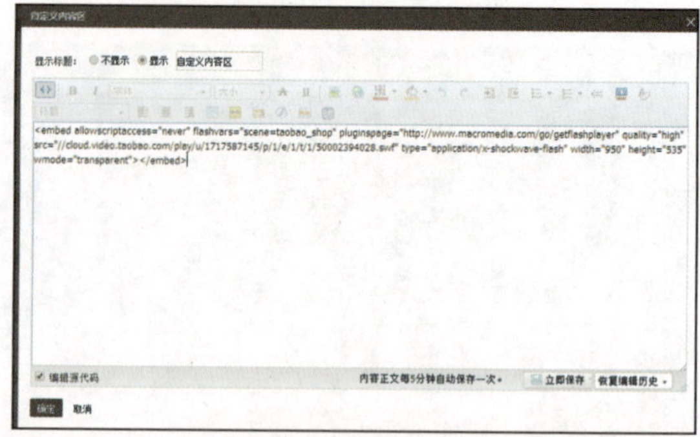

图5-216　粘贴代码

TIPS

具体的代码为：

<embedallowscriptaccess="never"flashvars="scene=taobao_shop"

pluginspage="http://www.macromedia.com/go/getflashplayer"quality="high"src=“FLASH代码”

type="application/x-shockwave-flash"width="950"height="535"wmode="transparent"></embed>

将上述代码中的“FLASH代码”字体改为刚刚上传成功的视频FLASH代码即可。代码中的width=“950”height=“535”即为视频的宽和高，修改这些数字就可以更改视频的尺寸。

06 单击“确定”按钮后，发布装修即可，最终效果如图5-217所示。

图5-217　最终效果

5.5.2　添加详情页视频

在宝贝描述中添加视频可以宣传店铺，展示制作产品的动态操作过程，展示产品的特色，如耐压和不褪色等。在详情页中添加淘宝视频需要订购，下面进行简单介绍。

01 进入宝贝编辑后台，在“宝贝视频”区单击“上传宝贝视频”按钮，如图5-218所示。

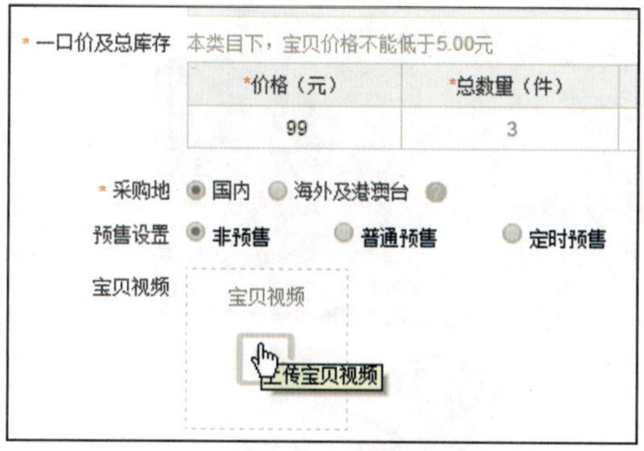

图5-218　单击“上传宝贝视频”按钮

02 弹出对话框提示“视频服务未订购或已到期”，单击“立即订购”链接，进入服务市场，选择“淘宝视频服务（PC端）”服务，如图5-219所示。

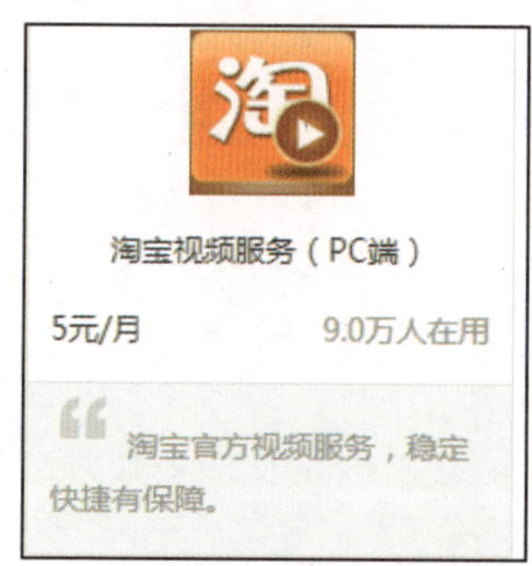

图5-219　选择“淘宝视频服务”

03 选择相应的服务版本和周期，最后单击“立即订购”按钮，如图5-220所示。

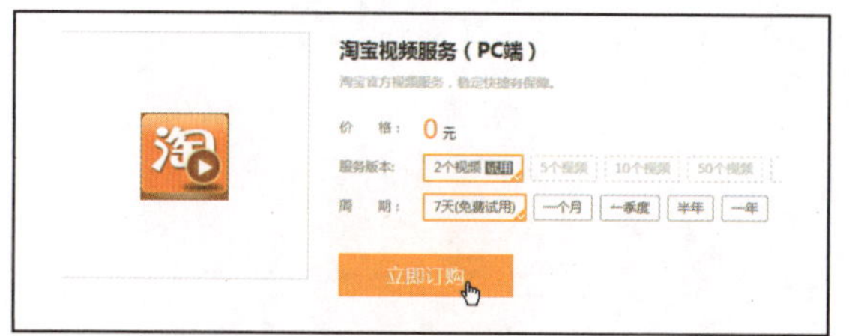

图5-220　单击“立即订购”按钮

04 在弹出的页面中单击“同意协议并付款”按钮，如图5-221所示，服务订购成功。

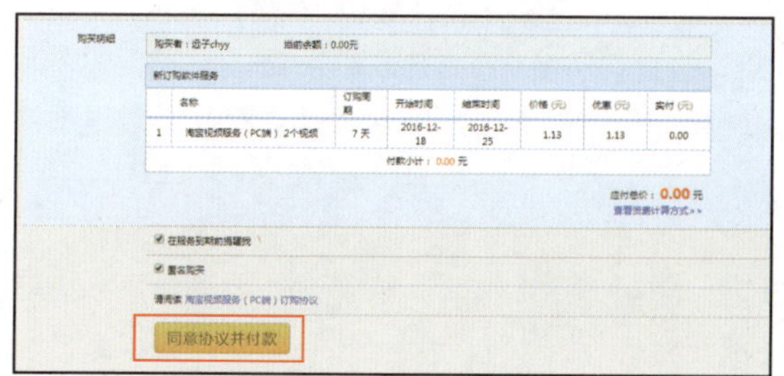

图5-221　单击“同意协议并付款”按钮

05 进入“淘宝视频”页面（http://ugc.taobao.com/），先上传视频，审核成功后，选择视频，单击“发布至店铺”按钮，如图5-222所示。

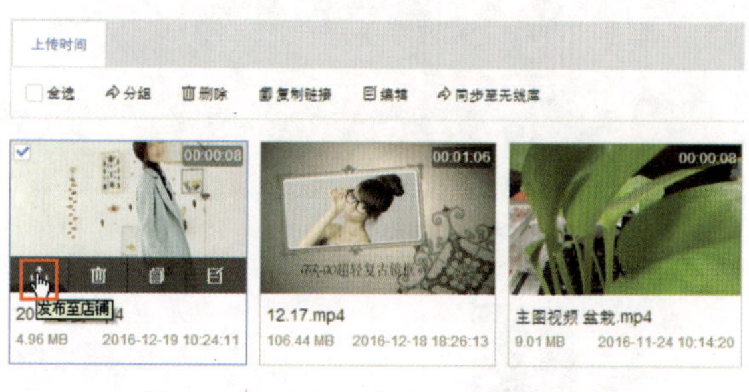

图5-222　单击“发布至店铺”按钮

06 在弹出的对话框中单击“确认”按钮，如图5-223所示。

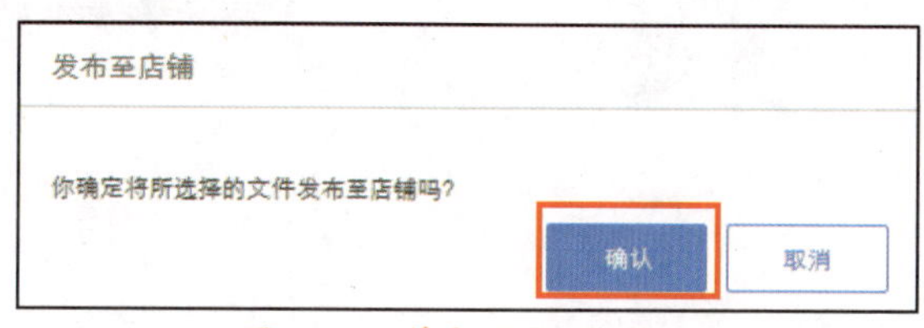

图5-223　单击“确认”按钮

07 回到宝贝编辑页面，再单击“上传宝贝视频”按钮，会弹出“宝贝视频”页面，选择该视频，再单击“插入”按钮，视频即出现在宝贝视频中，如图5-224所示。

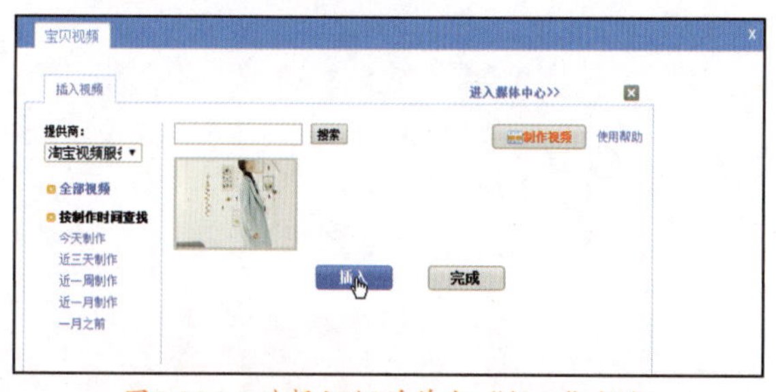

图5-224　选择视频并单击“插入”按钮

08 单击“发布”即可，完成操作，如图5-225所示。

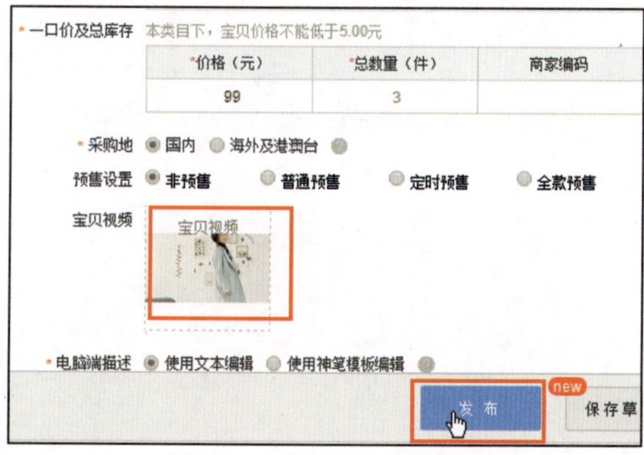

图5-225　单击“发布”按钮

一本就够

第6章 店面优化，精心装修与设计

一个好的店铺不仅要商品好，而且店面风格也要突出。没有装修的店铺不仅毫无美感，且在很大程度上拉低了店铺及商品的档次，不能给人以信任感，也不会有人光顾一间没有任何装饰的店铺。装修漂亮的店铺不仅能体现店铺特色和专业性，还能起到很好的视觉营销作用。因此，店铺装修势在必行。

6.1 少走弯路——首先得学会这些

网店装修说难也不难，说容易也不容易，没有设计经验的新手要充分利用淘宝给出的优惠政策，如旺铺专业版的免费使用，淘宝图片空间的使用等，都可以让自己装修起来更得心应手。另外，素材的搜集、上传与管理都是装修过程中很重要的铺垫工作。

6.1.1 旺铺的种类与使用方法

淘宝旺铺是淘宝网开辟的一项增值服务和功能，是一种更加个性、豪华的店铺界面，使顾客的购物体验更好，更容易产生购买欲望。

1. 旺铺种类

目前，旺铺有三个版本：旺铺基础版、旺铺专业版和旺铺智能版，如图6-1所示。

图6-1 旺铺版本

旺铺基础版：无须订购，所有用户都可以免费使用。

旺铺专业版：旺铺基础版可以升级为专业版，订购费用为50元/月，一钻以下会员可以免费使用旺铺专业版。

旺铺智能版：在PC专业版的基础上，提供了更丰富的无线装修功能和营销玩法，智能版平均每个月84.15元，如图6-2所示。

图6-2 旺铺智能版

2. 免费使用旺铺专业版

由于淘宝网对新手卖家的支持，1钻以下的店铺可以免费使用旺铺专业版。

01 登录淘宝网，在“卖家中心”列表下单击“卖家服务市场”链接，如图6-3所示。

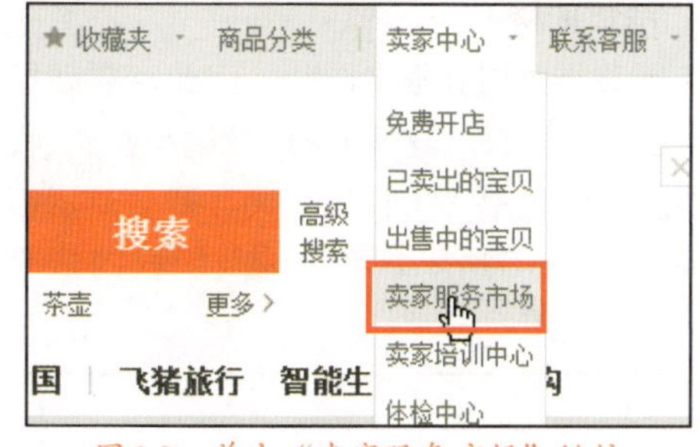

图6-3 单击“卖家服务市场”链接

02 在跳转的页面中单击“旺铺”链接，如图6-4所示。

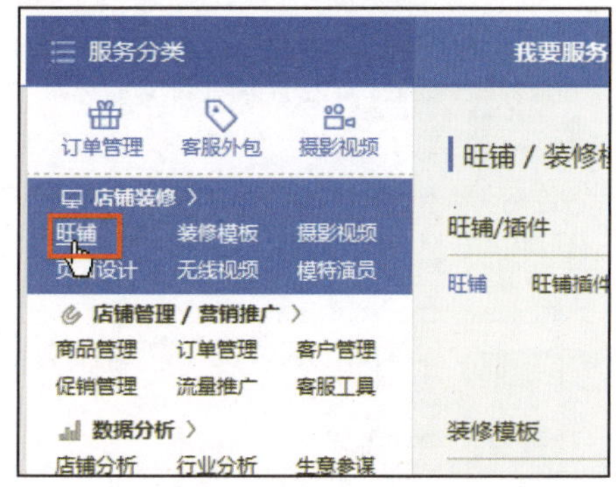

图6-4 单击“旺铺”链接

03 出现服务订购页面，此时发现专业版无法订购，将鼠标放置在“专业版”上，出现“一钻以下卖家可免费使用专业版，请点击这里立即使用”的提示，单击“这里”链接，如图6-5所示。

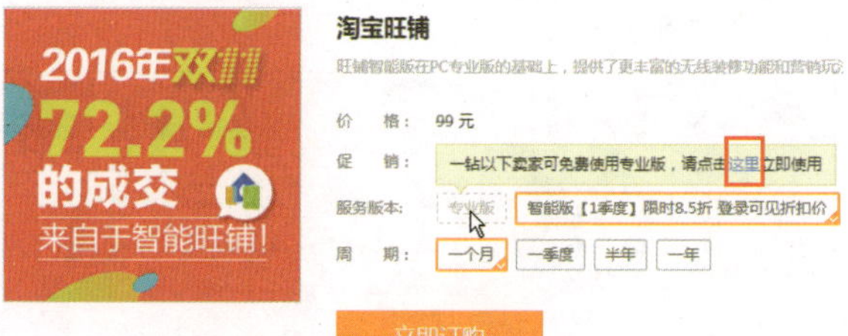

图6-5 单击“这里”链接

04 进入淘宝旺铺专业版装修后台，如图6-6所示。

图6-6 旺铺专业版装修后台

6.1.2　素材的搜集与上传

1. 搜集素材

店铺装修要用到很多图片，因此，需要提前收集大量的图片素材。这些素材可以在网络上收集，如“百度”中搜索“素材”一词，就会显示很多素材网站，如图6-7所示。在不涉及版权的情况下，都可以下载使用。

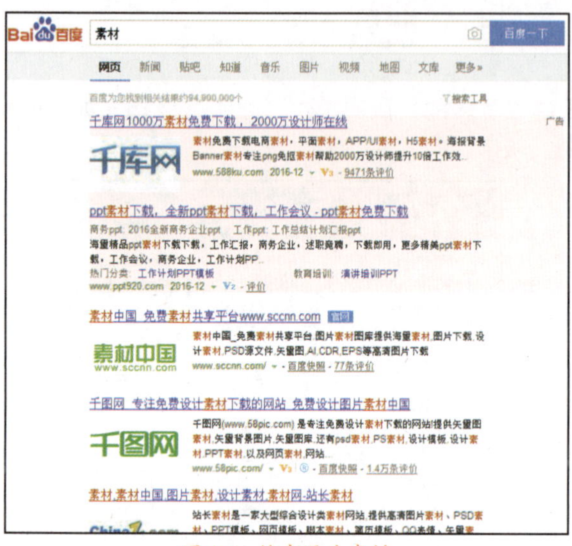

图6-7　搜索图片素材

打开其中一个提供图片素材的网站，即可看到很多素材图片，如图6-8所示。找到合适的图片保存在本地计算机中，方便设计店铺时使用。此外也可以购买一些素材图库，图库越丰富，素材越全面，设计时越容易。

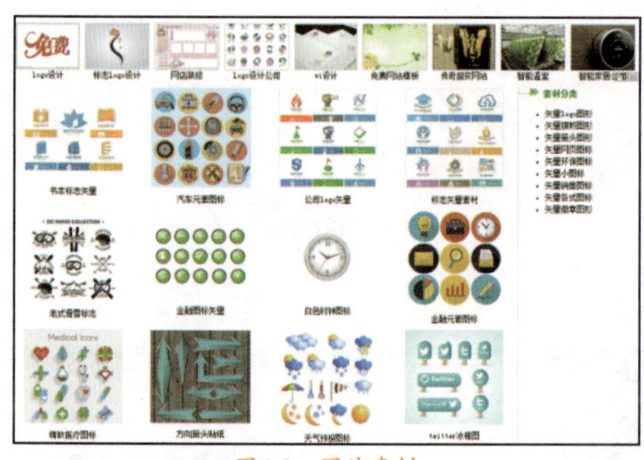

图6-8　图片素材

2. 上传素材

图片制作好以后，就要上传到某一个地方以方便使用。专业版旺铺提供了较大的图片存储空间。

01 进入“卖家中心”页面，在左侧“店铺管理”应用下单击“图片空间”链接，如图6-9所示。

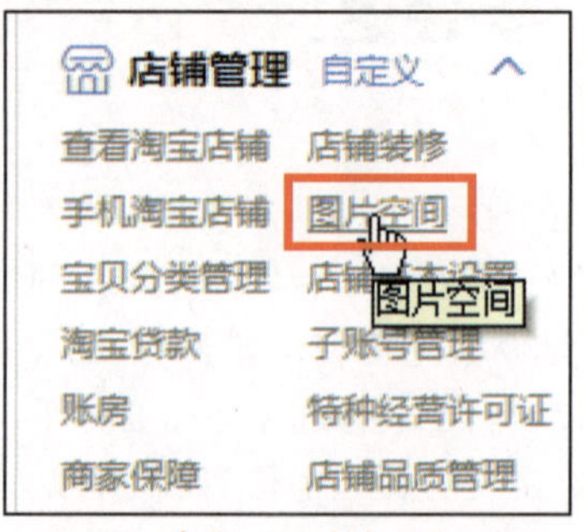

图6-9　单击“图片空间”链接

02 进入图片空间，默认打开的是“首页”界面，单击“上传图片”按钮，如图6-10所示。

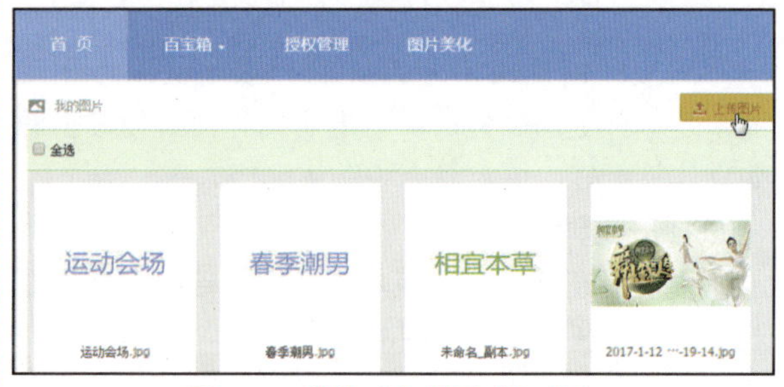

图6-10　单击“上传图片”按钮

03 在打开的对话框中单击“点击上传”按钮，如图6-11所示。

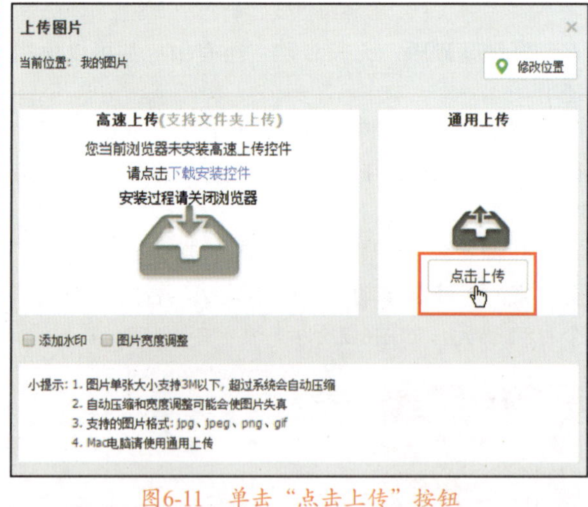

图6-11　单击“点击上传”按钮

04 在打开的对话框中选择需要上传的图片，单击“打开”按钮，如图6-12所示。

05 等待文件上传，如图6-13所示，上传完成后右下角显示上传成功提示。

06 在图片空间中即显示了上传的图片，双击图片，如图6-14所示。

图6-12　单击“打开”按钮

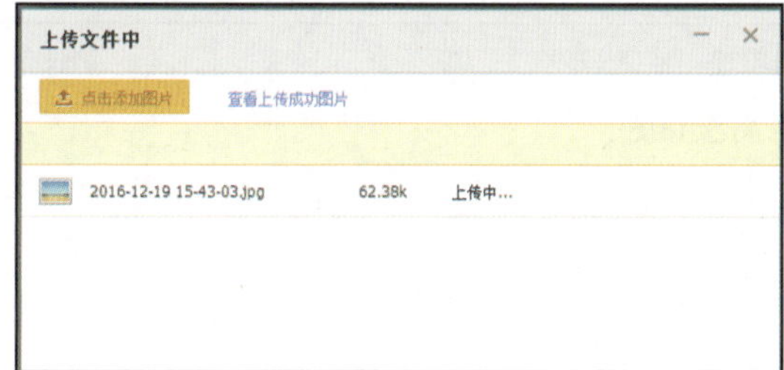

图6-13　等待文件上传

图6-14　双击图片

07 打开对话框，可查看图片及其属性和尺寸等相关信息，如图6-15所示。

图6-15　查看图片信息

6.1.3　图片的管理与应用

图片管理可以方便日后的工作，包括设置图片显示方式、搜索图片、新建或删除文件夹等。

1. 图片显示方式

对图片以不同的显示方式排列，便于查看。

01 选中“只显示图片”复选框，则在图片空间中只显示图片而不显示文件夹，单击右侧的下拉列表，在排序的下拉列表中可以选择图片排列方式，如时间、大小和名称等，如图6-16所示。在每种排列方式后标记了上下箭头，向下的箭头表示顺序排列，向上的箭头表示倒序排列。

图6-16　只显示图片与排序

02 单击“列表模式”按钮，图片以列表的形式显示，如图6-17所示。

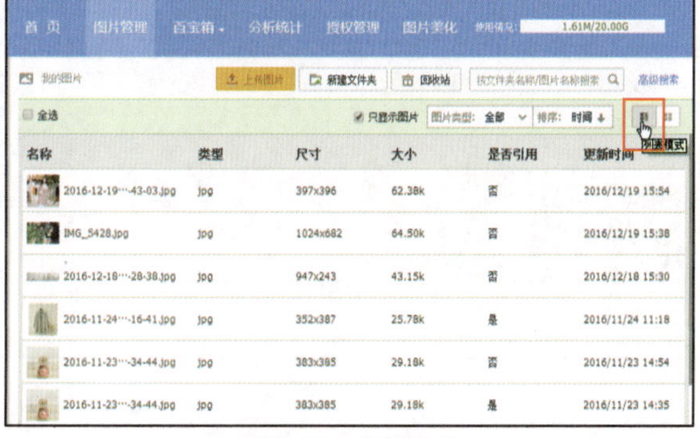

图6-17　列表显示

03 单击“大图”模式按钮，图片以缩略图的方式显示，如图6-18所示。

图6-18 缩略图显示

2. 搜索图片

当图片空间中的图片过多时，为了方便查找，可以使用搜索功能搜索图片。

01 在搜索文本框中输入图片名称，单击“搜索”按钮，如图6-19所示。

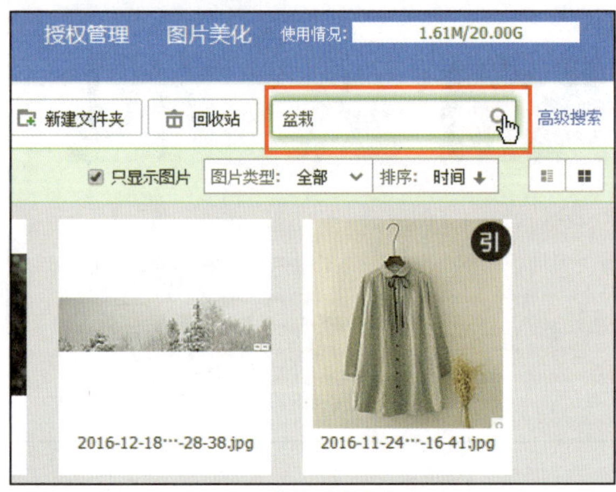

图6-19 单击“搜索”按钮

02 搜索结果如图6-20所示。

图6-20 搜索结果

03 单击“高级搜索”按钮，在展开的对话框中设置搜索的类型、关键字和上传日期，如图6-21所示。

04 设置搜索条件后，单击搜索按钮，如图6-22所示。

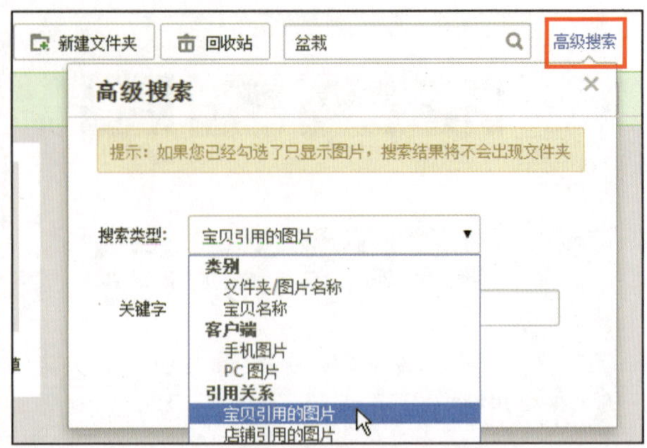

图6-21 高级搜索

图6-22 单击“搜索”按钮

3. 文件夹的新建与删除

新建文件夹可以方便整理不同的图片。

01 单击“新建文件夹”按钮，如图6-23所示。

图6-23 单击“新建文件夹”按钮

02 打开对话框，输入文件夹名称，单击“确定”按钮，如图6-24所示。

03 左侧的图片目录下即显示了新建的文件夹，如图6-25所示。

04 在其他分类下选择宝贝图，右击，在弹出的快捷菜单中选择“移动”命令，如图6-26所示。

图6-24 单击“确定”按钮

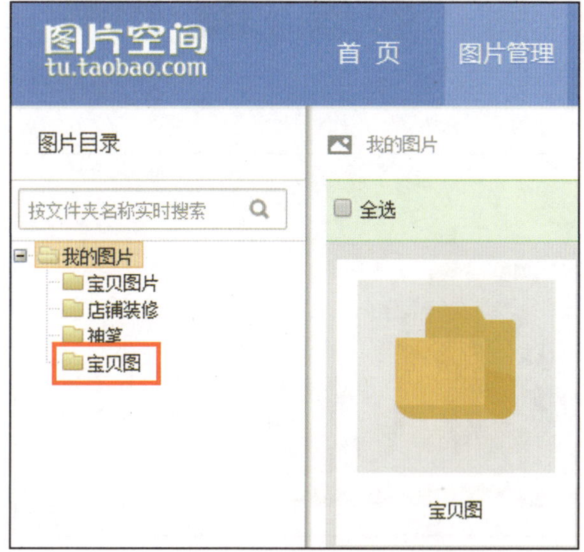

图6-25 显示新建文件夹

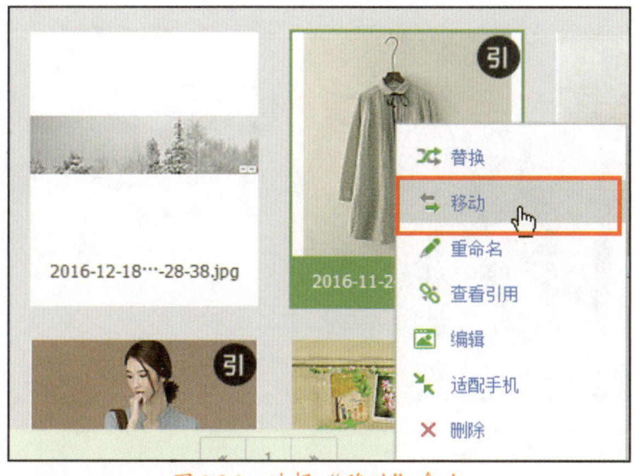

图6-26 选择“移动”命令

05 在打开的对话框中选择目标文件夹，如图6-27所示。

06 单击“确定”按钮，即可移动图片到目标文件夹中，如图6-28所示。

07 若不需要该文件夹，可以在文件夹上右击，在弹出的快捷菜单中选择“删除”命令，如图6-29所示。

图6-27 选择目标文件夹

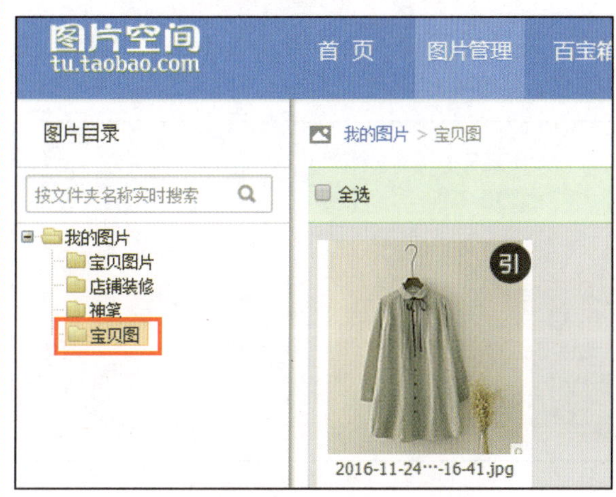

图6-28 移动到文件夹

图6-29 选择“删除”命令

08 弹出对话框，单击“确定”按钮，如图6-30所示，即可删除该文件夹。

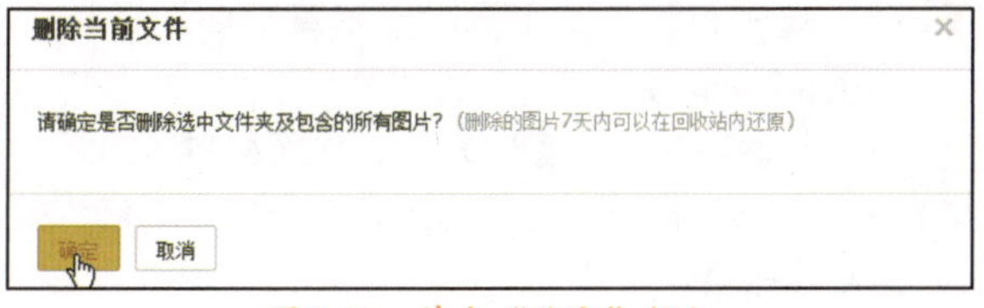

图6-30 单击“确定”按钮

09 删除后，7天内可以在“回收站”找回。单击“回收站”按钮，如图6-31所示。

图6-31　单击“回收站”按钮

10 在跳转的页面中选择图片，单击“还原”按钮，如图6-32所示。

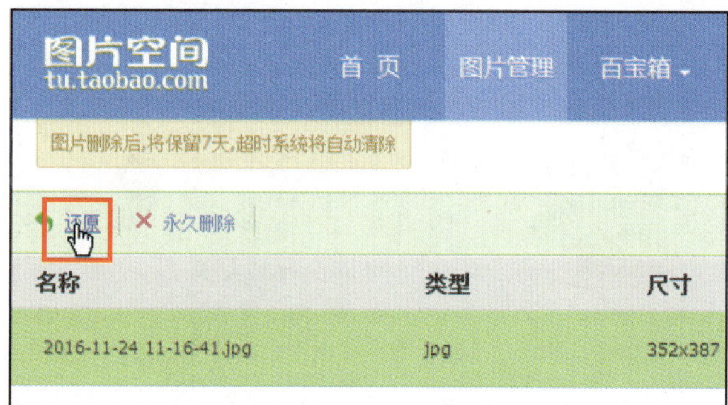

图6-32　单击“还原”按钮

11 在弹出的对话框中单击“确定”按钮，如图6-33所示，即可将删除的图片还原。

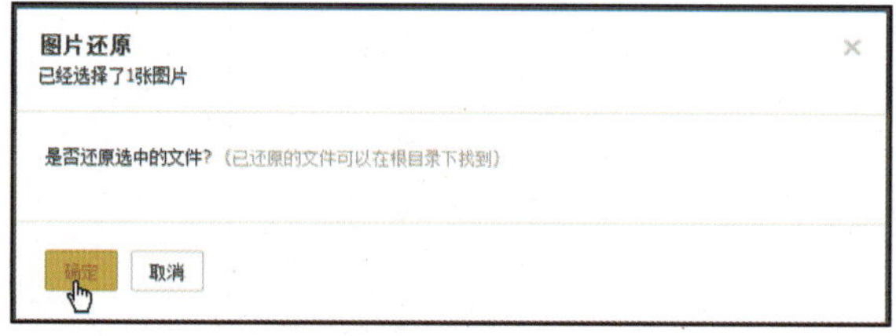

图6-33　还原图片

4. 为图片批量添加水印

图片空间中的“图片水印”功能，能批量地为宝贝图片添加店铺标志和水印。

01 在“百宝箱”列表中选择“设置水印”选项，如图6-34所示。

02 打开“水印参数设置”网页，如图6-35所示。

03 单击“添加图片水印”选项卡，切换界面，如图6-36所示。

图6-34　选择“设置水印”选项

图6-35　网页

图6-36　单击“添加图片水印”选项卡

04 单击“上传”按钮，选择提前做好的水印或标志，单击“打开”按钮，如图6-37所示。

05 设置透明度、基准点及位置，如图6-38所示，单击“保存”按钮即可保存水印及水印的位置。

06 在图片管理页面中单击“上传图片”按钮，在弹出的对话框中选中“添加水印”复选框，如图6-39所示。

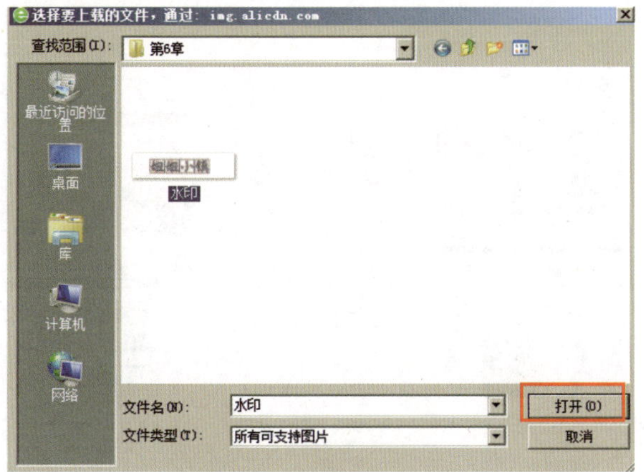

图6-37　选择水印并打开

图6-38　设置水印

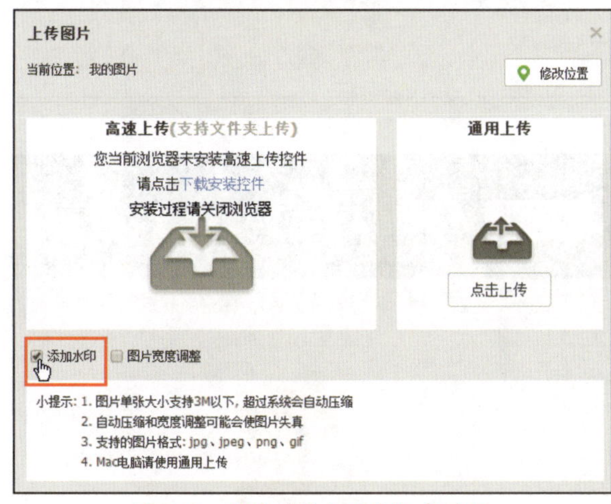

图6-39　选中“添加水印”复选框

07 单击“点击上传”按钮，在弹出的对话框中选择图片，单击“打开”按钮。在“上传文件中”对话框中还可以单击“点击添加图片”按钮，选择多张图片上传，如图6-40所示。

08 图片上传后即可为上传的图片自动添加水印。选择一张图片，双击打开，预览效果，如图6-41所示。

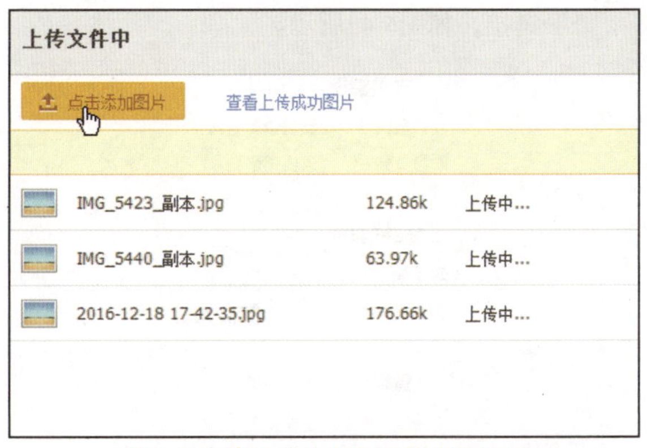

图6-40　单击“点击添加图片”按钮

图6-41　预览效果

6.2 基础结构——先设置个好框架

在装修店铺前，要先看看有哪些系统模板可以选，有哪些配色风格可以用，要怎样进行布局管理和宝贝分类管理等，这样才能设置好基础框架，在相似中寻求个性。

6.2.1 看看哪些模板可以换

淘宝旺铺专业版提供了3套模板，每套模板的风格会不同。

01 进入“卖家中心”页面，单击左侧的“店铺装修”链接，如图6-42所示。

图6-42 单击“店铺装修”链接

02 进入店铺装修后台，单击“模板管理”选项，如图6-43所示。

图6-43 单击“模板管理”选项

03 进入系统模板页面，上面显示正在使用的模板，如图6-44所示。下面显示3个可用的系统模板，如图6-45所示。

04 选择模板3，单击模板下方的“马上使用”按钮，如图6-46所示。

05 模板即被应用，此时店铺模板发生变化，如图6-47所示。

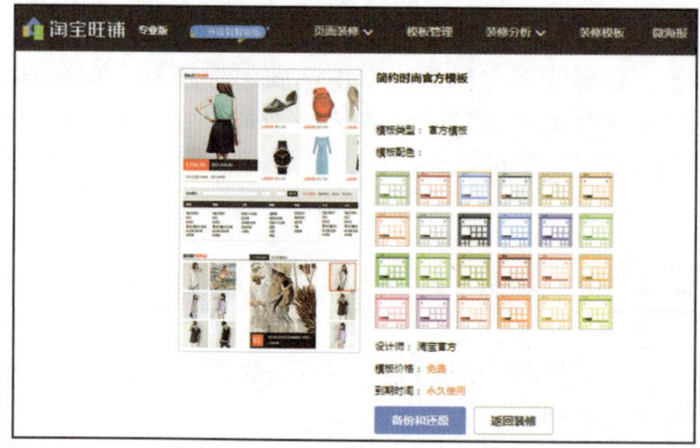

图6-44 正在使用的模板

图6-45 系统可用的模板

图6-46 单击“马上使用”按钮

图6-47 店铺模板改变

6.2.2 选择什么颜色更合适

淘宝网为卖家的店铺设置了多种界面的配色风格，方便不同行业、不同风格的店铺选择。

01 进入“卖家中心”页面，单击“店铺装修”链接，进入店铺装修后台。单击左侧的“配色”按钮，如图6-48所示。

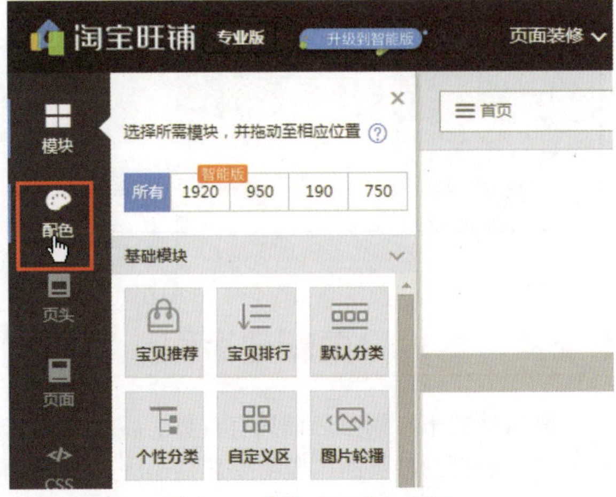

图6-48 单击“配色”按钮

02 在右侧即显示当前模板可用的整体配色方案，如图6-49所示，该模板只有两种配色方案。

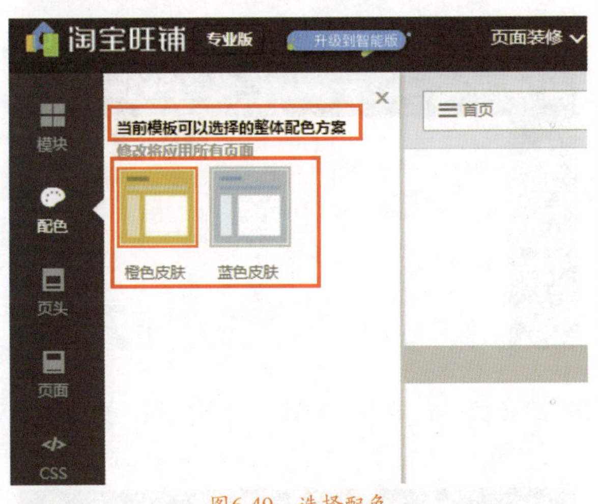

图6-49 选择配色

03 选择一种需要的配色，在右侧即可预览配色应用在店铺中的效果，如图6-50所示。

图6-50 预览效果

04 单击右上角的“发布站点”按钮，如图6-51所示，即可改变店铺的配色风格。

图6-51 单击“发布站点”按钮

05 当然，不同的系统模板有不同的配色方案，当选择系统模板1时，它的配色方案有24种，如图6-52所示。

图6-52 模板1的配色方案

6.2.3 精巧布局独一无二

淘宝店铺的页面包含多种元素，如店招、宝贝分类和店铺交流区等，其布局是可以进行编辑与设置的。

01 进入“店铺装修”页面，可以看到店铺的布局，如图6-53所示。

02 单击顶端的“布局管理”按钮，如图6-54所示。

图6-53 “店铺装修”页面

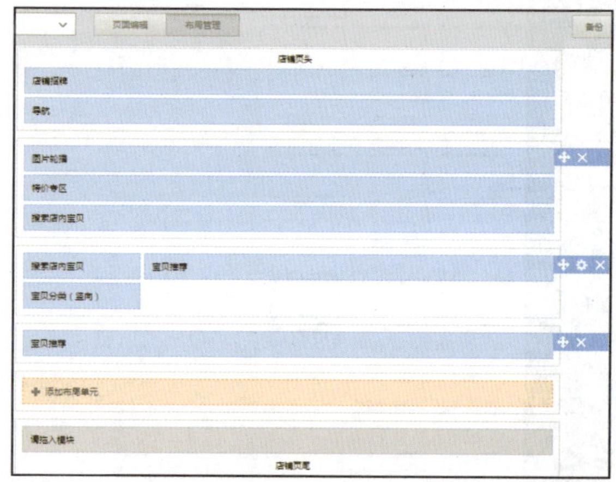

图6-54 单击“布局管理”按钮

03 进入“布局管理”界面，选择栏目模块，上下拖动可以改变模块的显示位置；单击模块右侧的“x”按钮可以删除该模块，如图6-55所示。

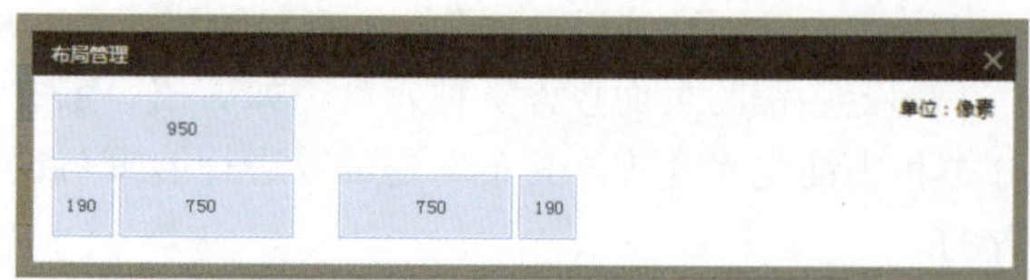

图6-55 “布局管理”界面

04 单击“添加布局单元”链接，弹出“布局管理”对话框，如图6-56所示。根据需要的像素选择添加单元。

图6-56 添加布局

05 选择左侧的模块，将其拖入即可完成布局，如图6-57所示。

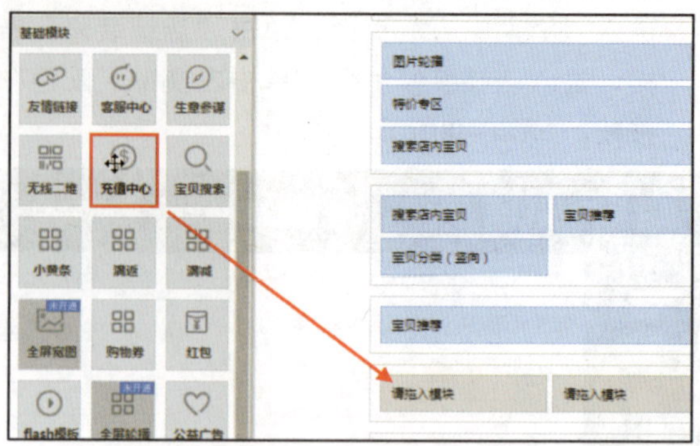
图6-57 将模块拖入

6.2.4 为什么要新建页面

默认情况下，淘宝店铺只有首页、店铺搜索页和宝贝详情页三种页面。若需要新建品牌介绍或活动促销的页面，可以在店铺装修后台创建。

01 进入“店铺装修”页面，将光标放置于“页面装修”位置，在下拉列表中选择“页面管理”选项，如图6-58所示。

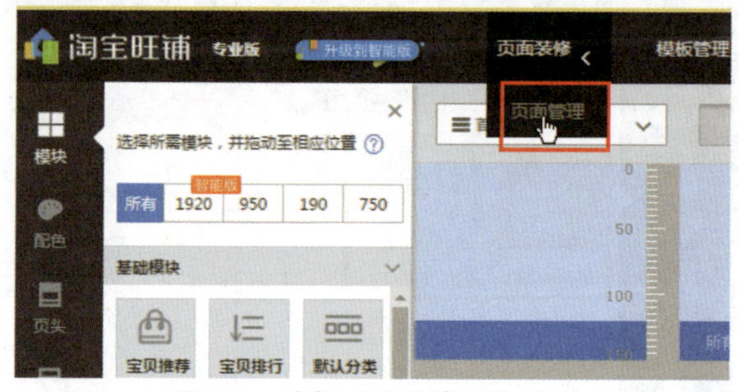

图6-58 选择“页面管理”选项

02 跳转页面，单击“新建页面”按钮，如图6-59所示。

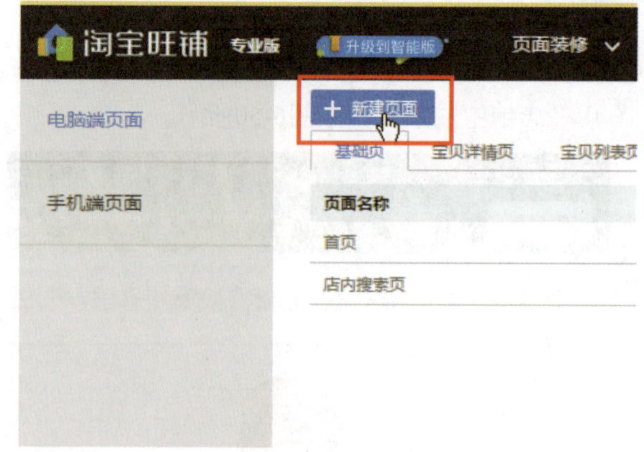

图6-59 单击“新建页面”按钮

03 选择页面位置和页面类型，如图6-60所示。

04 设置页面名称与页面地址，如图6-61所示。

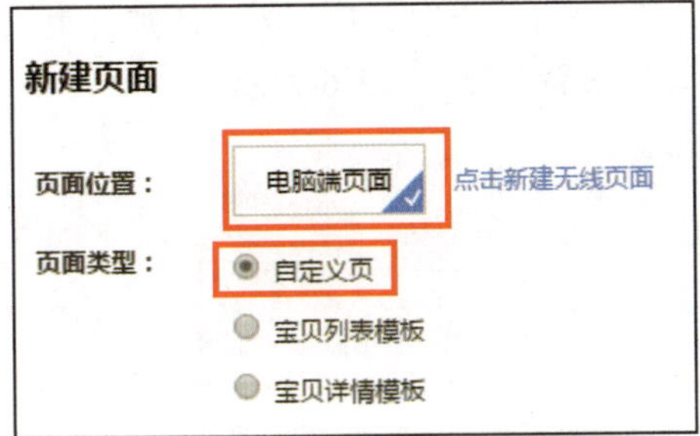

图6-60　设置页面位置和类型

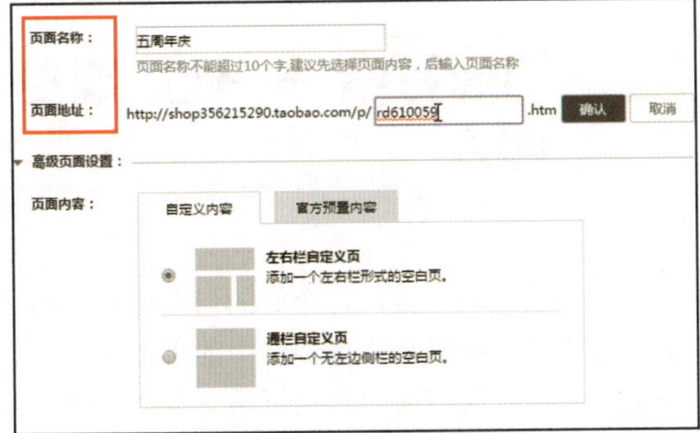

图6-61　设置名称与地址

05 设置自定义页面的布局类型，有左右栏和通栏两种，如图6-62所示。

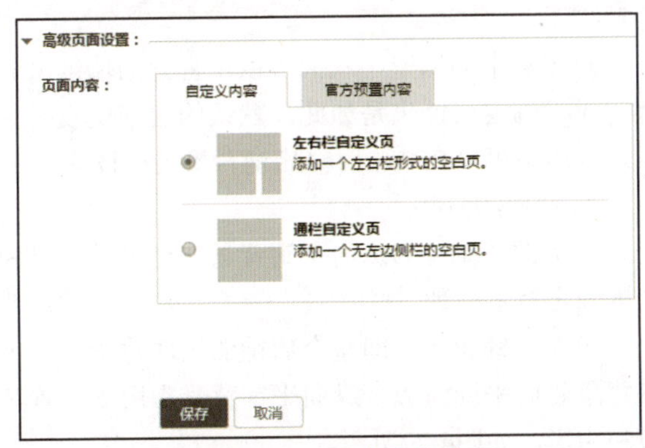

图6-62　设置布局类型

06 单击“保存”按钮即可保存新建的页面。在页面管理的“自定义页”下即可选择新建的页面，如图6-63所示。

图6-63　选择新建的页面

6.2.5　合理分类管理更方便

宝贝分类就是对店铺里所要出售的宝贝进行分类管理。将所有的宝贝都分配到正确的分类中，能使整个店面条理更清晰、简洁，以方便买家搜索浏览。

01 进入店铺装修后台，单击“宝贝分类”链接，如图6-64所示。

图6-64　单击“宝贝分类”链接

02 在打开的网页中，单击“添加手工分类”按钮，如图6-65所示。

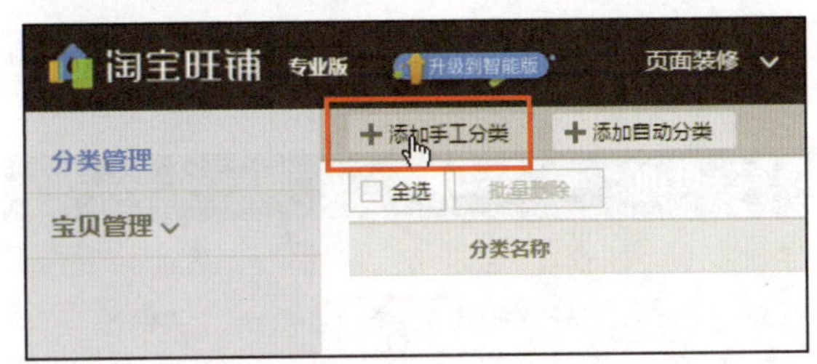

图6-65　单击“添加手工分类”按钮

03 新增分类后输入分类名称，如图6-66所示。

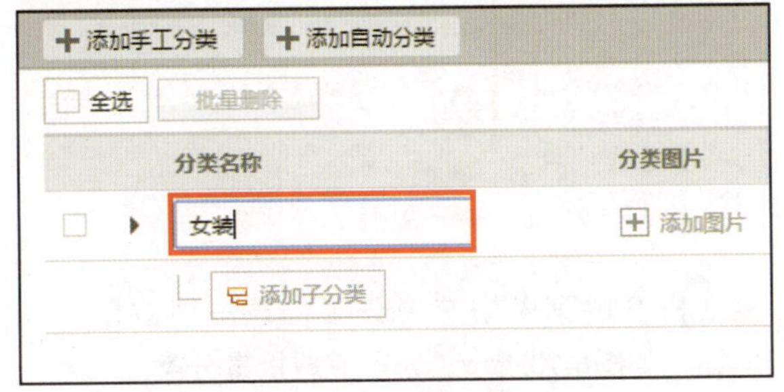

图6-66　新增分类

04 单击“添加子分类”按钮即可新增子分类，如图6-67所示。

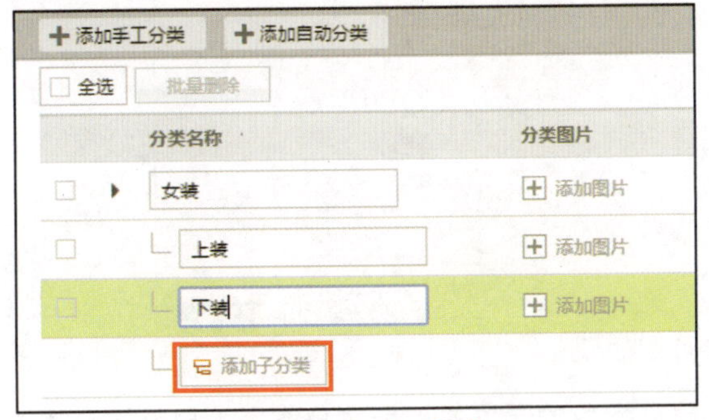

图6-67　新增子分类

05 添加所有分类后，单击右上角的“保存更改”按钮，保存分类设置。

06 在左侧选择“宝贝管理”选项，如图6-68所示。

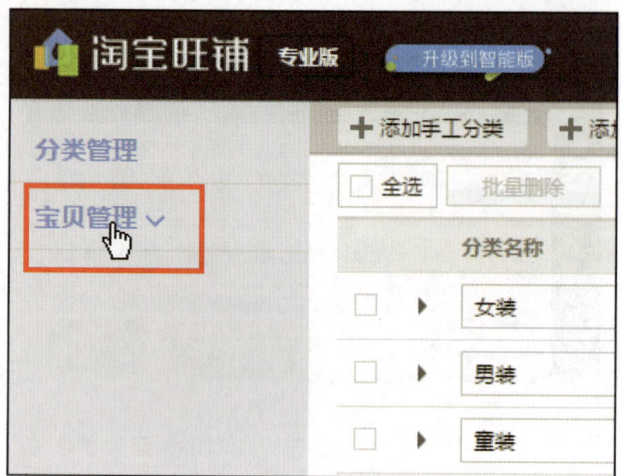

图6-68　选择“宝贝管理”选项

07 选中未分类宝贝，单击“批量分类”按钮，如图6-69所示。

图6-69　单击“批量分类”按钮

08 在打开的列表中选中分类，单击“应用”按钮，如图6-70所示，即可完成批量分类。

图6-70　单击“应用”按钮

09 分类后的宝贝在“所属分类”下显示了分类。

另外，单击单个宝贝右侧的“添加分类”按钮可单独设置分类，如图6-71所示。

图6-71　单击“添加分类”按钮

6.3　门面打造——让店铺更诱人

门面即店铺的首页，一个好的门面能体现店铺的品质与特色，所以是店铺装修中的重点部分。店铺首页的装修空间很大，包括页头、页尾、背景及中间模块的装修等。

6.3.1　像贴墙纸一样换背景

对于家中的墙壁，我们可以用喜爱的墙纸来装饰。对于淘宝店铺也是如此，默认的店铺是没有背景的，店主可以在装修时对店铺背景进行设置。

1. 背景的分类

首页的背景分为纵向平铺背景、全平铺背景和全屏固定背景三种。

纵向平铺背景：即整个店铺的页面背景由一小块背景竖向平铺而成。纵向平铺背景常用于设置花边和阴影，如图6-72所示。

全平铺背景：全平铺背景即通过对一张图片进行横向和纵向平铺而生成衔接自然的背景图。全平铺背景常用于花纹、砖墙和布料等各种纹理效果，如图6-73所示，为全平铺背景。

全屏固定背景：全屏固定背景通常是一张照片或在背景中添加几列文字，如店铺优惠信息和二维码等，全屏展示在网页中，在页面下拉时背景不会移动，此种背景的实现需要借助代码。全屏固定背景的制作技巧在于不能使用过大的背景图，以免影响网页加载与运行的速度。如图6-74所示，为全屏固定背景。

图6-72　纵向平铺背景

图6-73　全平铺背景

图6-74　全屏固定背景

2. 平铺式背景的装修

在不确定网页高度的情况下，使用背景平铺是最常见的一种方法。下面介绍如何将背景平铺装修。

01 在网上下载或使用Photoshop制作好背景图，如图6-75所示。

图6-75　背景图

02 在店铺装修页面单击“页面装修”，再单击左侧的“页面”按钮，如图6-76所示。

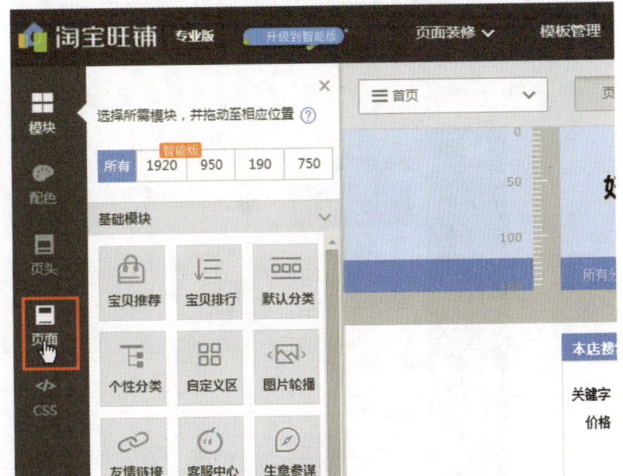

图6-76　单击“页面”按钮

03 单击“更换图片”按钮，如图6-77所示。

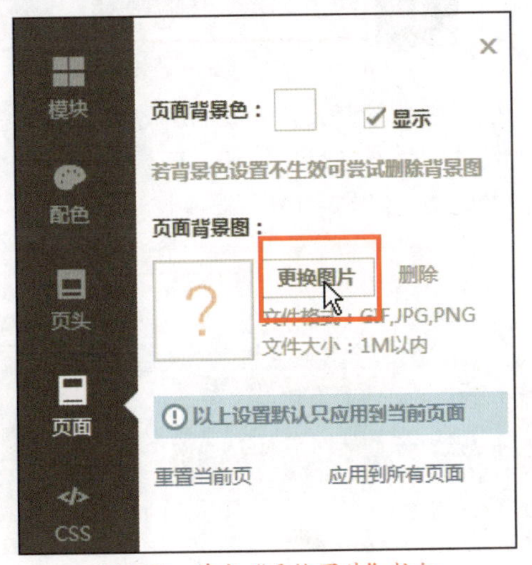

图6-77　单击“更换图片”按钮

04 弹出对话框，选择图片后单击"打开"按钮，如图6-78所示。

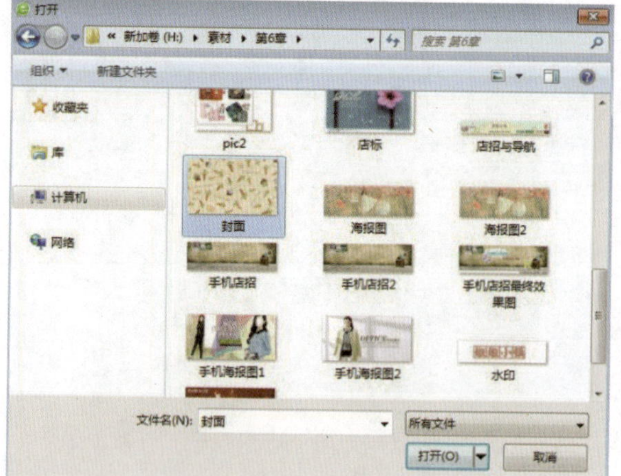

图6-78 选择图片

05 在背景显示中单击"平铺"按钮，在背景对齐中单击"居中"按钮，最后单击"应用到所有页面"链接，该背景即被应用于所有页面，如图6-79所示。

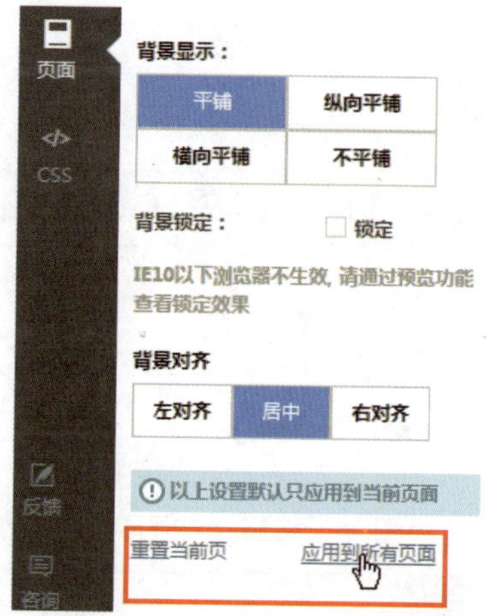

图6-79 应用到所有页面

06 可以在右侧预览设置背景后的效果，再单击右上角的"发布站点"按钮，确认发布，背景即设置成功，如图6-80所示。

图6-80 背景设置效果图

TIPS 若选择的是纵向平铺背景，则在背景显示中单击"纵向平铺"按钮即可。如果不单击"应用于所有页面"链接，则默认设置只在当前页。

3. 固定背景的装修

全屏固定背景是指背景为全屏图，当滚动页面时，背景为固定状态，不会跟随页面滚动而改变。

01 下载或制作一张1920像素宽度的背景图片，将其上传到图片空间，如图6-81所示。

图6-81 全屏背景图

02 在"店铺装修"页面单击导航上的"编辑"按钮，如图6-82所示。

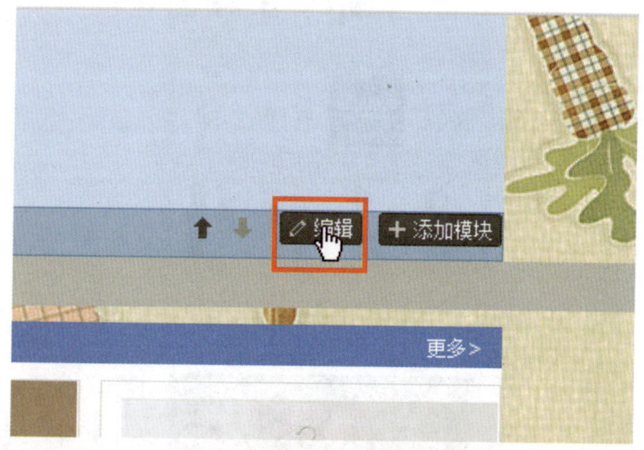

图6-82 单击"编辑"按钮

TIPS 在制作全屏固定背景图时需将中间宽950px的区域删除，这样一方面可以减少图片的内容，加快加载速度；另一方面，可以避免中间区域过于复杂而影响宝贝的展示。

03 在打开的"导航"对话框中单击"显示设置"按钮，进入显示设置界面，在下方输入代码，如图6-83所示。

04 打开图片空间，选择图片，单击"复制链接"按钮，如图6-84所示。

图6-83　输入代码

图6-84　单机“复制连接”按钮

TIPS

全屏固定背景代码如下：

body{background-image:url();background-repeat:no-repeat;background-position:center;background-attachment:fixed;}

05 在url（ ）括号中按Ctrl+V组合键粘贴背景图片的地址，单击“确定”按钮，预览全屏固定背景装修效果，如图6-85所示。

图6-85　全屏固定背景装修效果

6.3.2　顺畅导航让人宾至如归

导航是方便买家选择宝贝分类的入口，下面介绍导航的设置。

1. 添加导航菜单

在未设置导航前，默认只显示“所有分类”和“首页”两个菜单。除此之外，还可以添加其他分类、页面或链接。

01 在装修后台，选中导航模块，在右上角单击“编辑”按钮，如图6-86所示。

图6-86　单击“编辑”按钮

02 弹出对话框，单击“添加”按钮，如图6-87所示。

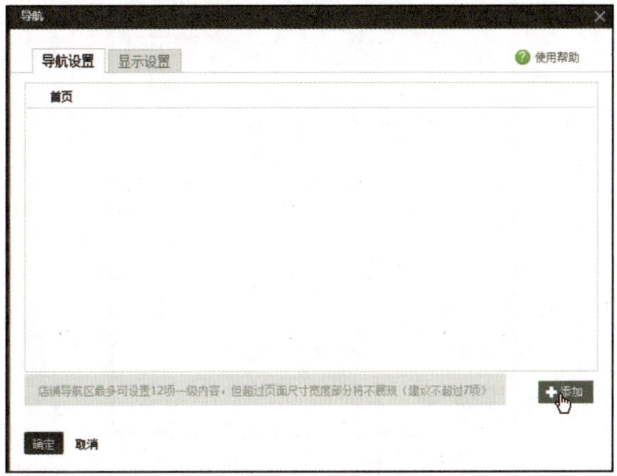

图6-87　单击“添加”按钮

03 在打开的对话框中选中分类前面的复选框，如图6-88所示。

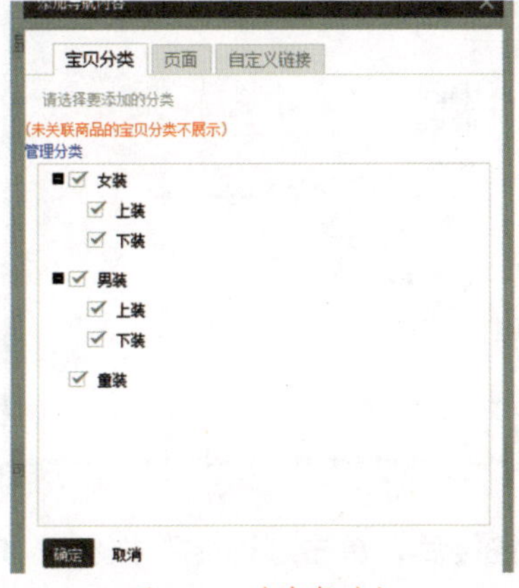

图6-88　选中复选框

04 选择“页面”选项，在下方选中相应页面的复选框，如图6-89所示。

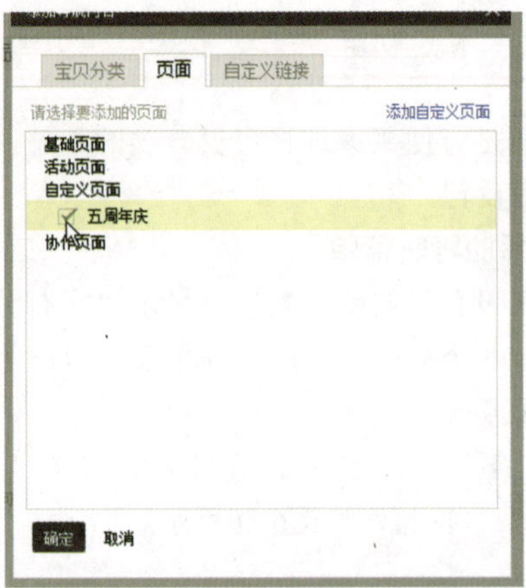

图6-89　选中相应复选框

04 选择“自定义链接”选项，单击“添加链接”按钮，如图6-90所示。

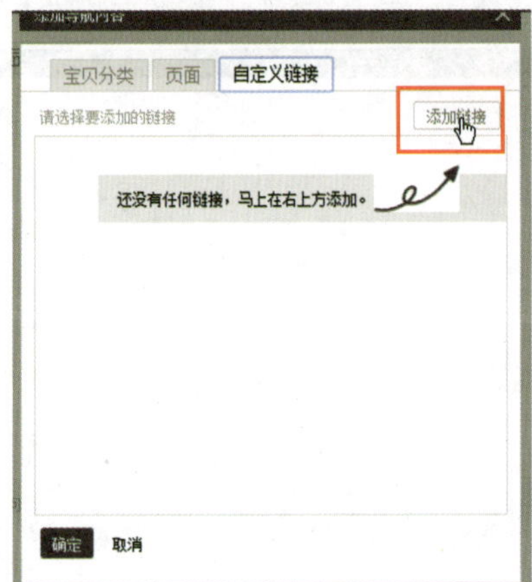

图6-90　单击“添加链接”按钮

05 输入链接名称与地址，单击“保存”按钮，如图6-91所示。

图6-91　单击“保存”按钮

06 添加链接后，单击“确定”按钮，如图6-92所示。

07 添加显示的菜单后，可以通过单击↑或↓箭头调整顺序，如图6-93所示。

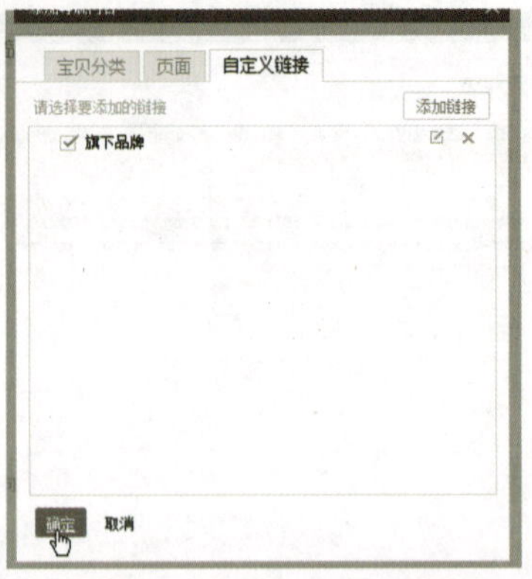

图6-92　单击“确定”按钮

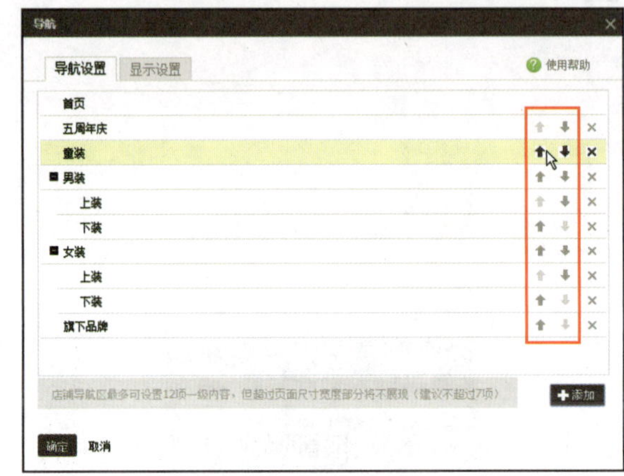

图6-93　调整顺序

08 单击“确定”按钮后，导航栏显示了添加的菜单，如图6-94所示。

图6-94　显示了添加的菜单

2. 修改默认导航的颜色

选择不同的模板样式，其导航颜色也不同，但系统提供的模板样式有限，因此需要使用代码来修改导航的颜色。下面以实例的形式介绍如何修改默认导航，如图6-95所示，为修改默认导航的前后效果。

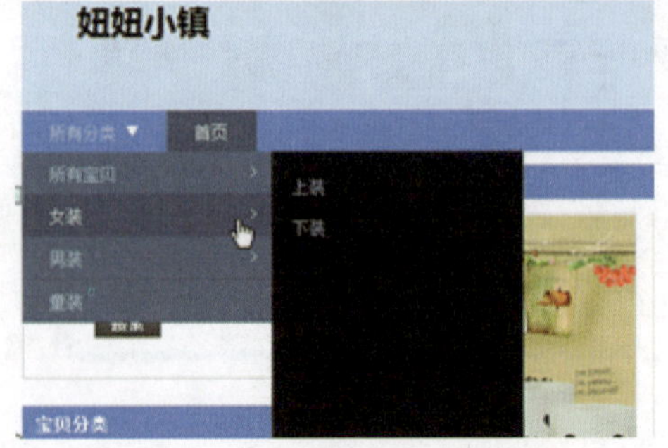

图6-95　修改默认导航前后的效果

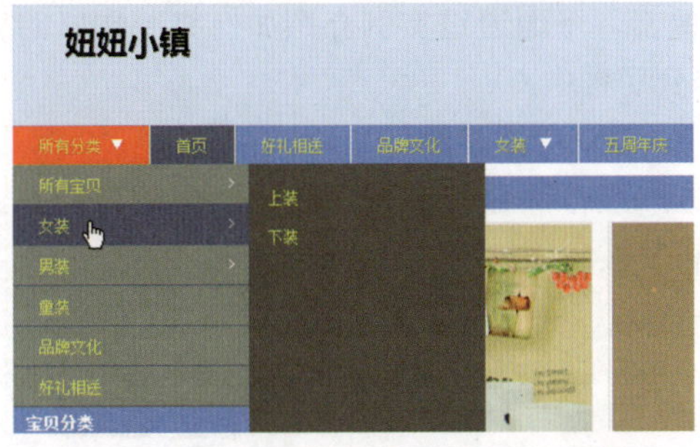

图6-95　修改默认导航前后的效果（续）

01 进入装修后台，在店招模块右下角单击“编辑”按钮，如图6-96所示。

图6-96　单击“编辑”按钮

02 单击右下角的“添加”按钮，如图6-97所示。

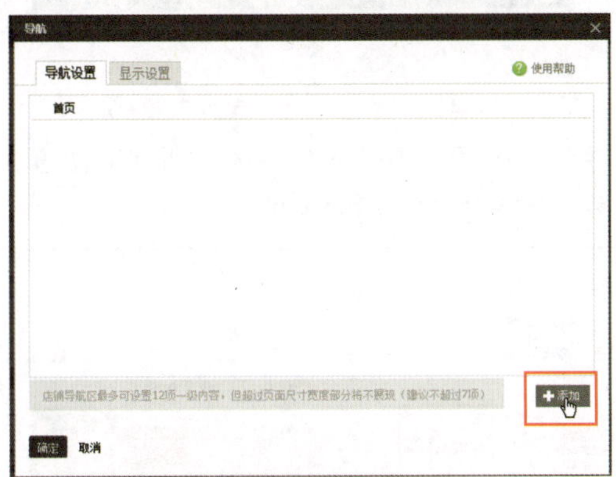

图6-97　单击“添加”按钮

03 在弹出的对话框中选中分类前的复选框，如图6-98所示。

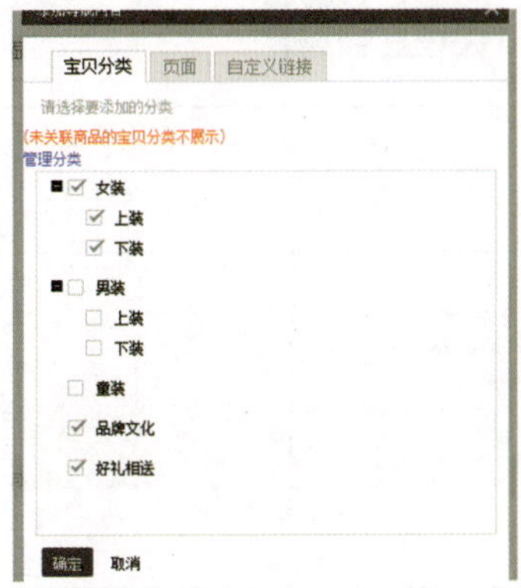

图6-98　选中相应复选框

04 单击“确定”按钮，单击分类后的上下箭头调整顺序，如图6-99所示。

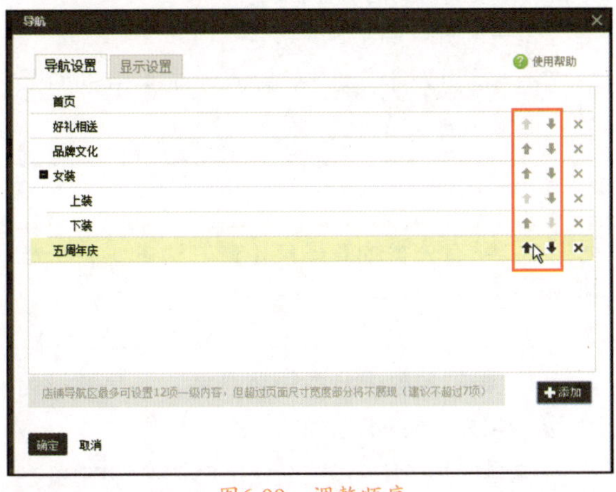

图6-99　调整顺序

05 单击“显示设置”按钮，在下方的文本框中输入代码，如图6-100所示。

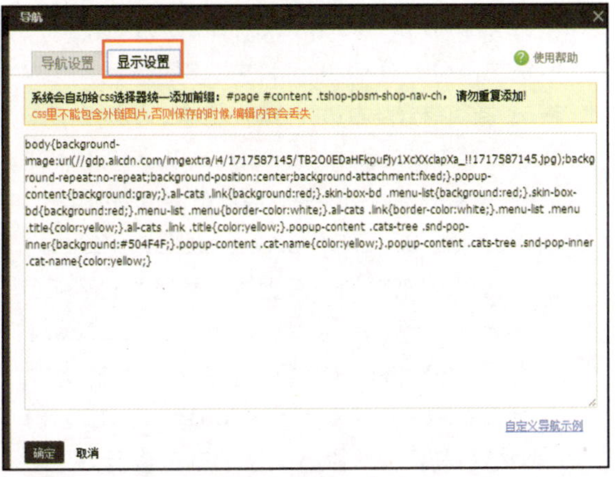

图6-100　输入代码

06 单击“确定”按钮，确认发布后查看修改默认导航的效果，如图6-101所示。

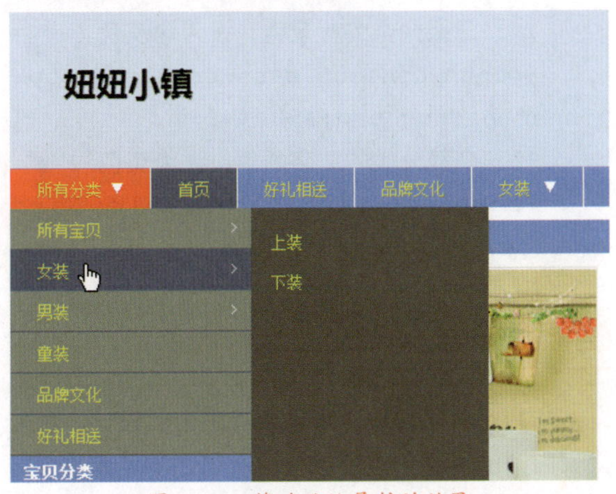

图6-101　修改默认导航的效果

TIPS 若需要恢复到默认的导航，只需将代码删除。

下面为本实例用到的相关代码：

第一部分　静态背景颜色

1、首页/店铺动态/其他导航类目的背景色，这里设为红色

```
.skin-box-bd.menu-list.link{background:red;}
```

2、所有分类的背景色（最左边的），一样设为红色

```
.all-cats.link{background:red;}
```

3、导航条整个分类段背景色，还是要设为红色，整体布局好看些

```
.skin-box-bd.menu-list{background:red;}
```

4、导航条背景色，修补导航右侧缺口，再设为红色

```
.skin-box-bd{background:red;}
```

第二部分　分隔线、静态文字的颜色

5、首页等分类右边的分隔线颜色，设为白色

```
.menu-list.menu{border-color:white;}
```

6、所有分类右边的分隔线颜色，设为白色

```
.all-cats.link{border-color:white;}
```

7、首页/店铺动态/其他导航类目的文字颜色

```
.menu-list.menu.title{color:yellow;}
```

8、所有分类的文字颜色（最左边那个），

```
.all-cats.link.title{color:yellow;}
```

小结：其实原来默认文字的颜色也挺好的。

第三部分　分类下的颜色

9、二级分类的背景色，设为灰色

```
.popup-content{background:gray;}
```

10、三级分类的背景色，设为深灰色

```
.popup-content.cats-tree.snd-pop-inner{background:#504f4f;}
```

11、二级分类的文字颜色，设为黄色

```
.popup-content.cat-name{color:yellow;}
```

6.3.3　给店铺上金字招牌

店招是首页最先进入消费者眼帘的设计，最能代表店铺的形象和特色。就像一句“欢迎光临”，要怎样来表达呢？默认的店招模块大小是950像素×120像素，下面通过实例介绍如何将制作好的店招装修到店铺中。

1. 默认店招装修

01 进入装修后台，选择“店招”模块，单击“编辑”按钮，如图6-102所示。

图6-102　单击“编辑”按钮

02 在弹出的对话框中取消选中“是否显示店铺名称”后的复选框，单击“选择文件”按钮，如图6-103所示。

图6-103　单击“选择文件”按钮

03 在展开的面板中进入店招图片所在的位置，然后选择图片，如图6-104所示。

图6-104　选择图片

04 单击“保存”按钮，如图6-105所示。

图6-105　单击“保存”按钮

05 单击“预览”按钮，预览店招装修的效果，如图6-106所示。

图6-106 店招装修的效果

2. 自定义店招+导航+页头背景

使用Photoshop制作店铺的页头，包括店招、导航与页头背景，如图6-107所示。高度为150像素，宽度自定，建议设置为全屏大小，即1440像素、1680像素或1920像素。

图6-107 制作页头

01 在Photoshop中制作好1440像素×150像素的图片后，选择“视图”|“新建参考线”命令，如图6-108所示。

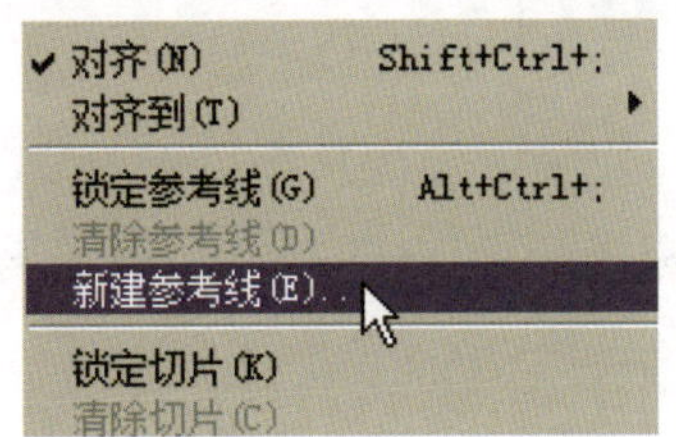

图6-108 选择“新建参考线”命令

02 在打开的对话框中选中“垂直”单选按钮，设置位置为245px，如图6-109所示，单击“确定”按钮新建参考线。

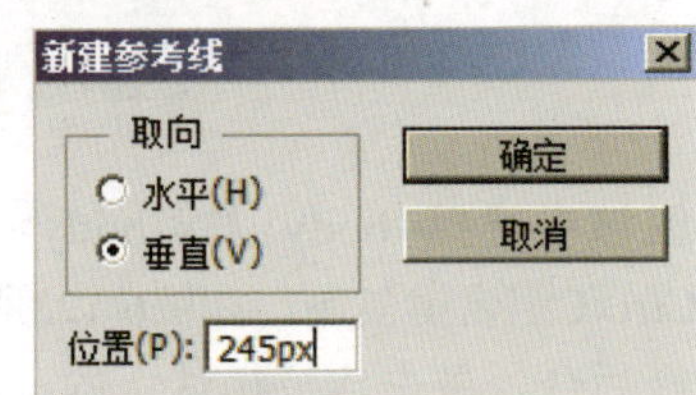

图6-109 新建参考线

03 使用同样的方法，新建另一条参考线，如图6-110所示。

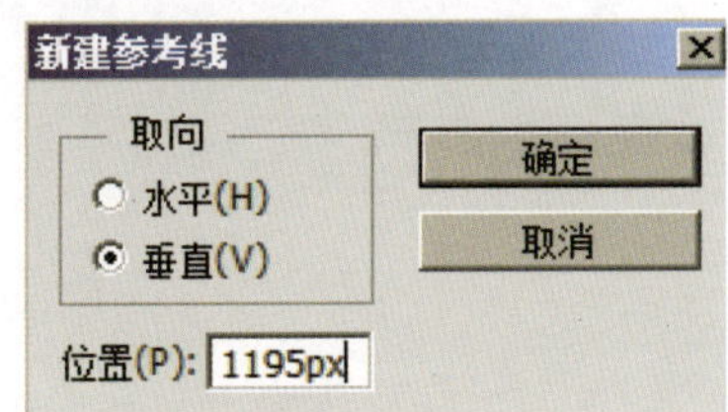

图6-110 新建参考线

TIPS 图片的总宽度为1440像素，默认店招与导航的宽度为950像素，店招与页头背景是分开装修的，因此需要将店招与页头背景分开。算出店招与页头之间的参考线位置，分别为（1440-950）÷2=245（像素）；245+950=1195（像素）。

04 建立参考线后如图6-111所示。

图6-111 建立参考线

05 使用选框工具，将中间的店招与导航区域选中，按Delete键删除，如图6-112所示。

图6-112 删除选区内容

06 按Ctrl+D组合键取消选区，将图片另存为“页头背景”。

07 按Ctrl+Alt+Z组合键后退几步，使用剪裁工具将剪裁区域调整到店招与导航上，如图6-113所示。

图6-113 剪裁区域

08 按Enter键确定剪裁，如图6-114所示。另存为“店招与导航”。

图6-114 确定剪裁

09 将两张图片均上传到图片空间。

10 打开Dreamweaver，选择HTML选项，如图6-115所示。

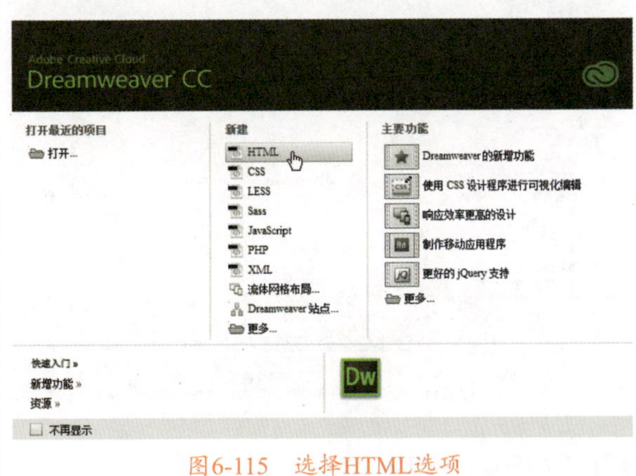

图6-115 选择HTML选项

11 单击“拆分”按钮，进入“拆分”视图，如图6-116所示。

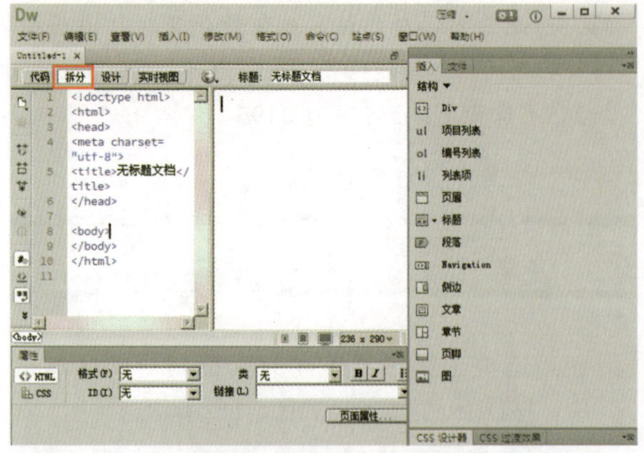

图6-116 “拆分”视图

12 在右侧设计窗口中单击，选择菜单“插入”|“图像”|“图像”命令，如图6-117所示。

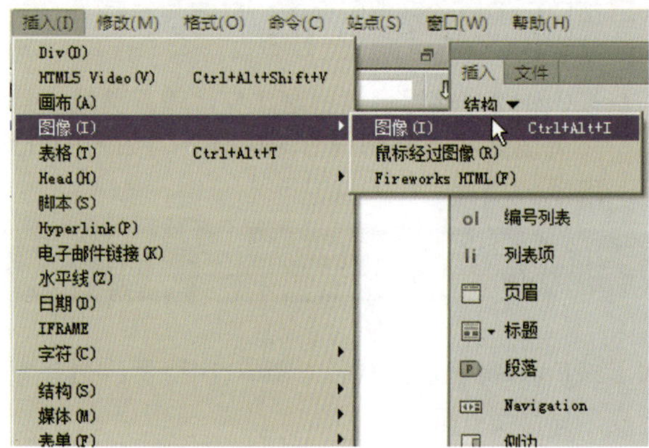

图6-117 选择“图像”命令

13 弹出对话框，在“文件名”文本框中粘贴“店招与导航”的图片地址，单击“确定”按钮，如图6-118所示。

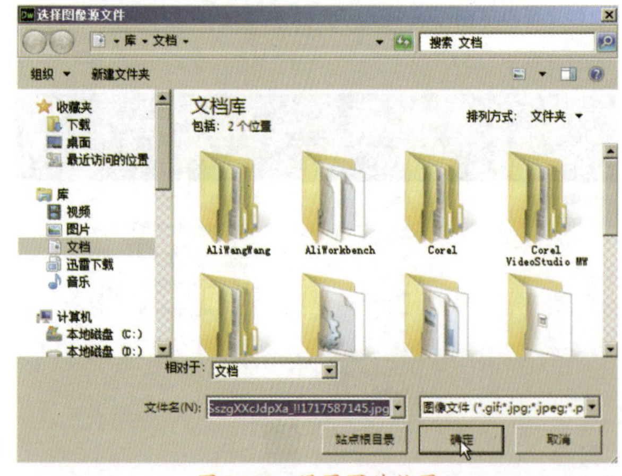

图6-118 设置图片位置

14 插入图片，如图6-119所示。

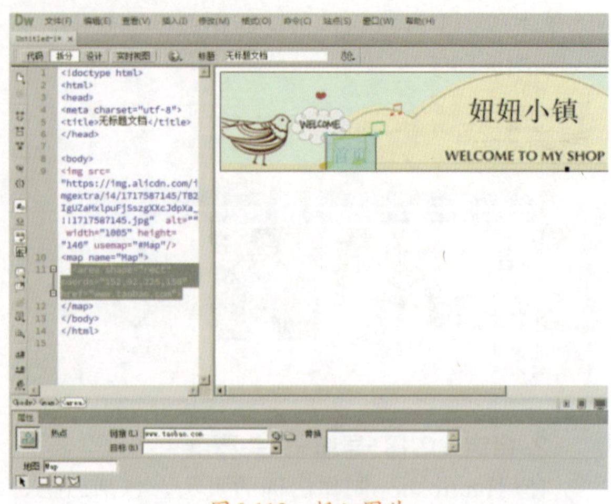

图6-119 插入图片

15 在“属性”面板中选择矩形热点工具，在图像上创建热点，并设置链接，如图6-120所示。

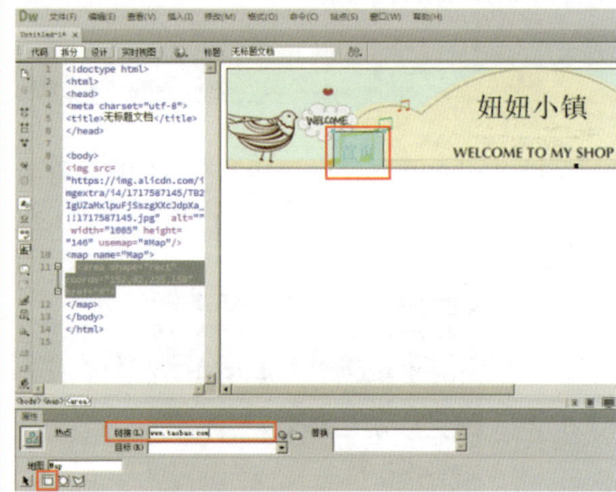

图6-120 创建热点并设置链接

16 使用同样的方法，创建其他热点与链接，如图6-121所示。

图6-121 创建其他热点与链接

17 在代码区域中选择<body>与</body>之间的代码，按Ctrl+C组合键复制，如图6-122所示。

18 进入装修后台，单击店招模块上的“编辑”按钮，在打开的对话框中选择“自定义招牌”单选按钮，然后单击“源码”按钮，如图6-123所示。

19 粘贴代码，设置高度为150像素，单击“保存”按钮，如图6-124所示。

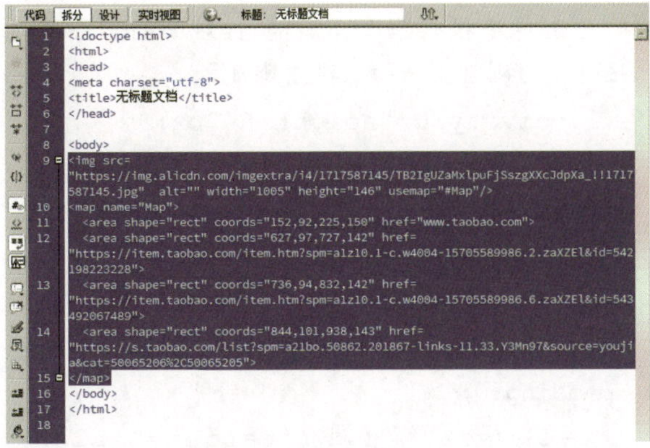

图6-122　选择代码

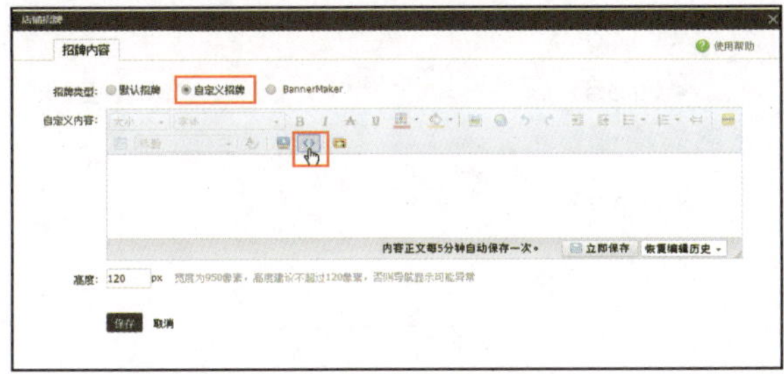

图6-123　单击“源码”按钮

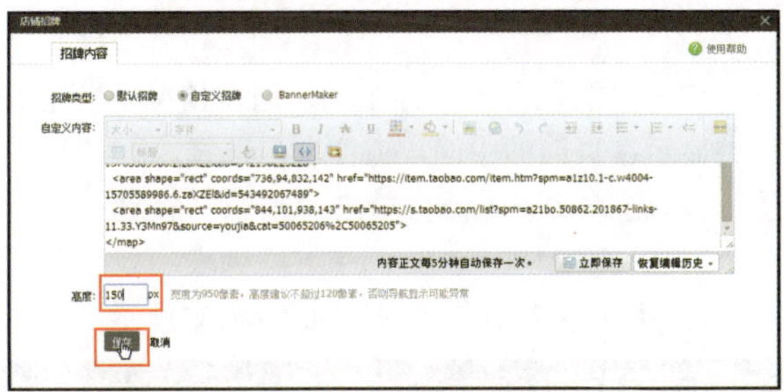

图6-124　单击“保存”按钮

20 单击左侧的“页头”按钮，取消选中页头背景色的“显示”复选框，并单击“更换图片”按钮，如图6-125所示。

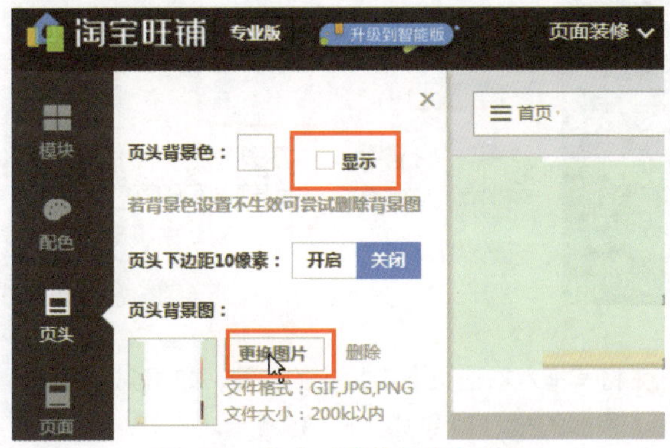

图6-125　单击“更换图片”按钮

21 在打开的对话框中选择“页头背景”，单击“打开”按钮，如图6-126所示。

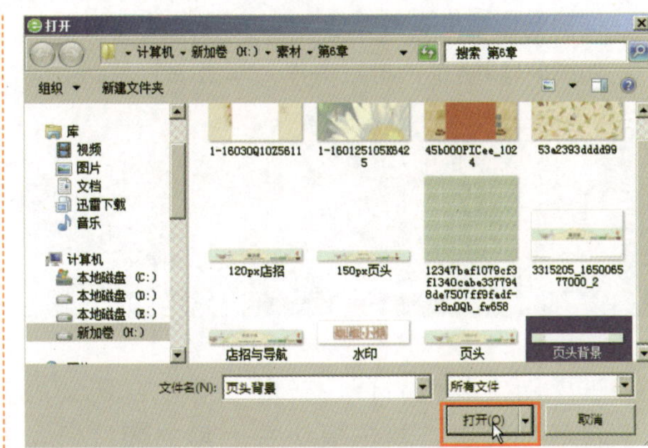

图6-126　单击“打开”按钮

22 在下边单击“不平铺”按钮和“居中”按钮，并单击“应用到所有页面”链接，如图6-127所示。

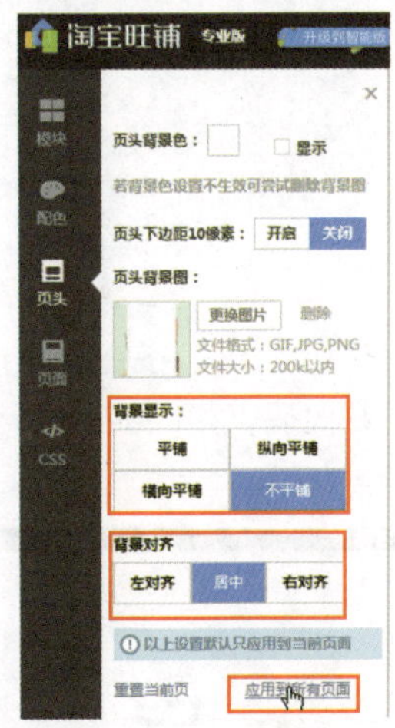

图6-127　单击“应用到所有页面”链接

23 单击右上角的“预览”按钮，可以预览修改后的效果，如图6-128所示。

图6-128　预览效果

6.3.4　巨大海报为店铺吸睛

在店铺模块中可以添加图片作为海报，但是该海报仅限于950像素的宽度，下面介绍全屏海报的制作方法。

01 提前制作或准备好宽度为1920像素的海报图，如图6-129所示，将它上传至淘宝图片空间。

图6-129　海报图

02 进入淘宝装修后台，新增一个“自定义内容区”模块，单击模块右上角的⬆按钮，如图6-130所示，将模块移至导航下方。

图6-130　单击按钮

03 单击模块上的“编辑”按钮，进入“源码”编辑模式，粘贴代码，如图6-131所示，单击“确定”按钮。

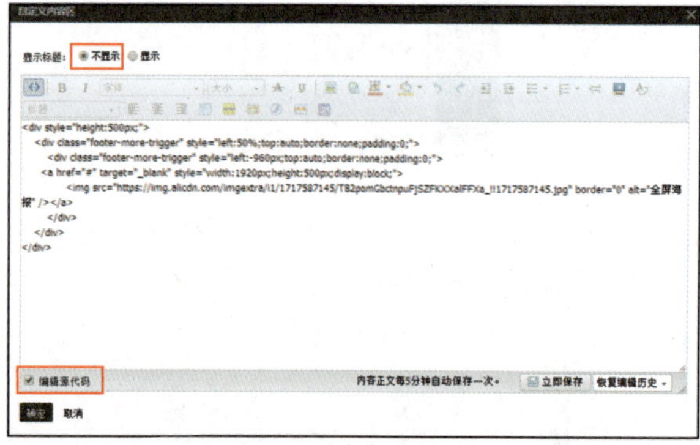

图6-131　粘贴代码

04 单击“预览”按钮或“发布站点”按钮查看装修效果，如图6-132所示。

图6-132　查看装修效果

TIPS

全屏海报代码如下，将src后面的“图片地址”换为刚刚上传的海报图地址。

```
<divstyle="height:500px;">
<divclass="footer-more-trigger"style="left:50%;top:auto;border:none;padding:0;">
<divclass="footer-more-trigger"style="left:-960px;top:auto;border:none;padding:0;">
<ahref="链接网址'target='_blank'style='width:1920px;height:500px;display:block;">
<imgsrc="图片地址"border="0"alt="全屏海报"/></a>
</div>
</div>
</div>
```

6.3.5　整齐合理地排列宝贝

宝贝分类同导航一样重要，通常情况下，宝贝分类显示在页面的中间，方便客户选择。

01 进入店铺装修后台，单击“模块”按钮，选择“设计师模块”选项，在下拉列表中找到“宝贝分类（横向）”模块，如图6-133所示。

图6-133　找到“宝贝分类（横向）”模块

02 将其拖入右边页面中相应的位置，如图6-134所示。

03 添加的模块效果如图6-135所示。

04 选择该模块，单击右上角的“编辑”按钮，在打开的对话框中单击“分类选择”按钮，如图6-136所示。

图6-134　拖入相应位置

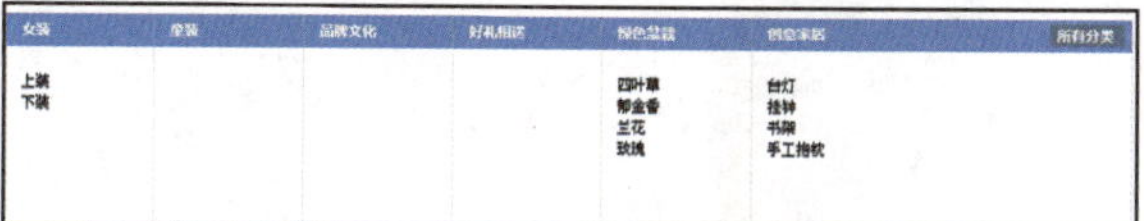
图6-135　模块效果

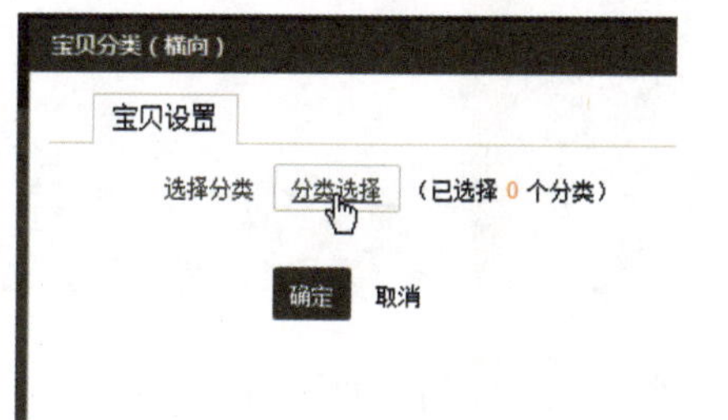

图6-136　单击"分类选择"按钮

05 在打开的对话框中可以选择添加的分类，如图6-137所示，单击"保存"按钮即可。

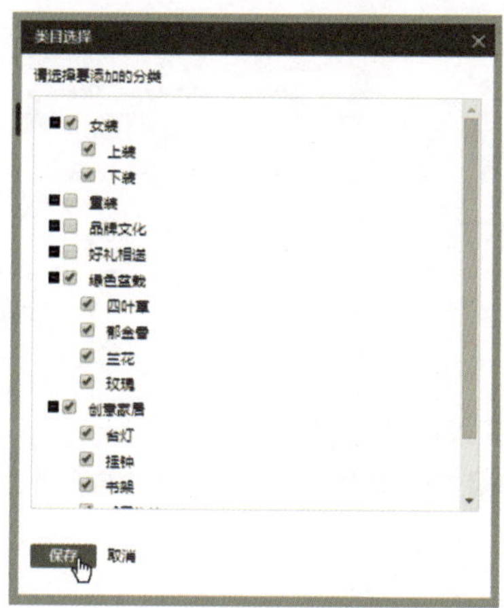
图6-137　选择添加的分类

6.3.6　千万别忘了还有尾页

很多卖家在装修时总是忽略页尾部分。店铺的页尾是店铺的最后一屏，这个部分没有预置的模块，但是可以添加自定义内容区，因此其灵活性还是很大的。

页尾的作用不可小觑，页尾能包含强大的信息量，包括店铺声明和公告之类的信息，可以在方便买家的同时体现店铺的全方位服务。店铺尾页多使用简短的文字加上代表性的图标来传达相关信息，图6-138所示为一款比较有代表性的页尾设计。

图6-138　页尾设计

店铺底部导航：精美的图片+宝贝分类，方便顾客选择。

返回首页、顶部按钮：在页面过长的情况下，加上返回顶部或首页链接可以方便顾客快速跳转到顶部或首页。

收藏、分享店铺：在页尾添加收藏、分享店铺的链接能方便买家收藏，留住客户。

旺旺客服：便于买家联系客服，更多地解决顾客问题。

二维码设置：扫一扫更方便顾客使用手机浏览，如果有相关的服务号信息，如扫码有惊喜或扫码领取会员卡等营销内容，对于招揽粉丝是非常不错的。

温馨提示：如关于快递、售后服务、发件与收货等信息可以帮助顾客快速解决购物过程中的问题，减少买家对常见问题的咨询量。

6.4　内容充实——越详细越靠谱

一般情况下，买家通过淘宝点击宝贝后进入的就是宝贝的详情页，详情页是买家决定是否购买的关键因素。对于大多数淘宝卖家来说，宝贝详情页是其命脉所在，有好的详情，才会有好的成交量与转化率。因此，宝贝详情页的装修是十分重要的。

6.4.1 这些区域是设置重点

宝贝详情页是打开宝贝后对宝贝进行展示与介绍的页面，图6-139所示为默认宝贝详情页面。

图6-139 默认宝贝详情页面

一个宝贝详情页通常包括以下几点。

1. 左侧模块

左侧模块通常用来添加联系客户，宝贝分类、宝贝排行榜等信息。在左侧模块中可以添加“自定义内容区”模块来丰富详情页，并能合理利用店铺的每个角落。每个宝贝详情页的左侧模块都是相同的。

2. 右侧模块

宝贝详情页的右侧模块为主要展示区，用来展示宝贝，宽度为750像素，高度自定。右侧固有的“宝贝描述信息”和“宝贝相关信息”模块都不可删除也不可编辑，可以在右侧模块中添加“自定义内容区”模块。不同的宝贝详情页的右侧模块区域均不同。

- 宝贝描述信息

宝贝描述信息的内容是在发布每款宝贝时填写的内容。宝贝描述分为电脑端描述和手机端描述，如图6-140和图6-141所示。

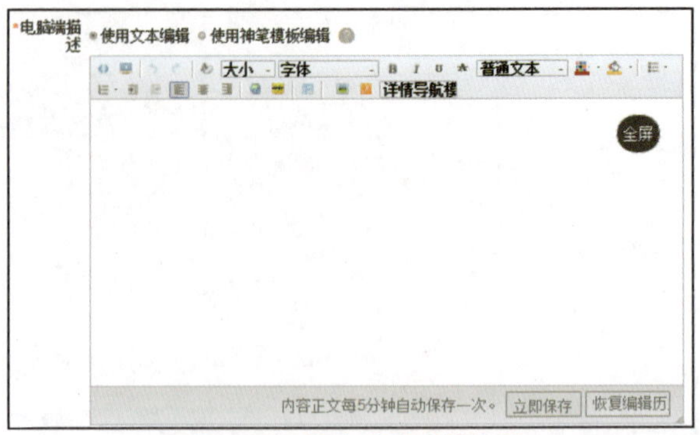

图6-140 电脑端宝贝描述区

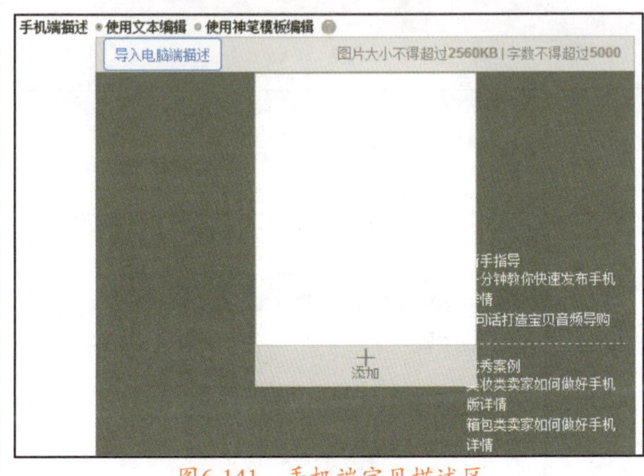

图6-141 手机端宝贝描述区

当然，出售中的宝贝也可以修改宝贝描述信息。在“出售中的宝贝”中单击宝贝后的“编辑宝贝”链接，如图6-142所示，单击即可跳转到修改页面。

图6-142 单击“编辑宝贝”链接

- 宝贝相关信息

宝贝相关信息用来显示宝贝的成交记录，该模块不可删除且不可更改。

6.4.2 用关联推荐俘获客户

“旺铺关联推荐”模块相当于之前的“旺铺猜你喜欢”，可以根据顾客的浏览、搜索、下单和喜好，为顾客推荐他们可能会喜欢和有可能会购买的商品。

01 进入店铺装修后台，单击“页面装修”选项，在页面选项框的下拉列表中选择“默认宝贝详情页”，如图6-143所示。

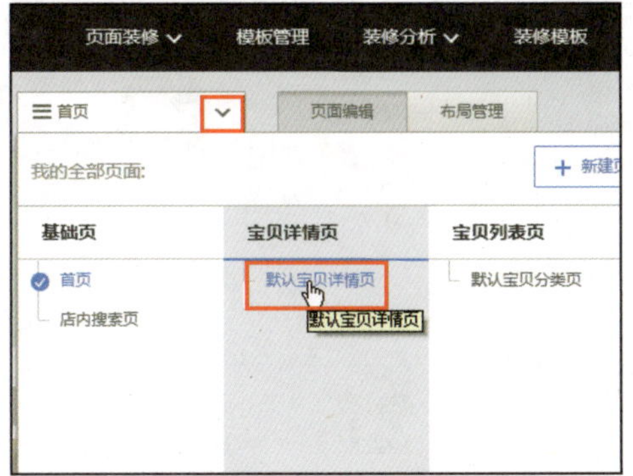

图6-143 选择“默认宝贝详情页”选项

02 在左侧模块中选择“旺铺关联”模块，将其拖入右侧相应的位置，如图6-144所示。

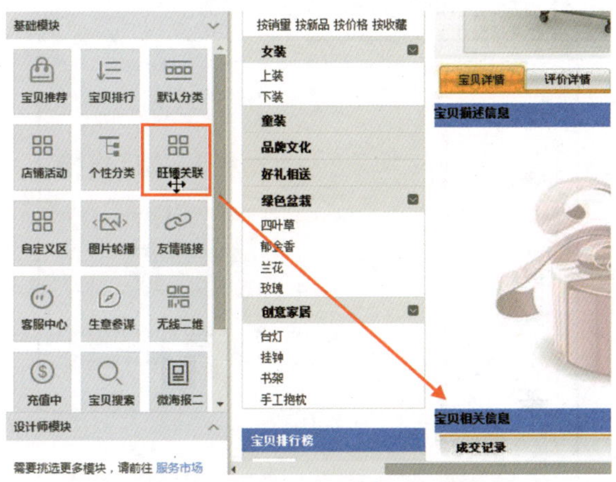

图6-144 拖入“旺铺关联”模块

03 添加的模块如图6-145所示。

图6-145 添加的模块

04 单击“发布站点”按钮确认发布，进入任意宝贝详情页面，即可看到新增的模块内容，如图6-146所示。

图6-146 模块的实际效果

6.4.3 如何让描述直击人心

淘宝神笔是淘宝专为卖家提供的宝贝详情描述模板，可以快速便捷地做出具有设计美感的详情描述。

01 选择一款出售中的宝贝，进入“编辑宝贝”页面，在电脑端描述栏里，选中“使用神笔模板编辑”单选按钮，再单击“立即使用”按钮，如图6-147所示。

图6-147 单击“立即使用”按钮

02 弹出“淘宝神笔宝贝详情编辑器”页面，单击右上角的“更换模板”按钮，如图6-148所示。

03 弹出模板对话框，单击“去模板市场看看”链接，如图6-149所示。

04 在弹出的页面中选择一种模板并单击，如图6-150所示。

05 单击“立即使用”按钮，如图6-151所示。

06 返回到“编辑器”页面，选择中间的详情，在图片上单击，然后单击左侧的“改换图片”按钮即可更换图片，如图6-152所示。

图6-148 单击“更换模板”按钮

图6-149 单击“去模板市场看看”链接

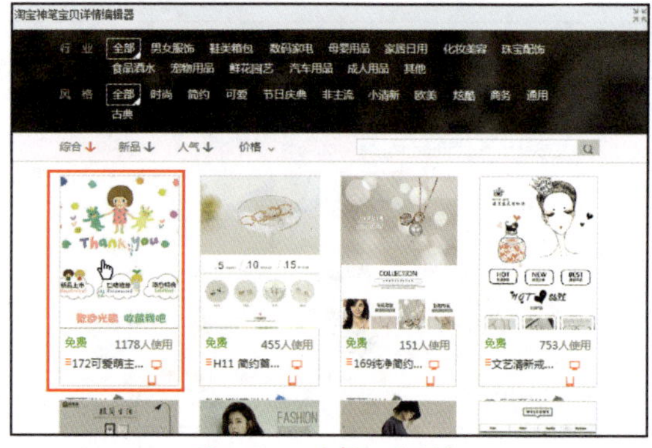

图6-150 选择一个模板

图6-151 单击“立即使用”按钮

图6-152 单击“改换图片”按钮

07 单击文字部分，在左侧可以修改文字内容、字体、大小和颜色等，如图6-153所示。

图6-153 更改文字

08 在右侧的“模块管理”中可以选择需要添加的模块，或调整模块的位置，如图6-154所示。

图6-154 模块管理

09 编辑完成后，单击右上角的“预览”按钮可预览效果，如图6-155所示。

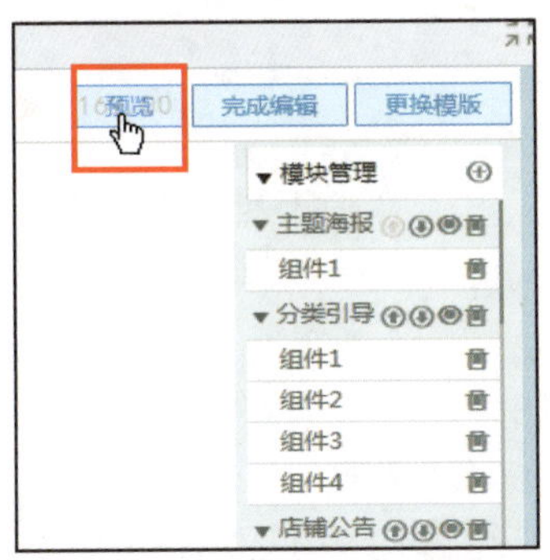

图6-155 单击“预览”按钮

10 单击“完成编辑”按钮，如图6-156所示。返回“宝贝编辑”页面，详情页编辑完成，单击“发布”按钮即可。

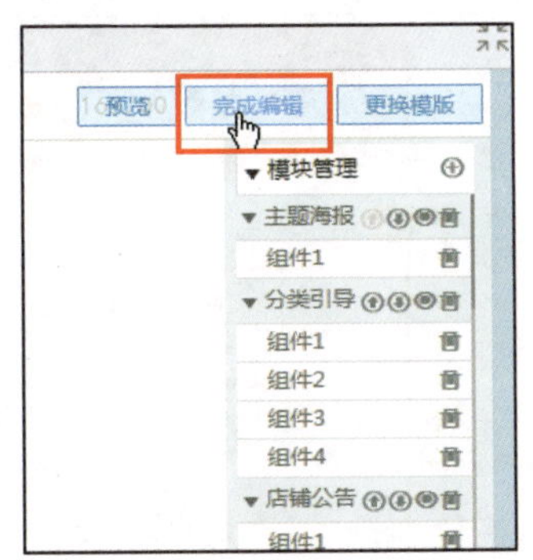

图6-156 单击“完成编辑”按钮

6.4.4 详情页上的“传送门”

在详情页设置快速导航可以方便买家快速找到想要的信息。

01 选择一款宝贝，进入“宝贝编辑”页面，在宝贝描述下单击“详情导航模块”按钮，在展开的列表中单击“新建模块”按钮，如图6-157所示。

图6-157 单击“新建模块”按钮

02 在跳转的页面中填写信息，单击“新增并立即使用”按钮，如图6-158所示。

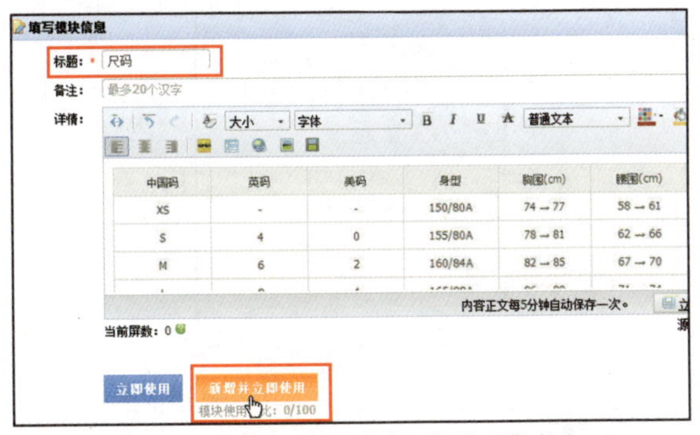

图6-158 单击“新增并立即使用”按钮

03 此时，在宝贝描述中即新增了设置的模板，如图6-159所示。

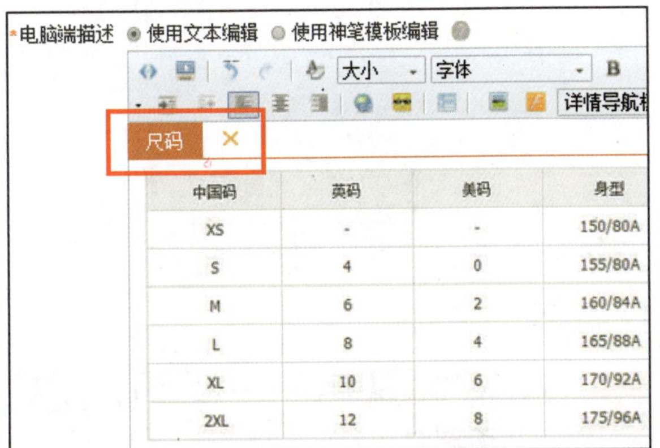

图6-159 新增了设置的模板

04 使用同样的方法，还可以设置其他模板，如图6-160所示。

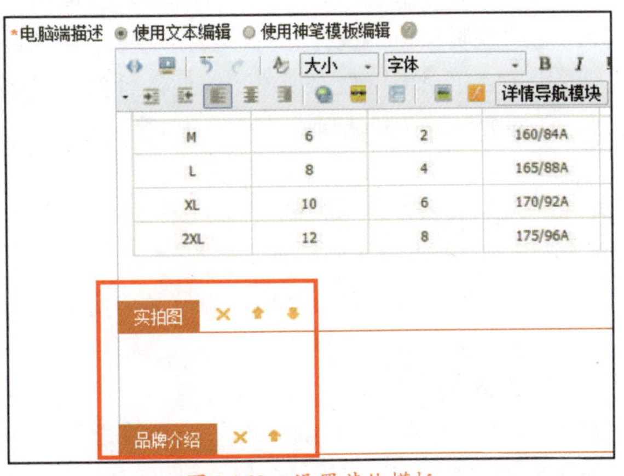

图6-160 设置其他模板

05 单击“发布”按钮，进入宝贝页面，右侧显示了“快速直达”的导航，如图6-161所示。

06 对于新增的模板，也可以应用到其他宝贝上，在宝贝描述中将光标定位到相应的位置，选择

"详情导航模块"下的一个任意选项，如图6-162所示，即可在原内容前添加导航菜单。

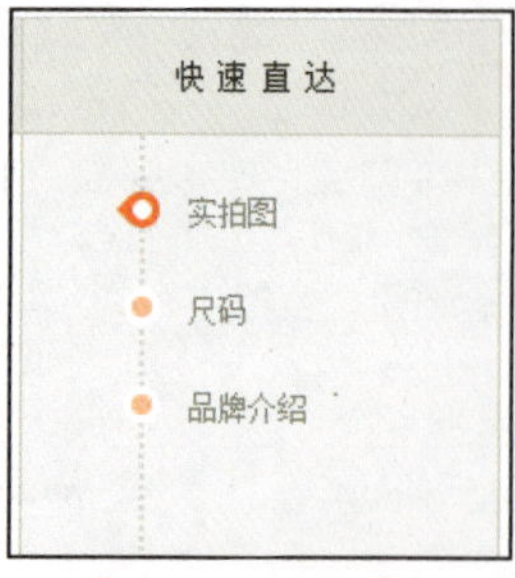

图6-161　显示导航

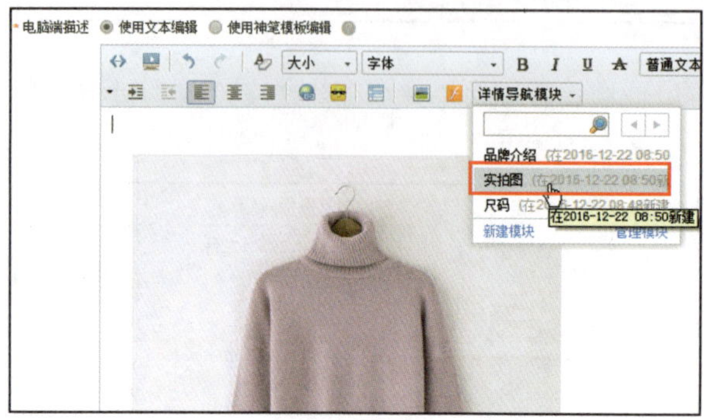
图6-162　选择选项

6.5　立体开店——手机店也要装

前面讲的装修都是PC端（即电脑）店铺的装修，而这些页面用手机打开时，会出现排版错乱或因图片尺寸不对而压缩等现象。因此，针对手机用户，还需要装修手机店铺。

6.5.1　首页简洁明了是关键

下面从首页开始进行装修，当然简洁明了的店铺风格更吸引人哦。

1. 进入装修后台

01 进入"卖家中心"页面，在"店铺管理"应用下单击"手机淘宝店铺"链接，如图6-163所示。

02 单击"无线店铺"下方的"立即装修"按钮，如图6-164所示。

03 跳转页面，在"装修手机淘宝店铺"下单击"店铺首页"按钮，如图6-165所示。

图6-163　单击"手机淘宝店铺"链接

图6-164　单击"立即装修"按钮

图6-165　单击"店铺首页"按钮

04 进入"手机淘宝店铺首页"装修页面，如图6-166所示。

图6-166　手机淘宝店铺首页装修页面

2. 店标装修

若在店铺基本设置页面上传了店标，则手机店铺中会显示店标。下面介绍如何修改店标。

01 在“无线装修”页面单击手机上方的页头区域，如图6-167所示。

图6-167 单击页头

02 在右侧出现的编辑区域中单击“修改店铺标志”链接，如图6-168所示。

图6-168 单击“修改店铺标志”链接

03 在跳转的页面中单击“上传图标”按钮，如图6-169所示。

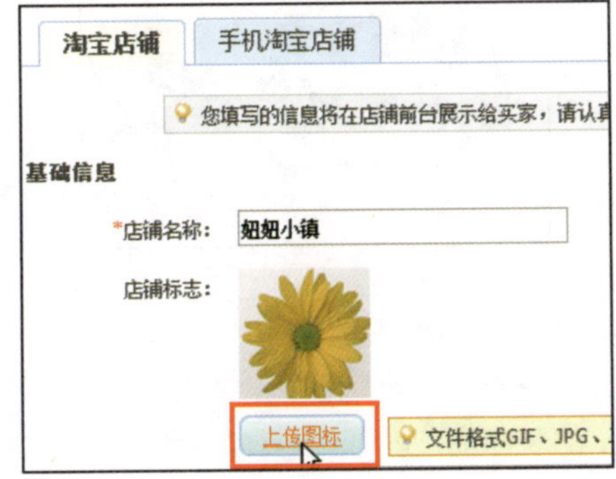

图6-169 单击“上传图标”按钮

04 在打开的对话框中选择店标，然后单击“打开”按钮即修改了店标，如图6-170所示。

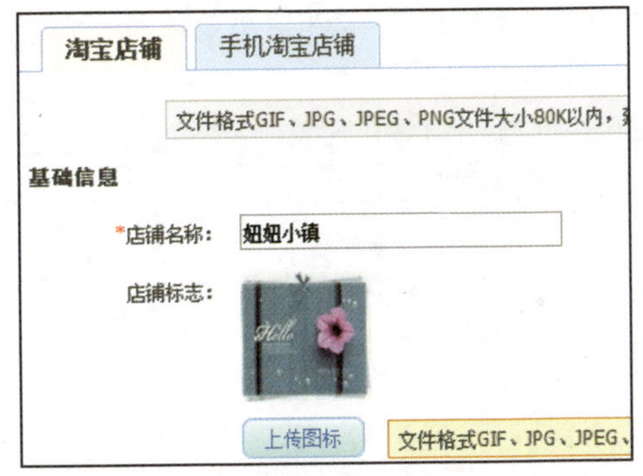

图6-170 修改店标

05 单击该页底部的“保存”按钮保存修改，如图6-171所示。

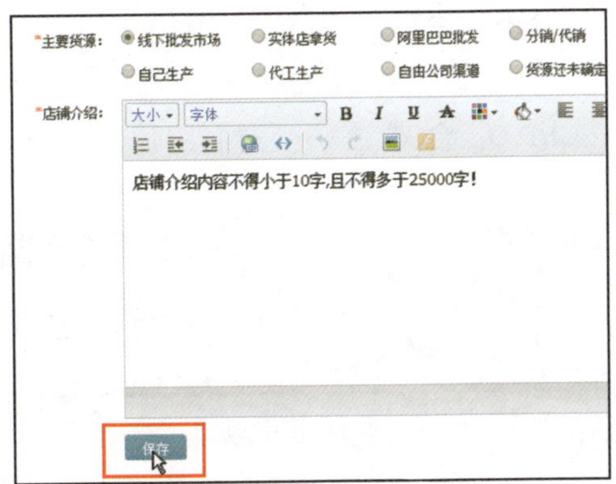

图6-171 单击“保存”按钮

06 返回到“无线装修”页面，刷新页面，此时店铺中的店标已经修改，如图6-172所示。

图6-172 店标修改完成

3. 店招装修

手机店铺默认是没有店招的，装修店铺需要先制作好店招图片。无线店铺的店招大小为642像素×

200像素。

01 启动Photoshop软件，新建空白文档，设置文档尺寸为642像素×200像素，单击“确定”按钮，如图6-173所示。

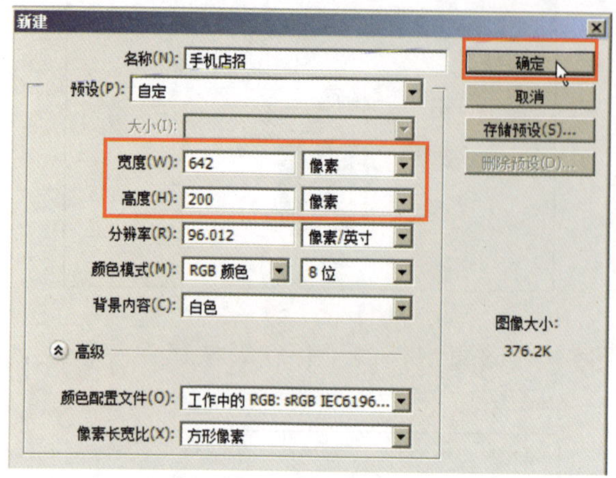

图6-173 新建文档

02 按Ctrl+O组合键打开一张素材图片，如图6-174所示。

图6-174 打开素材

03 将其拖入“手机店招”文档中，并按Ctrl+T组合键调整图片大小，如图6-175所示。

图6-175 拖入店招

04 使用自定形状工具，在选项栏中设置填充颜色为白色，描边颜色为10%灰，单击形状后的三角按钮，在展开的类别中选择“云彩1”，如图6-176所示。

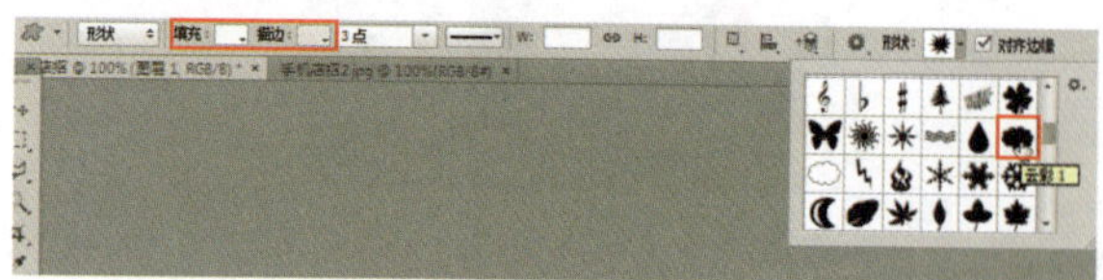

图6-176 选择形状

05 在画布中单击并拖动鼠标，绘制一个云朵形状，如图6-177所示。

06 使用同样的方法，通过自定形状工具，选择“云彩2”及“蝴蝶”绘制其他的图形，如图6-178所示。

图6-177 绘制云朵

图6-178 绘制其他图形

07 使用横排文字工具依次输入文本，完成制作，完成效果如图6-179所示。

图6-179 完成效果

08 将图片保存为JPEG格式，并上传到图片空间。

09 进入“无线装修”页面，选择页头，将鼠标放置于右侧的店招位置，单击“重新上传”按钮，如图6-180所示。

图6-180 单击“重新上传”按钮

10 在打开的对话框中选择刚刚上传至图片空间的图片，单击“上传”按钮，如图6-181所示。

11 店招的装修完成，如图6-182所示。

图6-181 上传图片

图6-182 完成店招装修

4. 图文模块装修

图文模块可以制作多种效果。

01 使用Photoshop制作优惠券图片，尺寸为248像素×146像素，如图6-183所示，保存为JPG格式并上传到图片空间。

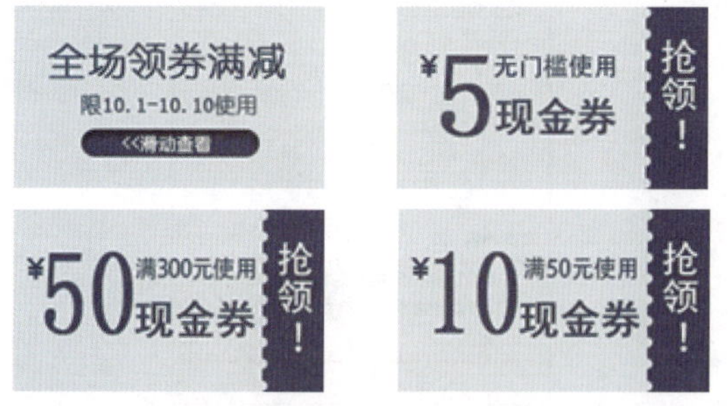

图6-183 制作优惠券图片

02 制作海报图片，尺寸为608像素×304像素，如图6-184所示。

图6-184 制作海报图

03 制作分类图，尺寸为296像素×160像素，如图6-185所示。

图6-185 制作分类图

04 进入“无线装修”页面，将“图文类”模块下的“多图”模块拖入手机界面，并调整到最上方。

05 在右侧上传图片并设置图片的链接，如图6-186所示。

图6-186 上传图片并设置链接

06 单击“确定”按钮，手机左侧的显示效果如图6-187所示。

图6-187 确认效果

07 将“轮播图”模块拖入手机的右侧，上传图片并设置链接，如图6-188所示。

图6-188 上传图片并设置链接

08 单击“确定”按钮后的显示效果如图6-189所示。

图6-189 显示效果

09 将“双列图片”模块拖入手机界面，上传图片并设置链接，如图6-190所示。

图6-190 上传图片并设置链接

10 使用同样的方法，再次拖入一个“双列图片”模块，上传图片并设置链接。

11 单击“确定”按钮后的显示效果如图6-191所示。

图6-191 显示效果

12 选择“文本”模块，将其添加到手机界面，在右侧输入文本内容，如图6-192所示。

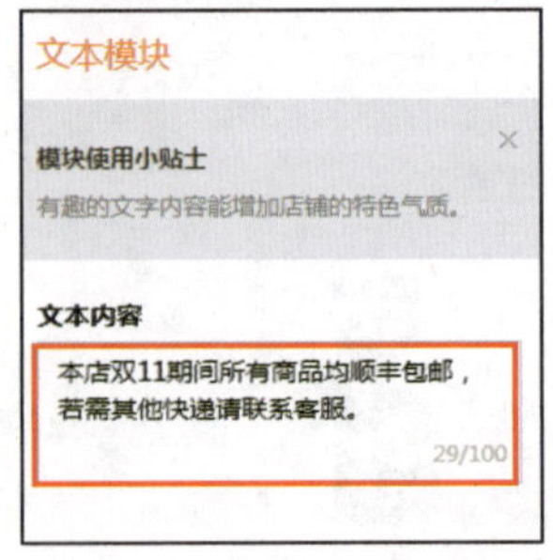

图6-192 输入文本内容

13 选择“标题”模块添加到手机界面，输入文字内容并设置链接，如图6-193所示。

图6-193 标题模块

14 单击“确定”按钮后的显示效果如图6-194所示。

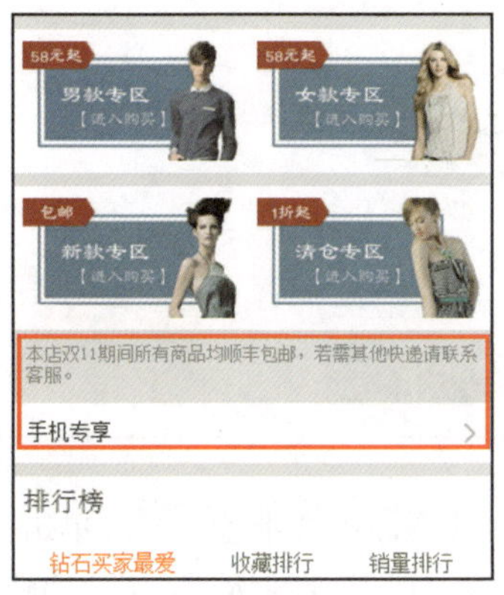

图6-194 显示效果

15 单击“发布”下的“立即发布”按钮，如图6-195所示。

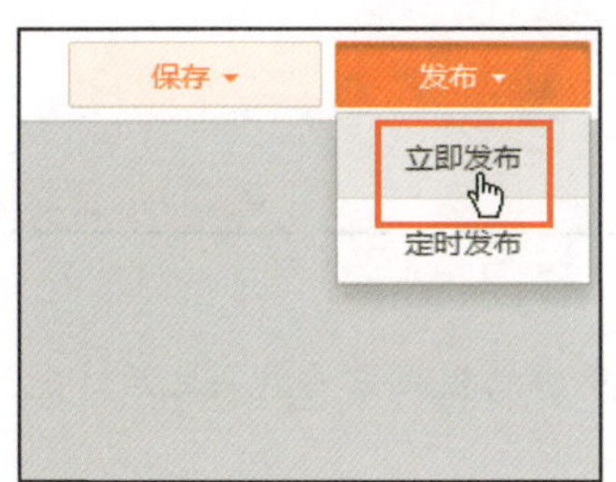

图6-195 单击“立即发布”按钮

16 在打开的对话框中选择链接，右击，在弹出的快捷菜单中选择“转到…”命令，如图6-196所示。

图6-196 选择“转到…”命令

17 打开手机店铺预览页面，如图6-197所示。

图6-197 预览页面

TIPS 除此之外，还可以在“无线运营中心”页面选择“用户设置”选项，在跳转的页面中设置账号简介和店铺标志等信息，单击“首页链接”后的“复制”按钮，还可以复制手机店铺的链接，如图6-198所示。复制地址后在浏览器中打开即可。

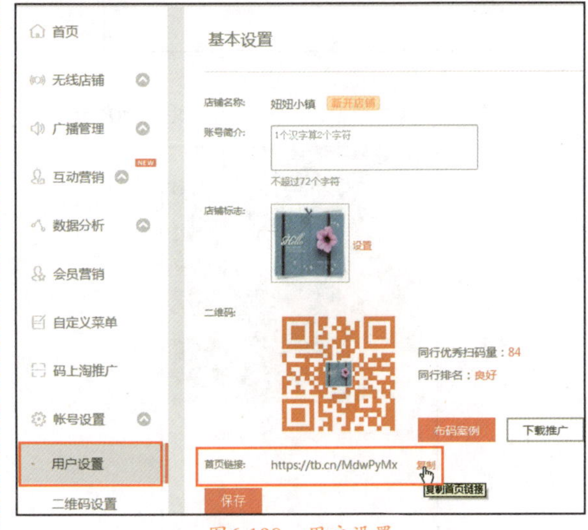

图6-198 用户设置

6.5.2 详情页上要多花心思

很多人认为编辑电脑详情页后，手机店铺也可以显示该宝贝详情，但是由于手机与电脑对图片尺寸的要求不同，导致很多宝贝详情页出现图片不显示或排版错乱的情况。因此，为了使手机用户获得更好的购物体验，详情页也要多花点心思哦。

1. 自动生成手机详情页

01 在填写宝贝描述时，单击“手机端”下方的“导入电脑端宝贝详情”按钮，如图6-199所示。

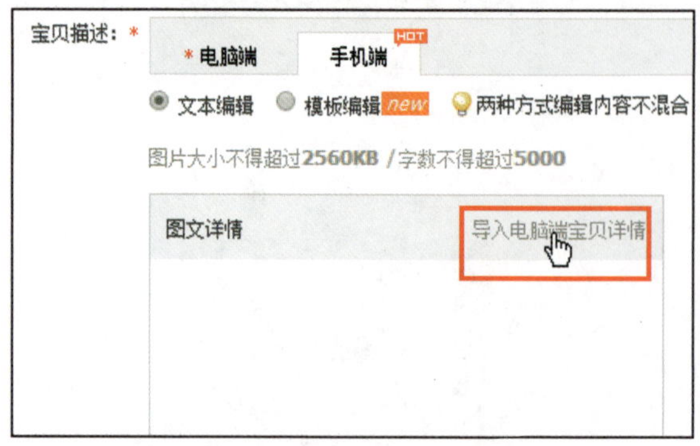

图6-199　单击“导入电脑端宝贝详情”按钮

02 在弹出的对话框中单击“确认生成”按钮，如图6-200所示。

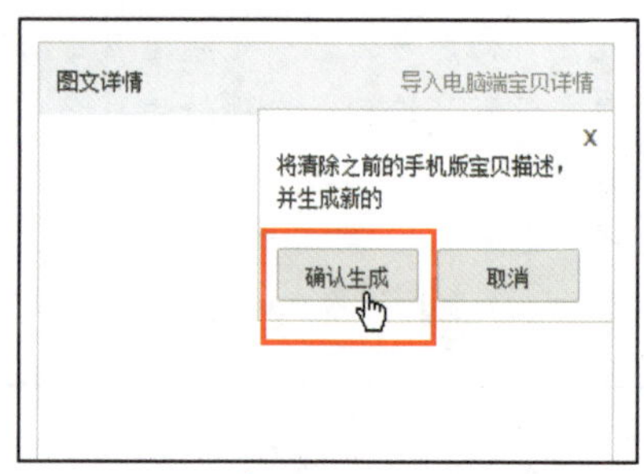

图6-200　单击“确认生成”按钮

03 手机端的详情页就自动生成了，如图6-201所示。

图6-201　自动生成的手机详情页

2. 移动神笔

前面讲到可以使用神笔生成宝贝详情描述页面，手机店铺的详情页也可以使用神笔生成。在“无线运营中心”页面选择左侧的“详情装修”选项，如图6-202所示。在右侧选择一个模板，跳转页面，在模板名称右侧有手机图标，表示支持手机店铺，单击“立即试用”按钮，如图6-203所示。

图6-202　选择“详情装修”选项

图6-203　单击“立即试用”按钮

在跳转的页面中选中宝贝，并单击“编辑手机详情”按钮，如图6-204所示，进入编辑页面编辑即可。

图6-204　单击“编辑手机详情”按钮

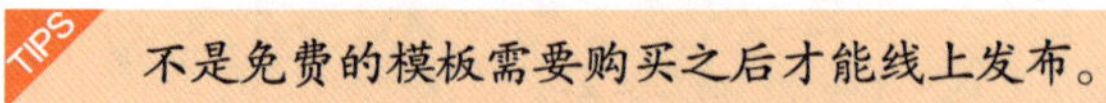

不是免费的模板需要购买之后才能线上发布。

6.5.3　自定义菜单很不简单

手机淘宝店铺的菜单在手机界面的最下方，菜单的内容可以自己选择设定。

01 在“无线运营中心”页面选择“自定义菜单”选项，如图6-205所示。

02 单击“创建模板”按钮，如图6-206所示。

03 在打开的界面中输入模板名称，单击“下一步”按钮，如图6-207所示。

04 选中分类前的复选框，右侧将显示效果，如图6-208所示。

图6-205 选择“自定义菜单”选项

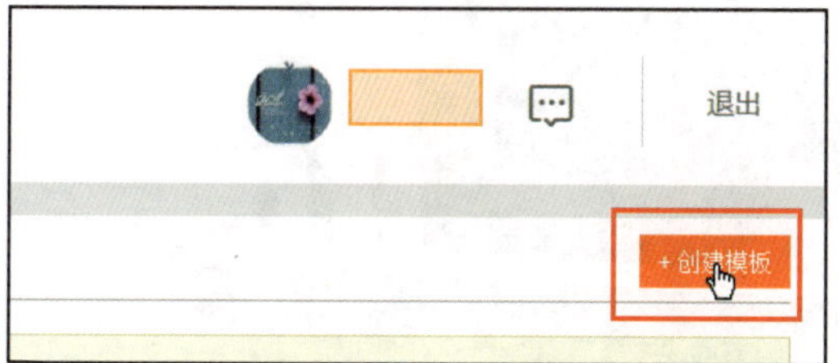

图6-206 单击“创建模板”按钮

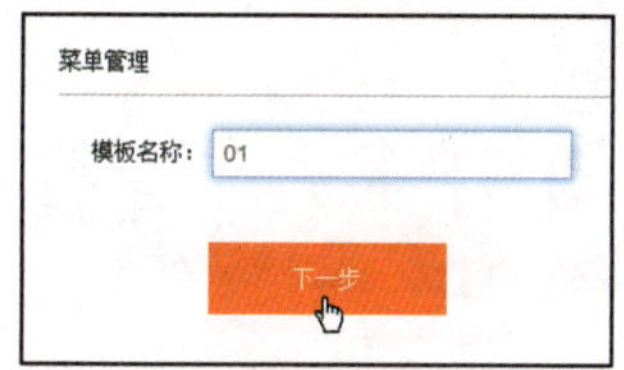

图6-207 单击“下一步”按钮

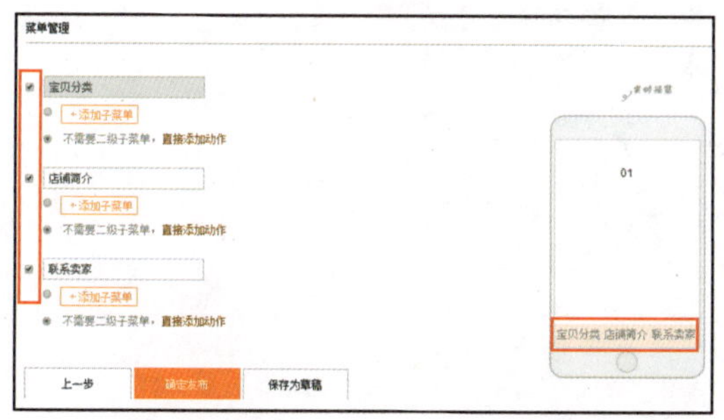

图6-208 选中分类

05 在“宝贝分类”下选中“添加子菜单”单选按钮，如图6-209所示。

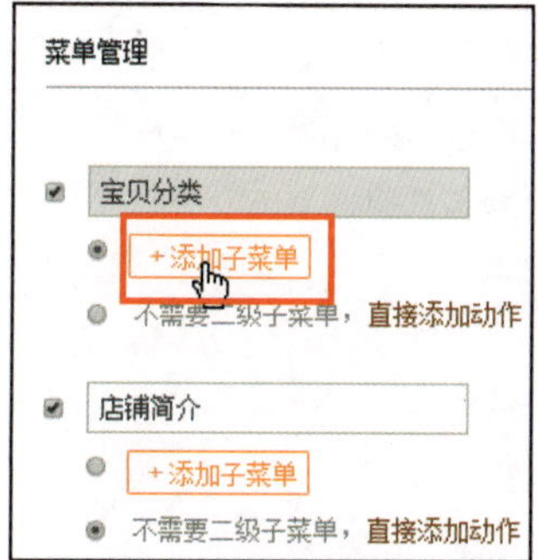

图6-209 选中“添加子菜单”单选按钮

06 输入子菜单名称，并选择分类，如图6-210所示。

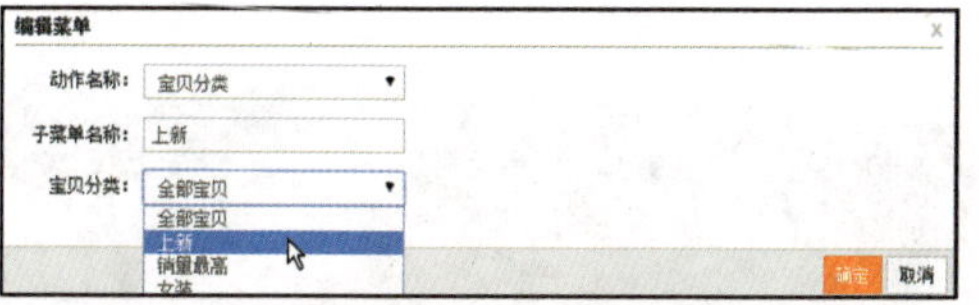

图6-210 选择分类

07 使用同样的方法，添加其他子菜单，如图6-211所示。

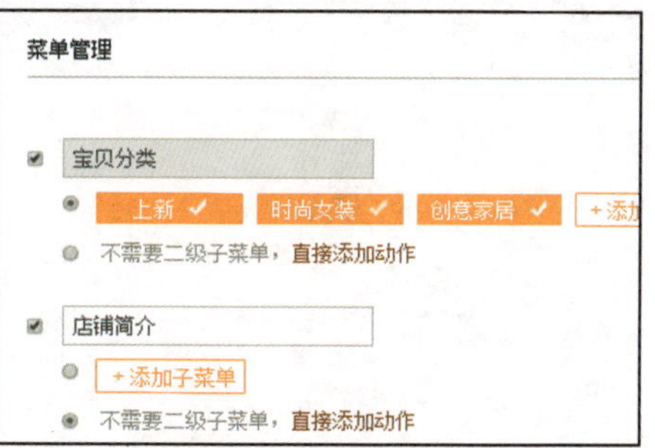

图6-211 添加其他子菜单

08 在右侧的手机界面中可以看到子菜单的效果，如图6-212所示。

图6-212 子菜单的效果

09 设置完成后，单击“确定发布”按钮，如图6-213所示。

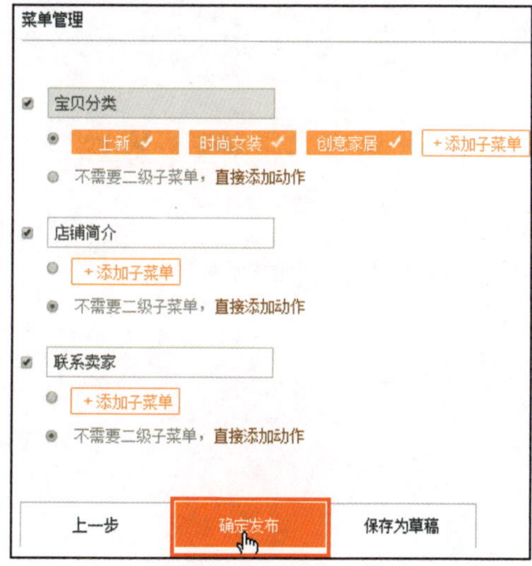

图6-213 单击“确定发布”按钮

一本就够

第7章　动态页面，定位与特效齐飞

在装修店铺时，用系统模板制作的效果有限，如全屏轮播图、收缩分类、悬浮广告、倒计时、鼠标点击翻转和切换等效果不能直接使用模板生成，而是需要使用代码。涉及代码的装修听起来很高深，其实并不难，这就是本章要讲的淘宝动态页面装修，淘宝动态页面能第一时间吸引买家眼球，提高点击率，带给顾客趣味性的购物体验。

7.1 初始动态页

也许有些人觉得“代码”遥不可及，但其实只要掌握了规律，就能够驾轻就熟。下面就来介绍与代码息息相关的装修知识。

7.1.1 “源代码”很简单

装修过淘宝店铺的人都使用过“自定义内容区”模块，这个模块是实现店铺多样化、特色化的关键，因为它是可以使用代码装修的。

在店铺装修后台，添加“自定义内容区”模块，选择并编辑“自定义内容区”模块，添加图片后在对话框中显示的是图片的效果，这是正常模式，如图7-1所示。

图7-1 正常模式

选中下方的“编辑源代码”复选框，进入“源代码模式”后，看到图片的显示效果为一串代码，如图7-2所示。也就是说实际后台中，代码才是最原始也是最初的组成部分。不仅如此，网页上的所有一切都是由代码组成的。

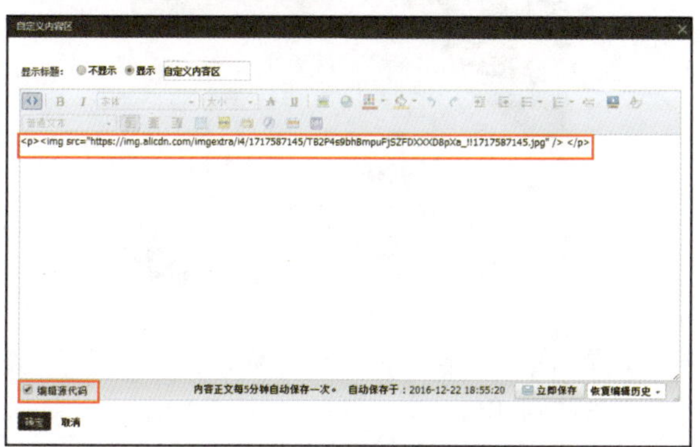

图7-2 源代码模式

7.1.2 代码切片也不难

在自定义内容区添加图片后，只能为图片添加一个链接，也就是单击图片的任何位置，都只会跳转到一个页面。如何才能单击图中相应的宝贝，就跳转到相应的页面？这需要将整张图片切开，并为图中的不同宝贝区域添加不同的链接。也可以使用热点区域设置链接。

01 启动Photoshop软件，在中间空白区域双击，在弹出的对话框中选择“第7章\7.1.2代码切片也不难”中的图片，打开图片，如图7-3所示。

图7-3 打开图片

02 按Ctrl+R组合键打开标尺，从标尺上拖出几条参考线，用参考线分割宝贝，如图7-4所示。

图7-4 分割宝贝

03 在工具箱中按住裁剪工具图标，在展开的工具组中选择切片工具，如图7-5所示。

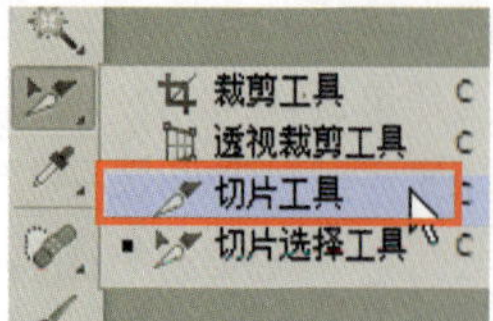

图7-5 选择切片工具

04 在选项栏中单击“基于参考线的切片”按钮，如图7-6所示。

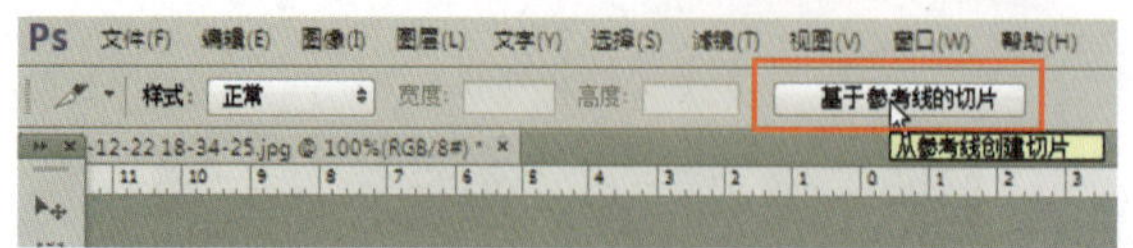

图7-6 单击“基于参考线的切片”按钮

05 此时图像被切为多个小块，如图7-7所示。

图7-7 图像

06 在工具组中选择“切片选择工具”，如图7-8所示。

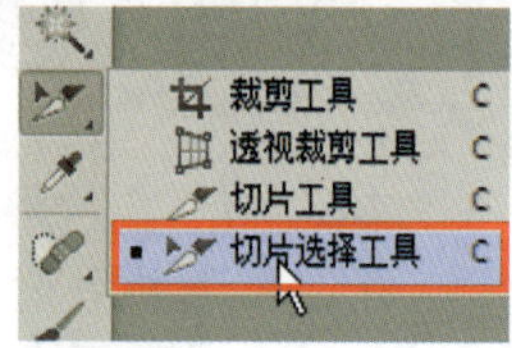

图7-8 选择“切片选择工具”

07 按住Shift键，选择不需要切开的两个切片，右击，在弹出的快捷菜单中选择“组合切片”命令，如图7-9所示。

08 使用同样的方法，组合其他切片，按Ctrl+；组合键隐藏参考线，组合后如图7-10所示。

图7-9 选择“组合切片”命令

图7-10 组合切片后的效果

09 选择切片，右击，在弹出的快捷菜单中选择“编辑切片选项”命令，如图7-11所示。

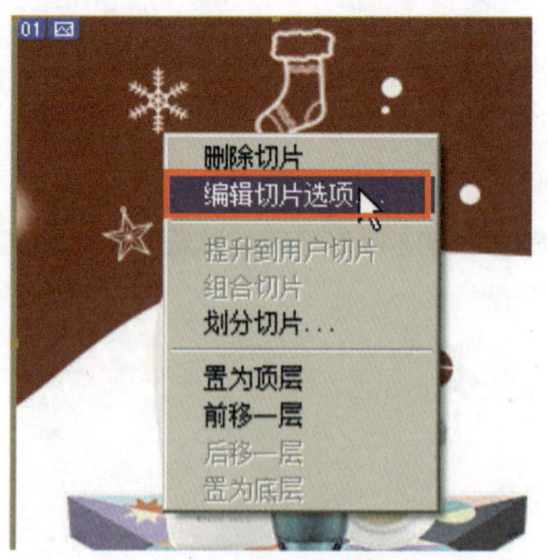

图7-11 选择“编辑切片选项”命令

10 在弹出的对话框中修改名称，并将宝贝的链接粘贴到URL文本框中，如图7-12所示，单击“确定”按钮。

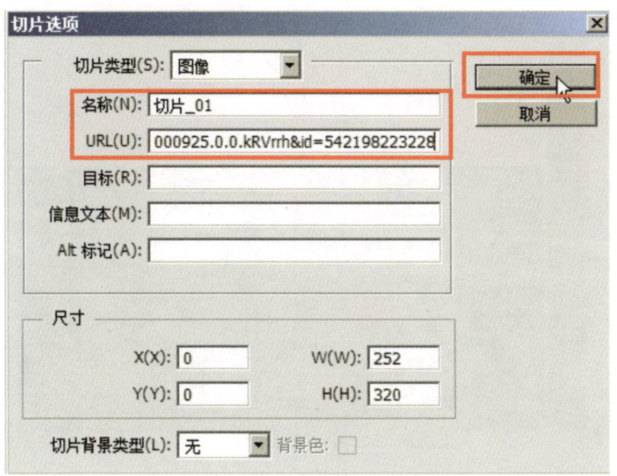

图7-12　设置切片选项

11 使用同样的方法，修改所有切片的名称，并修改宝贝所在切片的URL。

12 选择菜单“文件”|“存储为Web所用格式”命令，如图7-13所示。

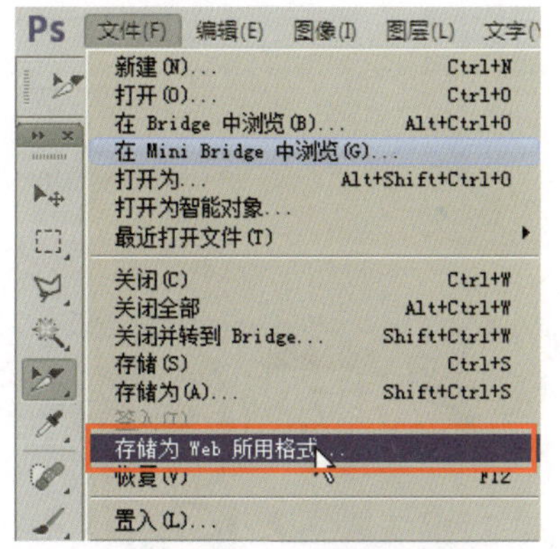

图7-13　选择“存储为Web所用格式”命令

13 弹出对话框，选择优化的格式为JPEG，并设置品质，单击“存储”按钮，如图7-14所示。

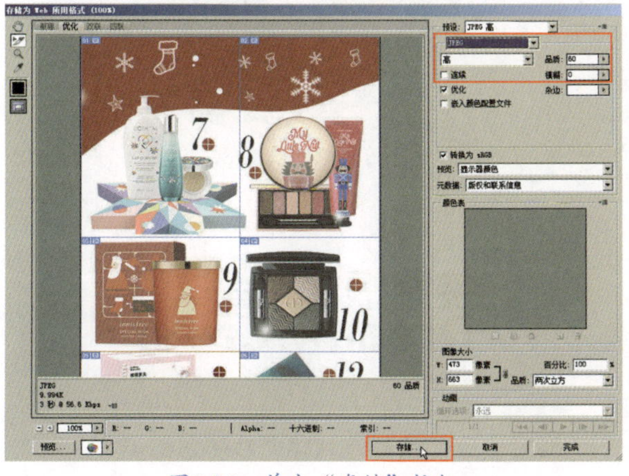

图7-14　单击“存储”按钮

14 弹出对话框，设置存储的位置和名称，并选择格式为“HTML和图像”，如图7-15所示。

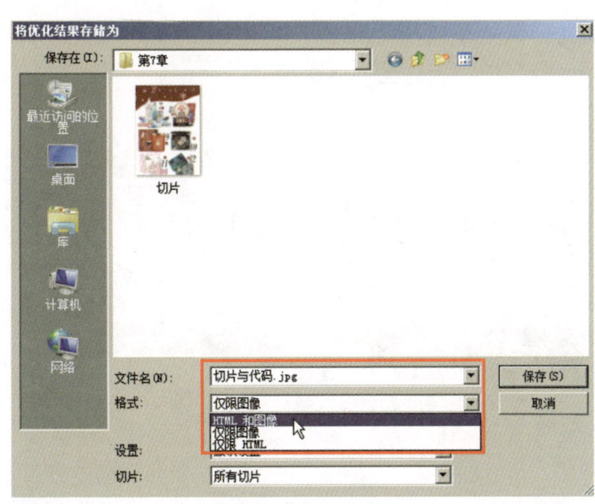

图7-15　选择格式

15 单击“保存”按钮，保存后将images文件夹中的所有图片上传到图片空间。

16 选择“切片与代码.html”文件，右击，在弹出的快捷菜单中选择“打开方式”|Adobe Dreamweaver CC命令，如图7-16所示。

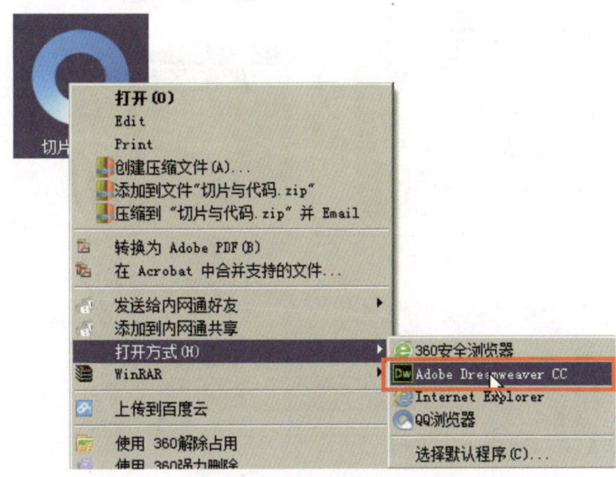

图7-16　选择Adobe Dreamweaver CC命令

17 使用Dreamweaver软件打开文件，如图7-17所示。

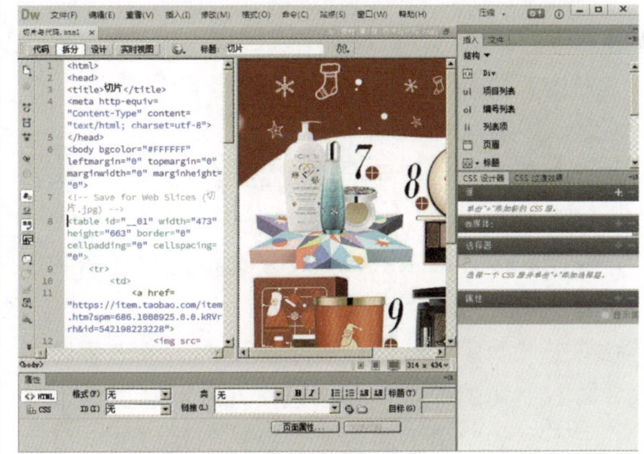

图7-17　打开文件

18 在图片空间中选择图片，单击下方的“复制链接”按钮，如图7-18所示。

图7-18 单击“复制链接”按钮

19 在Dreamweaver软件中选择对应的图片，在“属性”面板中选择Src中的内容，按Ctrl+V组合键粘贴链接，如图7-19所示。

图7-19 粘贴地址

20 使用同样的方法，将所有图片的Src替换成网络地址（即图片空间的链接地址）。

21 在代码区域选择<body>与</body>之间的代码，右击，在弹出的快捷菜单中选择“拷贝”命令，如图7-20所示。

22 进入装修后台，新增“自定义内容区”模块，单击模块右上角的“编辑”按钮，打开对话框，勾选“编辑源代码”复选框，然后粘贴代码，如图7-21所示。

23 单击“确定”按钮，关闭对话框。单击装修页面右上角的“预览”按钮，进入预览页面，单击不同的宝贝，测试是否跳转到相应的宝贝页面，如图7-22所示。

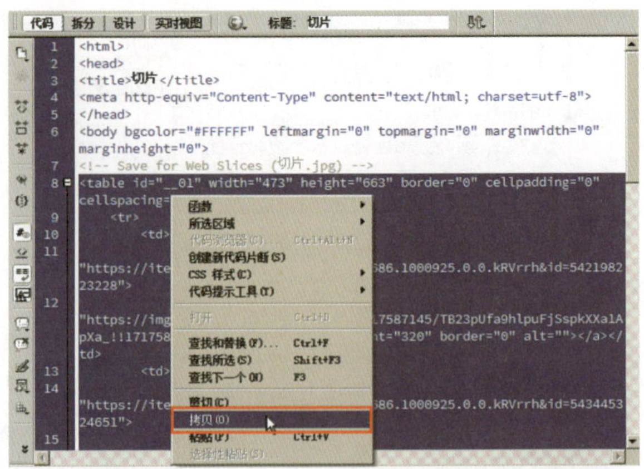

图7-20 选择“拷贝”命令

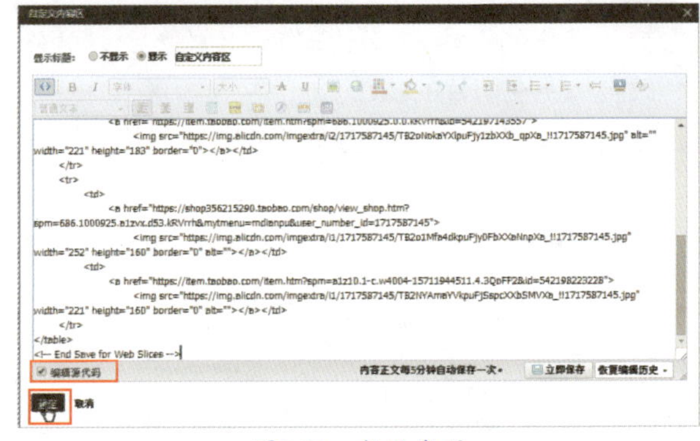

图7-21 粘贴代码

图7-22 预览

7.2 装修根本——Dreamweaver

编写代码的软件有很多，Dreamweaver是最常见的，下面介绍Dreamweaver的基本操作。

7.2.1　图文插入有一套

文字与图片的插入是最基本的操作。

1. 文字的插入

01 启动Dreamweaver软件，在“新建”栏下选择HTML选项，如图7-23所示。

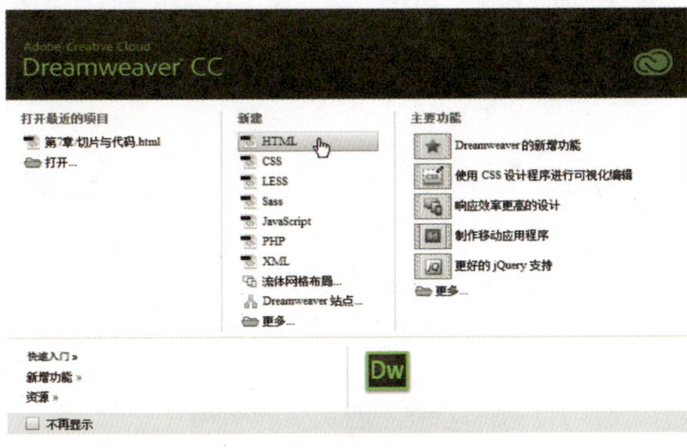

图7-23　选择HTML选项

02 打开编辑界面，在右侧输入文字，如图7-24所示。

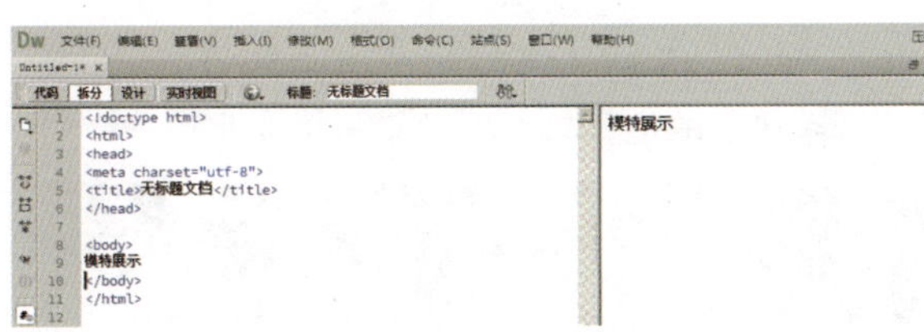

图7-24　输入文字

03 选中文字，在“属性”面板中单击CSS按钮，即可修改字体、大小、颜色等属性，如图7-25所示。

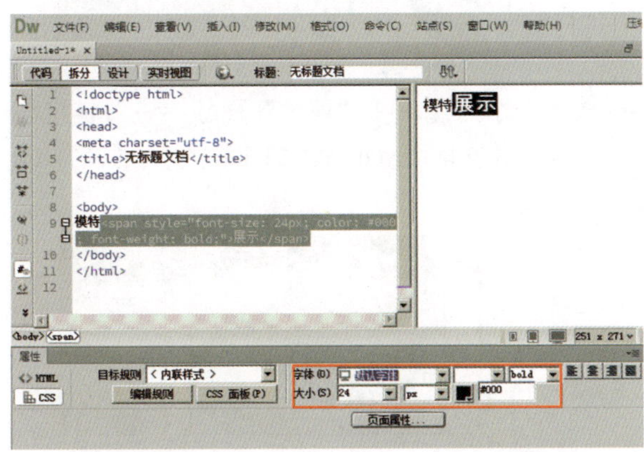

图7-25　修改属性

2. 图片的插入

01 新建HTML文档，单击“设计”按钮，进入“设计”视图，如图7-26所示。

02 选择菜单“插入”|“图像”|“图像”命令，如图7-27所示。

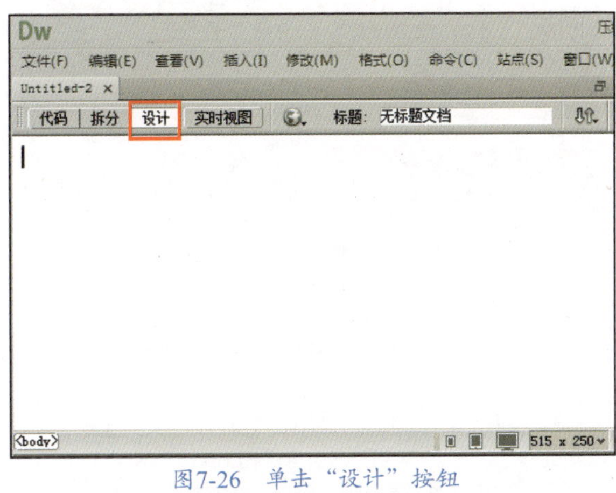

图7-26　单击“设计”按钮

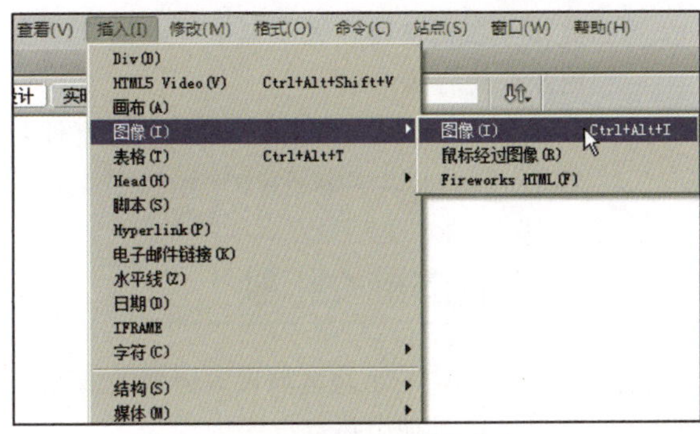

图7-27　选择“图像”命令

03 在弹出的对话框中选择图片，单击“确定”按钮，即可插入计算机中的图片。或者，在对话框的文件名中粘贴淘宝图片空间的图片链接地址，如图7-28所示。

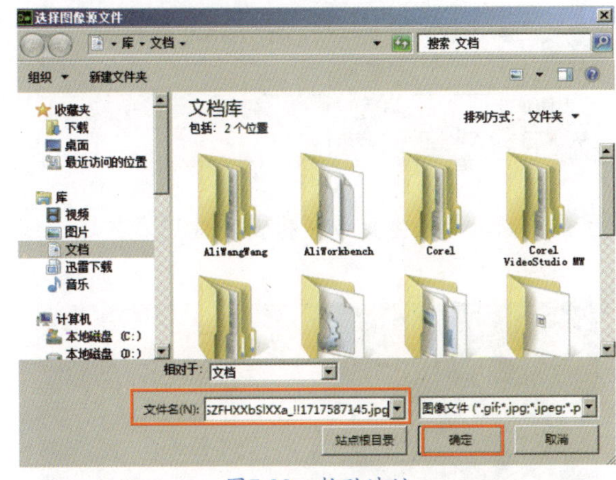

图7-28　粘贴地址

04 单击“确定”按钮即可插入网络地址中的图片，如图7-29所示。

05 选择图片后，在“属性”面板中可以设置参数，包括最常设置的链接和目标等，如图7-30所示。

图7-29 插入图片

TIPS 若图片不显示，将文档保存后重新打开即可。

图7-30 “属性”面板

* 链接：在“链接”文本框中可以设置单击图片后跳转的网址。
* 目标：在“目标”下拉列表中有6个选项，最常用的为“_bank”，即在新窗口中打开这个链接。

7.2.2 热点链接交相映

对于需要为图中的小块区域设置链接的情况，切片过于复杂，可以使用热点设置。

01 打开Dreamweaver软件，插入“素材\第7章\7.2.2 热点链接交相映”文件夹中的素材图片，在“属性”面板中单击矩形热点工具，如图7-31所示。

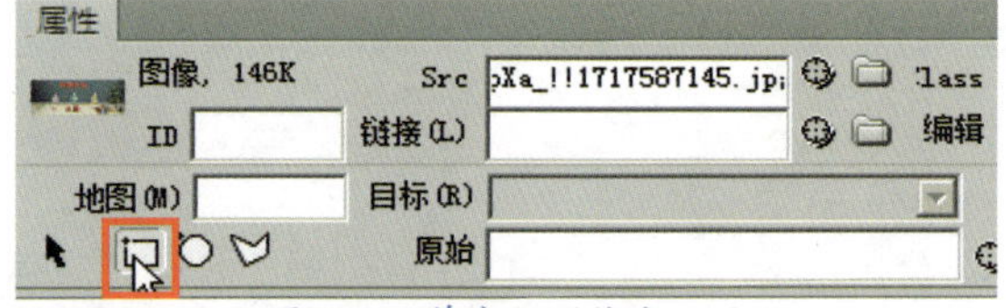
图7-31 单击矩形热点工具

02 在图像上单击并拖动鼠标，创建热点区域，如图7-32所示。

图7-32 创建热点区域

TIPS 除了矩形热点工具外，还有圆形热点工具和多边形热点工具，可以根据需要创建热点的区域形状来选择不同的热点工具。

03 弹出对话框，单击“确定”按钮，如图7-33所示。

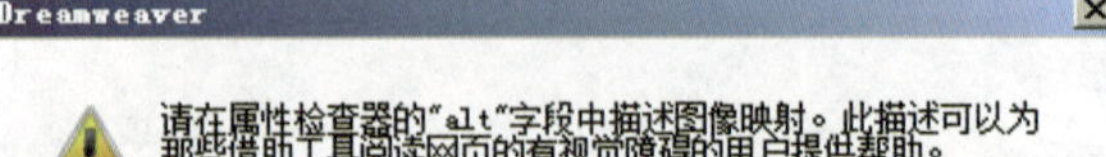

图7-33 单击“确定”按钮

04 使用同样的方法，创建其他热点。在“属性”面板中单击指针热点工具，如图7-34所示。

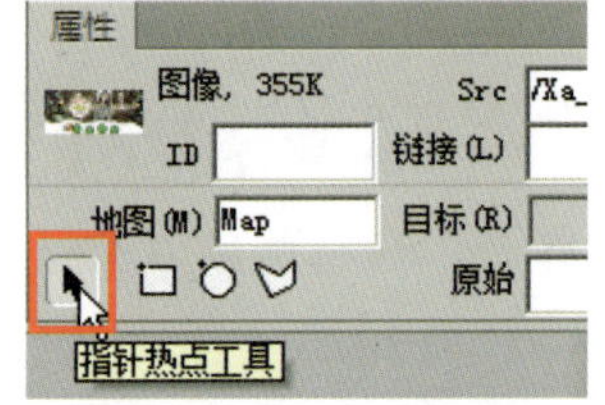

图7-34 单击指针热点工具

05 调整热点的位置与大小，如图7-35所示。

图7-35 调整热点的位置与大小

06 选择一个热点，在“属性”面板中设置链接与目标，并在地图Map后添加任意数字，如图7-36所示。

图7-36 设置属性

TIPS 目标为new表示单击热点后在新的页面中打开链接。

07 单击“代码”按钮，进入代码视图，选择<body>与</body>之间的代码，右击，在弹出的快捷菜单中选择“拷贝”命令，如图7-37所示。进入装修页面后，将代码粘贴到“自定义内容区”的源代码中，单击“确定”按钮，如图7-38所示。

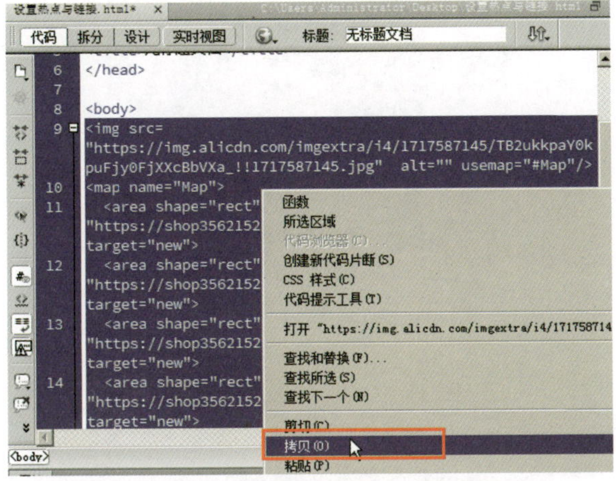

图7-37 选择“拷贝”命令

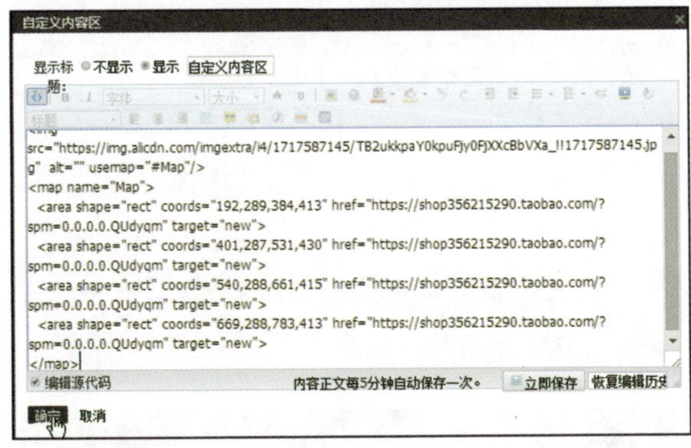

图7-38 单击“确定”按钮

08 单击页面右上角的“预览”按钮，预览装修效果，并测试链接是否可用，如图7-39所示。

图7-39 预览装修效果

7.2.3 嵌套功能很重要

表格的嵌套是使用表格排版的关键。

1. 插入表格

表格由行、列和单元格三部分组成。表格横向称为行，纵向称为列，行列交汇部分称为单元格，单元格是输入信息的地方。

01 新建HTML文档，选择菜单“插入”|“表格”命令，如图7-40所示。

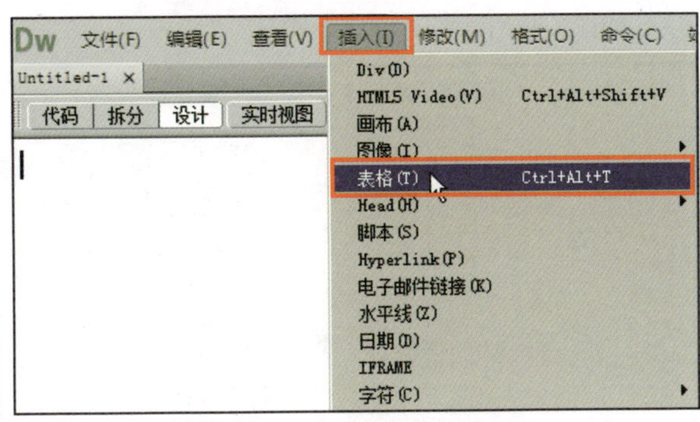

图7-40 选择“表格”命令

02 在打开的对话框中设置行数、列数以及表格宽度等参数，如图7-41所示。

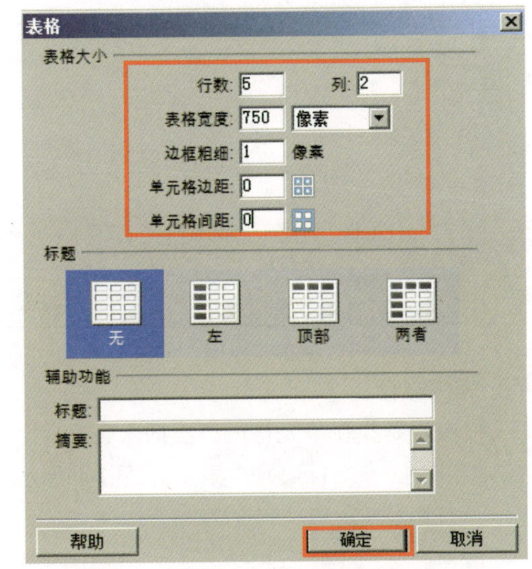

图7-41 设置参数

03 单击“确定”按钮，即可插入表格，如图7-42所示。

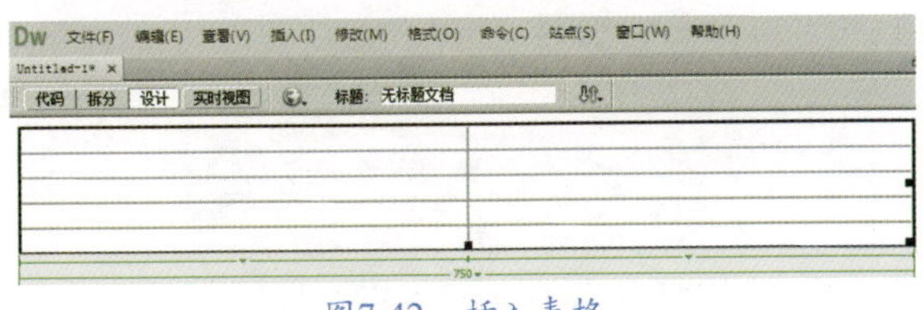
图7-42 插入表格

2. 选择与编辑表格

拖动鼠标，可以选择多个相连的单元格。按住Ctrl键依次单击表格中的单元格，可以选中不相连的单元格。编辑表格一般可以通过右键菜单完成。选中一个或多个单元格，右击，在弹出的快捷菜单中选择“表格”命令，在子菜单中可以看到合并和拆分等多种编辑选项，如图7-43所示。当需要修改表格的行、列和边距等属性时，可以单击表格下的三角按钮，选中表格，在“属性”面板中直接修改，如图7-44所示。

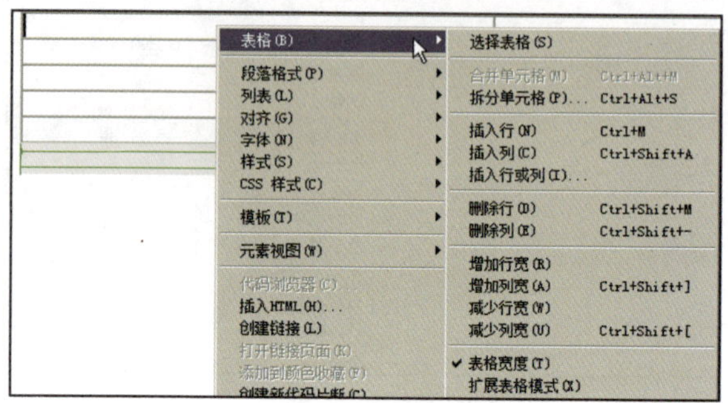

图7-43 选择“表格”命令

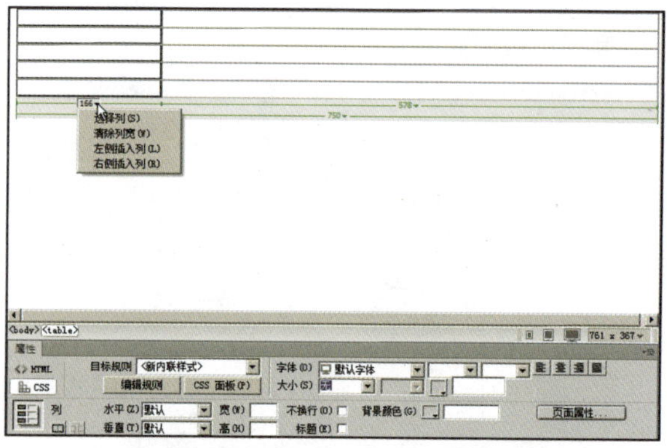

图7-44 修改“属性”面板

3. 表格嵌套

表格嵌套是指在单元格内再次插入表格。

01 在文档中插入一个1行2列的表格，如图7-45所示。

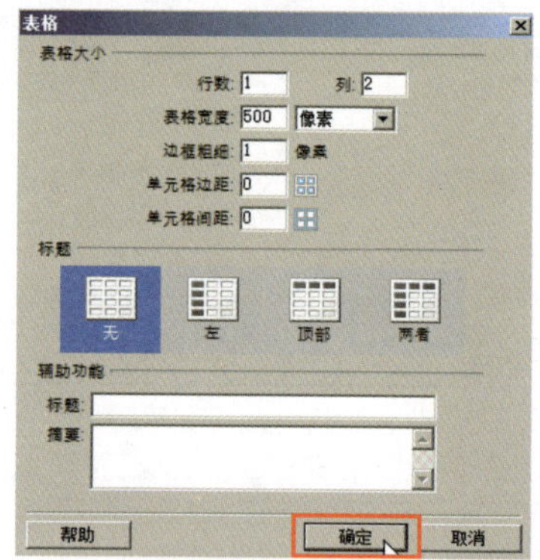

图7-45 “表格”对话框

02 将光标定位在第2列，如图7-46所示。

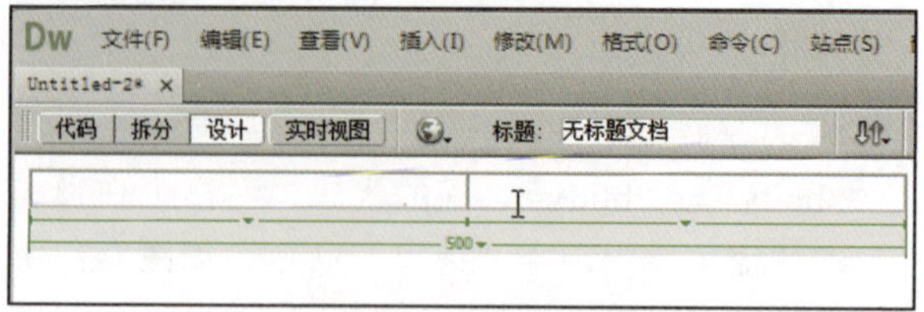

图7-46 定位光标

03 再次插入一个2行1列的表格，如图7-47所示。

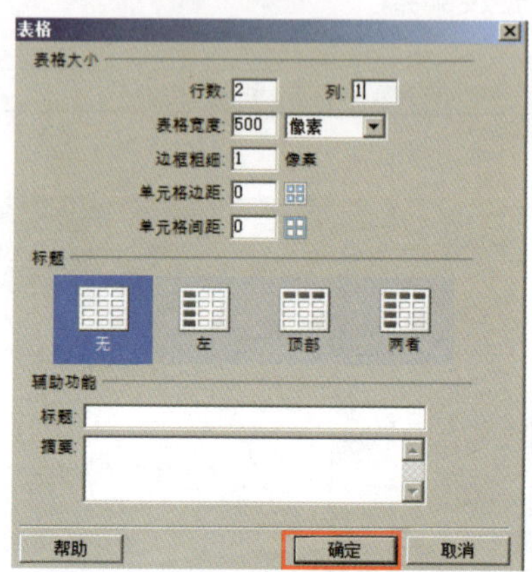

图7-47 设置表格参数

04 此时嵌套的表格效果如图7-48所示。

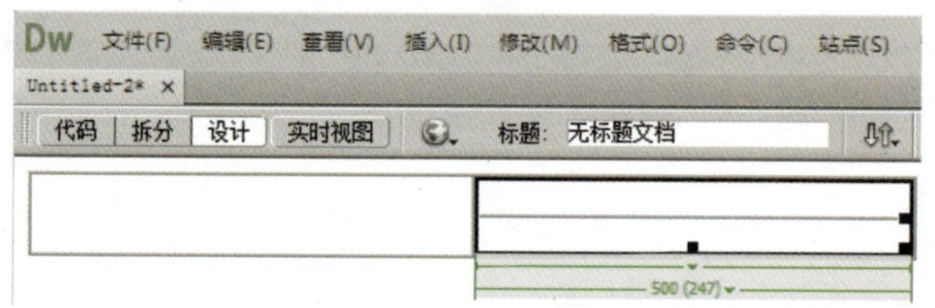

图7-48 嵌套表格

TIPS 在实际应用中，边框粗细设置为0。表格嵌套后，在表格内插入图片，如图7-49所示。

图7-49 实际应用

7.2.4 CSS到底是什么

CSS样式是网页代码中非常重要的组成部分，分为行内样式和外部样式。

1. 行内样式

下面以一个实例讲解什么是行内样式。

01 将光标定位在右侧的文字中，然后在状态栏中单击<p>标签，如图7-50所示。

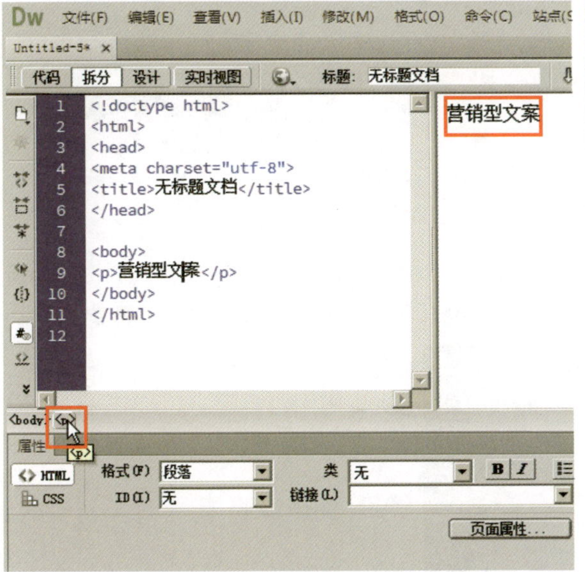

图7-50　单击<p>标签

02 选中标签后，单击“属性”面板中的CSS按钮，如图7-51所示。

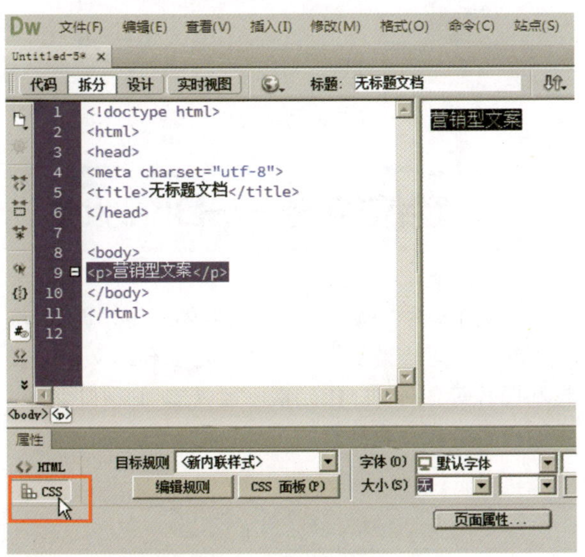

图7-51　单击CSS按钮

03 在“属性”面板中设置字体、大小、颜色、对齐、粗细等参数，如图7-52所示。

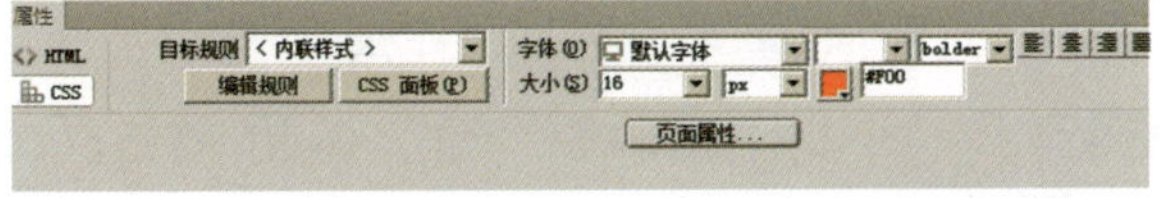

图7-52　设置属性

04 设置完成后，查看代码，如图7-53所示。红框标出的为新增的代码，这些代码就是样式。

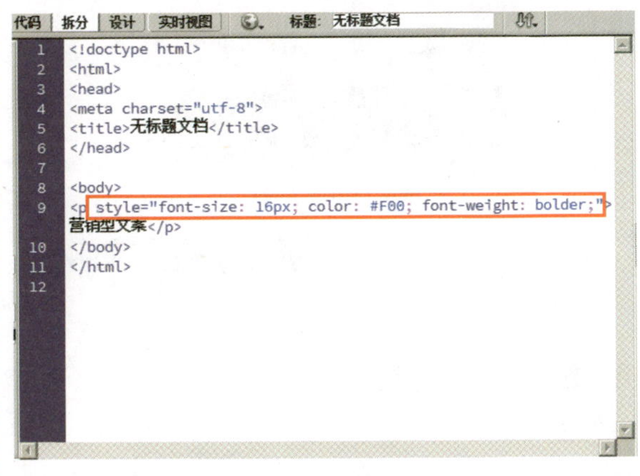

图7-53　新增样式代码

由于这些样式与<p>标签在同一行内，所以称之为行内样式，或<p>标签的样式属性。另外，单击“属性”面板中的“CSS面板”按钮，在展开的面板中可以设置更多样式。

2. 外部样式

01 在Dreamweaver右侧的“CSS设计器”面板中，单击“源”右侧的“+”按钮，在展开的下拉列表中选择“在页面中定义”选项，如图7-54所示。

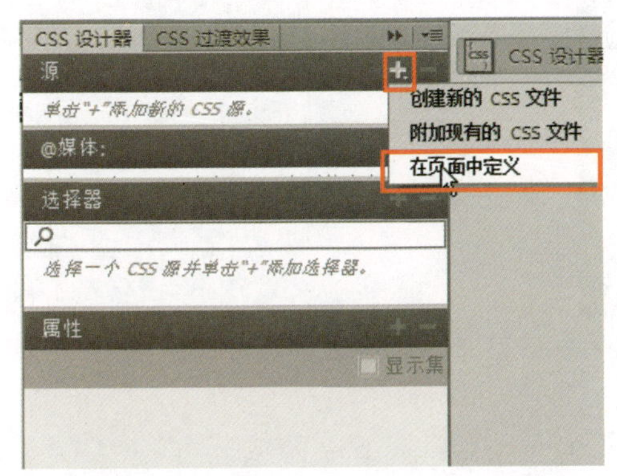

图7-54　选择“在页面中定义”选项

02 选择“全局”选项，然后单击“选择器”右侧的“+”按钮，如图7-55所示。

03 在添加选择器后输入名称，这里输入“.style01”，如图7-56所示。

04 添加样式后，可以在“属性”面板中对样式进行设置，如图7-57所示。

05 在“属性”面板中单击“文本”按钮，设置样式，此时的代码如图7-58所示。

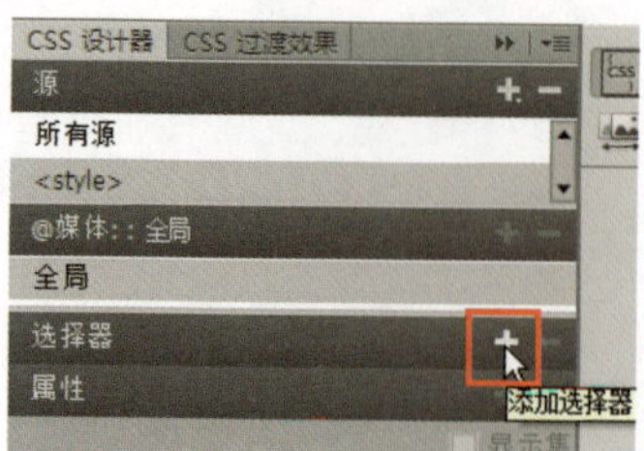
图7-55　单击按钮

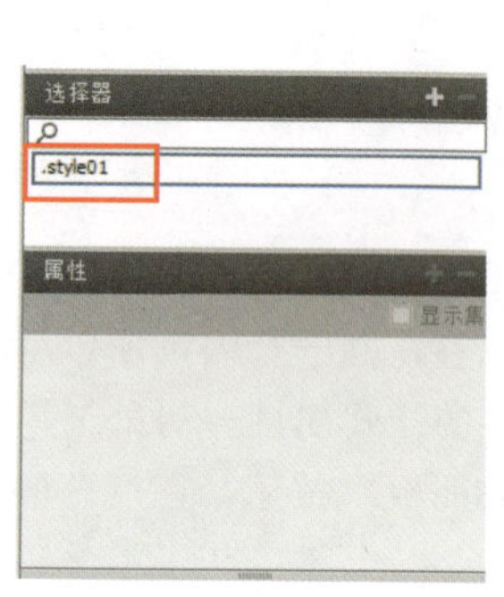
图7-56　输入名称

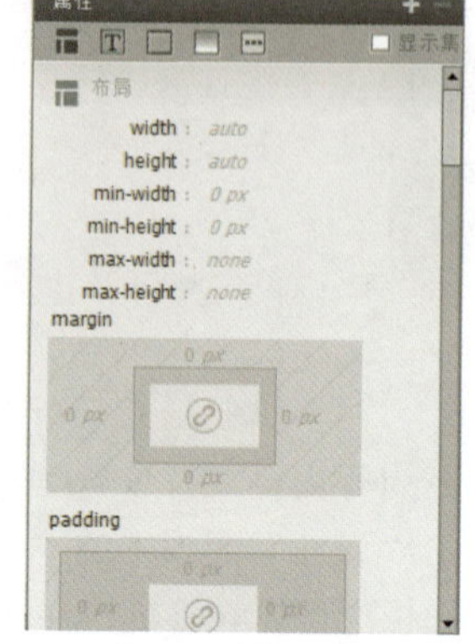
图7-57　设置样式

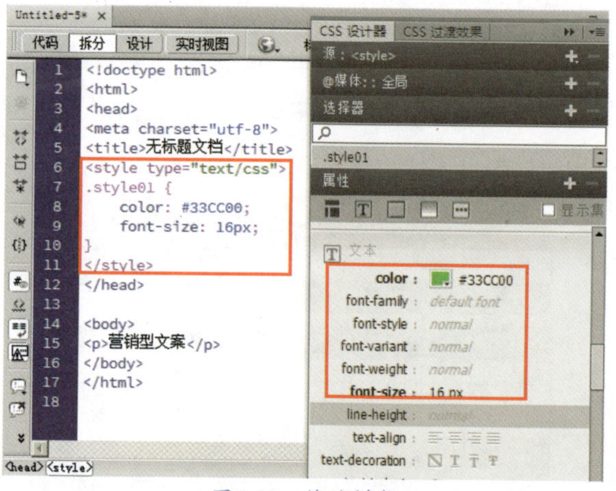
图7-58　修改样式

TIPS 若“CSS设计器”面板未显示，可按Shift+F11组合键调出该面板。

名称可以随意输入，但需要以字母开头，且不能有特殊符号，名称前需要添加英文的“.”号。

从上面的代码看出，新增的样式和<p>标签不在同一行，这就叫作外部样式。

建好样式后，当需要在标签上添加样式时，只需要调用该样式即可。

06 选中<p>标签，右击，在弹出的快捷菜单中选择“设置类”命令，在展开的子菜单中选择需要调用的类，如图7-59所示。

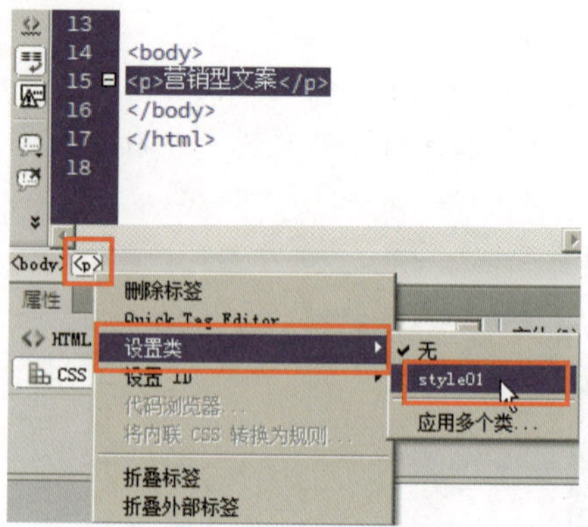
图7-59　设置类

07 代码中<p>标签内多了一个属性值，如图7-60所示。<p>标签通过它设置该标签的外部样式。

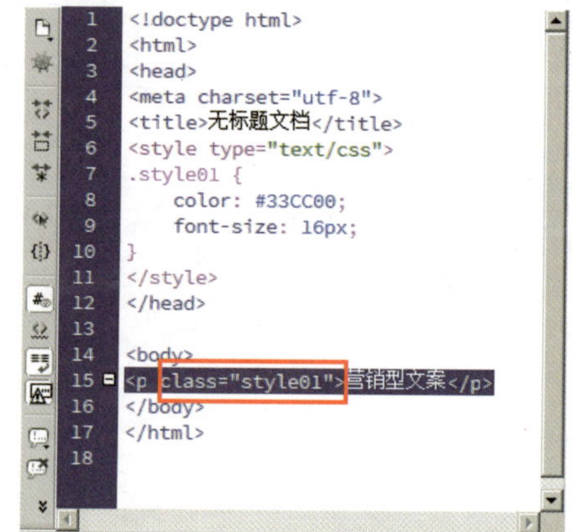
图7-60　属性值

7.3　定位神器——Division

Div简单而言就是一个区块容器标记，即<div>与</div>之间相当于一个容器，可以容纳文字、表格和图片等各种HTML元素。可以把<div>与</div>中的内容看作一个独立的对象，用于CSS的控制。

7.3.1　如何玩转Div标签

下面以简单的操作帮助认识Div标签。

1. 插入Div标签

01 在Dreamweaver软件中新建一个文档，选择菜单“插入”|Div命令，如图7-61所示。

02 弹出“插入Div”对话框，单击“确定”按钮，如图7-62所示。

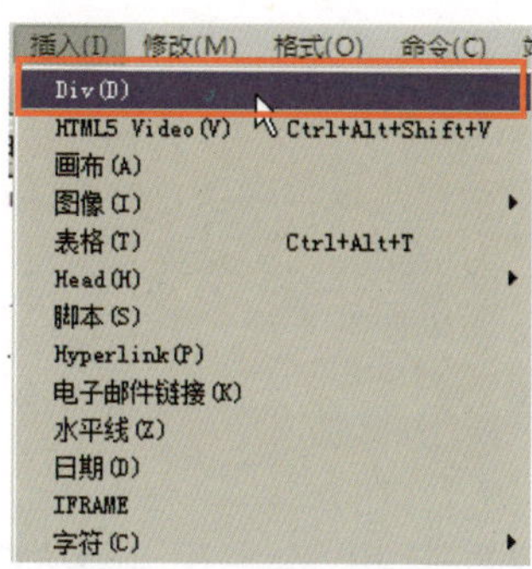

图7-61 选择Div命令

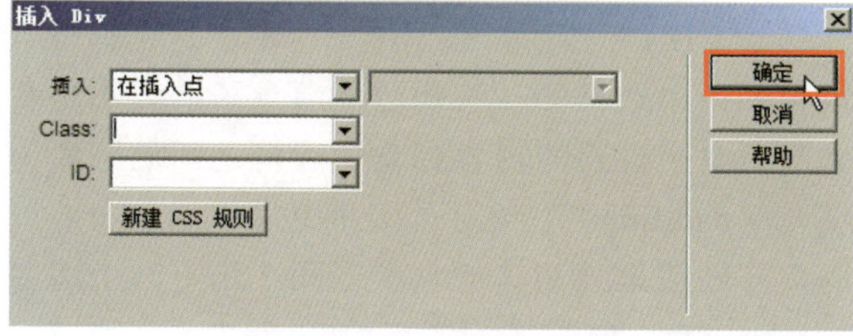

图7-62 单击“确定”按钮

03 此时即可插入了一个Div标签，如图7-63所示。

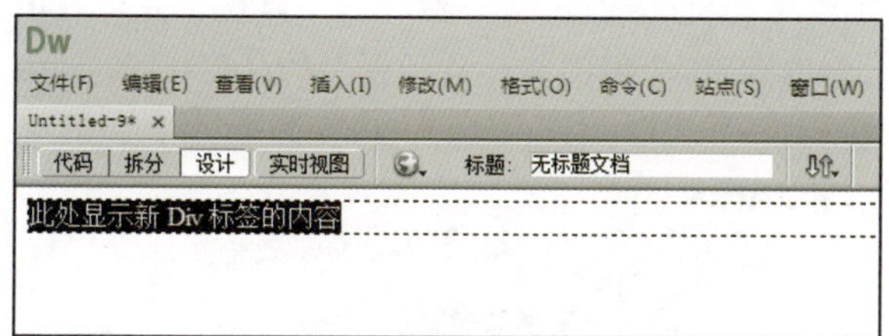

图7-63 新插入的Div标签

04 将标签内的文字删除，重新输入文字，并将软件界面调小，此时会发现，框的大小不是固定的，而是随着内容和编辑器的大小改变的，如图7-64所示。

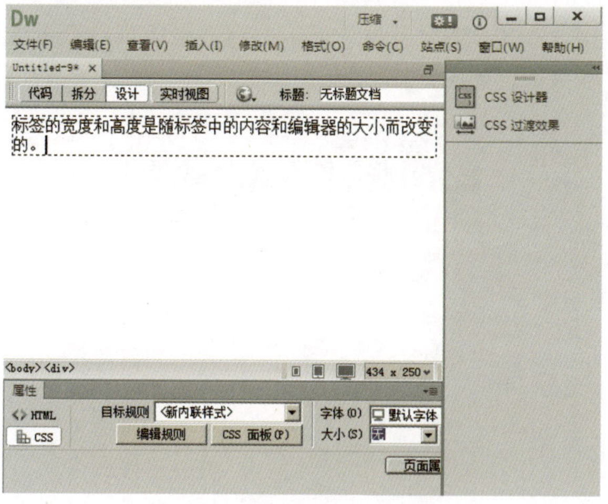

图7-64 输入文字并调小界面

05 单击“拆分”按钮，在左侧代码中，将光标定位在<div后，按空格键，在提示内容中选择style选项，如图7-65所示。

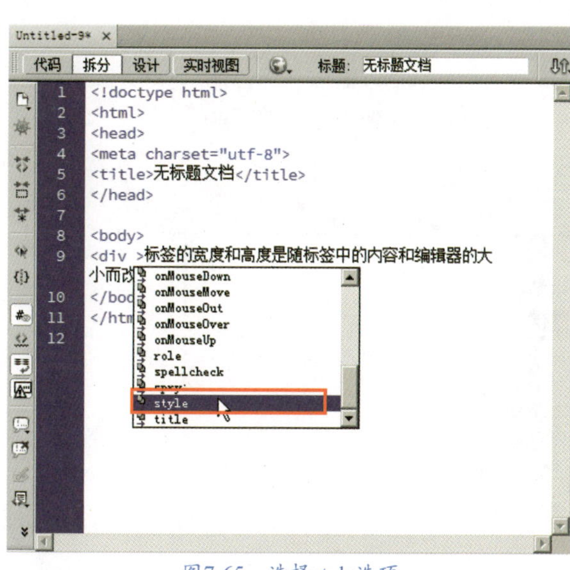

图7-65 选择style选项

06 双击并在提示内容中选择heigh选项，如图7-66所示。

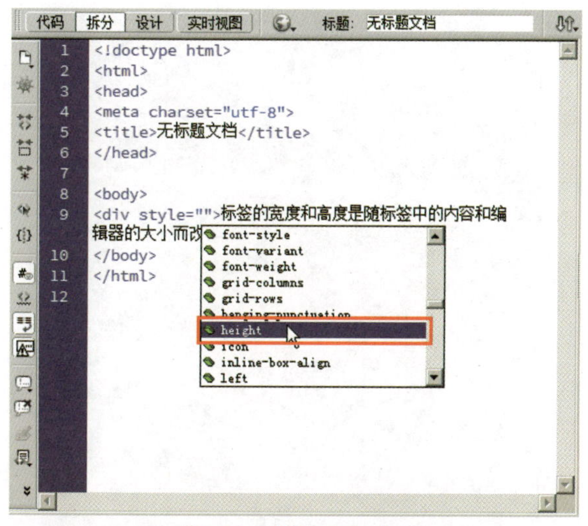

图7-66 选择height选项

07 输入高度值，以;结束，继续输入空格，设置宽度width，此时框的大小固定了，如图7-67所示。

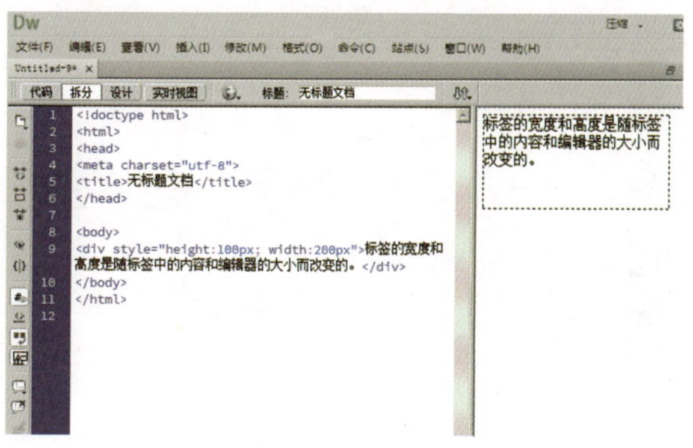

图7-67 固定框的大小

2. 超出隐藏

01 在Dreamweaver中插入Div标签，并设置大小为150像素×150像素，如图7-68所示。

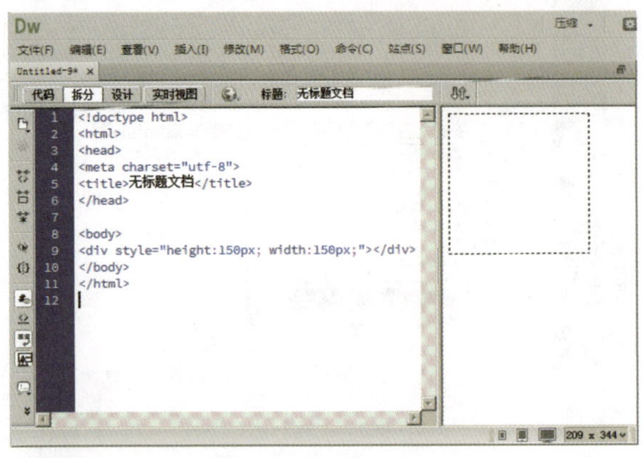

图7-68　插入Div标签

02 在框中插入一张图片，框的大小没变，但显示的内容超出了框外，如图7-69所示。

图7-69　显示的内容超出框外

03 在代码区中输入代码“overflow:hidden;”，超出框的内容即被隐藏，如图7-70所示。

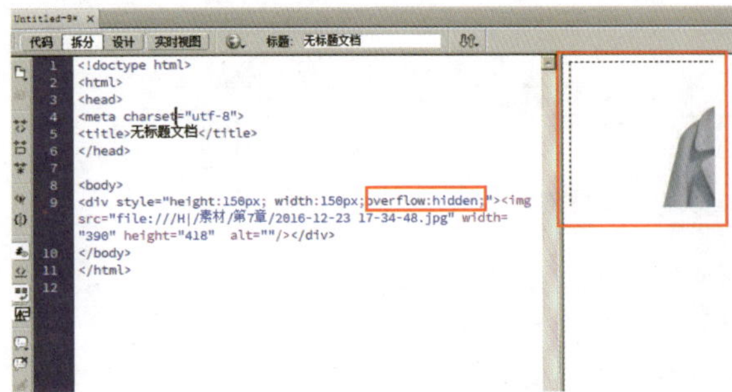

图7-70　超出框的内容被隐藏

> **TIPS** 选择Div标签后将显示一个蓝色的框，没有选择时为虚线的框。
>
> Overflow是超出的意思，样式值hidden是隐藏的意思，与hidden相反的样式值是visible，即“可见”，默认情况下为可见。代码里面的符号都为英文状态。

7.3.2　使用盒子模型轻松搞定

建立Div标签后，会出现一个框，这个框是可以添加内外边框的，添加边框后盒子的大小是多大呢？盒子里面的内容到盒子边框之间的距离为填充（padding），盒子本身有边框（border），而盒子的边框外和其他盒子之间，还有一个边界（margin），如图7-71所示。在计算盒子大小时，需要将所有的大小都算进去，这就是盒子模型。盒子模型的宽度=左、右边界+左、右边框+左、右填充+内容宽7个值的和；盒子模型的高度=上、下边界+上、下边框+上、下填充+内容高。

图7-71　盒子模型

在“CSS设计器”面板的属性栏中可以查看这些参数，如图7-72所示。

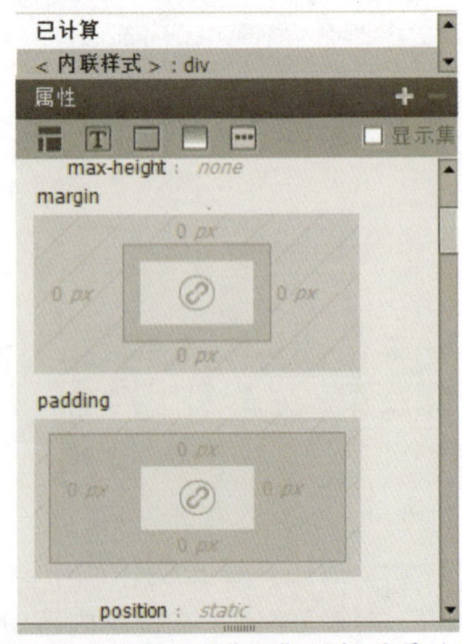

图7-72　“CSS设计器”面板的属性栏

1. 边界

在Dreamweaver中建立两个框，并为两个框设置不同的颜色背景，以便于查看，如图7-73所示。两个框连在一起，若想将它们分开，则需要为框添加边界，在代码中为第1个框添加10像素的下边界，如图7-74所示。

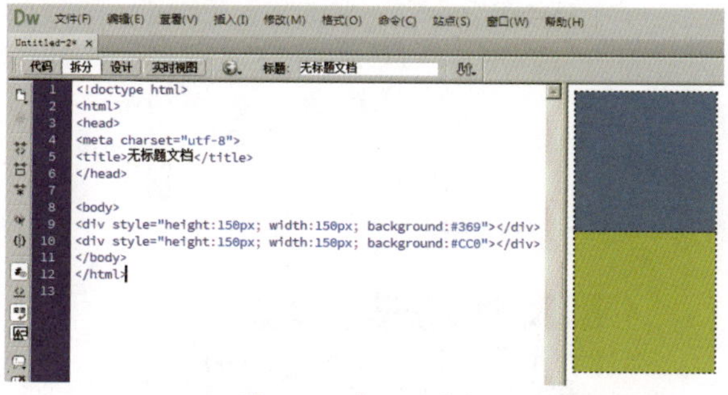

图7-73　建立两个框

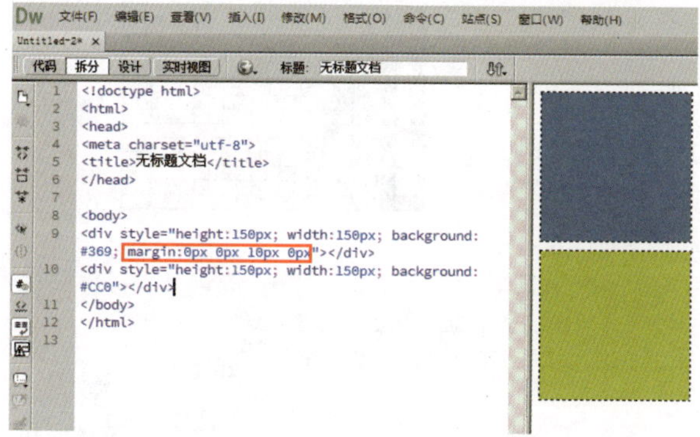

图7-74　为框添加10像素的下边界

代码中的margin代表边界，表示这个框与其他框的间距，它有4个值，分别代表上、右、下、左（顺时针）4个方向的间距，值之间用空格隔开。如"margin:10px 15px 5px 25px;"表示上、右、下、左4个方向的边界间距为10像素、15像素、5像素、25像素，如图7-75所示。

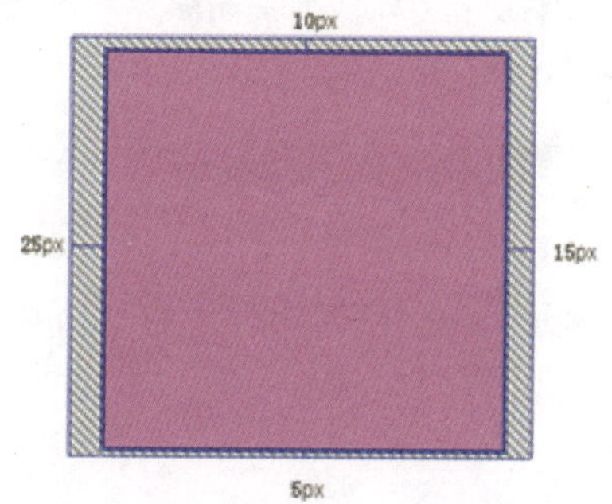

图7-75　4个方向的间距

margin的值有两种简写方法，一种是当框的4个方向的间距都相同时，简写为"margin:15px;"，表示4个方向的间距均为15像素。另一种是当框的上下间距相同、左右间距相同时，简写为"margin:15px10px;"，表示框的上下间距为15像素，左右间距为10像素。

2. 边框

一个盒子有其自有的边框，我们可以设置边框的粗细、线型和颜色等样式。代码的表示方法为"border; 粗细 线型 颜色;"。其中，粗细用像素表示，如5px；线型有3种值：solid表示实线，dotted表示点画线，dashed表示虚线；颜色的表示方法有3种，分别为RGB、十六进制和英文单词。

边框有上、右、下、左4个值，分别写作border-top、border-right、border-bottom、border-left。在代码中具体的写法如"border-bottom:10px solid red;"，表示设置下边框，粗细为10像素，线型为实线，颜色为红色，如图7-76所示。

而当其上下左右边框都相同时，则写作"border;10px solid red;"，如图7-77所示。

图7-76　设置下边框

图7-77　上下左右边框相同

3. 填充

在Dreamweaver中新建一个框，并在框中输入文字，如图7-78所示。从图中可以看出文字紧贴着框，它们之间没有距离。在代码中输入一段代码，如图7-79所示，现在文字与框之间有间距了，文字与蓝色框之间的虚线就是设置的间距。

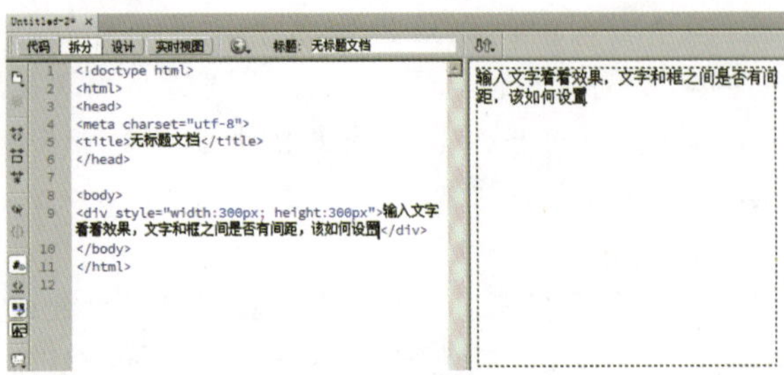

图7-78　输入文字

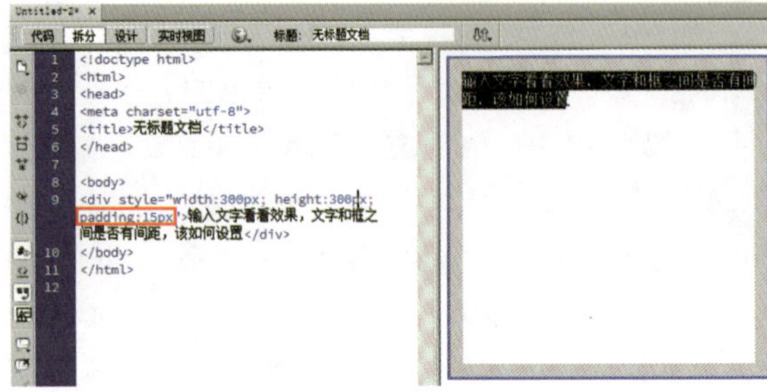

图7-79　输入代码

这个间距就是框的填充，即框中的内容与边框之间的距离。代码中的padding表示填充。与边界和边框相同，padding也有四个值，简写方法与边界写法相同。

7.3.3　设置个性化的背景

一个框可以设置其背景为纯色或图片。

1. 纯色背景

01 插入Div后，在代码下方单击div标签，如图7-80所示。

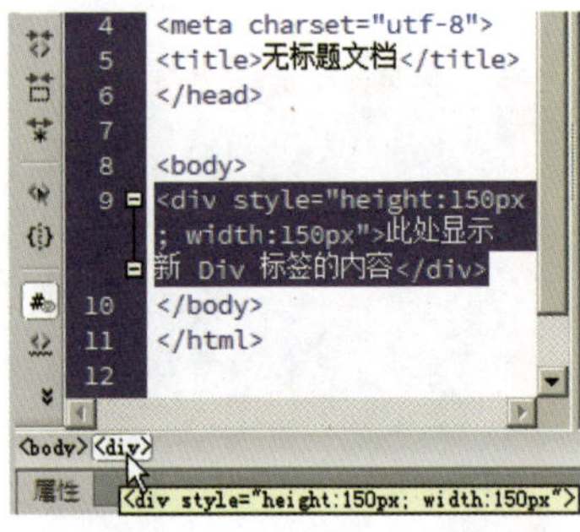

图7-80　单击div标签

02 在“CSS设计器”面板中选择“<内联样式>: div”，然后在下方的属性栏中单击“背景”按钮，如图7-81所示。

03 在background-color后单击，在展开的颜色拾取器中选择一种颜色，如图7-82所示。

04 选择颜色后，框的背景发生改变，代码也相应改变，如图7-83所示。

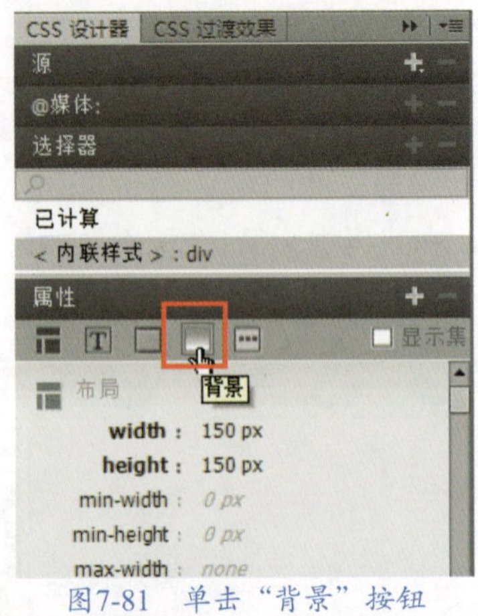

图7-81　单击“背景”按钮

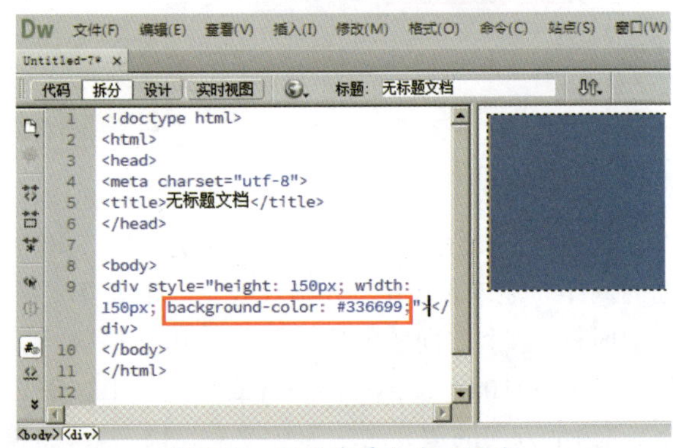

图7-82　选择颜色

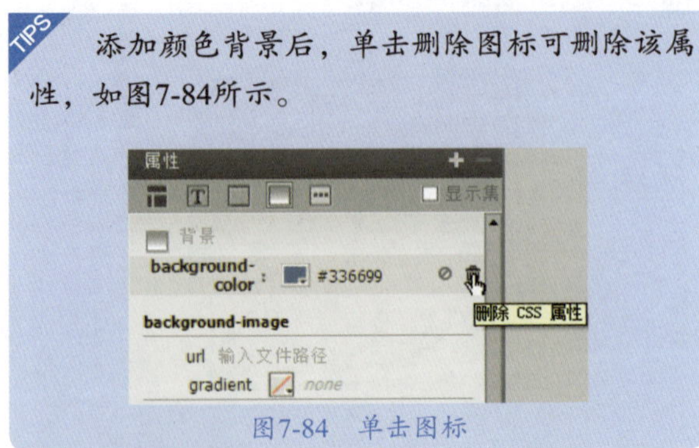

图7-83　框的背景和代码改变

> **TIPS** 添加颜色背景后，单击删除图标可删除该属性，如图7-84所示。
>
> 图7-84　单击图标

2. 图片背景

01 在background-image下方的url后粘贴图片地址，如图7-85所示。

图7-85 粘贴图片地址

02 为标签添加背景后如图7-86所示，如果背景图片小于框，背景默认进行平铺，直至填满这个框为止。

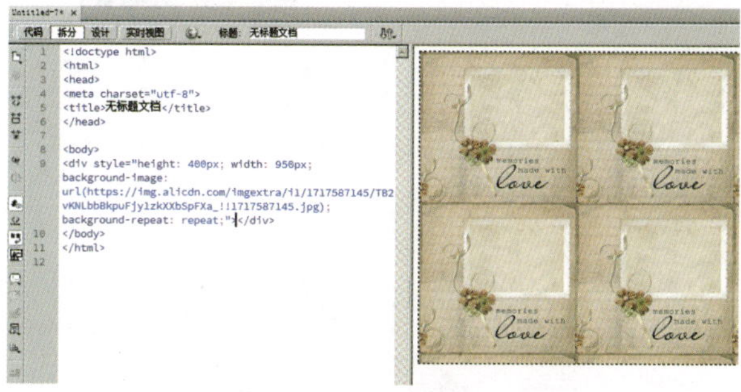

图7-86 添加背景图片后

03 单击background-repeat后的no-repeat按钮，如图7-87所示。

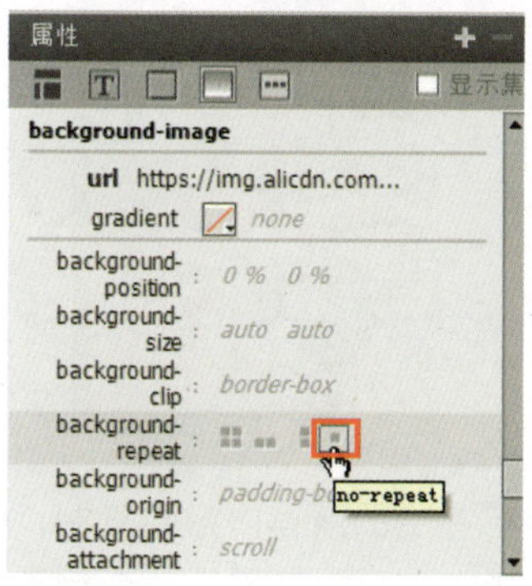

图7-87 单击no-repeat按钮

04 此时的背景不重铺，只显示单张图片效果，如图7-88所示。

图7-88 背景显示

05 当单击repeat-x按钮后，背景水平平铺，如图7-89所示。

图7-89 背景水平平铺

06 单击repeat-y按钮后，背景垂直平铺，如图7-90所示。

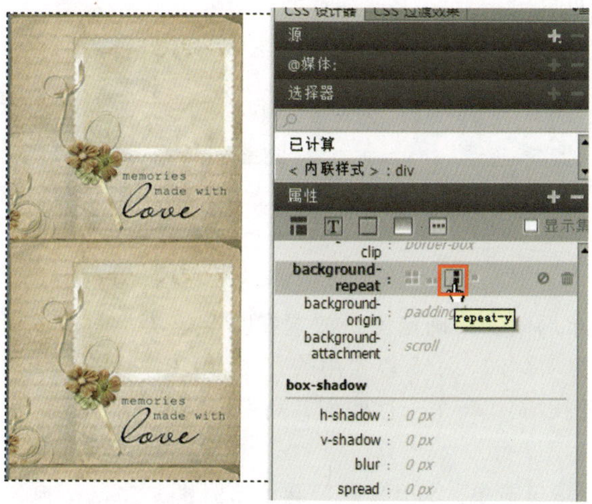

图7-90 背景垂直平铺

TIPS

在background-repeat后的第一个按钮就是repeat（平铺），也就是在水平和垂直方向同时平铺，如图7-91所示，不选择时也默认重铺。

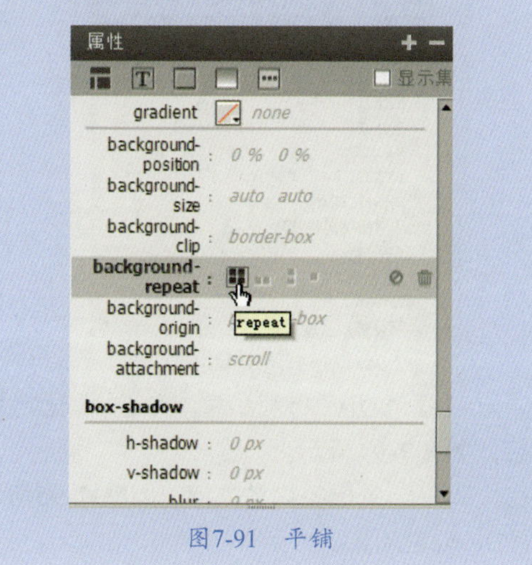

图7-91 平铺

7.4 定位与布局高级应用

布局与定位是使用代码实现排版的必学知识。

7.4.1 搞定复杂的浮动布局

了解了框与盒子模型的知识后，就可以学习如何将设定了宽高的框组合排列，从而实现布局。浮动布局是布局的方法之一，本节将具体介绍。

淘宝中的商品展示多数属于简单的N列布局，如图7-92所示，这类布局的特点是简单整齐。

图7-92 N列布局

下面介绍如何在Dreamweaver软件中布局。在布局前，应确定图是放置在哪个模块中的，以计算实际的大小。以常用的宽度为950像素的模块为例，制作一个一行四列、高度为300像素的商品展示图。

01 总宽度为950像素，确定每张图片之间的间隙为10像素，使用公式{总宽-（列数-1）×间隙宽}÷列数}计算，得出列宽为230像素。

02 在Dreamweaver软件中新建一个HTML文件，选择菜单“插入”| Div命令，如图7-93所示。

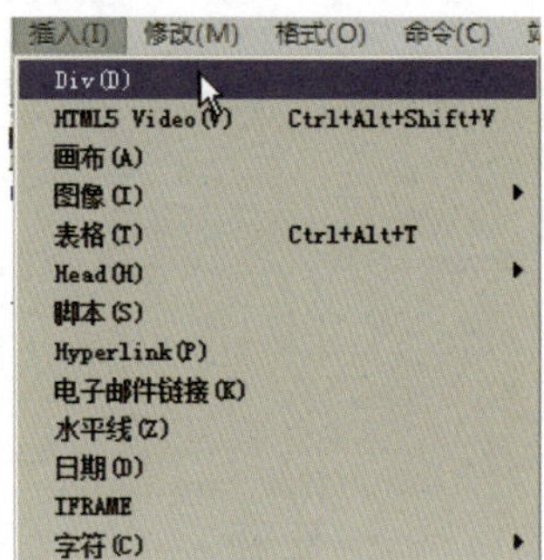

图7-93 选择Div命令

03 弹出“插入Div”对话框，单击“确定”按钮，如图7-94所示。

04 在代码中选中标签内的文字，如图7-95所示，按Delete键删除。

05 在“选择器”中选择“<内联样式>：div”，然后在“属性”面板中设置width、height及margin-ringht参数，如图7-96所示。（如果在右侧“选择器”中无法选择“<内联样式>：div”，则在左侧<div>的v字母后输入空格后再在出现的下拉列表中双击style。）

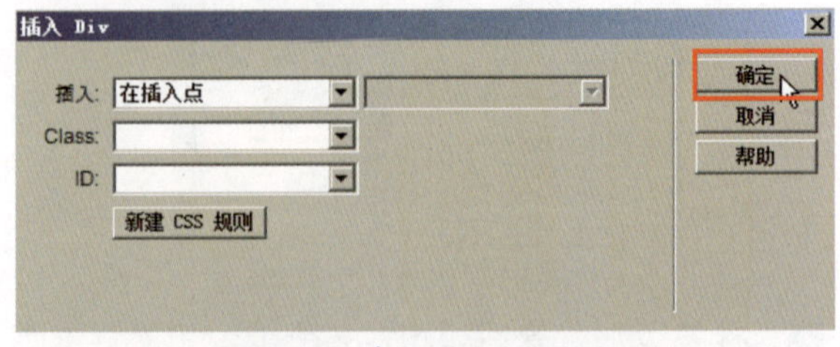

图7-94 单击“确定”按钮

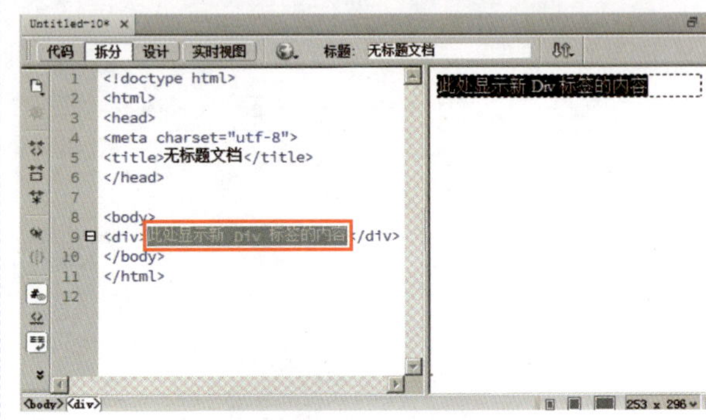

图7-95 选中标签内的文字

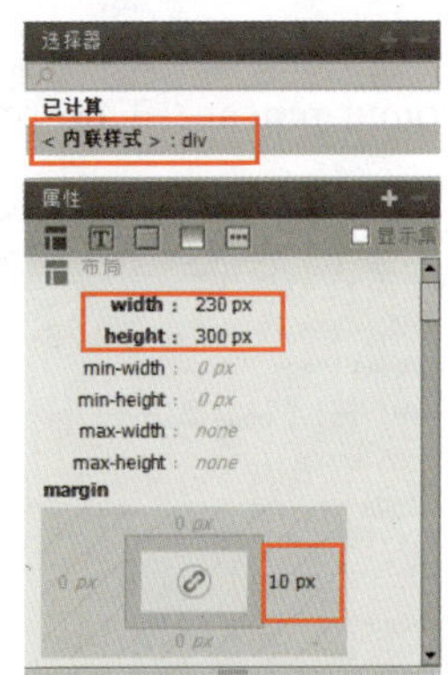

图7-96 设置参数

06 选择Div标签中的所有内容并复制，依次换行后粘贴，粘贴3次，并将最后一个标签内的右边界代码（margin-right:10px）删除，如图7-97所示。

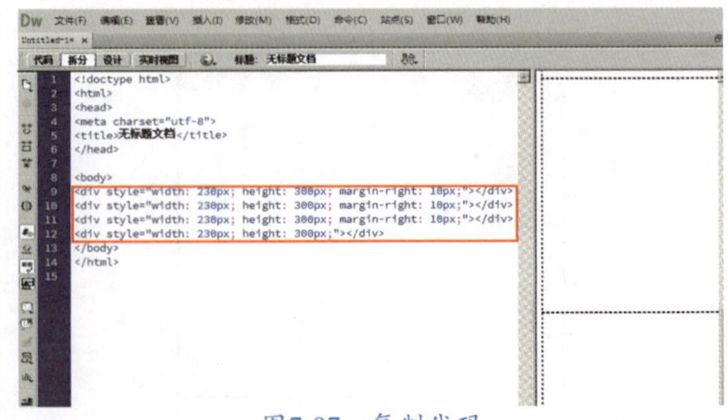

图7-97 复制代码

07 从右侧的设计窗口中可以看到此时的框是垂直排列的，并没有达到我们需要水平排列的目的。这是因为Div做的框默认以block（块）的显示方式存在，它会占用整行的宽度，这时就需要为这些框加上浮动样式。在“CSS设计器”面板中单击float后的Left按钮，如图7-98所示。

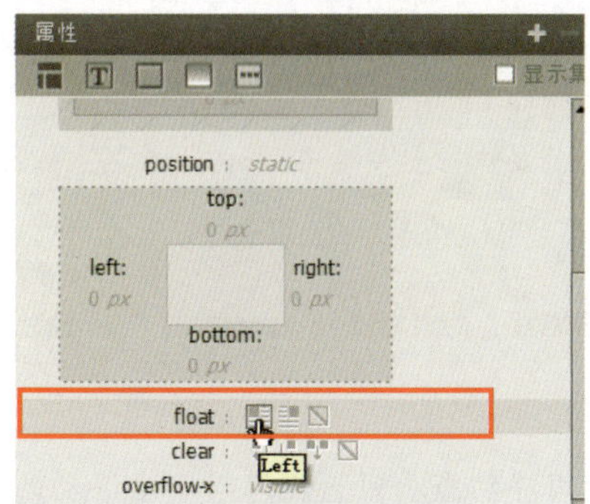

图7-98 单击Left按钮

> **TIPS**
>
> 由于最后一个框右侧不需要间隙，因此将右边界代码删除。
>
> Float表示浮动，它的值有3个，left（左）、right（右）、none（无）。当float的值为none时，它的显示方式就是block，会占用一整行的空间；当值为left和right时，框会向左或向右漂浮在页面中，不再占用整行的空间。

08 在代码中为4个框均设置float样式，如图7-99所示，此时它们会按顺序向左浮动。

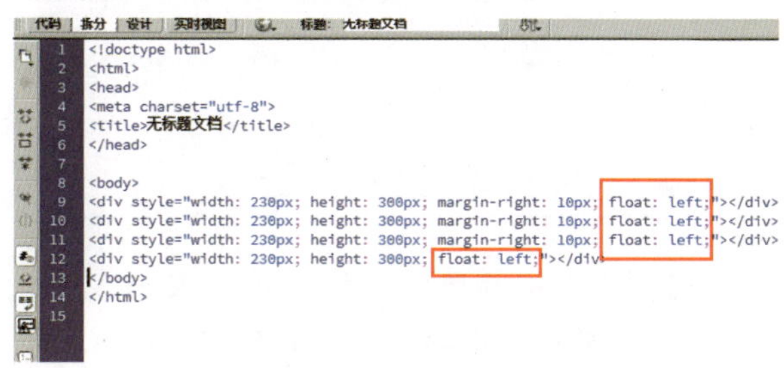

图7-99 添加float样式

09 切换至设计视图，此时4个框已经水平排列，如图7-100所示。

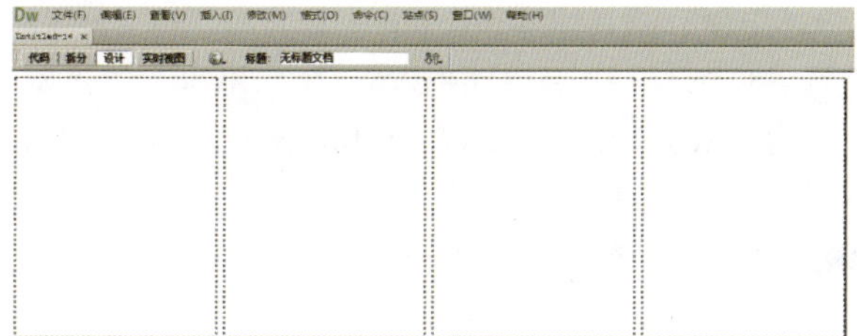

图7-100 4个框水平排列

10 在框中添加图片。将图片制作完成后上传到淘宝空间，在淘宝空间中选择图片，单击“复制代码”按钮复制代码，如图7-101所示。

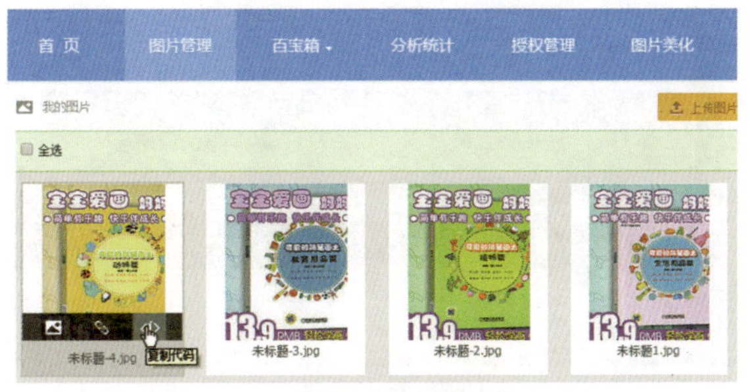

图7-101 单击“复制代码”按钮

11 在Dreamweaver中的代码窗口中，将光标定位在<div>与</div>之间，依次粘贴代码，如图7-102所示。

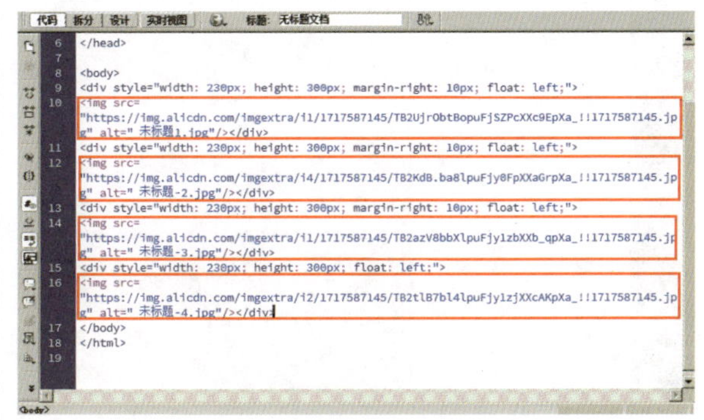

图7-102 粘贴代码

12 分别选择图片，在“属性”画板中设置链接，如图7-103所示。

图7-103 设置链接

13 链接全部设置好后，在代码视图中将<body>与</body>之间的代码选中，按Ctrl+C组合键复制，如图7-104所示。

14 进入淘宝装修后台，单击“页面装修”按钮，将左侧的“自定义区”模块拖入右侧相应的位置，如图7-105所示。

15 添加模块后，单击右上角的“编辑”按钮，在打开的对话框中选中“不显示”单选按钮，然后勾选“编辑源代码”复选框，将前面复制的代码粘贴到文本框中，如图7-106所示。

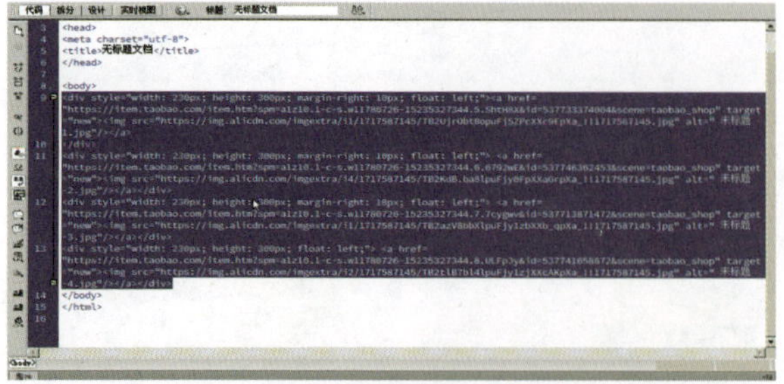

图7-104　选中代码并复制

图7-105　添加自定义区

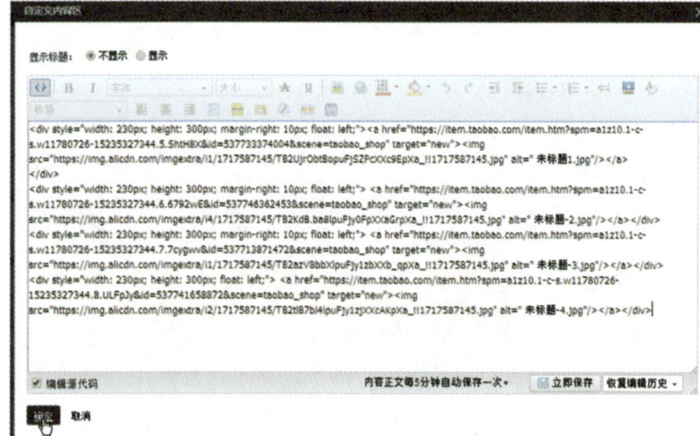

图7-106　粘贴代码

16 单击“确定”按钮，单击页面右上角的“预览”按钮，预览装修效果，如图7-107所示。

图7-107　预览效果

浮动布局有一个特点，就是当右侧空间不足时，它会自动换行，继续进行浮动，这样就实现了N行N列的布局了，如图7-108所示。

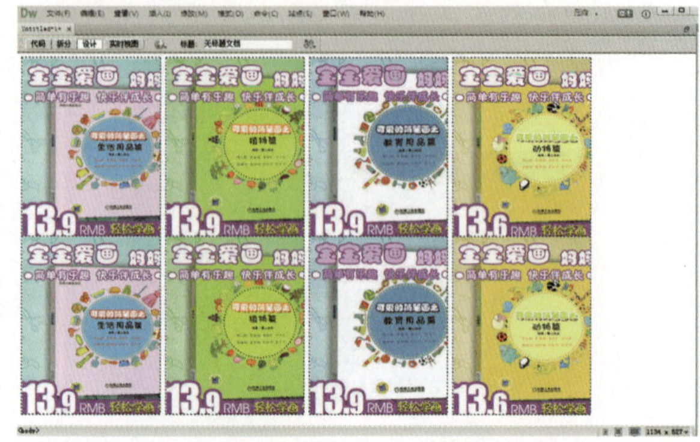

图7-108　N行N列的布局

TIPS

使用浮动布局时，左浮动和右浮动的差别在于浮动的方向，当在代码中将左浮动全部替换成右浮动后，效果如图7-109所示。

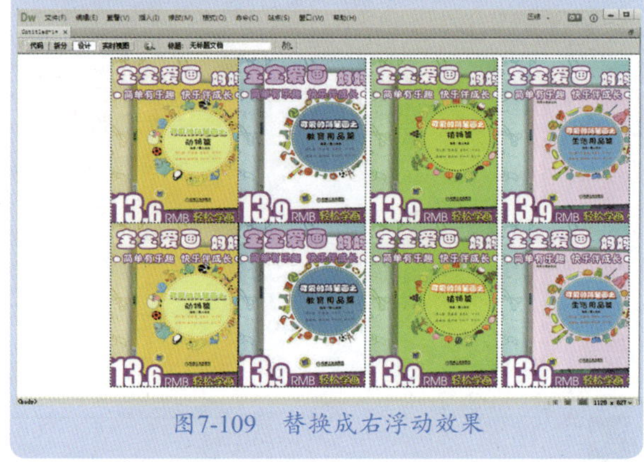

图7-109　替换成右浮动效果

7.4.2　内嵌布局的套路

N列布局十分简单，当我们需要更复杂一点的布局时则需要用到嵌套布局。如图7-110所示，布局使用直接浮动无法实现。从图中分析得出，可以将整个大框拆分成3个浮动的框，然后将第1个框拆分为2个小框。

下面介绍具体操作。

01 在Dreamweaver软件中建立3个水平排列的浮动框（width:220px,height:400px），如图7-111所示。

02 在代码中选择第1个Div标签，在中间再插入两个Div标签，如图7-112所示。

03 在设计视图中查看框的布局效果，如图7-113

所示。

图7-110　布局

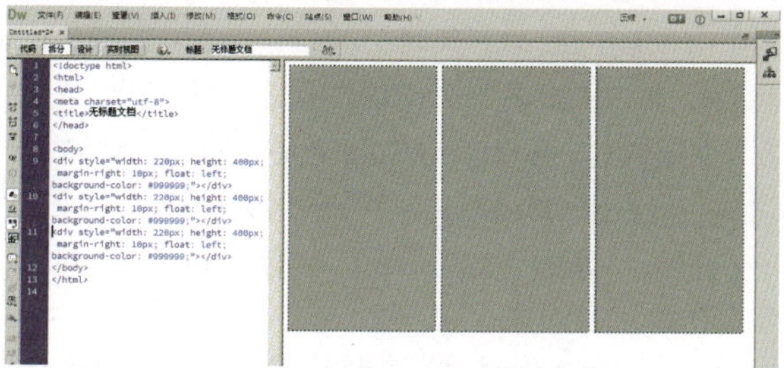

图7-111　建立水平排列框

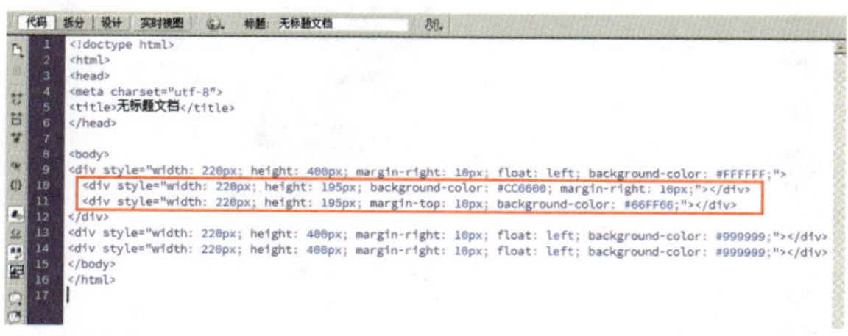

图7-112　插入两个Div标签

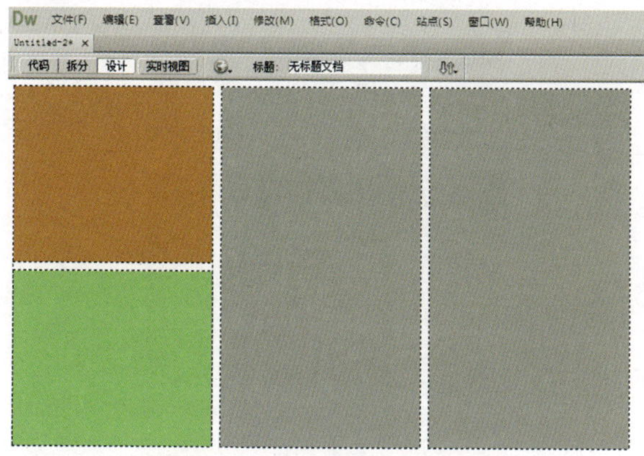

图7-113　查看布局

04 同理可以设计出很多复杂的布局，其前提是算好尺寸大小。

TIPS 插入框的高度参数=（总高-10px）÷2，即195px。其中10px为框的间距。

7.4.3　相对定位与绝对定位

1. 相对定位

相对定位是一个非常容易掌握的概念。如果对一个元素进行相对定位，通过设置垂直或水平位置，可以让这个元素相对于它的原始位置进行移动。

可以在“CSS设计器”面板中添加相对定位的值，如图7-114所示。从图中可以看出相对定位有4个值：top、right、bottom、left。

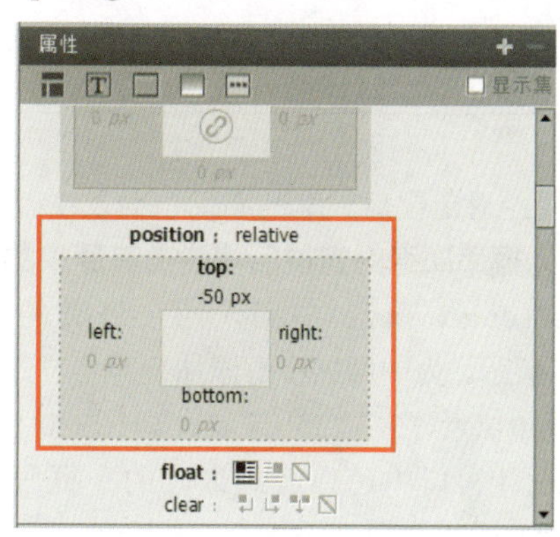

图7-114　添加相对定位的值

2. 绝对定位

绝对定位与相对定位的不同之处在于，它们的基准不同。相对定位的基准为自己的原有位置，而绝对定位是以浏览器左上角为基准。

在“CSS设计器”面板中设置绝对定位，并设置偏移值为：左50px，顶50px，如图7-115所示。在设计视图中查看效果，如图7-116所示。按F12键在浏览器中查看，会发现框以浏览器左上角为基准，向下和向右移动了50像素。由此得知，绝对定位的基准为浏览器的左上角。

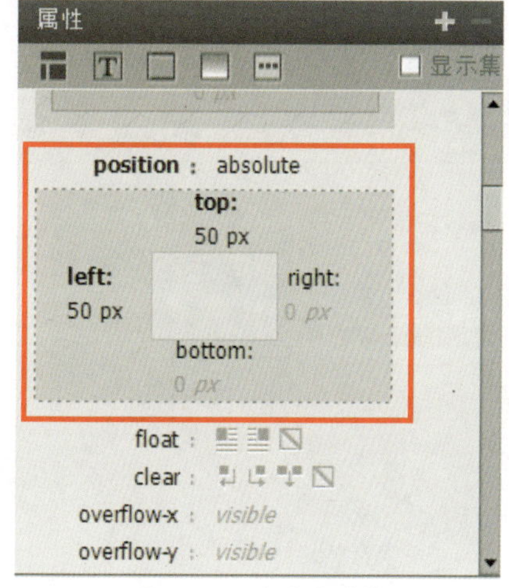

图7-115　设置偏移值

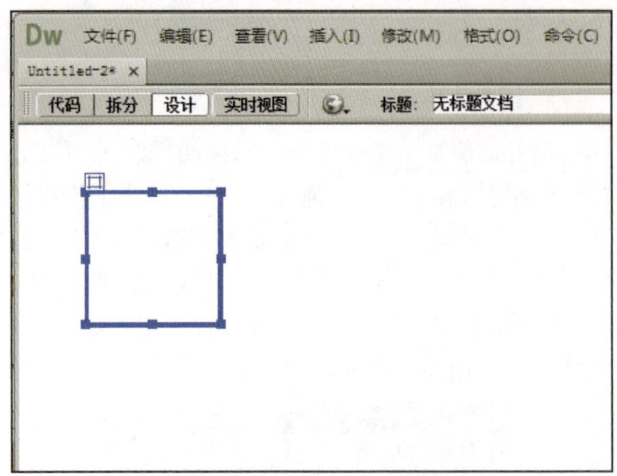

图7-116　设计效果

使用绝对定位后嵌套的布局也会发生改变。

3. 为框添加绝对定位后将脱离其原来的位置

在Dreamweaver中插入两个嵌套的框，如图7-117所示。为中间的小框添加绝对定位，偏移值为顶部350像素、左边350像素，如图7-118所示。此时在设计窗口中可以看到嵌套的小框脱离了大框，因为它是以浏览器左上角为基准的。

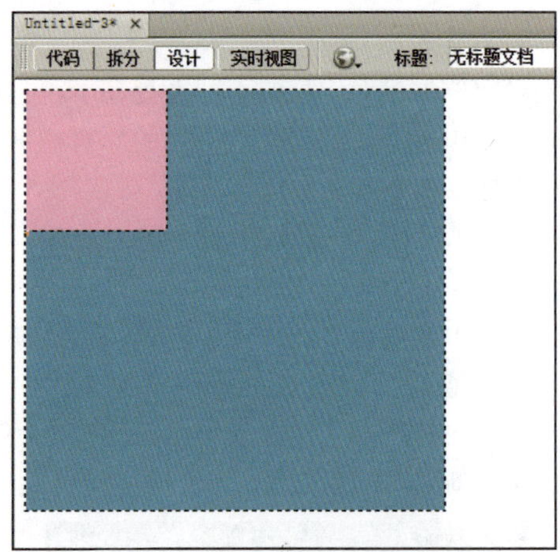

图7-117　插入两个嵌套的框

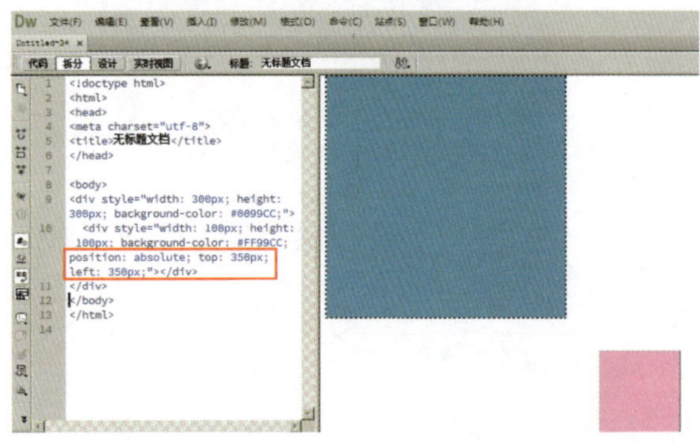

图7-118　小框绝对定位

4. 当上级框添加绝对或相对定位后，下级框以上级框的位置为基准点

在代码中为外框添加绝对定位，此时的效果，如图7-119所示。当外框向下和向右偏移50像素后，加上其本身的大小300像素，小框偏移300像素应该与外框相交才对。此时小框在外框右下角，由此可以得知，当上级框添加相对定位后，下级框的绝对定位将以上级框的左上角为基准进行偏移。

也可以试着将大框的绝对定位改为相对定位，此时下级框的绝对定位仍然以上级框的左上角为基准进行偏移。当多个绝对定位的框重叠时需要考虑到一个问题，框的叠加顺序是怎样的？在前面的实例中会发现，后加到代码中的框会叠加在前面的小框上。但是，如果要改变这个叠加顺序有什么好的方法吗？有，可以在框的代码中添加一个样式来改变，即在“CSS设计器”中设置z-index（堆积顺序）的值，如图7-120所示。设置后数值大的框会叠加在数值小的框上面。

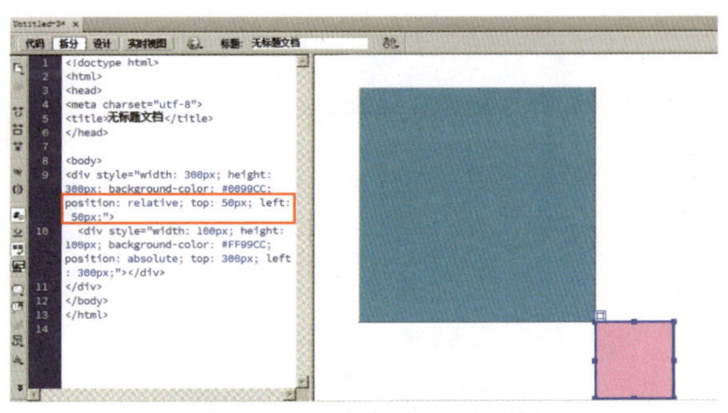

图7-119　外框添加绝对定位

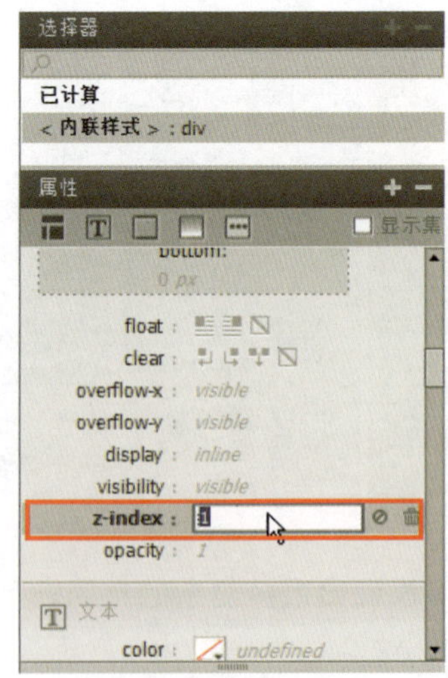

图7-120　设置z-index

5. 使用淘宝样式突破限制

绝对定位是最灵活的布局方法，但是在淘宝装修中使用绝对定位的样式（position:absolute）会被官方屏蔽。为什么很多淘宝店铺中仍然可以进行绝对定位的布局呢？这是因为他们借用了淘宝的样式，将代码修改后实现的。

- footer-more-trigger

在淘宝集市店可以直接调用footer-more-trigger。当我们给一个框添加绝对定位时正常的写法为：

```
<divstyle="position:absolute;……"
```

为了使绝对定位在淘宝店铺中生效，可以写成：

```
<divclass="footer-more-trigger"style="…"
```

- sn-simple-logo

在天猫店铺需要调用sn-simple-logo，将上面代码中的footer-more-trigger改为sn-simple-logo即可适用于天猫店铺，也可以将两个类名均写上，这样该代码就可以兼容两种店铺。写法如下：

```
<divclass="footer-more-triggersn-simple-logo"style="…"
```

在调用上面的类名后还需要将不用的样式覆盖，以避免影响我们自己的样式，具体的操作如下。

01 在使用绝对定位的框上，删除position:absolute;。

02 为这个框添加调用的淘宝样式class=“footer-more-trigger sn-simple-logo”。

03 在这个框的行内样式中，覆盖那些由于借用淘宝官方样式而被附加上的样式style=“margin:0;padding:0;border:0;left:***px;top:***px;width:***px;height:***px;”.

04 将style中的***参数根据框的大小和定位修改为具体的值。

在详情页中不可以使用这里调用样式的方法。

7.4.4 突破950像素极限，宽度延展

淘宝集市店铺的模块中最宽的为950像素，所以在做超出官方宽度的全屏海报、通栏分类时就需要购买收费模板，但是这里讲的绝对定位可以突破950像素宽度的限制。

1. 如何突破

在淘宝集市专业版旺铺中，主要内容区为嵌套的框，共9个层级，而添加的“自定义内容”代码会放置在1这个层级中，如图7-121所示。在“自定义内容”外面嵌套了9个框。要想让“自定义内容”突破950像素取决于1～9这9个框的样式，如果框1～9中有一个框有相对或绝对定位，且设置了超出隐藏的样式，那么这个框就达到了最宽，其以下的所有框将以该框为基准来定位，也就是说其下级框都不可能超出950像素的宽度。

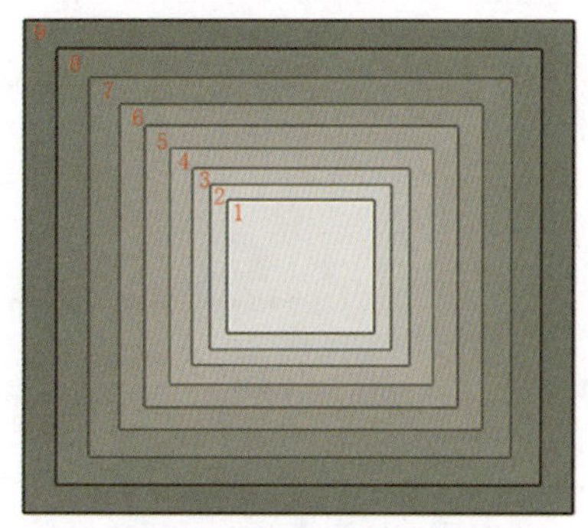

图7-121 9个层级

在框1～9中，框7具有相对定位的样式，并设置了框为100%和超出隐藏的样式。也就是浏览器有多大，框就有多宽。所以“自定义内容区”模块中的代码使用绝对定位的时候，是以框7为基准进行定位的。由于框7的宽度为100%屏幕宽，所以可以实现突破950像素宽度的要求。

淘宝专业版旺铺的不同官方模板中，首页的结构都可以突破950像素宽度，但自定义页面中框2就具有相对定位的样式，并设置了超出隐藏，且宽度为950像素，所以自定义内容无法突破950像素宽。

2. 突破950像素实现全屏海报

知道了突破950像素的原理后就可以实现自定义海报的全屏效果了。为了方便实时查看，本实例的代码在淘宝装修后台的“自定义内容区”模块中编写。

01 准备一张制作好的海报图，宽度为1920px，将图片上传到图片空间，如图7-122所示。

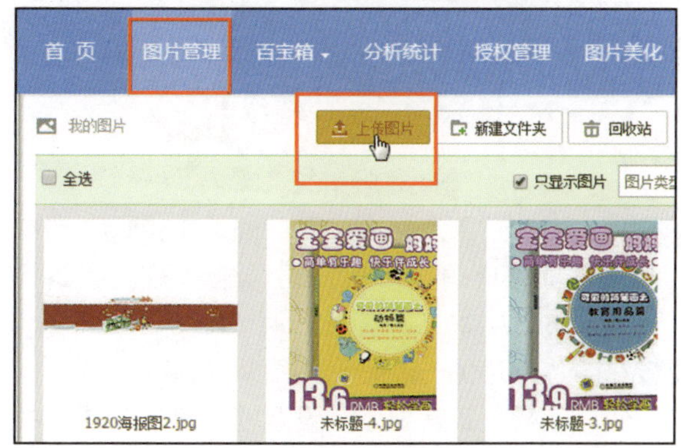

图7-122 上传图片

02 进入店铺装修后台，添加一个“自定义内容区”模块，进入“编辑”界面，单击“插入图片空间图片”按钮，在展开的界面中选择海报图，如图7-123所示。

图7-123　选择海报图

03 单击下方的“插入”按钮，然后单击“确定”按钮，如图7-124所示。

图7-124　单击按钮

04 预览插入海报图的效果，如图7-125所示只显示950像素宽度内容。

图7-125　预览效果

05 再次进入“自定义内容区”的编辑界面，选中“编辑源代码”单选按钮，进入源码编辑模式，如图7-126所示。

06 在图片外添加一个框，将图片套起来，并为了使其他模块正常显示，设置框的高度与图片的高度相同，如图7-127所示。

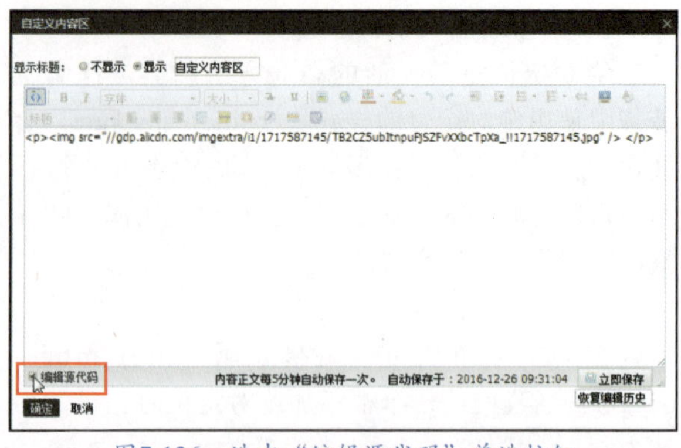

图7-126　选中“编辑源代码”单选按钮

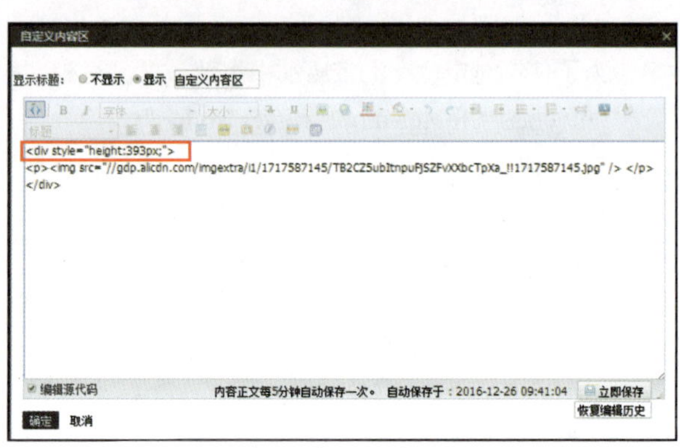

图7-127　在图片外添加框

07 下面对内容进行绝对定位，在外框里加个框，设置为绝对定位，如图7-128所示。

08 预览效果如图7-129所示。发现只要将图片的中点向左偏移一半就可以实现图片的完美居中了。

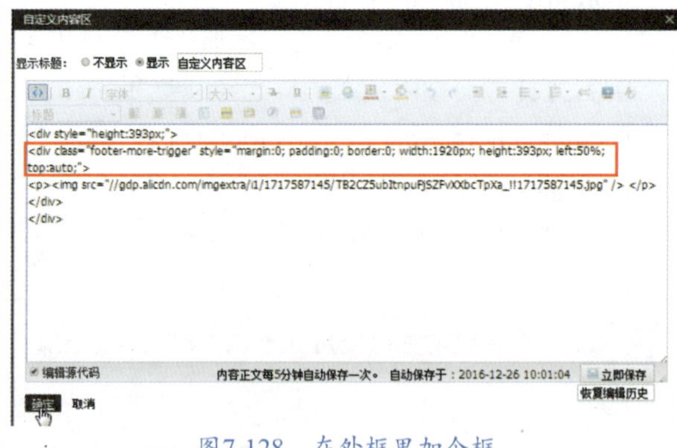

图7-128　在外框里加个框

图7-129　预览效果

> TIPS 设置top:auto;是让这个框在垂直位置上保持模块的默认位置。设置left:50%；是因为这个框是以框7为基准进行定位的，框7的宽度为100%，意味着该框一直定位在左上角，将浏览器缩小后会出现异常。设置left:50%，则无论浏览器多大，都会定位在窗口的一半的位置。

09 在图片外再套一个框作为内框，并设置绝对定位及偏移，如图7-130所示。

10 再次预览效果，突破950像素后，海报就实现了全屏的效果，如图7-131所示。

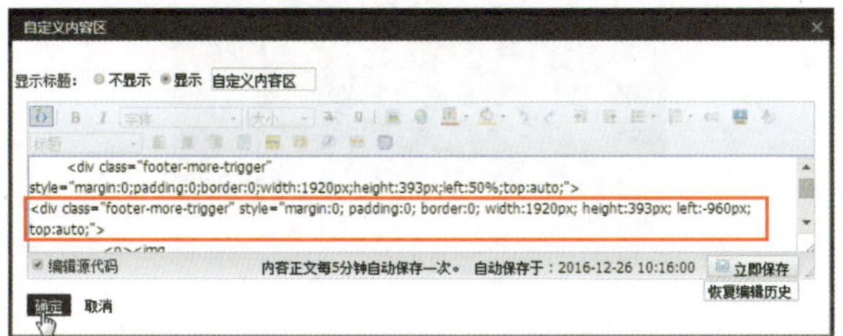

图7-130 在图片外再套一个框

图7-131 全屏海报效果

> TIPS 本实例完整的代码如下。

```
<divstyle="height:459px;">
<divclass="footer-more-trigger"style="margin:0;padding:0;border:0;width:1920px;height:459px;left:50%;top:auto;">
<divclass="footer-more-trigger"style="margin:0;padding:0;border:0;width:1920px;height:459px;left:-960px;top:auto;">
<imgsrc="图片地址">
</div>
</div>
</div>
```

由上面的实例可知，突破950px的核心在于在原代码外套3个框，最外框只设置高度，中间的框用绝对定位并设置left为50%，里面的框要设置left为-960px（内容框的一半）。知道了这个原理后，可以实现其他任何内容突破950px的要求。

7.5 动态神器——Cascading Style Sheets

在模板市场中看到的点击切换效果和轮播图效果等都是使用CSS实现的。

7.5.1 鼠标响应的妙用

店铺中经常能看到将光标放到宝贝上，宝贝切换为反面展示，或切换到其他颜色的宝贝图，或改变背景出现商标图案的效果，这个效果就是使用hover实现的。

hover效果是当光标移动到一个匹配的元素上面时，会触发指定的第一个函数。当光标移出这个元素时，会触发指定的第二个函数。如图7-132所示为一个活动促销区的混排图，当光标移至其中一个图上时，就会激活这个图所在框的hover状态，改变这个框的背景图片，如图7-133所示，即实现翻转效果。

图7-132 活动促销区的混排图

图7-133 改变背景

下面使用hover实现切换宝贝颜色的效果。

01 在Dreamweaver软件中新建一个HTML文档，在CSS设计器中单击“添加CSS源”按钮，在展开的列表中选择“在页面中定义”选项，如图7-134所示。

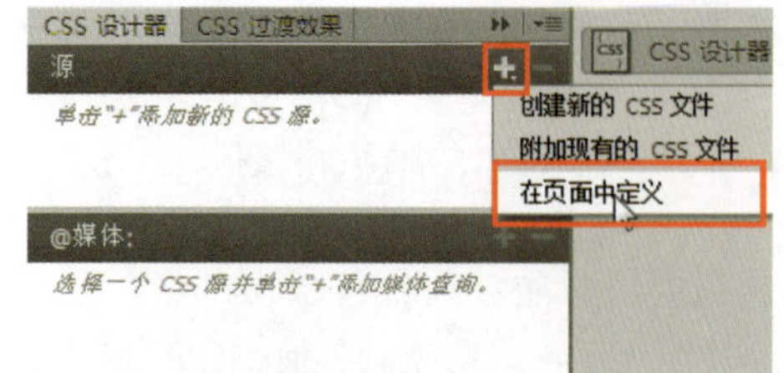

图7-134　选择“在页面中定义”选项

02 添加源后选中“全局”，并单击“添加选择器”按钮，如图7-135所示。

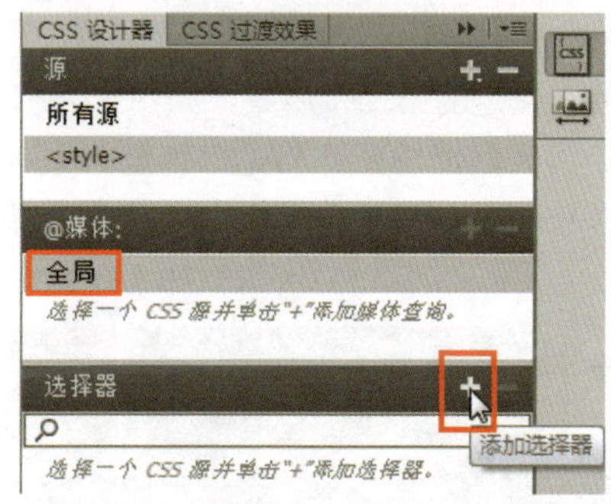

图7-135　单击“添加选择器”按钮

03 输入名称，在名称前添加“.”，如图7-136所示。

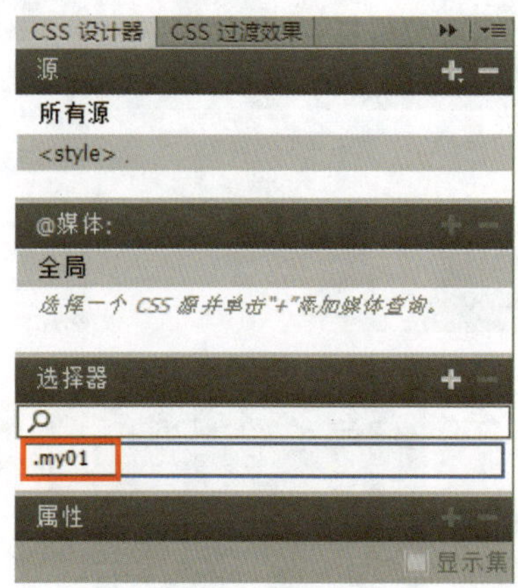

图7-136　输入名称

04 在“属性”中的width和height后双击，输入宽高值，如图7-137所示。

05 在background-image下的url中粘贴背景图片（素材\第7章\7.5.1 鼠标响应的妙用）的网络地址，如图7-138所示。

06 进入代码视图，在<body>与</body>之间单击，在“插入”面板中单击Div按钮，如图7-139所示。

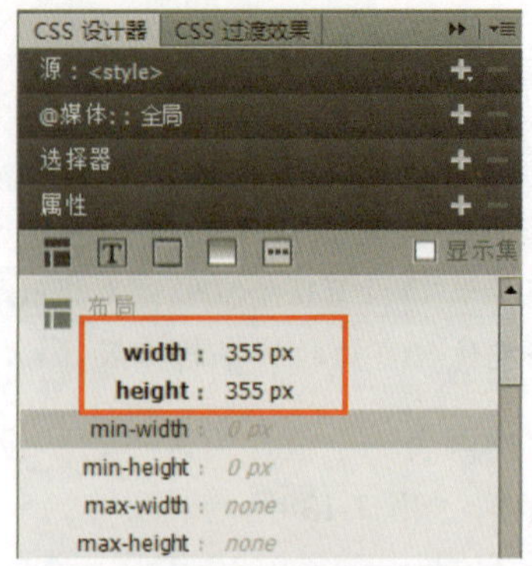

图7-137　输入宽高值

图7-138　粘贴背景图片地址

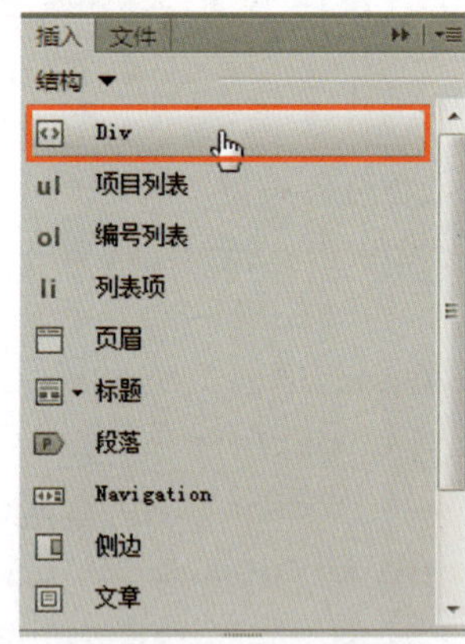

图7-139　单击Div按钮

07 在打开的“插入Div”对话框中选择Class为my01，如图7-140所示，单击“确定”按钮。

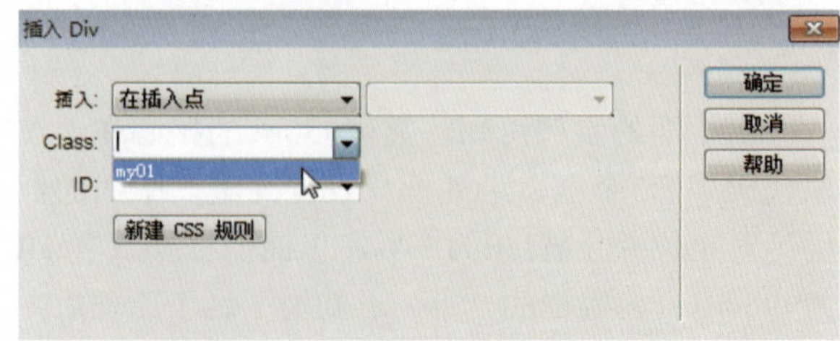

图7-140　选择Class

08 在代码视图中选中文字，如图7-141所示，按Delete键删除。

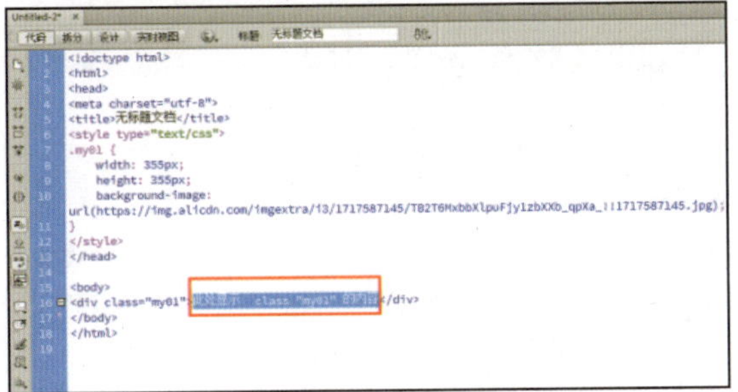

图7-141　选中文字

09 插入<a>标签并设置样式，如图7-142所示。

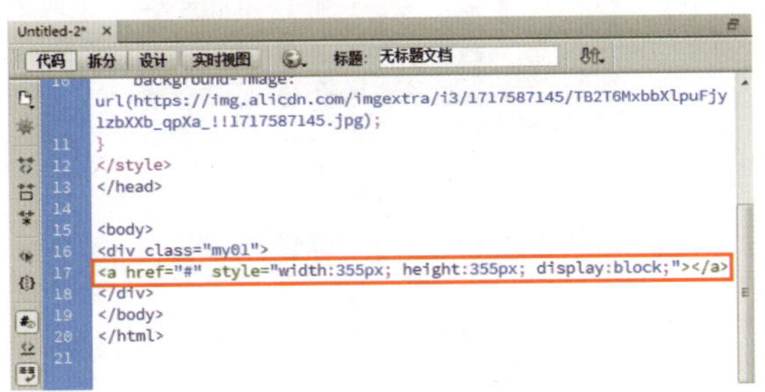

图7-142　插入<a>标签

10 添加hover的样式，并定义背景图案，如图7-143所示。

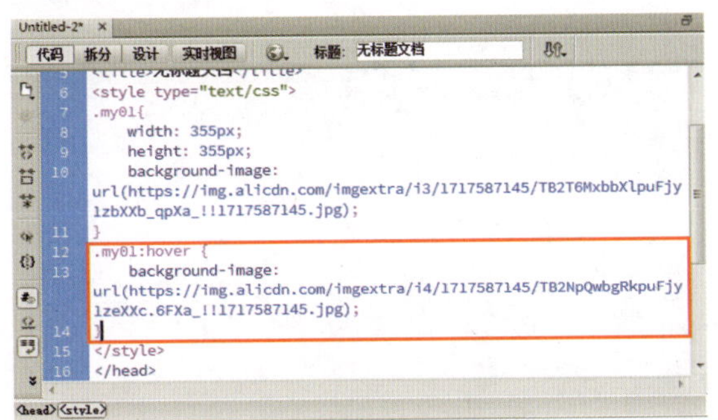

图7-143　添加hover样式

11 保存后按F12键在浏览器中测试效果，如图7-144所示。

图7-144　测试效果

图7-144　测试效果（续）

接下来将代码应用到装修店铺中，由于hover效果的代码由两部分组成，一部分是body标签中的代码，可以直接装修到店铺的“自定义内容区”模块；另一部分是style标签中的外部样式代码，这部分代码不能直接应用到店铺中，而需要在淘宝卖家服务页面订购旺铺CSS。进入“卖家中心”，选择“卖家服务”选项，在服务搜索框中输入“CSS”，如图7-145所示，单击“搜索”按钮，在旺铺CSS订购页面单击“立即订购”按钮即可，如图7-146所示。

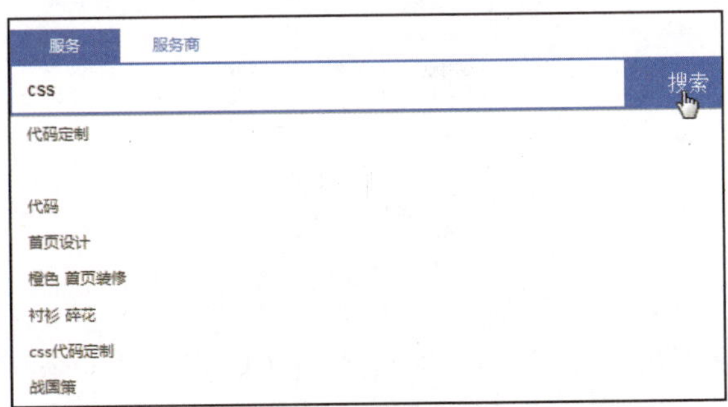

图7-145　搜索CSS服务

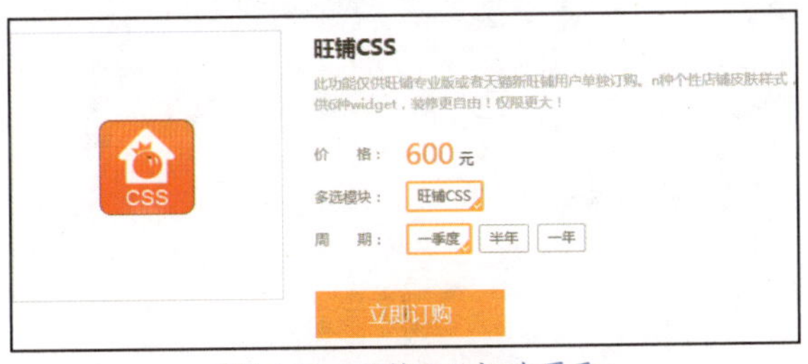

图7-146　旺铺CSS订购页面

订购后将代码的外部样式部分装修到“自定义CSS”区域，将body标签内的代码装修到“自定义内容区”模块。

7.5.2 神奇的动画过渡

动画的过渡是通过transition实现的。

1. Transition写法

Transition写法为

transition：产生过渡的属性 时长 速度曲线 效果延迟。

产生过渡的属性：大多数情况下写成all，表示所有变化的属性都会产生过渡的动画。如果需要控制哪个属性，就需要将其写得详细些，如宽、高、边框和颜色等。

时长：控制动画的持续时间，持续时间越长，动画速度越慢。时长写法为：5s。

速度曲线：用于控制变化的加减速率曲线，包括ease（逐渐变慢）、linear（匀速）、ease-in（加速）、ease-out（减速）和ease-in-out（加速然后减速）。

效果延迟：定义过渡效果何时开始。

2. 实例——用transition实现动画过渡

下面以实例讲解用transition实现动画过渡。

01 在Dreamweaver软件中新建HTML文档，在“插入”面板中选择Div选项，如图7-147所示。

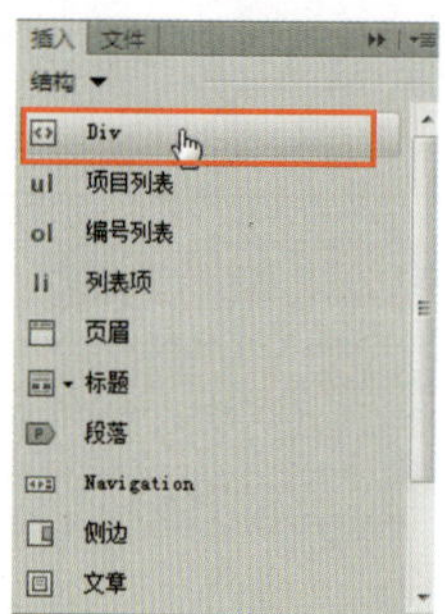

图7-147 选择Div选项

02 弹出“插入Div”对话框，在Class中输入一个自定义的类名，如图7-148所示。

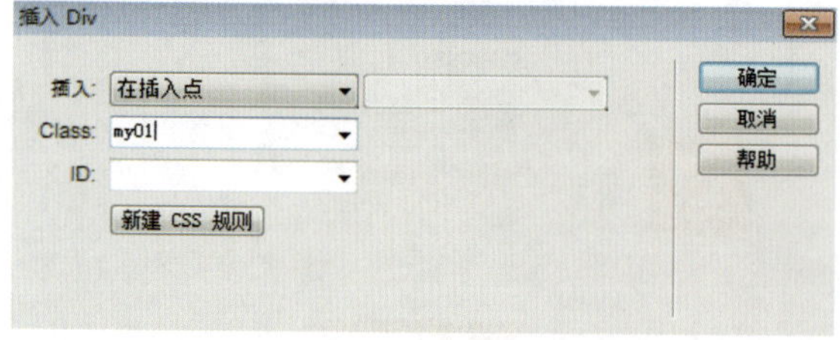

图7-148 输入自定义的类名

03 在大框内添加<a>标签，并设置标签样式，如图7-149所示。

04 对自定义的类my01设置样式，在“CSS设计器”面板中添加CSS源，然后添加新的选择器“.my01”，如图7-150所示。

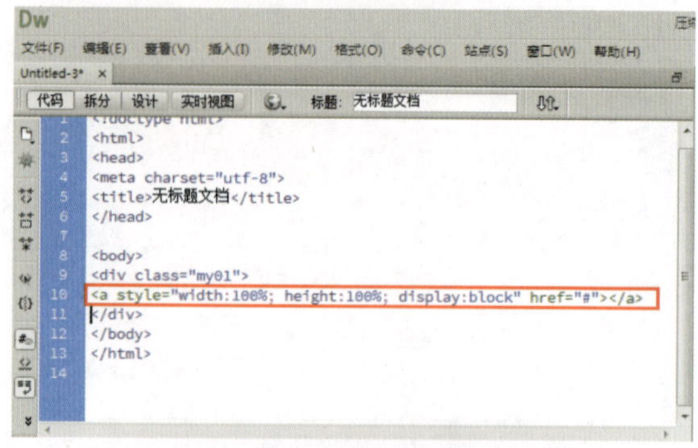

图7-149 设置标签样式

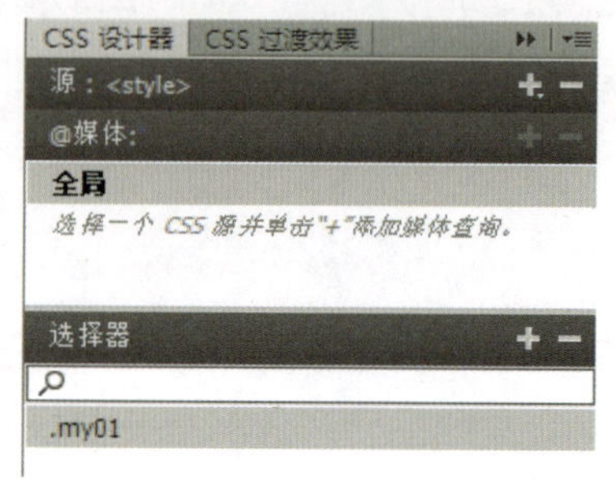

图7-150 添加新的选择器

05 在“属性”栏中设置宽、高及背景图（素材\第7章\7.5.2 神奇的动画过渡）等参数，代码如图7-151所示。

图7-151 设置参数后的代码

06 下面实现hover的效果，在代码中设置背景的位置发生移动，如图7-152所示。

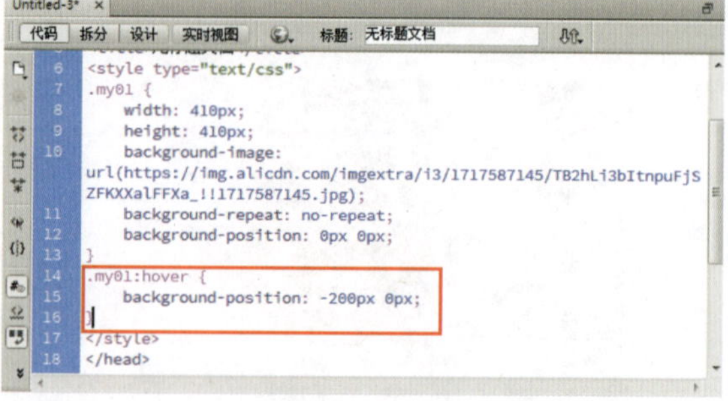

图7-152 设置背景移动

> **TIPS** 由于背景图大于框的尺寸大小，因此默认情况下只会显示左侧的部分，当设置hover效果后，背景图随鼠标而移动。

07 设置动画的过渡效果。在my01的样式中加入transition，如图7-153所示。

```
6   <style type="text/css">
7   .my01 {
8       width: 410px;
9       height: 410px;
10      background-image:
    url(https://img.alicdn.com/imgextra/i3/1717587145/TB2hLi3bItnpuFjSZFKXXalFFXa_!!1717587145.jpg);
11      background-repeat: no-repeat;
12      background-position: 0px 0px;
13      -webkit-transition:all 0.3s linear 0s;
14      -o-transition:all 0.3s linear 0s;
15      transition:all 0.3s linear 0s;
16  }
17  .my01:hover {
18      background-position: -200px 0px;
```

图7-153　设置动画的过渡

> **TIPS** 代码中的第15行代码表示所有变化的属性产生过渡，时长为0.3s，速度为匀速，效果延时为0。第13行与第14行代码可以删除，在大多数浏览器中均可正常显示。但是为了使代码在谷歌和欧朋浏览器中能正常工作，故而复制两行代码并添加前缀-webkit和-o。

08 保存后按F12键在浏览器中查看过渡效果，如图7-154所示。

图7-154　过渡效果

09 将<style>标签内的样式装修到“自定义CSS”区域中，将<body>标签内的代码装修到“自定义内容区”模块。

7.5.3　平移、旋转与缩放

要产生变形效果就需要用到transform样式，它可以设置偏移、旋转、缩放和扭曲变形。

1. 平移

当光标放置在图片上时，图片会水平或垂直移动，以显示被隐藏的部分。前面讲到，平移的效果用transition可以实现，本节将介绍如何使用transform样式实现该效果。

01 在Dreamweaver软件中建立框架，并在框内插入图片（素材\第7章\7.5.3 平移、旋转与缩放），定义框内图片的样式名，如图7-155所示。

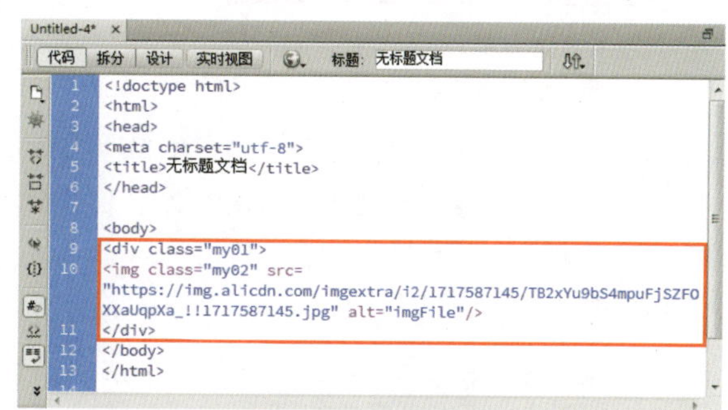

```
<!doctype html>
<html>
<head>
<meta charset="utf-8">
<title>无标题文档</title>
</head>

<body>
<div class="my01">
<img class="my02" src=
"https://img.alicdn.com/imgextra/i2/1717587145/TB2xYu9bS4mpuFjSZFOXXaUqpXa_!!1717587145.jpg" alt="imgFile"/>
</div>
</body>
</html>
```

图7-155　建立框架

02 设置框的样式，为框设置高度、宽度和超出隐藏，如图7-156所示。

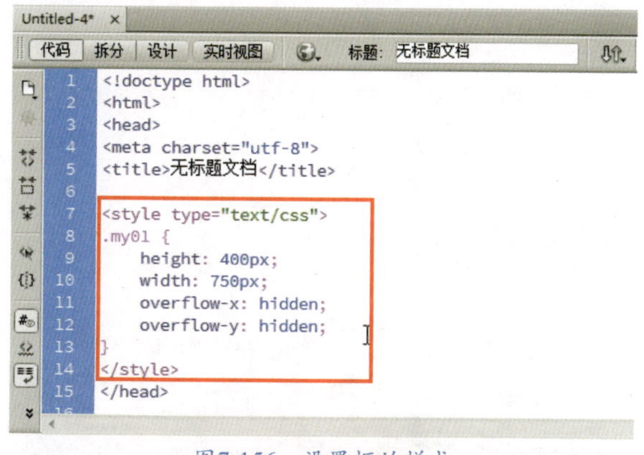

```
<!doctype html>
<html>
<head>
<meta charset="utf-8">
<title>无标题文档</title>

<style type="text/css">
.my01 {
    height: 400px;
    width: 750px;
    overflow-x: hidden;
    overflow-y: hidden;
}
</style>
</head>
```

图7-156　设置框的样式

03 设置图片的样式，为图片添加transition样式，实现逐渐移动的效果，如图7-157所示。

04 为图片添加hover效果。添加transform:translate(0px,-400px)代码，如图7-158所示。

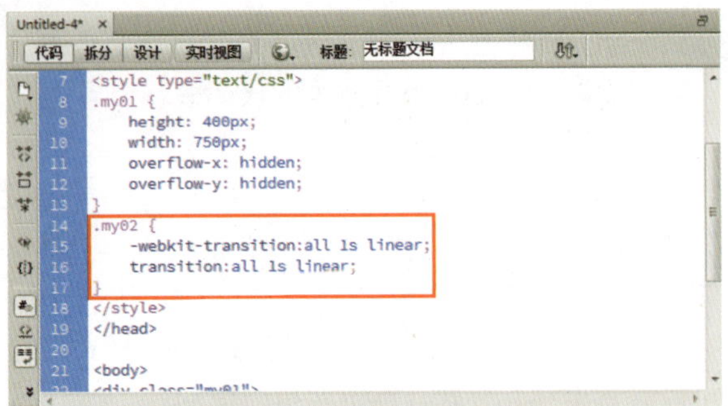

图7-157 添加transition样式

```
Untitled-4*
代码 拆分 设计 实时视图 标题: 无标题文档
    width: 750px;
    overflow-x: hidden;
    overflow-y: hidden;
}
.my02 {
    -webkit-transition:all 1s linear;
    transition:all 1s linear;
}

.my01:hover .my02{
    -webkit-transform:translate(0px,-400px);
    transform:translate(0px,-400px);
}
</style>
</head>
```

图7-158 添加hover效果

> TIPS 添加transform样式后，在IE9浏览器中正常显示需要添加-ms-前缀；在谷歌浏览器中正常显示需要添加-webkit-前缀；在火狐浏览器中正常显示需要添加-moz-前缀。

05 保存并在浏览器中预览效果，如图7-159所示。

> TIPS 添加transform样式后，在IE9浏览器中正常显示需要添加-ms-前缀；在谷歌浏览器中正常显示需要添加-webkit-前缀；在火狐浏览器中正常显示需要添加-moz-前缀。

06 和前面的实例一样，将<style>标签内的样式装修到“自定义CSS”区域，将<body>标签内的代码装修到“自定义内容区”模块。

图7-159 预览效果

图7-159 预览效果（续）

2. 旋转

表示旋转的代码为transform:rotate（旋转度数），如图7-160所示。代码中表示旋转60度，旋转效果如图7-161所示。Deg为度数，当旋转度数为正数时，顺时针旋转；当旋转度数为负数时，则会逆时针旋转。

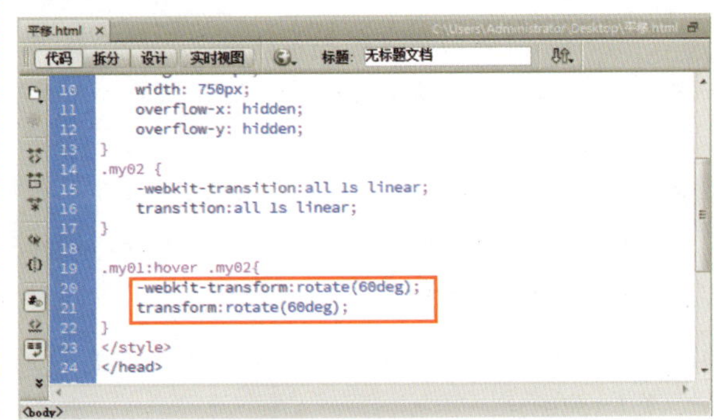

图7-160 代码

图7-161 旋转效果

3. 缩放

表示缩放的代码为transform:scale（水平缩放倍数,垂直缩放倍数），如图7-162所示，缩放效果如图7-163所示。等比例缩放，即水平与垂直方向的缩放倍数相同时，可以缩写，如scale（2），表示等比例缩放2倍。

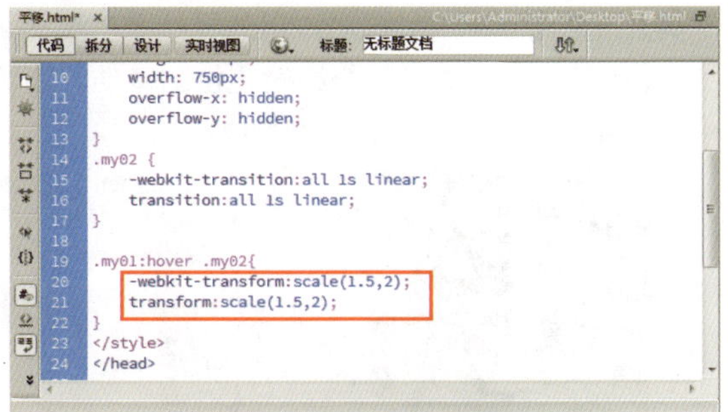

图7-162　缩放的代码

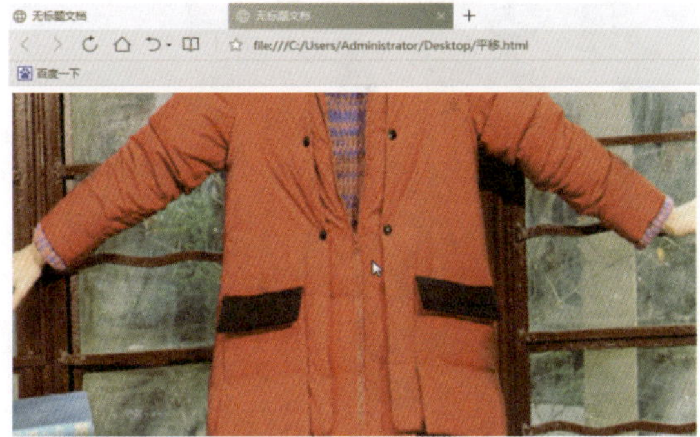

图7-163　缩放效果

4. 扭曲

表示扭曲的代码为transform:skew（水平扭曲度数,垂直扭曲度数），如transform:skew（60deg,0deg），表示向水平方向扭曲60度，如图7-164所示。扭曲效果如图7-165所示。

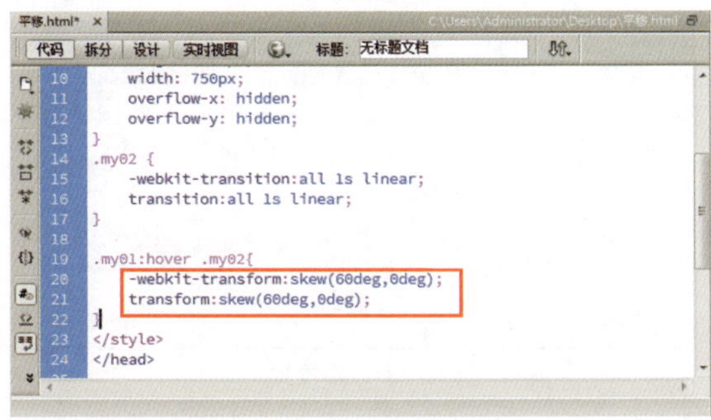

图7-164　扭曲代码

图7-165　扭曲效果

> TIPS
>
> 如果需要同时应用多个transform效果，以空格作为间隔即可。如水平平移5像素，并缩放1.5倍，则写成transform:translate（5px,0px） scale（1.5）。

5. 变形中心

默认情况下对象变形的中心点为元素的中心，若需要改变，则需要使用transform-origin。写法为transform-origin:水平位置 垂直位置。水平位置的值包括四种:left（左）、center（中间）、right（右）及%（百分比）；垂直位置的值也包括四种:top（顶）、center（中间）、bottom（底）及%（百分比）。如图7-166所示表示变形中心在水平位置30%处。

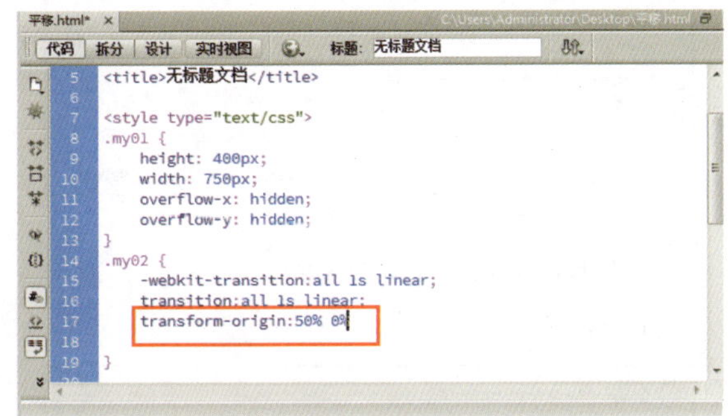

图7-166　变形中心代码

7.6　特效神器——Widget

在地址栏中输入http://open.taobao.com，进入淘宝开发平台，把鼠标置于“文档中心”上，在出现的下拉菜单中选择“文档首页”选项，如图7-167所示。在“开放业务”栏目下单击“装修市场”按钮，如图7-168所示。

图7-167　选择“文档首页”选项

图7-168 单击“装修市场”按钮

进入装修市场页面，在左侧单击“查询手册”，在展开的列表中选择“Widget规范”选项，如图7-169所示。

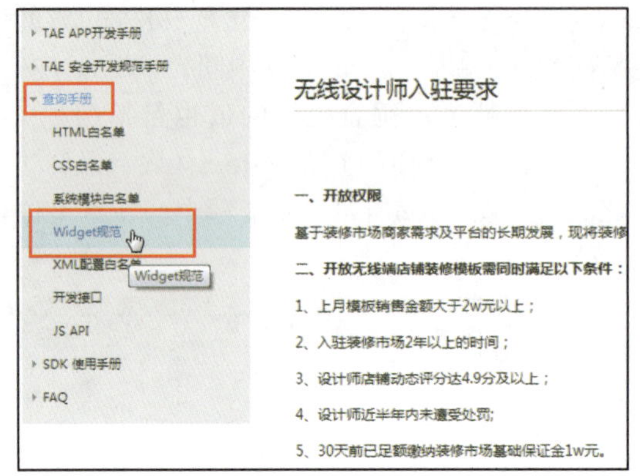

图7-169 选择“Widget规范”选项

在右侧的界面中显示了Widget规范以及调用方法，如图7-170所示。

图7-170 Widget规范以及调用方法

7.6.1 基本特效的使用

标签页tabs、卡盘slide和旋转木马carousel的外观类似，它们都有一个导航区域和一个内容区域，下面以旋转木马为例（即我们常见的轮播）介绍如何制作。

01 在淘宝装修市场或其他淘宝店铺中找到一种旋转木马的效果，如图7-171所示。

02 分析该效果图，以制作类似的效果。分析得出，这种效果由3个框组成，分别是内容框，箭头区及底部的数字(或点)占用的导航区。除此之外，为了使3个框有一个绝对定位的基准，还需在最外边添加一个框，如图7-172所示。

图7-171 旋转木马效果

图7-172 分析效果图

03 根据分析，需要先将图片设计制作好（第7章\7.6.1旋转木马）并上传到图片空间，如图7-173所示。

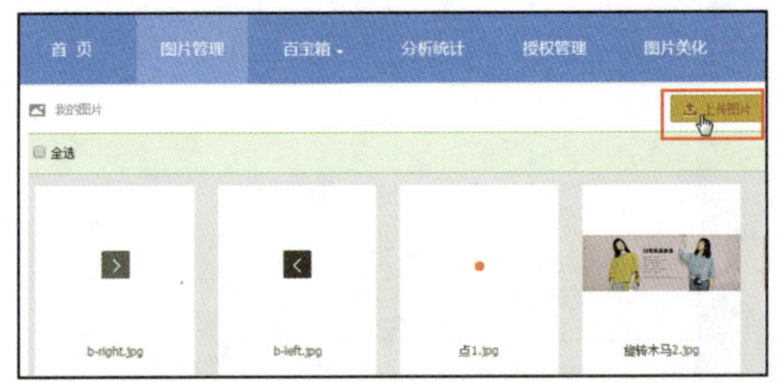

图7-173 上传图片

04 在Dreamweaver软件中建立一个框，并在“CSS设计器”中设置宽高和相对定位，代码如图7-174所示。

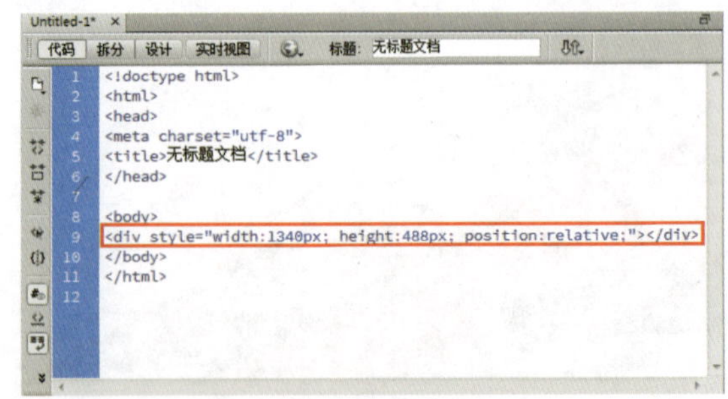

图7-174 建立框

05 在大框中写入内容框的代码。内容部分即轮播图部分，轮播图由几张排列的图片组成，因此这里不需要使用div标签，而是以ul标签定义。在“插入”面板中单击“项目列表”按钮，如图7-175所示。

图7-175　单击“项目列表”按钮

06 设置标签的宽高及其他样式，并在中间插入3个列表项，代码如图7-176所示。

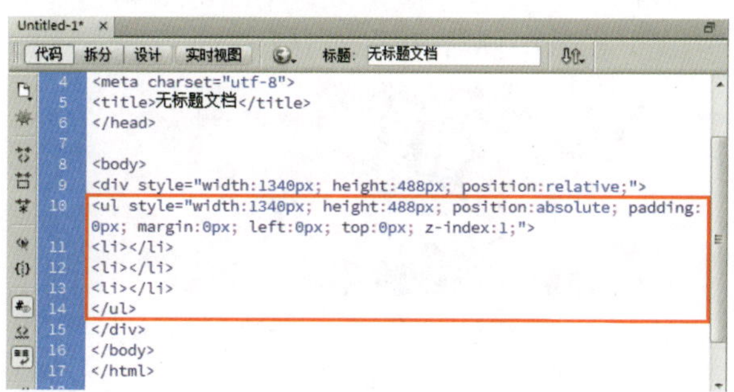

图7-176　插入3个列表项

07 下面写入箭头框的代码。插入一个div标签，并在“CSS设计器”中设置宽高、定位等样式，代码如图7-177所示。

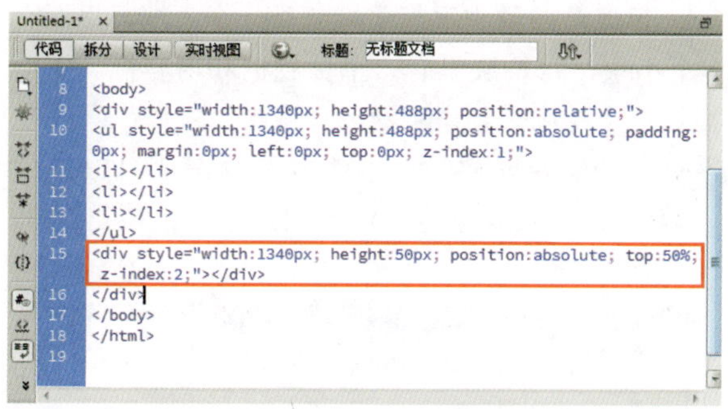

图7-177　写入箭头框的代码

08 为了插入左右两个箭头的图片链接，在代码中加入<a>标签，并分别设置定位，如图7-178所示。

09 写入底部导航框的代码。底部导航框中的内容也是列表排列的图片，插入项目列表，并设置样式，代码如图7-179所示。

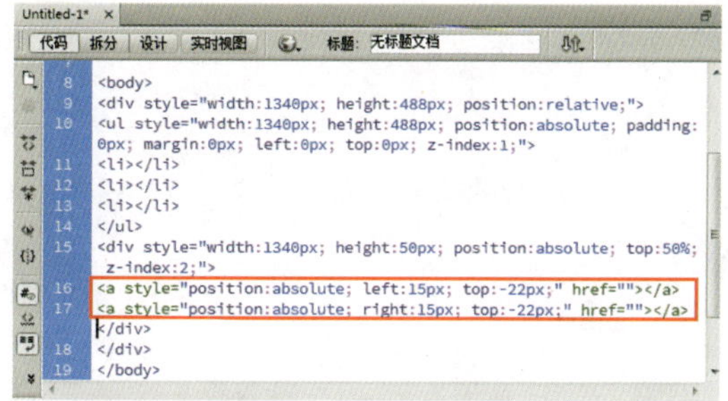

图7-178　写入箭头框的代码

TIPS　两个箭头的定位一个是左15像素，另一个是右15像素，分别位于图片的两端。

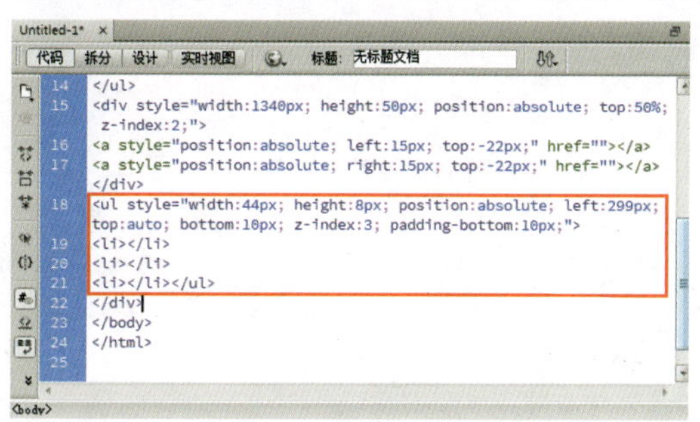

图7-179　写入底部导航框的代码

10 布局框架设定后，在布局中插入图片。在图片空间复制图片的代码，粘贴到代码中相应的位置，如图7-180所示。

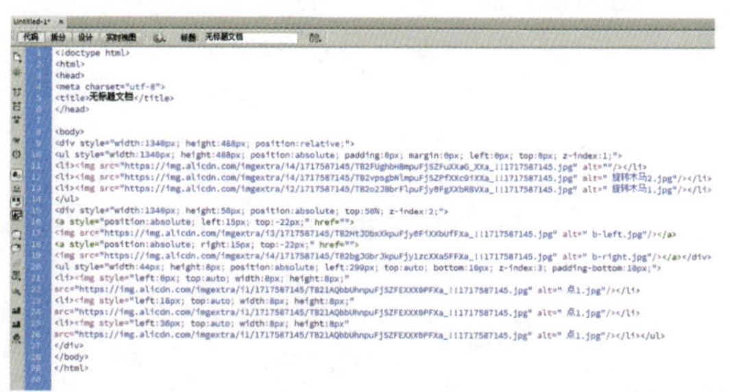

图7-180　插入图片

11 为所有的框添加样式名，并为导航区的列表设置宽、高及位置样式，如图7-181所示。

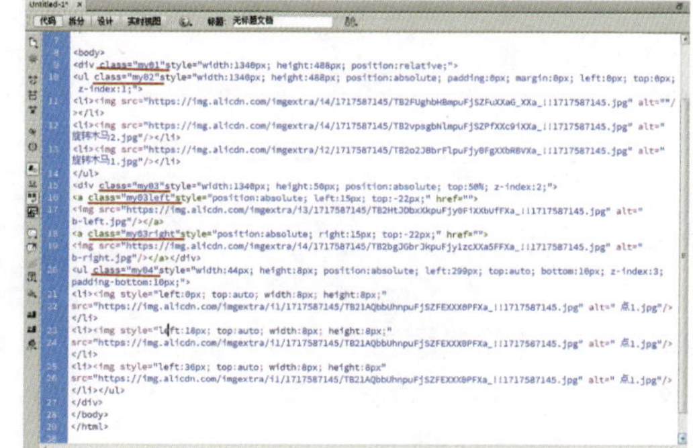

图7-181　添加样式名

> TIPS 类可以随意命名，注意以字母开头，并尽量避免使用特殊字符。

12 下面设置动画效果。添加代码如图7-182所示。

```
<!doctype html>
<html>
<head>
<meta charset="utf-8">
<title>无标题文档</title>
</head>

<body>
<div class="J_TWidget my01" data-widget-config=
"{'navCls':'my04','contentCls':'my02','effect':'fade','easing':'easeOutStrong','circular':'true,'prevBtnCls':'my03left','nextBtnCls':'my03right','disableBtnCls':'disable','duration':0.5,'autoplay':true,'delay':0.1,'activeTriggerCls':'hidden','interval':3,}" data-widget-type="Carousel"
style="width:1340px; height:488px; position:relative;">
<ul class="my02 footer-more-trigger"style="width:1340px; height:488px;
position:absolute; padding:0px; margin:0px; left:0px; top:0px;
z-index:1;">
<li><img src=
"https://img.alicdn.com/imgextra/i4/1717587145/TB2FUghbHBmpuFjSZFuXXaG_XXa_!!1717587145.jpg" alt=""/></li>
<li><img src=
"https://img.alicdn.com/imgextra/i4/1717587145/TB2vpsgbNlmpuFjSZPfXXc9iXXa_!!1717587145.jpg" alt=" 旋转木马2.jpg"/></li>
```

图7-182　动画代码

13 借用淘宝的footer-more-trigger替换绝对定位的代码，如图7-183所示。

```
'hidden','interval':3,}" data-widget-type="Carousel"
style="width:1340px; height:488px; position:relative;">
<ul class="my02 footer-more-trigger"style="width:1340px; height:488px; position:absolute; padding:0px; margin:0px;
left:0px; top:0px; z-index:1;">
<li><img src="https://img.alicdn.com/imgextra/i4/1717587145/TB2FUghbHBmpuFjSZFuXXaG_XXa_!!1717587145.jpg" alt=""/></
li>
<li><img src="https://img.alicdn.com/imgextra/i4/1717587145/TB2vpsgbNlmpuFjSZPfXXc9iXXa_!!1717587145.jpg" alt=" 旋转
木马2.jpg"/></li>
<li><img src="https://img.alicdn.com/imgextra/i2/1717587145/TB2o2JBbrFlpuFjy0FgXXbRBVXa_!!1717587145.jpg" alt=" 旋转
木马1.jpg"/></li>
</ul>
<div class="my03 footer-more-trigger"style="width:1340px; height:50px; position:absolute; top:50%; z-index:2;">
<a class="my03left footer-more-trigger"style="position:absolute; left:15px; top:-22px;" href="">
<img src="https://img.alicdn.com/imgextra/i3/1717587145/TB2HtJDbxXkpuFjy0FiXXbUfFXa_!!1717587145.jpg" alt="
b-left.jpg"/></a>
<a class="my03right footer-more-trigger"style="position:absolute; right:15px; top:-22px;" href="">
<img src="https://img.alicdn.com/imgextra/i4/1717587145/TB2bgJGbrJkpuFjy1zcXXa5FFXa_!!1717587145.jpg" alt="
b-right.jpg"/></a></div>
<ul class="my04 footer-more-trigger"style="width:44px; height:8px; position:absolute; left:299px; top:auto;
bottom:10px; z-index:3; padding-bottom:10px;">
<li><img class="footer-more-trigger" style="left:0px; top:auto; width:8px; height:8px;"
src="https://img.alicdn.com/imgextra/i1/1717587145/TB21AQbbUhnpuFjSZFEXXX0PFXa_!!1717587145.jpg" alt=" 点1.jpg"/></li
>
<li><img class="footer-more-trigger" style="left:18px; top:auto; width:8px; height:8px;"
src="https://img.alicdn.com/imgextra/i1/1717587145/TB21AQbbUhnpuFjSZFEXXX0PFXa_!!1717587145.jpg" alt=" 点1.jpg"/></li
>
<li><img class="footer-more-trigger" style="left:36px; top:auto; width:8px; height:8px"
src="https://img.alicdn.com/imgextra/i1/1717587145/TB21AQbbUhnpuFjSZFEXXX0PFXa_!!1717587145.jpg" alt=" 点1.jpg"/></li
></ul>
```

图7-183　借用样式

14 借用样式后需要添加覆盖由于借用而被附加上的样式代码。将“margin:0;padding:0;padding:0;”添加到样式中，如图7-184所示。

```
style="width:1340px; height:488px; position:relative;">
<ul class="my02 footer-more-trigger" style="margin:0; padding:0; border:0; width:1340px; height:488px; position:
absolute; padding:0px; margin:0px; left:0px; top:0px; z-index:1;">
<li><img src="https://img.alicdn.com/imgextra/i4/1717587145/TB2FUghbHBmpuFjSZFuXXaG_XXa_!!1717587145.jpg" alt=""/>
</li>
<li><img src="https://img.alicdn.com/imgextra/i4/1717587145/TB2vpsgbNlmpuFjSZPfXXc9iXXa_!!1717587145.jpg" alt=" 旋
转木马2.jpg"/></li>
<li><img src="https://img.alicdn.com/imgextra/i2/1717587145/TB2o2JBbrFlpuFjy0FgXXbRBVXa_!!1717587145.jpg" alt=" 旋
转木马1.jpg"/></li>
</ul>
<div class="my03 footer-more-trigger"style="margin:0; padding:0; border:0; width:1340px; height:50px;
position:absolute; top:50%; z-index:2;">
<a class="my03left footer-more-trigger"style="margin:0; padding:0; border:0;position:absolute; left:15px;
top:-22px;" href="">
<img src="https://img.alicdn.com/imgextra/i3/1717587145/TB2HtJDbxXkpuFjy0FiXXbUfFXa_!!1717587145.jpg" alt="
b-left.jpg"/></a>
<a class="my03right footer-more-trigger"style="margin:0; padding:0; border:0;position:absolute; right:15px;
top:-22px;" href="">
<img src="https://img.alicdn.com/imgextra/i4/1717587145/TB2bgJGbrJkpuFjy1zcXXa5FFXa_!!1717587145.jpg" alt="
b-right.jpg"/></a></div>
<ul class="my04 footer-more-trigger"style="margin:0; padding:0; border:0;width:44px; height:8px; position:absolute;
 left:299px; top:auto; bottom:10px; z-index:3; padding-bottom:10px;">
<li><img class="footer-more-trigger" style="margin:0; padding:0; border:0;left:0px; top:auto; width:8px; height:8px
;"
src="https://img.alicdn.com/imgextra/i1/1717587145/TB21AQbbUhnpuFjSZFEXXX0PFXa_!!1717587145.jpg" alt=" 点1.jpg"/></
li>
<li><img class="footer-more-trigger" style="margin:0; padding:0; border:0;left:18px; top:auto; width:8px; height:
8px;"
src="https://img.alicdn.com/imgextra/i1/1717587145/TB21AQbbUhnpuFjSZFEXXX0PFXa_!!1717587145.jpg" alt=" 点1.jpg"/></
li>
<li><img class="footer-more-trigger" style="margin:0; padding:0; border:0;left:36px; top:auto; width:8px; height:
8px"
src="https://img.alicdn.com/imgextra/i1/1717587145/TB21AQbbUhnpuFjSZFEXXX0PFXa_!!1717587145.jpg" alt=" 点1.jpg"/></
li></ul>
```

图7-184　添加样式

15 由于这里的轮播图宽度为1920px，超过了自定义内容区的950px，因此需要添加突破950px的代码，如图7-185所示。

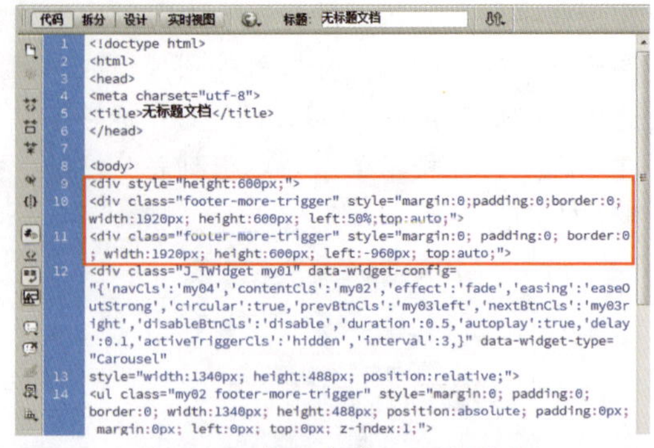

```
<!doctype html>
<html>
<head>
<meta charset="utf-8">
<title>无标题文档</title>
</head>

<body>
<div style="height:600px;">
<div class="footer-more-trigger" style="margin:0;padding:0;border:0;
width:1920px; height:600px; left:50%;top:auto;">
<div class="footer-more-trigger" style="margin:0; padding:0; border:0
; width:1920px; height:600px; left:-960px; top:auto;">
<div class="J_TWidget my01" data-widget-config=
"{'navCls':'my04','contentCls':'my02','effect':'fade','easing':'easeOutStrong','circular':true,'prevBtnCls':'my03left','nextBtnCls':'my03right','disableBtnCls':'disable','duration':0.5,'autoplay':true,'delay':0.1,'activeTriggerCls':'hidden','interval':3,}" data-widget-type=
"Carousel"
style="width:1340px; height:488px; position:relative;">
<ul class="my02 footer-more-trigger" style="margin:0; padding:0;
border:0; width:1340px; height:488px; position:absolute; padding:0px;
margin:0px; left:0px; top:0px; z-index:1;">
```

图7-185　添加突破950px的代码

> TIPS 若制作的海报宽度没有超过950px，则此步骤可以省略。

16 将<body>与</body>之间的代码复制到装修后台的“自定义内容区”模块，然后发布或预览效果，此时发现箭头与导航的位置不对。回到代码中，修改箭头与导航区的left值，再预览效果，如图7-186所示。

图7-186　效果预览

7.6.2　优雅手风琴效果

手风琴效果就是单击不同的按钮时，相关内容会展开。

手风琴的结构很简单，就是一个大框，里面有N个小块，每个块里有一个标题框和内容框。下面根据这个结构来制作实例。

01 使用Photoshop制作好图片（素材\第7章\7.6.2 优雅手风琴效果）并上传到图片空间，如图7-187所示。

图7-187　上传图片

02 新建一个大框，定义样式名为my01，并在大框中添加6个小框，分别放置3个标题和3个内容，如图7-188所示。

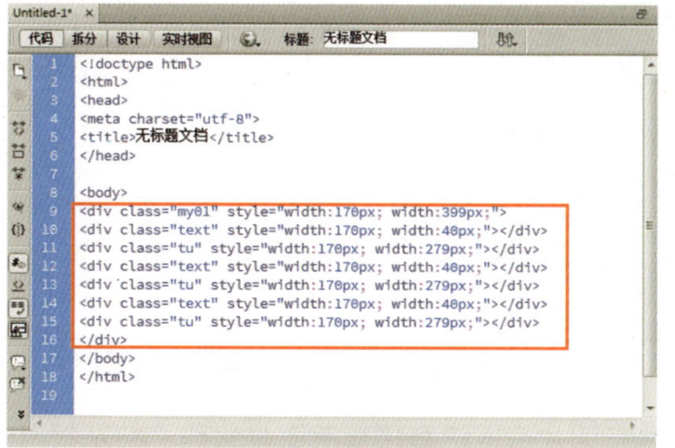

图7-188 建立框架

03 为了使默认情况下只打开第1个内容，在另外2个内容框的样式中添加隐藏代码display:none，如图7-189所示。

```
<head>
<meta charset="utf-8">
<title>无标题文档</title>
</head>

<body>
<div class="my01" style="width:170px; width:399px;">
<div class="text" style="width:170px; width:40px;"></div>
<div class="tu" style="width:170px; width:279px;"></div>
<div class="text" style="width:170px; width:40px;"></div>
<div class="tu" style="width:170px; width:279px; display:none;"></div>
<div class="text" style="width:170px; width:40px;"></div>
<div class="tu" style="width:170px; width:279px; display:none;"></div>
</div>
</body>
</html>
```

图7-189 添加隐藏代码

04 在框中插入对应的标题与内容图片，如图7-190所示。

```
<body>
<div class="my01" style="width:170px; width:399px;">
<div class="text" style="width:170px; width:40px;">
<img src=
"https://img.alicdn.com/imgextra/i2/1717587145/TB2OkvDcNXkpuFjy0FiXXbUfFXa_!!1717587145.jpg" alt=" 运动会场.jpg"/></div>
<div class="tu" style="width:170px; width:279px;">
<img src=
"https://img.alicdn.com/imgextra/i3/1717587145/TB2uK07dCFmpuFjSZFrXXayOXXa_!!1717587145.jpg" alt=" 2017-1-12 17-18-24.jpg"/></div>
<div class="text" style="width:170px; width:40px;">
<img src=
"https://img.alicdn.com/imgextra/i3/1717587145/TB2QwmWdyBnpuFjSZFzXXaSrpXa_!!1717587145.jpg" alt=" 春季潮男.jpg"/></div>
<div class="tu" style="width:170px; width:279px; display:none;">
<img src=
"https://img.alicdn.com/imgextra/i3/1717587145/TB2LSt8dtXnpuFjSZFoXXXLcpXa_!!1717587145.jpg" alt=" 2017-1-12 17-18-55.jpg"/></div>
<div class="text" style="width:170px; width:40px;">
<img src=
"https://img.alicdn.com/imgextra/i3/1717587145/TB2RvPKcR4lpuFjy1zjXXcAKpXa_!!1717587145.jpg" alt=" 未命名_副本.jpg"/></div>
<div class="tu" style="width:170px; width:279px; display:none;">
<img src=
"https://img.alicdn.com/imgextra/i1/1717587145/TB25sDccHplpuFjSspiXXcdfFXa_!!1717587145.jpg" alt=" 2017-1-12 17-19-14.jpg"/></div>
```

图7-190 插入图片

TIPS 为使框中显示3个标题和1个内容，则框的高度为3个标题和1个内容的高度相加。

05 为手风琴添加widget配置，并设置手风琴的参数，如图7-191所示。

图7-191 设置手风琴的参数

06 将<body>与</body>之间的代码复制、粘贴到装修后台的“自定义内容区”模块中，如图7-192所示。

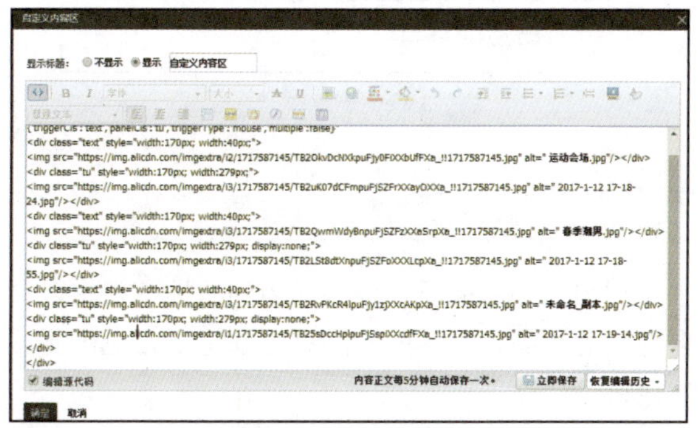

图7-192 粘贴代码

TIPS 手风琴的具体参数配置及介绍如下所示。

配置参数	参数可选值	作用说明
triggerCls	自定义值	主列表的class值
panelCls	自定义值	列表所对应的内容列表的class值
triggerType	mouse/click(默认值：click)	触发方式——mouse：鼠标经过触发click：鼠标点击触发
multiple	true/false(默认值：false)	是否同时支持多面板展示
hasTriggers	true/false(默认值：true)	是否设置触发点

07 单击“确定”按钮，然后发布或预览手风琴效果，如图7-193所示。

图7-193　手风琴效果

7.6.3　炫酷的弹出效果

弹出层相对简单，但是应用到的地方很多，如自定义的分类、带导航的海报图都是最常见的弹出层效果。

01 使用Photoshop制作宝贝图片（素材\第7章\7.6.3 炫酷的弹出效果）并上传到图片空间，如图7-194所示。

图7-194　插入图片

02 在Dreamweaver中添加两个框，第1个框为小图，第2个图为大图，设置不同的宽高，并设置样式名与超出隐藏，如图7-195所示。

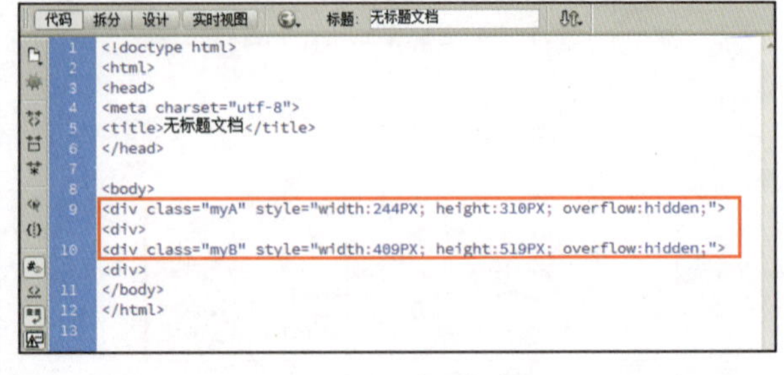

图7-195　建立框架

03 在图片空间中直接复制图片代码，粘贴到两个框中，如图7-196所示。

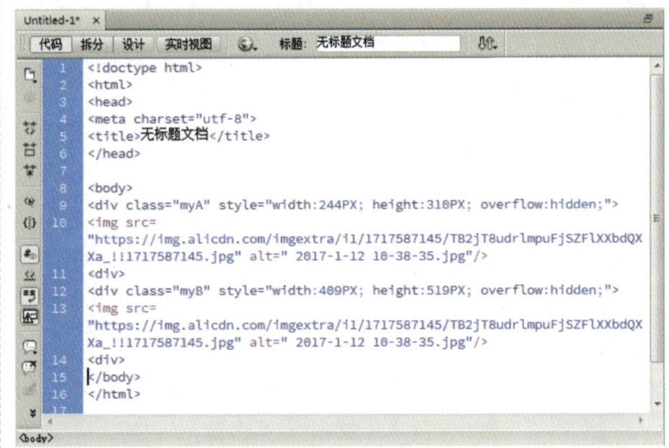

图7-196　建立框架

04 设定第2个框为弹出层，为该框添加widget样式，并设置弹出层的配置参数，如图7-197所示。

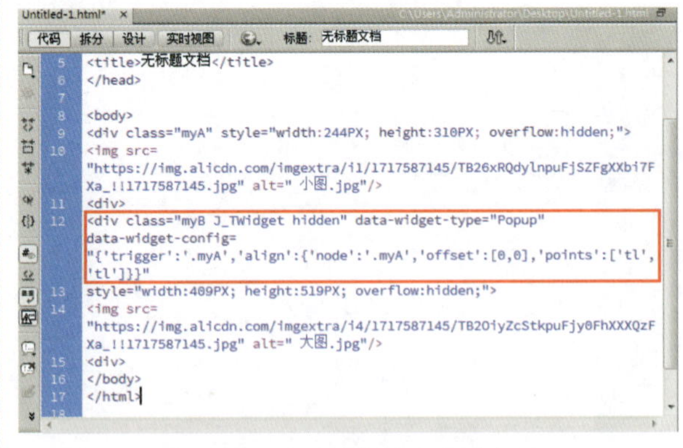

图7-197　设置弹出层的配置参数

05 将代码复制、粘贴到自定义模块中，测试或发布弹出层效果，如图7-198所示。

图7-198　弹出效果

一个就够

第8章　实战运营，让网店赢在实效

网店要想长久不衰地生存下去，与店铺的经营管理有很大的关系。善于经营的卖家，不仅能给店铺带来盈利，而且还能让店铺不断壮大，形成品牌效应。本章将介绍网店的基本运营工作。

8.1 管理为运营之本

一个好的网店运营离不开管理，进货管理、交易管理、宝贝信息管理等都做到位，店铺运营才能游刃有余。例如，宝贝上架下架等最基本的工作，是运营最初的核心部分，通过淘宝助理实时有效的管理，能为卖家带来更顺畅的运营体验。

8.1.1 淘宝助理，"认领"免费管家

淘宝助理是一款免费的客户端工具软件，不用登录淘宝网就能直接编辑宝贝信息，快速批量上传宝贝，其主要功能如图8-1所示。

图8-1 主要功能

淘宝助理需要安装到电脑上才能使用。下面介绍下载与安装的操作。

01 在浏览器中搜索"淘宝助理"，进入官方网站，单击"淘宝版下载"按钮，如图8-2所示。

图8-2 单击"淘宝版下载"按钮

02 下载完成后，双击程序，进入安装界面，如图8-3所示。

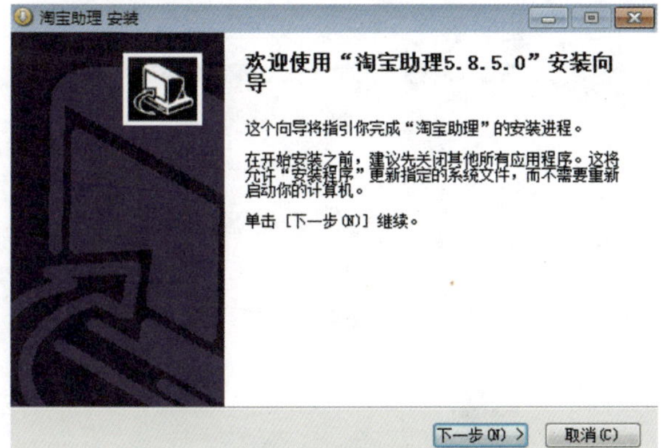

图8-3 安装界面

03 单击"下一步"按钮，跳转界面，单击"我接受"按钮，如图8-4所示。

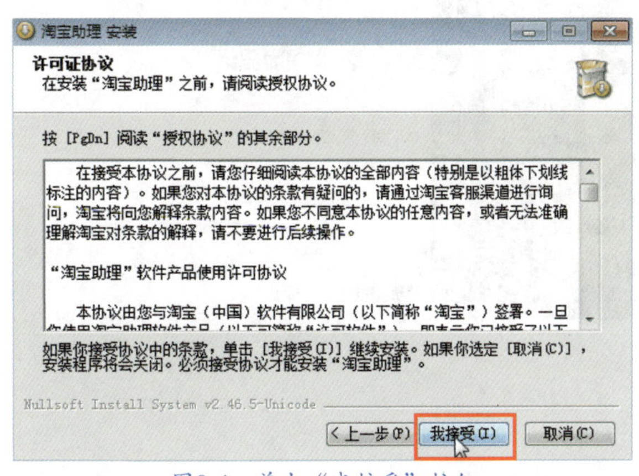

图8-4 单击"我接受"按钮

04 在目标文件夹下修改文件安装的位置，单击"下一步"按钮，如图8-5所示。

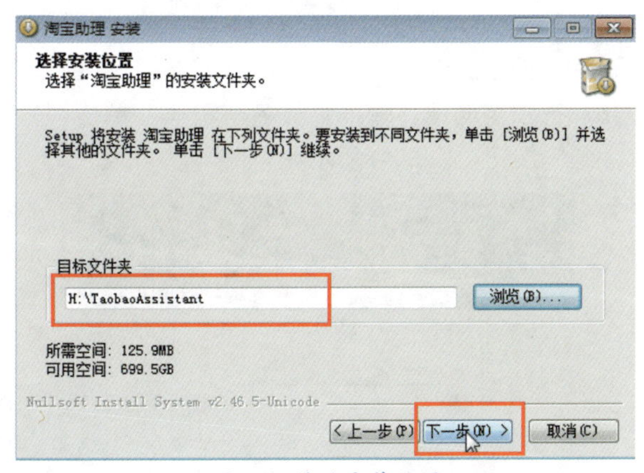

图8-5 修改安装位置

05 单击"安装"按钮，等待安装，如图8-6所示。

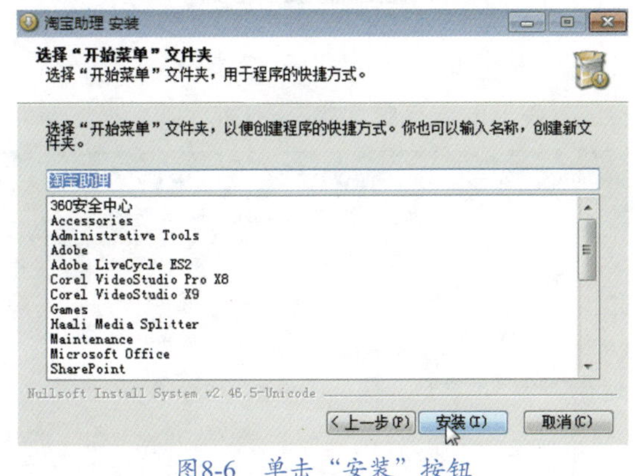

图8-6 单击"安装"按钮

06 安装完成后，单击"完成"按钮，如图8-7所示。

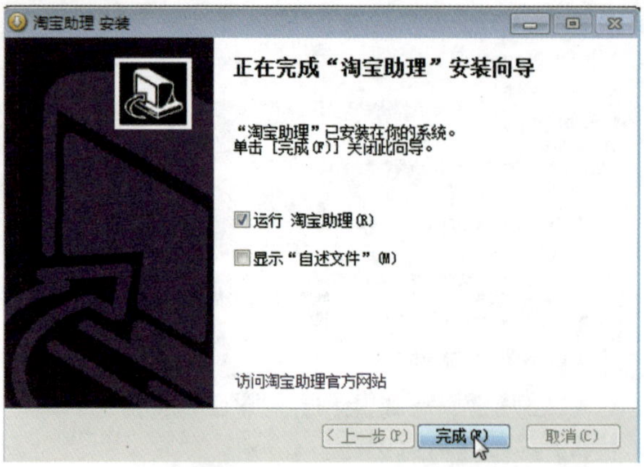

图8-7　单击“完成”按钮

8.1.2　店铺宝贝的上传与下架

使用淘宝助理可以在不登录淘宝网的情况下上传与编辑宝贝，还能对宝贝进行下架管理。

1. 宝贝上传

01 运行淘宝助理，输入会员名与密码，单击“登录”按钮，如图8-8所示。

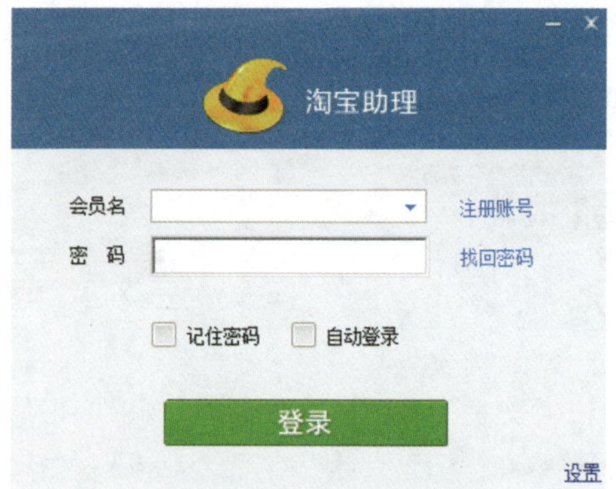

图8-8　单击“登录”按钮

02 进入淘宝助理界面，如图8-9所示。

图8-9　淘宝助理界面

TIPS　淘宝助理与千牛登录界面输入的会员名与密码，均为淘宝账号名与密码。

03 选择上方的“宝贝管理”选项，然后单击“创建宝贝”按钮，如图8-10所示。

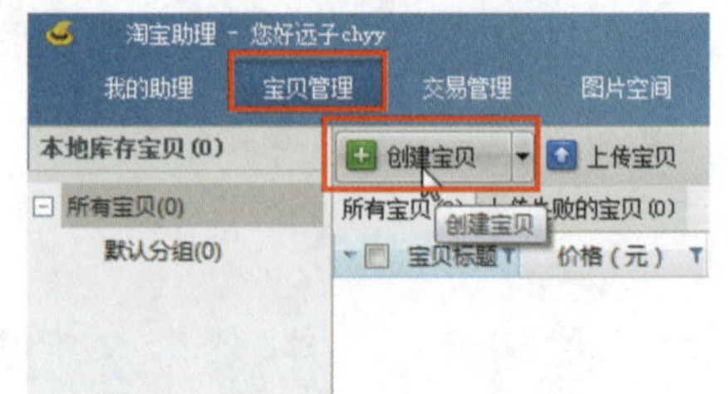

图8-10　单击“创建宝贝”按钮

04 打开“创建宝贝”对话框，如图8-11所示。

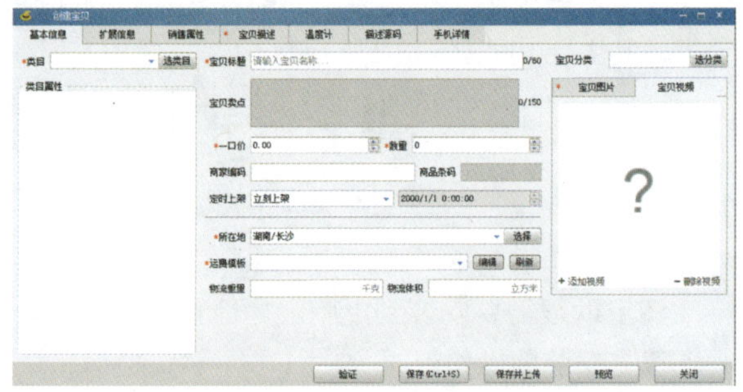

图8-11　“创建宝贝”对话框

05 单击“类目”下拉列表框右侧的“选类目”按钮，如图8-12所示。

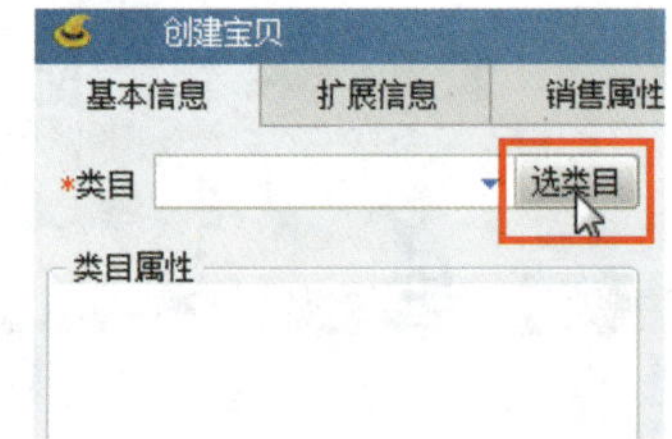

图8-12　单击“选类目”按钮

06 在文本框中输入关键字，在下方选择相应的类目，单击“确定”按钮，如图8-13所示。

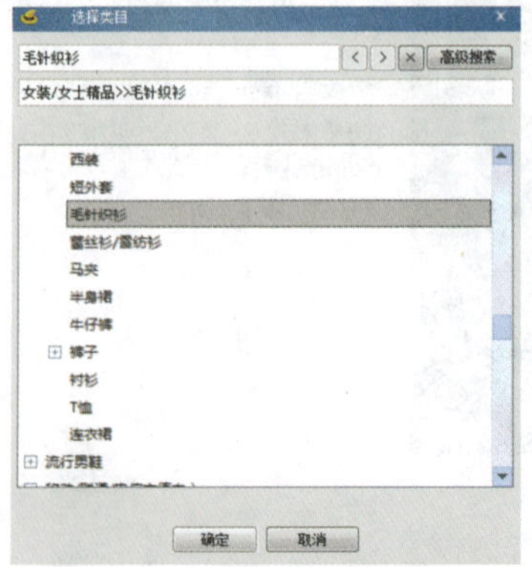

图8-13　单击“确定”按钮

07 选择类目后，填写类目属性与其他宝贝基本信息，带有*号的为必填项，如图8-14所示。

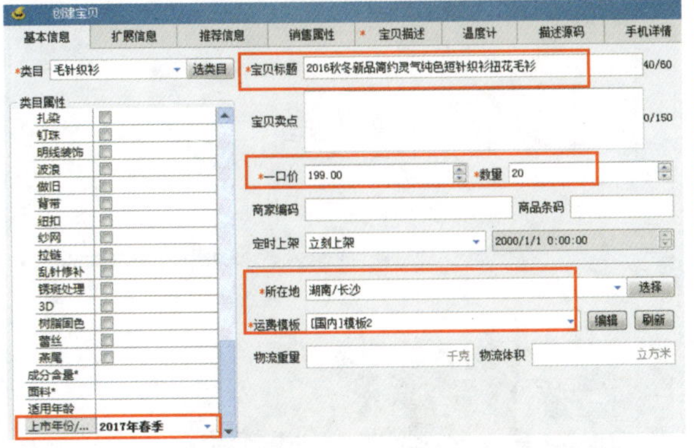

图8-14 填写信息

08 单击“宝贝分类”文本框右侧的“选分类”按钮，如图8-15所示。

图8-15 单击“选分类”按钮

09 弹出对话框，选中分类前面的复选框，单击“保存”按钮，如图8-16所示。

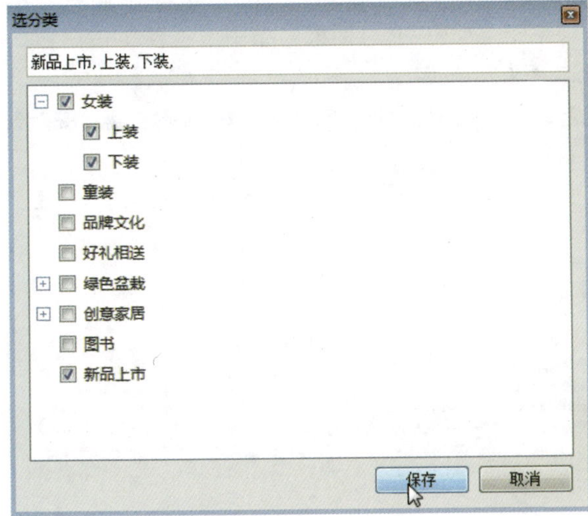

图8-16 选中分类并单击“保存”按钮

10 单击“添加图片”按钮，如图8-17所示。

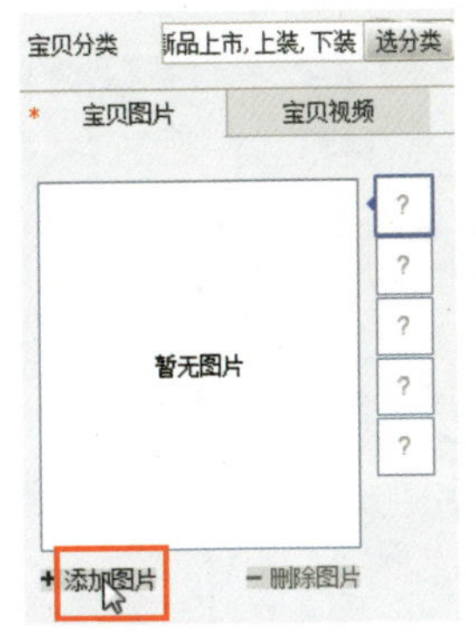

图8-17 单击“添加图片”按钮

11 在打开的对话框中单击“选择要上传的图片”按钮，如图8-18所示。

图8-18 单击“选择要上传的图片”按钮

12 在打开的对话框中选择图片，单击“打开”按钮，如图8-19所示。

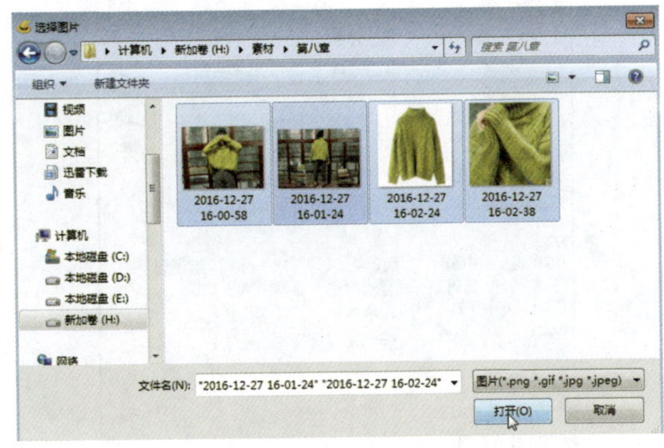

图8-19 单击“打开”按钮

13 将图片添加到列表中后，单击“插入”按钮，如图8-20所示。

14 选择顶端的“销售属性”选项，如图8-21所示。

15 在颜色分类下选择一种颜色，或添加自定义颜色，并设置尺码，如图8-22所示。

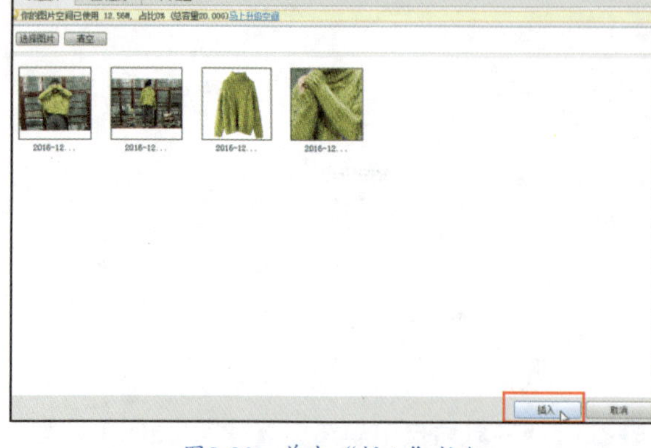

图8-20　单击“插入”按钮

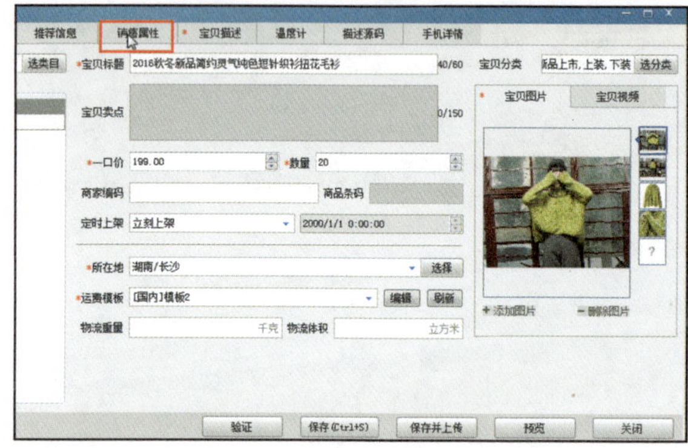

图8-21　选择“销售属性”选项

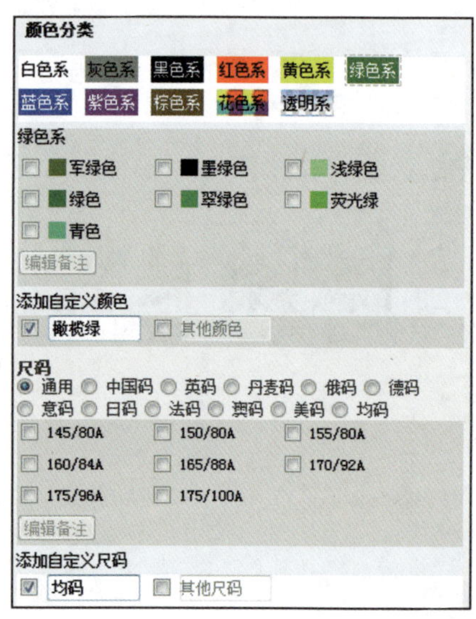

图8-22　设置颜色与尺码

16 在右侧输入一口价与数量，并分别单击相应的“填充”按钮，如图8-23所示。

17 选择顶端的“宝贝描述”选项，在下方文本框中添加描述信息，如图8-24所示。

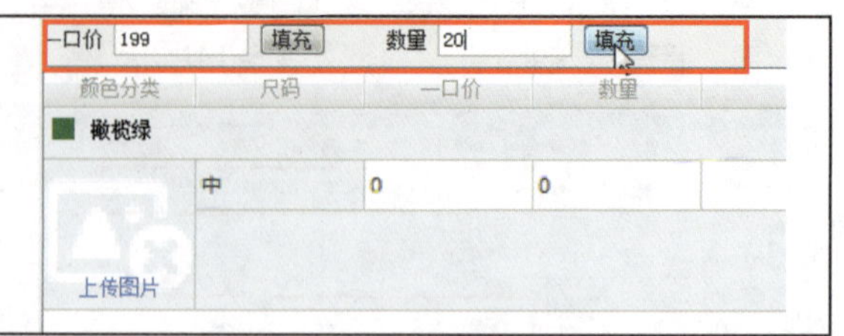

图8-23　单击“填充”按钮

图8-24　添加宝贝描述

18 单击底部的“验证”按钮，提示“验证成功”，如图8-25所示，即可上传宝贝。

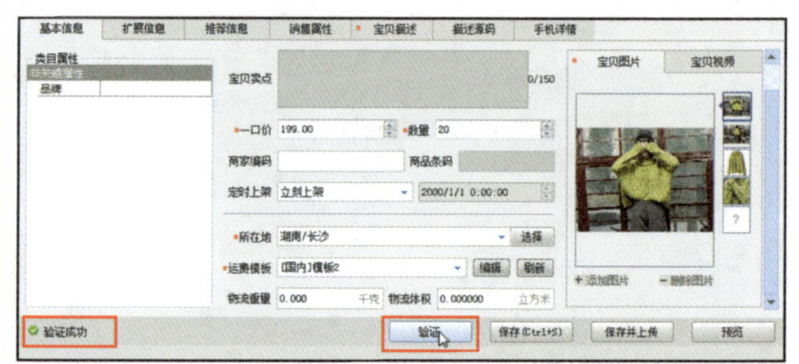

图8-25　验证成功

19 验证成功后，单击下方的“保存并上传”按钮，在打开的对话框中单击“上传”按钮，如图8-26所示。

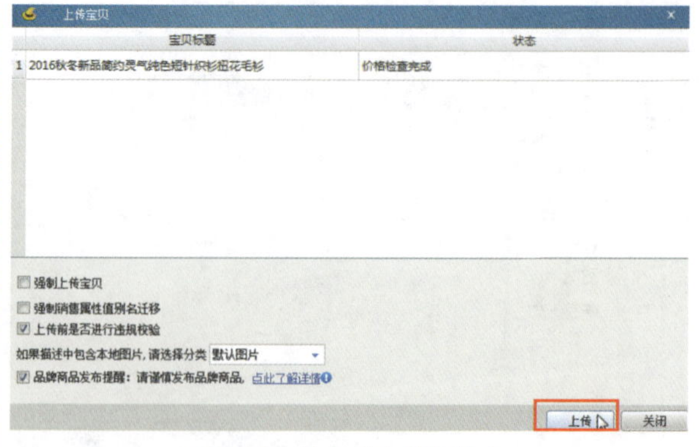

图8-26　单击“上传”按钮

20 上传成功后单击“关闭”按钮关闭对话框即可，如图8-27所示。

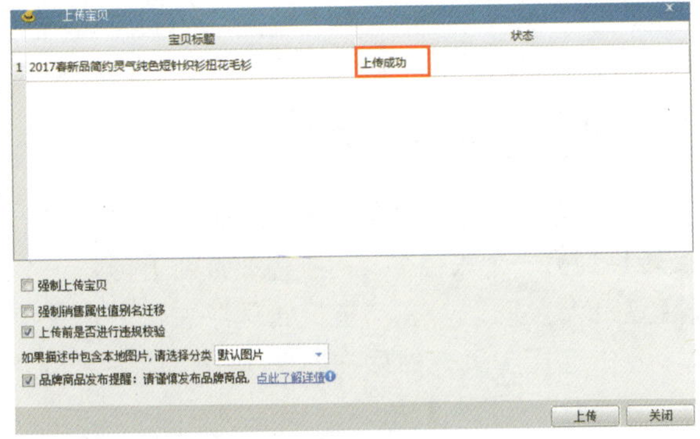

图8-27　上传成功

TIPS 用淘宝助理发布宝贝，可以对要上传的宝贝进行违规预检，提前预知宝贝冲突和违规风险，降低宝贝处罚率，如图8-28所示。

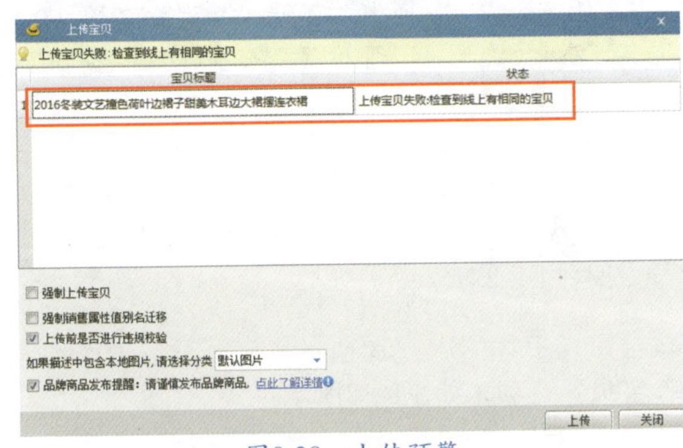

图8-28　上传预警

2. 宝贝下架

目前来说淘宝助理的宝贝下架功能还不十分理想，但可以为需要下架的宝贝设置“定时上架”，在规定的时间到来之前，该宝贝会一直在“线上仓库中”。

01 登录淘宝助理，选择“宝贝管理”选项，在“出售中的宝贝”中选择需要下架的宝贝，如图8-29所示。

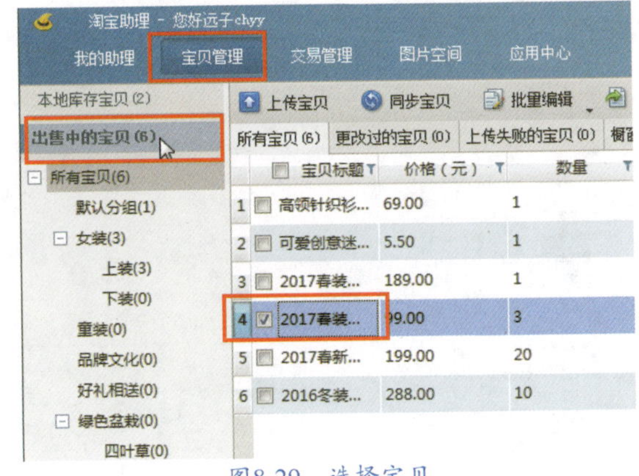

图8-29　选择宝贝

02 双击宝贝，出现“编辑宝贝”页面，在“定时上架”下拉列表框中选择“定时上架”，并在后面设置上架的时间，设置完成之后，单击“保存并上传”按钮，如图8-30所示。

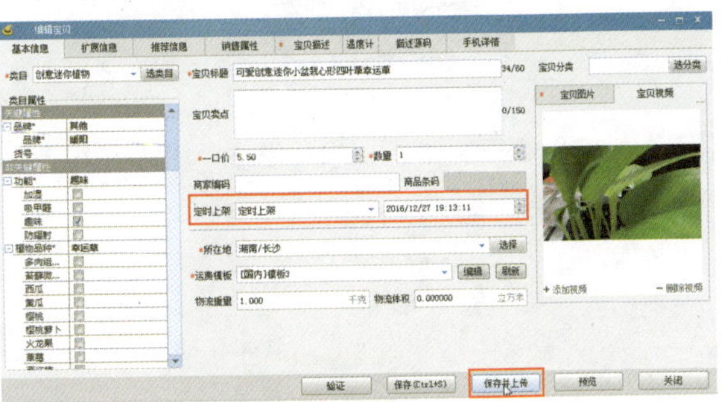

图8-30　设置定时上架

03 在出现的“上传宝贝”页面中单击“上传”按钮，如图8-31所示。

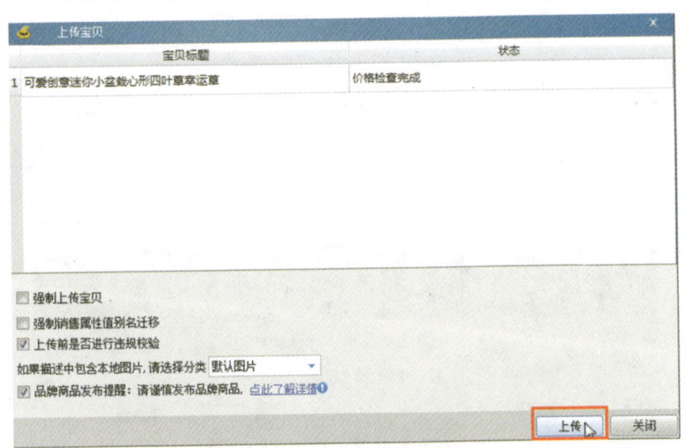

图8-31　单击“上传”按钮

04 上传完成后，该宝贝即出现在线上仓库中，如图8-32所示。

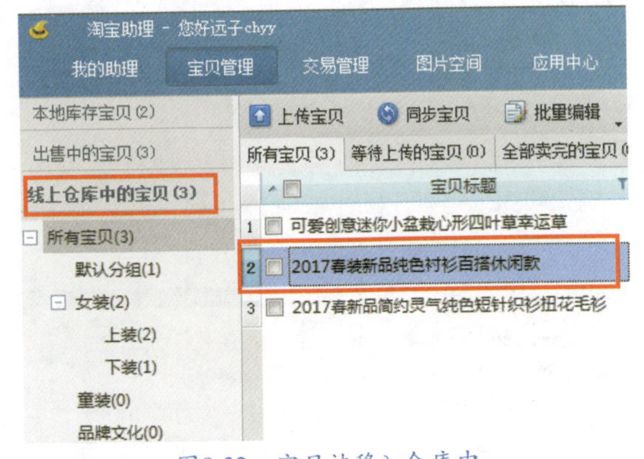

图8-32　宝贝被移入仓库中

3. 设置批量上架时间

使用淘宝助理可以批量上架仓库中的宝贝。

01 登录淘宝助理后选择顶部的“宝贝管理”选项，在左侧选择“线上仓库中的宝贝”选项，如图8-33所示。

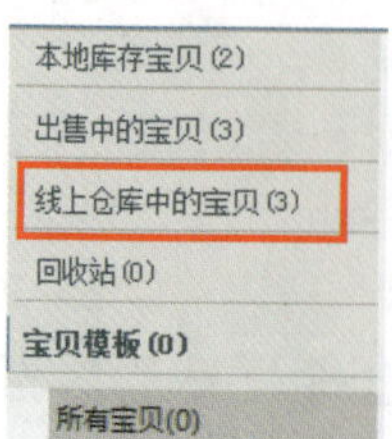

图8-33　选择"线上仓库中的宝贝"选项

02 选择宝贝列表，如图8-34所示。

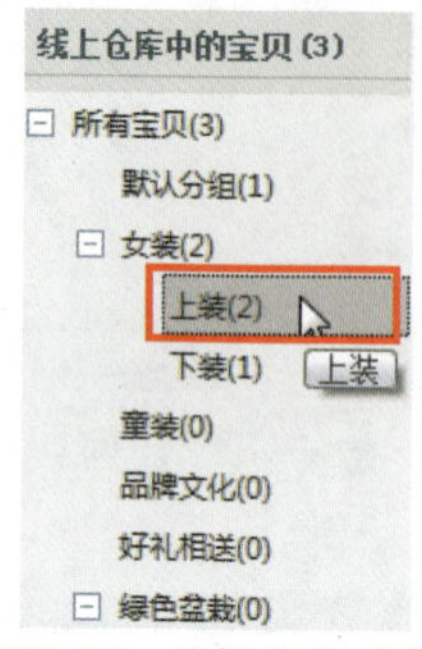

图8-34　选择宝贝列表

03 在右侧勾选需设置上架时间的宝贝，单击"批量编辑"按钮，在下拉列表中选择"上架处理"选项，如图8-35所示。

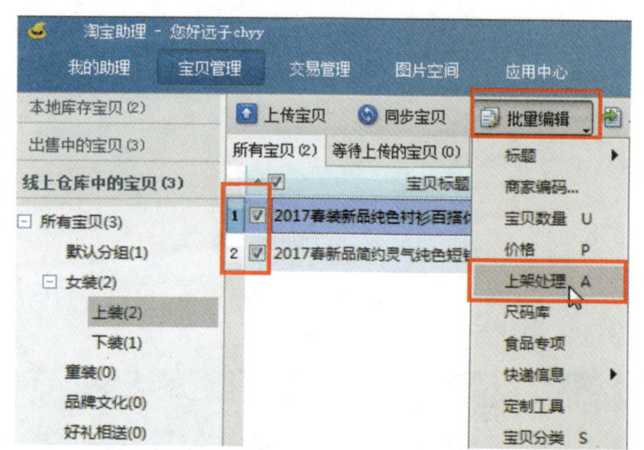

图8-35　选择"上架处理"选项

04 弹出"上架处理"对话框，在"开始时间"下拉列表中选择"定时上架"选项，并设置新的时间与间隔时间，如图8-36所示。

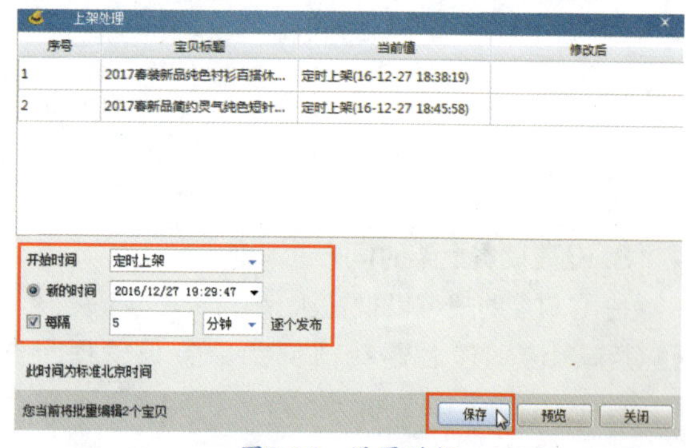

图8-36　设置时间

05 单击"保存"按钮，即可在设定的时间上架宝贝。

8.1.3　宝贝信息管理

宝贝信息管理是指可以将一个账号下的宝贝直接转移到另一个账号中，而不需要重新上传。

01 登录淘宝助理，在"宝贝管理"左侧的宝贝列表中选择宝贝，然后在右侧选中"所有宝贝"复选框，如图8-37所示。

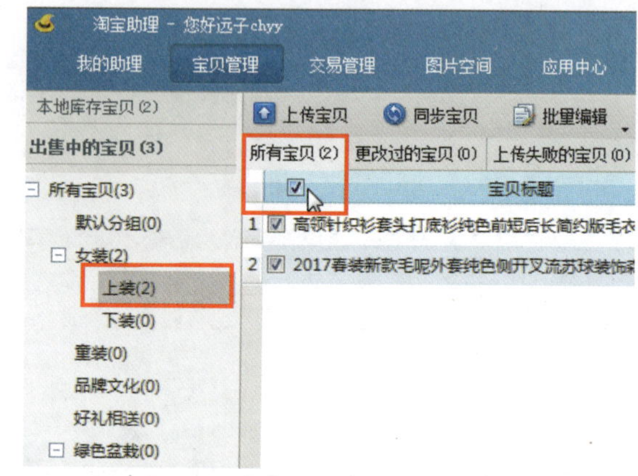

图8-37　选中"所有宝贝"复选框

02 单击"导出CSV"按钮，然后选择"导出所有宝贝"选项，如图8-38所示。

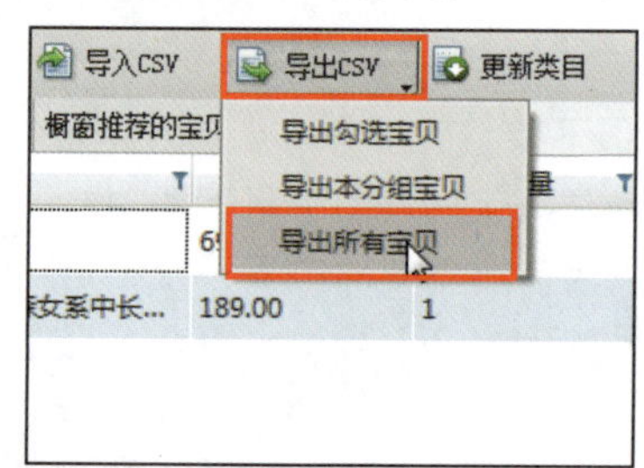

图8-38　选择"导出所有宝贝"选项

03 打开对话框，输入文件名，单击"保存"按钮，如图8-39所示。

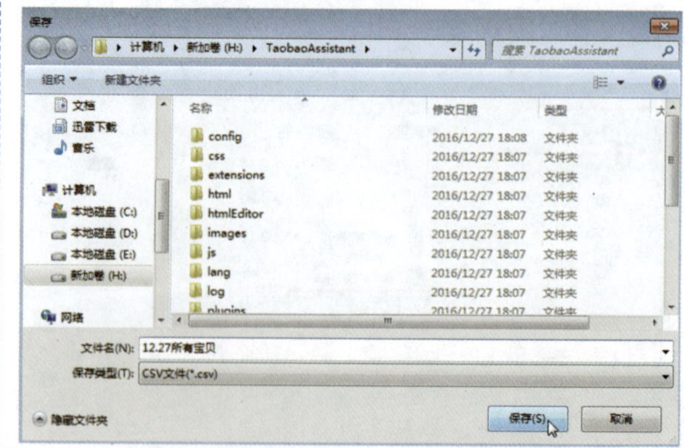

图8-39　单击"保存"按钮

04 弹出对话框，等待导出，全部导出后提示导出完成，单击“关闭”按钮，如图8-40所示。

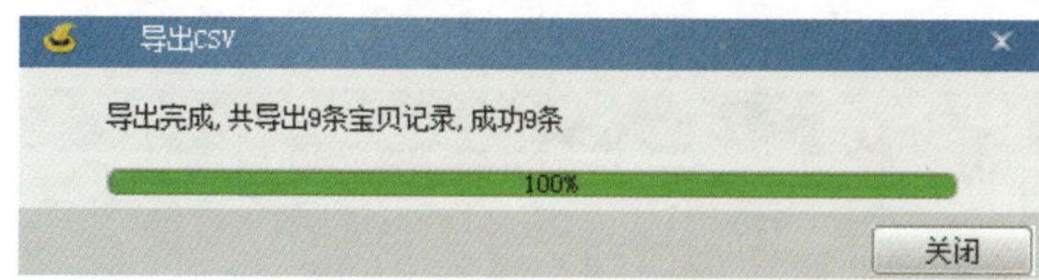

图8-40　单击“关闭”按钮

05 使用另一个账号登录淘宝助理，在“宝贝管理”选项卡中单击“导入CSV”按钮，如图8-41所示。

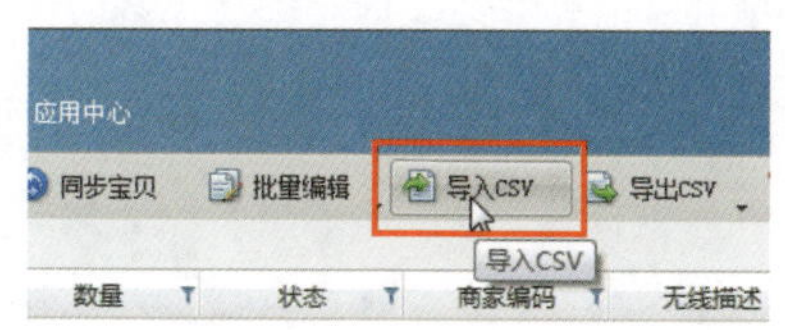

图8-41　单击“导入CSV”按钮

06 弹出对话框，选择前面保存的CSV文件，单击“打开”按钮，如图8-42所示。

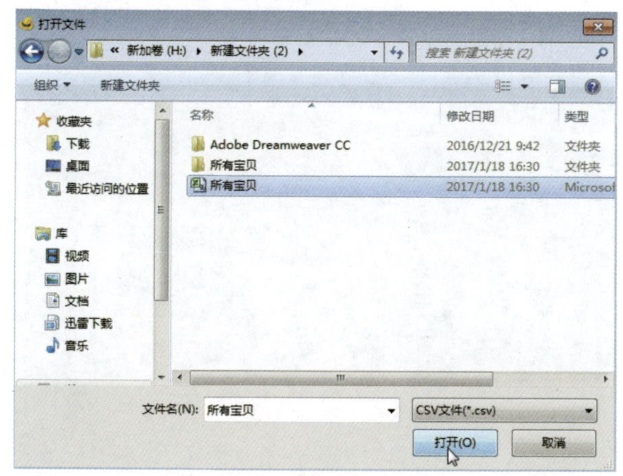

图8-42　选中文件

07 弹出提示框，单击“关闭”按钮，如图8-43所示。

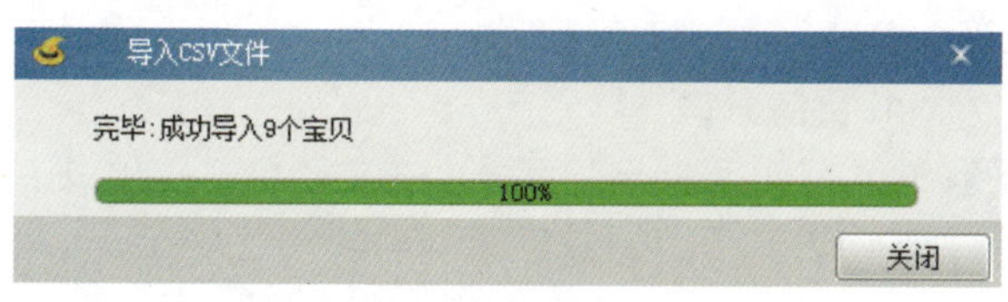

图8-43　单击“关闭”按钮

8.1.4　交易信息处理

登录淘宝助理后，选择“交易管理”选项，在下方会显示交易的批量处理，包括批量编辑、打印快递单、批量发货、批量好评等，如图8-44所示，其中批量好评是最常用的功能之一。

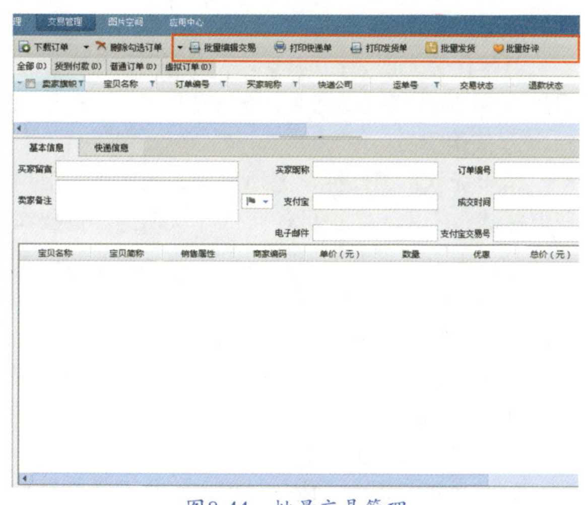

图8-44　批量交易管理

8.1.5　申请淘宝贷款

淘宝为卖家提供了很多便利。淘宝贷款是面向淘宝卖家的融资产品，旨在通过互联网及数据运营模式帮助众多小企业和创业者解决融资难的问题，促进企业自主创业，推动企业发展，创造更多就业机会。淘宝贷款包括订单贷款和信用贷款两种，如图8-45所示。

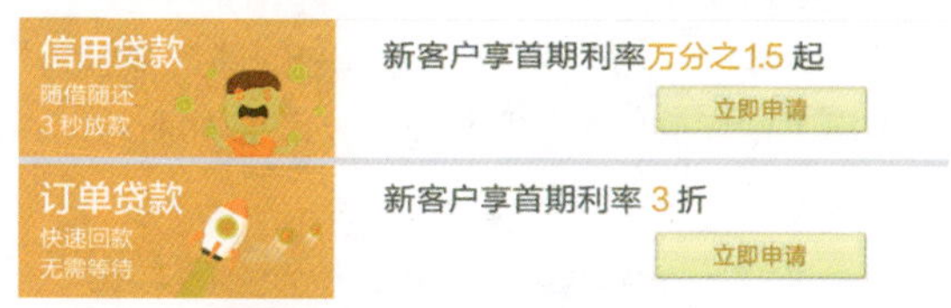

图8-45　信用贷款和订单贷款

1. 订单贷款

订单贷款是淘宝贷款的产品之一，其主要服务对象为淘宝卖家，只要符合一定的条件，且卖家当前已有“卖家已发货”的订单，就可以申请淘宝订单贷款，申贷成功的贷款将直接发放到申贷人的个人支付宝账户。

淘宝订单贷款的申请资格如下。

店铺注册人年满18周岁，具有完全民事行为能力的淘宝卖家。

淘宝店铺最近两个月持续有效经营，每个月都有有效交易量。

诚实守信，店铺信用记录良好。

订单贷款利息计算方法如下。

订单贷款目前的日利率约为万分之四点八三，也就是10000元贷款一天的利息是4.83元；贷款按照实际使用金额和天数计算利息，借款日计息，还款当日不计息。

具体计算方法为：利息=实际贷款本金×实际使用的天数×当前贷款日利率。

2. 信用贷款

信用贷款不须抵押，无须担保，纯凭店主信用获取贷款。店主无须提供任何抵（质）押。需要注意的是，店主信用度为借贷信用评估，而不是淘宝交易信用，即星钻等级。

信用贷款的申请资格如下。

淘宝店铺最近6个月持续有效经营，每个月都有有效交易量，经营情况良好。

诚实守信，店铺信用记录良好。

店铺注册人年龄在18～65周岁，具有完全民事行为能力。

目前集市信用贷款有三种，分别为授信期为6个月的随借随还、授信期为12个月的等额本金以及为期12个月的按月付息。

随借随还的信用贷款日利率为0.0483%/天，10000元贷款一天4.83元利息。等额本金的信用贷款日利率为0.0433%/天，10000元贷款一天4.33元利息。按月付息的信用贷款日利率约为万分之四点三，10000元贷款一天约4.3元利息。

3. 进入贷款页面

01 进入“卖家中心”页面，单击左侧“店铺管理”应用下的“淘宝贷款”链接，如图8-46所示。

图8-46 单击“淘宝贷款”链接

02 打开“淘宝贷款”界面，如图8-47所示。

图8-47 淘宝贷款界面

03 单击“立即申请”按钮，打开页面后会自动显示新手体验，若没有显示，单击右下角的“新手体验”按钮，如图8-48所示。

图8-48 单击“新手体验”按钮

04 在打开的“新手体验”页面中介绍了贷款的步骤，如图8-49所示。

图8-49 新手体验

8.1.6 进货节奏有套路

开通店铺以后的进货渠道有品牌分销进货、阿里批发进货以及阿里进货管理。

1. 品牌分销

01 进入“卖家中心”页面，在左侧单击“货源中心”应用下的“品牌货源”链接，如图8-50所示。

02 找到与店铺相关的经营类目，如“服装服饰”，单击海报图进入供销平台页面，如图8-51所示。

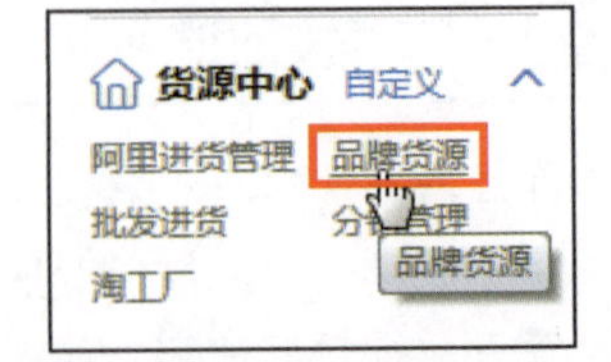

图8-50 单击“品牌货源”链接

图8-51　单击海报图进入下一页

03 单击“申请合作”按钮，如图8-52所示。

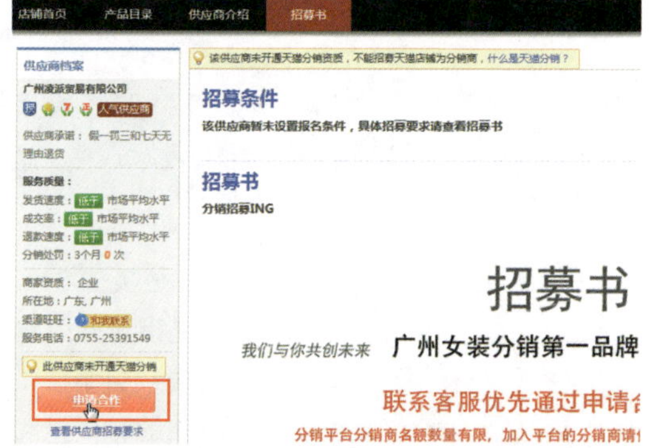
图8-52　单击“申请合作”按钮

04 在跳转的页面中单击“立即成为分销商”链接，如图8-53所示。

图8-53　单击“立即成为分销商”链接

05 打开页面，填写相关信息，如图8-54所示。

图8-54　填写信息

06 填写完成后，单击“提交”按钮，如图8-55所示。

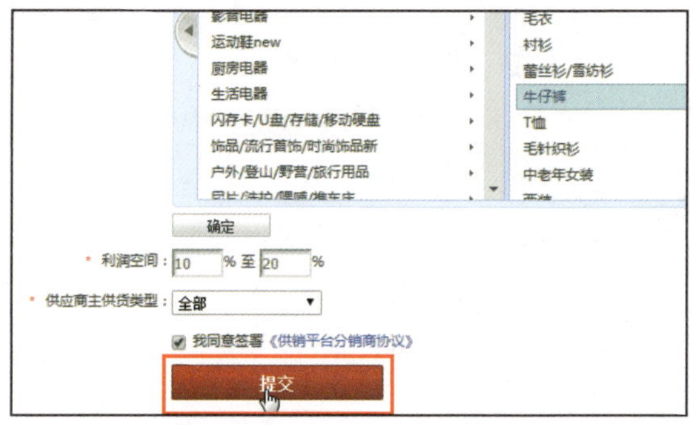
图8-55　单击“提交”按钮

07 成功入驻天猫供销平台，单击“登录分销商后台”链接，如图8-56所示。

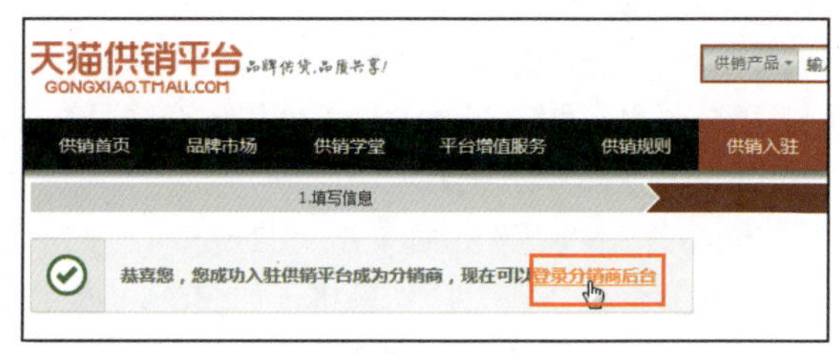
图8-56　单击“登录分销商后台”链接

08 单击“现在就去寻找资源”按钮，如图8-57所示。

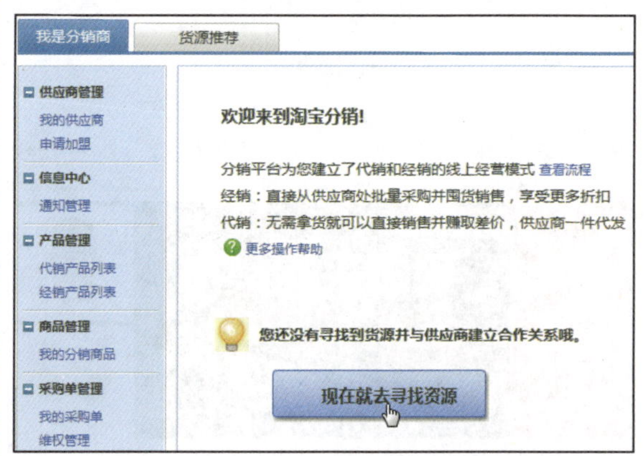
图8-57　单击“现在就去寻找资源”按钮

09 进入新的页面，在搜索框中输入货源相关信息，再单击右侧的“招募书”链接，如图8-58所示。

图8-58　单击“招募书”链接

10 在跳转的页面显示了招募条件，若不满足条件则不能申请；若满足条件，单击左侧的“申请合作”按钮，如图8-59所示。

图8-59　招募条件

2. 阿里批发进货

随着线上交易市场的不断发展，淘宝和1688阿里巴巴账号已经实现互通，可以使用一个账号直接登录两个平台，十分方便。

在“卖家中心”页面单击“货源中心”下的“批发进货”或“淘工厂”链接，如图8-60所示。均可以进入阿里巴巴页面，如图8-61所示。

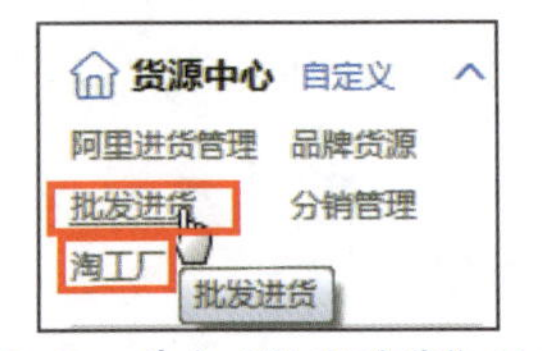

图8-60　单击“批发进货”链接

图8-61　阿里巴巴页面

3. 阿里进货管理

在阿里巴巴进货后，可以在淘宝“卖家中心”页面对货物进行管理，在“卖家中心”页面单击“货源中心”下的“阿里进货管理”链接，如图8-62所示，即可进入管理界面，如图8-63所示。

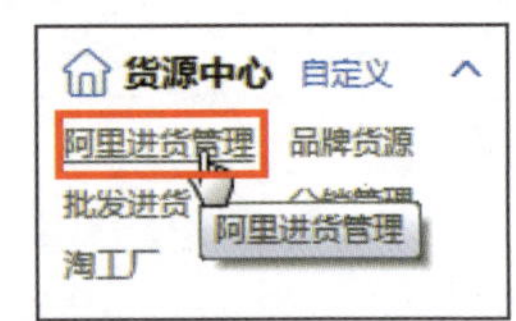

图8-62　单击“阿里进货管理”链接

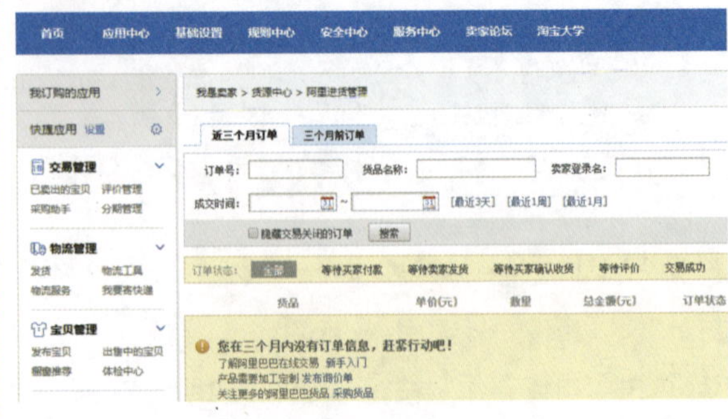

图8-63　进入进货管理页面

8.2　SEO优化

SEO优化即为搜索引擎优化，是英文Search Engine Optimization的缩写，主要是指对网站内部和外部进行调整优化，改进网站在搜索引擎中的关键词自然排名。淘宝买家在购买商品的时候，可以选择不同的搜索方式和排序方式，不会有买家有耐心地将100页搜索结果一个一个点开去看，所以推广运营要做的第一件事就是淘宝搜索排名优化。店内商品的自然排名在类目搜索或者关键词搜索中的位置越靠前，被买家看到并点击进店的可能性就越大。

8.2.1　让宝贝排名靠前的密诀

淘宝网搜索的结果默认为根据与关键词相关的综合排名，“所有宝贝”排名下面有综合排序、人气排名、销量排名和价格排名四个维度。淘宝综合排名因素主要有：动态评分、收藏人气、发货速度、销量、转化率、是否橱窗推荐、浏览量、下架时间、是否公益宝贝、价格及是否交保证金，这些因素共同作用，最终形成了买家所看到的综合排名。

默认综合排名=人气+销量+信誉+价格，其中人气=浏览量+收藏量。

1. 类目相关

在发布宝贝时一定要选择合适的类目，连衣裙要放在连衣裙类目下，这样该商品在买家搜索连衣裙时被提到更靠前的展示位置。如果宝贝是连衣裙，却把它放在女包下面，那么无论买家怎么搜索，都是不可能找到的。

2. 宝贝标题相关

网店宝贝标题的设置至关重要，买家在逛淘宝的时候基本上不会漫无目的，大部分买家会根据自己的喜好在淘宝搜索里进行搜索。这个时候宝贝标题的关键词就起了决定性作用，宝贝关键词设置得越详细、越热门、越贴近生活，宝贝被搜索到的概率也就越高。

3. 新品

新品就是不存在同款并且第一次上架的产品，新品排在前面，上架新品会出现新品标签，在宝贝搜索页面和详情页面均有显示，如图8-64所示。新品标签会保留21天，这21天就是扶持期，排名靠前。

图8-64　新品标签

4. 公益宝贝

淘宝公益捐赠的设定和参加，对于掌柜们来说，除了传递奉献一份爱心之外，参与公益捐赠的宝贝也会出现相应的标志，增加了被搜索到的概率。在宝贝详情页会显示具体的公益计划，如图8-65所示。

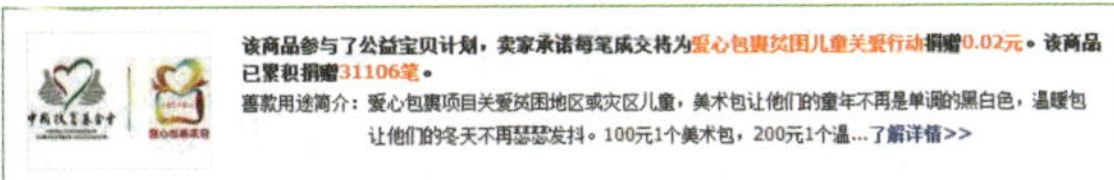

图8-65　公益宝贝

5. 橱窗推荐

橱窗推荐位是淘宝推出的一种宝贝展示工具，在买家搜索类别时，在浏览的宝贝里，只有橱窗推荐的宝贝才会被展示出来，而其他的宝贝则要进入店铺才能看到，这就如同实体店铺的橱窗，只有在橱窗中看到了好东西，才会被吸引到店铺里面，因此，橱窗推荐是增加宝贝曝光率的重要因素。橱窗推荐是有数量限制的，根据卖家信誉不同和是否加入消保，会有不同的数量限制。

6. 卖家服务质量

卖家服务质量是一个综合分数，与消保保证金的缴纳、DSR评分、宝贝主营占比、好评率、旺旺响应速度、违规扣分和纠纷退款率等因素有关。

动态评分包括宝贝与描述相符、卖家服务态度和卖家发货速度三项，这三项评分都由买家给出，如图8-66所示。

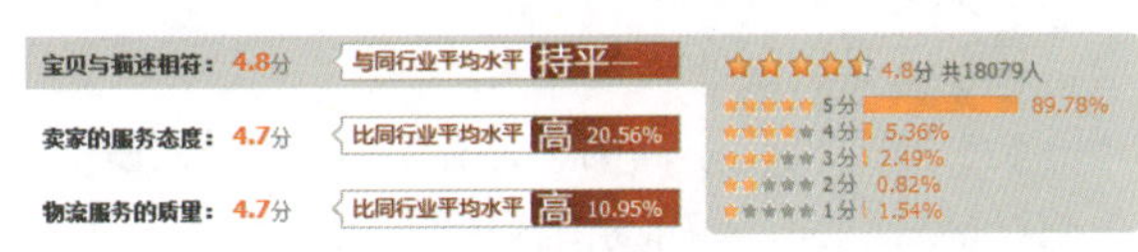

图8-66　动态评分

淘宝退款纠纷分为两种情况。第一种情况是退款交易由淘宝介入处理，且该退款被淘宝曾经判决为“支持买家”。第二种情况是售后交易由淘宝介入处理，且该售后被淘宝曾经判决为“维权成立”。符合以上任意一种情况都算纠纷退款。纠纷退款率就是指30天内纠纷退款笔数/支付宝成交笔数。

纠纷退款对淘宝卖家来说是比较致命的因素，如果纠纷退款率过高，有可能导致消保保证金翻倍、直通车暂停14天、部分活动报名权利暂停以及卖家店铺全部商品单一维度搜索默认不展示等后果。如图8-67所示为店铺的纠纷退款率。

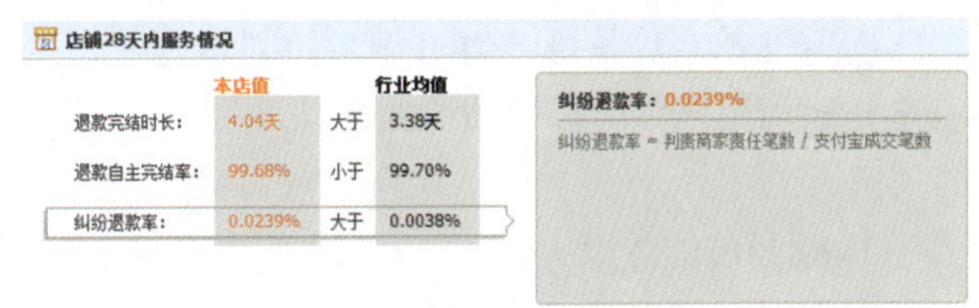

图8-67　查看纠纷退款率

7. 作弊降权

淘宝官方有明确规定，违规作弊的宝贝，不

仅维度排名靠后或者不展示，严重的还会全店屏蔽。如果发现无论怎么搜索，宝贝都找不到或者都排在最后几个，那么肯定是因为一些作弊行为被处罚了。

> TIPS 基本上所有不规范的操作，都会被降权。例如，炒作信用、刷销量、故意堆砌关键词、广告商品、价格作弊、重复铺货和邮费虚假等。一旦被降权，可以把有问题的宝贝删除，这样的话就不会因为这些宝贝对其他宝贝造成影响。如果舍不得删除，那就等降权结束，目前最长的时间是30天。

8. 宝贝人气

影响宝贝人气的细节因素也很多，例如，买家在宝贝页面的停留时间、宝贝销量、转化率和宝贝收藏人气等。参加聚划算、天天特价、淘金币、新品试用折扣和限时打折等官方活动所产生的销量，会因为更低的折扣吸引到更多的人气，从而影响排序。

收藏人气：收藏人气高，浏览多的产品排名靠前，这个就是所谓的人气宝贝。

转化率：转化率高的产品排名靠前，转化率高说明产品受欢迎，淘宝系统自动默认靠前。

销量：销量高的宝贝排名靠前，淘宝为了避免恶意刷单，降低了销量排名权重。现在销量低的产品也能排在前面。

信誉高低不影响排名，不论新店还是金冠店在这个排名上是公平的。

> TIPS 活动销量虽然不计入排名，但是活动之后带来的好评率、动态评分这些影响卖家的服务质量的因素会计入排名。

8.2.2 妙用橱窗助力爆款

橱窗推荐宝贝是影响宝贝排名的因素之一，合理充分地利用店铺的橱窗位来推荐宝贝是吸引买家的关键。

1. 橱窗位的数量

淘宝根据信用等级、开店时间、是否缴纳消保保证金、店铺周成交额、金牌卖家和违规扣分等发放不同的橱窗推荐数量，具体如图8-68所示。

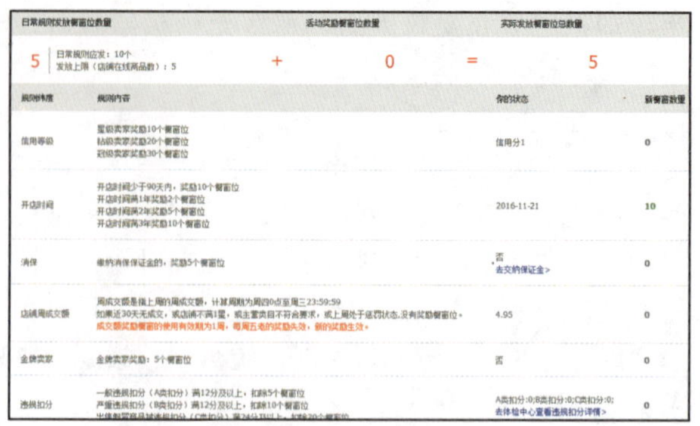

日常规则发放橱窗位数量		活动奖励橱窗位数量		实际发放橱窗位总数量
5 日常规则应发：10个 发放上限（店铺在线商品数）：5	+	0	=	5

规则维度	规则内容	你的状态	新橱窗数量
信用等级	星级卖家奖励10个橱窗位 钻级卖家奖励20个橱窗位 冠级卖家奖励30个橱窗位	信用分1	0
开店时间	开店时间少于90天内，奖励10个橱窗位 开店时间满1年奖励2个橱窗位 开店时间满2年奖励5个橱窗位 开店时间满3年奖励10个橱窗位	2016-11-21	10
消保	缴纳消保保证金的，奖励5个橱窗位	否 去交纳保证金>	0
店铺周成交额	周成交额是指上周的周成交额，计算周期为周四0点至周三23:59:59 如果近30天无成交，或店铺不满1星，或主营类目不符合要求，或上周处于惩罚状态，没有奖励橱窗位。 成交额奖励橱窗的使用有效期为1周，每周五老的奖励失效，新的奖励生效。	4.95	0
金牌卖家	金牌卖家奖励：5个橱窗位	否	0
违规扣分	一般违规扣分（A类扣分）满12分及以上，扣除5个橱窗位 严重违规扣分（B类扣分）满12分及以上，扣除10个橱窗位 出售假冒商品违规扣分（C类扣分）满24分及以上，扣除20个橱窗位	A类扣分:0;B类扣分:0;C类扣分:0; 去体检中心查看违规扣分详情>	0

图8-68 橱窗位的数量

2. 设置橱窗推荐

下面介绍如何设置橱窗推荐宝贝。

01 进入“卖家中心”页面，单击“宝贝管理”下的“出售中的宝贝”链接，如图8-69所示。

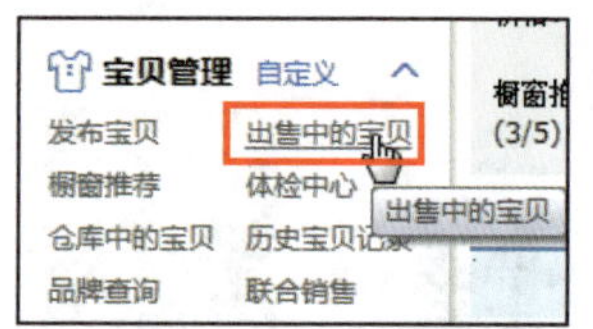

图8-69 单击“出售中的宝贝”链接

02 在“出售中的宝贝”列表中，选中需要橱窗推荐宝贝前面的复选框，如图8-70所示。

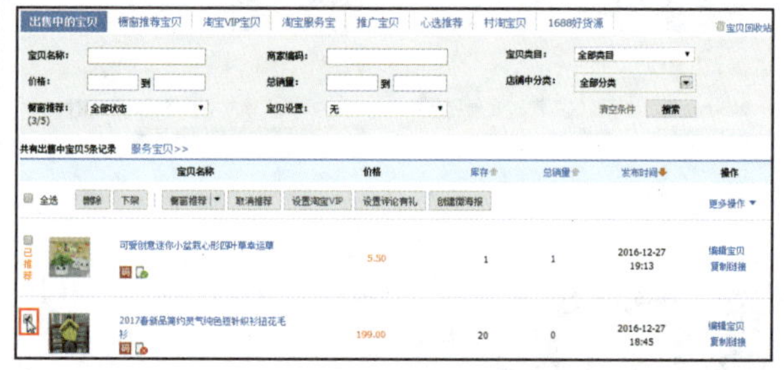

图8-70 选中相应复选框

03 单击“橱窗推荐”按钮，如图8-71所示。

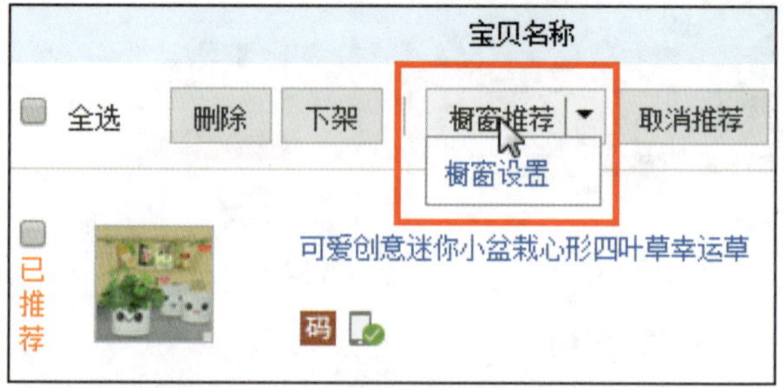

图8-71 单击“橱窗推荐”按钮

04 设置推荐后，该宝贝前面显示“已推荐”，选择上方的“橱窗推荐宝贝”选项，可以显示所有推荐的宝贝，如图8-72所示。

图8-72 选择“橱窗推荐宝贝”选项

8.2.3 公益宝贝赢口碑

公益宝贝是指卖家在上架宝贝的时候自愿参与公益宝贝计划并设置一定的捐赠比例，在宝贝成交之后，会捐赠一定数目的金额给指定的公益项目，用于相关公益事业，为宝贝赢得良好口碑。下面介绍如何设置公益宝贝。

01 在“出售中的宝贝”列表中选择一个宝贝，在列表底部单击“设置公益宝贝”按钮，如图8-73所示。

图8-73 单击“设置公益宝贝”按钮

02 打开页面，提示“您尚未与支付宝签订公益宝贝代扣协议，无法设置宝贝”，单击“点击这里”链接，如图8-74所示。

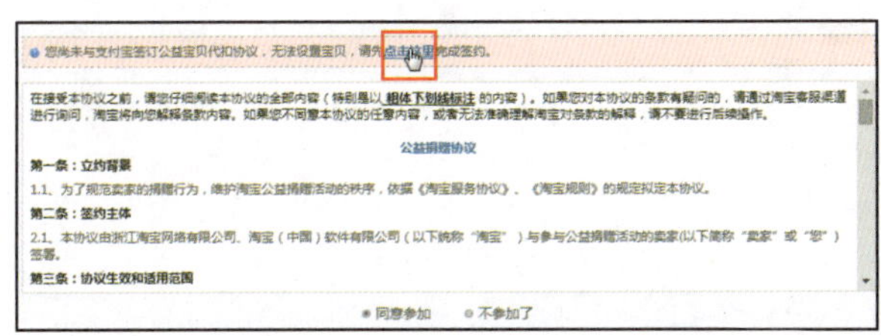

图8-74 单击“点击这里”链接

03 在跳转的页面中填写支付宝账户、密码与验证码，单击“同意协议并提交”按钮，如图8-75所示。

图8-75 单击“同意协议并提交”按钮

04 签约成功，单击“点击返回出售中列表”链接，如图8-76所示。

图8-76 单击相应链接

05 返回到列表，重新设置公益宝贝，选择公益项目，并选择捐款方式，如图8-77所示。

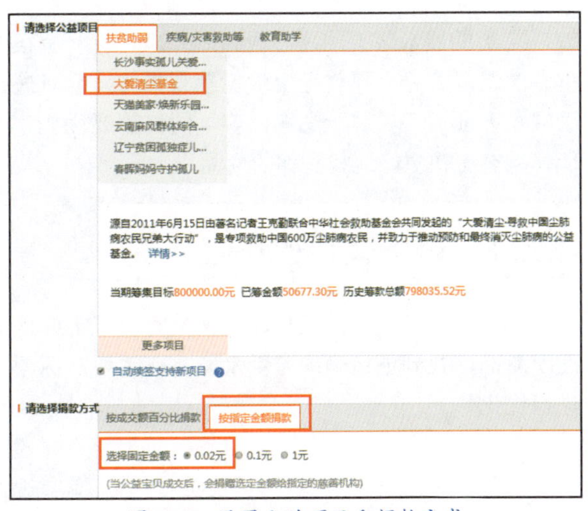

图8-77 设置公益项目和捐款方式

06 设置完成后，单击底部的“确定”按钮，如图8-78所示。

07 进入新的页面，提示宝贝成功参加公益捐赠活动，如图8-79所示。

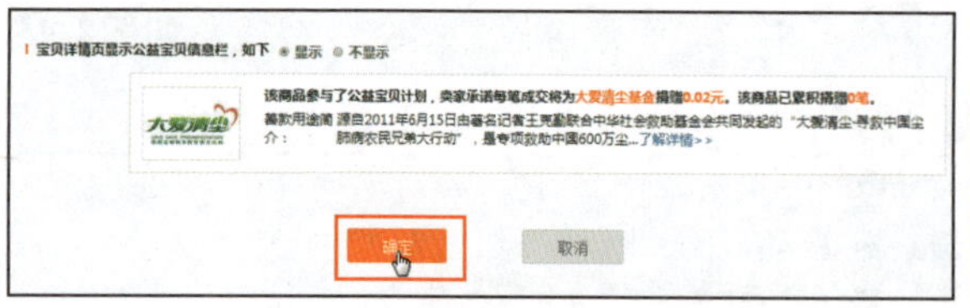

图8-78　单击“确定”按钮

图8-79　提示参加活动成功

08 返回到宝贝列表，该宝贝下显示了公益宝贝的图标，如图8-80所示。

图8-80　公益宝贝的图标

8.3　让你的宝贝与众不同

宝贝的展示除了图片与视频之外，还有一个很重要的组成部分，那就是宝贝标题与描述，前者属于视觉方面，后者属于文案内容，同样需要优化才能让顾客更快更好地找到你的商品。

8.3.1　好标题可先声夺人

标题是一个宝贝的门户，在搜索时为了更好地展现商品，找到更精确的流量来源，就需要对标题进行优化。

1. 获取关键词

宝贝标题是发布宝贝时必填内容之一，淘宝规定宝贝标题最多60个字符，即30个汉字，如图8-81所示。为了获得更高的展现率，这30个汉字中包含的关键词是至关重要的。

图8-81　标题

- 搜索入口关键词

进入淘宝网首页，在搜索栏下会看到一行关键词，如图8-82所示。这些关键词是根据买家关注的排行榜来显示的，这是我们设置关键词的参考之一。

图8-82　淘宝搜索入口关键词

单击后面的“更多”链接，进入淘宝排行榜的页面，会看到今日关注上升榜和一周关注热门榜，如图8-83所示。关注榜单中的关键词是填写宝贝标题的重要参考。

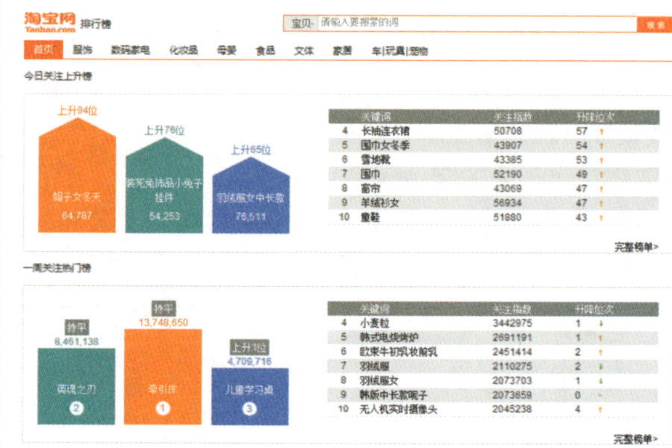

图8-83　淘宝排行榜

单击“完整榜单”链接会显示全部排行，如图8-84所示。选择上方的“服饰”“数码家电”和“化妆品”等不同选项，进入相应的页面，并选择具体的类别。如“服饰”下的“T恤”类别，下方显示出销售排行榜、搜索排行榜等列表，根据榜单来参考关键词，如图8-85所示。

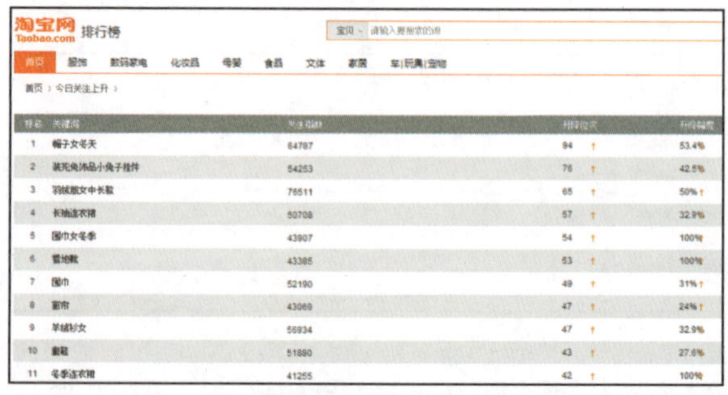

淘宝网 排行榜

首页 服饰 数码家电 化妆品 母婴 食品 文体 家居 车|玩具|宠物

首页 › 今日关注上升 ›

排名	关键词	关注指数	升降位次	升降幅度
1	帽子女冬天	64787	94 ↑	53.4%
2	装死兔饰品小兔子挂件	54253	76 ↑	42.5%
3	羽绒服女中长款	76511	65 ↑	50% ↑
4	长袖连衣裙	50708	57 ↑	32.9%
5	围巾女冬季	43907	54 ↑	100%
6	雪地靴	43385	53 ↑	100%
7	围巾	52190	49 ↑	31% ↑
8	窗帘	43069	47 ↑	24% ↑
9	羊绒衫女	56934	47 ↑	32.9%
10	童鞋	51880	43 ↑	27.6%
11	冬季连衣裙	41255	42 ↑	100%

图8-84　全部排行

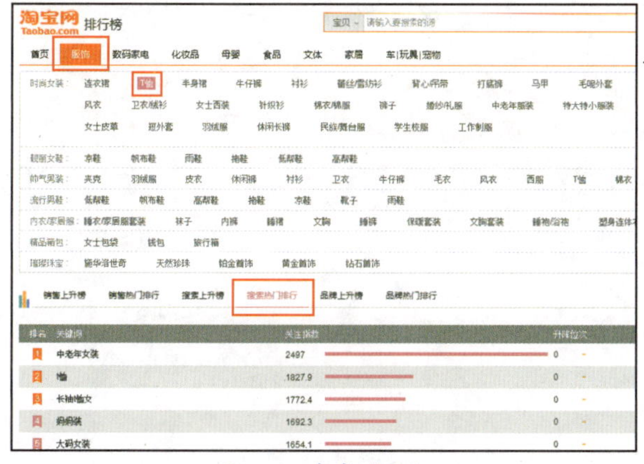

图8-85　参考关键词

● 搜索下拉关键词

在搜索宝贝时，淘宝搜索系统会自动匹配一些关键词，这些词的点击流量通常比较大，也特别容易被买家选择。在淘宝主页的宝贝搜索栏中输入“外套”，将弹出下拉列表，显示其他相关联的关键词，如图8-86所示。

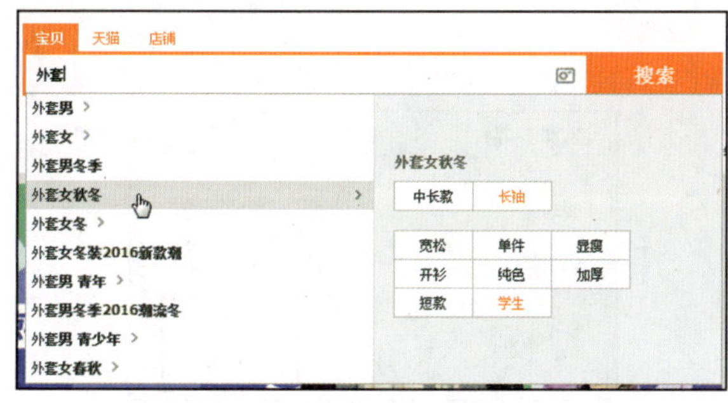

图8-86　搜索栏下拉关键词

选择某个关键词后，单击“搜索”按钮，就会在下面的“所有分类”下查看到相关的选购热点、风格等信息。在“你是不是想找”那一栏里，可以看到更多关于“外套女秋冬”的搜索词，如图8-87所示。这些关键词都是淘宝系统经过筛选的词，是进行标题优化的重点。

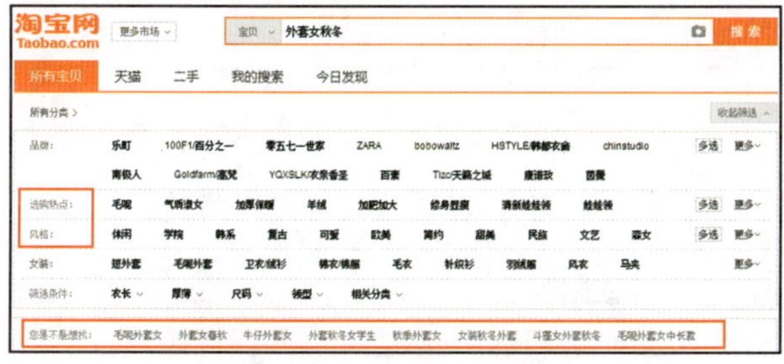

图8-87　淘宝筛选关键词

● 参考同行

搜索宝贝后，将以列表模式显示宝贝，方便我们查看其他同行的宝贝标题，可以借鉴好的标题作为预选关键词，如图8-88所示。

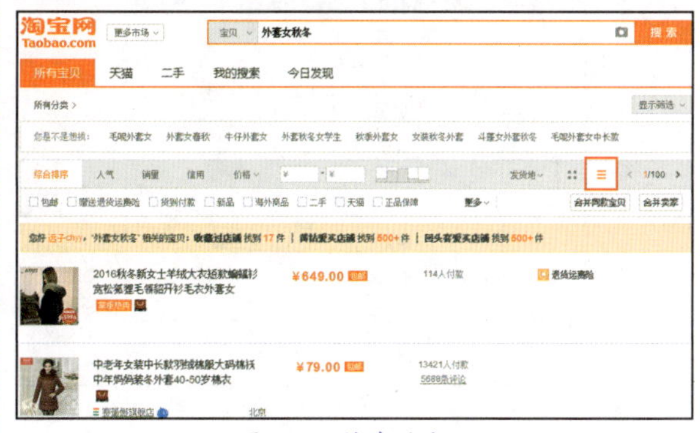

图8-88　搜索的宝贝

● 生意参谋提取

我们还可以借用数据分析工具进行关键词的提取，如利用生意参谋来提取关键词，生意参谋是淘宝官方免费提供的数据分享平台，它面向的不仅仅是淘宝卖家，包括淘宝买家及第三方用户都可以利用生意参谋来了解实时直播、经营分析、市场行情等数据，如图8-89所示。

图8-89　生意参谋七大功能

01 进入“卖家中心”页面，在右上角选择“卖家地图”选项，在出现的下拉列表中单击“营销&数据管理”下的“生意参谋”链接，如图8-90所示。

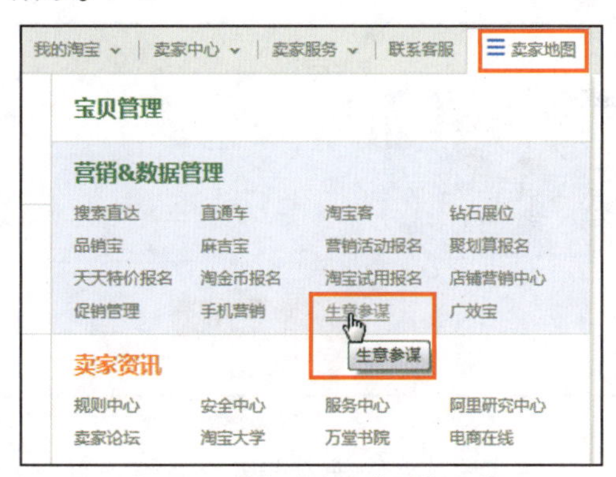

图8-90　单击“生意参谋”链接

02 进入“生意参谋”页面，将鼠标置于“专题工具”上，在出现的下拉列表中单击“行业排行”链接，如图8-91所示。

03 在出现的“行业排行”页面中，可以看到与你店铺相关行业的热门搜索词、飙升搜索词等信息，如图8-92所示，可以考虑将这些词作为宝贝标题的关键词。

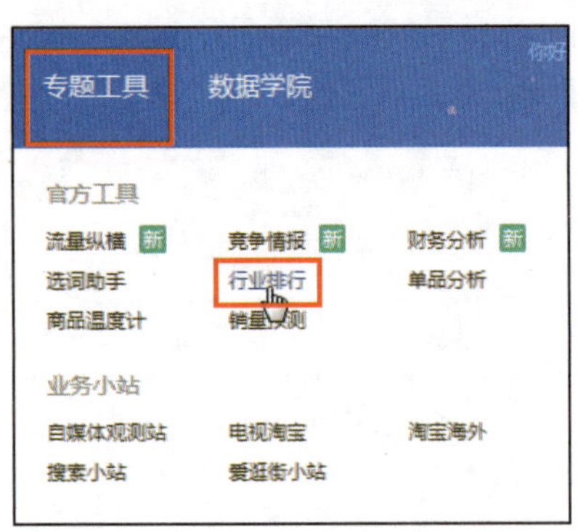

图8-91 单击“行业排行”链接

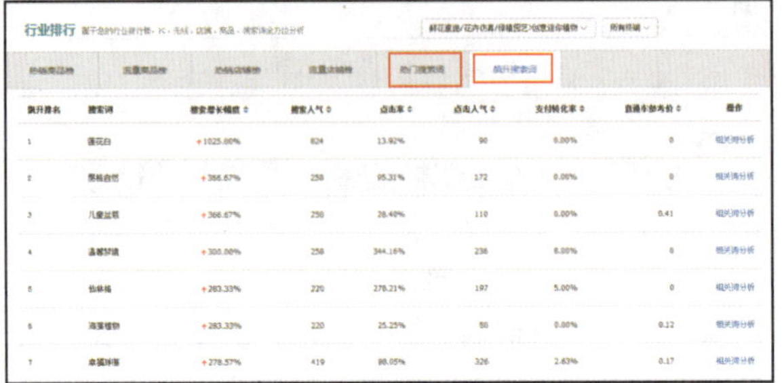

图8-92 生意参谋排行榜

2. 标题诊断与优化

在千牛中可以对宝贝的标题进行诊断，可以根据诊断分数，重新优化标题，也可以订购智能优化功能。

01 登录千牛工作台，在搜索框内输入“普云商品”，立即订购免费版的“普云商品”服务，如图8-93所示。

图8-93 单击“立即订购”按钮

02 订购完成后，双击进入普云商品服务页面，在打开的界面中选择“流量优化”列表下的“标题优化”选项，如图8-94所示。

03 在打开的界面中显示了宝贝列表与诊断得分，如图8-95所示。

04 在宝贝后单击“立即优化”链接，如图8-96所示。

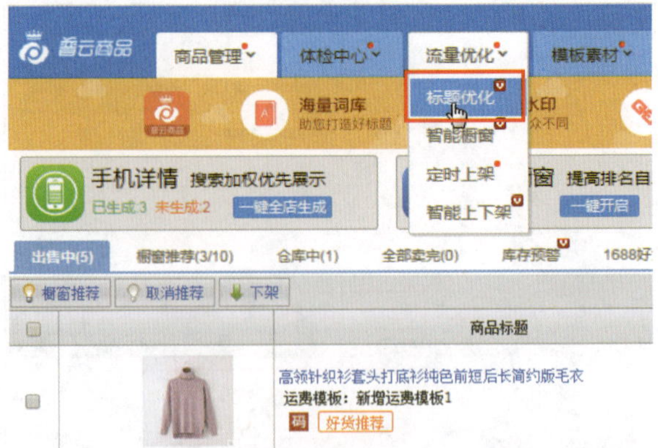

图8-94 选择“标题优化”选项

图8-95 诊断结果

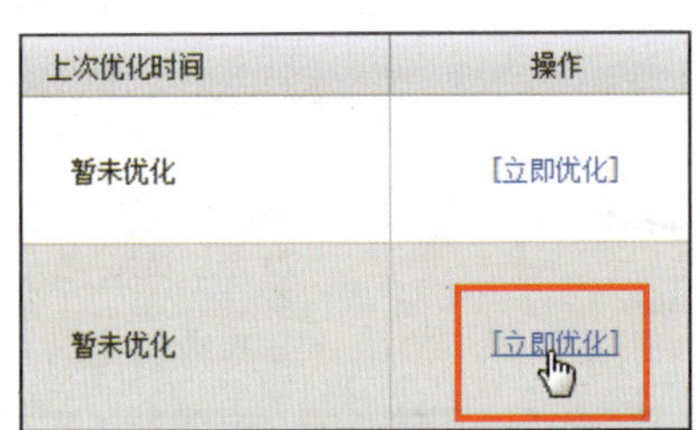

图8-96 单击“立即优化”链接

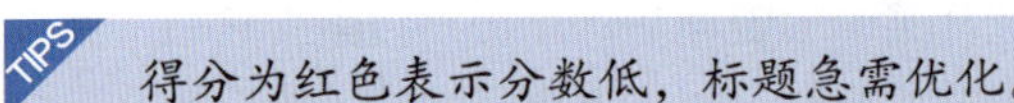

05 打开对话框，提示需要订购，有条件的卖家可以订购服务。或者，重新编辑宝贝标题再进行诊断，以获得较高的得分。

8.3.2 合理描述宝贝

优化宝贝描述可以吸引更多的买家、建立信任感、激发买家的购买欲望。一般宝贝描述可以分为以下几点。

1. 五张橱窗图

在发布宝贝时，一般会从橱窗图开始上传宝贝信息，一般的橱窗图展示有5张，分别为正面图、背面图、侧面图和两张细节图；也有可能是不同颜色的展示图和不同背景的展示图，图片尺寸建议为400像素×400像素，最大不超过500KB，如图8-97所示。

图8-97 宝贝橱窗图

2. 活动/优惠券

将最新的活动及优惠券信息放置在最顶部，如图8-98所示，利用活动信息，来促使买家点击查看，就像“超市”最外面都会摆上一个促销大广告吸引买家进店购物。促销活动建议是整店活动促销。

图8-98 活动图

3. 关联营销

促销活动下面一般是关联营销，推荐性价比高的热销产品，控制数量不宜过多，如图8-99所示。

图8-99 关联营销

4. 海报图

橱窗图之后，一般是海报图，海报图与宝贝的主题相关，或与某些节日、活动联系起来，让人产生购买欲望，海报图的功能在于让人产生联想，是构成宝贝详情的重要部分，海报图要能突出宝贝的风格或是某个场景的剪影，能带入某种意境或故事情节，所以好的海报图要图文结合，阐述某种浓厚的艺术氛围，如图8-100所示。

图8-100 海报图

5. 颜色说明

宝贝的色系要通过图文结合的方式清楚地呈列，方便买家选购，如图8-101所示。

图8-101 颜色呈列

6. 产品属性

包括产品编号、品牌、材质、产地、颜色、重量、尺寸、建议尺寸、相关参数、洗涤建议和尺码表等信息介绍产品的详细信息，如图8-102所示。

图8-102 产品介绍

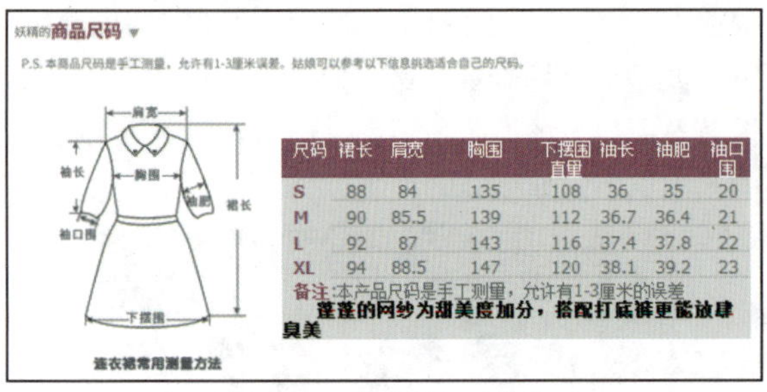

妖精的商品尺码

P.S. 本商品尺码是手工测量，允许有1-3厘米误差。姑娘可以参考以下信息挑选适合自己的尺码。

尺码	裙长	肩宽	胸围	下摆围直量	袖长	袖肥	袖口围
S	88	84	135	108	36	35	20
M	90	85.5	139	112	36.7	36.4	21
L	92	87	143	116	37.4	37.8	22
XL	94	88.5	147	120	38.1	39.2	23

备注:本产品尺码是手工测量，允许有1-3厘米的误差

蓬蓬的网纱为甜美度加分，搭配打底裤更能放肆臭美

图8-102　产品介绍（续）

7. 模特图/场景图

利用模特的感染力，提升买家的购买欲望，如图8-103所示。服装需要通过模特正面、背面及侧面等多角度展示实拍图，帮助买家获得真实的上身效果。其他商品则需要通过场景展示效果，以引起视觉美感，如台灯放置在卧室的效果，白天与夜晚的效果。

图8-103　模特图

8. 面料展示

因为在网店购买衣服时，买家摸不到质感，所以面料的展示很重要。比如带有氨纶的衣服，是拍摄不出它的弹力的，所以要在面料里面详细说明氨纶的成分，羊毛与腈纶做的打底衫可能看起来差不多，其实保暖程度是不同的。所以服装一定要有面料展示，这样它的舒适度才能被想象，如图8-104所示。

澳洲进口全羊毛

——半精梳工艺，羊毛仔细梳理，挑选绒毛纤维长的部分；
——经过独特的剥鳞工艺，去除羊毛纤维刺人的鳞片
使得羊毛触感柔滑，还有带有天然光泽
特别的水洗工艺，使羊毛更软，贴身更舒适
在保障羊毛材质保暖性能基础上
大幅度提升羊毛穿着体验，犹如丝般顺滑！

——
澳洲进口臻品全羊毛，带来奢华触感
天然亲肤，保暖性非常好
使针织毛衫的实穿性达到最大。

图8-104　面料展示

9. 搭配推荐

推荐搭配展示，推荐与产品相关的搭配，不仅可以获得其他商品的点击量，而且还可以刺激更高的购买欲望，把一整套装备都买下来，才更有感觉，如图8-105所示。

图8-105　搭配推荐

图8-105　搭配推荐（续）

10. 立体展示

通过挂拍或人台展示将产品的颜色、款式展示出来，可以在不同颜色的宝贝周围添加相关的描述与搭配，如图8-106所示，让买家全方位了解宝贝的样貌。

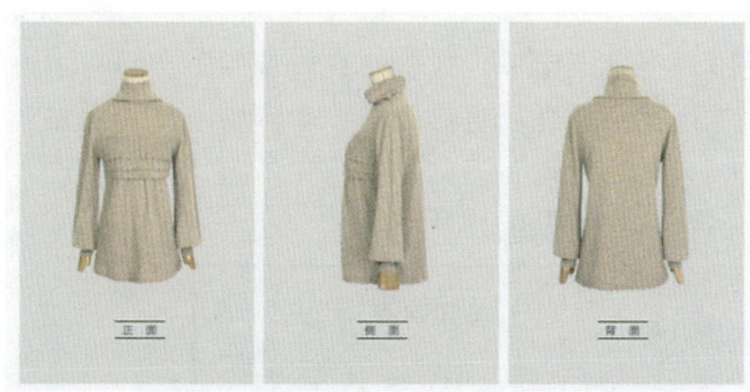

图8-106　立体展示

11. 产品细节图

清晰展示细节方面，如拉链、商标、吊牌和纽扣等，让买家更加清楚地了解商品，如图8-107所示。

12. 灵感来源

宝贝的灵感来源也是消费者想要一探究竟的地方，每个人的好奇心都很强，说不定灵感中哪些微小的瞬间就能打动顾客，如图8-108所示。

图8-107　细节展示

图8-108　灵感来源

13. 买家秀/好评截图

通过展示买家实拍照片及好评来获得顾客的信任。

14. 购物须知

包括邮费、发货、退换货、售后和包装等问题的详细介绍，让买家放心购买。

15. 品牌文化介绍

通过对品牌文化的介绍来获得买家的认可，加深对品牌的记忆，使买家觉得店铺质量可靠。

8.3.3　给宝贝做个体检

在卖家中心的宝贝体检中心可以自动检测店铺宝贝的问题，方便卖家处理。

01 进入“卖家中心”页面，单击“宝贝管理”应用下的“体检中心”链接，如图8-109所示。

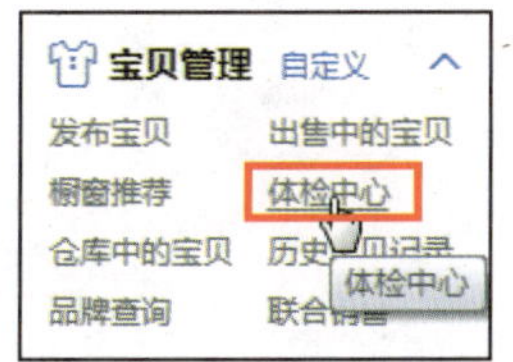

图8-109　单击“体检中心”链接

02 在打开的界面中显示了宝贝体检的结果，包括违规处理、市场管理及扣分情况，如图8-110所示。

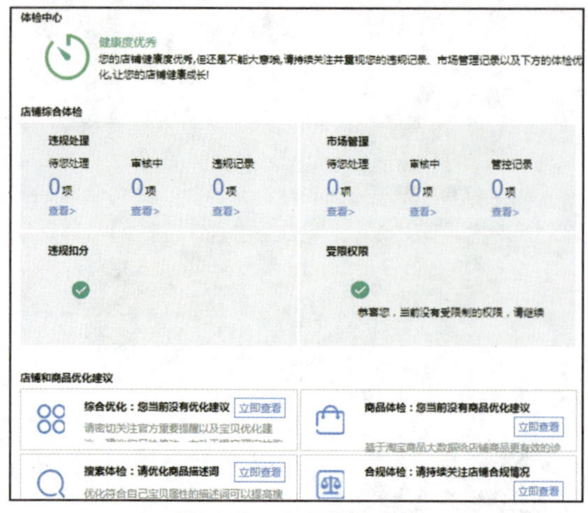

图8-110　宝贝体检结果

03 在“店铺和商品优化建议”中包括多种自检功能，其中“资质体检”有提示：您有4条资质待补充，表示该内容需要优化的有4个宝贝，如图8-111所示。

图8-111　显示待优化内容

04 单击“立即处理”按钮，进入“资质体检”页面，选择“一般优化”，在宝贝列表中单击如图8-112所示的链接，即可在跳转的页面中提交资质。

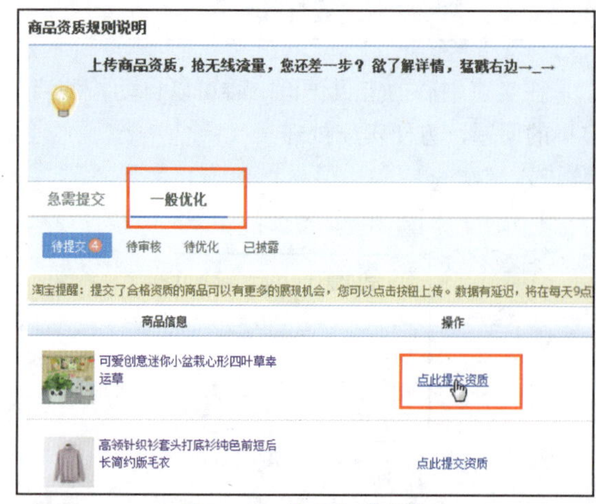

图8-112　单击相应链接

8.3.4　宝贝下架时间要把握

出售中的宝贝仍有库存的情况下会自动上架，即始终处于销售状态。下面介绍如何对宝贝进行下架与上架处理。

01 在“出售中的宝贝”列表中选中宝贝前的复选框，单击“下架”按钮，如图8-113所示，即可将宝贝下架到仓库中。

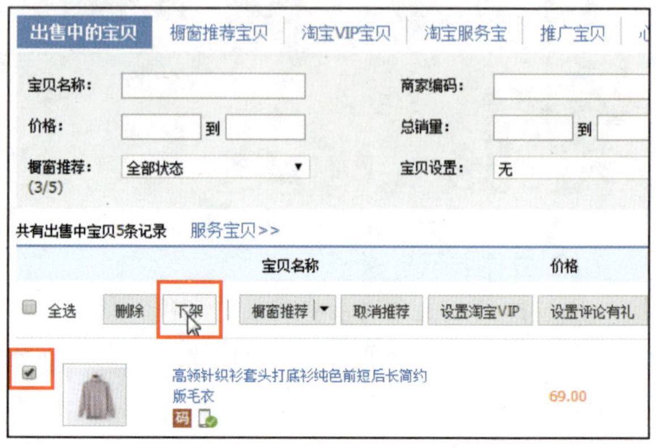

图8-113　单击“下架”按钮

02 对于下架宝贝，或发布在仓库中的宝贝可以进行上架处理。直接单击“卖家中心”页面左侧“宝贝管理”下的“仓库中的宝贝”链接进入仓库，如图8-114所示。

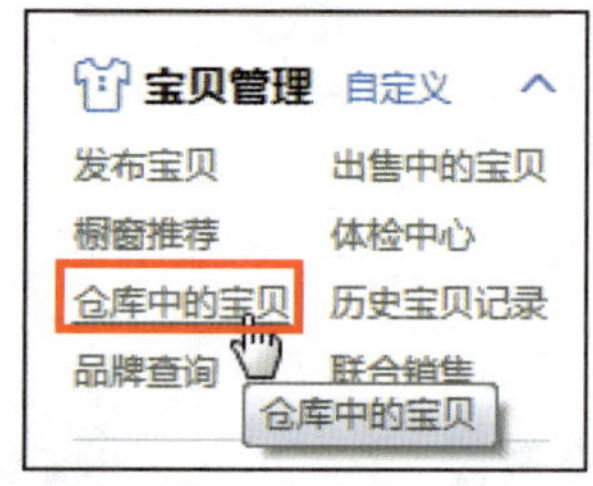

图8-114　单击“仓库中的宝贝”链接

03 在每个宝贝后都有一个“上架”按钮，单击该按钮即可上架对应的宝贝。或者选中宝贝前的复选框，单击顶部的“上架”按钮，批量上架宝贝，如图8-115所示。

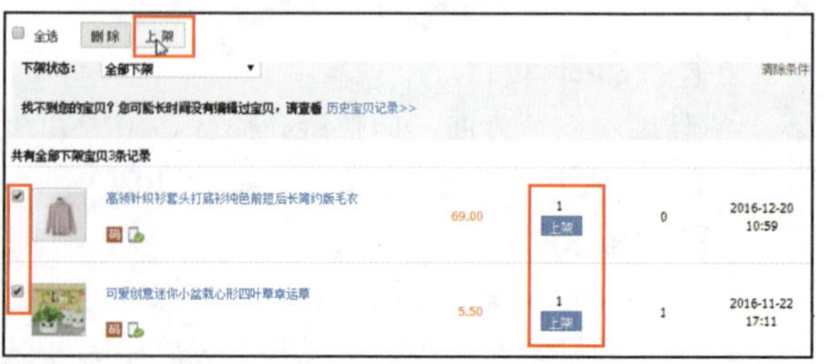
图8-115　单击“上架”按钮

8.3.5 别忘了交易凭证

淘宝线上购买线下消费的交易，如餐饮团购、电影票和买家自提等，存在线下消费行为无法同步到线上的问题，一旦发生纠纷，由于淘宝无法涉及后续买家在线下真正的消费行为，导致买家、卖家体验不好。淘宝电子交易凭证平台为解决这类问题，把买家线下消费行为通过核销动作同步到线上，为保障交易双方的权益提供了依据。

开通电子凭证的业务，含自动开通的类目和需要申请开通的类目。

1. 自动开通

01 发布宝贝时，在填写宝贝信息页面可以直接单击“电子交易凭证”后的“申请开通”链接，如图8-116所示。

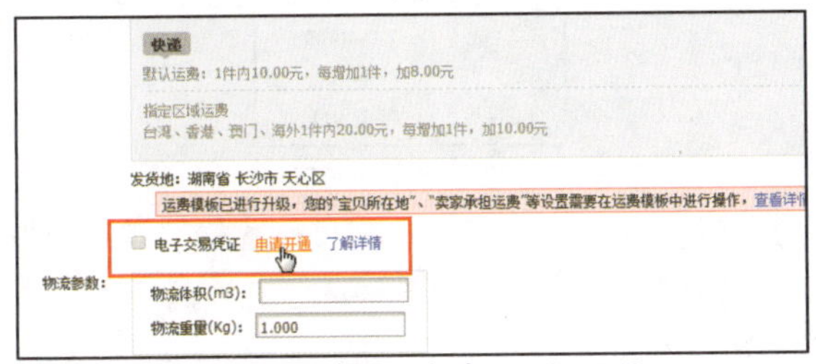

图8-116 单击“申请开通”链接

02 在跳转的页面中设置订单信息，如图8-117所示。

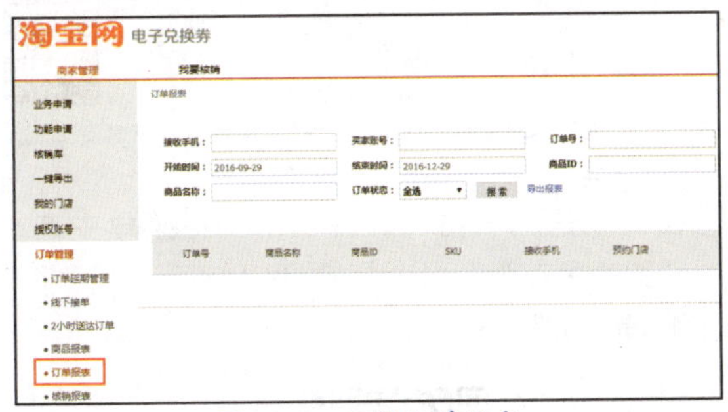

图8-117 设置订单信息

03 选择“授权账号”选项，设置授权账号。根据需要设置其他选项，如图8-118所示。

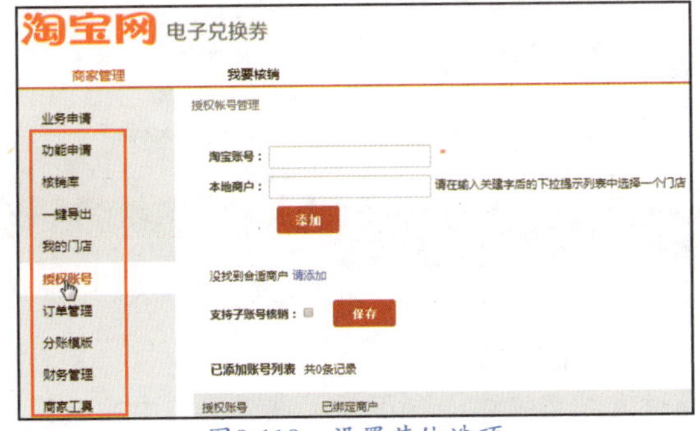

图8-118 设置其他选项

2. 申请开通

01 进入“卖家中心”页面，选择“卖家地图”选项，然后单击“交易&物流管理”下的“电子交易凭证”链接，如图8-119所示。

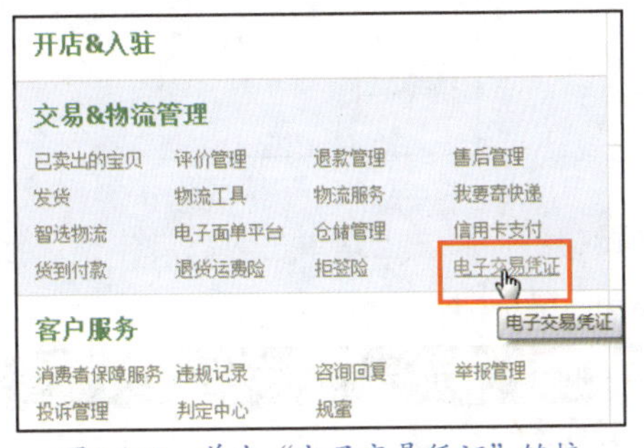

图8-119 单击“电子交易凭证”链接

02 在跳转的页面中单击“立即申请”按钮，如图8-120所示。

图8-120 单击“立即申请”按钮

03 跳转页面，单击“需申请开通”按钮，即可进入申请界面，如图8-121所示。

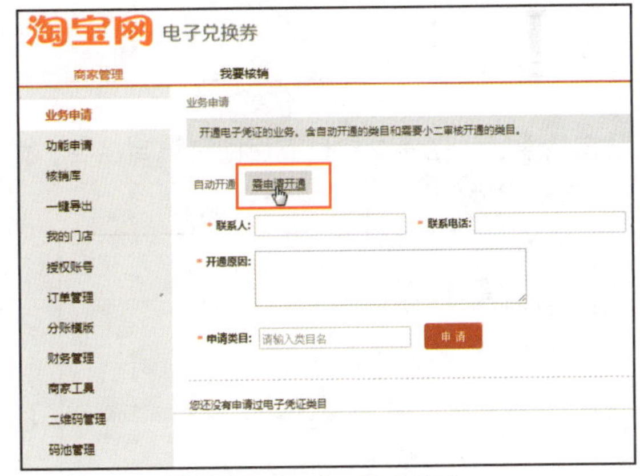

图8-121 进入申请界面

8.3.6 时机成熟申请品牌

在发布宝贝时有一项为“品牌”，当我们在“品牌”下拉列表中未找到对应的品牌时，则可以申请品牌。

01 在“卖家中心”页面单击“宝贝管理”下的“品牌查询”链接，如图8-122所示。

图8-122 单击“品牌查询”链接

02 在跳转的页面左上角单击“品牌申请”按钮，如图8-123所示。

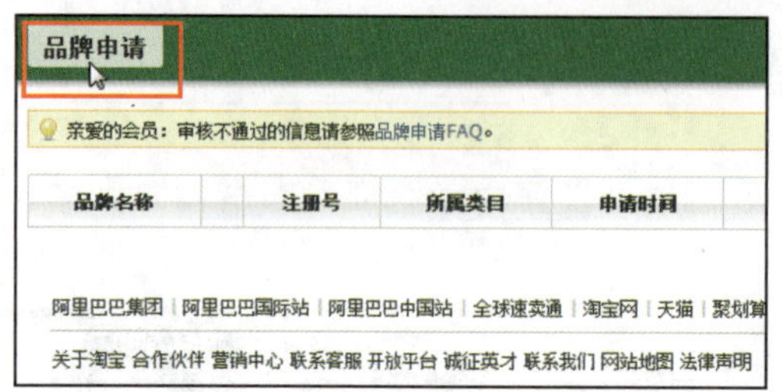

图8-123 单击“品牌申请”按钮

03 填写信息，单击“提交”按钮，如图8-124所示。

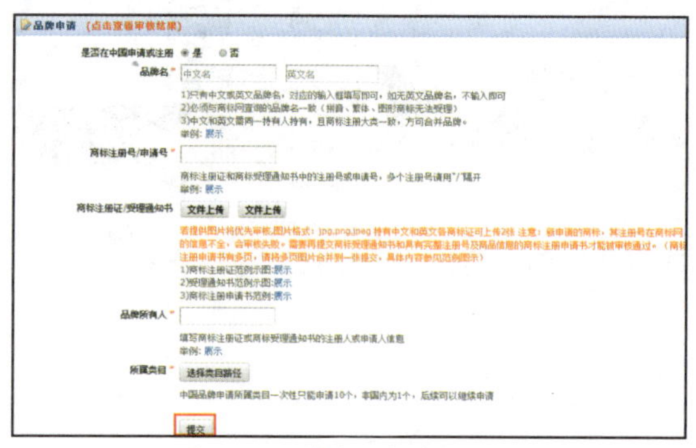

图8-124 单击“提交”按钮

04 审核通过后在发布宝贝页面即可填写品牌，如图8-125所示。

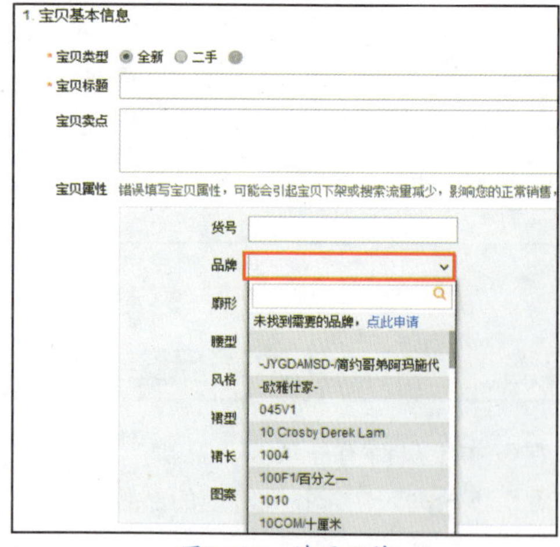

图8-125 填写品牌

8.3.7 二维码与移动优化

每个店铺和商品都有相应的二维码，通过扫码支持移动客户端查看，是新时代必要的营销内容。下面介绍店铺二维码的使用和商品二维码的查看。

1. 店铺二维码

通过手机扫描店铺二维码可以进入本店的手机店铺，但默认情况下，店铺二维码是隐藏的，我们可以将二维码保存在电脑上，然后装修到店铺的显眼位置。

01 在“卖家中心”页面单击左侧的“查看淘宝店铺”链接，如图8-126所示。

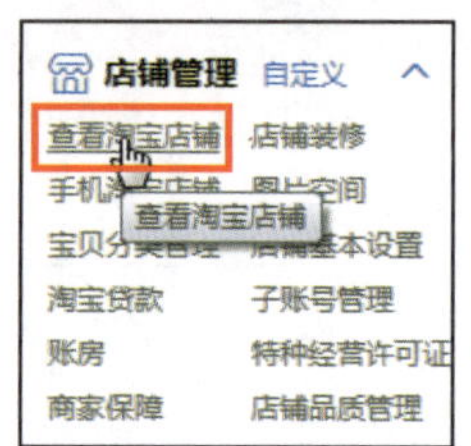

图8-126 单击“查看淘宝店铺”链接

02 在打开的店铺首页上，将鼠标置于“用手机逛本店”链接上，出现店铺的二维码图片，如图8-127所示。

图8-127 将鼠标置于“用手机逛本店”链接上

03 在二维码上右击，在弹出的快捷菜单中选择“图片另存为”命令，如图8-128所示，可将二维码图片保存备用。

图8-128 选择“图片另存为”命令

2. 商品二维码

01 进入“卖家中心”页面，在“出售中的宝贝”

列表中，每个宝贝都显示了一个码图标，将光标移至相应宝贝的码图标上，即可显示出该宝贝的二维码，如图8-129所示。

图8-129 显示宝贝二维码

02 单击二维码右上角的“下载标签”链接，如图8-130所示。

图8-130 单击“下载标签”链接

03 下载标签后可在店铺装修页面中插入标签，以便于手机用户的快捷搜索。

8.3.8 如何绑定淘宝服务宝

淘宝服务宝是针对3C数码类商家定制的，签约后可以增加由第三方负责的售后服务，商家不需要额外付费，从而增加宝贝权重，增强竞争力。

01 在“卖家中心”页面单击“出售中的宝贝”链接，然后单击“淘宝服务宝”链接，如图8-131所示。

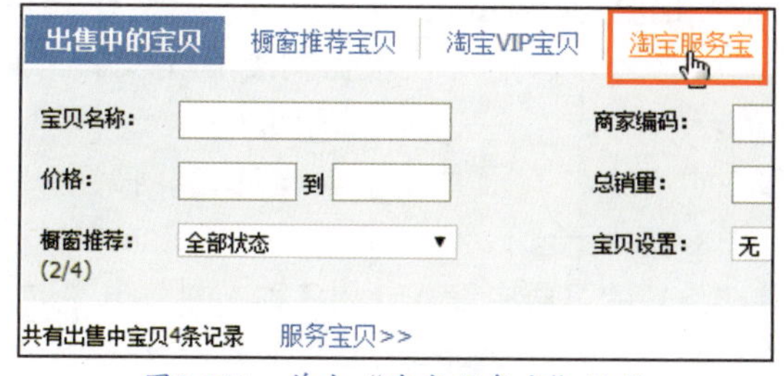

图8-131 单击“淘宝服务宝”链接

02 在跳转的页面中选择一个服务商，单击右侧的“签约”按钮，如图8-132所示。

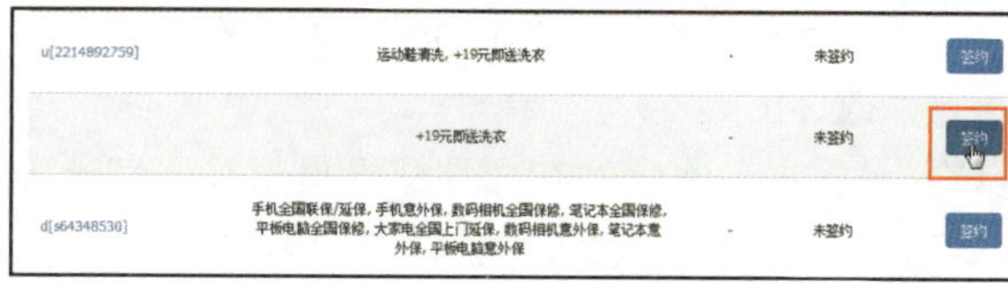

图8-132 单击“签约”按钮

03 在打开的对话框中阅读协议，然后单击“我已阅读并同意以上条款”按钮，如图8-133所示。

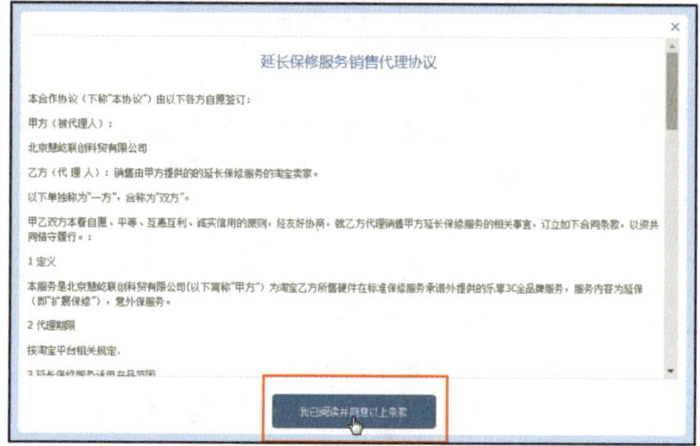

图8-133 单击“我已阅读并同意以上条款”按钮

04 在打开的对话框中提示等待审核，单击“知道了”按钮即可，如图8-134所示。

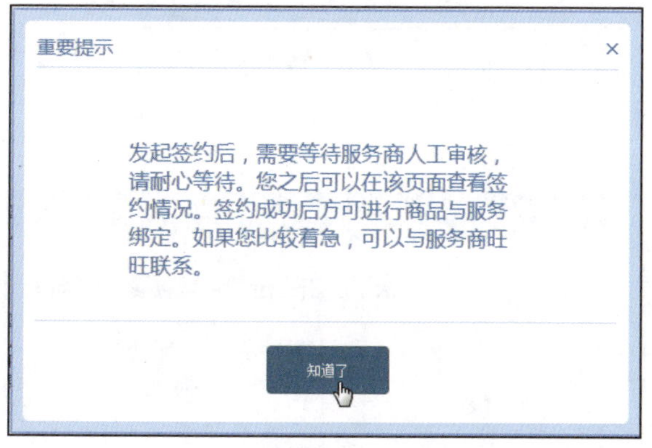

图8-134 单击“知道了”按钮

8.4 让店铺宾至如归

一个好的店铺不仅装修要精致、有品位，而且内部的陈列和管理都要井井有条，从热情客服的开场白开始，营造宾至如归的良好氛围，是每个店家的心愿。下面优化店铺就从店铺体检开始吧。

8.4.1 给店铺做个体检

给店铺体检可以查看店铺哪些地方存在不足，再设法改进。

01 登录千牛工作台，在插件搜索框里输入“普云商品”，在出现的下拉列表中双击“普云商品”插件，如图8-135所示。

图8-135 双击“普云商品”插件

02 进入“普云商品”页面，选择“体检中心”下拉列表中的“店铺体检”选项，如图8-136所示。

图8-136 选择“店铺体检”选项

03 在打开的界面中单击“开始体检店铺”按钮，如图8-137所示。

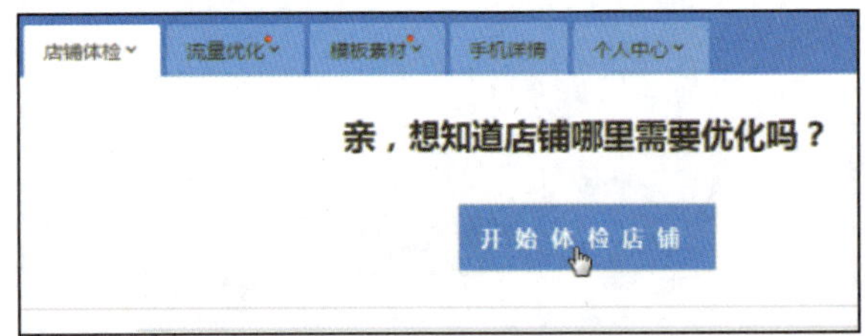

图8-137 单击“开始体检店铺”按钮

04 显示体检结果，如图8-138所示，按体检结果来优化店铺。

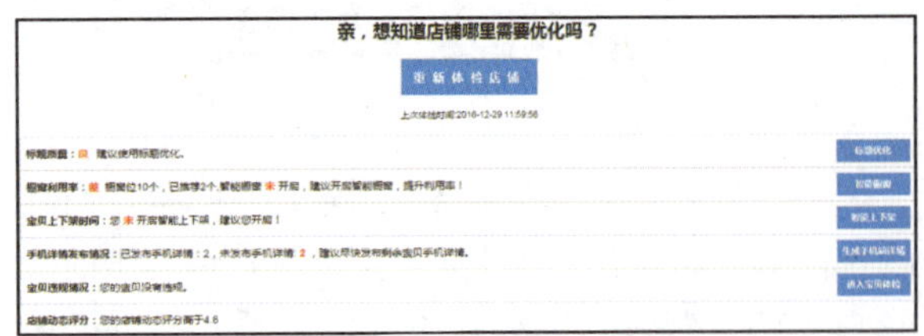

图8-138 显示体检结果

8.4.2 心选推荐打造别样风格

在店铺中设置心选推荐，宝贝详情页面的宝贝描述上方即会显示掌柜推荐列表。

1. 启动心选推荐

01 在“卖家中心”页面，单击“营销中心”下的“心选”链接，如图8-139所示。

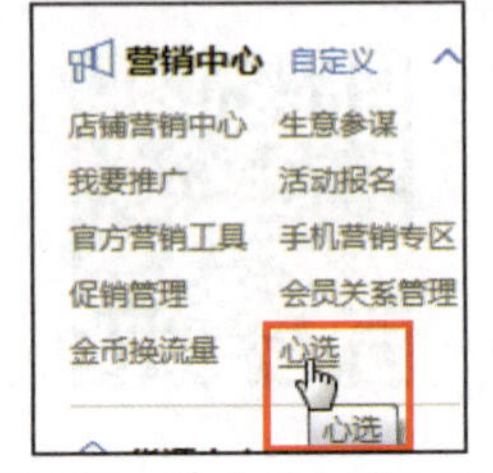

图8-139 单击“心选”链接

02 进入“心选”页面，在默认计划的操作下单击“启动”按钮即可启动默认的掌柜推荐设置，如图8-140所示。

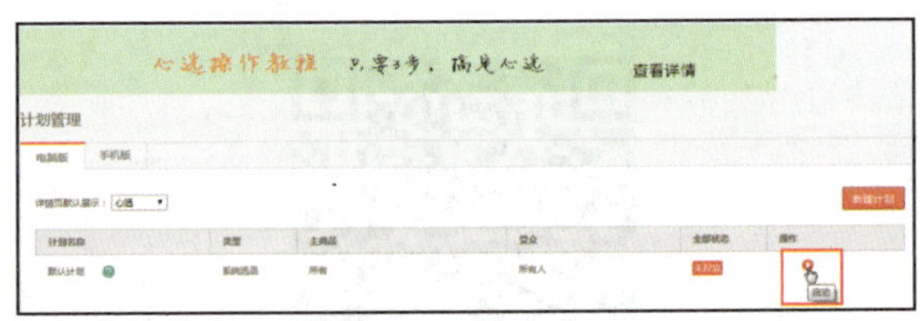

图8-140 单击“启动”按钮

03 启动后进入一个宝贝页面，在详情描述上方显示了掌柜推荐，如图8-141所示。

图8-141 显示掌柜推荐

2. 相册推荐宝贝

除此之外，还可以根据需要自定义推荐的宝贝。

01 在“心选”页面单击“新建计划”按钮，如图8-142所示。

02 在跳转的页面中设置计划名称，并单击“选择主商品”按钮，如图8-143所示。

图8-142　单击“新建计划”按钮

图8-143　单击“选择主商品”按钮

03 在打开的对话框中选择商品，单击“确定”按钮，如图8-144所示。

图8-144　单击“确定”按钮

04 在推荐内容下，默认的样式为“相册”，单击“设置”按钮，如图8-145所示。

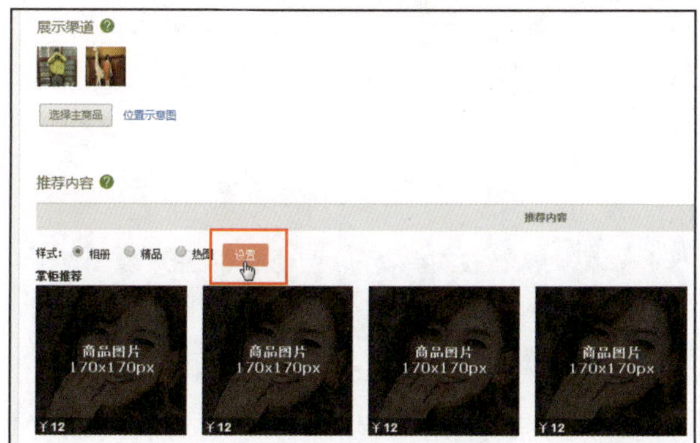
图8-145　单击“设置”按钮

05 在打开的对话框中可以设置图片的行数与样式，如图8-146所示。

图8-146　设置图片的行数与样式

3. “精品”推荐宝贝

01 选中“精品”单选按钮可以设置“精品”样式，如图8-147所示。

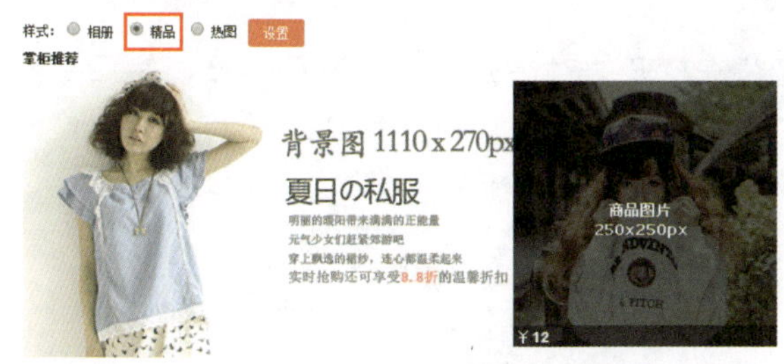

图8-147　设置“精品”样式

02 单击“设置”按钮，打开对话框，单击“上传自定义图”按钮，如图8-148所示。

图8-148　单击“上传自定义图”按钮

03 在打开的对话框中选择图片，单击“打开”按钮，如图8-149所示。

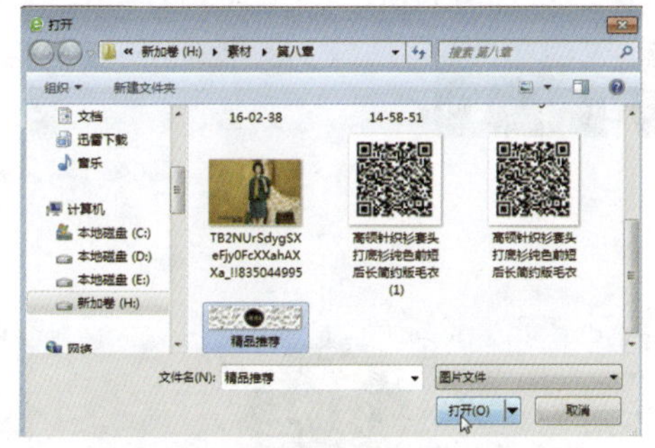
图8-149　单击“打开”按钮

04 返回到“参数设置”对话框，设置样式为“一大两小图”，如图8-150所示，单击“确定”按钮。

05 单击商品图区域，如图8-151所示。

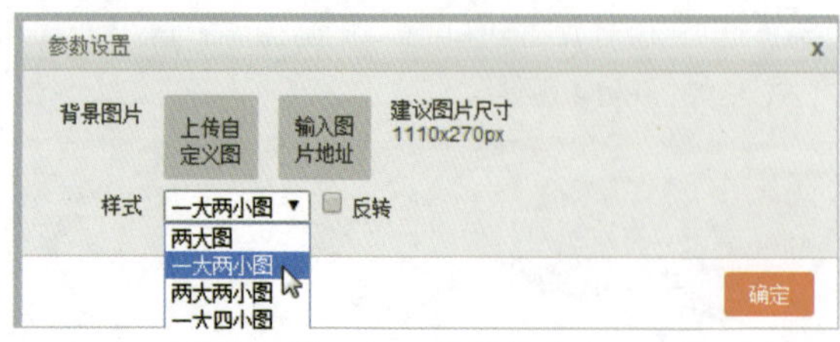

图8-150　设置样式

图8-151　单击商品图区域

06 在打开的对话框中粘贴商品链接，然后单击“获取信息”按钮，自动获取商品名称，如图8-152所示，单击“确定”按钮。

图8-152　单击“获取信息”按钮

07 设置其他商品链接，设置后如图8-153所示。

图8-153　设置其他商品链接

08 打开一个宝贝页面，在页面中查看掌柜推荐的效果，如图8-154所示。

图8-154　查看掌柜推荐的效果

4. “热图”推荐宝贝

01 第3种样式为“热图”样式，选中“热图”单选按钮，如图8-155所示。

图8-155　选中“热图”单选按钮

02 单击“设置”按钮，打开对话框，单击“上传自定义图”按钮，如图8-156所示。

图8-156　单击“上传自定义图”按钮

03 在打开的对话框中选择图片，单击“打开”按钮，如图8-157所示。

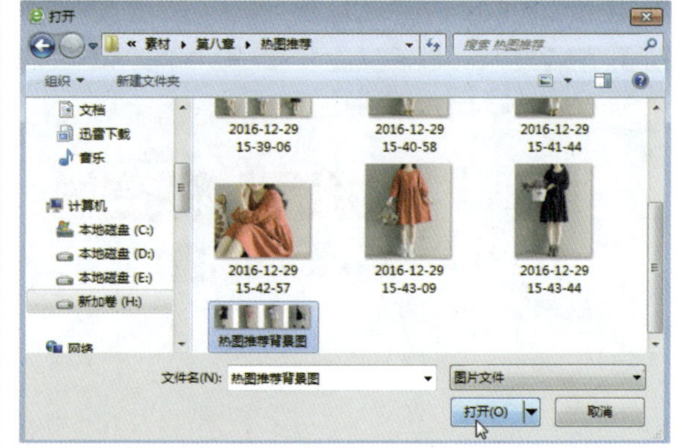

图8-157　单击“打开”按钮

04 返回到对话框中，单击“确定”按钮，如图8-158所示。

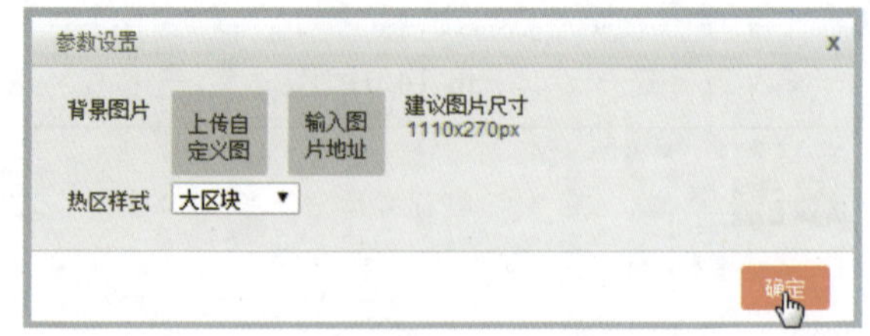

图8-158　单击“确定”按钮

> TIPS　在“参数设置”对话框的背景图片右侧显示了建议的图片尺寸，当上传的图片大于这个尺寸时将会被裁剪。

05 拖动鼠标左键，在图像上绘制热点区域，如图8-159所示。

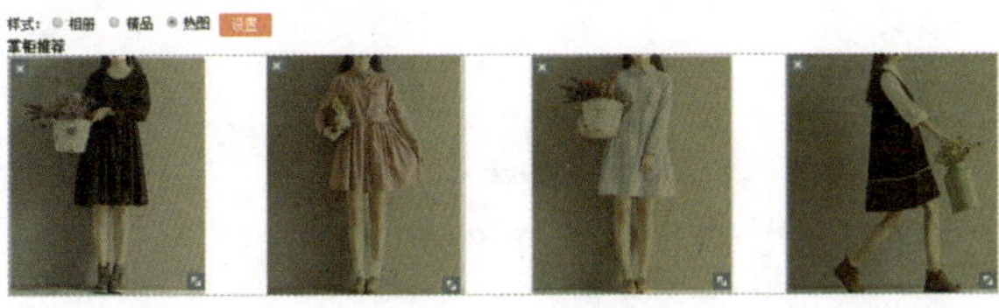
图8-159 绘制热点区域

06 在一个热区上双击，在打开的对话框中粘贴商品链接，单击“获取信息”按钮，自动获取商品名称，如图8-160所示。

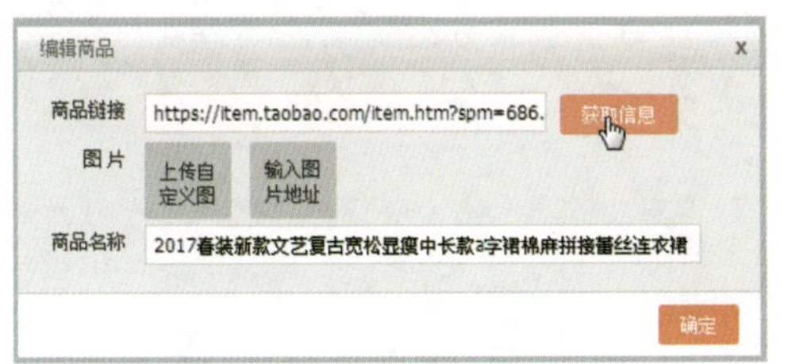

图8-160 单击“获取信息”按钮

07 单击“确定”按钮。设置其他热区的链接，单击底部右下角的“发布”按钮，如图8-161所示。

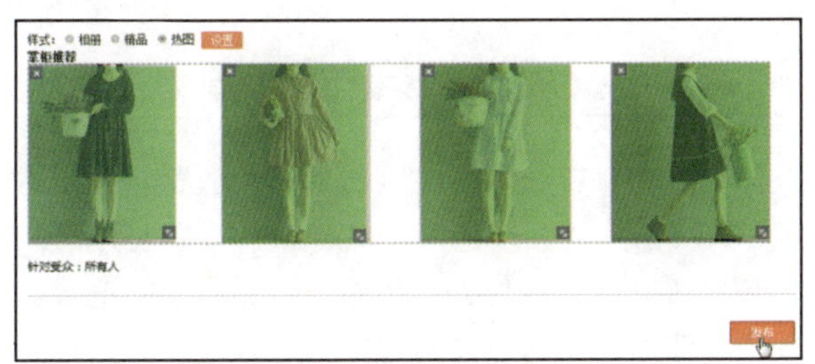
图8-161 单击“发布”按钮

08 提示发布成功后，打开一个宝贝，此时的掌柜推荐如图8-162所示。

图8-162 掌柜推荐

09 修改热区样式，还可以获得不一样的效果。如修改样式为“购物车”，如图8-163所示。

10 掌柜推荐效果图上添加了购物车的图标，将光标移至图标上，将显示商品信息，如图8-164所示。

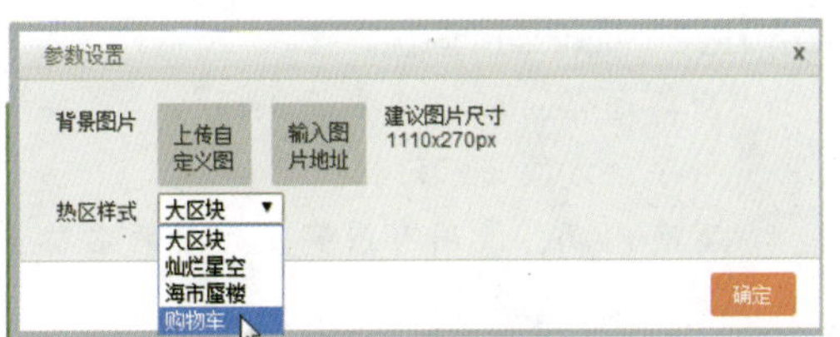

图8-163 修改样式

图8-164 购物车信息

8.4.3 店铺名称至关重要

优化淘宝店铺名称对于网店来说是至关重要的一步。一般店铺名最多为30个字，卖家可以根据不同情况任意更换店铺名。

简短易记：淘宝新规则中，在淘宝搜索框内输入店铺名字可以直接到达卖家店铺。因此一个简短易记的店铺名字是十分重要的。

功能名：一般店铺名由品牌名、功能名和诱惑名三个部分组成，品牌名一般是旺旺会员名，这里重点介绍功能名。功能名起着关键词和介绍店铺经营范围的作用，目的是要让买家一看就知道你的店铺经营的产品类型是什么，并且功能名关键词还能获得精准的搜索流量。例如，某店的功能名为“创意家居用品”，当买家搜索“家居用品”等关键词时，店铺就会显示在搜索结果中。

遵循淘宝规则：选择店铺名，一定要遵守淘宝的规则，不然就很容易被淘宝处罚。例如，淘宝网规定不能使用带有“淘宝授权”和“淘宝网特许”等含义的字词；不能出现色情、暴力等违反法律的字词；也不允许出现不真实的文字描述，例如，非商盟的店铺就不允许在店铺名中借用商盟品牌来进行宣传。

8.4.4 客服掌柜命名有妙招

卖家的掌柜名也就是淘宝会员名，一旦注册成功，就不能修改了。因此在注册时就要想好名称。

当有人光顾你的店铺或需要购买店铺内的宝贝时，必然会联系掌柜或客服。好记、亲切的旺旺名能让人耳目一新、心情愉悦。

* 简单通俗：旺旺名要简单通俗，不要有生僻字，方便买家记忆。
* 富有内涵：使用有内涵、生动的名称更符合多数人的审美。
* 故事或风格：带有故事性或某种风格的名称更显独特。
* 类目名称：根据店铺经营的商品来命名，可以体现店铺的特征。

8.4.5 淘宝账房及时查看

卖家通过淘宝账房可以清楚地看到所有的货品详细信息，还有退货信息，让账目更加清晰明朗。

01 在“卖家中心”页面的“店铺管理”下单击“账房”链接，如图8-165所示。

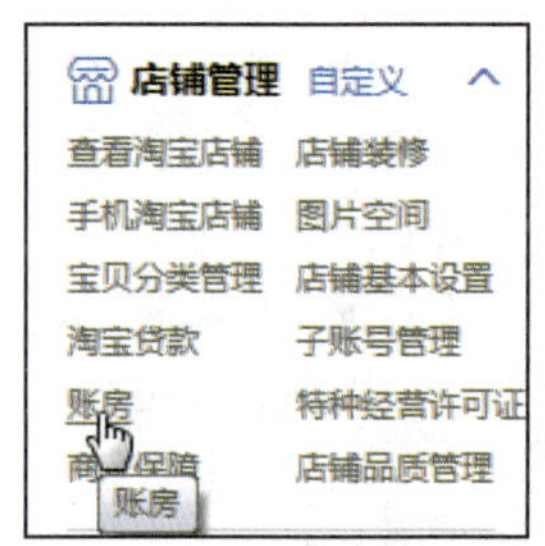

图8-165 单击“账房”链接

02 进入“账房”页面，单击“点击立即授权”链接，如图8-166所示。

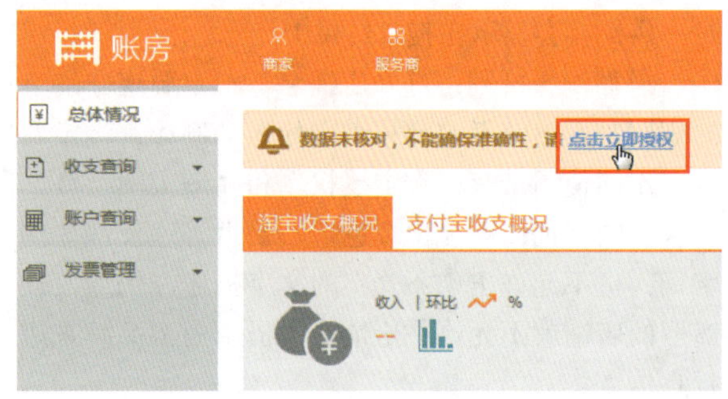

图8-166 单击“点击立即授权”链接

03 在跳转的页面中阅读授权协议，然后单击“确定授权”按钮，如图8-167所示。

04 进入“账房”页面，单击左侧的选项，可以进入收支、账户、发票的查询与管理页面，如图8-168所示。

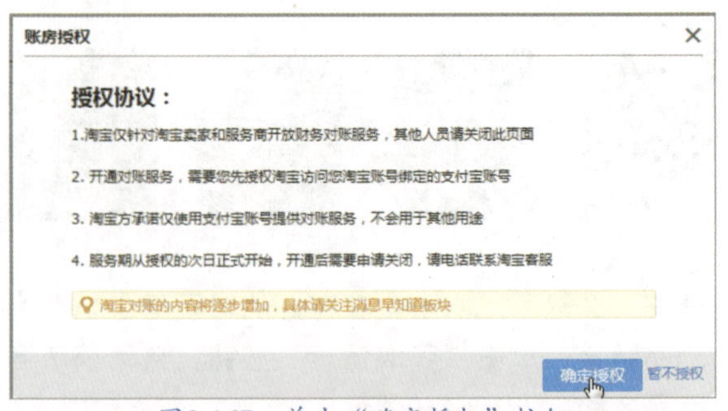

图8-167 单击“确定授权”按钮

图8-168 单击选项

8.4.6 友情链接同气连枝

设置友情链接，即在自己的网店放置对方网站的LOGO图片或文字的网站名称，并设置对方网站的超链接。或者在他人店铺添加自己店铺的链接，使得卖家在购物时发现自己的网店，达到互相推广的目的。

下面讲解如何建立友情链接。

01 进入装修后台，单击“页面装修”按钮，在左侧选择“友情链接”模块，将其拖入右侧的某一位置，如图8-169所示。

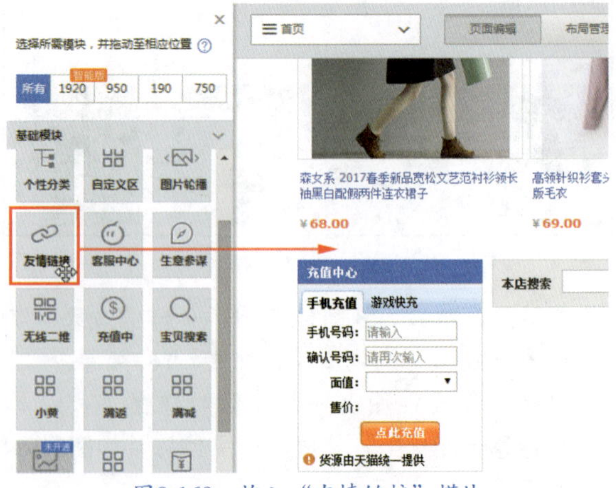

图8-169 拖入“友情链接”模块

02 添加“友情链接”模块后，单击“编辑”按钮，如图8-170所示。

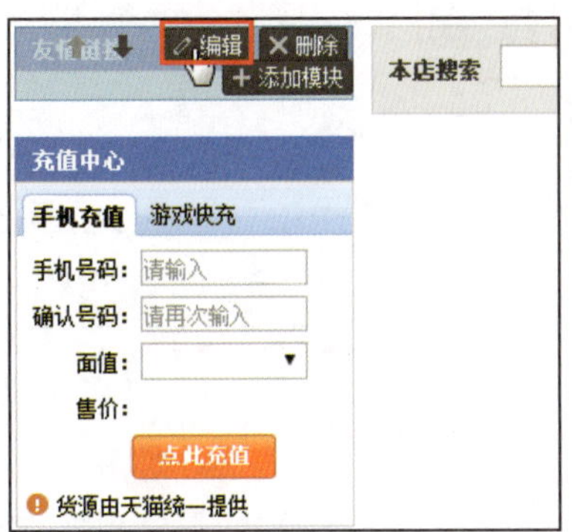

图8-170　单击“编辑”按钮

03 弹出“友情链接”对话框，选择链接类型，这里选中“图片”单选按钮，单击“插入图片空间图片”按钮，如图8-171所示。

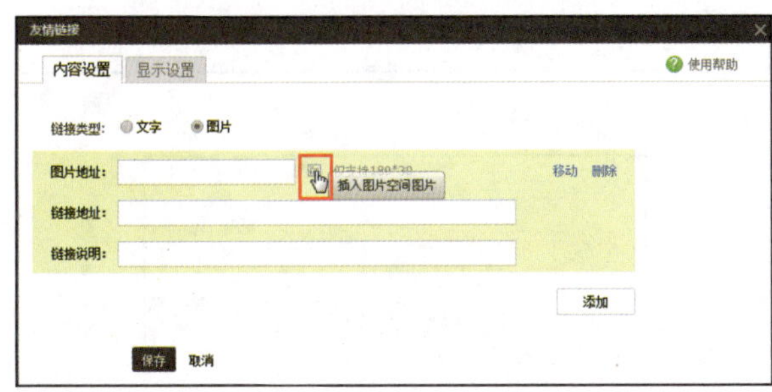

图8-171　单击“插入图片空间图片”按钮

04 在展开的列表中选择图片，如图8-172所示。

图8-172　选择图片

> TIPS　友情链接的图片仅支持180像素×30像素。

05 输入要链接的店铺的地址及说明，如图8-173所示，单击“保存”按钮。

06 发布装修后，单击该链接即可进入链接的店铺中，如图8-174所示。

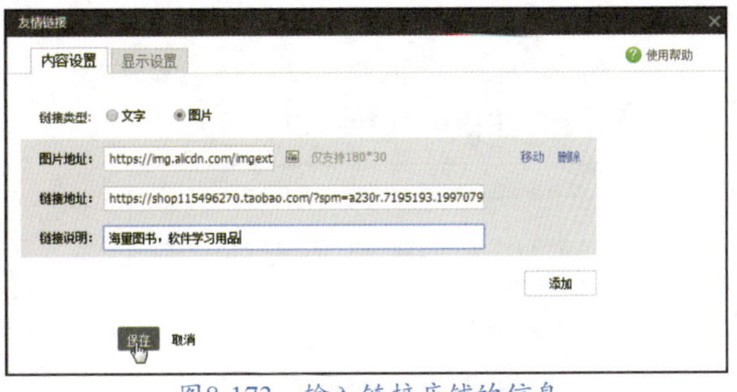

图8-173　输入链接店铺的信息

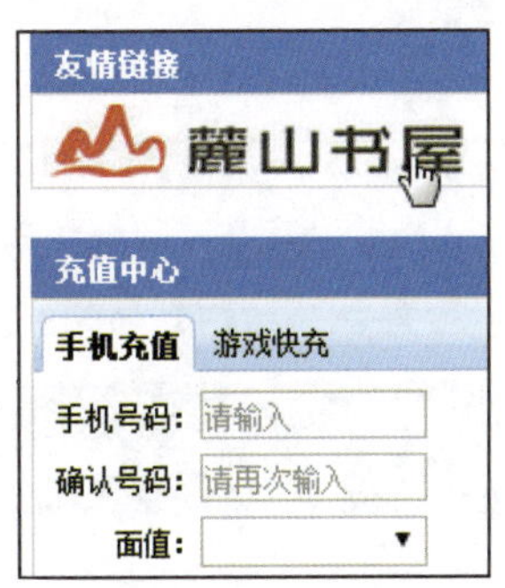

图8-174　单击店铺链接

8.4.7　员工管理让效率飙升

店铺的员工如何管理，如何设置权限，是本节要介绍的内容。

1. 员工管理

对不同职位的员工可以设置不同的部门，以及设置不同的权限。

01 在“卖家中心”页面单击“店铺管理”下的“子账号管理”链接，如图8-175所示。

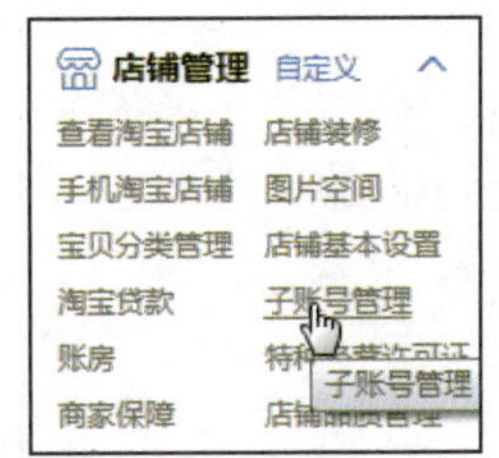

图8-175　单击“子账号管理”链接

02 进入“子账号”页面，单击“免费领取”按钮，如图8-176所示。

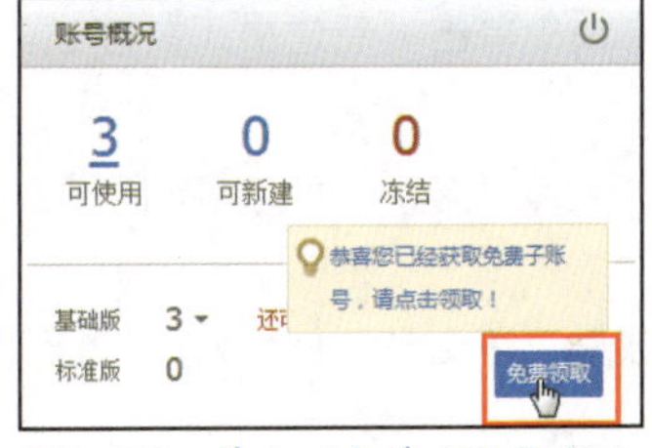

图8-176　单击“免费领取”按钮

03 跳转至新的页面，弹出对话框，提示领取基础版，勾选“我已阅读并同意……”复选框，单击“确定”按钮，如图8-177所示。

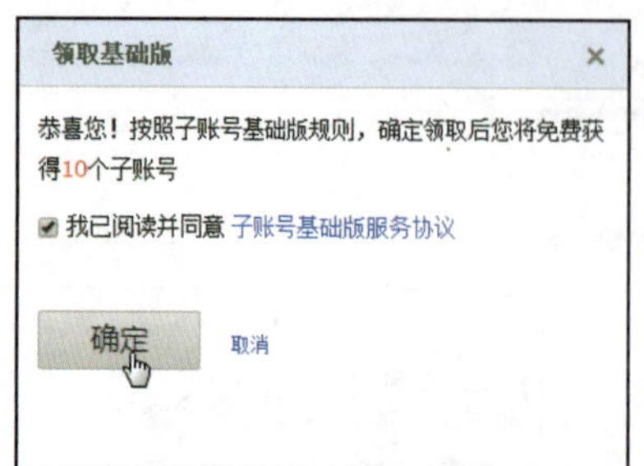

图8-177　单击“确定”按钮

04 选择顶部的“员工管理”选项，然后单击“部门”右侧的“新建”按钮，如图8-178所示。

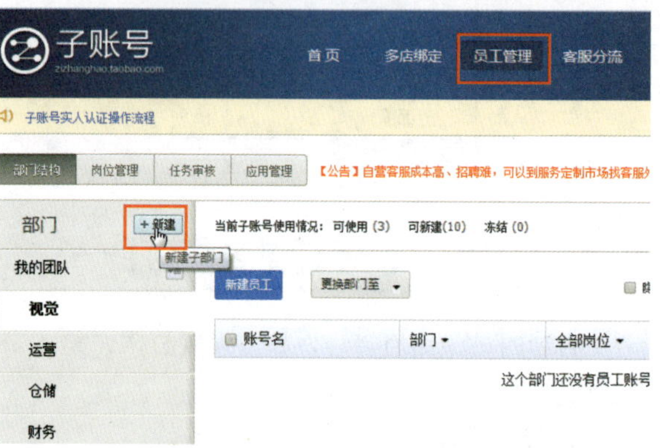

图8-178　单击“新建”按钮

05 在下方新建部门，输入部门名称，如图8-179所示。

图8-179　新建部门

06 在右侧界面中单击“新建员工”按钮，如图8-180所示。

07 在跳转的页面中填写员工基本信息，如图8-181所示。

08 填写完成后，单击“确认新建”按钮，如图8-182所示。

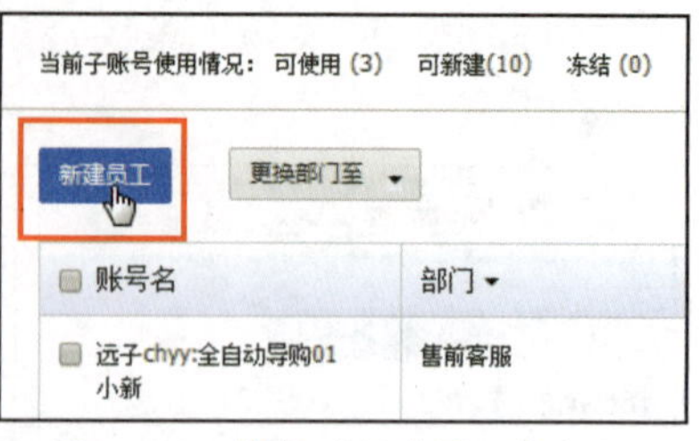

图8-180　单击“新建员工”按钮

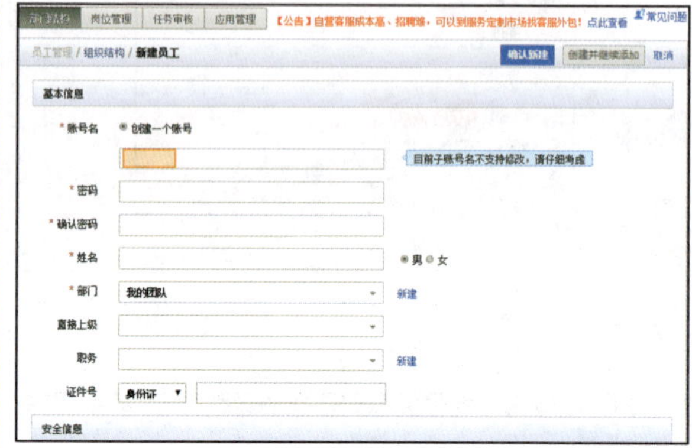

图8-181　填写信息

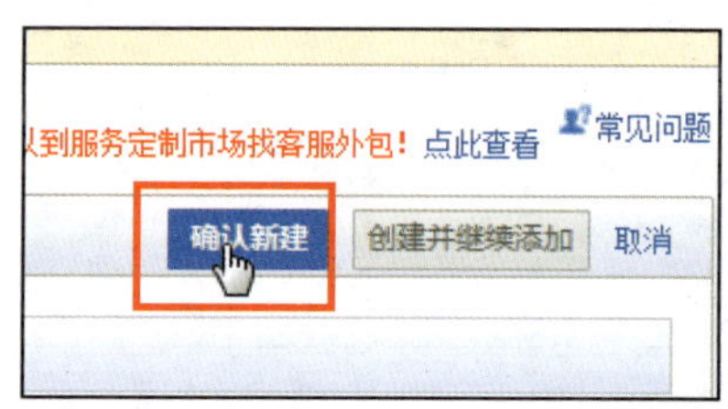

图8-182　单击“确认新建”按钮

09 提示新建员工成功，跳转到“员工管理”页面，显示新建的员工列表，如图8-183所示。

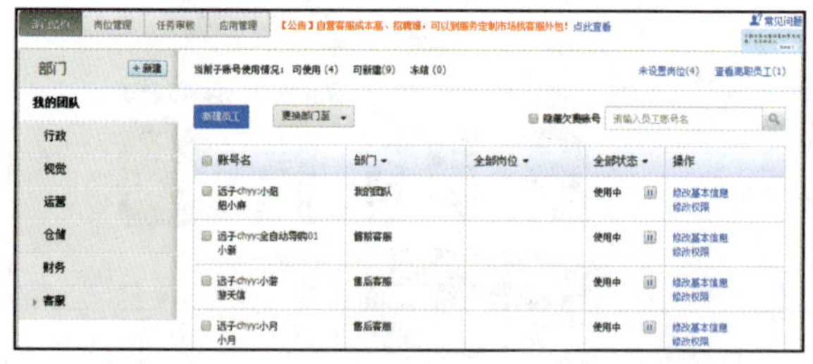

图8-183　员工列表

10 选择账号名，可以单击其右侧的“修改权限”链接，对其角色进行修改，如图8-184所示。

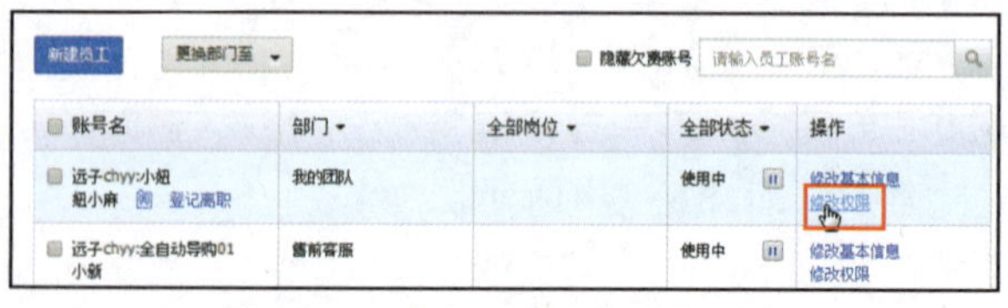

图8-184　单击“修改权限”链接

11 在打开的页面中选择岗位，单击“保存”按钮，如图8-185所示。

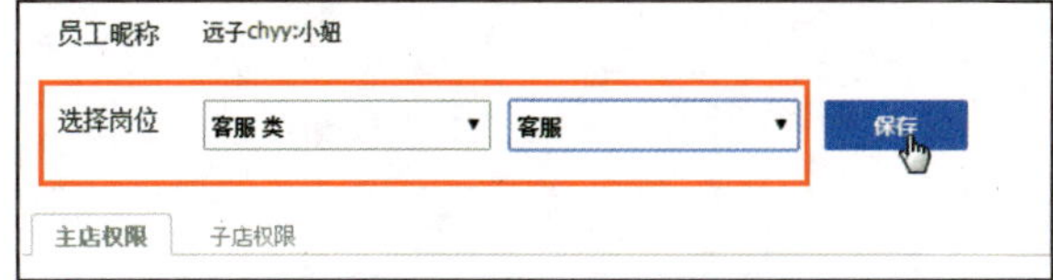

图8-185 单击“保存”按钮

12 此时打开提示对话框，单击“确认”按钮，如图8-186所示。

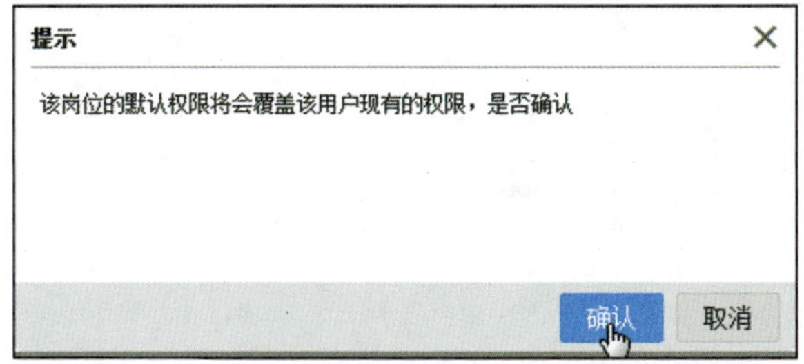

图8-186 单击“确认”按钮

13 返回到修改权限页面，单击右侧的“修改权限”链接，如图8-187所示。

图8-187 单击“修改权限”链接

14 在打开的页面中可以选中相应权限前的复选框，如图8-188所示。单击右上角的“保存”按钮保存。

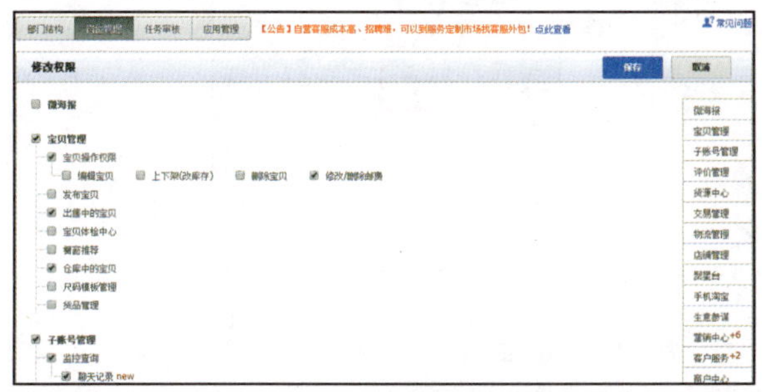

图8-188 选中相应的权限

15 对于离职的员工，可单击“暂停”按钮暂停该账号，或者单击“登记离职”链接，如图8-189所示。

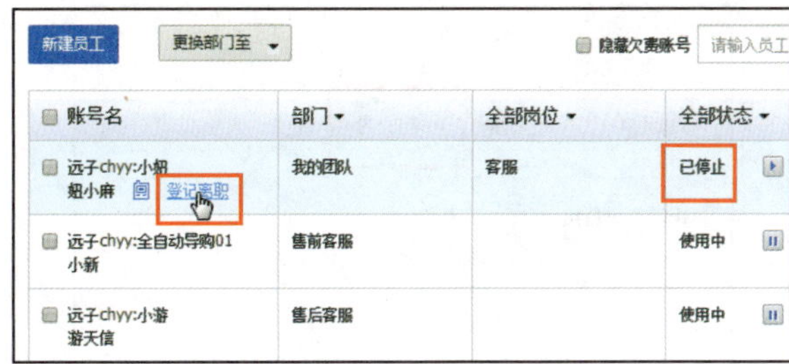

图8-189 单击“登记离职”链接

16 此时打开提示对话框，单击“确定”按钮删除账号，如图8-190所示。

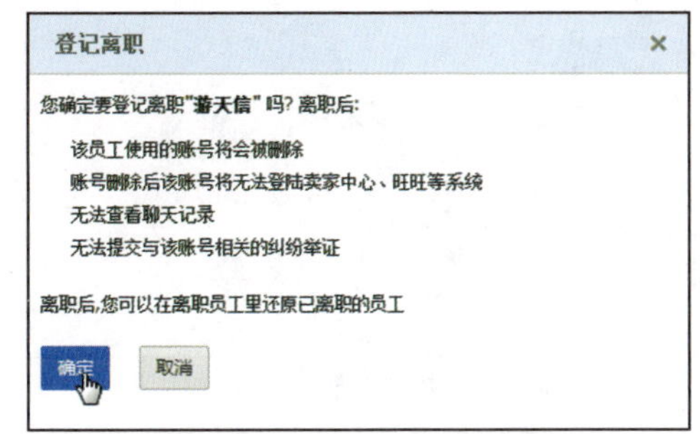

图8-190 单击“确定”按钮

2. 客服分流

在传统网店中，一个旺旺亮灯只对应一个旺旺账号，顾客点击咨询时只能分配到这个账号。现在通过旺旺分流，一个旺旺亮灯可以对应多个子账号。顾客点击旺旺亮灯时，买家咨询按照一定的规则分配给某个子账号接待，从而实现买家咨询在卖家客服的自动分配。

- 分流设置

01 选择“子账号”页面上方的“客服分流”选项，如图8-191所示。

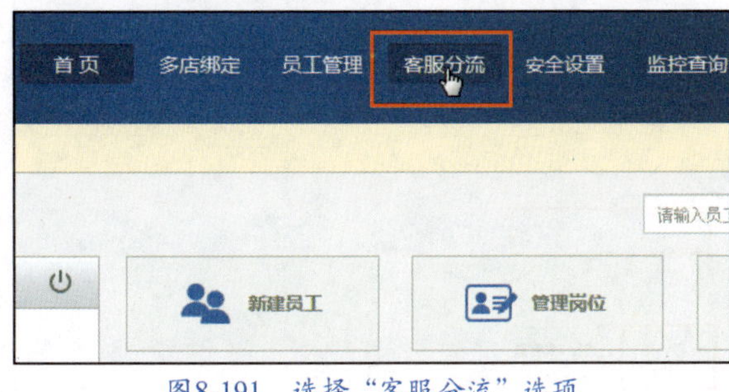

图8-191 选择“客服分流”选项

02 在出现的页面中单击上方的“分组设置”按钮，如图8-192所示。

03 在出现的页面中把鼠标置于⚙图标上，单击下拉列表中的“管理客服”选项，如图8-193所示。

04 跳转页面，单击“添加分流客服”链接，如图8-194所示。

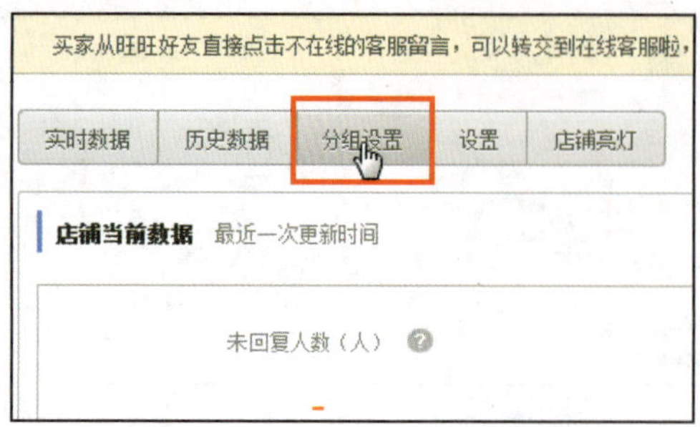

图8-192　单击“分组设置”按钮

图8-193　选择“管理客服”选项

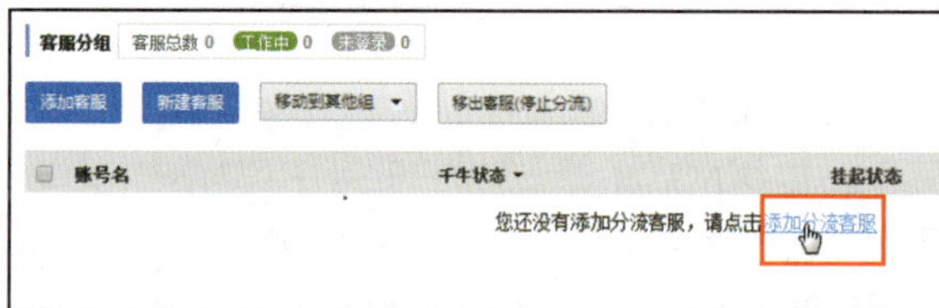

图8-194　单击“添加分流客服”链接

05 在打开的对话框中选择客服，单击“确定”按钮，如图8-195所示。

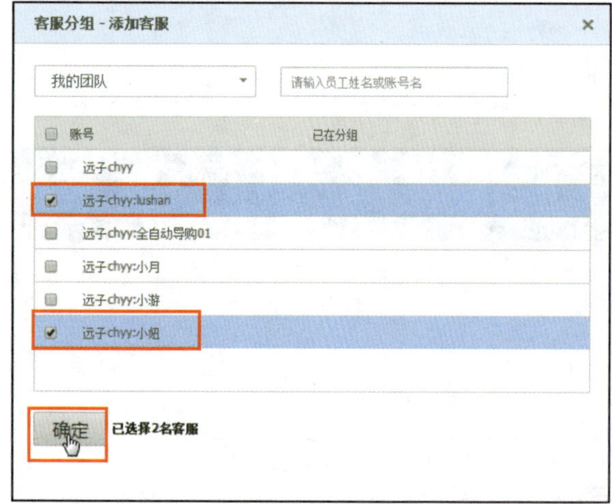

图8-195　选择客服

06 返回到“分组设置”页面，选择图标下拉列表中的“设置规则”选项，如图8-196所示。

07 在打开的对话框中勾选某个分组复选框，单击“确定”按钮，如图8-197所示。

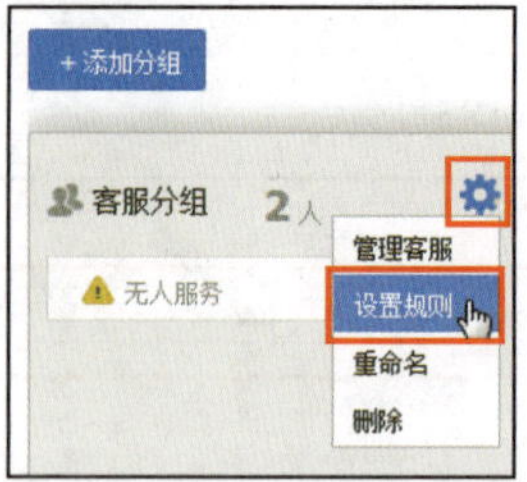

图8-196　选择“设置规则”选项

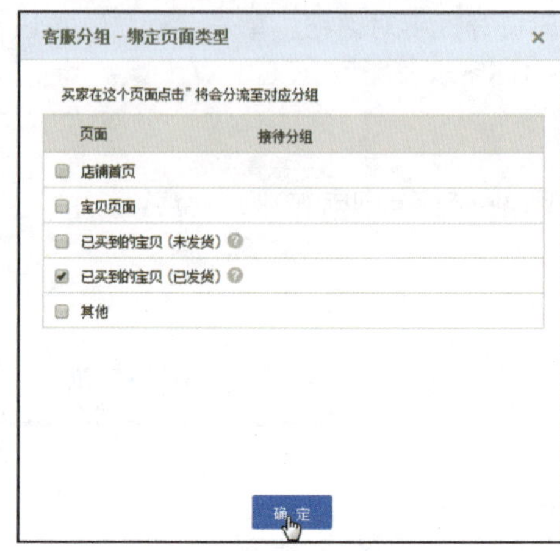

图8-197　设置分组

08 另外，还可以对分组进行重命名。把鼠标置于图标上，在出现的下拉列表中选择“重命名”选项，如图8-198所示。

图8-198　选择“重命名”选项

09 输入新的分组名，如图8-199所示。

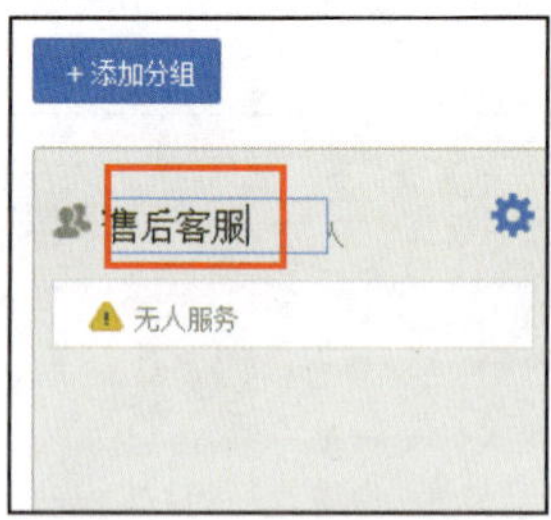

图8-199　输入组名

● 新建分组

01 在“分组设置”页面下，单击“添加分组”按钮，如图8-200所示。

02 在打开的对话框中输入分组名称，单击“确定”按钮，如图8-201所示。

图8-200　单击“添加分组”按钮

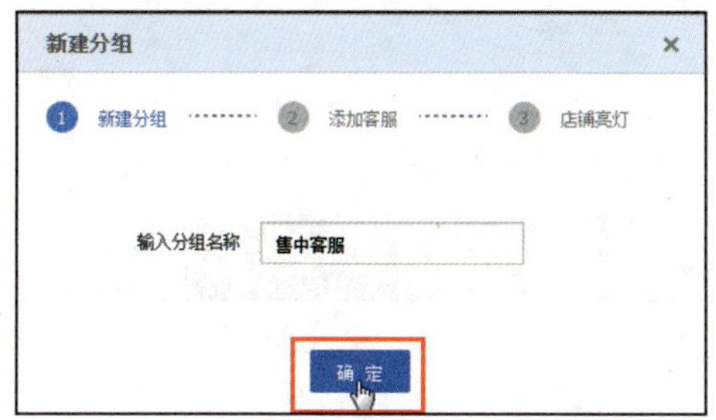

图8-201　输入分组名称

03 选中账号前的复选框，单击“确定”按钮，如图8-202所示。

图8-202　选中账号

04 选中“显示该分组”单选按钮，单击“确定”按钮，如图8-203所示。

图8-203　单击“确定”按钮

05 单击“完成”按钮，如图8-204所示。

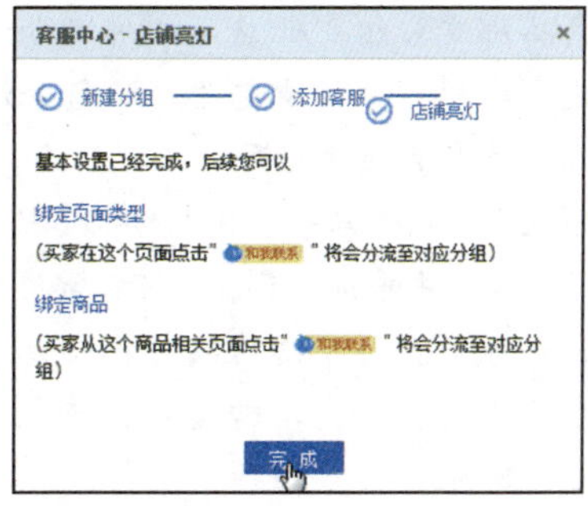

图8-204　单击“完成”按钮

06 新增的分组如图8-205所示。

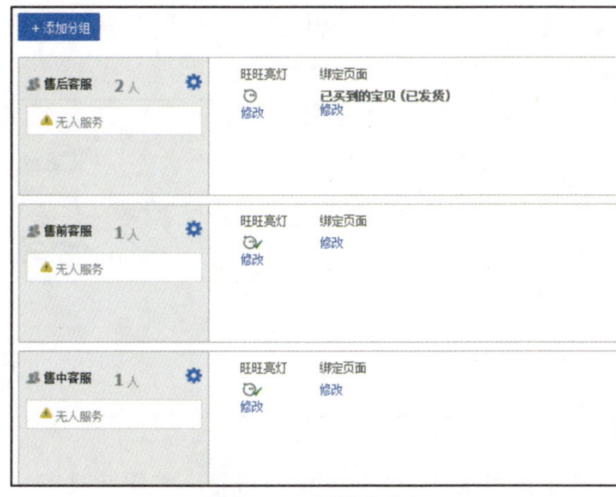

图8-205　新增的分组

● 代理分流、手机分流与离线分流

在“客服分流”页面单击“设置”按钮，在切换的界面中可以设置代理账号、商品绑定分组、手机分流与离线分流，如图8-206所示。

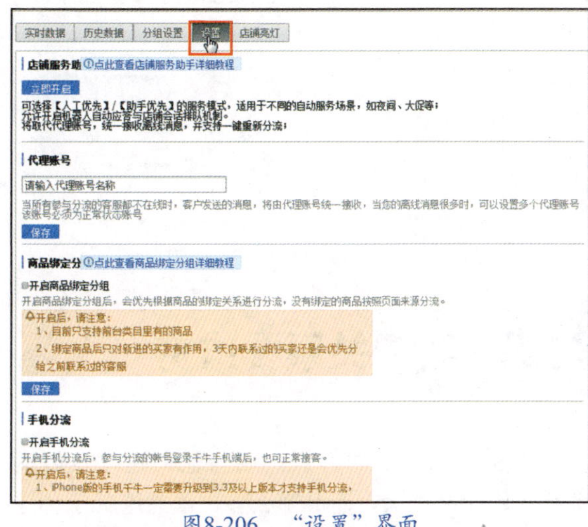

图8-206　“设置”界面

* 代理分流：当所有参与分流的客服子账号都不在线或挂起时，买家发送的消息，由代理账号统一接收。

* 商品绑定分组：开启商品绑定分组后，会优先根据商品的绑定关系进行分流，没有绑定的商品则按照页面来源分流。
* 手机分流：开启手机分流后，参与分流的账号登录千牛手机端后，也可正常接待买家。
* 离线分流：买家给离线且参与分流的账号发消息时，会自动转发给当前在线且参与分流的账号。

● 店铺亮灯与数据分析

单击“店铺亮灯”按钮后可以显示亮灯的状态，当旺旺图标均显示为灰色时，可以对亮灯进行诊断，如图8-207所示。

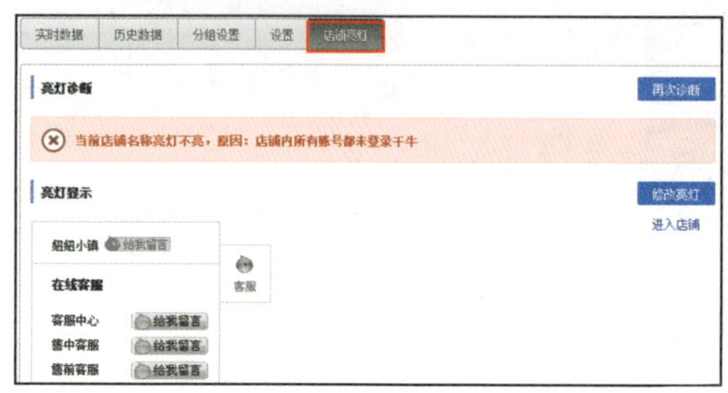

图8-207 “店铺亮灯”界面

单击“实时数据”按钮后将显示客服及对应的未回复人数、平均等待、平均响应和服务时长等信息，如图8-208所示。可以以此来判断客服的工作效率。

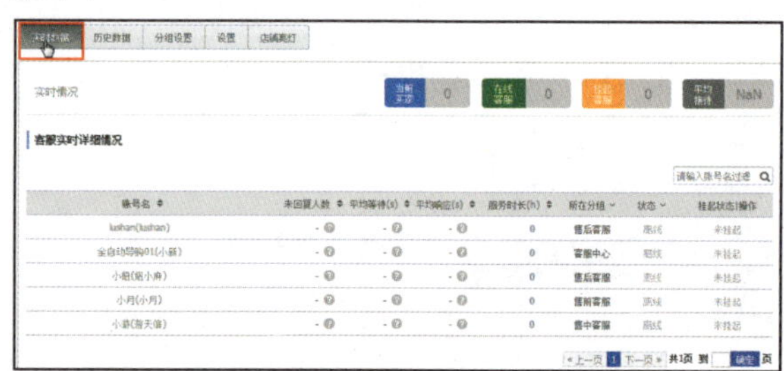

图8-208 单击“实时数据”按钮

8.5 客户关系要维持

对于进店购买的客户，要与他们建立良好的关系，淘宝那么大，商品那么多，既然选择了你这家，要努力一下把他们变成第二次顾客、第三次顾客，这其实有一定的难度，但发展回头客是长久经济，是每个店铺都需要做的。下面就来看看发展回头客的招数，套路不深，但诚意要到。

8.5.1 促销红包不能吝啬

卖家通过向买家派发红包，可以吸引买家在店铺购物。

01 登录淘宝网后，进入“我的淘宝”页面，单击“我的支付宝”链接，如图8-209所示。

图8-209 单击“我的支付宝”链接

02 进入“支付宝”页面，单击“账户资产”按钮，如图8-210所示。

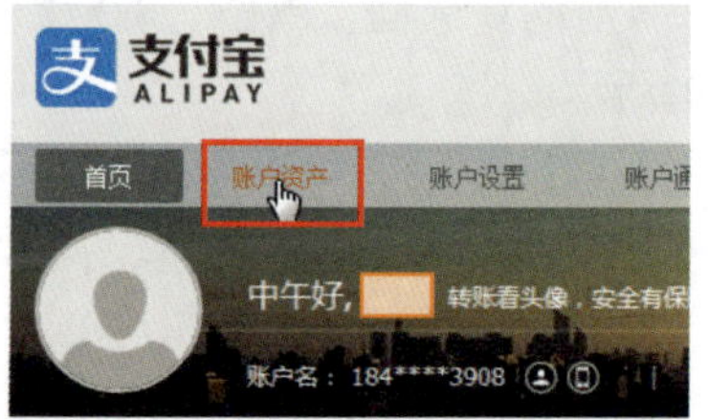

图8-210 单击“账户资产”按钮

03 跳转页面，单击“红包”后的“详情”链接，如图8-211所示。

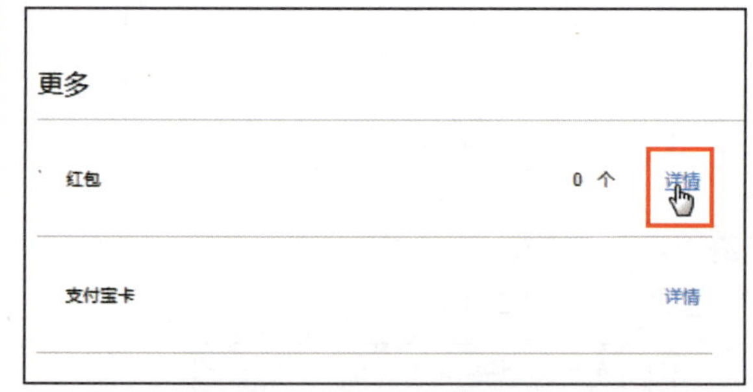

图8-211 单击“详情”链接

04 进入“红包”页面，单击“发红包”按钮，如图8-212所示。

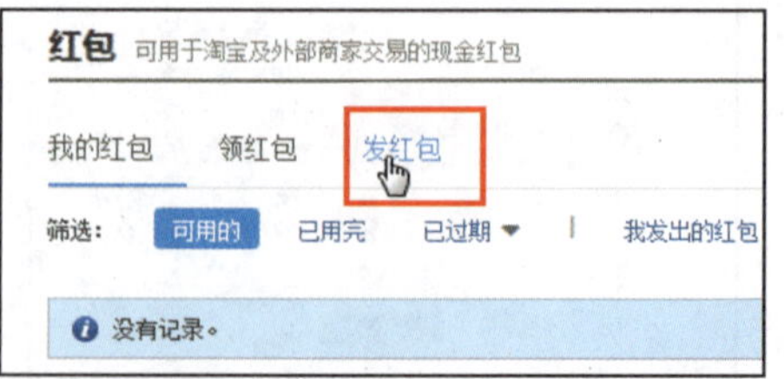

图8-212 单击“发红包”按钮

05 在“发红包”页面选中“生成卡号卡密的红

包”复选框，再单击“下一步”按钮，如图8-213所示。

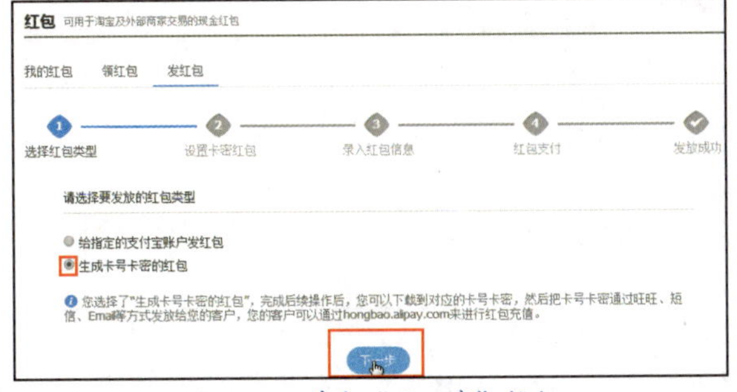

图8-213 单击“下一步”按钮

06 在跳转的页面中填写红包信息，如图8-214所示。

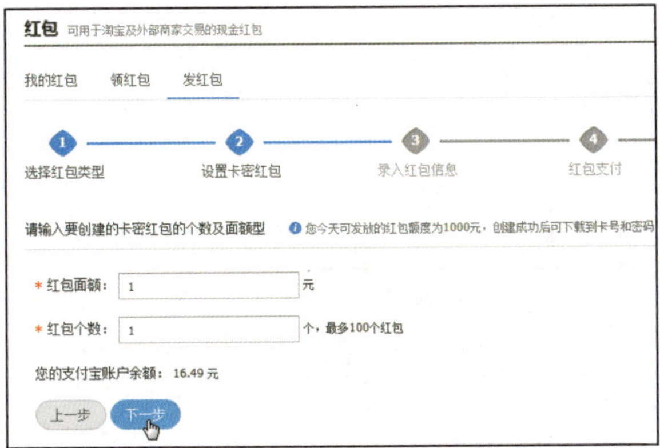

图8-214 设置卡密红包

07 单击“下一步”按钮，设置发放红包的详细信息，如图8-215所示。

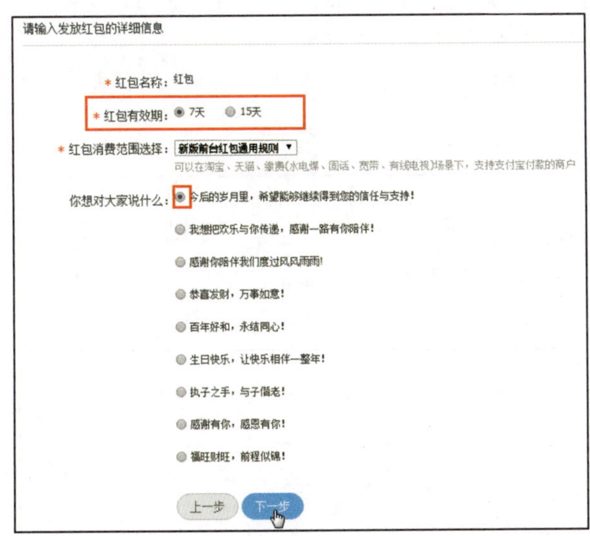

图8-215 设置红包详细信息

08 进入“红包支付”页面，信息确认无误后，输入支付密码，单击“确认发放”按钮，如图8-216所示。

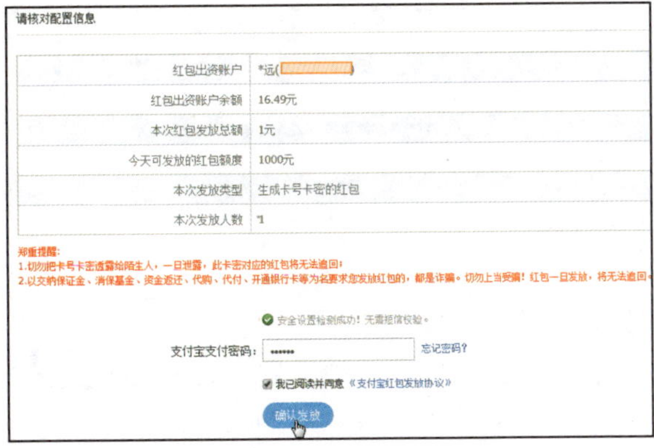

图8-216 输入支付密码

09 红包即发送成功，如图8-217所示。

10 单击“卡密下载”即可下载到相应的卡号和卡密，通过旺旺或短信发送给客户，客户可通过hongbao.alipay.com来进行红包充值。

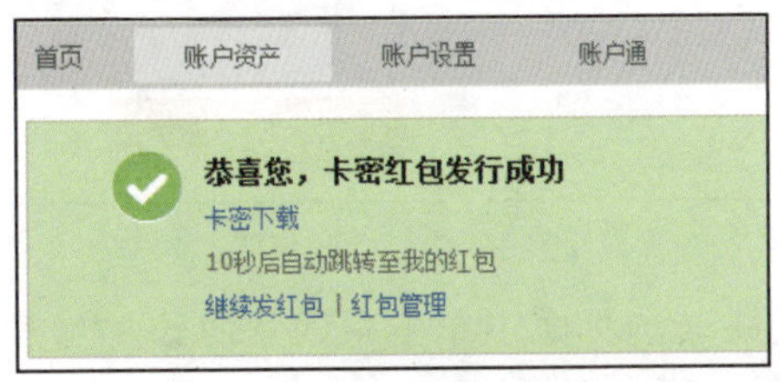

图8-217 红包发送成功

TIPS 若发送给买家的红包到期且未使用，红包的资金将解冻即返回给自己，所以卖家不必担心红包未使用而资金也不知去向的情况。

8.5.2 会员制度百试不爽

根据买家的消费程度设置不同的会员等级，给予会员特殊的优惠是发展回头客的常用方法。

01 在“卖家中心”页面单击左侧“营销中心”应用下的“会员关系管理”链接，如图8-218所示。

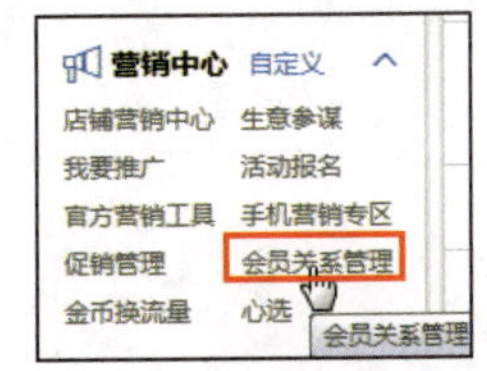

图8-218 单击“会员关系管理”链接

02 在打开的页面中单击“立即开通”按钮，如图8-219所示。

03 在“会员关系管理”订购页面中选择周期后单

击“立即订购”按钮，如图8-220所示。

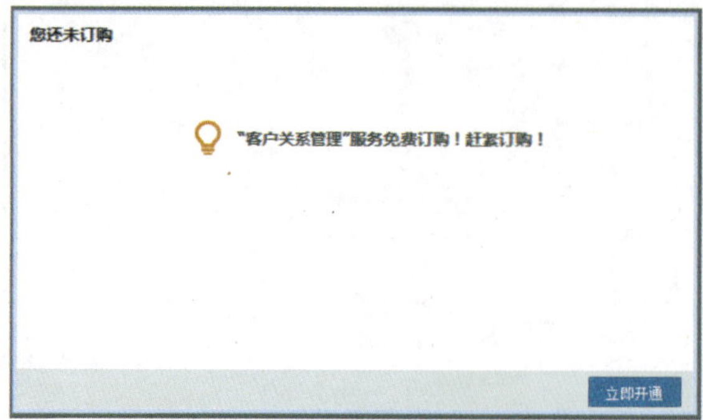

图8-219 单击“立即开通”按钮

图8-220 单击“立即订购”按钮

04 在跳转的页面中单击“同意协议并付款”按钮，如图8-221所示。

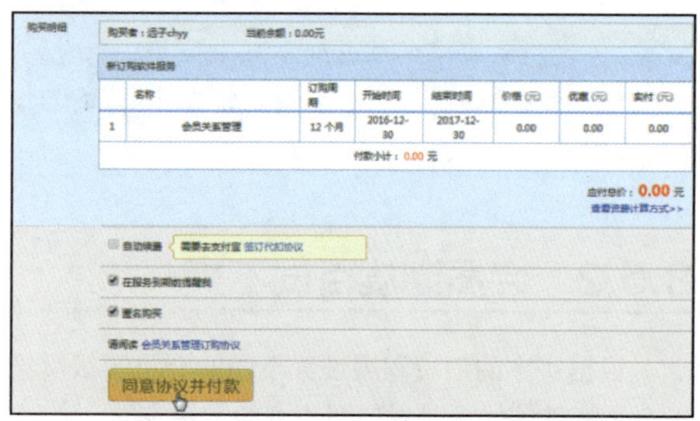

图8-221 单击“同意协议并付款”按钮

05 跳转页面，提示订购成功，如图8-222所示。

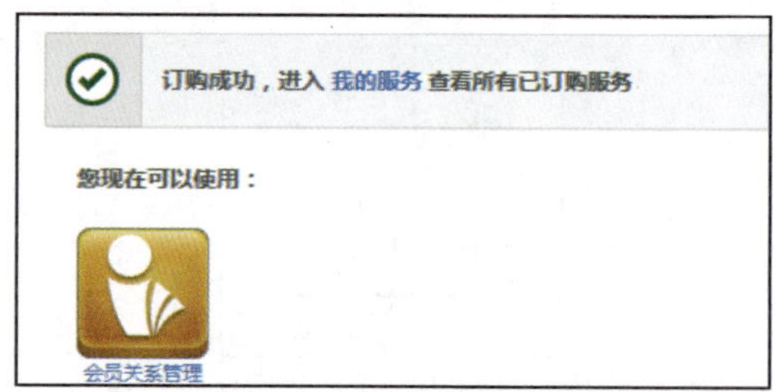

图8-222 提示订购成功

06 单击“会员关系管理”图标，进入“客户关系管理”页面，如图8-223所示。

图8-223 “客户关系管理”页面

07 单击左侧的“VIP设置”按钮，如图8-224所示。

图8-224 单击“VIP设置”按钮

08 切换到“VIP设置”选项卡，如图8-225所示。

图8-225 切换到“VIP设置”选项卡

09 在相应的会员等级下单击“编辑”按钮，如图8-226所示。设置相应的升级条件以及折扣，如图8-227所示，单击“保存”按钮。

图8-226 单击“编辑”按钮

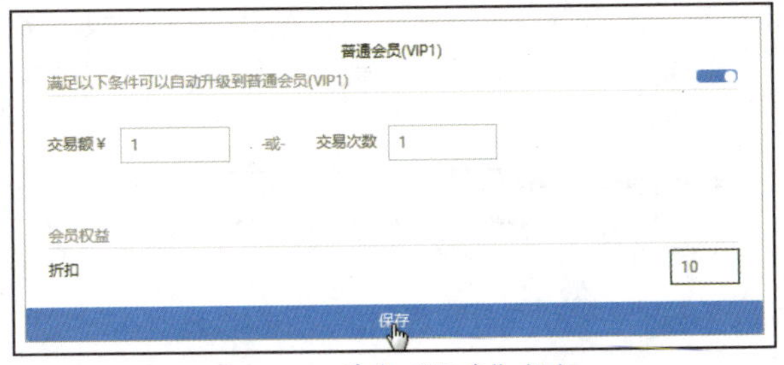

图8-227　单击“保存”按钮

10 启用“高级会员”等级，如图8-228所示。单击其右上角的按钮，设置相应的交易额和交易次数，如图8-229所示，最后单击“保存”按钮保存。

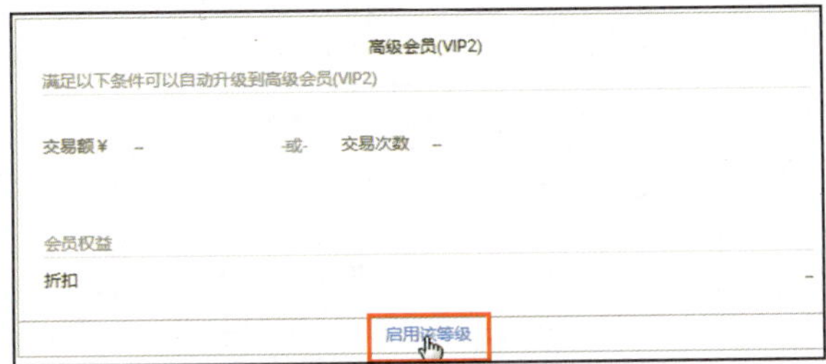

图8-228　单击“启用该等级”按钮

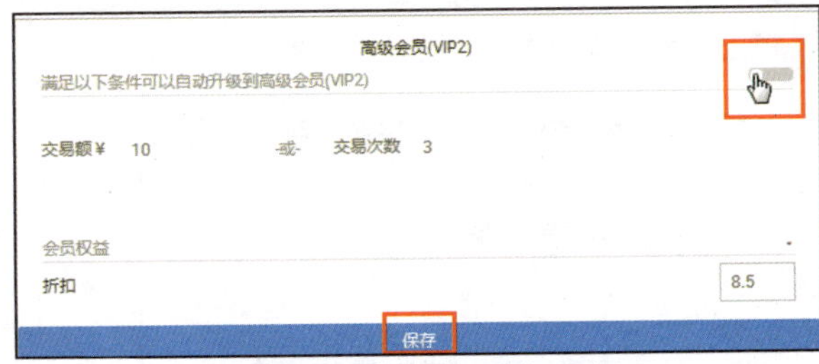

图8-229　单击“保存”按钮

> TIPS　用同样的方式可以设置VIP会员和至尊VIP会员。会员的升级模式与满足条件一旦设置，会员只升级不降级。

11 单击“客户列表”按钮，会显示店铺的会员，如图8-230所示。

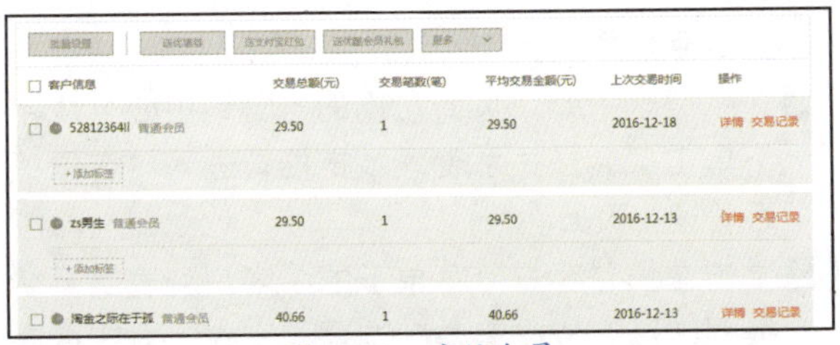

图8-230　店铺会员

> TIPS　设置完VIP折扣，并不意味着会员浏览商品就能看到VIP价格，商家可以自由选择参与VIP折扣的商品，因此请一定记得在发布商品信息时，选中“参与会员打折”单选按钮，如图8-231所示。

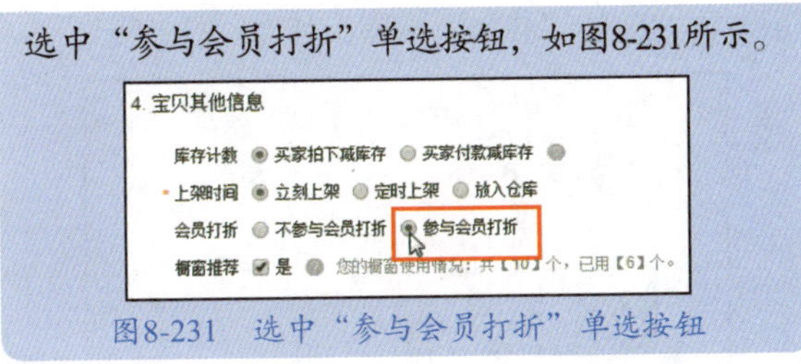

图8-231　选中“参与会员打折”单选按钮

8.5.3　设置淘宝VIP优惠甜点

淘宝VIP是指淘宝网会员，无论买家是不是店铺VIP，只要他是淘宝会员，都可享受淘宝会员优惠价。设置淘宝会员优惠价需参加“消费者保障服务”。

1. 设置淘宝VIP

01 进入“卖家中心”页面，单击“出售中的宝贝”链接，如图8-232所示。

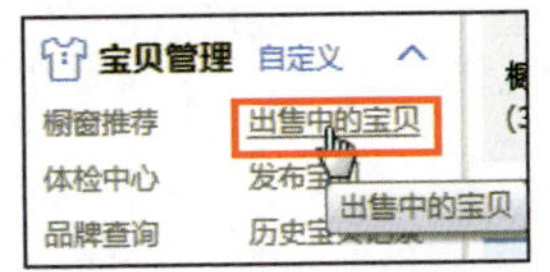

图8-232　单击“出售中的宝贝”链接

02 在宝贝列表中选中宝贝前的复选框，单击“设置淘宝VIP”按钮，如图8-233所示。

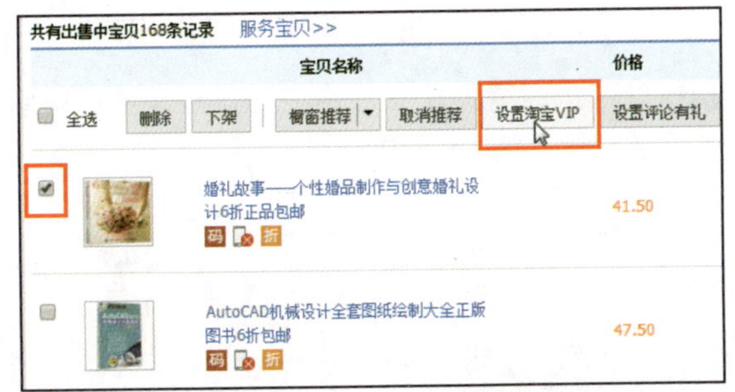

图8-233　单击“设置淘宝VIP”按钮

03 跳转页面，选择分类，单击“筛选”按钮筛选出相应分类的宝贝。

04 或在下面的列表中直接选择宝贝，设置不同VIP等级的折扣，如图8-234所示。

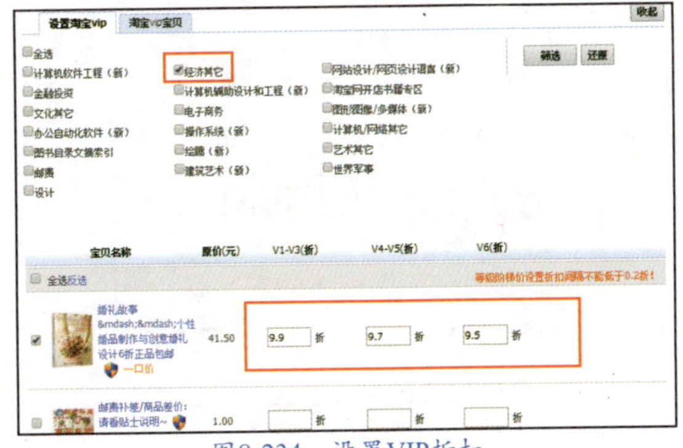

图8-234　设置VIP折扣

05 单击底部的“参加”按钮，如图8-235所示。

图8-235 单击“参加”按钮

> TIPS 设置V1~V3价必须是60天内设置的全网最低价，各等级之间折扣差不能低于0.5折。例如，如果设置V1~V3会员价为9.5折，那么V4~V5的会员价必须低于9折，V6的会员价必须低于8.5折，否则会有设置不成功的提示。

06 弹出对话框，单击“确定”按钮，如图8-236所示。

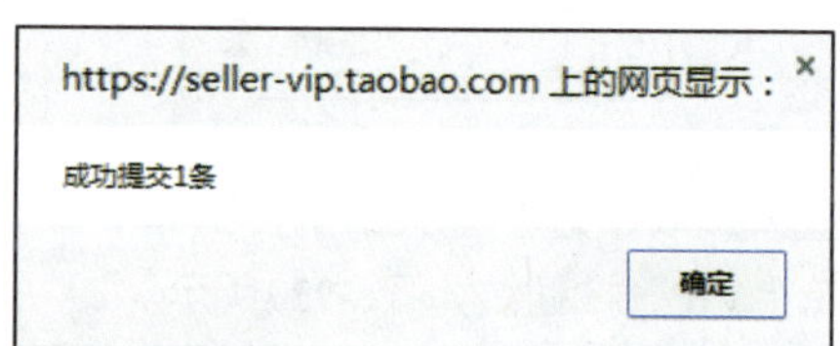

图8-236 单击“确定”按钮

07 打开宝贝详情页，在价格下方显示了会员等级及促销价，如图8-237所示。

图8-237 折后价格显示

2. 取消淘宝VIP宝贝

01 设置淘宝VIP宝贝后，在“出售中的宝贝”页面单击“淘宝VIP宝贝”链接，如图8-238所示。

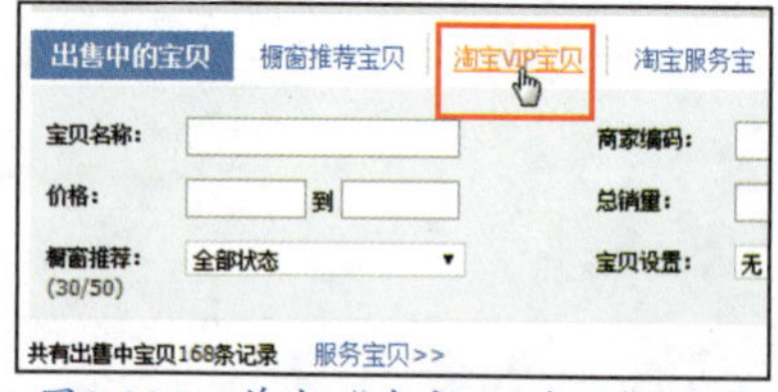

图8-238 单击“淘宝VIP宝贝”链接

02 在打开的页面中显示了设置淘宝VIP的宝贝。选择宝贝，单击右侧的“取消”按钮，如图8-239所示。

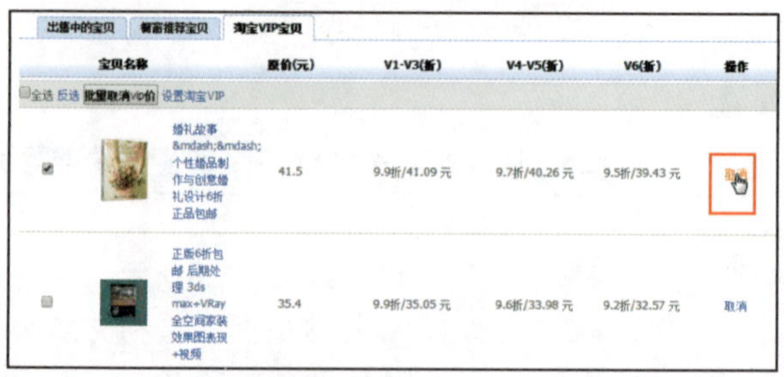

图8-239 单击“取消”按钮

03 在弹出的对话框中单击“确定”按钮，如图8-240所示。

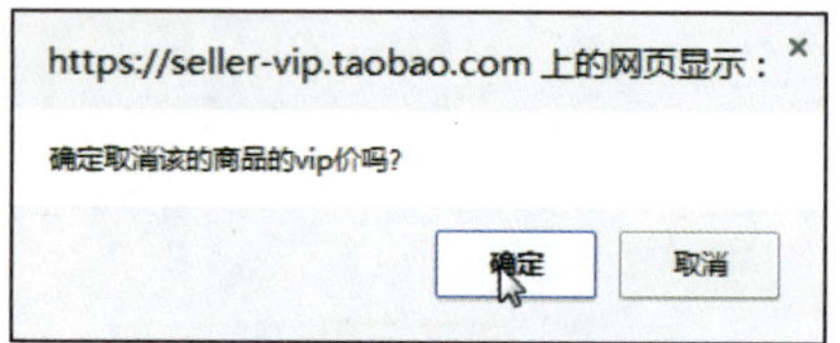

图8-240 提示对话框

04 弹出对话框，如图8-241所示，单击“确定”按钮即完成了VIP宝贝的取消设置。

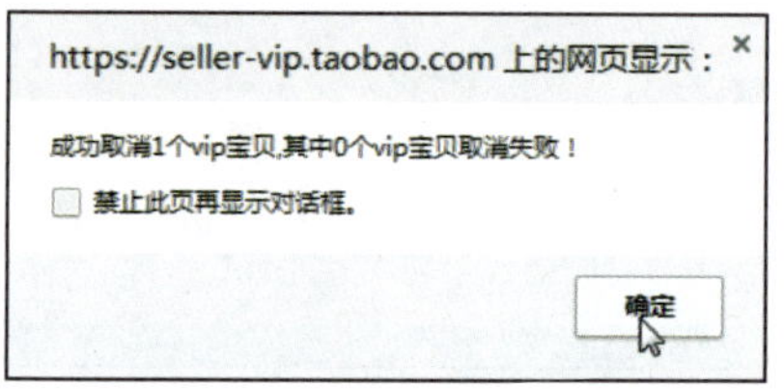

图8-241 单击“确定”按钮

8.5.4 礼券攻势“药不能停”

卖家向买家赠送优惠券、支付宝红包、优酷会员礼包、彩票、流量和淘话费等，可以吸引买家进店消费。

1. 店铺优惠券

01 在“卖家中心”页面左侧的“营销中心”应用下单击“会员关系管理”链接，进入“客户关系管理”页面。

02 单击左侧“客户”菜单下的“客户列表”，切换到“历史成交客户”选项卡，在下方选择客户，单击“送优惠券”按钮，如图8-242所示。

03 弹出对话框，单击“立即签约”按钮，如图8-243所示。

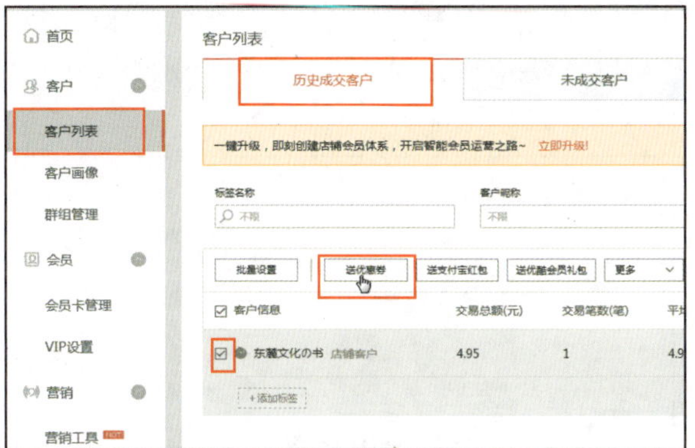
图8-242　单击相应按钮

图8-243　单击"立即签约"按钮

04 在优惠券订购页面选择订购周期，单击"立即订购"按钮，如图8-244所示。

图8-244　单击"立即订购"按钮

05 订购成功后，单击优惠券图标，开始使用优惠券服务，如图8-245所示。

图8-245　单击优惠券图标

06 进入"淘宝卡券"页面，有三类礼券可以立即创建，这里选择"店铺优惠券"，单击其下方的"立即创建"按钮，如图8-246所示。

图8-246　单击"立即创建"按钮

07 在弹出的新页面中填写店铺优惠券的基本信息和推广信息，最后单击"保存"按钮保存即可，如图8-247所示。

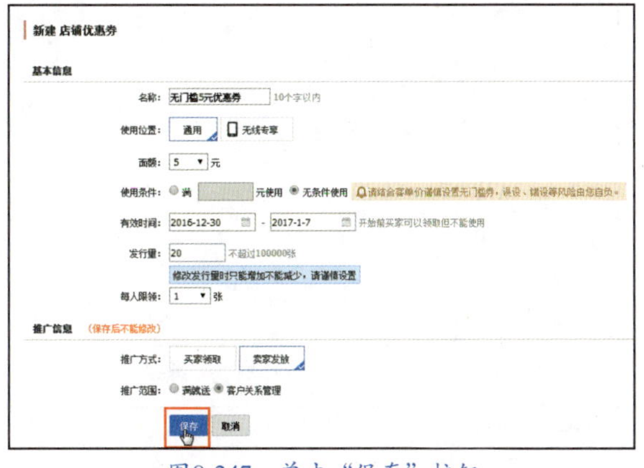
图8-247　单击"保存"按钮

2. 商品优惠券

01 使用同样的方法，可以创建商品优惠券。进入"卖家中心"，单击"营销中心"应用下的"促销管理"链接，如图8-248所示。

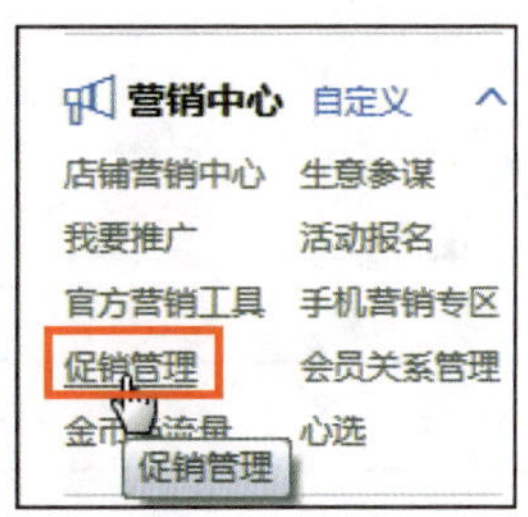

图8-248　单击"促销管理"链接

02 返回到"商家营销中心"页面，切换到"淘宝卡券"选项卡，在商品优惠券下单击"立即创建"按钮，如图8-249所示。

图8-249　单击"立即创建"按钮

03 在弹出的页面中填写优惠券的基本信息，并单击"选择商品"链接，如图8-250所示。

04 弹出选择商品页面，选中参加活动的宝贝前的复选框，并单击"确定"按钮，如图8-251所示。

05 继续填写商品优惠券的推广信息，并单击"保存"按钮保存即可，如图8-252所示。

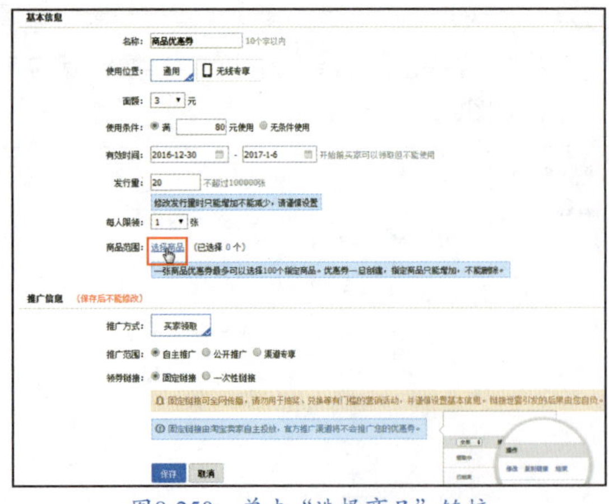

图8-250　单击“选择商品”链接

图8-251　单击“确定”按钮

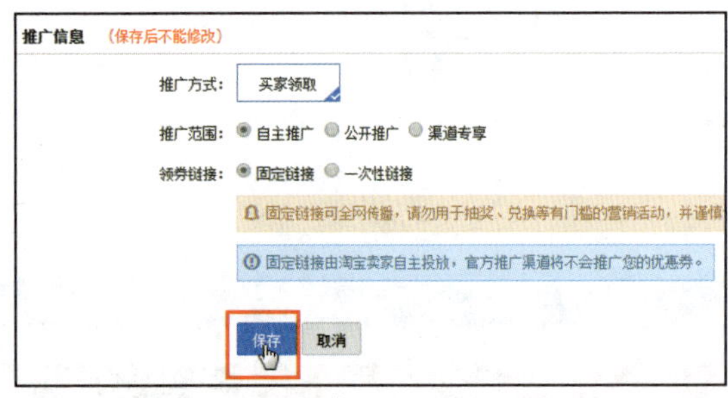

图8-252　单击“保存”按钮

3. 包邮券

01 返回到“商家营销中心”页面，切换到“淘宝卡券”选项卡，在包邮券下单击“立即创建”按钮，如图8-253所示。

图8-253　单击“立即创建”按钮

02 在打开的“新建包邮券”页面填写基本信息和推广信息，最后单击“保存”按钮保存即可，如图8-254所示。

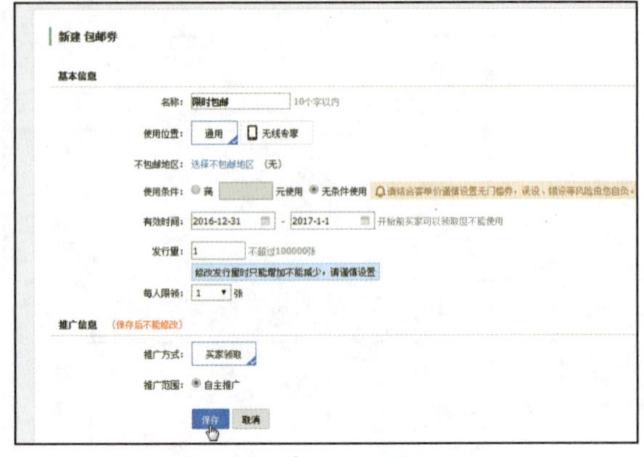

图8-254　单击“保存”按钮

8.5.5　好评有礼不可忽略

评价有礼是指对认真评价的买家给予奖励。这不仅能提高买家的主动评价率，还能提高买家的评价质量，以及提高新品的首次评价，让新买家购买新品不再犹豫。

01 在“出售中的宝贝”列表中勾选宝贝前面的复选框，单击“设置评论有礼”按钮，如图8-255所示。

图8-255　单击“设置评论有礼”按钮

02 在跳转的页面中单击“同意以下协议，免费开通”按钮，如图8-256所示。

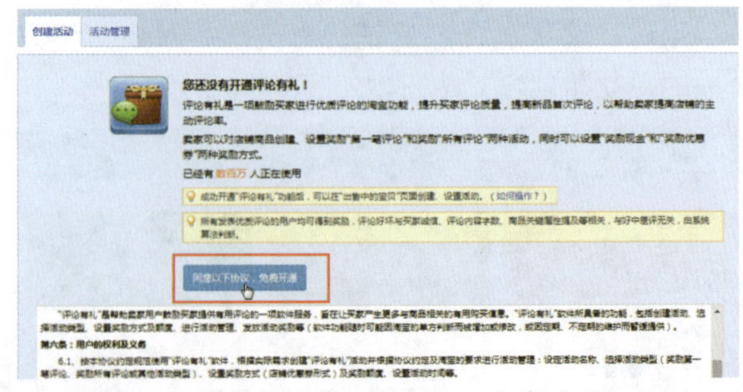

图8-256　单击“同意以下协议，免费开通”按钮

03 进入评论有礼页面，单击“下一步，设置活

动”按钮，如图8-257所示。

图8-257 单击“下一步，设置活动”按钮

04 设置活动名称、活动类型、截止日期与奖励方式，单击“确认”按钮即可，如图8-258所示。

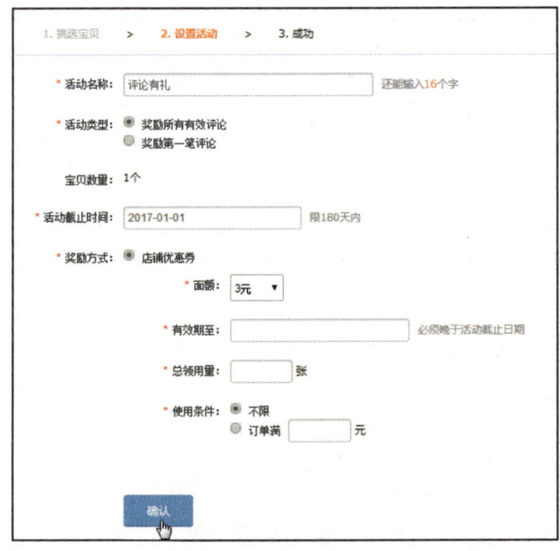

图8-258 单击“确认”按钮

8.6 还有哪些需要知晓

对于运营的基础知识，除了前面所讲的管理、SEO优化、宝贝优化、店铺优化、发展回头客等策略外，还包括消费者保障服务、商家保障、查看经营成绩等相关知识。

8.6.1 如何加入消费者保障服务

消费者保障服务鼓励卖家以服务制胜，以个性化、多样化的服务给消费者提供更好的选择，让消费者能了解到除商品之外的更多重要服务承诺，从而使消费者在购物过程中能放心购买、快速下单，并且售后处理也更有保障。

01 在“卖家中心”页面单击“客户服务”下的“消费者保障服务”链接，如图8-259所示。

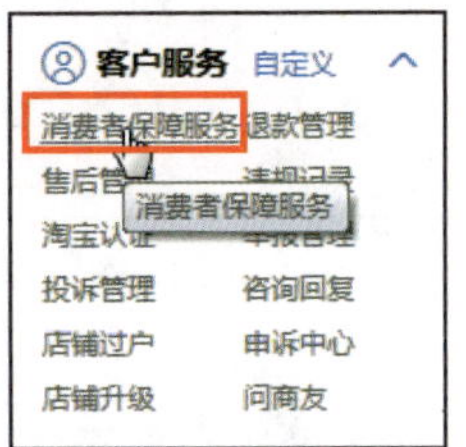

图8-259 单击“消费者保障服务”链接

02 在消费者保障服务页面切换到“消费者保障服务”选项卡，如图8-260所示。

图8-260 切换到“消费者保障服务”选项卡

03 在下方显示了12种服务，如图8-261所示。一般可以在所在服务下直接单击“加入”按钮加入，如图8-262所示。

图8-261 显示了12种服务

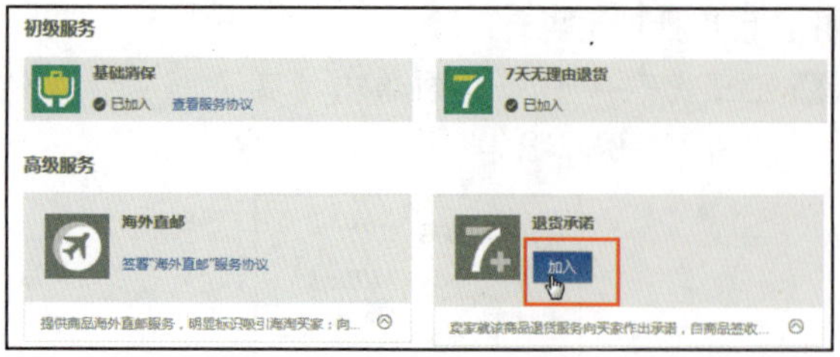

图8-262　单击“加入”按钮

1. 初级服务

初级服务是淘宝开店必须签署的服务，开店成功则默认开通，包括基础消保和七天无理由退货。

2. 高级服务

高级服务不是开店必须签署的服务，但是有了这些服务可以为消费者提供更多消费保障，让买家对店铺和商品增添信任感和亲和力。目前消费者保障服务的高级服务包括海外直邮、退货承诺、卖家包税、免费送装、免费换新、卖家运费险、破损补寄、一对一、15天未学退和品质承诺等。其中淘宝正在优化品质承诺服务，暂时停止加入，优化完成后会再次开启入口。

8.6.2　商家保障维护自身利益

商家保障包括放心淘、天猫交易保障险、天猫大件售后保障险、运动健身意外险、天猫大家电大件运费险、商品质量保证险、保证金计划及卖家运费险。

01 在“卖家中心”页面单击“店铺管理”应用下的“商家保障”链接，如图8-263所示。

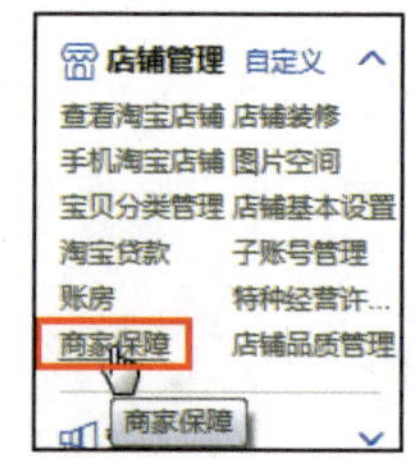

图8-263　单击“商家保障”链接

02 在右侧界面中显示了多种保障，如“放心淘”“天猫交易保障险”“天猫大件售后保障险”等，如图8-264所示。

03 单击相应选项后的三角按钮，如图8-265所示。

04 可以展开具体内容，包括收费标准和保障范围等，单击“立即加入”按钮，如图8-266所示。

图8-264　显示了多种保障

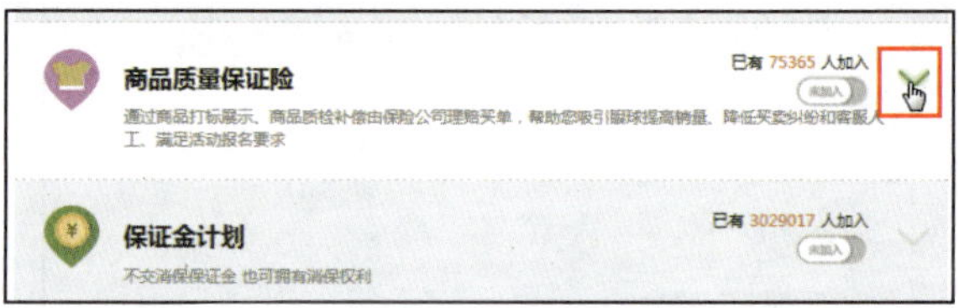

图8-265　单击三角按钮

图8-266　单击“立即加入”按钮

05 进入相应的页面，根据提示操作即可。

8.6.3　定期查看经营业绩调整策略

店铺经营状况如何，优化是否有成效，该如何得知？下面介绍查看店铺经营业绩的几种方法。

1. 金牌卖家

“金牌卖家”是对一段时间内成交量多、服务好和口碑好的卖家的一种激励手段，淘宝运用数据，通过给卖家打标的方式完成。“金牌卖家”采用系统打标方式，系统会对符合标准的卖家自动审核打标，不需要申请。

获得“金牌卖家”资质后，卖家可获得流量加权、资金支持、异常评价自检、专属活动展现、学习提升、PC与无线标识的多场景展现等特殊权益。图8-267所示为“金牌卖家”的搜索页和详情页展现。

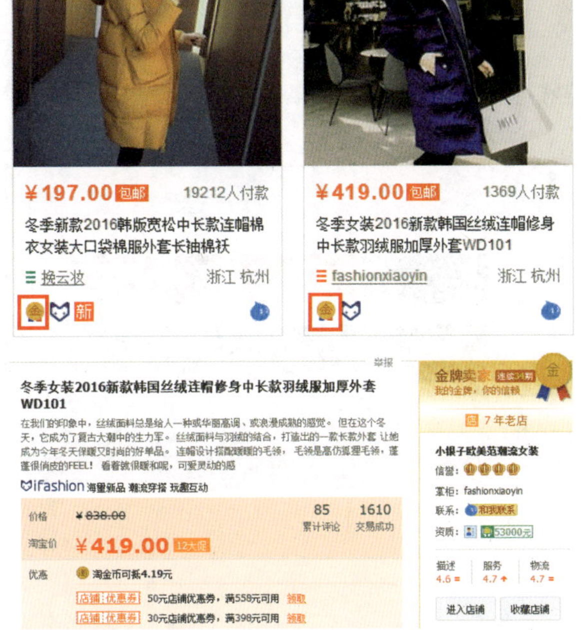

图8-267 “金牌卖家”的搜索页和详情页展现

01 进入“卖家中心”页面，在“经营概况”中的“金牌卖家”模块中可以看到是否为金牌卖家。这里显示尚未通过金牌卖家考核，单击上方的“点击查看”链接，如图8-268所示。

图8-268 单击相应链接

02 跳转到“我的金牌”页面，在下方的检测数据中，显示为红×的表示未达标的项目，标记☹代表仍需要努力的项目，如图8-269所示。

图8-269 显示数据

2. 生意参谋

生意参谋是淘宝卖家开店做生意和数据化经营的参谋平台，涵盖实时直播、经营分析、市场行情、自取数据、专题工具和数据学院等功能。

01 进入“卖家中心”页面，单击“卖家地图”菜单下的“营销&数据管理”，在其下拉列表中单击“生意参谋”链接，如图8-270所示。

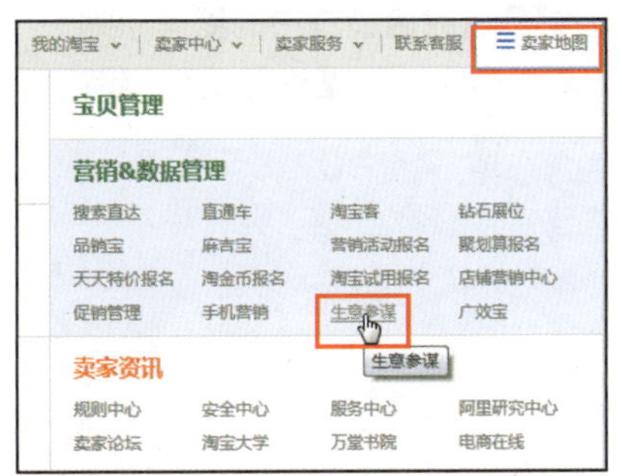

图8-270 单击“生意参谋”链接

02 打开“生意参谋”页面，如图8-271所示。首页显示了实时指标和核心指标，可以查看访客数、浏览量、买家数和支付转化率等数据。

图8-271 “生意参谋”页面

03 通过切换选项查看需要的数据，单击“经营分析”选项，则可以查看流量分析、商品分析、交易分析、服务质量以及物流分析等数据，如图8-272所示。

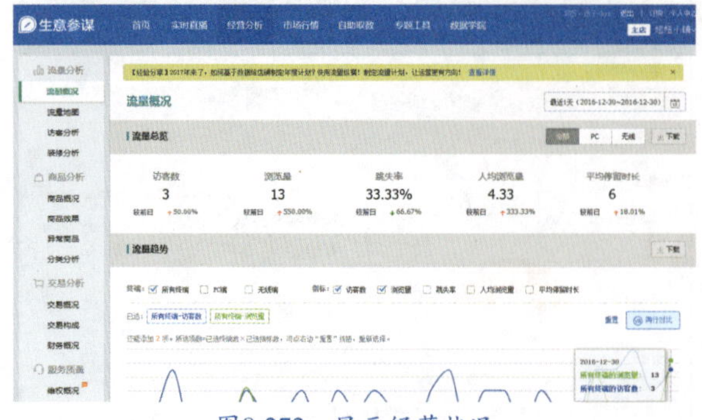

图8-272　显示经营状况

8.6.4　店铺过户这样弄

目前店铺过户支持的过户类型有离婚（协议离婚或判决离婚）、死亡继承。

1. 因离婚造成店铺过户的受理原则

淘宝将以事实为依据进行受理，例如，过户申请人需要提供离婚证、财产分割公证书。

2. 因继承造成店铺过户的受理原则

淘宝将以事实为依据进行受理，例如，过户申请人需要提供被继承人死亡证明、经过公证的遗嘱或提供遗产分割协议公证书。

01 进入“卖家中心”页面，单击“客户服务”中的“店铺过户”链接，如图8-273所示。

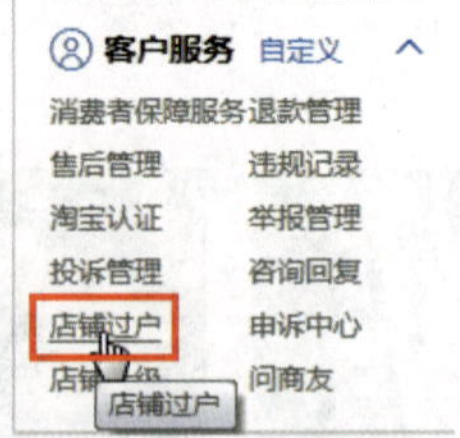

图8-273　单击“店铺过户”链接

02 在打开的页面中按步骤进行过户处理，如图8-274所示。

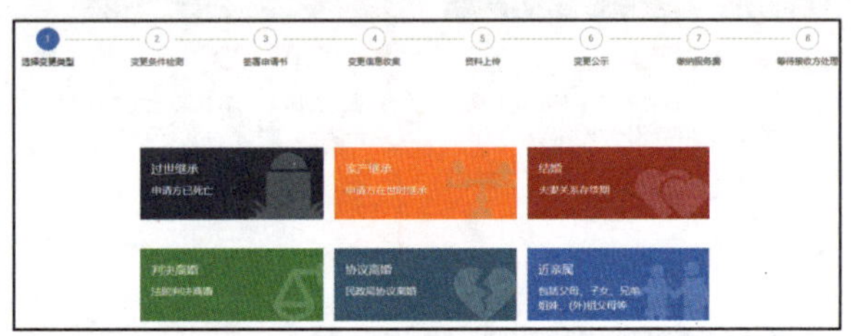

图8-274　店铺过户

店铺过户需要收取190元的店铺过户服务费。

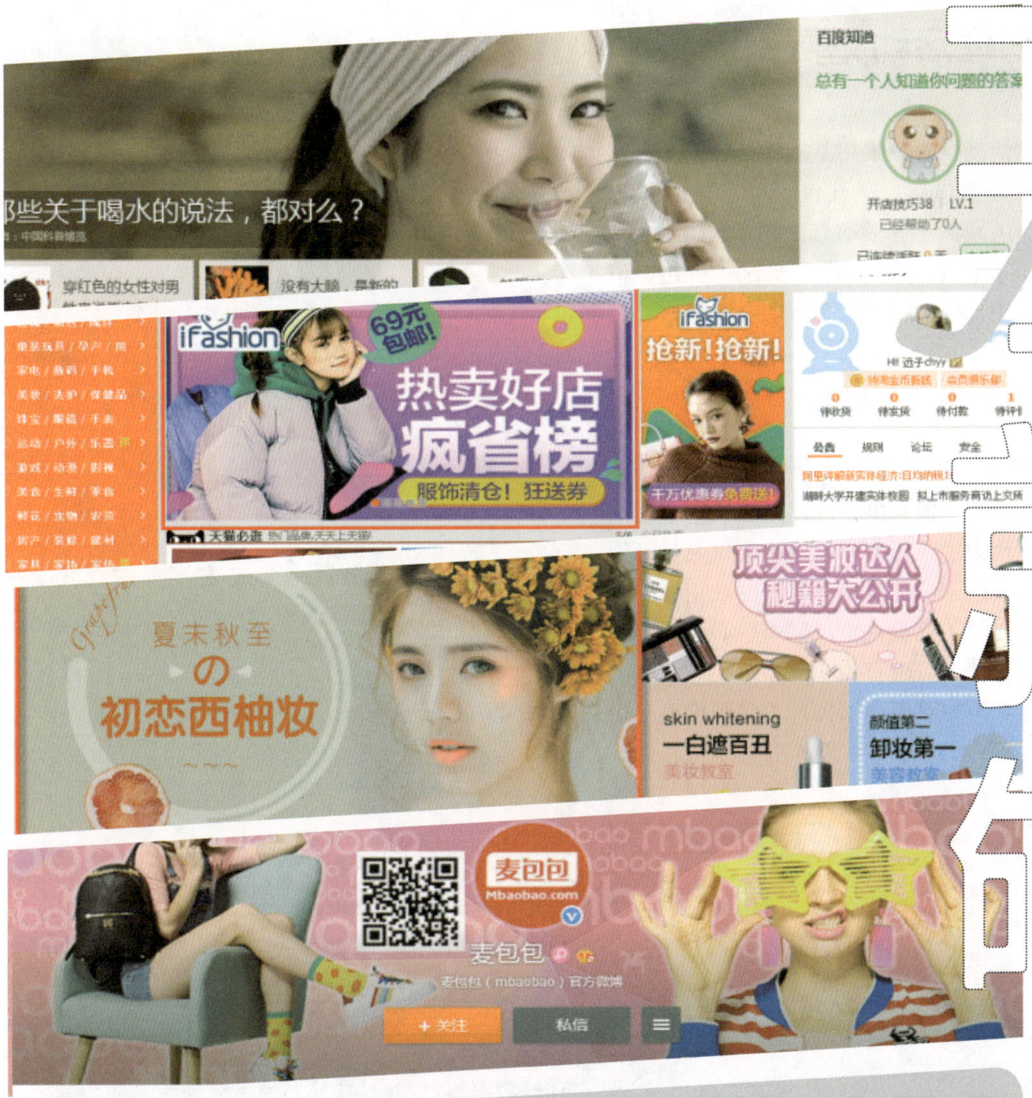

第9章 活动策划，做好营销与推广

随着美化与经营工作的日趋完善，接下来就要将重心放在如何推广方面了。正如我们所看到的，店铺的视觉效果已经足够精美，员工与客服的位置已安放妥当，宝贝们也以最完美的姿态整装待发，可是店铺的点击率依然很低，所以推广的任务迫在眉睫，做好本章所述的工作，可以让店铺流量快速往上涨。

9.1 创建活动免费引流

应用创建活动来进行推广是店铺营销的一种常用方法。参与免费试用、送红包、买家秀/投票、创建引流宝、满减满送等活动会让你有意想不到的收获。让人欣喜的曝光率，就藏在这些折扣、清仓、聚划算、天天特价等优惠活动之中。

9.1.1 免费试用中心

淘宝网的大量用户或新手用户，对于一些陌生品牌或产品，持保留态度，因此淘宝试用应运而生。试用中心聚集了上百万份试用机会以及亿万消费者对各类商品最全面、真实、客观的试用体验报告，为消费者提供了购买决策。试用中心作为集用户营销、活动营销、口碑营销和商品营销为一体的营销导购平台，为数百万商家提升了品牌价值与影响力。如图9-1所示，显示免费试用的商家利益、流程与报名条件。

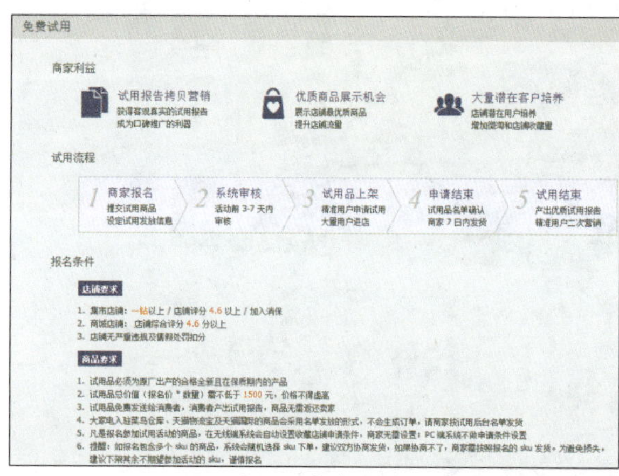

图9-1 免费试用

01 进入“卖家中心”页面，单击“营销中心”应用下的“店铺营销中心”链接，如图9-2所示。

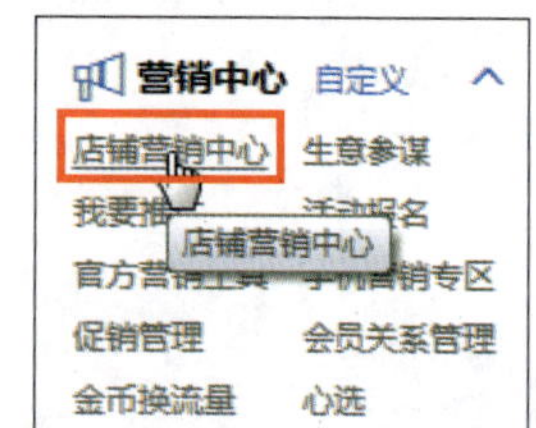

图9-2 单击“店铺营销中心”链接

02 在打开的页面中单击“品牌活动”下的“试用中心”图标，如图9-3所示。

图9-3 单击“试用中心”图标

03 在跳转的页面中，单击“免费试用”右侧的“报名免费试用”按钮，如图9-4所示。

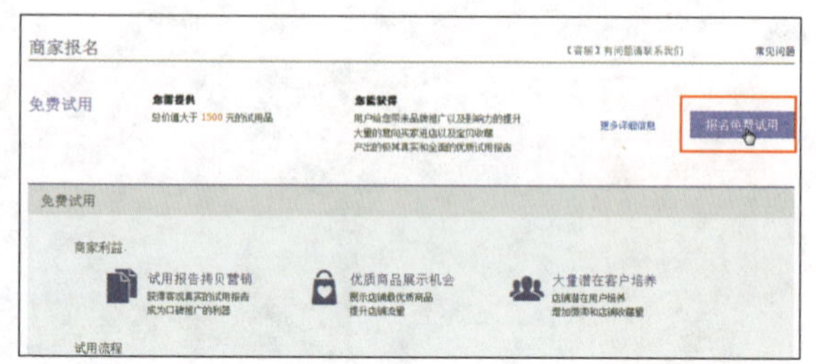

图9-4 单击“报名免费试用”按钮

04 根据流程选择排期，单击右下角的“我要报名”按钮，如图9-5所示。

图9-5 单击“我要报名”按钮

05 填写信息，等待审核，通过后即报名成功。

9.1.2 收藏送红包

“收藏送红包”是发送给收藏本店或收藏本店宝贝的用户的店铺红包。收藏送红包不仅能刺激新收藏的用户立即转化购买，还能转化长期只收藏不购买的用户，带来源源不断的新订单。

01 进入“卖家中心”页面，单击“营销中心”应用下的“店铺营销中心”链接，如图9-6所示。

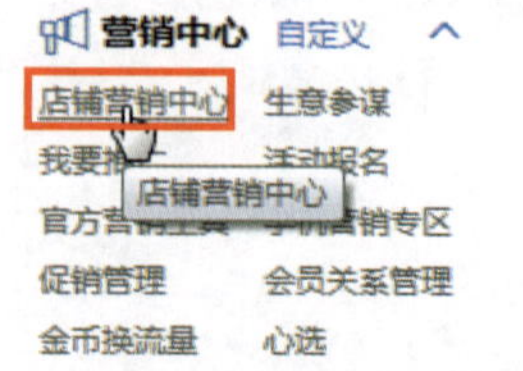

图9-6 单击“店铺营销中心”按钮

02 进入“商家自营销中心”页面，在右侧“热门营销工具”下单击“分享”图标，如图9-7所示。

图9-7 单击“分享”图标

03 进入“营销中心”页面，单击左侧“创建活动”链接，如图9-8所示。

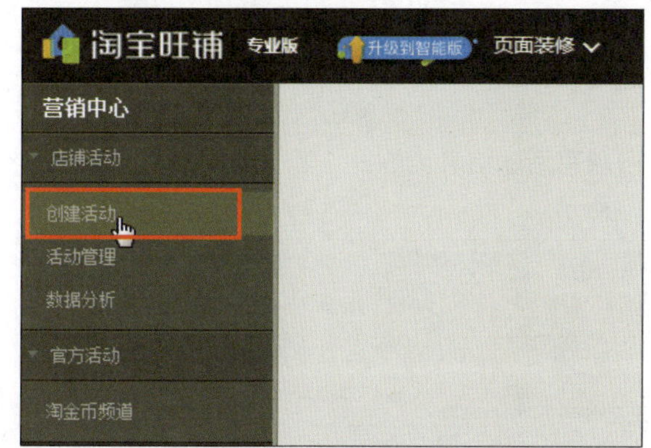

图9-8 单击“创建活动”链接

04 再次单击“创建活动”链接，如图9-9所示。

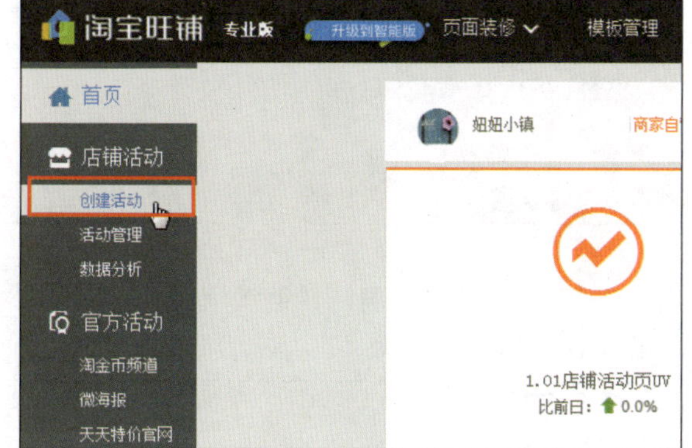

图9-9 再次单击“创建活动”链接

05 进入“创建活动”页面，在上方单击“收藏送红包”按钮，再在下方单击“创建活动”按钮，如图9-10所示。

06 填写信息，包括活动名称、活动时间、红包金额、发放数量等信息，在“买家领取条件”中勾选“收藏店铺”复选框，并勾选“我同意《店铺红包规则》”复选框，如图9-11所示，最后单击“确定并保存”按钮。

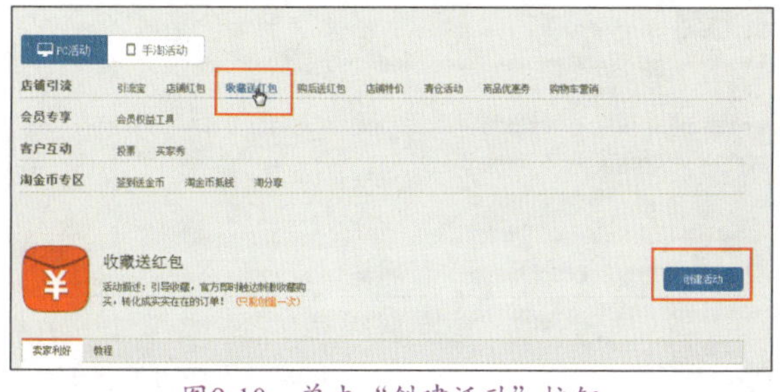

图9-10 单击“创建活动”按钮

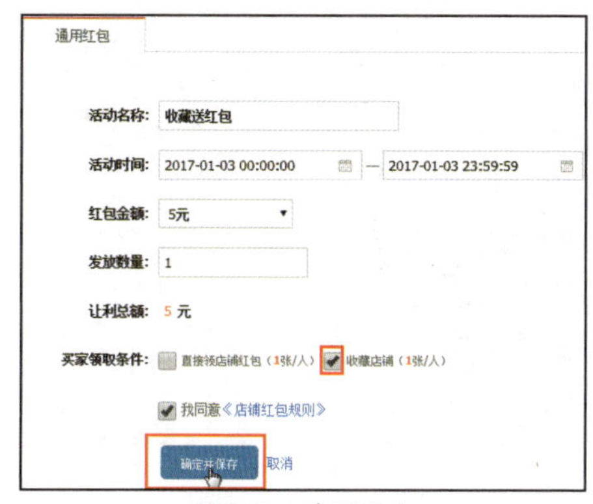

图9-11 填写信息

07 弹出发布提醒对话框，单击“确定”按钮，如图9-12所示。店铺通用红包即创建成功。

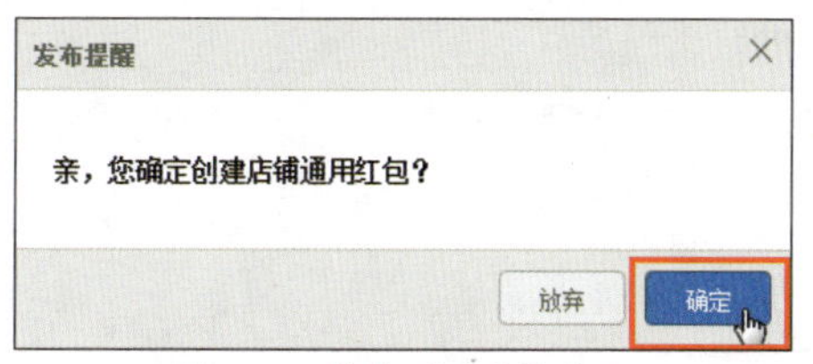

图9-12 单击“确定”按钮

9.1.3 客户互动引流

客户互动活动包括“投票”和“买家秀”两种，通过互动活动可以带来大量流量。

* 投票：通过图文投票、文字投票及宝贝投票3种投票方式让买家互动，从而引来更多流量。
* 买家秀：通过创建活动设立奖项，激发买家兴趣，晒出照片来参与秀搭配、秀新品的趣味互动。

这两种活动的创建方法类似，下面以“投票”为例讲解如何创建。

01 根据前一小节的例子，进入“创建活动”页面，在“投票”选项右侧单击“创建活动”按钮，如图9-13所示。

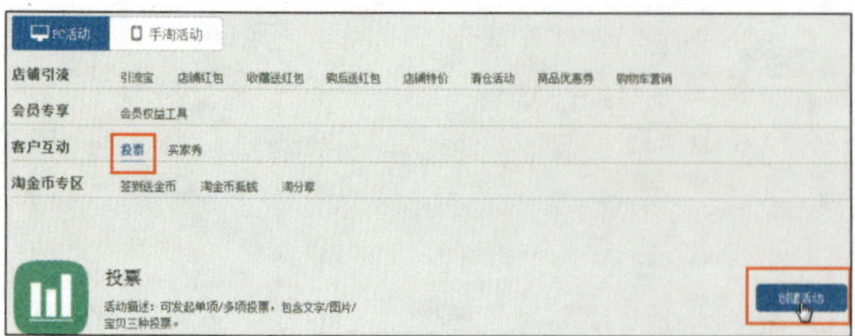

图9-13　单击“创建活动”按钮

02 填写信息，单击“下一步”按钮，如图9-14所示。

图9-14　单击“下一步”按钮

03 设置投票方式等活动内容，如图9-15所示，单击“下一步”按钮。

图9-15　单击“下一步”按钮

04 在下一个页面中单击“发布”按钮即可创建成功。

9.1.4　创建“引流宝”

引流宝是官方推荐的站内、站外引流利器，创建活动即有机会在主搜、微海报、行业频道等地方展示，带来的高曝光率不可小觑。

01 进入“创建活动”页面，在上方单击“引流宝”选项，在下方单击“创建活动”按钮，如图9-16所示。

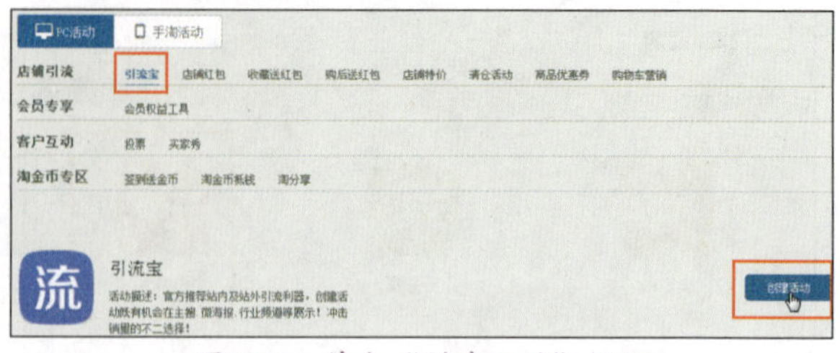

图9-16　单击“创建活动”按钮

02 单击“新建”图标，如图9-17所示。

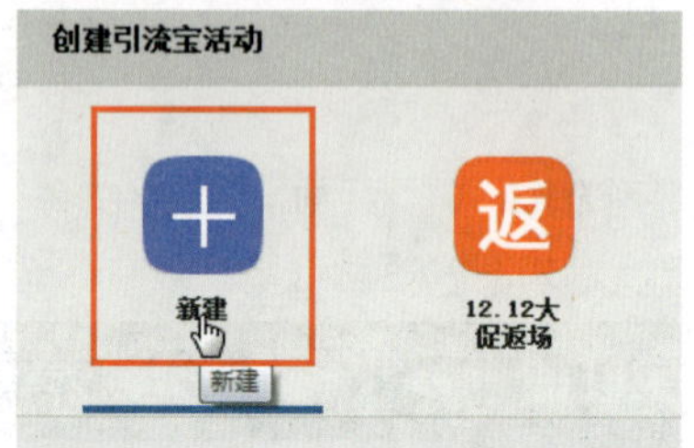

图9-17　单击“新建”图标

03 填写活动信息，单击“下一步”按钮，如图9-18所示。

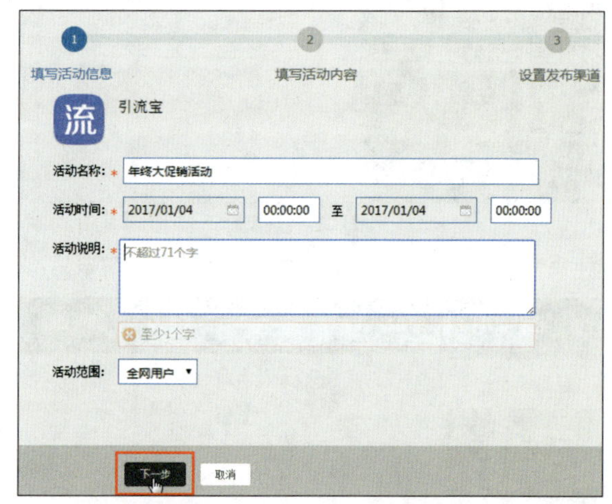

图9-18　单击“下一步”按钮

04 选择商品并单击“确认并继续填写”按钮，如图9-19所示。

图9-19　单击“确认并继续填写”按钮

05 设置好活动价格后，单击“保存并下一步”按钮，如图9-20所示。根据提示完成操作即可。

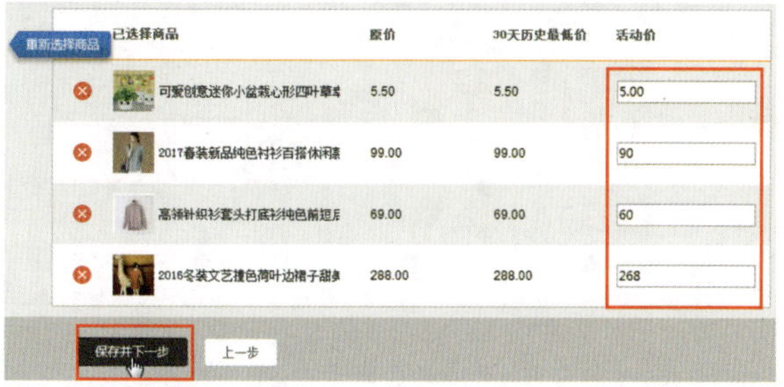

图9-20　单击“保存并下一步”按钮

> TIPS 参加引流宝活动的商品必须是包邮商品，并且30天销量数大于1，活动价格不高于30天历史最低价。一个引流宝活动内的商品必须大于4且少于50个。

9.1.5　清仓活动

清仓活动一般是指在换季的档口或因为场地搬迁或某些商品长时间库存量较多的情况下，由卖家自主发起的活动。对于新开张的店铺一般不能进行清仓活动，清仓活动的规则内容：店铺开张时长大于等于90天，店铺星级标准大于等于5钻。

进入“创建活动”页面，在上方选择“清仓活动”选项，在下方单击“创建活动”按钮，如图9-21所示。根据提示完成活动创建即可。

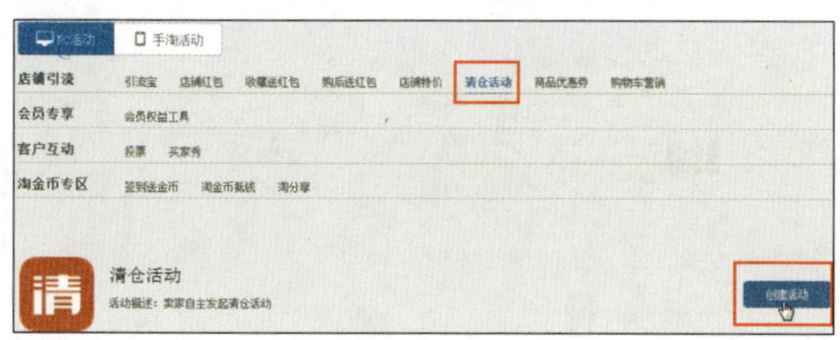

图9-21　单击“创建活动”按钮

9.1.6　关联式营销

关联式营销是指在一个宝贝页面中出现其他产品的点击入口，或者在一个店铺中出现其他风格类似店铺的推荐。在实际操作过程中，比如我们常看到的“掌柜推荐”“同类热销宝贝”“看了该宝贝的人还看了”“邻家好货”等都属于关联式营销，那么如何设置“搭配套餐”来实现另一种关联式营销呢？

搭配套餐是指将几种商品组合设置成套餐来销售，一般而言，套餐价比原价更低，如图9-22所示。

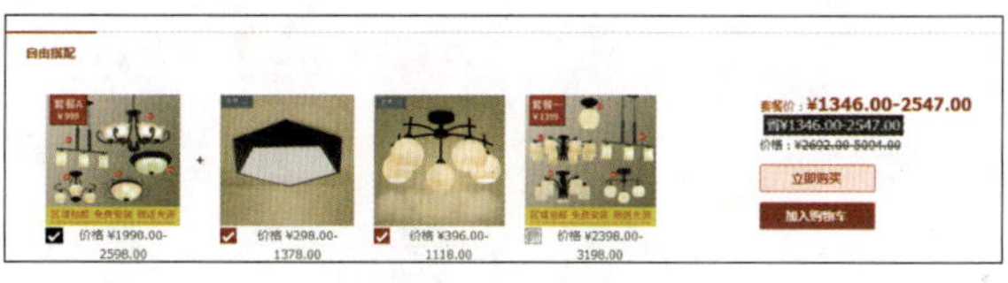

图9-22　自由搭配

使用“搭配套餐”的优点如下。

利用搭配套餐让订单量和店铺人气双重增加，事半功倍。

用搭配套餐组合商品的价格优势，让更多进店的人购买店铺商品。

将搭配套餐用于店铺推广，进而提高整体交易额。

用来做搭配套餐的商品也不是随意组合的，一般选择关联产品时有互补关联、替代关联和潜在关联几种做法。

互补关联强调的是搭配的商品要和主推商品有关联性，如衣服+裤子+帽子搭配；水+乳液+面霜搭配；美白面膜+保湿面膜搭配等。

替代关联是指主推商品和搭配商品之间可以完全替代，如同色系、同风格的衣服搭配。

潜在关联强调的是一种潜在互补性，例如，主推商品是泳衣，潜在关联的商品可以是防晒霜，这种搭配方式比较适合多类目店铺；各种不同的零食也可以搭配起来以帮助节省邮费等。

搭配套餐是收费的工具，下面介绍订购方法。

01 进入“卖家中心”页面，单击“营销中心”应用下的“店铺营销中心”按钮，如图9-23所示。

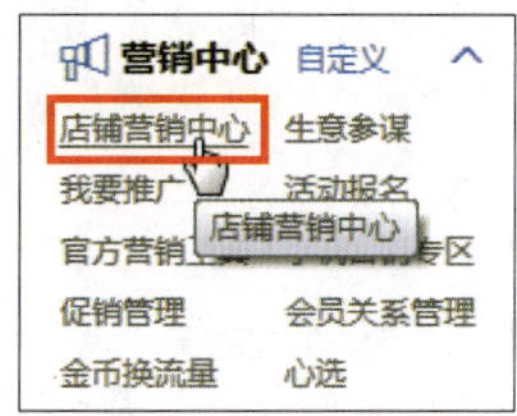

图9-23　单击“店铺营销中心”链接

02 在右侧单击“搭配套餐”图标，如图9-24所示。

03 在打开的页面中单击“马上订购”按钮，如图9-25所示。

04 进入“搭配套餐”订购页面，选择周期，单击“立即订购”按钮，如图9-26所示。

图9-24　单击"搭配套餐"图标

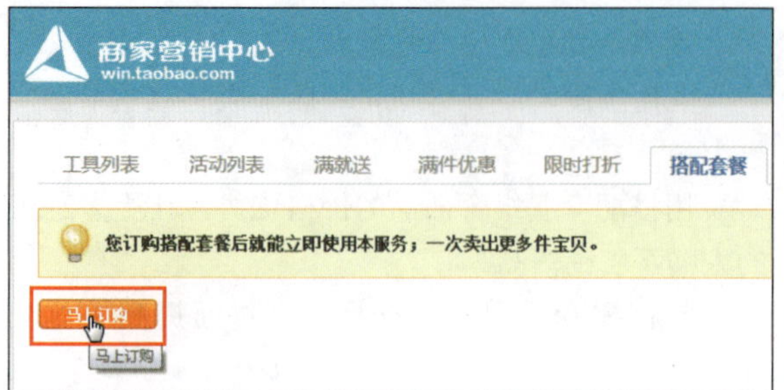
图9-25　单击"马上订购"按钮

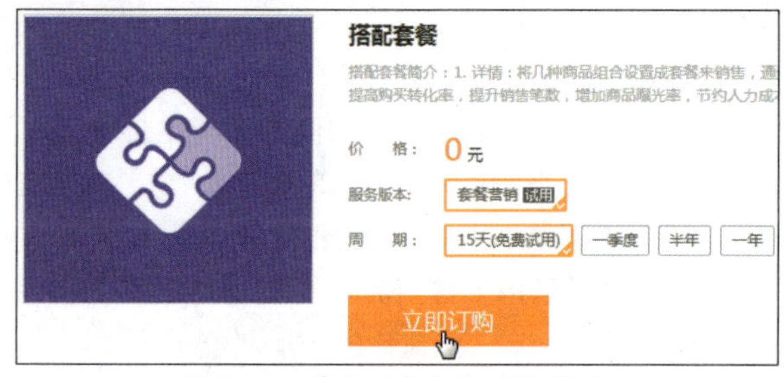
图9-26　单击"立即订购"页面

9.1.7　买减满送活动

买减满送活动是指买立减和满就送活动。其中买立减是指买家拍下宝贝后，自动减价的活动。满就送活动主要包括满就减、满就送礼、满就包邮、满就送优惠券、满就换购商品、满就送音乐礼包、满就送精品在线课程、满就送流量和满就送淘宝电影代金券。

1. 买立减

01 在"卖家中心"页面单击"营销中心"应用下的"会员关系管理"链接，如图9-27所示。

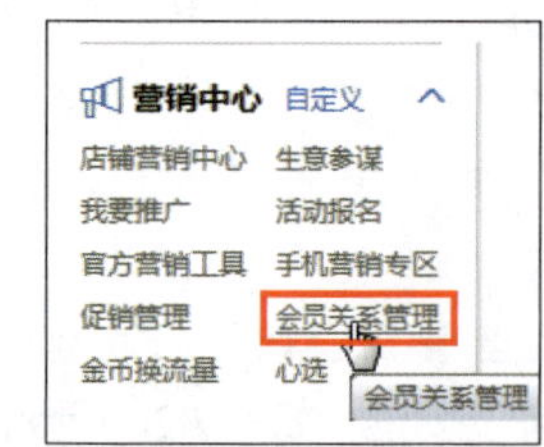
图9-27　单击"会员关系管理"链接

02 在左侧选择"营销工具"选项，并单击右侧的"减现"按钮，如图9-28所示。

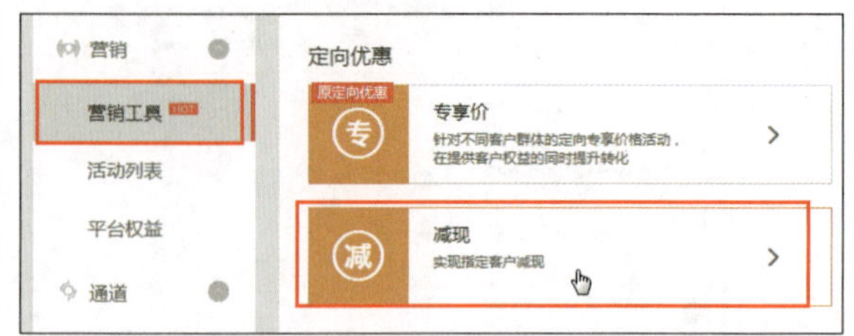
图9-28　单击"减现"按钮

03 选择活动对象，并单击"下一步"按钮，如图9-29所示。

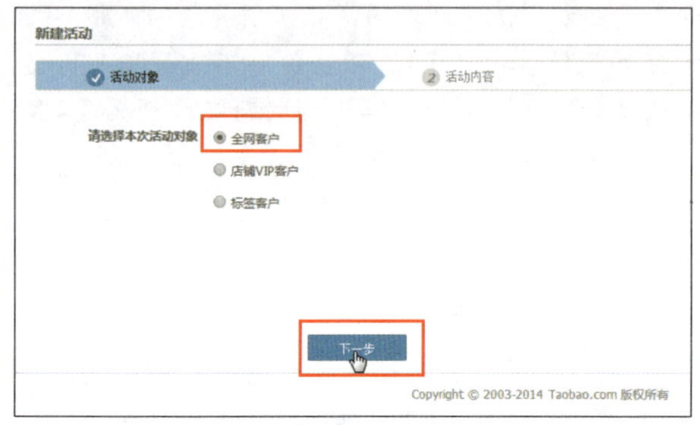
图9-29　单击"下一步"按钮

04 在页面中填写相关活动内容，单击"确定提交"按钮，如图9-30所示。

图9-30　单击"确定提交"按钮

05 弹出对话框，单击"确认"按钮，如图9-31所示。

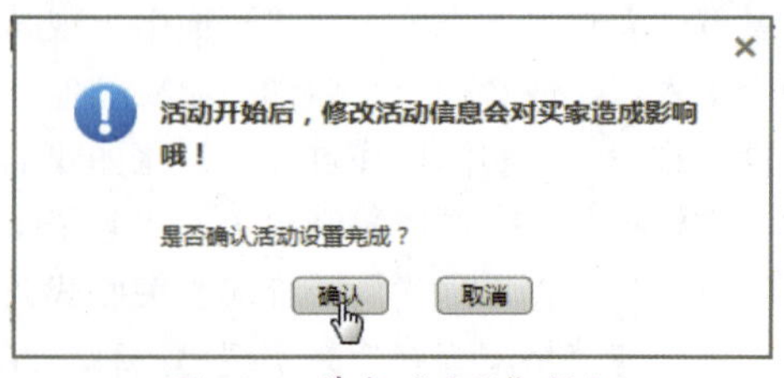
图9-31　单击"确认"按钮

06 活动创建成功，如图9-32所示。

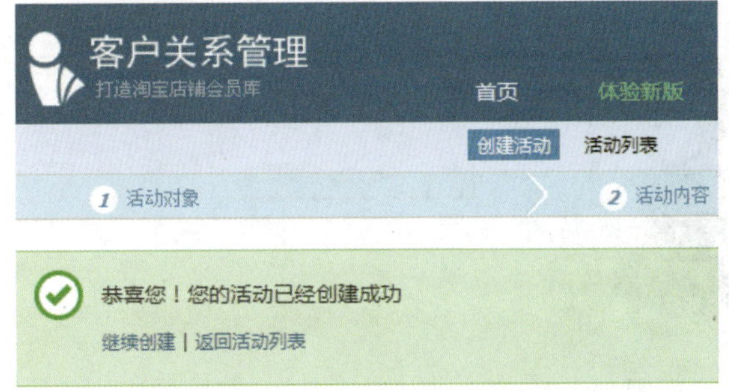

图9-32 活动创建成功

07 打开店铺的宝贝，查看活动，如图9-33所示。

图9-33 查看活动

2.满就送

01 进入“卖家中心”页面，单击左侧的“营销中心”应用下的“店铺营销中心”链接，如图9-34所示。

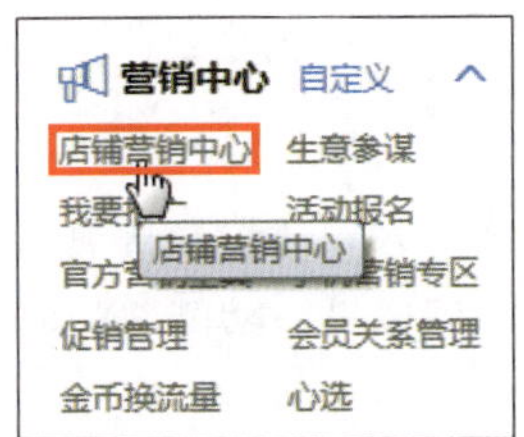

图9-34 单击“店铺营销中心”链接

02 进入“店铺营销中心”页面，单击右侧的“满就送”图标，如图9-35所示。

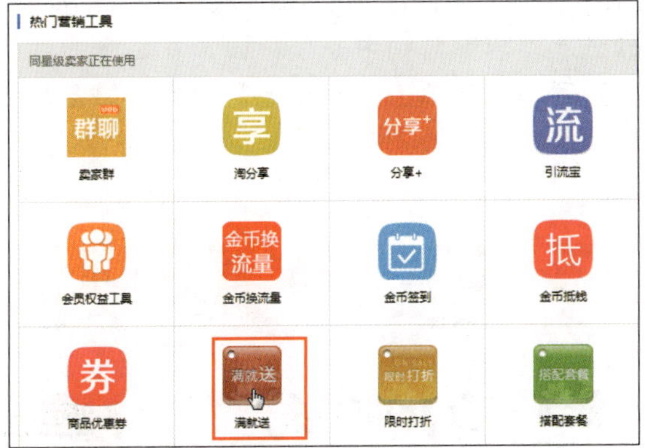

图9-35 单击“满就送”图标

03 在跳转的页面中单击“马上订购”按钮，如图9-36所示。

图9-36 单击“马上订购”按钮

04 选择订购周期，单击“立即订购”按钮，如图9-37所示。

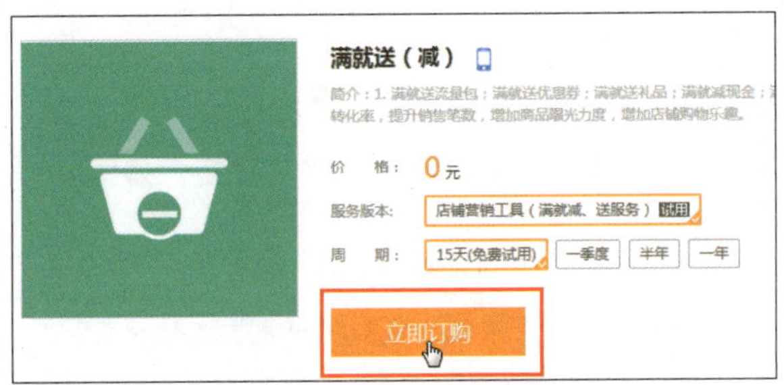

图9-37 单击“立即订购”按钮

05 订购成功后，可按照页面提示完成活动创建。

9.1.8 限时折扣

限时打折是对商品进行限制打折的活动，在设置的时间段内，商品以活动价来出售。

01 进入“卖家中心”页面，单击左侧“营销中心”应用下的“会员关系管理”链接，如图9-38所示。

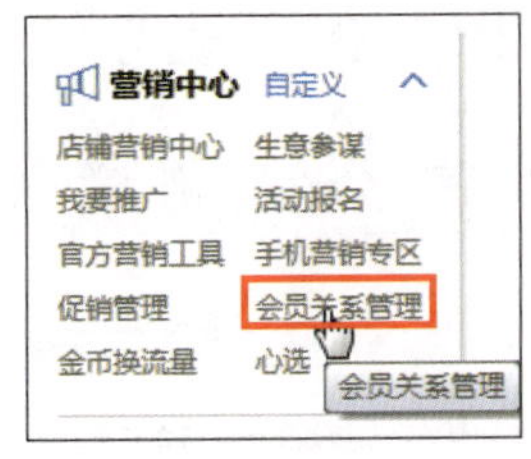

图9-38 单击“会员关系管理”链接

02 选择左侧的“营销工具”选项，在右侧单击“打折”按钮，如图9-39所示。

03 在跳转的页面中选择活动对象，单击“下一步”按钮，如图9-40所示。

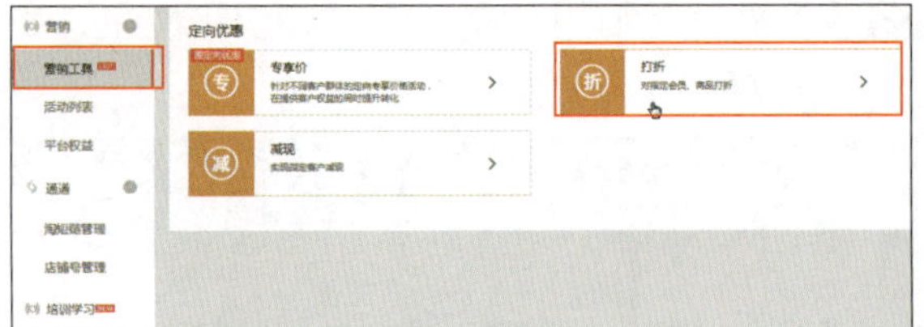

图9-39　单击“打折”按钮

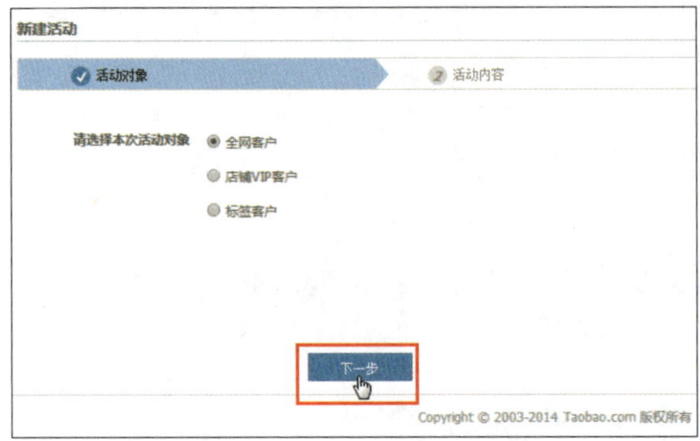

图9-40　单击“下一步”按钮

04 填写信息，单击“确定提交”按钮，如图9-41所示。

图9-41　单击“确定提交”按钮

05 弹出提示对话框，单击“确认”按钮，如图9-42所示。

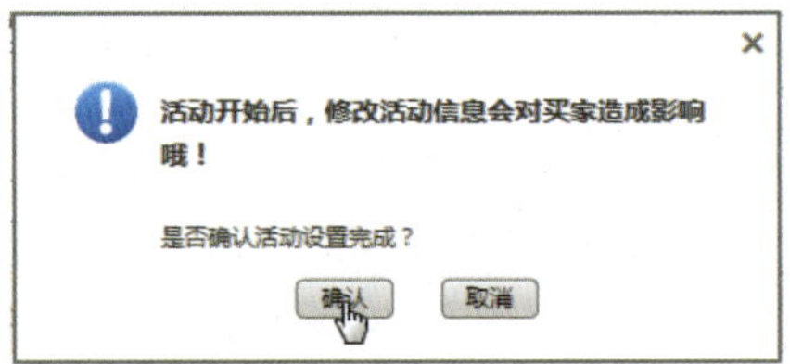

图9-42　单击“确认”按钮

06 活动创建成功后，在宝贝页面查看效果，如图9-43所示。由图可见，这里设置的促销标签为“限时打折”。

图9-43　查看效果

TIPS　活动开始后不能对活动进行编辑，但是可以删除。在“活动列表”中的活动右侧单击“删除”按即可，如图9-44所示。

图9-44　单击“删除”按钮

9.1.9　聚划算与天天特价

聚划算团购与天天特价是目前比较流行的商品活动，参与此两项优惠活动的商品能在短时间内带来大批用户。

1. 聚划算

淘宝聚划算是阿里巴巴旗下的团购网站，由淘宝网官方开发平台，并由淘宝网官方组织的一种线上团购形式，在聚划算报名需收取一定的费用。

01 进入“店铺营销中心”页面，在右侧的“品牌活动”下单击“聚划算”图标，如图9-45所示。

图9-45　单击“聚划算”图标

02 进入聚划算报名首页，单击“我要报名”按钮，如图9-46所示。

图9-46 单击“我要报名”按钮

03 根据页面提示完成报名。

2. 天天特价

天天特价定位为淘宝网小卖家扶持平台，专门扶持有特色货品、独立资源和有一定经营潜力的小卖家，为小卖家提供流量增长、营销成长等方面的支持。其推广商品致力于疯狂促销、应季精品、服务保障三个卖点。为买家提供物美价廉的商品是天天特价的核心价值之一。

01 进入“店铺营销中心”页面，在右侧的“品牌活动”下单击“天天特价”图标，如图9-47所示。

图9-47 单击“天天特价”图标

02 单击右上角的“我要报名”按钮，如图9-48所示。

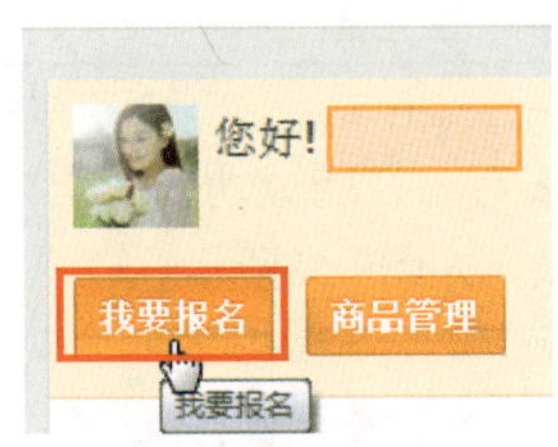

图9-48 单击“我要报名”按钮

03 进入“商家报名”页面，选择日期，如图9-49所示。

04 在右侧选择日常活动或主题活动报名，单击“立即报名”按钮，如图9-50所示。

05 弹出活动说明页面，单击下方的“我要报名”按钮，如图9-51所示。

06 根据提示完成报名操作即可。

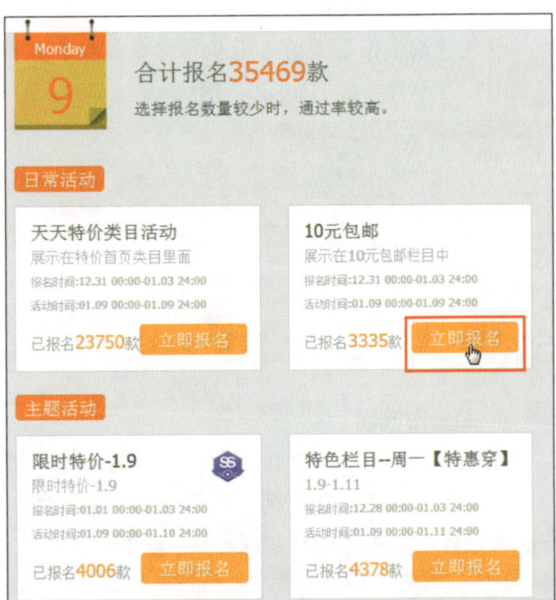

图9-49 选择日期

图9-50 单击“立即报名”按钮

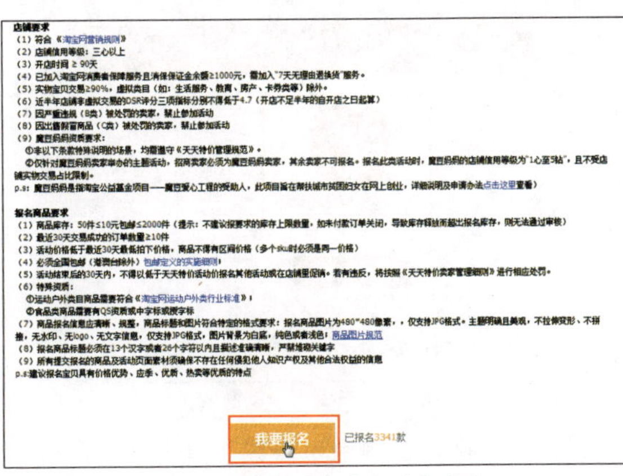

图9-51 单击“我要报名”按钮

9.1.10 淘金币营销

淘金币，作为淘宝官方的一种营销工具，对买家及卖家而言都有各自的好处。对买家来说，淘金币相当于一张优惠券，可以进行重复消费的折扣卡；而对卖家来说，淘金币是一种营销手段，可以运用从买家手中赚过来的淘金币进行店铺收藏和宝贝抵钱等营销。

进入“店铺营销中心”页面，在品牌活动下单击“淘金币”图标，如图9-52所示。

图9-52 单击“淘金币”图标

进入“淘金币卖家服务中心”首页，在下方有淘金币官方工具一栏，如图9-53所示。

图9-53 淘金币官方工具

1. 淘金币抵钱

开通淘金币账户后即可开启全店支持淘金币抵扣功能。可以灵活设置店铺支持抵扣的有效时间，并能随时开启和关闭抵扣功能。

01 单击“淘金币官方工具”下面的“抵”图标，如图9-54所示。

图9-54 单击“抵”图标

02 跳转至页面，在淘金币抵钱下单击“立即运行活动”按钮，如图9-55所示。

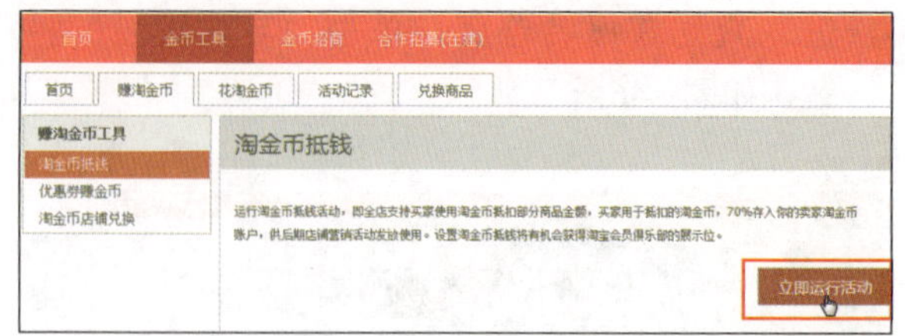

图9-55 单击“立即运行活动”按钮

03 在打开的页面中设置抵扣比例和活动开始时间，如图9-56所示。

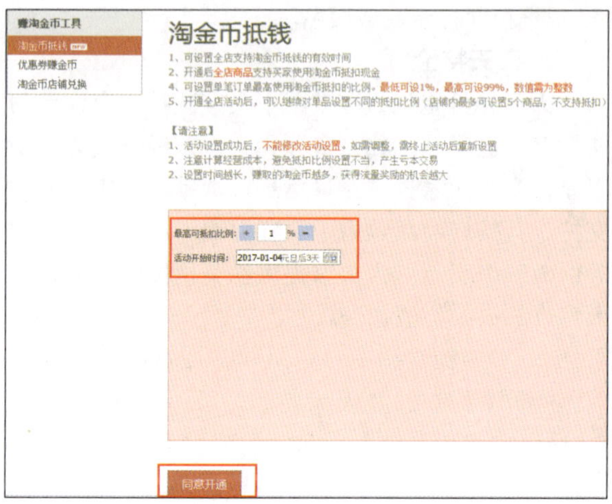

图9-56 设置抵扣比例和活动时间

04 单击“同意开通”按钮，弹出对话框，单击“确定开通”按钮，如图9-57所示。

图9-57 单击“确定开通”按钮

05 淘金币抵钱活动开通成功，全店商品均可使用淘金币抵钱，如图9-58所示。

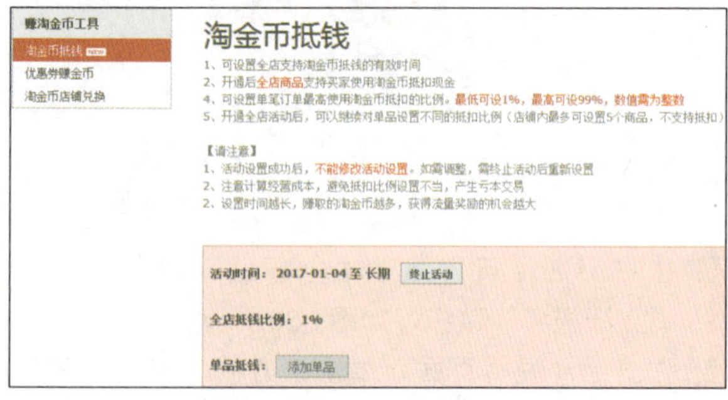

图9-58 活动开通成功

06 进入我的店铺，打开任意宝贝，在价格下显示了淘金币抵钱的信息，如图9-59所示。

图9-59 淘金币抵钱页面显示

07 单击“添加单品”按钮，如图9-60所示。

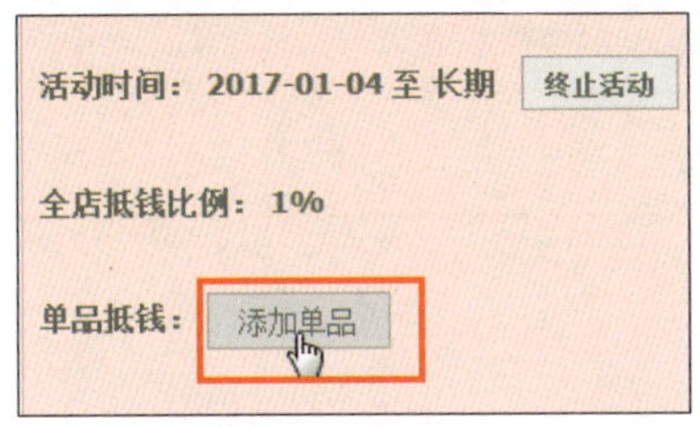

图9-60 单击“添加单品”按钮

08 打开“添加单品”对话框，如图9-61所示。

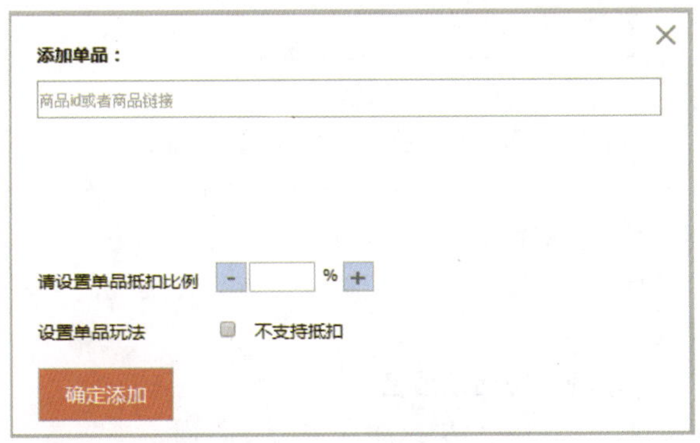

图9-61 “添加单品”对话框

09 添加商品链接，设置抵扣比例，单击“确定添加”按钮，如图9-62所示。

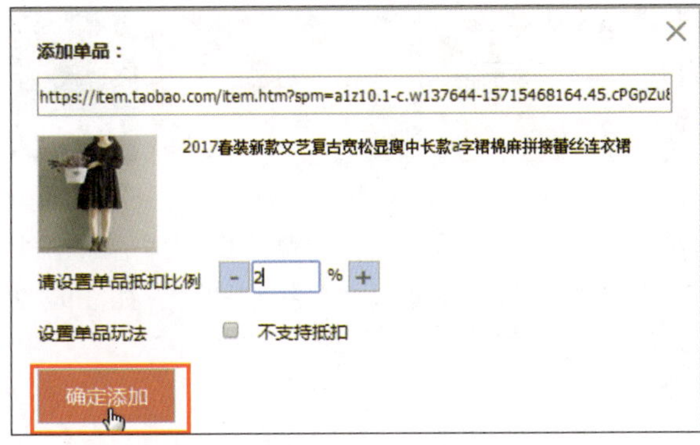

图9-62 单击“确定添加”按钮

10 在返回的页面中显示了添加的单品抵扣信息，如图9-63所示。

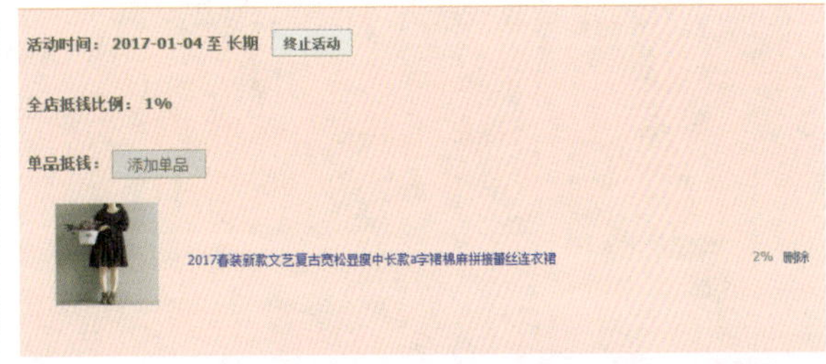

图9-63 单品抵扣

> TIPS 选中“不支持抵扣”复选框则可设置该商品不进行淘金币抵扣。

11 单击“删除”按钮可以删除该单品的抵扣设置。单击“终止活动”按钮则可终止全店商品的淘金币抵扣活动。

2. 金币兑换工具

通过“淘金币兑换商品”，为商品设置更灵活的兑换价格，更好地实现对买家的淘金币激励。设置此功能，可以促进买家下单，并能更有针对性地对老客户进行维护。报名成功的商品会在手淘“淘金币频道—0.01元兑频道”呈现，可分享日均上千上万的流量。

01 单击“淘金币官方工具”栏下的“兑”图标，如图9-64所示。

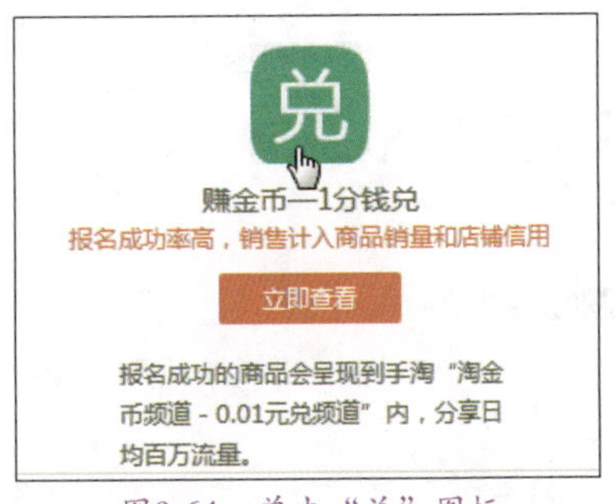

图9-64 单击“兑”图标

02 跳转至页面，在“金币兑换工具”下单击“立即运行活动”按钮，如图9-65所示。

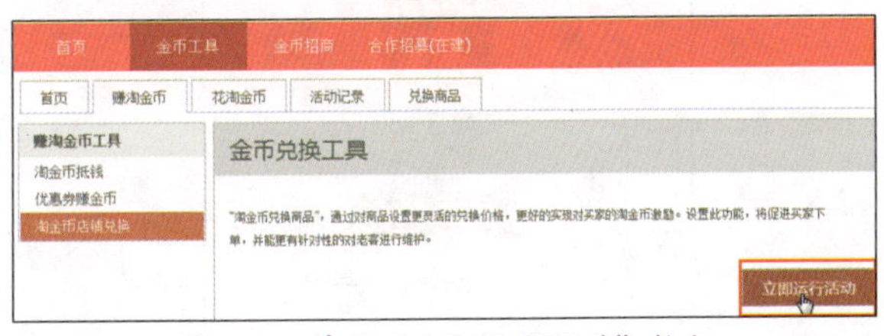

图9-65 单击“立即运行活动”按钮

03 在打开的页面中设置开通时间，并单击“同意开通”按钮，如图9-66所示。活动即开通成功。

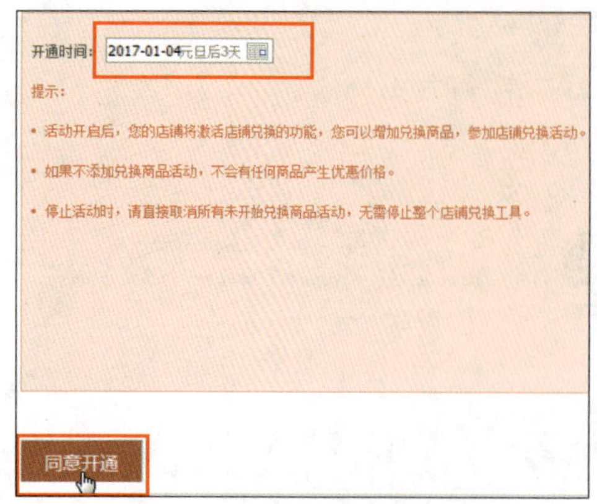

图9-66　单击“同意开通”按钮

04 返回到“金币兑换工具”页面，单击“添加单品”按钮，设置宝贝链接、兑换数量和兑换时间，最后单击“提交商品”按钮，如图9-67所示。

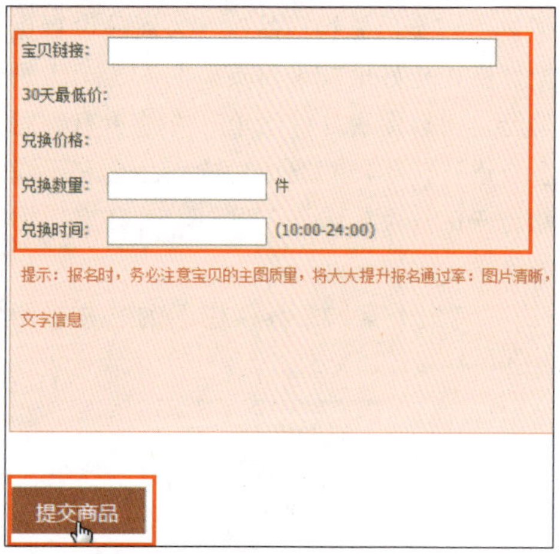

图9-67　单击“提交商品”按钮

3. 购物送金币

购物送淘金币可以促使买家下单，提升店铺成交转化率。

01 单击“淘金币官方工具”栏下的购物车图标，如图9-68所示。

图9-68　单击购物车图标

02 在打开的页面中单击购物送金币下的“立即运行活动”按钮，如图9-69所示。

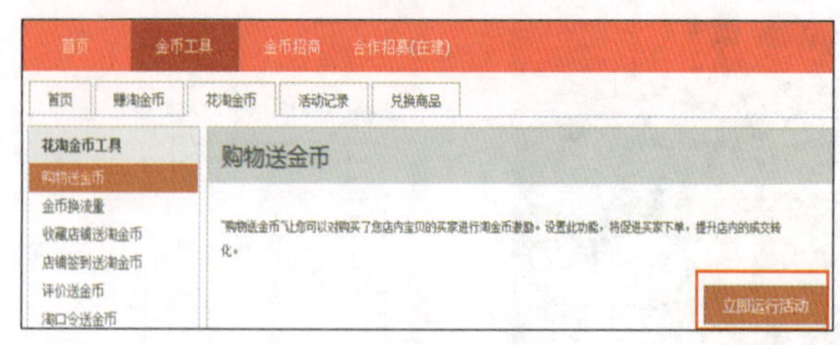

图9-69　单击“立即运行活动”按钮

03 设置淘金币预算和活动开始的时间，单击“确定开通”按钮，如图9-70所示。

图9-70　单击“确定开通”按钮

除此之外，金币换流量、收藏店铺送淘金币、店铺签到送淘金币、评价送金币、淘口令送金币等活动也是商家常用的促销手段，其创建的方法与以上3种活动的创建步骤类似，可以自行实践，多多参加。

4. 淘金币活动报名

01 进入“淘金币卖家服务中心”页面，单击右上角的“报名活动”按钮，如图9-71所示。

图9-71　单击“报名活动”按钮

02 在左侧选择日期，再在右侧选择一种活动，单击其右侧的“立即报名”按钮即可，如图9-72所示。

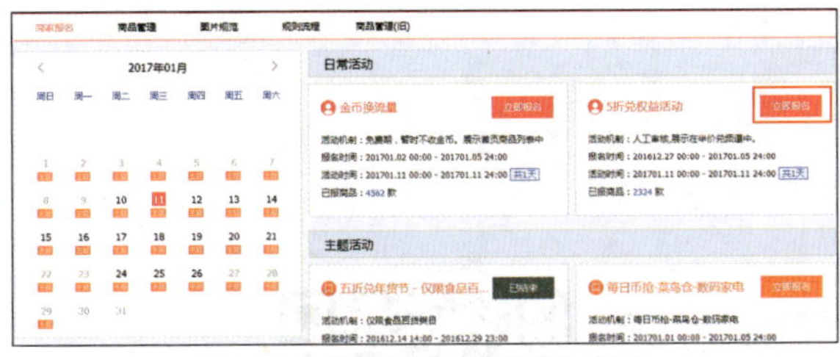

图9-72 单击“立即报名”按钮

TIPS 日常活动为固定的活动时间、长期招商的活动。主题活动是小二根据节日等不定期发起的活动，活动规则和时间每次都不同。

9.1.11 淘营销活动

淘营销活动是为帮助卖家进行的营销活动，不同的活动有不同的报名要求。

01 进入“卖家中心”页面，单击“营销中心”应用下的“活动报名”链接，如图9-73所示。

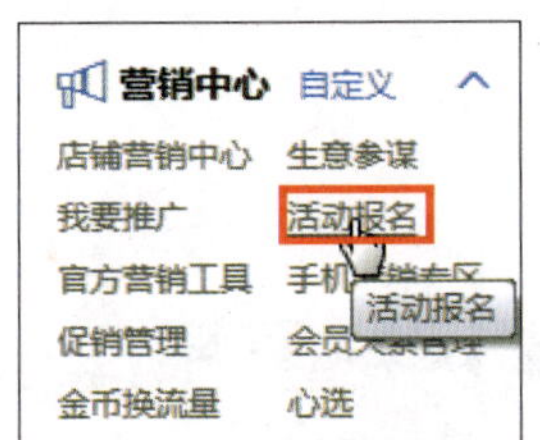

图9-73 单击“活动报名”链接

02 在右侧界面中单击“可参加的活动”链接，如图9-74所示。

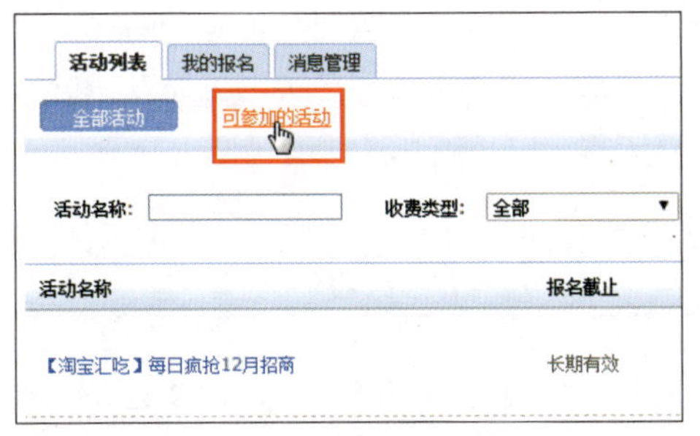

图9-74 单击“可参加的活动”链接

03 在跳转的页面中选择一个活动，单击右侧的“立即报名”按钮，如图9-75所示。

图9-75 单击“立即报名”按钮

04 在跳转的页面中选择其中的一种类目，再在下方单击“立即报名”按钮，如图9-76所示。

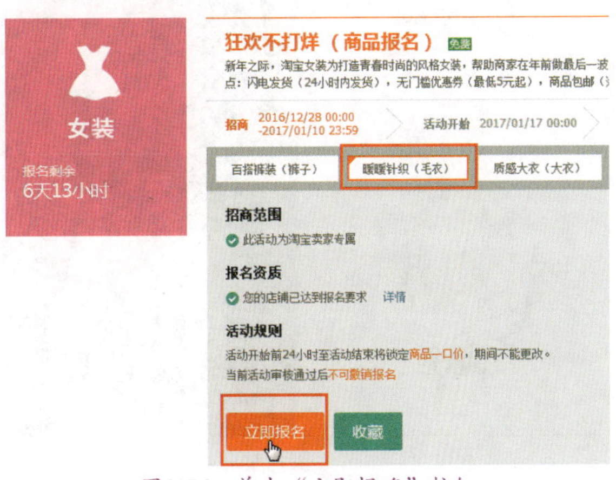

图9-76 单击“立即报名”按钮

9.1.12 微海报来袭

“微海报”是由旺铺官方出品的，是为解决卖家在淘宝网以外进行无线引流难问题所推出的H5海报工具。卖家使用该工具生成微海报后，可在微博、微信朋友圈、豆瓣等直接分享和传播，点击微海报后可直达你的店铺、商品、活动，实现真正的无线引流不花钱，并且能对引流数据进行监控。

01 进入“卖家中心”页面，单击“营销中心”应用下的“店铺营销中心”链接，在右侧“热门营销工具”下单击“微海报”图标，如图9-77所示。

图9-77 单击“微海报”图标

02 在模板市场选择一种模板，单击“立即使用”按钮，如图9-78所示。

03 填写海报信息，单击标题后的✎图标，可以对文字进行编辑，如图9-79所示。

04 单击图片，可更换商品展示图，如图9-80所示。

05 海报信息填写完成后，单击下方的“确定创建”按钮，如图9-81所示。

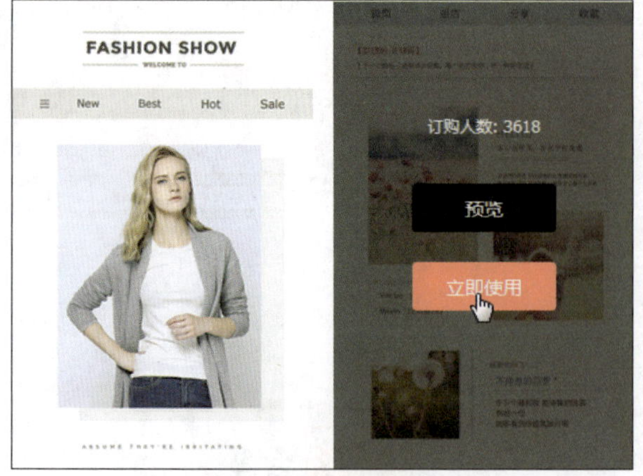

图9-78 单击“立即使用”按钮

图9-79 单击“编辑文案”图标

图9-80 单击图片

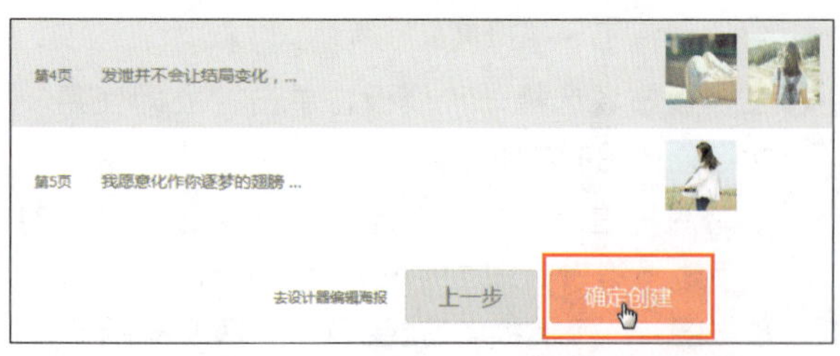

图9-81 单击“确定创建”按钮

06 弹出二维码页面，根据提示扫码分享到朋友圈，如图9-82所示。

图9-82 扫描二维码

07 扫码后单击“完成”按钮，微海报即创建成功，如图9-83所示。

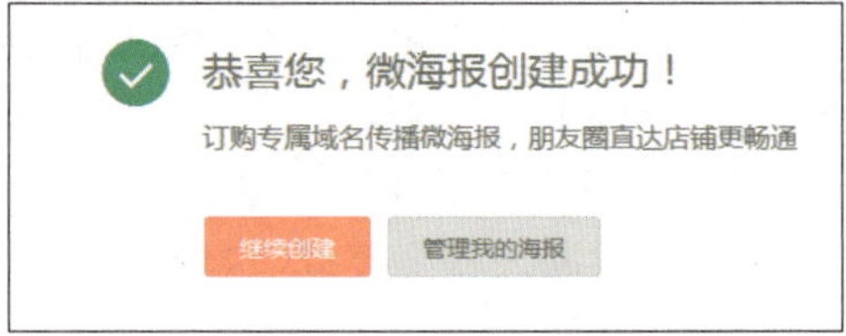

图9-83 微海报创建成功

9.2 实用钻展操作技巧

钻展是面向全网精准流量实时竞价的展示推广平台，以精准定向为核心，为客户提供精准定向、创意策略、效果监测和数据分析等一站式全网推广投放的解决方案，帮助客户实现更高效、更精准的全网数字营销。

9.2.1 广告位展示

钻石展位现有淘宝网首页、各频道页、一淘首页、旺旺每日焦点、各功能页、搜索页和促销名店页等共143个广告位。

淘宝首页：对于资金雄厚的大卖家来说，淘宝首页拥有巨大的流量，可以带来更多顾客。图9-84所示为淘宝首页上的钻石展位。

收藏夹底部小图和通栏：淘宝收藏夹页面底部的小图和通栏是钻石展示广告位，如图9-85所示。

图9-84　淘宝首页的钻石展位

图9-85　收藏夹底部小图和通栏

背投、各频道焦点图和通栏：钻石展位只要展示了就要收费，所以最好选择和自己产品相匹配的垂直频道进行投放。图9-86所示为淘宝美妆类目首页一屏六轮播焦点图。

图9-86　美妆频道首页钻石展示位

广告网站联盟：广告网站联盟是指各大门户网址的广告位置。图9-87所示为新浪的广告位。

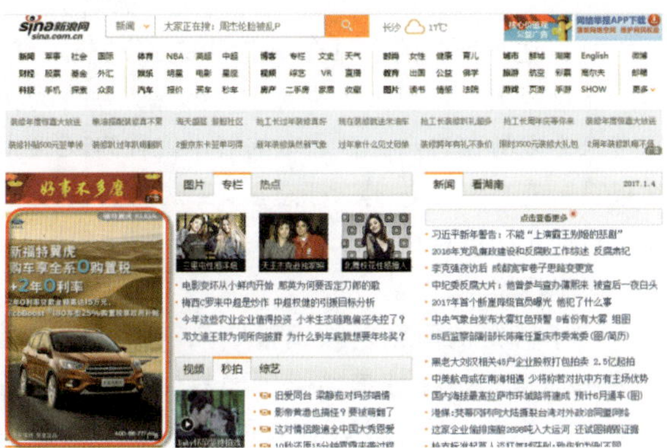

图9-87　新浪广告位

9.2.2　开通钻展

1. 需满足的条件

钻展的开通需要满足以下条件。

* 天猫店基础条件：店铺每项DSR在4.5以上。
* 集市店基础条件：店铺每项DSR在4.5以上；店铺好评率在98%以上；信用等级在三钻以上。

2. 申请加入

满足以上条件的天猫店或是集市店可以登录卖家后台，进入“卖家中心”页面，单击“营销中心”应用下的“我要推广”链接，如图9-88所示。在右侧单击“钻石展位”下的“立即登顶”按钮，如图9-89所示。在新打开的页面中申请加入即可。

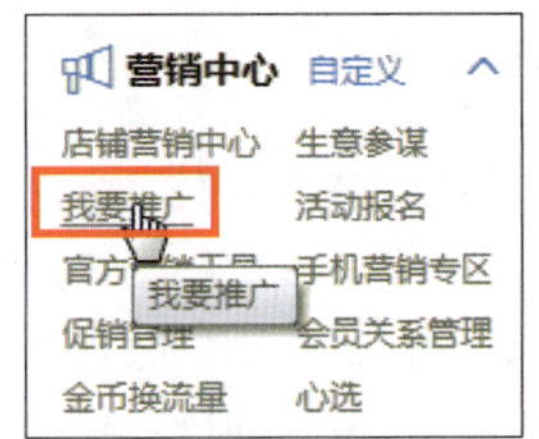

图9-88　单击“我要推广”链接

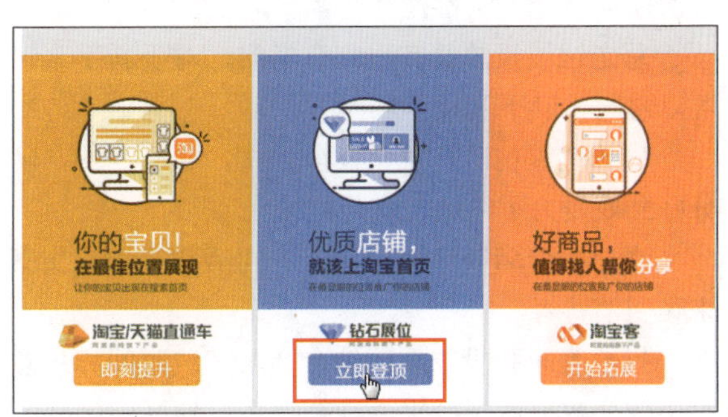

图9-89　单击“立即登顶”按钮

3. 新手钻展操作指南

开通钻展是每一个网店运营人员都会接触到的内容，简单来说钻展的开通需要做到以下几步：为账户充值——选择资源位——制作创意——新建计划——设置投放人群——出价——投放成功，如图9-90所示。

图9-90　操作流程指南

选择资源位：首先选择站内的资源位，即名称带有“网上购物”的资源位，若店主预算不大，可将资源位的数量控制在5个以内。操作方法：勾选网上购物——勾选本行业——按照综合推荐指数排序——选择排名靠前的资源位。资源位是系统根据各维度数据，按与行业匹配度进行排序的！

制作创意：制作所选择的资源位相应尺寸的创意图片，并先在创意管理中上传，等待审核。

新建计划：一般先选择“展示网络”计划进行创建。

设置投放人群：淘宝系统会根据每个访客的行为给他们打上各种标签，设置定向时，钻展系统会圈定这些已打上标签的人群，从而实现只把广告创意展现给这部分访客。也就是说通过合理定向，把广告展现给特定的人群，获得精准流量和好的广告效果。

出价：参考各个定向上每个资源位的建议出价即可，在投放过程中按照获取的流量来调整。

9.2.3 投放的小技巧

成功的钻展投放就像“吸星大法”，能引来源源不断的流量。首先，投放的创意广告图要有一定的吸引力，最好能切合时下的热点话题；其次，根据生意参谋调整好投放时间段、投放地域的设置；再次，运用全景洞察提升新客户。

总之钻展投放其实也大有学问，对于新手来说可以总结为以下几点。

投放位置精准有效，提前测试，明确目的，区分好到底是为了纳新，还是抢曝光。

素材贴合店铺活动，配合不同活动策划的文案来吸引消费者。

投放时间和投放地域结合客服在线时间和生意参谋成交数据做好分析，选择过多，地区一定要划分得比较明确。

做好全景洞察的人群分析，利用好大数据来提高自己的定向精准度。

9.2.4 钻展收费规则

与直通车不同，钻石展位不是按点击量计费，而是按照流量竞价售卖广告位，计费单位是“每千次浏览单价（CPM）”，即广告所在的页面被打开1000次需要收取的费用。注意：千次浏览不是1000个点击，而是1000个PV。

1. 流量到点击量的换算方法

做钻石展位花钱要合理，花多少可以自己预算：

总预算÷千次浏览价×1000=购买总流量

购买总流量×点击率=点击数

总预算÷点击率=单个点击成本

举例：准备1000元预算，竞拍一个点击率为2%的位置，成交价格是千次展示5元，那么能买到的总流量200000（PV）产生的总点击数是4000个，每个点击所要花的钱是0.25元。

2. 竞拍规则

用户竞拍的是某个广告位某个时段的流量使用优先权。CPM出价高的用户的广告投放结束后，下一位的广告才会投放。

竞价展示按小时排序，每小时都会有新排序，如9～10点出价过低导致没有排名，那么广告在此时间段就不会展示。每小时内系统按照用户出价高低顺序投放广告。

原钻石展位系统每日竞价截止时间为15:00，次日生效。新系统中，客户调整完出价后，立即生效，每一次PV系统都会重新排列计划展示顺序。每日21:00～24:00为系统维护，无法修改价格。

竞拍结算价格，按照该用户下一位的出价加0.1元进行结算。

9.3 实用直通车操作技巧

淘宝直通车是一款帮助卖家推广商品或店铺的营销工具。通过对买家搜索的关键词或是淘内/外的展现位置出价，从而将宝贝展现在高流量的直通车展位上，也可自行选择在哪些买家眼前展现，让宝贝在众多商品中脱颖而出。

9.3.1 推广方式及宝贝展示

被直通车推广的宝贝在淘宝网多处位置显示广告，流量巨大，可以大大提高宝贝的曝光率，为卖家带来更多潜在客户。直通车的展示位置为PC搜索结果页带有“掌柜热卖”标志，无线端带HOT标的即为直通车的展现位置。

1. 搜索推广

搜索营销的原则是按词推广，精准匹配。通过关键词搜索，在搜索结果页面右侧有11个竖着的“掌柜热卖”展示位，在页面底部有横着的5个“掌柜热卖”展示位，例如，搜索“外套”，搜索结果如图9-91所示，搜索页面可一页一页地往后翻，展示位以此类推。类目搜索结果页面的展示位置同样如此。

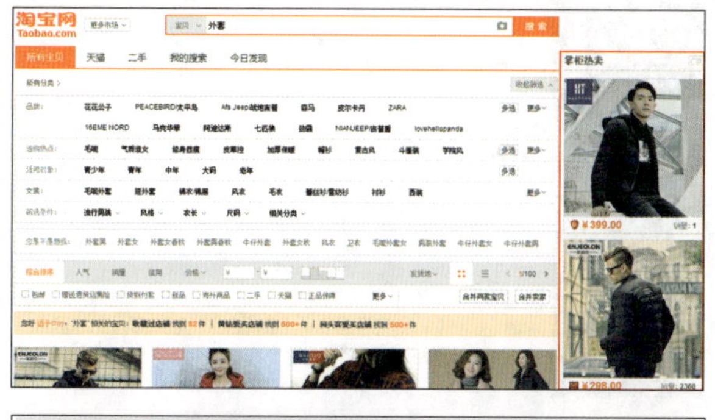

图9-91　关键词搜索展示位

2. 店铺推广

店铺推广是基于搜索营销推出的一种新的通用推广方式，可以向具有较模糊购买意向的买家推广店铺中的多个匹配宝贝，店铺推广的展现位置有站内和站外两种。其中第一种是，淘宝关键词搜索页面右侧“掌柜热卖”下方的“店家精选”区域3个展示位，如图9-92所示。

图9-92　淘宝搜索结果页“店家精选”展示位

3. 活动推广

淘宝网首页“实惠专业户”与“淘宝直播”之间的“热卖单品”区域有10个展示位，如图9-93所示。热卖单品活动采用人群定投的原理，根据买家兴趣类目展现宝贝，展现概率与宝贝的出价以及点击率高低相关。同时，所有报名成功的宝贝，会匹配相关性较高的宝贝，展现在其他活动展位。

图9-93　淘宝首页“热卖单品”活动展示位

4. 定向推广

定向推广是一种人群定向推广方法，通过从细分类目中抓取那些特征与买家兴趣点匹配的推广宝贝，展现在目标客户浏览的网页上，帮助锁定潜在买家，实现精准营销。定向推广的展示位置主要分布在旺旺买家版每日焦点的“热卖”部分、我的淘宝“已买到的宝贝”页面下方的“热卖单品”区域、物流详情页的“热卖单品”区域、收藏列表页的“热卖单品”等。图9-94所示为收藏列表页的宝贝展示位。

图9-94　收藏列表页展示位

5. 站外投放

直通车外投就是把推广的商品投放在淘宝以外的网站上，以Banner、文字链、搜索栏等形式展现，并根据系统对数据的分析，锁定人群，匹配相应的宝贝，从而将外部消费者吸引到专门展现直通车宝贝的页面。可以在直通车客户操作系统后台设置投放平台，打开“网站列表”可以查看具体的合作网站。如图9-95所示为部分站外投放合作网站。

图9-95　站外投放合作网站

9.3.2 如何加入直通车

01 在“卖家中心”页面单击“营销中心”应用下的“我要推广”链接，如图9-96所示。

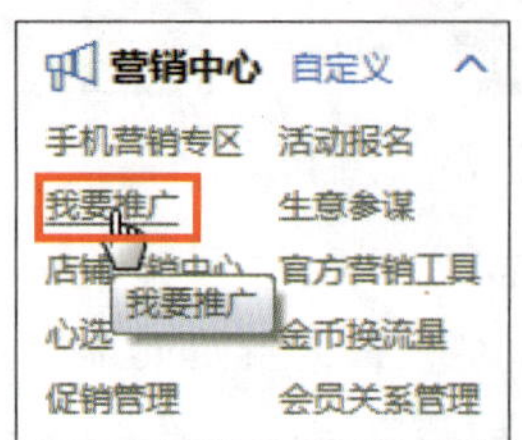

图9-96 单击“我要推广”链接

02 在右侧单击“淘宝/天猫直通车”下面的“即刻提升”按钮，如图9-97所示。

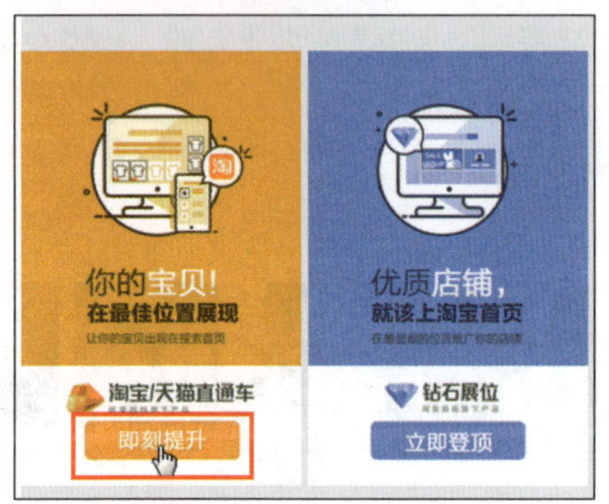

图9-97 单击“即刻提升”按钮

03 弹出直通车服务协议书，单击左下角的“同意”按钮，如图9-98所示。

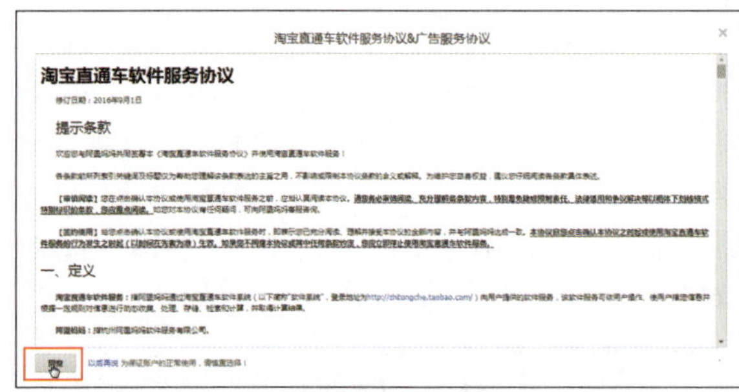

图9-98 单击“同意”按钮

04 进入淘宝直通车操作后台，如图9-99所示。

图9-99 直通车操作平台首页

05 在左侧选择“推广计划”下的“标准推广”，如图9-100所示。

图9-100 单击“标准推广”选项

06 在右侧单击“新建推广计划”按钮，如图9-101所示。

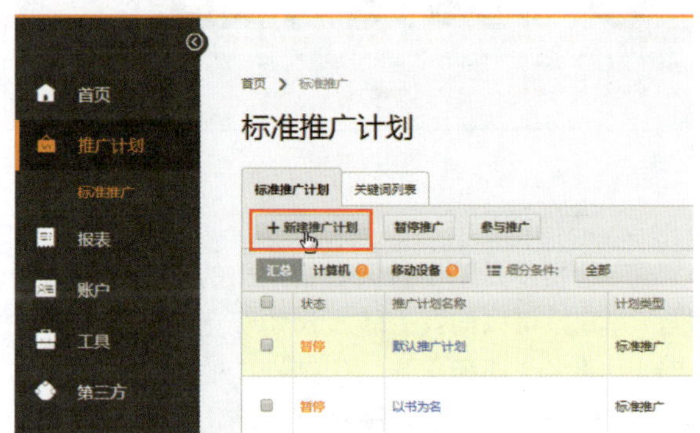

图9-101 单击“新建推广计划”按钮

07 输入推广计划名称，如图9-102所示。

图9-102 输入名称

08 单击“提交”按钮，推广计划创建成功。单击“设置和管理标准推广计划”链接，如图9-103所示。

09 进入标准推广计划页面，单击计划后的编辑按钮，如图9-104所示。

10 在推广计划的编辑页面可以对计划设置日限额、投放平台、投放时间以及投放地域等，如图9-105所示，完成对推广计划的基本操作。

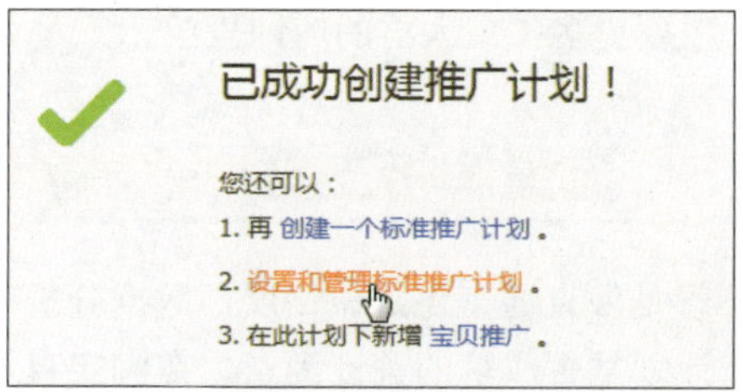

图9-103　单击相应链接

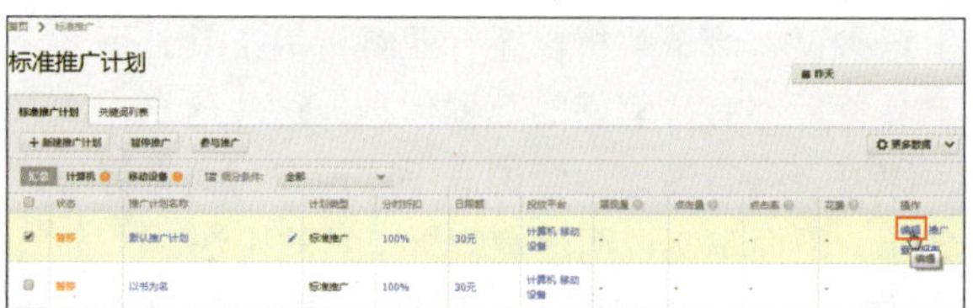

图9-104　单击“编辑”按钮

图9-105　设置相关参数

目前要申请加入淘宝直通车，店铺需要满足以下条件。

* 店铺状态正常（店铺可正常访问）；
* 用户状态正常（店铺账户可正常使用）；
* 淘宝店铺的开通时间不低于24小时；
* 近30天内成交金额大于0。

店铺综合排名（指阿里妈妈通过多个维度对商家进行排名，排名的维度包括但不限于商家的类型、店铺主营类目、店铺服务等级、店铺的历史违规情况等，以及阿里妈妈认为不适宜加入直通车的因素。店铺综合排名仅适用于淘宝\天猫直通车准入，阿里妈妈不对外公示具体的排名结果）；

店铺主营商品所属的类目需要先加入“消保”并缴纳保证金。

9.3.3　展示逻辑和扣费规则

开通直通车后，最关心的两个问题：关键词搜索页面的排名和扣费规则。

1. 展示逻辑

展示逻辑即排名原理：根据关键词质量得分和关键词的出价综合衡量得出的商品排名。综合排名=出价×质量得分。

质量得分是指系统估算的一种相对值，主要用于衡量关键词和宝贝推广信息与淘宝网用户搜索意向之间的相关性。其计算依据涉及多种维度，包括创意质量、相关性、买家体验。

- 创意质量

指推广创意近期动态反馈。包括推广创意关键词的点击反馈、图片质量等。

- 相关性

指关键词与宝贝类目、属性及宝贝本身信息（包括宝贝标题、推广创意标题）的相符程度。

- 买家体验

指根据买家在店铺的购买体验和账户近期的关键词推广效果给出的动态得分。包含直通车转化率、收藏&加入购物车、关联营销、详情页加载速度、好评&差评率、旺旺反应速度等影响购买体验的因素。

2. 扣费规则

直通车的扣费规则是按点击计费的，但是扣费金额并不等于每个关键词的出价：

单次点击扣费=（下一名出价×下一名质量分）÷您的质量分+0.01元

因此，某个关键词的质量得分越高，所需付出的费用就越低。扣费最高为用户设置的关键词出价，当公式计算得出的金额大于出价时，将按用户的实际出价扣费。同时，淘宝网也有24小时全天实时无效点击过滤系统，相应点击的费用也会返还到用户本人的账户中；每天的账户余额以财务记录中的日终结余为准。以ABC商家为例，详细说明直通车扣费原理。

商家	出价（元）	质量得分	扣费（元）	排名
A	2	10	1.01	1
B	2	5	1.61	2
C	1	8	1	3

A商家虽然出价和B一样，但是质量得分远高于B，因此扣费远低于B而且排在第一名。因此质量得分对扣费和排名非常重要。

9.3.4　定向推广原理

在非搜索的展示位置，包括淘内/外，无线/PC多个优质资源位，采用人群多维度定向匹配的算法，来精准定位推广的宝贝展现在哪些人面前，以达到最佳的推广效果。

1. 准入要求

集市店铺信用级别需要在一钻以上（包含一钻）。天猫店铺无信用级别限制。

2. 展现位置

阿里旺旺买家版每日焦点的热卖；我的淘宝首页——猜我喜欢第三行，带有HOT字样；手淘定向资源位：从推荐的宝贝开始，第4、6、8排左侧的位置，为直通车定向的新资源位；我的淘宝——已买到宝贝底部，掌柜热卖的位置。

3. 投放人群定义

在淘宝直通车定向推广中，投放可以分为智能投放和自定义投放。

- 智能投放

原理：综合评估访客、购物意图等其他多种维度，挖掘最适合该宝贝的人群。

定位：人群较为精准，应作为基础人群包开启，适合所有店铺投放。

优势：较精准、流量大、出价低。

- 自定义投放

原理：在界面上的智能投放以外的都可以称为自定义投放。

定位：这部分流量可以在智能投放之外，扩展更多精准流量，人群维度粗细由卖家自己根据需求选择。

自定义投放喜欢本店铺访客的维度：近3个月内，浏览、收藏、加购物车、购买过本店铺商品的客户。这种投放适合老客营销场景，或者老客转化高的店铺投放。

自定义投放喜欢相似店铺访客的维度：近3个月内，浏览、收藏、加购物车、购买过同类店铺的客户（除去本店铺的访客）。这种投放适合新客营销场景，或者本身客户群不够，有更多流量需求的店铺。

自定义投放购物意图：根据投放的宝贝标题，系统筛选出可以代表该宝贝的多种关键词组合，如“宽松款工装外套”，则对应为有“宽松款工装外套”购物意图的买家人群。而买家人群的购物意图通过其在淘宝网内触达的商品分析得出。该投放的优势在于挖掘买家的潜在偏好。

自定义投放——搜索重定向：开通搜索重定向会将宝贝投放给搜索过“该宝贝设置的关键词推广”的买家。这种投放适合其他人群包流量都已经拿满，需要更多扩展人群的店铺投放。

9.3.5 流量解析工具

不管是做直通车还是做钻展，数据分析都是决定推广计划是否成功的关键因素。在淘宝直通车的工具一栏，设有账户诊断、抢位助手、优化中心、生意参谋、流量解析以及行业解析等工具。每一个工具背后都有待解密的数据信息，这些信息构成一片深海，只有深谙运营的高手才能在网商世界力挽狂澜。下面举例说明流量解析工具的用法。

01 进入淘宝直通车操作后台，单击左侧的“工具”选项，在下拉列表中选择“流量解析”工具，如图9-106所示。

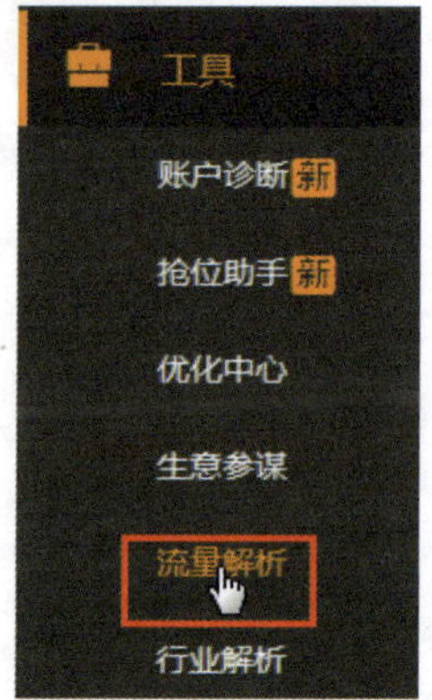

图9-106　单击“流量解析”工具

02 在左侧输入关键词，单击“查询”按钮，如图9-107所示。

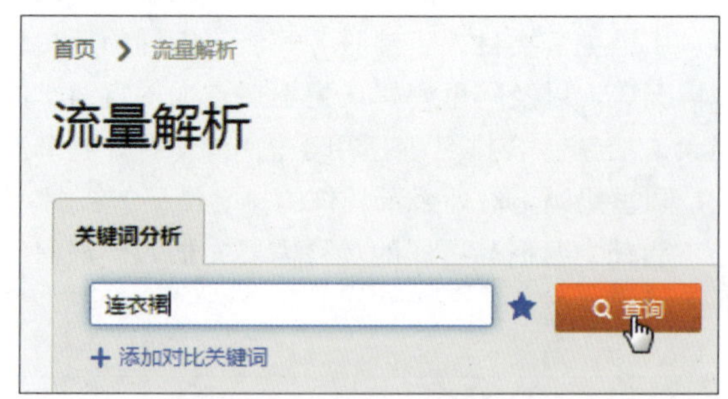

图9-107　单击“查询”按钮

03 点击市场数据分析查看展现指数、点击指数、点击率、点击转化率、市场均价、竞争度等参数，如图9-108所示。

04 推广词表下载可以查看关键词的排名指数和相关类目下的热门词，还可以一键下载相关词表，如图9-109所示。

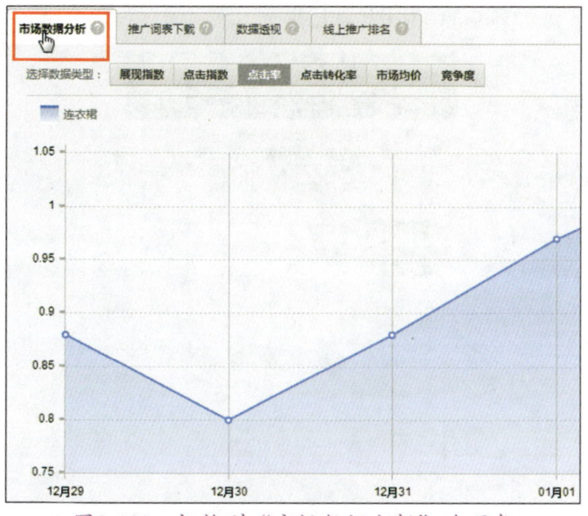

图9-108　切换到“市场数据分析”选项卡

图9-109　切换到“推广词表下载”选项卡

同样地，可单击数据透视和线上推广排名选项卡，查看地域透视、流量透视和竞争透视等相关数据。流量解析工具对寻找关键词、参考关键词市场数据非常有帮助。

9.4 借助移动工具营销

在几乎人手一部手机的时代，又会产生怎样的营销方式呢？那些始终站在时代前列的商业巨擘们是绝对不会对“低头族”们置之不理的，而是认真贯彻当下人们“拥有一部手机就拥有全世界”的高调理论，将营销法则无孔不入地穿插进生活的每一个角落，目前最有代表性的微信与二维码、微博以及APP营销占据相当大的市场份额。

9.4.1 微信与二维码营销

微信营销是随着微信的火热而兴起的一种网络营销方式。对于个人而言，只要你有微信好友，就可以通过朋友圈推广自己的产品。对于商家而言，可以通过注册公众号，向关注本公众号的人群进行消息推送，实现点对点的营销。而二维码是在微信兴起的前提下，通过扫一扫关注来提高品牌或产品的关注度，而许多支付型的二维码也为交易带来了一种快捷方式。

1. 微信营销

微信的火爆给电商带来了商机，无论是个人还是企业，使用微信进行推广无疑是有效的推广方式之一。

摇一摇。微信摇一摇是微信推出的一个随机交友应用，通过摇手机或点击按钮模拟摇一摇，可以匹配到同一时段触发该功能的微信用户，从而增加用户间的互动和微信黏度，如图9-110所示。

图9-110　摇一摇

漂流瓶。微信漂流瓶有“扔一个”和“捡一个”两个功能。使用“扔一个”功能可以扔出编辑有营销内容的文字，实现推广，另外还可以对漂流瓶进行设置。点击右上角的按钮，在打开的界面中可以设置漂流瓶头像，如图9-111所示。

图9-111　设置漂流瓶

朋友圈。微信朋友圈是腾讯微信上的一个社交功能，用户可以通过朋友圈发表文字和图片。玩微信的朋友，估计有一半以上的时间会停留在朋友圈。那么对于一个商业意识很强的人来说，这里也可以宣传他的产品，可见朋友圈这个区域多么重要。

QQ空间同步。在发朋友圈时点亮下方的“五角星”标志，如图9-112所示，则发表消息时，可以同步至QQ空间，如图9-113所示。

图9-112　点亮五角星标志

图9-113　同步到空间

提醒谁看。朋友圈每发一条消息可以提醒10个好友查看。这个功能的价值核心体现在精准送达上，如图9-114和图9-115所示。

图9-114　单击“提醒谁看”按钮

图9-115　“提醒谁看”功能界面

● 微信添加粉丝

众所周知，粉丝量是微营销的基础，下面介绍提升粉丝数量的技巧。

附近的人。在微信中使用“附近的人”功能可以查看附近的人，同时自己也会被附近的人看到，如图9-116所示。

添加朋友。点击微信右上角的“+”按钮，展开列表，点击“添加朋友”按钮，如图9-117所示。即可添加QQ好友，或通过手机联系人、公众号以及雷达扫描周围的人来扩展自己的朋友圈。

图9-116　附近的人

图9-117　添加朋友

添加QQ好友。若使用的微信是通过QQ号注册的，那么就可以添加QQ中所有开通微信的好友，也可以邀请未开通微信的QQ好友开通微信账号。

添加手机联系人。可以将手机通讯录中开通了微信的联系人添加到微信中，以加深彼此之间的联系。

查找公众号。通过搜索功能可以查找相关行业的公众号，并关注该公众号。同样，也可以自己建立一个公众号，向关注你的人推送相关营销的内容。

雷达加朋友。可以扫描周围同时在使用此功能的用户。

微信用户大多数是年轻的上班族，他们在微信上活跃的时间也都是较为固定的，如中午12~13点，这个时间段是中午吃饭、午休的时间，他们在订餐等外卖的时间都会拿出手机查看，有些人还会在吃饭前拍一张照片发到朋友圈；下午18~19点，这个时间段是大多数人下班的时间，对于一些乘坐公共交通工具下班的人来说，在车上可以用手机打发时间；晚上21~23点，茶余饭后，终于有时间放松休息，在睡前看看朋友圈，玩玩微信是很多人的习惯。由此可见，以上的三个时间段是提升粉丝数量的黄金时段，在这个时间段发送有趣的、能够吸引用户的内容，通常会被用户转发，并主动添加你为好友。

● 微信公众平台

公众平台订阅号，是公众平台的一种账号类型，旨在为用户提供信息。公众号每天可以发送1条群发消息。发给订阅用户的消息，将会显示在对方的"订阅号"文件夹中，点击两次才可以打开。个人只能申请订阅号。

01 在浏览器地址栏中输入mp.weixin.qq.com，进入微信公众平台，若有账号则可以直接登录，若无账号则单击右上角的"立即注册"链接，如图9-118所示。

图9-118　单击"立即注册"链接

02 选择注册的类型，单击"订阅号"图标，如图9-119所示。

图9-119　单击"订阅号"图标

03 在打开的页面中填写注册邮箱并设置登录密码，单击“注册”按钮，如图9-120所示。

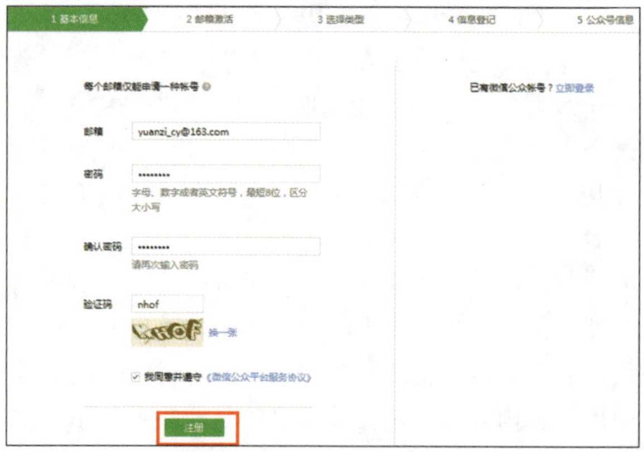

图9-120　单击“注册”按钮

04 进入第2步操作，提示激活公众平台账号，单击“登录邮箱”按钮，如图9-121所示。

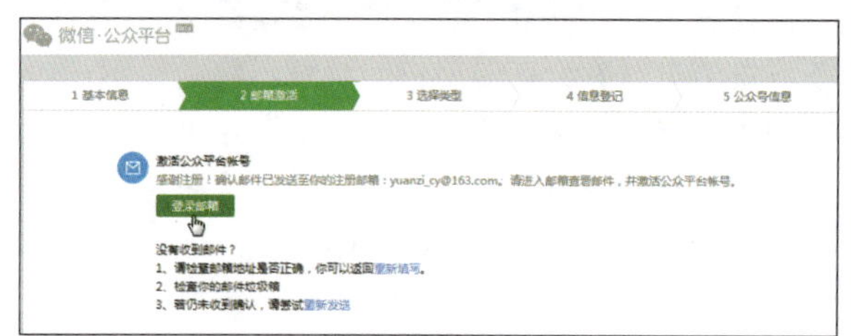

图9-121　单击“登录邮箱”按钮

05 打开邮箱登录页面，登录后，在收件箱中打开邮件，单击中间的链接，如图9-122所示。

微信 | 公众平台

你好！

感谢你注册微信公众平台。
你的登录邮箱为：yuanzi_cy@163.com。请点击以下链接激活帐号：

https://mp.weixin.qq.com/cgi-bin/activateemail?email=eXVhbnppX2N5QDE2My5jb20%3D&ticket=mmverifycodeb0keremail_1_20ecb4e94a69fdbd1080e089f5ade236

如果以上链接无法点击，请将上面的地址复制到你的浏览器(如IE)的地址栏进入微信公众平台。（该链接在48小时内有效，48小时后需要重新注册）

Claire Wang
微信产品经理
weixinmp@qq.com

图9-122　单击中间的链接

06 激活后跳转至第3步操作，选择类型，包括订阅号、服务号和企业号，根据适用的范围来选择。这里选择的是适用于个人和组织的订阅号，如图9-123所示。

07 弹出对话框，单击“确定”按钮，如图9-124所示。

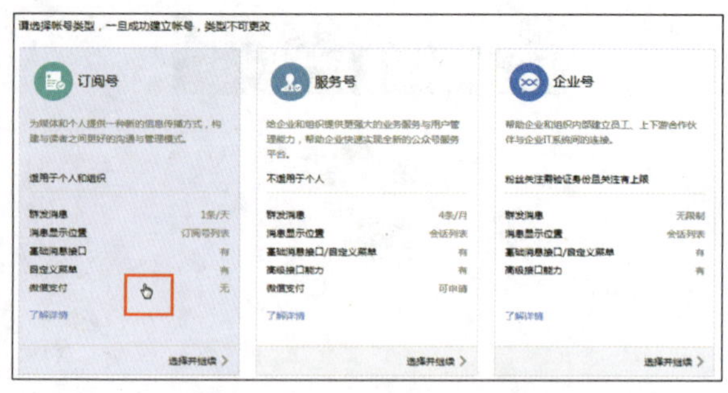

图9-123　选择订阅号

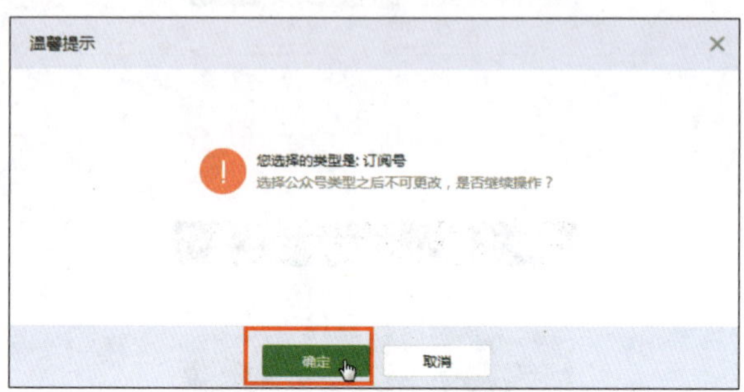

图9-124　单击“确定”按钮

08 进入信息登录。选择主体类型，包括政府、媒体、企业、其他组织和个人，这里选择个人，如图9-125所示。

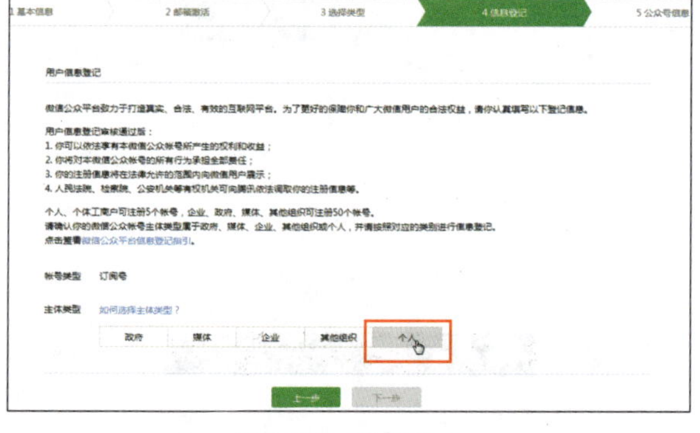

图9-125　选择个人

09 填写信息，单击“继续”按钮，如图9-126所示。

10 弹出提示对话框，单击“确定”按钮，如图9-127所示。

11 进入第5步操作，填写公众账号的基本信息，单击“完成”按钮，如图9-128所示。

12 提交信息后，弹出对话框，提示系统会在7个工作日内进行审核，如图9-129所示。通过审核前，用户无法申请认证，也无法使用公众平台群发功能和高级功能。

图9-126 单击"继续"按钮

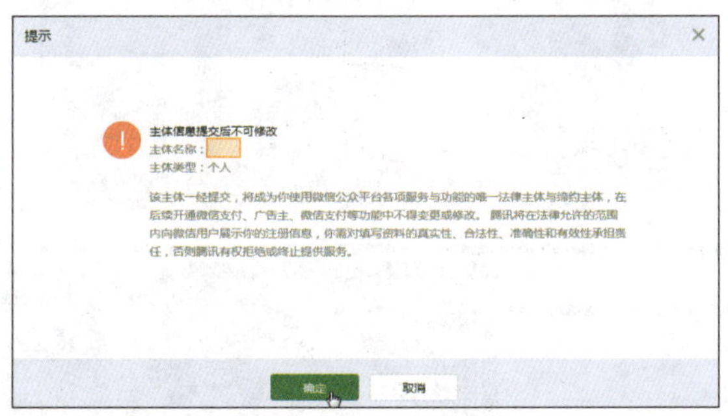

图9-127 单击"确定"按钮

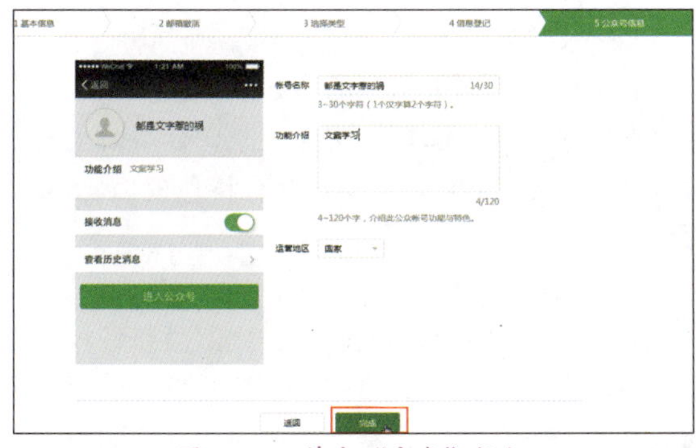

图9-128 单击"完成"按钮

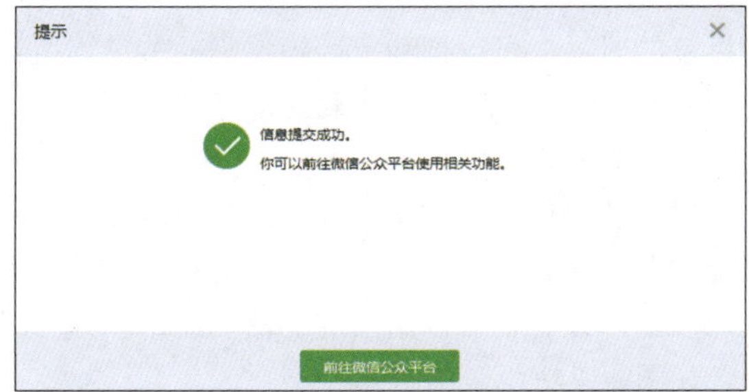

图9-129 信息提交成功

● 消息推送

企业公众号的个性及形象能通过推送的消息很大程度地体现出来。微信的订阅号每天可推送一条消息，而服务号只能每星期推送一条消息。

01 进入微信公众号编辑平台，单击左侧的素材管理选项，在图文消息选项卡下单击"新建图文消息"按钮，如图9-130所示。

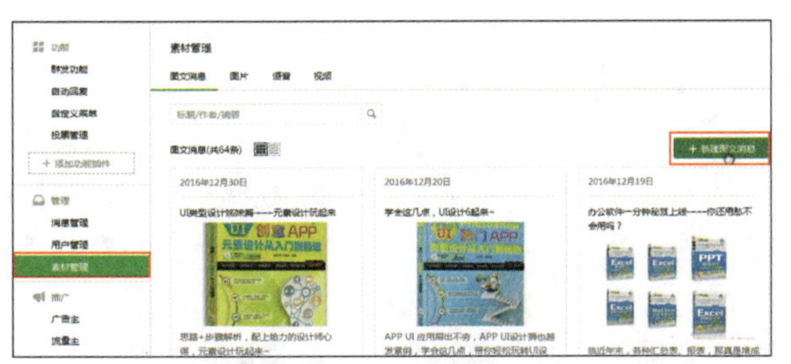

图9-130 单击"新建图文消息"按钮

02 在跳转的页面中编辑标题、作者、摘要、正文和原文链接，上传封面图片，如图9-131所示，完成后单击页面下方的"保存"按钮即可。如果想要预览页面也可单击预览，将会出现手机预览样式，如图9-132所示，单击"阅读原文"即可在手机样式里阅读全文。单击"保存并群发"按钮即可实现群发功能。

图9-131 单击"保存"按钮

图9-132 预览效果

2. 二维码营销

二维码营销相对来说要简单一些，但也并不是把二维码摆在那里让顾客去扫描就行了，总的来说二维码营销要注意以下几点。

- 提供一个值得扫描的理由

手机网站必须有足够的诱惑力，能解决顾客的问题，例如售后、优惠，还有其他大量顾客想阅读的信息。

- 必须要建立移动版网页

若顾客被吸引并扫描完二维码后，满怀期待地等待，却迟迟无法打开页面，好不容易打开，居然是电脑桌面版的网站，你的营销还有机会吗？移动版网页是必需的，必须选择专业的移动版网站平台提供商，整个网页必须为手机设备优化，能快速加载页面，并且适应不同的手机浏览器类型和屏幕大小。如果不能提供移动版网页，那么简单地放一段文字和微博链接等内容也比电脑版网站强。如果你不想那么费事做移动版网站，可以用草料的商用二维码，其本质就是一个为二维码扫描设计的，能够快速生成的移动网站，而且如果手上有素材，花5分钟就能搞定一个看起来很专业的移动版网站。

- 内容编排要简洁

不是有移动版网页就万事大吉了，要记住用户是有明确目的的，他们不想探索你复杂的手机版网站，他们需要立即在小屏幕中找到需要的内容。对移动设备的心理学调查表明，用户只喜欢一个维度的内容，稍微复杂的分类，用户就很可能关闭网页。所以，牢记一个原则：简单而清晰。

- 二维码的位置

你准备把二维码放在哪里呢？首先要考虑信号所能覆盖的地方，如果预先计划的电梯里没有手机信号，那么就转移别的阵地吧。高速公路上的广告牌？路边橱窗上的二维码？前者是为超人准备的，后者无法吸引行色匆匆的路人的注意力。比较靠谱的位置是餐厅的桌角、公交车站的灯箱以及电影院排队的地方等。

9.4.2 微博借力推广法则

微博推广是现在很多卖家都会选择的一种淘宝站外免费推广方式，新浪微博是中国目前最大的微博平台，它拥有数千万的活跃用户，包括名人和企业等众多主流人群，是淘宝店进行网络营销的最佳平台。

1. 设置微博账号资料

注册好微博账号之后，我们可以通过微博发布店铺相关信息，以此来吸引众多的潜在客户访问店铺。想做好微博营销，要先完善我们的账号资料。

- 微博昵称

微博昵称最好和店铺所卖的商品有关联性。如卖服装，微博昵称就可以写成“潮流服饰”，这样别人一看就知道你的微博是介绍服饰的，在后期微博里面发一些产品图片也是比较合情合理的。也可以采用与淘宝店铺一样的名字，这样方便潜在用户通过名字找到你。如果你的店铺已经具有一定的品牌效应，还可以申请新浪官方的微博机构认证，树立品牌形象的同时也更容易获得消费者的信赖，如图9-133所示。

图9-133 微博昵称设置

- 微博头像

头像设置方面最重要的是必须抓住眼球。这个要根据微博内容来选择，这样才能切合微博主题，可以选择店内的产品或者比较有特色的Logo来做头像。

- 微博描述

微博描述尽量不要太过广告化，微博资料也可以与网店完全一样，例如在个人简介里可以输入店铺地址和店铺介绍。让看过资料的人感到这个微博账户就是网店的官方账户，具备唯一性。在设置微博标签的时候，可以把淘宝店铺宝贝的关键词适当地嵌入2～3个，以便粉丝搜索到微博。

- 背景图片

微博背景图片也非常重要，建议用商品拼接成好看的图片作为背景，这样可以让消费者第一时间加深印象，或者也可以用当前的活动海报作为背景图，如图9-134所示。

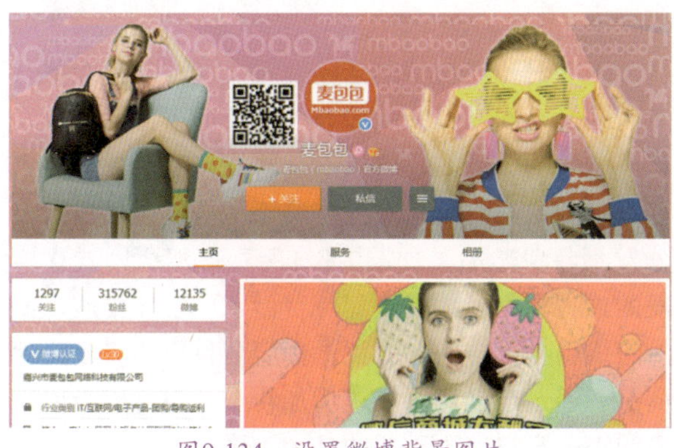

图9-134　设置微博背景图片

2. 微博推广的技巧

账号设置完成后，就是增加粉丝了，拥有足够的粉丝之后，我们要做的就是通过和粉丝的互动传播我们发的微博内容，提高微博的曝光度。

● 写高质量的微博内容

简练文字：微博140个字的容量，越精练越好。很多高度精练的一句话微博，转发量很高。原因是，简单的一句话背后，给广大粉丝留下广阔的讨论空间，如图9-135所示。

图9-135　简练文字

通俗语言：语言风格一定要与草根文化血脉相通，对吐槽、高富帅等微博热词要烂熟于胸、驾轻就熟，在微博上尽量少说官话、套话，只有说接地气的话，才能赢得粉丝的追捧和关注。

情感真挚：微博是一个几乎透明的平台，写微博时一定要投入最大限度的真诚。你的微博只有感动了自己，有宽阔的胸怀和娱乐精神，才能化解别人对自己的质疑。

善讲故事：写微博，跟说相声一样，要善于抖包袱，在140个字中最好能写出跌宕起伏来，把悬念和笑料留在最后，甚至在读完微博以后，还能留下想象和讨论的空间。如今微博上有许多的草根大号在这方面做得非常出色，能够化平庸为笑料。

结合热点：在微博上，几乎每天都会涌现热点话题、各种微博体。作为个人微博和官微如果适时地与热点结合，借助热点的“热度”，可以提高自己的曝光率和关注度。但是，切忌用微博做一些低俗、恶意的炒作。

用疑问句：微博是个可以发起热门话题、引发讨论的地方，因此用疑问句，可以把空间留给粉丝，激发粉丝的转发和讨论。在有限的文字里，用一些疑问句比长篇大论更容易引发网友的讨论，如图9-136所示。

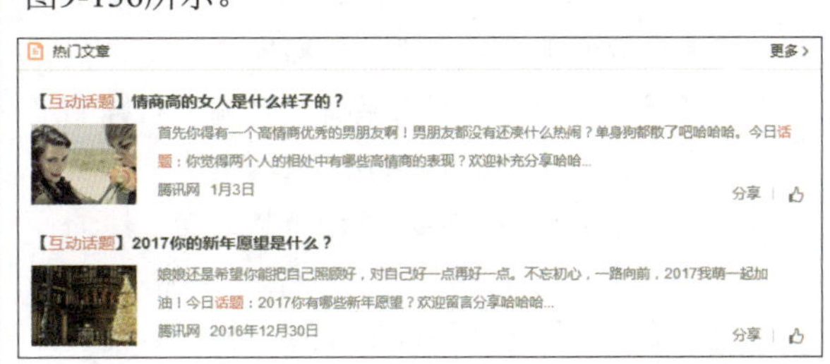

图9-136　疑问句

善用图片：有时一张图片，胜过千言万语。很多以图片为主的微博，只需要配上适当的文字，就可以很吸引人，如图9-137所示。

图9-137　善用图片

善用长微博：有时，微博140个字的容量，的确表达不了很深度的内容，因此出现了长微博、图片微博等工具，如图9-138所示。相比于在微博中加入文章链接，应用长微博和图片微博最大的好处是，不用离开微博页面，就能够看完全文，方便了用户。另外，用户一旦离开微博页面，转发的概率将大大降低，使用长微博相比加入链接，微博的传播效率会更高。

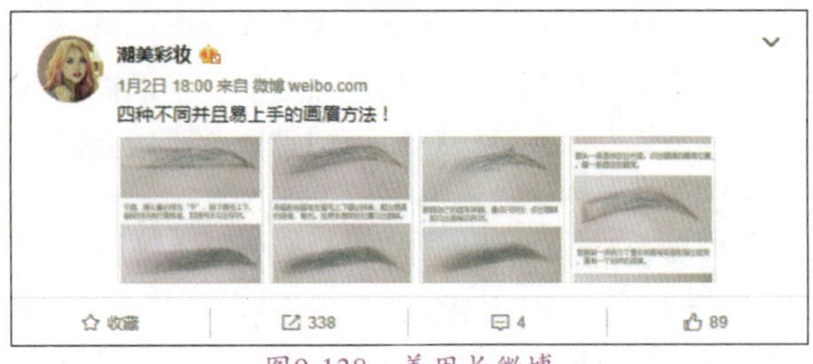

图9-138 善用长微博

● 发起话题

多发布些有争议的话题可以带动微博粉丝互动，同时可以使更多的人进来转播评论，这样就可以增加微博的转发量。因为微博上有淘宝店铺的地址，若有人觉得需要就会点击进入淘宝店铺浏览。笑话、美容养生和明星热点等话题是最受关注的，每天发十多个帖子，可以适当地在几个帖子中加入店铺链接。如果你的话题够新颖，能引起别人注意，那么你就成功了一半。

单击微博输入框下面的“插入话题”按钮，可以插入相关话题，如图9-139所示。如果有必要，还可以选择发布长微博。热门的话题会显示在新浪“热门话题”的话题榜中，如图9-140所示，最热门的话题参与讨论的人数可以多达数十万。

图9-139 插入话题

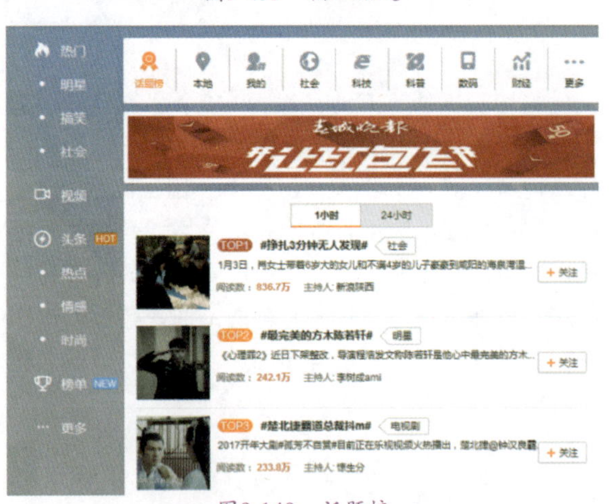

图9-140 话题榜

● 发起活动

充分利用好微博的活动发布页面，新浪微博有专门的活动发布页面，作为一个普通人，也可以发起同城活动。例如，可以发起转发有奖活动，要求粉丝在约定的时间里转发有奖活动，依照转发数目分发不收费奖品，如图9-141所示。那么网友在转发的过程中无形地就给你免费做了广告和推广，而对应成百上千转发的人群，你所要付出的只是几件商品。通过活动可以迅速增加粉丝，也可以吸引更多的潜在客户，更重要的是，微博扩大了市场。但是需要注意的是，新浪微博仅支持新浪认证用户发起“微活动”。

图9-141 “微活动”转发赢吊坠

● 宣布特价或打折信息

可以采用限时的商品打折或秒杀活动，定期或者不定期宣布一些商品促销活动，这种办法会给粉丝带去切合实际的让利，有意向的客户一定会关注你。在操作这些活动时，可以设定得到好处的客户只限于自己的微博粉丝客户，从而进一步扩张自己的粉丝群。而且，假如你保持定期让利，一定会有越来越多的听众主动关注你，其营销效果自然不言而喻。

● 加强与粉丝的互动交流

这一点至关重要，当有新的粉丝时，作为卖家，需要足够细心和有耐心，你可以回信给他们，感谢他们对你的关注。例如，如果你是卖女装的，当有人关注你时，你可以在第一封私信里这样写：十分感谢您对***网店微博的关注，在茫茫网络中，是缘分让你我通过微博认识。***网店是淘宝女装店铺，自运营以来，好评率达到100%。我们将在每周三、五通过本微博宣布秒杀和特价促销活动，期望我们能够为您的生活增姿添彩。旺旺：*****，淘宝地址：*****。像这样经过长期的交流，你的粉丝一定会忠实于你。

● 主动关注别人，寻找潜在客户

除了等待别人关注，还可以主动去关注别人，寻找潜在客户，微博标签会自动推荐和你具有相同标签的人让你关注。此外，还可以通过微博搜索来寻找目标客户。在微博搜索框中搜索与店铺产品相关的信息，在搜索结果中会推荐"相关用户"及"精选"内容，如图9-142所示。在这些微博下最有可能找到你的潜在客户，关注这些用户并且经常积极参与转发评论这些微博内容，也可以吸引粉丝。

图9-142 微博搜索

9.4.3 APP营销

APP营销是指应用程序营销，这里的APP就是应用程序application的意思。APP营销是通过手机、社区、SNS等平台上运行的应用程序来开展营销活动。

1. APP的类型

APP的类型很多，大体可以分为游戏APP和应用APP。我们到APP应用商店下载APP的时候，应用商店一般把APP分门别类，以方便下载，现在使用最多的应用APP类型有系统美化、生活社交、阅读教育、影音图像、理财办公、智能硬件六大类别。

2. APP应用举例

为了更好地理解APP，现在举例说明我们日常生活中总会遇到的几款常用APP。比如微信和手机QQ是腾讯公司推出的生活社交类APP；手机淘宝就是阿里巴巴公司推出的购物类APP；你的手机中可能还安装有手机助手类应用，比如360手机助手、豌豆荚等，这类APP就是系统安全和优化类APP；还有手机中看电影看电视的APP，比如爱奇艺、优酷手机端等，这些就是影音类APP。现在智能手机应用正处在高速发展的阶段，相信在不久的将来，越来越多的APP将会给我们的生活带来实质性的变化。

3. APP营销模式

不同的应用类别需要不同的模式，主要的营销模式有植入广告模式、用户参与模式和购物网站移植模式。

● 植入广告模式

在众多的功能性应用和游戏应用中，植入广告是最基本的模式，广告主通过植入动态广告栏的形式进行广告植入，当用户点击广告栏的时候就会进入网站链接，可以了解广告详情或者是参与活动，这种模式操作简单，只要将广告投放到那些下载量比较大的应用上就能达到良好的传播效果。

推广目标：提高品牌知名度，吸引更多用户注册。

流程三部曲：①获取受众。采用"铺面"+"打点"的形式，通过内容定向"铺面"和机型定向"打点"来进行受众定位。②吸引受众。手机上的"震撼"，高冲击动态广告栏，吸引受众眼球，引起受众好奇心理。③转化受众。"即点击，即注册"，用户点击广告栏，进入WAP网站了解详情，注册参与活动，广告主实时手机用户数据。

● 用户参与模式

这种营销模式主要的应用类型是网站移植类和品牌应用类，企业把符合自己定位的应用发布到应用商店，供智能手机用户下载，用户利用这种应用可以很直观地了解企业的信息。用户是应用的使用者，手机应用成为用户的一种工具，能够为用户的生活提供便利性。这种营销模式具有很强的实验价值，可以让用户了解产品，增强产品信心，提升品牌美誉度。

● 购物网站移植模式

该模式是基于互联网的购物网站，将购物网站移植到手机中，用户可以随时随地地浏览网站获取商品信息，进行下单，这种模式相对于手机购物网站的优势是快速便捷，内容丰富，而且这种应用一般具有很多优惠措施。

4. APP营销特点

利用应用程序APP进行营销活动，具有如下特点。

成本低，只有APP的开发成本。

高应用，直接被目标客户受用，而且免费。

强精准，无论是在提供服务的精准性还是用户的竞争性上都很强大。

持续性，一旦用户下载到手机成为客户端或在SNS网站上查看，那么持续性使用将成为必然。

促销售，有了APP的竞争优势，无疑增加了产品和业务的营销能力。

9.5 借助免费推广营销

对于资金有限的新手卖家而言，还有很多免费推广店铺的方式。

9.5.1 加入淘宝论坛

淘宝论坛是最具人气的淘宝店铺推广社区论坛，以淘宝网为依托，为网友提供发布信息的平台。板块围绕淘宝网开展，有淘宝买家的购物攻略和防骗技巧等，还有淘宝卖家的店铺促销，以及卖家经验、创业访谈和特色搜店、红人店铺等。

1. 发表帖子

在淘宝社区发表的帖子被加入精华帖，不仅可以获取更多的浏览量，还可以获得社区“银币”奖励。下面讲解发表帖子和回复帖子的方法。

01 登录淘宝网，在页面右侧个人头像下单击“论坛”链接，如图9-143所示。

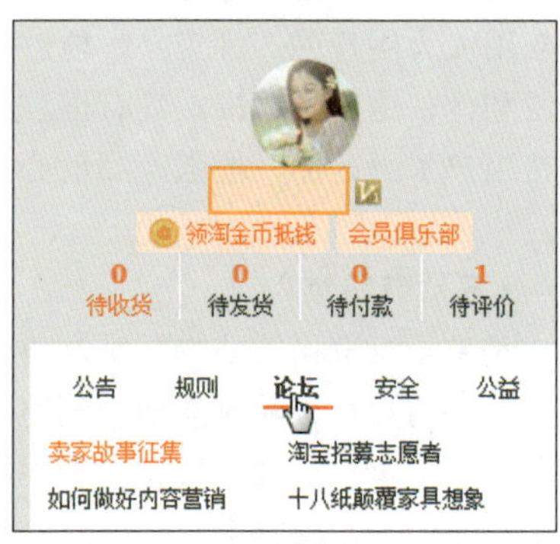

图9-143 单击“论坛”链接

02 进入“淘宝论坛”首页，在全部论坛下选择不同板块，这里以“淘宝杂谈”为例。单击“淘宝杂谈”板块，如图9-144所示。

03 进入“淘宝杂谈”板块，单击页面中的“发帖”按钮，如图9-145所示。

04 进入发布帖子的页面，输入帖子的标题及正文后，单击“发表”按钮即可发布帖子，如图9-146所示。

图9-144 单击“淘宝杂谈”板块

图9-145 单击“发帖”按钮

图9-146 发帖

2. 回复帖子

除了发表新帖外，还可以对别人所发的帖子进行回复。单击帖子标题，阅读帖子正文，右上角会出现一个“发表新帖”对话框，单击“回复”按钮，如图9-147所示。跳转到快速回复区，在文本框中输入回复内容，单击“立即回复”按钮即可，如图9-148所示。

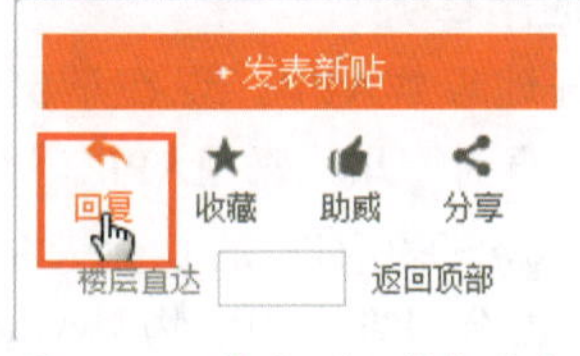

图9-147 单击“回复”按钮

图9-148 单击“立即回复”按钮

9.5.2 站外搜索引擎优化

搜索引擎是指根据一定的策略、运用特定的计算机程序从互联网上搜集信息，在对信息进行组织和处理后，为用户提供检索服务，将用户检索到的相关信息展示给用户的系统。搜索引擎优化是指利用搜索引擎的搜索规则来提高当前网页在有关搜索引擎内的自然排名的方式。

淘宝网店进行站外搜索引擎优化，能提高网民搜索的概率。第一步就是将店铺相关的网页提交给搜索平台进行收录，如百度和搜狗等。下面以百度搜索为例，讲解如何提交链接。

01 在浏览器的地址栏中输入：http://zhanzhang.baidu.com/linksubmit/url，进入页面，如图9-149所示。

图9-149 进入页面

02 填写链接地址，这里的地址可以是店铺首页的地址，也可以是活动页地址，单击“提交”按钮，如图9-150所示。

图9-150 单击“提交”按钮

03 弹出对话框，提示登录百度账号，输入账号名和密码，单击“登录”按钮，如图9-151所示。

04 弹出对话框，单击“确定”按钮，如图9-152所示。

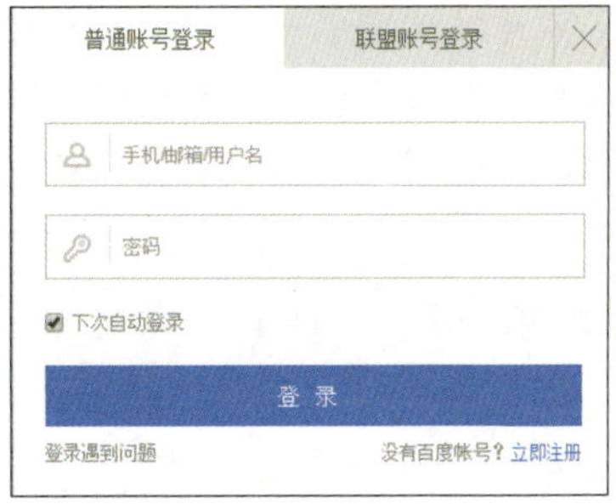

图9-151 登录百度账号

图9-152 单击“确定”按钮

TIPS 搜狗的提交入口网址为http://www.sogou.com/feedback/urlfeedback.php。

9.5.3 分类信息网站推广

各大城市都有所属的分类信息网站，招聘、求职、二手买卖等，都可以在这些网站自由发布信息，因此这些网站也是免费宣传的好去处。目前比较常见的分类信息网站有“58同城”“赶集网”“口碑网”等。

例如，要在58同城上发布一条关于网店的信息，可以按如下步骤进行操作。

01 进入58同城（http://cs.58.com），单击页面上方的“注册”链接，如图9-153所示。

图9-153 单击“注册”链接

02 按页面提示完成账号注册，单击“免费发布信息”按钮。选择要发布信息的类别，单击相应项目继续，如图9-154所示。

03 详细填写基础信息、特色描述、联系商家等信息。在特色描述中可以输入店铺网址、插入商品图片等信息，在联系商家中可填写店铺的联系方式。信息填写完整后，单击“开通店铺并发布信息”按钮，如图9-155所示。

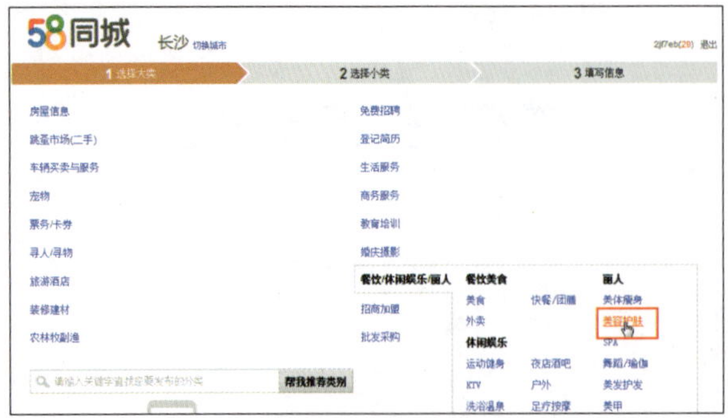

图9-154　选择类别

图9-155　单击“开通店铺并发布信息”按钮

04 提示信息发布成功，如图9-156所示。单击“查看信息”按钮即可查看，还可以将信息发送到微博、空间、个人、豆瓣等网站获得更多的展现和点击。

图9-156　发布成功

9.5.4　百度推广

百度旗下的“百度贴吧”和“百度知道”都是很强大的免费推广平台，只要应用得当，可以为店铺带来不少流量。

1. 百度贴吧

百度贴吧的推广方式很简单，只要进入相关贴吧发帖即可，如图9-157所示。但是要注意大多数有人气的贴吧对广告帖管理都比较严格，发帖的时候注意内容不可太过于张扬。发帖是有技巧的，可以先介绍一些相关知识或者经验，然后在末尾或签名档处留下店铺或者产品名称，这样不但可以避免被吧主删帖，还可以间接增加其他用户浏览此帖的概率。

图9-157　百度贴吧

2. 百度知道

利用“百度知道”进行店铺推广，是一种主动的营销方式，卖家可以在“百度知道”中查看相关问题，对问题进行技巧性的回答。

01 进入“百度知道”页面，单击“我要提问”按钮，如图9-158所示。

图9-158　单击“我要提问”按钮

02 在新打开的页面中输入问题说明，并单击“提交问题”按钮，如图9-159所示。

图9-159　单击“提交问题”按钮

03 还可以对与店铺相关的问题进行回复。单击“问题”选项卡下的“全部问题”链接，如图9-160所示。

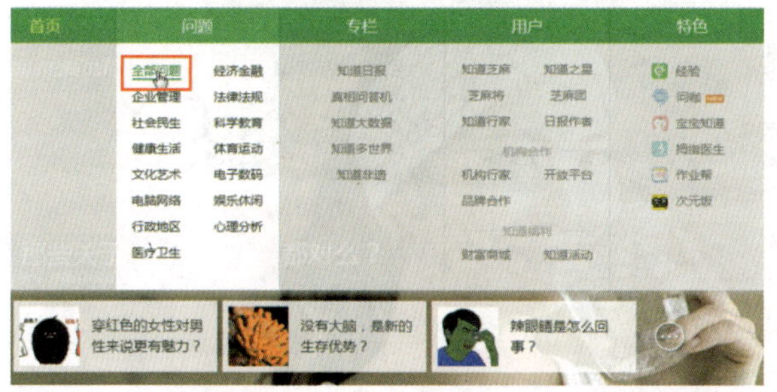

图9-160　单击“全部问题”链接

04 在“新提问”下的搜索框内输入与店铺相关的词语，如女装，然后单击“筛选”按钮，如图9-161所示。

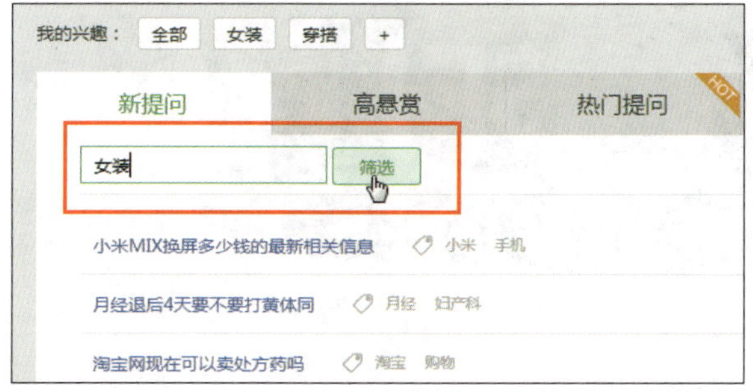

图9-161　输入搜索内容

05 在新的问题列表中选择一个与宝贝相关的问题，如图9-162所示。

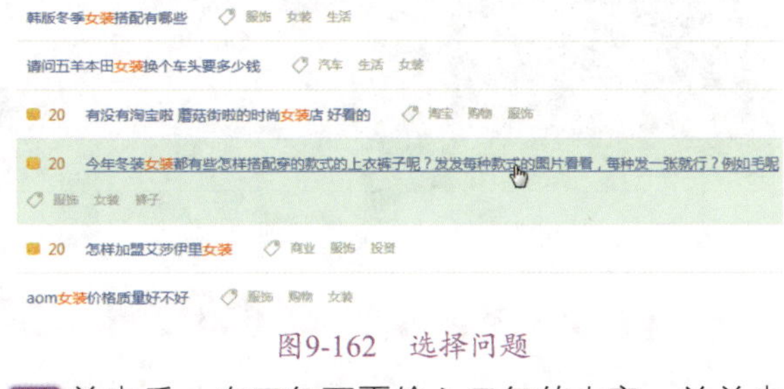

图9-162　选择问题

06 单击后，在回复页面输入回复的内容，并单击“提交回答”按钮即可，如图9-163所示。

图9-163　回答问题

一本就够

第10章 留住顾客，还看物流与客服

网上开店就一定会用到客服与物流，这也是所有工作链中的重要一环。通过专业的团队把顾客看上的宝贝送到顾客手中，是每个网店都必须面对的问题。如果把购物当成一次旅行，那么物流与客服就好比乘坐的旅行工具与该旅行设备上的服务人员。出色的发货速度与客服能给买家提供优质的购物体验，才能期待有更长远的合作和发展。

10.1 了解评分的重要性

在收到宝贝时常常会看到有好评返现或好评赠礼等促销券，好评真的有这么重要吗？还有经常会讨论的店铺的成长等级，如三颗星、五金钻等，这些评价标准是什么？至于动态评分，又与店铺有什么关系呢？这一节我们来了解淘宝评分的重要性以及评分规则。

10.1.1 店铺信誉积分

不论是买家还是卖家，只要在淘宝网上成功交易一次，就有机会对对方进行信用评价。

1. 什么是信誉积分

淘宝评价分为“好评”“中评”和“差评”三类。每种评价对应一个信用积分，具体为“好评”加一分，“中评”不加分，“差评”扣一分。然后这些评价累计在一起，构成卖家/买家的信誉积分，并在淘宝网上进行评价积分显示，最终形成店铺的信誉度。

进入淘宝网的任意店铺，都会在左上角看到店铺的信誉度，如图10-1所示。该店铺的信誉度为1颗钻。

图10-1　店铺信誉度

作为淘宝卖家，其信誉度有20个级别，分别为一星到五星，一钻到五钻，一颗蓝色皇冠到5颗蓝色皇冠，最后是一颗金色皇冠到五颗金色皇冠，每个等级对应的分数如图10-2所示。

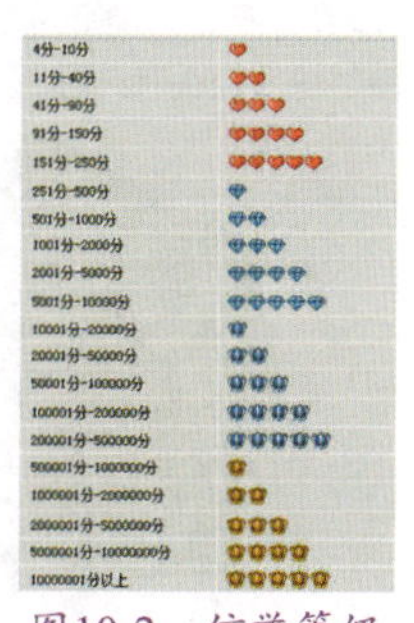

图10-2　信誉等级

2. 信用积分规则

除了相应的评价对应相应的分数之外，在评价期间（即交易成功后的15天内），若双方都未给予评价，则信用积分不变；若评价人给予好评而对方未在15天内给其评价，则评价人信用积分增加1分。

自交易成功之日起180天内，买家可在做出信用评价后追加评论。追加评论的内容不得修改，也不影响卖家的信用积分。

评价人可在做出中、差评后的30天内，对信用评价进行一次修改或删除。30天后评价不得修改。

更多评价规则参考淘宝网——规则——基础规则——淘宝网评价规则。其入口为登录淘宝网首页，在右侧会员头像下单击“规则”链接，如图10-3所示。

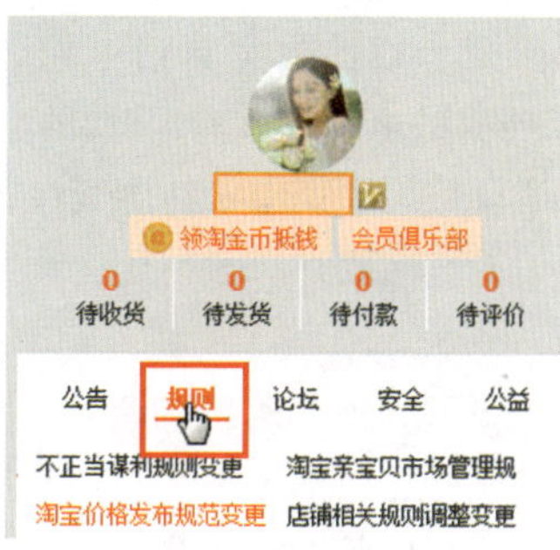

图10-3　单击“规则”链接

10.1.2 DSR动态评分

DSR即Detail Seller Rating的简称，中文名即卖家服务评级系统。

1.DSR的含义

买家在淘宝网交易成功后，可以对本次交易的卖家进行如下四项评分：宝贝与描述相符、卖家的服务态度、卖家的发货速度和物流公司的服务。物流公司的服务评分不计入卖家的店铺评分中，所以前三项就构成了店铺的动态评分，即DSR评分。每项店铺评分取连续六个月内所有买家给予评分的算术平均值。

DSR显示在店铺中的位置如图10-4所示。其中有很多活动是要求店铺的DSR值必须达到一个分数值才能参加的。比如参加天天特价的活动，淘宝规定其DSR值不能低于4.7分；而DSR评分低于4.5分就基本上要关店整顿了。

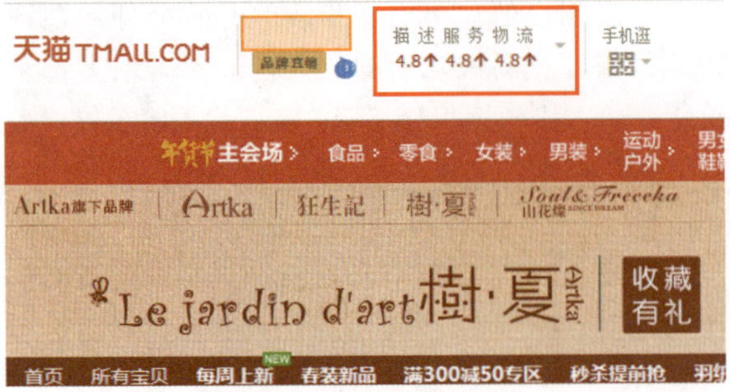

图10-4　页面显示DSR值

2. 如何提高商品描述的评分

要想提高商品描述的评分，首先要还原物品的真实度。商品的展示图片既要美观但又不能不切实际，所以最好采用实物拍摄，这样才不会让顾客心里有太大的落差。在图片和文字上要尽可能突出卖点，加入夸张一点的视觉营销增加顾客的想象力，比如会呼吸的鞋。这个鞋子真的会呼吸吗？当然不会，这只是为了突出它的透气性，所以，你卖的这个鞋子透气性要好，才不会让顾客心里产生落差感。

3. 如何提高卖家服务态度的评分

这个服务就好比当你走进营业厅或是走进某一餐厅，服务人员让你感觉到的服务态度。当然网上购物与线下实体店的体验又有所不同，服务人员的态度通过对话、文字和符号体现出来。所以要想让买家有好的购物体验，对买家的问题要及时而快速地回复，多用让人感到亲切的词，如亲、嗯呢、好的呢；具体问题要具体分析，总之简单明了又亲切可爱是客服们需要塑造的形象之一。另外还需要付出足够多的耐心和细心为客户分析问题和解决问题，才能获得顾客的好感。

4. 如何提高发货速度的评分

发货速度应该与我们对顾客所承诺的时间点一致，即你家的宝贝是每天上午发货还是下午发货，就应当在第一时间给付款成功的宝贝打包，上传发货单。千万不能漏发或是错发，如果有这种情况出现，应当及时与顾客取得联系，节假日订单多忙不过来的情况下也应及时说明。虽然物流速度不能保证，但发货速度是可以保证的。而且当顾客问及多少天才能收到货品时，也要及时而礼貌地回复。

10.2　如何选择合适的物流

物流不仅仅是将商品发出去而已，合适的快递、好的包装都决定了买家对本次购物的满意程度。

10.2.1　商品包装

网上交易，商品需要经过快递公司才能到达顾客的手中，要保证商品的完好无损，给买家留下专业的印象是商品包装的关键。

1. 外包装

外包装是指商品最外面一层的包装，一般快递公司都会提供相应大小的包装袋，除此之外，常见的还有纸箱和编织袋等。

纸箱：这是一种比较普遍的包装，其安全性强，可以有效地保护物品，需填充一些报纸或纸屑来对外界冲撞产生缓冲作用，缺点是增加了重量，运费也就相应增加了。图10-5所示为纸箱的图片实例。

图10-5　纸箱

布袋或编织袋：常用材料有棉布和尼龙，最好能够防水。袋装的优点一是成本低，二是重量轻，可以节省运费；缺点是对物品的保护性比较差，只能用来包装质地柔软且耐压耐摔的宝贝。图10-6所示为编织袋的图片。

图10-6　编织袋

2. 中层包装

中层包装指的是产品和外包装之间的空隙填充材料。常见的有气泡膜、珍珠棉、海绵和泡沫块等，这些是比较正规的填充物；有时为了简易、方便，也可以使用一些废旧报纸作为填充物。

泡泡袋/气泡膜：其优点除了价格相对较低、重量轻以外，还可以较好地防止挤压，对物品的保护性相对比较强，如图10-7所示。

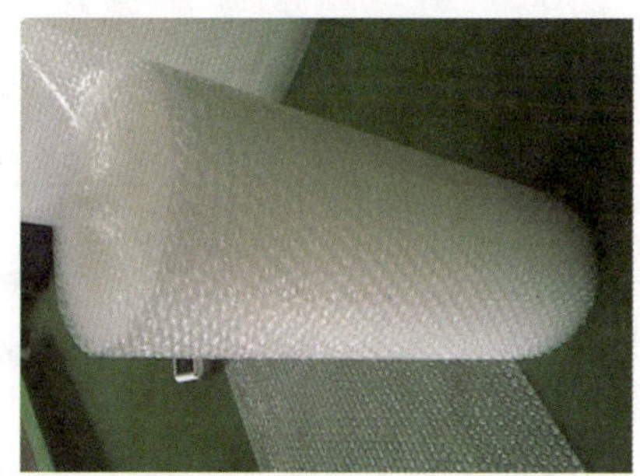

图10-7　气泡膜

珍珠棉/海绵：可以防刮、防潮、防震，作用类似于泡沫块，如图10-8所示。

图10-8　珍珠棉

其他填充物：除了前面讲到的填充物之外，还有一些比较廉价的填充物，主要通过占据空隙起到防滑、防震作用，如泡沫块和报纸等。

3. 内包装

内包装是指接近宝贝本身的那层包装材料，一般的商品厂家都会提供商品的内包装，若没有内包装，可以选择OPP和PE两种材料的自封袋。

OPP自封袋：保持商品整洁，避免灰尘、杂物影响商品的新旧程度以及美观性，如图10-9所示。

图10-9　OPP自封袋

PE自封袋：一般在开口处都有一条相当于拉链的凹凸带，材质柔软，韧性较好，不易破损，可以反复使用，如图10-10所示。

图10-10　PE自封袋

10.2.2　收送范围

每家快递的收送范围及服务网点都不同，为了使快递能顺利地到达买家手中，可以在发货前查询收送范围或服务网点，查看选择的快递是否能到达买家所在地址。下面以顺丰为例，讲解查询收送范围的操作。

01 百度搜索顺丰速运，进入网站，单击“收送范围查询”按钮，如图10-11所示。

图10-11　单击“收送范围查询”按钮

02 跳转页面，单击输入框，如图10-12所示。

图10-12　单击输入框

03 在展开的列表中选择收件地区，这里以湖南娄底为例，如图10-13所示。

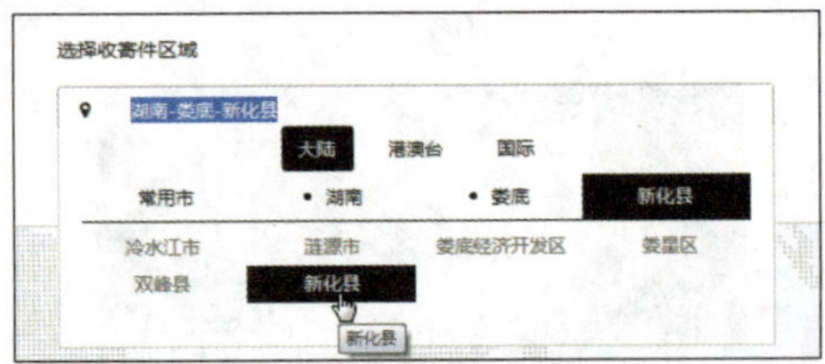

图10-13 选择收件地区

04 单击“查询”按钮即可显示出正常收送地区与不服务地区，如图10-14所示。

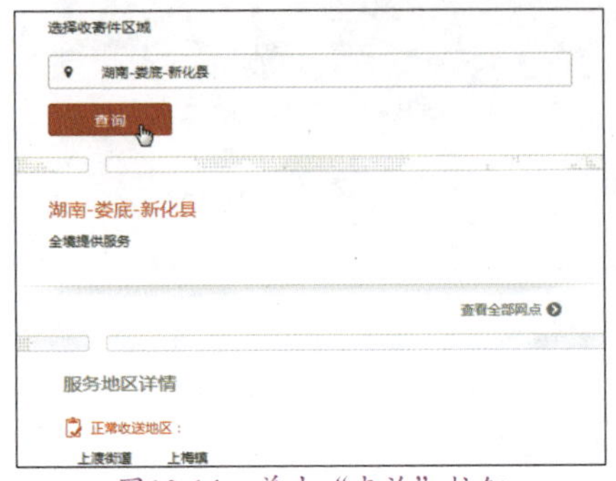

图10-14 单击“查询”按钮

10.2.3 淘宝物流

在淘宝上可以直接在线预约寄快递，也可以跟踪物流信息。还可以分析店铺的物流数据，以此为准来优化物流。

1. 物流跟踪

在“卖家中心”页面单击“物流管理”应用下的“智选物流”链接，如图10-15所示。

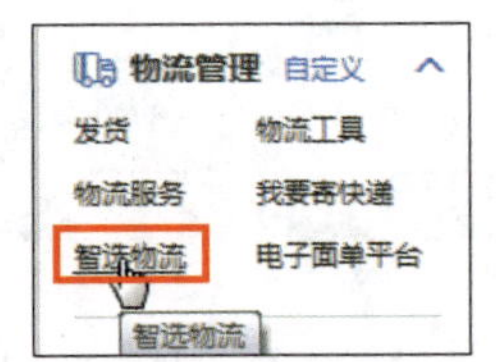

图10-15 单击“智选物流”链接

在顶端单击“物流监控”选项卡，在搜索框中输入订单编号，单击“查询”按钮，如图10-16所示，即可查询即时订单物流详情。

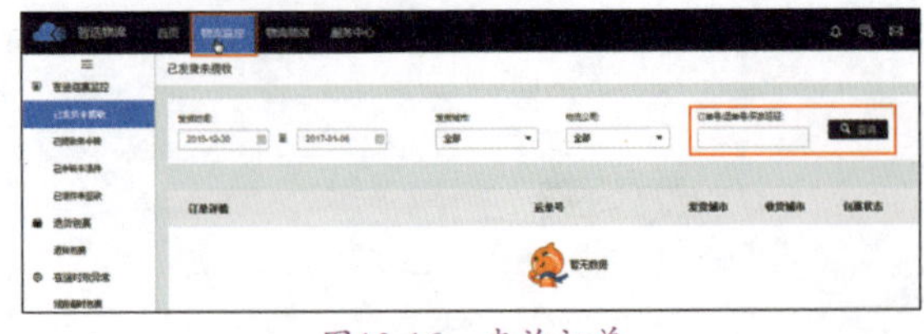

图10-16 查询订单

2. 预约寄件

在“卖家中心”页面单击“物流管理”应用下的“我要寄快递”链接，如图10-17所示。

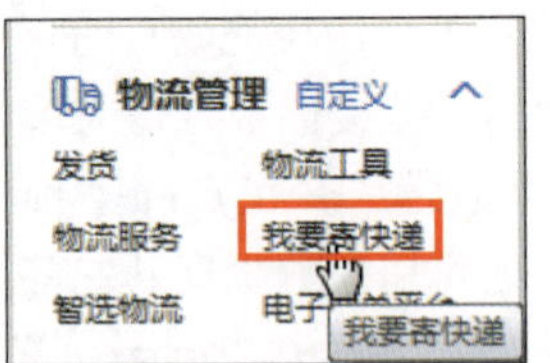

图10-17 单击“我要寄快递”链接

在右侧界面中填写寄件人与收件人信息，单击“下一步”按钮，如图10-18所示。

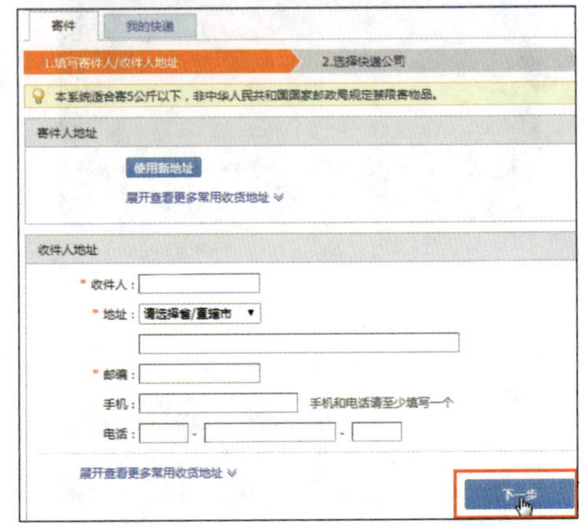

图10-18 单击“下一步”按钮

在上方选择快递公司，然后单击“确认预约”按钮，如图10-19所示。

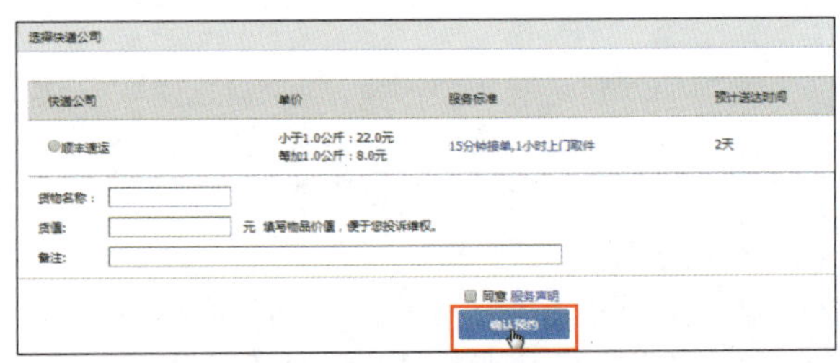

图10-19 单击“确认预约”按钮

3. 物流分析

在“卖家中心”页面单击“智选物流”链接，如图10-20所示。进入智选物流首页，单击“物流绩效”选项卡，能查看到物流的相关数据分析，如图10-21所示。

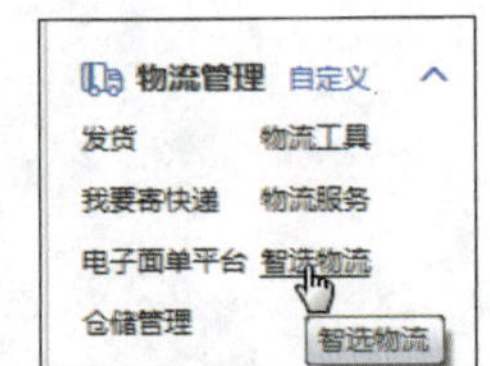

图10-20 单击“智选物流”链接

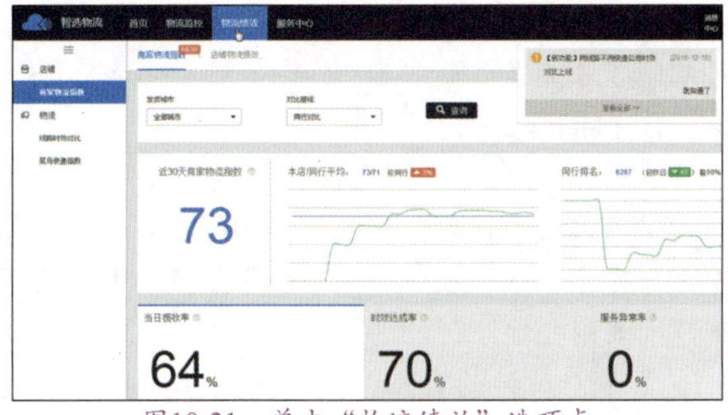
图10-21 单击“物流绩效”选项卡

10.2.4 物流服务

1. 电子面单

电子面单服务，是指由快递公司向卖家提供的一种通过热敏纸打印输出纸质物流面单的物流服务。

01 在“卖家中心”页面单击“物流管理”应用下的“电子面单平台”链接，如图10-22所示。

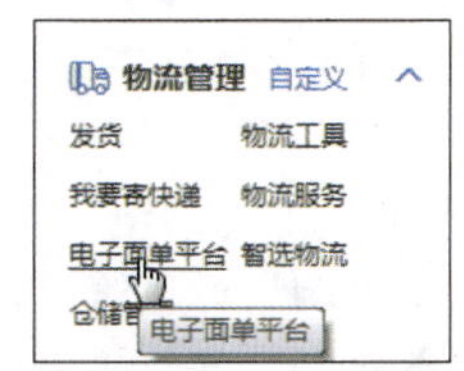

图10-22 单击“电子面单平台”链接

02 在右侧选择一种运营商，单击“申请”按钮，如图10-23所示。

图10-23 单击“申请”按钮

03 填写信息，单击“确认”按钮，如图10-24所示。

图10-24 单击“确认”按钮

04 等待审核，如图10-25所示。也可以单击“我的服务商”链接查看审核结果。

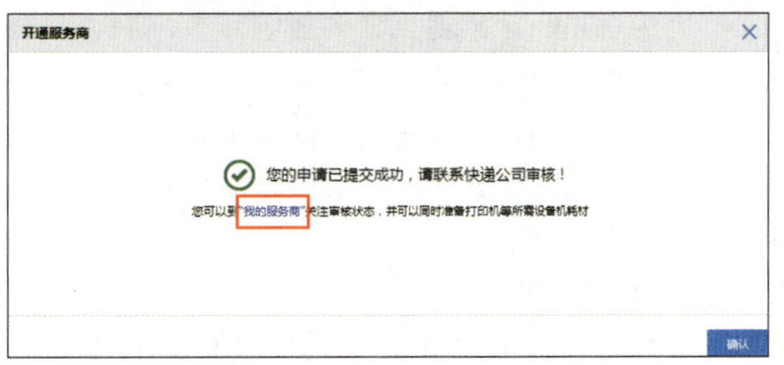

图10-25 单击“我的服务商”链接

2. 货到付款

货到付款是卖家提供的先验后签服务，符合买家先验货后付钱的心理需求，大大降低了购买门槛，是一种安全、方便、时尚的物流支付方式。

货到付款需要信用等级达到1钻以上或是商城卖家才能够订购。在“卖家中心”页面单击“物流服务”链接，如图10-26所示。在右侧服务列表中选择“货到付款”选项，单击“立即订购”按钮，如图10-27所示，订购即可。

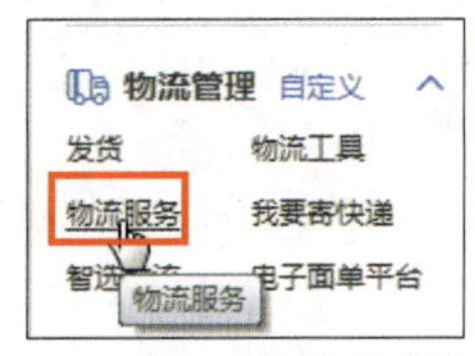

图10-26 单击“物流服务”链接

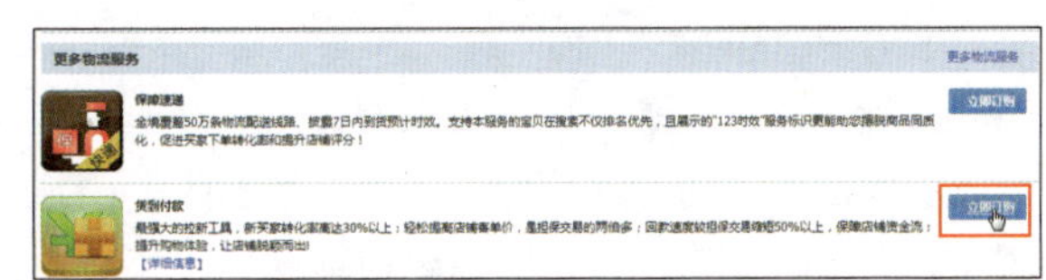
图10-27 单击“立即订购”按钮

10.3 如何打造金牌客服

网店客服通过网络为客户提供解答和售后等服务。从卖家角度讲，旨在让淘宝掌柜更高效地管理网店，及时把握商机，从容应对繁忙的生意。从买家角度讲，一个优秀的客服能给前来咨询的顾客留下良好印象；通过专业的解答，能给予顾客购买的信心；通过耐心的售后，能引导买家给店铺好评。无论从哪个角度，都是为了更好地服务客户，使店铺获得良好信誉，从而长久经营下去。

10.3.1 学会分析客户类型

因为性格、年龄等因素的影响，客户的类型有很多种，要学会分析客户的心理特征，巧妙应对从四面八方涌入的顾客，用不同的话语和对策俘获客户的心。下面总结几种客户类型及应对方法，帮助你提升客户下单率。

1. 外向型买家

外向型买家一般做事都很有自信，凡事亲力亲为，不喜欢他人干涉。如果他意识到做某件事是正确的，那他就会比较积极爽快地去做。遇到果断型、性格外向的买家要赞成其想法和意见，不要争论，要善于运用诱导法将其说服。在向他们推荐商品或服务时，要让他们有时间讲话，研究他们的目标与需要，注意倾听他们的心声。

2. 随和型买家

这一类买家总体看来性格开朗、容易相处、内心防线较弱。他们容易被说服，这类买家表面上是不喜欢拒绝别人的，所以要耐心地和他们交流。

3. 优柔寡断型买家

有的买家在店主解释说明后，仍然优柔寡断，迟迟不能做出购买决定。对于这一类买家，店主要积极耐心并多角度地强调商品的特征。在说服过程中，店主要做到有根据、有说服力。

4. 小气型买家

喜欢贪小便宜是小气型买家的最大特征。买东西老嫌贵，还特别喜欢砍价。应对这种买家，跟他套交情是最佳做法。首先应该热情地向他打招呼，赞美他，并且要提醒他占到了便宜。

5. 稳重型买家

个性稳重的买家是比较精明的。他们注意细节，思考缜密，决定迟缓并且个性稳重不急躁。对于这种类型的买家，无论如何一定要想方设法让他说服自己，否则他便不会做出购买决定。不过，一旦赢得了他们的信任，他们又会非常坦诚。

6. 心直口快型买家

有的买家或直接拒绝，或直接要某个商品，一旦做出购买决定，绝不拖泥带水。对待这种买家，店主要以亲切的态度，顺着买家的话去说服。答复速度尽量要快，介绍商品时，只需说明重点，不必详细说明每个细节。

7. “慢性子”型买家

这种买家正好与“急性子”相反。如果碰到“慢性子”的买家，千万不能心急，只有耐心回答他的问题才能赢得赞赏。

8. 挑剔型买家

喜欢挑剔的买家，往往认为店主介绍的真实情况是言过其实，总是持不信任的态度。对待这种买家，店主不应该反感，更不能带“气”来反驳买家，而要耐心地倾听，这是最佳的办法。

而对于难缠的客户，并不是要“对抗”，而是消除、解决和合作，并将最难缠的客户转换为最忠实的客户。客户的难缠，不管有没有道理，若能从难缠中仔细深入探讨，通常可以发现一些不足之处。客户在难缠过程中所提出来的建议，也许可直接采用，也许需经修改或转化才可采用，但也能对网店的销售和提升有益。

对待不同类型的买家，应采取不同的接待和应对方法。只有这样，才能赢得买家的信赖。

10.3.2 规范对客户的用语

淘宝客服不同于传统的电话客服，有他自己的语言。先不讨论“淘宝体”给人们生活带来的影响，就“亲”这个词，人们已经由最开始的反感抵触慢慢变成生活中打交道的普通词汇，这真的要感谢淘宝客服的大力推广。那么在与客户打交道的过程中，淘宝客服还有哪些需要注意的规范用语呢。

1. 接待开场白

亲，您好，很高兴为您服务，有什么可以为您效劳的呢？

亲，您看中的这款宝贝是有现货的呢，现在全场做活动，满减活动，您看一下。（推出活动特款）

2. 是否有货?

亲，您看中的这款宝贝是有现货的呢，您可以放心拍哦O(_)O~

亲，非常抱歉这款宝贝已经没有现货了呢，您可以看一下这款哦，两款宝贝的质量都是非常不错的，款式和价格也相差不多呢。

3. 什么时候发货?

亲，您拍下后42个小时内就可以为您安排发货的呢。

4. 发什么快递?

亲，默认是发韵达快递哦，您这边可以收到韵达的货吗？韵达不到的地方我们可以为您安排发EMS，EMS是全国通达的，但是EMS是不包邮的呢，需要您补邮费10元（发顺丰的一样要补邮费20）。

5. 什么时候到货?

亲，一般韵达发货以后3天左右可以到货的呢，您收到货以后可以仔细检查一下，如有任何质量问题，7天内可以无条件退换货，邮费也不用承担。（顺风一般两天内到货，偏远地区会延迟到货时间）（EMS一般3～5天到货，偏远地区7天左右到货）

6. 可以便宜一点吗?

亲，非常抱歉，我们的定价已经是最低销售价格了呢，没有办法再优惠啦~~~

7. 质量问题

亲，我们是商城正品，质量都是有保证的，您这边可以完全放心拍下哦。

8. 结束语

亲，非常感谢您的惠顾，我们这边会在第一时间为您安排发货的哦，请您耐心等待一下收货，如果有任何问题请您及时联系我们客服为您处理~~祝您购物愉快。（可以加些表情）

9. 退换货问题

亲，7天内是可以无条件退换货的，质量问题退换货邮费都是我们为您承担，如果是非质量问题呢，您退回来的邮费以及我们给您换货发出的邮费是由您承担的哦。

10. 包邮吧

亲，只有符合我们的包邮条件才能给您包邮哦。

11. 实物和图片有差异

亲，我们店铺的图片都是实物拍摄的，没有经特别的PS处理，但是图片拍摄过程中由于光照原因的影响可能会造成实物和图片有一点差异，但是请您放心差异肯定是非常小的呢，基本都是一样的哦。

12. 什么材质的?

根据宝贝的材质如实回答，同时说明产品特点。

13. 会不会褪色? 清洗是否方便?

亲，是非常好清洗的，第一次洗的时候会有点未染上的颜色褪下来，就像我们把上面的灰尘等洗掉，但是第二次开始就不会有这种现象了哦，您可以完全放心，而且您洗过以后宝贝的色泽都不会有任何变化的。（根据不同材质进行说明，告知客户清洗需要注意的地方，比如羽绒被只能干洗等。）

14. 有什么赠品?

参考用语1：亲，我们这边会赠送您精美的包装盒子哦！（如果有其他的赠品一起说了~~~）

参考用语2：买家抱怨或者不满时

您好，是有什么问题让您不满意了吗？如果是我们或快递公司的原因给您造成不便，我们很抱歉给您添麻烦了！您可以把您遇到的状况叙述一下吗？

15. 物流问题

亲，非常抱歉，最近物流比较繁忙，发货比较慢（容易出错），您这边先不要着急，我先联系一下快递公司询问一下具体情况好吗？然后根据具体情况具体解决。

如果遇到发货的物品被安检部门没收的情况，应首先跟快递公司协商，并确认责任人，让快递公司赔偿损失。其次跟客户联系，协商一下事情的处理方法（退款、换货、赠礼品），保证客户得到满意。

16. 产品使用中的售后问题

客户购买产品后，在使用中出现了问题，就会对客服进行抱怨。这时客服人员首先要做的是先稳定客户情绪，然后详细询问客户遇到的状况，并详细记录下来，分析出现问题的原因。如果找不出问题发生的原因，就要一一排除不可能出现问题的状况。要对客户耐心，细心地解答客户的疑问。多用笑脸表情，让客户真正体会到你是在诚心诚意地为他解决问题。

这里要注意一下：在客户投诉的产品使用问题上，很多是因为客户不懂得如何操作而断然地认为是产品质量出现问题！所以客服人员首先要安抚客户，详细询问状况，之后要耐心地讲解产品的使用步骤和方法！让客户认识到不是产品的质量问题，而是自己的原因！还要告诉客户以后遇到任何问题都可以再来找我。这也是维系老客户很好的方法！

- 质量问题（发错、质量问题）退换货

亲，请您放心哦，如果是我们的质量问题，这边一定会为您处理好的，您需要配合一下，请您拍张有质量问题处的图片发给我们，好吧？

A确认质量问题退：亲，您要退是可以的，请您这边先给我寄回来，在您寄回来的包裹里面放上一张纸条，上面备注好您的订单编号、姓名、联系电话、注明质量问题退货，您退回的邮费请您先垫付，我们收到货以后为您退款，同时退您垫付的邮费10元。

B确认质量问题换：亲，您要退是可以的，请您这边先给我寄回来，在您寄回来的包裹里面放上一张纸条，上面备注好您的订单编号、姓名、联系电话、注明质量问题换货，您退回的邮费请您先垫付，我们收到货以后为您更换发货，同时退您垫付的邮费10元。

● 非质量问题退换货

买家退回来的邮费由买家自己承担，同时如果是换货的话，买家要支付我们更换以后发过去的邮费。

在遇到客户要求退换货时，先不要去追究谁的责任，此时客服说话语气要温和，先让客户的情绪稳定下来。之后再询问客户遇到的情况，详细记录下客户要求退换货的原因。分析问题出在哪里，责任方是哪里。并让客户对产品进行拍照后发电子图片给我们。经过协商后要对退货产品进行备案并注明退货原因。

● 售后查询物流

每天由固定的客服查询发货三天还未成交的订单，对于显示派送、显示签收、显示物流有异常的三种情况进行处理。

显示派送：亲，您好，您在我们店铺购买的宝贝已经到达您的所在地了，快递人员会在近期为您安排派送，请您保持通信畅通，注意查收包裹，收到以后请您仔细检查哦，如果有任何问题，请您及时联系我们在线客服为您处理，如果对于收到的包裹满意，请不要忘记给我们做一个全五星的评价哦~

显示签收：亲，您好，您的包裹已经显示签收了呢，对于您收到的宝贝，您还满意吗？满意的话，不要忘记给我做一个全五星的评价哦，后期如果有任何安装使用上的问题请您及时联系我们在线客服为您处理哦，再次祝您购物愉快~~

显示物流有异常：联系物流查询一下具体是什么原因异常，然后根据不同情况及时给客户留言。

● 回评

根据客户的评价进行回评，维护公司的形象和产品的优质，对于有意见的客户及时收集客户的意见，对公司发展有益的建议采取，估计有损公司形象和产品的要坚决地回评。态度要有理并且坚定。

10.3.3 增强销售专业技巧

虽然销售的关键在于产品，但是良好的沟通销售技能可以让顾客产生购买欲，只要戳中顾客内心的点，即使再难缠或是犹豫不决的顾客都能轻松搞定。一些开店的经验告诉我们，掌握一定的销售专业技巧，不仅有利于提升团队的好感度，还能无形之中形成一股品牌力量，提醒消费者产品的品质高和服务质量好。

1. 提高产品专业知识

作为一名淘宝客服，首先要非常熟悉自己家的产品，当顾客提问是什么材质时，要能准确地回答出来；当顾客提问产品的使用说明时，要非常流畅地讲出每一个步骤；当使用过程中遇到问题时，要能及时看到问题的关键所在并给予相当明了的建议。提高产品专业知识的途径有以下几点。

● 多了解产品

对于刚刚接触淘宝工作的客服，首先要从了解自己的产品开始。拿到产品说明书，多翻阅、多记录，遇到问题时还可以多询问身边的同事。通过查阅、翻看、记录和询问，在头脑里形成一个初步的概念，能流利并完整地口述出宝贝的运行原理和操作流程。

● 亲身实践

了解产品之后，还应该亲自试用产品以进一步加深对产品的熟悉程度。启动每一个操作步骤，并能用专业的名称描述产品周身的零件和组成部分。比如空气净化器，它的净化原理，它的使用说明以及它内部的结构，都需要清楚地知道。比如它的卖点是能杀甲醛，为什么能杀甲醛？甲醛又是什么？了解这些也是客服工作人员的基本工作之一。

● 收集并整理顾客疑问

除了自己主动了解产品外，还需要站在客户的角度了解产品。有时顾客在使用和消费过程中遇到的问题很可能是你不曾涉及的，所以还需要多多收集顾客所遇到的问题，并提供解决方案。这样一旦有消费者遇到类似的问题时就能很轻松地给出答案，多收集问题也是提高专业知识的方法之一。

2. 熟悉客服操作流程

一般来说，淘宝客服分为售前客服和售后客服。

● 售前客服

售前客服就是当买家来咨询商品信息时，给予解答，争取使前来咨询的顾客能买到合意的商品。售前客服的基本工作可以分为：熟悉产品——接待客户——核对地址——修改备注。

熟悉产品前面已经讲过。而接待客户的时候最好热情、活泼一些。当客户下单后，跟客户核对收件信息。这不仅仅体现了客服的专业化，也避免了因买家选错地址而造成商品不能到达的问题。当客户要求修改订单信息，或是收件信息时，售前客服应及时予以修改，避免后续工作出错。

● 售后客服

售后服务是整个商品销售过程中最后一个重要环节，它和商品的品质、信誉等一样重要，好的售后服务会带给买家好的购物体验，并得到买家的充分信任，这样能使这些买家成为店铺的回头客。

* 基本售后

基本售后是指常规交易后，卖家所需要做的基本工作。

发货通知：商品成交后，卖家要及时联系买家，以免流失客户。发货后，通过旺旺或者短信及时通知买家已发货。

交易评价：当买家做出不公正的评价时，卖家可以在评价下面针对不合理的评价做出相应的解释，避免其他买家因为错误的评价而对店铺产生负面的认识。

* 退换货的处理

因为网络交易是虚拟的，所以有些买家经常会担心收到货后，宝贝不合适、不喜欢，或者没有想象中的那么好，这就牵涉到售后的退换货服务。

当买家提出退换货要求时，作为卖家，首先要了解他为什么要退换货，确定是由谁的原因造成的，也就是责任归属问题。退换货的原因通常有以下几种。

（1）商品的质量有问题。

（2）顾客所收到的商品与描述和图片不符。

（3）商品本身没有问题，顾客只是想更换商品。

（4）商品在运输过程中有磨损。

（5）顾客使用不当，引起商品损坏。

如果是卖家的责任，要勇于承担，同时要尽快同买家达成退换货协议，否则容易使买家感到失望而丧失再次购买的机会。如果是买家的责任，一般应与买家说明，为对方提供相应的弥补建议，切忌在沟通中冷言冷语。

通常情况下，运费的归属问题是根据责任的划分来确定的。例如，由于商品的质量问题、运输磨损等情况引起的退换货，一般由卖家负责运费。而由于买家的原因，如想换一种产品或使用不当造成商品损坏引起的退换货，则产生的费用原则上由买家承担。

3. 售前回复小技巧

当遇到一些难以回答的问题时，需要运用一些技巧来说服顾客。

● 顾客讨价还价时

当顾客与我们讨价还价时，我们需要注意自己的语气，应当做到平易近人、客气，让顾客感到舒心。最好是不要马上回复，因为马上回绝了，买家会觉得我们不近人情；但要是马上就回复了，买家又会觉得我们的宝贝质量不好，而且会让我们给出更多的承诺。

最好沉默一段时间后答复：亲，很抱歉，店铺的价格都是经过再三考虑的。利润真的很有限，所以请您多多地理解我们。

这样的话，买家会觉得我们很真诚，并且会因此觉得不能再讨价还价了。

● 顾客拿便宜货对比时

这样回答：亲，我们的产品不能保证是淘宝最低价，但是我们可以保证我们的产品质量和我们的服务。

一定要强调我们的产品质量和我们的服务，因为我们的价格没有优势，但是质量和服务我们是有优势的。这样的话会让买家觉得还是有很大的可信度的。

● 顾客提出不合理的要求时

这样回答：亲，很抱歉，我们对每一个顾客都是公平和公正的，所以还请您理解和支持。

一般顾客会觉得我们真的是对每一个顾客都是一样的，而不会再提出特别不合理的要求。

我们还可以继续说：亲，您可以再考虑一下，然后决定是否购买。因为我们这样说的话，表明我们不是求着买家去买，不是因为顾客不买了，我们的宝贝就卖不出去了。或跟顾客讲明，我们的折扣一般只有8、9折，不要将折扣设定得很低，会让买家觉得我们的商品质量有问题。或告知顾客，店长规定了几折，没有更大的优惠。在赠送礼品方面也是，不要给顾客太多的礼品，不要因为顾客要什么就给什么，要有一定的原则，否则会让顾客觉得我们的产品质量不好。

10.3.4 提高处理纠纷能力

当店铺的信用和规模达到一定的程度之后，交易会大大增加，此时顾客的投诉和中差评等也会增加，这时就需要提高客服处理纠纷的能力了。在这里笔者总结了几点：及时道歉、耐心倾听顾客的质疑、表示同情、给予关心、态度好一点、处理动作要快、提出完善的解决方案。

当出现顾客投诉事件时，卖家首先必须主动向顾客道歉，让顾客知道，自己因为给顾客带来不便而感到抱歉，即便这并不是卖家的过错。不管是谁的错，卖家所要做的第一件事就是向顾客道歉。顾客的对错并不重要，重要的是向顾客表达了卖家的态度。尤其在网店经营中，很多时候不需要面对顾客，甚至连电话都不用打，只是在网络上表达一下，但效果是显著的。尽量用委婉的语言与买家沟通，即使买家存在不合理的地方，也不要过于冲动，否则，只会使买家失望并很快离去。

顾客投诉的时候，肯定会有很多怨气。在实际处理中，要耐心地倾听顾客的抱怨，不要轻易打断顾客的叙述，不要批评顾客的不足，而是鼓励顾客倾诉下去，让他们尽情宣泄心中的不满。你只需仔细聆听。当然，不要让顾客觉得你在敷衍他。认真听取顾客的言语，把顾客遇到的问题判断清楚。当耐心地听完顾客的倾诉与抱怨后，当顾客得到发泄与满足之后，就能够比较自然地听得进卖家的解释和道歉了。

应设身处地考虑分析问题，对顾客的感受要表示理解，用适当的语言给顾客以安慰，如“谢谢您告诉我这件事”，“发生这类事件，我感到很遗憾”，“我完全理解您的心情”等。因为此时尚未核对顾客的投诉，所以只能对顾客表示理解与同情。

不应该对顾客的投诉采取“大事化小，小事化了”的态度。应该用“这件事情发生在您身上，我感到十分抱歉”诸如此类的语言表示对投诉客人的关心。

买家抱怨或投诉的原因一般是对商品及服务不满意。从心理上来说，他们会觉得卖家亏待了他。因此，如果在处理过程中态度不友好，会让买家心理感受及情绪很差，会恶化与买家之间关系；反之，如果态度诚恳、礼貌热情，会降低买家的抵触情绪，理智地协商解决问题。要以关心的态度倾听顾客的诉说，然后用自己的话把顾客的抱怨重复一遍，确信已经理解了顾客抱怨的问题所在，而且对此已与顾客达成一致。如果可能，告诉顾客愿意想尽一切办法来解决他们提出的问题。

处理投诉和抱怨的动作要快，第一可以让买家感觉到尊重，第二表示卖家解决问题的诚意，第三可以及时防止买家的负面宣传造成更大的伤害。一般接到买家的投诉或抱怨信息时，应立即向买家了解具体情况，想好处理方案，最好当天给买家答复。

顾客的所有投诉、抱怨，归根结底，是要求解决问题。因此，买家抱怨或投诉之后，往往会希望得到补偿。这种补偿有可能是物质上的，如更换商品、退货、赠送产品等，也可能是精神上的，如道歉等。有时是物质及精神补偿同时进行，多一点补偿，买家得到额外的收获，他们会感受到卖家的诚意而成为回头客。

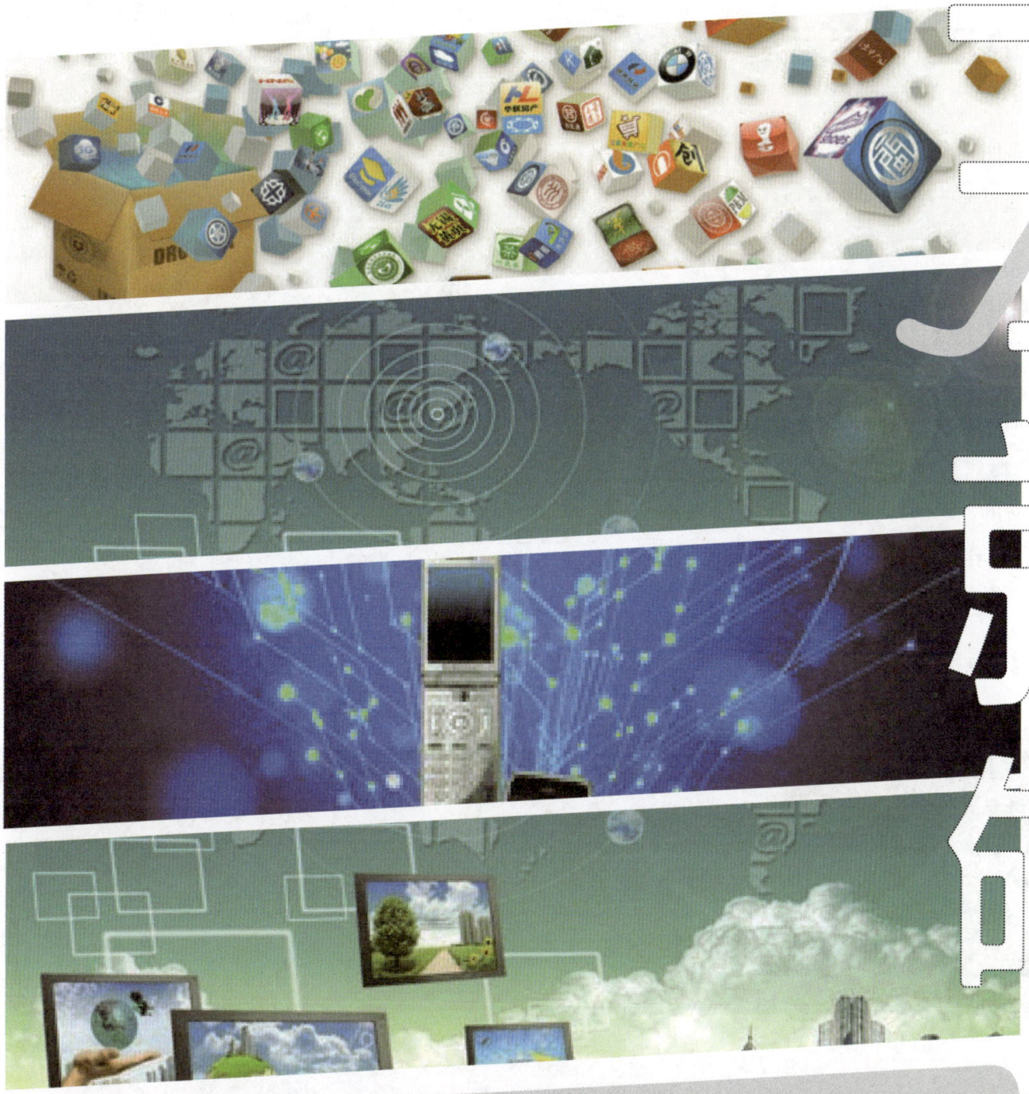

第11章　微店探秘，移动电商显威能

微店是指手机端所开创的新型店铺，可以通过微博、微信这样的沟通渠道，直接联系到客户，从而带来销量，其发展趋势吸引了越来越多的人。

11.1 APP开店运营策略

与开设其他传统网店不同，开微店不需要电脑，只需要一台联网的智能手机，下载一款微店APP即可。

11.1.1 开通与设置

如果想要开通微店，首先得选一个微店平台。现在市面上“微店”APP的产品林林总总，如果在网页上搜索“微店”关键字，出来的广告众多。下面以口袋购物的“微店”为例，向大家讲解“微店”的开通与设置。

01 登录口袋购物旗下的微店官网https://www.weidian.com，扫描左侧的二维码立即开店，如图11-1所示。

图11-1 扫描二维码

02 单击“安全下载”按钮，如图11-2所示，在手机上下载并安装微店。

图11-2 单击“安全下载”按钮

03 打开微店，单击“注册”按钮，如图11-3所示。

04 输入手机号，并单击“下一步”按钮，如图11-4所示。

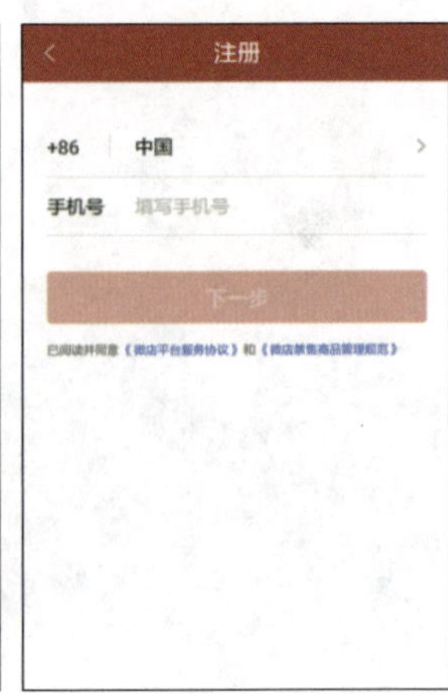

图11-3 单击“注册”按钮　　图11-4 输入手机号

05 输入店铺名称并设置店铺图标，单击“完成”按钮，如图11-5所示。

06 在微信中点亮微店，单击“立即开通”按钮，如图11-6所示。

图11-5 设置店铺名称　　图11-6 单击“立即开通”按钮

07 根据页面提示进入微店编辑页面，如图11-7所示。

图11-7 编辑页面

11.1.2 店铺管理

微店开通之后店主可以通过界面的12大功能对店铺进行管理，包括商品管理、发布笔记、订单管理、客户管理、数据统计、收入管理、推广管理、服务市场、货源、微店商会、供货管理和为梦想打卡。

单击“商品”图标，即可添加新商品和查看出售中的商品、已下架的商品和对商品进行分类。

在笔记管理中可以添加店长笔记和查看微店头条。店长笔记是一篇篇图文并茂的文章，会展示在你的店铺中。可以分享给你的好友，宣传你的店铺和商品。

微店中的订单管理分为进行中的订单、已完成的订单和已关闭的订单，清楚地显示待发货、待付款、已发货和退款中的订单详情。

在“客户管理”中，微商可以查看客户的聊天消息、客户的资料和客户评价。还能查看活跃新客户、分析潜在客户、核心客户、重点发展客户、重点保持客户以及重点挽留客户。

数据统计可以查看店铺的昨日浏览量、总浏览量、收藏的人气以及点赞的人数。通过单击“访客”“订单”和“金额”可以查看相应的统计数据。单击“访客”可查看近7天和近30天的访问人数和浏览量；单击“订单”可查看近段时间的订单量；单击“金额”可查看近7天或30天的成交金额。

在“我的收入”中，微商可以查看每一笔收入和提现记录，包括收支明细、提现记录等，让你对账目清清楚楚。此外还能绑定银行卡，在微商开通了担保支付的情况下，可查看正在提现或暂时冻结的金额。

在“推广”管理中，有营销设置和店铺推广两个板块。其中，营销设置是指微店拼团、满减、店铺优惠券、限时折扣、会员优惠、私密优惠、满包邮等一系列营销推广活动；店铺推广包括分成推广、分享赚钱、活动报名、展会招商和友情店铺。

微店的服务市场中有排版君、店铺装修服务、微店顾问、真人实拍、微信公众号助手、法国/日本/韩国等代购助手以及小微贷款等服务工具。

货源页面提供了多种货品的选择，从时尚穿搭、汇吃汇喝、母婴亲子、美妆饰品到灵感家居等与生活息息相关的全面货源选择；还可以找品牌、加盟微店，其中内容频道提供关于各个领域的最新动态；微店评测包括找靠谱货源、了解商品品质。

微店商会主要介绍一些热门商会，包括店铺海报PK大赛、微店放心选、小荷包、推广案例、养生、天下美食、搭配时尚、护肤美妆、运动健身等一些热门板块，通过微店商会可以加入不同的商业协会查看相关行业的热点新闻和参与热点话题。

供货管理板块提供各种开放品类，是为供应商量身打造的供货平台，并提供专业的分销和数据支撑。申请主体必须拥有企业微店资质。

为梦想打卡是专为店主设计的签到设计，每天一次的打卡设计，让店主们为梦想激情签到每一天。此外，通过打卡设计还能参与抽奖活动。

11.1.3 手机装修

微店装修其实也很简单，只需要认真运用模板即可。

01 单击微店图标，进入微店操作页面，单击右上角的“微店”字样，如图11-8所示。

图11-8 单击“微店”字样

02 进入微店管理页面，单击“店铺装修”按钮，如图11-9所示。

图11-9 单击“店铺装修”按钮

03 在模板界面中选择相应的模板，如图11-10所示。

04 单击“购买”按钮即可成功购买，如图11-11所示。

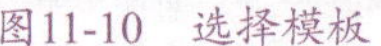

图11-10　选择模板

图11-11　单击“购买”按钮

11.2　移动电商发展趋势

手机行业的兴起，为移动电商的发展带来了新的市场。移动电商不同于传统的电子商务，它是通过手机、PDA这些可以装在口袋里的终端与我们接触，无论何时、何地都可以开始，有人预言，移动商务将决定21世纪新企业的风貌，也将改变生活与旧商业的地形地貌。

11.2.1　专业化和生态化成特征

随着我国互联网和移动通信的迅猛发展，智能手机市场份额逐步提升，手机上网成为现代人们生活中一种重要的上网方式。人们正逐渐利用手机等移动智能终端设备进行网上支付、个人信息服务、网上银行业务、网络购物、手机订票、娱乐服务等，这种移动数据终端设备参与商业经营的移动电子商务正在迅速崛起，服务也越来越专业化。同时，社交应用也是移动互联网一个非常好的发展方向，通过微博、微信和人人平台，能够将产品、理念、机会甚至行为进行病毒式传播。

生态环境学认为，生物之间存在一种相互依存、相互制约、互为环境的关系，是多样性和共生性的统一。移动电商生态系统正是模拟了自然生态系统的这些机制，形成一种功能协调、优势互补、和谐增长的共生共荣的生态环境，如图11-12所示。

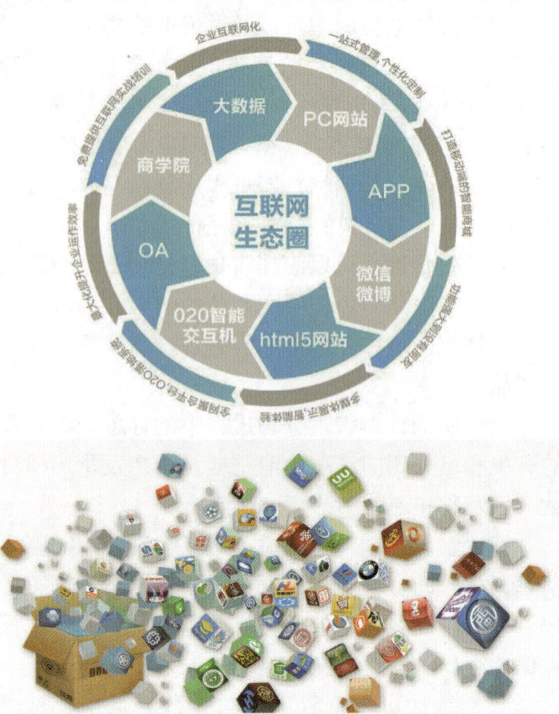

图11-12　移动电商生态圈

1. 联合性

生态化商业模式是从另外一个角度来描述企业战略。自然生物学角度上的生态系统是生物和它们周围的物理环境之间进行连续的能量和物质交换所形成的一个生态整体，而一个生态化商业模式则可以解释为一个网络企业和其周围的环境（包括顾客、供应商、监管者、竞争者等）形成的一个经济联合体。

2. 共赢性

生态化设计是电子商务可持续发展的关键，电子商务交易涉及移动运营商、移动支付、政府监管部门、消费者、物流企业、网络企业、工商管理、税收等方方面面，生态化商业模式就是要建立一个“多赢”的商业模式，强化并保障每一方参与者的权利和义务，形成“竞合”的价值链，只有这样，才能可持续发展。

3. 和谐性

生态系统的核心价值体现在电子商务整体的和谐可靠、平稳发展，这就要求监管部门适时调节各方的利益，保障各方具有同等的权利。传统的商业模式是围绕“产品”进行，以产定销，对消费者利益重视不足，同时以销定产，又对企业利益有所忽视。

生态化商业模式成为最佳的选择，可以避免利益方的单向意志力，让利益方可以平等对话，和谐发展。

11.2.2 技术的需求越来越重要

随着移动通信技术和计算机的发展，移动电子商务的发展经历了三次更新。每一次的更新，都体现出越来越重要的技术需求。

第一代移动商务系统是以短讯为基础的访问技术，这种技术存在许多严重的缺陷，其中最严重的问题是实时性较差，查询请求不会立即得到回答。

第二代移动商务系统采用基于WAP技术的方式，手机主要通过浏览器的方式来访问WAP网页，以实现信息的查询，部分地解决了第一代移动访问技术的问题。第二代的移动访问技术的缺陷主要表现在WAP网页访问的交互能力极差，因此极大地限制了移动电子商务系统的灵活性和方便性。

第三代移动商务系统同时融合了3G移动技术、智能移动终端、VPN、数据库同步、身份认证及Webservice等多种移动通信、信息处理和计算机网络的最新前沿技术，以专网和无线通信技术为依托，为电子商务人员提供了一种安全、快速的现代化移动商务办公机制。图11-13所示为移动电商通信技术。

图11-13　移动电商通信技术

通过这些技术的革新，使移动电商成为人们生活中越来越普遍的一部分。随着4G网络、终端、业务进入正式商用阶段，未来对移动电商技术的要求将会越来越高。

11.2.3 不断完善安全和管理

相比传统的电子商务来说，移动电子商务能随时随地为客户提供所需的信息、应用和服务，可以同时满足用户及商家安全、社交及自我实现的需求，其优势明显。但是，移动电子商务发展体系并不完善，仍然面临许多问题，如移动网络安全问题、移动支付机制问题、移动电子商务的技术支持问题等。

安全性是影响移动电子商务发展的关键问题。移动电子商务虽然诞生于电子商务，但是其通过移动终端上网的特性决定了它的存在和普通电子商务不同的安全性。由于目前产生移动支付行为是基于移动终端上绑定的银行卡、信用卡完成，或者基于手机SIM卡与POS机近距离完成，如果丢失移动终端或者遇到密码被破解、信息复制、病毒感染等安全问题都有可能对移动支付造成重大的损失。另外，移动商务平台运营管理漏洞也是威胁移动电子商务安全的一个方面。如今用于上网的移动终端主要有手提电脑、手机、PDA等，保障这些移动设备本身的安全以及在使用这些设备时遵循安全操作规范进行操作是移动电子商务安全保障的一个前提。图11-14所示为移动电商的安全和管理。

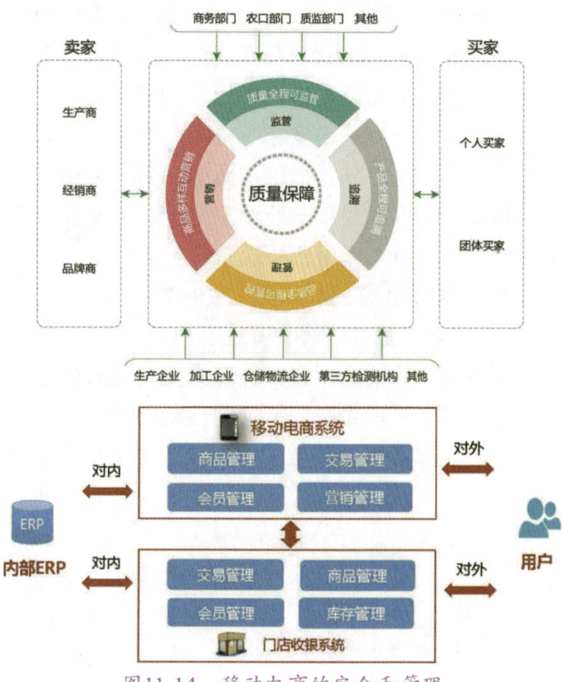

图11-14　移动电商的安全和管理

移动电商的管理包括本地业务和全网业务管理，用户认证，授权与审计管理，SP数据管理，计费管理，结算管理，业务与应用管理。每一个电商的管理功能不同。其中本地业务是指用户在归属地（非漫游状态）使用本地移动电子商务业务；全网业务是指用户在漫游状态下使用本地移动电子商务业务；用户认证是指用于实现移动电子商务系统对操作身份的合法性检查；授权是指对用户使用移动电子商务系统资源的访问权限进行合理分配的技术，实现不同用户对系统不同部分资源的访问。审计是指收集、记录用户对移动电子商务系统资源的使用情况，以便于统计用户对网络资源的访问情况，并且在出现安全事故时，可以追踪原因，追究相关人员的责任，以减少因内部计算机用户滥用网络资源造成的安全危害。SP相关数据管理主要包括SP的基本信息管理、SP所提供业务的信息管理。计费方式包括通信费和信息服务费、交易次数/交易量/交易时长、业务佣金/特许权使用费、包月/会员等计费管理。结算管理包括用户使用全网业务、用户在非漫游状态下使用本地业务、用户在漫游状态下使用本地业务。业务与应用管理包括交易类业务、安全商务数据处理类业务、安全认证类业务。

11.2.4 阵痛与希望中前行

随着时代与技术的进步，人们对移动性和信息的需求急速上升，移动互联网已经渗透到人们生活、工作的各个领域。随着3G时代的到来，移动电子商务成为各个产业链竞相争抢的“大蛋糕”。因其可以为用户随时随地提供所需的服务、应用、信息和娱乐，同时满足用户及商家安全、社交及自我实现的需求，而深受用户的欢迎。

2014年是中国的4G元年，2017年后将会迎来5G时代，会在原来的4G基础上进行更深入的发展，所以一个移动的网络社会开始变得更真实了：速率更快的无线宽带，更智能的移动终端设备，不同功能、花样繁多的各类APP及移动应用平台，使得我们的生活越来越精彩，越来越多原本无聊的时间碎片将被移动互联网填充，手机甚至将会变成陪伴我们时间最长、最贴身的物品，成为继电视机、个人电脑之后最重要的一块屏幕。移动电商在这样的手机社会化发展趋势下，随着技术革新的脚步，在已经到来的2017年甚至以后，都会开发出一片更加广阔的移动天地。

虽然硬件设施的更新换代为移动电子商务提供了可能，但是，从调查数据看，基于手机端的移动电子商务客单价并不大，仍难与电脑互联网用户媲美，其主要原因还是在于网民对移动支付的不信任感，而这也是移动电子商务发展缓慢的根本原因。我国移动电商在不断的发展中还存在一些问题。

首先是安全问题，用户身份认证、安全及隐私保护这些敏感问题并没有完全标准化、法律化，安全问题应该是最先考虑和始终保证的一个问题，特别是移动设备具有容易丢失和被窃的风险。其次我国的移动设备在内存、总存储量和屏幕的尺寸以及电池（用于无线传输）方面都是有限的，而且要支持种类繁多的设备。总之，很小的显示屏以及既不方便又复杂的数据输入方法仍然是约束移动因特网在容易使用及其功能方面的重要障碍。然后是面向客户的业务问题，当前移动电子商务绝大部分应用在交易相对频繁以及价格较低的（如交电话费、水电费等）业务方面，各个机构开发的手机服务也基本相同，通常由于其服务内容方面的单一性使得此种业务只是当前多种支付途径的一种补充。尤其是在现在大部分手机使用者有的还不习惯或者不认可移动电子商务的情况下，如果想大范围地推行手机支付相对来说是很不容易的。最后，用户观念问题、资费问题在我国移动电子商务市场普及不足，国内消费者和企业对移动商务的认知程度还比较低，不了解移动电子商务带来的益处。企业采用移动电子商务过于谨慎，用户也不敢“贸然”尝试，主体参与的热情与普遍看好的移动电子商务市场之间存在着明显的矛盾。